Oriental classics–Guwen Zhembao(The poetry section)

-峰 박일봉 편저

고문진보
-전집 (시편)-

육문사
Yukmoonsa

Oriental classics – Guwen Zhembao

세상을 움직이는 책

일봉 고문진보─전집(시편) 개정판

초판 1쇄 | 2015년 11월 15일 발행

원저자 | 황   견
편저자 | 박일봉
교   정 | 김숙희 · 박봉진
디자인 | 인지숙
펴낸이 | 이경자
펴낸곳 | 육문사

주소 | 서울 마포구 월드컵로 11길 35, 101동 502호
전화 | 02-336-9948
팩시밀리 | 02-337-4315
출판등록 | 제313-2011-2호 (1974. 5. 29)

ISBN 978-89-8203-123-6   04140
      978-89-8203-000-0 (세트)

국립중앙도서관 출판시도서목록(CIP)

(일봉) 고문진보 : 전집(시편) / 원저자: 황견 ; 편저자: 박
일봉. -- 개정판. -- 서울 : 육문사, 2015
    p. ;   cm. -- (Oriental classic.Guwen Zhembao)

원표제: 古文眞寶 : 前集·詩篇
원저자명: 黃堅
중국어 원작을 한국어로 번역
ISBN 978-89-8203-123-6 04140 : ₩45000
ISBN 978-89-8203-000-0 (세트) 04140

중국 문학[中國文學]
시문집[詩文集]

821.4-KDC6
895.11-DDC23   CIP2015029201

古文眞寶

－前集(詩篇)－

序文

　《古文眞寶》의 전·후집에는 중국 역대 시문(詩文)의 명편(名篇)이 수록되어 있다. 예로부터 우리나라 선비나 학자들은 중국의 시문들을 단순한 외국 문학이 아니라 우리 자신의 문학으로서, 또는 학문을 하는 데에 꼭 필요한 것으로 배우고 익혀 왔다. 따라서 중국의 詩文이 우리나라 문화 일반에 미친 영향은 막대하다 하겠다.

　우리나라에서 《古文眞寶》가 최초로 간행된 연대에 대해서는 학자들마다 조금씩 의견을 달리하고 있지만, 그 의견을 종합해 보면 고려 시대에 처음으로 간행되었다고 보는 것이 좋을 것 같다. 그런데 그 당시 우리나라 선비·학자들 사이에서는 양(梁)나라 무제(武帝)의 맏아들인 소명 태자(昭明太子) 소통(蕭統)이 편찬했다는 《文選》이 문장 교본으로 사용되었기 때문에, 《古文眞寶》가 널리 읽히지는 못했다. 그러나 그 후 조선조(朝鮮朝)에 이르러 《古文眞寶》의 진가(眞價)가 인정되고, 선진(先秦:秦 시황제 이전 시기, 즉 춘추전국시대)부터 송대(宋代)에 이르기까지 각 시대의 다양한 문체(文體)의 작품을 접할 수 있다는 큰 장점 때문에, 선비·학자들에 의해서 《古文眞寶》가

널리 애독(愛讀)되기 시작하여 오늘날에 이르고 있다.

《古文眞寶》는 작품의 선정과 편찬에서 그 어느 유사한 책보다 순수성을 지녔기 때문에 여러 작가의 작품을 수록하고 있을 뿐만 아니라, 작가의 유명도와는 관계없이 철저하게 내용 위주로 작품이 선정되어 있고 무명씨(無名氏)의 작품도 여러 편 실려 있다.

중국 문학의 꽃이라 할 수 있는 당시(唐詩)를 정리한 대표적인 책으로는 《三體詩》와 《唐詩選》을 꼽을 수 있는데, 송(宋)나라 주필(周弼)이 편찬한 《三體詩》에는 유사 이래 한문 시인으로 쌍벽을 이루는 이백(李白)과 두보(杜甫)의 시가 단 한 수도 실리지 않았는가 하면, 비교적 당시(唐詩)를 정선(精選)했다는 이반룡(李攀龍)의 《唐詩選》은, 회고(懷古) · 여수(旅愁) · 송별(送別) 등을 노래한 작품에 편중(偏重)된 감이 없지 않으며, 대중들로부터 가장 사랑받은 백거이(白居易)의 시를 한 수도 싣지 않아 중국의 명시를 두루 음미하기에는 아쉬운 감이 없지 않다.

또 중국의 역대 명문(名文)을 가려 실은 책으로는 《文選》과 《文章

軌範》을 드는데, 《文選》은 양(梁)나라 때에 편찬된 것이어서 당대(唐代) 이전의 문장밖에 실을 수 없었으나, 송(宋)나라의 사방득(謝枋得)이 과거(科擧)에 응시할 사람들을 위하여 한(漢)·진(晉)·당(唐)·송(宋)의 모범 문장 69편을 수록하고, 문장마다 비평·주석·권점(圈點)을 달아 놓은 《文章軌範》은 당송대(唐宋代)의 고문(古文)을 주로 다루어, 당(唐) 이전의 문장으로는 겨우 제갈공명(諸葛孔明)의 〈出師表〉와 도연명(陶淵明)의 〈歸去來辭〉가 수록되어 있을 뿐이다.

　《古文眞寶》 전집은 한 고조(漢 高祖)의 〈大風歌〉, 〈古詩〉 19首, 樂府 위(魏)의 조식(曹植), 진(晉)의 도연명(陶淵明), 제(齊)의 사조(謝朓) 등 육조(六朝)의 제편(諸篇)과 당송(唐宋)의 명작(名作)을 망라한 것이며, 후집은 선진(先秦) 이래 역대의 각종 문장을 가려 모은 것이다. 당시(唐詩)에 대해 말하면, 《唐詩選》에는 한 수도 들어 있지 않은 백거이(白居易)의 작품이 《古文眞寶》 전집에는 7편이나 들어 있으며, 〈長恨歌〉와 〈琵琶行〉 등 회자(膾炙)되는 시편도 본서(本書)로 읽을 수 있다. 그밖에 이백(李白)·두보(杜甫)·한유(韓愈)·구양수(歐陽

修)·소식(蘇軾)·황산곡(黃山谷)의 작품 등 고시(古詩)의 대표적인 것들이 수록되어 있다. 따라서 이 《古文眞寶》야말로 중국의 역대 名詩·名文을 감상하거나 이해하려는 일반인이나, 시대별 문체(文體) 변천 등을 연구하려는 사람들에게는 더없이 좋은 책이다.

그런데 이와 같은 名詩文의 묘미를 우리말로 완벽하게 번역하는 일은 매우 어려운 일, 아니 거의 불가능에 가까운 일이다. 그래도 이런 어려움을 무릅쓰고 되도록 원문(原文)이 지닌 맛을 우리말로도 살려 보고자 온갖 힘을 기울였다. 그렇지만 아무래도 原文의 아름다움에는 미치지 못하는 바가 많을 것이다.

부디 이 책이 중국 역대 시문(詩文)의 주옥편을 감상하는 데에 도움이 되었으면 하는 마음 간절하다.

〈일러두기〉

1. 이 책은 《魁本大字諸儒箋解古文眞寶》를 대본으로 하여, 시편(詩篇)인 전집에 수록되어 있는 217 수의 작품을 완역한 것이다.

2. 이 책의 번역에서는, 되도록 원문(原文)이 지닌 묘미와 심오한 의미 · 운율 · 아름다움 등을 그 대로 독자들이 맛볼 수 있도록 하는 데에 주력했다.

3. 이 책에 실려 있는 작품들은 시체(詩體)별로 모아져 있으며, 각 작품의 번역 및 해설에는 다음 과 같은 방법을 취했다. 즉

 * 처음에 시체(詩體)의 이름과 그 시체의 특성 등을 설명하고, 작품명과 작자를 썼다. 본디 《古 文眞寶》에는 작품명과 작자가 나온 다음에 작품과 작자에 대한 간략한 소개가 씌어 있으나, 이 책에서는 뒤에 【解說】란을 두어 작품명과 작자에 대한 것은 물론이고 작품에 관한 것을 개 괄적으로 자세히 다루어 놓았으므로 중복을 피하기 위하여 뺐으니, 독자들은 【解說】을 참고하 기 바란다.

 * 그 다음에 원문을 보기 쉽도록 약간 큰 활자로 싣고, 원문에 나오는 【語義】를 원문보다 작은 활 자로 상세히 풀어놓았다.

 　【語義】를 푸는 방법에는 본문을 이해하는 데에 필요한 의미는 물론, 그에 따른 고사(故事)나 인 용된 문구가 있으면 그 출전(出典)과 내용까지 자세히 소개하였다.

 * 원문 밑에는 원문보다 작은 활자로 한 字 한 字 음을 달아, 초학자라도 즐겁게 한시를 낭송하는 맛을 즐길 수 있도록 했으며, 원문 옆에는 원문이 지닌 맛과 함축된 의미를 가능한 한 살려 우리 말로 현대적인 감각에 맞게 풀어놓았으며, 【解說】란을 두어 그 글이 쓰이게 된 배경이나 그 당 시 작자의 심경 · 상황, 혹은 그 글과 관련 있는 갖가지 이야기 등을 실어, 독자들이 작품을 이 해하는 데에 도움이 되도록 했다.

4. 작품 해설에는 일본 명치서원(明治書院)에서 낸 《古文眞寶》(星川淸孝著)를 참고했다.

차 례 / 고문진보-전집(시편)
(古文眞寶 前集·詩篇)

고문진보-전집 권지 2(古文眞寶 前集 卷之二)

고문진보-전집 권지 3(古文眞寶 前集 卷之三)

고문진보 전집 권지 4(古文眞寶 前集 卷之四)

고문진보 전집 권지 5(古文眞寶 前集 卷之五)

고문진보 전집 권지 6(古文眞寶 前集 卷之六)

칠언고풍장편(七言古風長篇) | 493

고문진보 전집 권지 7(古文眞寶 前集 卷之七)

고문진보 전집 권지 8(古文眞寶 前集 卷之八)

고문진보 전집 권지 9(古文眞寶 前集 卷之九)

행류(行類) | 769

고문진보 전집 권지 10(古文眞寶 前集 卷之十)

부 록

고문진보 해제(古文眞寶 解題)

　이 책을 古文眞寶라 이름한 것은, '古文 중에서도 참으로 보배로운 것'만을 모아 수록했다는 의미에서이다. 《古文眞寶》 전집(前集)에는 시(詩)가, 후집(後集)에는 문(文)이 수록되어 있다. 古文이란 시의 경우 古詩 또는 古風이라고 일컬어지는 것들이며, 문장의 경우에는 한(漢) 이전의 고아(古雅)한 문체의 문장을 말한다.

　진(晋) 이후 육조(六朝) 시대에는 시의 표현 방법 면에서는 매우 교묘해졌지만, 그 사상이 빈약하고 정신은 퇴폐해졌다. 그리하여 당대(唐代)에 이르러 많은 시인들이 《詩經》의 문학 정신으로 돌아가자고 주장했다. 진자앙(陳子昂)의 〈感遇詩〉 38수, 이백(李白)의 〈古風〉 59수는 이러한 사상의 발현(發現)이었다. 고풍(古風)의 문학 정신은 근체시(近體詩)의 새로운 형식과 함께 당시 전성(唐詩全盛)의 원동력이 되었다. 《古文眞寶》 전집(前集)에는 주로 이 소박하고 건전한 고시(古詩)와 후세의 많은 시 중에서 내용과 정신이 고아(古雅)한 것들이 수록되어 있다.

　문장에서도 중당(中唐:詩文體의 변천에 따라 중국 唐代를 初唐 · 盛唐 · 中唐 · 晩唐의 네 시기로 구분한 셋째 시기)의 한유(韓愈) · 유종원(柳宗元) 등이 '古文'으로 복귀를 주장하고 나섰다. 詩와 마찬가지로 육조(六朝)의 文은 넉 字 여섯 字의 대구(對句)에 음성(音聲)의 해조(諧調), 어구(語句)의 화려를 다투는 율문(律文) 같은 산문, 이른바 사륙변려체(四六駢儷體)였다. 한유(韓愈) · 유종원(柳宗元) 등이 이런 연약한 문장을 배척하고 선

진(先秦) 시대에서 《孟子》의 문장 같은 힘차고 자유로운 문장을 쓰자고 주장한 것이다. 이 고문체(古文體)의 문장은, 송(宋)의 구양수(歐陽脩)·소순(蘇洵)·소식(蘇軾)·소철(蘇轍)·왕안석(王安石)·증공(曾鞏)의 육가(六家:韓·柳와 함께 古文의 唐宋八大家라 칭한다)의 배출에 의해 세상에서 널리 쓰이게 되었다. 이 《古文眞寶》 후집에는 古文이라 일컬어지는 주(周)·한(漢) 이래의 각종 작품이 수록되어 있는데, 그중에는 '四六文'도 섞여 있지만 역시 이 당(唐)·송(宋)의 古文이 그 주류(主流)를 이루고 있다.

요컨대 《古文眞寶》는 이제까지 이야기한 것과 같은 古風·古文을 존중하는 움직임이 활발해진 시대에, 古文 학습을 위해 편집된 것이다.

지정(至正:元 順宗의 연호) 26년(2년 후에는 明 太祖의 洪武 元年이 된다)에 쓰인 정본(鄭本, 字는 士文)의 서(敍:본 《古文眞寶》 文篇)에 의하면, 《古文眞寶》는 당시에 이미 오래 전부터 세상에 나와 있었으며, 정본(鄭本)이 序를 쓴 것보다 조금 앞서 임이정(林以正, 이름은 楨)에 의해서 교정(校訂)되고 주석(註釋)이 정리되었다는 것을 알 수 있다. 임이정(林以正)은 복주(福州) 삼산(三山) 사람으로, 《詩學大成》 30권의 저자이다. 명(明)의 홍치(弘治) 15년에 쓰인 청려재(青藜齋)의 중간고문진보발(重刊古文眞寶跋:文篇)에 의하면, 이 책은 영양(永陽)에 사는 황견(黃堅)이라는 사람이 편집했다고 한다. 황견의 생애에 대해서는 명확히 알려져 있지 않은데, 이 책의 전집(前集)에 사첩산(謝疊山, 이름은 枋得, 1289년에 죽음)의 〈菖蒲歌〉가 수록되어 있는 것으로 보아, 송말(宋末) 사람인 것으로 추정된다. 하긴 현존(現存)하는 책은 몇 사람의 손을 거쳐 개편(改編)된 듯하니, 원편자(原編者)보다도 후세 사람의 작품이 수록되어 있지 않다고는 확언할 수가 없다.

현존하는 《古文眞寶》는 전집(前集)과 후집(後集) 각 10권으로 되어 있는데 전집은 詩, 후집은 文을 모은 것이다. 전집의 권두(卷頭)에 〈勸學文〉을 놓은 것은, 《論語》와 《荀子》에 각각 學而篇과 勸學篇을 두어 학문의 중요성을 이야기하고 있는 것을 본뜬 것이라 생각된다. 그 제명(題名)이 나타내는 바와 같이 〈勸學文〉은 시(詩)가 아니고 운(韻)이 있는 문(文), 혹은 산문에 가까운 시이다. 이밖에 전집에는 오언고풍단편(五言古風短篇)·오언고풍장편(五言古風長篇)·칠언고풍단편(七言古風短篇)·칠언고풍장편(七言古風長篇)·장단구(長短句)·가(歌)·행(行)·음(吟)·인(引)·곡(曲)의 10가지 체의 시, 모두 합해 217수가 실려 있으며, 후집에는 사(辭)·부(賦) 등의 운문을 포함해서 설(說)·해(解)·서(序)·기(記)·잠(箴)·명(銘)·문(文)·송(頌)·전(傳)·비(碑)·변(辯)·표(表)·원(原)·론(論)·서(書)의 모두 17가지 체(體) 67편의 문장이 실려 있다. 홍치본(弘治本)의 청려재(靑藜齋)의 발(跋)에는 二十有七體三百十有二篇이라 하고, 그 주(註)에 '전집 245편, 후집 67편으로, 홍치본의 전집은 괴본(魁本:初版本)과는 차이가 있다.'고 했다. 편집 체재도 책마다 약간씩 다른 듯하다. 역시 황견(黃

堅)이 편집한 책으로 장천계(張天啓)가 주석(註釋)한 책이 있는데, 이 책은 부(賦)를 모두 후집 맨 앞에 싣고, 〈出師表〉·〈陳情表〉 두 표(表)를 후집의 맨 뒤에 실었으며, 주석도 약간 다른 것이 있다.

이밖에 조선간본(朝鮮刊本)으로 송백정(宋伯貞)이 음(音)을 달고 주석한 것을 유염(劉剡)이 교정한《詳說古文眞寶大全》이 있는데, 이것은 전집이 12권으로 되어 있다. 또 명(明)의 엽향고(葉向高)가 주석한《古文大全》은 전·후집 각 10권이고,《評林註釋古文大全》은 후집이 11권이며, 청(淸)의 장서도(張瑞圖)가 주석하고 교정한《新臺閣校正註釋補遺古文大全》은 전·후집을 합쳐 8권밖에 되지 않지만 내용은 20권에 담긴 것보다 많다. 이와 같이 권수도 내용도 여러 가지인《古文眞寶》가 있으며, 책 이름을 달리《古文大全》이라 한 것도 문헌(文獻)으로서는 불확실하고, 작품 채록(採錄)과 편집 과정에도 통일성이 결여되어 있다. 그러나 이 책에 실린 작품은, 주말(周末)의 7국(七國)·전국시대(戰國時代)·진(秦)·한(漢)·위(魏)·육조(六朝)·당(唐) 및 송(宋)의 역대 시문(詩文)의 명편(名篇)들로, 그야말로 '古文 중의 참된 보배'만을 모은 것이라 할 수 있다. 사방득(謝枋得)의《文章軌範》에 실려 있는 작품은 〈歸去來辭〉와 〈出師表〉 두 편을 제외하고는 모두 당(唐)·송(宋) 대의 작품이고,《唐詩選》에 실려 있는 작품은 당대(唐代)의 것에 한정되어 있음에 비하여,《古文眞寶》는 각 시대의 갖가지 체(體)의 시문(詩文)을 접할 수 있다는 장점을 가지고 있다.

권지 1(卷之一)

권학문(勸學文)

학문(學問)을 권하기 위한 시(詩) 혹은 운문(韻文)으로, 오언(五言)·칠언(七言)·잡언(雜言) 등 여러 가지 형식이 있다. 권학문(勸學文)은 본디 당(唐) 백거이(白居易)의 〈勸學文〉에서 시작되었는데, 송(宋)의 진종(眞宗)·인종(仁宗)의 〈勸學〉, 사마광(司馬光)의 〈勸學歌〉, 유영(柳永)·왕안석(王安石)·주희(朱熹)의 〈勸學文〉, 그리고 한유(韓愈)의 〈符讀書城南〉 등이 유명하다. 정본(鄭本)의 古文眞寶敍에, '이《古文眞寶》의 첫머리에는 학문을 권장하는 〈勸學文〉이 실려 있고, 뒷부분에는 충심(忠心)이 넘치는 〈出師表〉와 효심(孝心) 어린 〈陳情表〉가 실려 있다. 이는 읽는 이로 하여금 힘써 학문을 닦게 하여 충효(忠孝)를 행할 수 있도록 하려는 뜻이 아니겠는가. 이것이야말로 이 책을 엮은 사람의 은미(隱微)한 뜻이다(眞寶之編 首有勸學之作 終有出師陳情之表. 豈不欲勉之以勤 而誘之以忠孝乎. 此編者之微意也).'라 하였다.《논어(論語)》의 첫머리에 〈學而篇〉이 나오고《순자(荀子)》의 첫머리에는 〈勸學篇〉이 나온다.《古文眞寶》의 편자(編者)가 시편(詩篇)의 첫머리에 〈勸學文〉을 둔 것은, 이런 것을 본뜬 것이라 할 수 있다.

진종황제권학(眞宗皇帝勸學)

富家不用買良田 부 가 불 용 매 양 전	집을 부유하게 하려고 좋은 밭을 사려 마라,
書中自有千鍾粟 서 중 자 유 천 종 속	책 속에 천종(千鍾)의 곡식이 있다.
安居不用架高堂 안 거 불 용 가 고 당	편하게 기거하려고 높은 집 지으려 마라,
書中自有黃金屋 서 중 자 유 황 금 옥	책 속에 황금옥(黃金屋)이 있다.
出門莫恨無人隨 출 문 막 한 무 인 수	문밖에 나섬에 따르는 이 없다고 한(恨)하지 마라,
書中車馬多如簇 서 중 거 마 다 여 족	책 속에 마차와 말이 떨기처럼 많다.
娶妻莫恨無良媒 취 처 막 한 무 양 매	장가가려는 데 매파 없다 한하지 마라,
書中有女顔如玉 서 중 유 녀 안 여 옥	책 속에 옥같이 예쁜 여인이 있다.
男兒欲遂平生志 남 아 욕 수 평 생 지	남아가 평소의 뜻을 펴고자 하면,
六經勤向窗前讀 육 경 근 향 창 전 독	모름지기 창 앞에서 육경(六經)을 읽어야 하리.

【語義】 自有(자유):본시부터 있음, 또는 자연히 있게 됨. 千鍾粟(천종속):
많은 양의 봉록(俸祿)을 뜻한다. 六石四斗가 一鍾. 粟은 본디 조를 뜻하
나, 여기서는 녹봉(祿俸)으로 주는 쌀을 뜻한다. 架高堂(가고당):높다란
집을 세움. 架는 나무를 짜 틀을 만드는 것. 高堂은 크고 호화로운 집.
黃金屋(황금옥):황금으로 지붕을 장식한 훌륭한 궁전. 《한무고사(漢武

故事)》에, "武帝, 다섯 살 때 장공주(長公主:천자의 자매이니 무제의 고모)가 안아 주며, '아내를 얻고 싶지 않으냐?'고 물었다. 무제 답하기를 '얻고 싶습니다.'라고. 장공주는 아교(阿嬌:후에 漢 武帝의 皇后가 됨)를 가리키며, '아교를 좋아하느냐, 싫어하느냐?'고 물었다. 무제가 말하기를, '아교를 얻는다면 黃金屋을 짓고 그녀를 그곳에 두겠어요.'라고." 한 것이 보인다. 武帝는 후에 못 가운데에 있는 전각의 지붕을 황금으로 장식했다. 本書의 注에, '《漢武故事》에 金屋이란 말이 보이며, 武帝는 못 속에 점대(漸臺)라는 높이 30丈의 누대(樓臺)를 짓고 지붕을 황금으로 장식했다.'고 되어 있다. 恨(한):한탄함. 無人隨(무인수):따르는 사람이 없음. 수행(隨行)하는 종자(從者)가 없음. 簇(족):떼, 무리, 떨기. 叢과 같은 뜻. 娶妻(취처):아내를 얻음. 장가드는 것을 뜻한다.《詩經》國風篇 齊風〈南山〉에, '장가를 들려면 어떻게 해야 하나? 중매가 없으면 이루어지지 않지(取妻如之何, 匪媒不得).'라고 했다. 媒(매):중매. 옛날 중국에서는 반드시 仲媒人을 통하여 혼사를 정하는 것이 예(禮)였다. 顔如玉(안여옥):얼굴이 옥과 같음. 용색(容色)의 아름다움을 형용한 말. 遂(수):이루다. 완수하다. 平生志(평생지):평소(平素)의 뜻. 늘 품고 있는 뜻.《論語》憲問篇에, '이익을 보면 도의를 생각하고, 위태로움을 보면 목숨을 바칠 줄 알고, 오래된 약속일지라도 전날의 말을 잊지 않고 실천할 수 있다면, 그것도 인간 완성이라고 할 수 있다(見利思義, 見危授命, 久要不忘平生之言, 亦可以爲成人矣).'라 했다. 六經(육경):《군서습타(群書拾唾)》에, '한대(漢代)의 유학자들은《詩》·《書》·《禮》·《樂》·《易》·《春秋》를 가리켜 육경이라 했다. 후세에《樂書》가 없어져 오경이라 부르게 되었는데,《樂》 대신《周禮》를 넣어 육경이라 부르기도 한다.'고 했다. 본서의 注에는, '육경은《易》·《詩》·《書》·《禮記》·《周禮》·《春秋》이다.'라고 되어 있지만, 한유(漢儒)의 설(說)

에 따르는 것이 옳다.

【解說】 송(宋)의 제3대 천자(天子) 진종 황제(眞宗皇帝)가 백성들에게 학
문(學問)을 권장하기 위하여 지은 글이다. 학문에 힘쓰면 누구나 좋은
전답이나 저택은 물론 많은 노비(奴婢)를 얻으며, 좋은 아내까지도 얻
을 수 있는 신분이 될 수 있다는 것이 이 글의 요지(要旨)이다. 백성들
에게 입신출세(立身出世)라는 알기 쉬운 목표를 제시함으로써 학문을
권하고 있다.

이 글은 전반 사구(四句)와 후반 사구(四句)에서 동일한 구법(句法)을
되풀이하는 이련식(二聯式) 구성으로 되어 있으며, 최후의 두 句에 글
의 요지(要旨)를 담고 있다. 모두 칠언(七言)이고, 한 句 건너 측운(仄
韻:屋·沃)으로 압운(押韻)하고 있어 七言古詩의 형태를 갖추고 있지만,
내용에서는 제목이 〈勸學文〉이듯이 詩라기보다는 文에 가깝다.《古文眞
寶》後集의 文類에 있는 〈北山移文〉·〈弔古戰場文〉이 압운하고 있듯이,
중국 古文에서는 文이라고 해도 글자 수를 맞추고 韻을 사용하는 경우가
많다. 특히 이 글의 경우에는 일반 백성에게 배움을 권하는 글이므로, 송
독(誦讀)하기 좋도록 古詩의 형식을 빈 것이라 생각된다.

육경(六經)이나《論語》·《孟子》 등의 유가(儒家)의 서(書)에는 인의
(仁義)나 도덕(道德)과 같은 정신적인 세계가 논하여져 있다. 또 수신
(修身)·제가(齊家)·치국(治國)·평천하(平天下)를 목표로 하는 유가
의 학문은, 사람들로 하여금 世上에 立身케 하기 위한 학문이다. 그런
데 예로부터 중국에서도 취직이나 사회적 지위를 얻기 위해 학문을 하
는 경향이 있었던 것은 사실이다.

인종황제권학(仁宗皇帝勸學)

朕觀無學人 짐 관 무 학 인	내가 배움이 없는 사람을 보니
無物堪比倫 무 물 감 비 륜	세상 어느 것도 그만큼 쓸모없는 것은 없는 것 같다.
若比於草木 약 비 어 초 목	풀과 나무에 견준다면
草有靈芝木有椿 초 유 영 지 목 유 춘	풀에는 영지(靈芝)가 있고 나무에는 춘(椿)이 있다.
若比於禽獸 약 비 어 금 수	새와 짐승에 견준다면
禽有鸞鳳獸有麟 금 유 난 봉 수 유 린	새에는 봉황(鳳凰)이 있고 짐승에는 기린(麒麟)이 있다.
若比於糞土 약 비 어 분 토	똥과 흙에 견주더라도
糞滋五穀土養民 분 자 오 곡 토 양 민	똥은 오곡을 살찌게 하고 흙은 백성을 기른다.
世間無限物 세 간 무 한 물	세상 온갖 것들 중
無比無學人 무 비 무 학 인	배움이 없는 사람보다 못한 것은 없다.

【語義】 朕(짐):천자(天子)의 자칭(自稱). 중국 고대에는 일반적으로 '나'의
뜻으로 썼으나, 진시황(秦始皇) 26년 이후 천자의 자칭(自稱)으로 정해
졌다. 觀(관):보다, 관찰하다. 堪(감):能의 뜻으로, ~할 수 있다. 比倫
(비륜):같은 무리로서 견주다. 또는 비슷한 것으로 여기다. 靈芝(영지):
자지(紫芝), 혹은 복초(福草)라고도 하며, 옛날에는 상서(祥瑞)로운 것

으로 여겼다. 漢代 허신(許愼)의《설문해자(說文解字)》에, '芝는 神草이다.'고 했고《서명기(瑞命記)》에는, '천자가 慈愛롭고 어질면 靈芝가 난다.'고 했다. 椿(춘):장수(長壽)하기로 이름난 신목(神木).《莊子》逍遙遊篇에, '상고(上古)에 대춘(大椿)이란 나무가 있었는데, 팔천 년을 한 봄으로, 또 팔천 년을 한 가을로 삼았다(上古有大椿者, 以八千歲爲春, 八千歲爲秋).'고 했다. 본서(本書)의 注에, '나무 중에 상서로운 춘(椿)만이 오래 산다.'고 했다. 禽獸(금수):새와 짐승. 鸞鳳(난봉):본서(本書)의 注에, '새 중에서 오직 난봉(鸞鳳)만이 상서롭다.'고 했다. 전설적인 神鳥로《山海經》에, '여상(女牀)의 산에 새가 있는데, 모양은 꿩과 같고 오채(五彩)의 무늬가 있으며, 이름을 란(鸞)이라 한다. 이 새가 출현(出現)하면 천하가 안녕(安寧)하다.'고 했으며, 또《흡문기(洽聞記)》에, '채형(蔡衡)이 붉은 색이 많은 것을 봉(鳳), 푸른 색이 많은 것을 란(鸞)이라 했다.'고 했다.《初學記》에는, '수컷을 봉(鳳), 암컷을 황(凰), 그 새끼를 난작(鸞鷟)이라 한다.'라고 했고,《대대례(大戴禮)》에는, '깃 달린 짐승 360가지 중에서 봉황(鳳凰)이 우두머리이다.'라고 했으며,《山海經》에, '단혈(丹穴:산 이름)에 학 모양의 새가 사는데, 오채(五彩)의 무늬가 있으며 이름을 봉(鳳)이라 한다.'고 했다. 또《연공도(演孔圖)》에, '봉(鳳)은 불〔火〕의 정화(精華)이다. 단혈(丹穴)에서 산다. 오동(梧桐)나무가 아니면 깃들이지 않고, 대나무 열매가 아니면 먹지 않으며, 예천(醴泉:물이 단 샘)의 물이 아니면 마시지 않는다. 몸에 오색(五色)을 구비하고 오음(五音)이 중화된 소리로 운다. 천하에 바른 도(道)가 행해져야 나타나며, 한번 날면 모든 새들이 따른다.'고 했다. 성천자(聖天子)의 세상에 나타난다고 전해진다. 麟(린):기린(麒麟). 전설상의 인수(仁獸).《대대례(大戴禮)》에, '털 달린 짐승 360가지 중에 린(麟)이 우두머리이다.'라고 했고,《事文類聚後集》에, '린(麟)은 사슴의 몸에 말의 발에 소의 꼬리를 가지며, 빛깔은 황색(黃色)이며, 발굽은 둥글며 살로 된 뿔이 하나 머리 위에 돋아 있다. 왕자(王者)가 출현(出現)하여 인(仁)의 도를 펴면 나타난다.'고 했다. 수컷을 기(麒), 암컷을 린(麟)이라 한다. 糞(분):똥, 거름. 滋五穀(자오곡):오곡을 살찌움. 五穀은 쌀·보리·조·콩·기장의 다섯 가지 곡식. 轉하여 곡식의 총칭.

【解說】 송(宋)의 제4대 천자 인종 황제(仁宗皇帝)가 학문을 권장하기 위해 지은 글이다. 本書 題下의 注에, '사람으로서 배우지 아니하면 초목(草木)·금수(禽獸)·분양(糞壤)만도 못하다.'고 했다.

이 글은 학문이 인간으로서 자격을 갖추기 위한 필수적인 것임을 극언(極言)함으로써, 앞의 眞宗 皇帝의 권학문보다 높은 차원의 곳에 학문의 목표를 두고 있다. 또 지식을 얻게 하고 도리(道理)를 분별하게 하는 학문을 게을리 하는 인간은 실로 무가치(無價值)하다는 견해를 폄으로써, 학문이야말로 인생에서 절대적으로 필요한 것임을 강조하고 있다. 유가(儒家)의 입장에서 본 학문관(學問觀)이 여실히 드러나 있는 글이다. 인간이 만물의 영장(靈長)이라 불리는 까닭은 학문을 통해 도의(道義)를 터득하기 때문일 것이다.

글의 구성은 처음 五言으로 된 二句에 압운(押韻)하고, 다음에는 五言과 七言을 엇섞어 가며 七言句에 押韻한 운문(韻文) 형식으로 되어 있다. 앞의 권학문과 마찬가지로 누구나 쉽게 읽고 외울 수 있도록 하려는 뜻에서 이러한 형식을 취한 것으로 생각된다.

사마온공권학가(司馬溫公勸學歌)

養子不敎父之過
양 자 불 교 부 지 과

자식을 기르면서 가르치지 않음은
아비의 허물이오,

訓導不嚴師之惰
훈 도 불 엄 사 지 타

가르침을 엄하게 하지 않음은
스승이 게으름을 부리는 것이다.

父敎師嚴兩無外
부 교 사 엄 양 무 외

아비는 가르치고 스승은 엄하여
어느 쪽도 벗어남이 없는데

學問無成子之罪
학 문 무 성 자 지 죄

학문을 이루지 못함은 자식의 죄이다.

煖衣飽食居人倫
난 의 포 식 거 인 륜

따뜻하게 입고 배부르게 먹으며
사람들 틈에 살면서

視我笑談如土塊
시 아 소 담 여 토 괴

나 같은 늙은이를 보고 웃으며 이야기하는 것은
흙덩이와 다를 것이 없는 사람이다.

攀高不及下品流
반 고 불 급 하 품 류

높이 오르려다 미치지 못하여
하류의 무리들과 휩쓸리는 것은

稍遇賢才無與對
초 우 현 재 무 여 대

현재(賢才)가 뜻을 펴 녹(祿)을 얻는 것과는
비교할 수 없다.

勉後生 力求誨
면 후 생 역 구 회

힘써라, 후생(後生)들이여!
힘써 가르침을 구하라.

投明師 莫自昧
투 명 사 막 자 매

훌륭한 스승을 찾아 자신을 던져
결코 몽매함에 머물러 있지 말라!

一朝雲路果然登
일 조 운 로 과 연 등

어느 날이고 출세 길에 나아가기만 하면

姓名亞等呼先輩
성 명 아 등 호 선 배

이름을 떨치고 당장 선배(先輩)라 불리게 되리.

室中若未結親姻
실 중 약 미 결 친 인

아직 혼인을 맺지 못하여 아내가 없다면

自有佳人求匹配 꽃 같은 여인이 제 발로 걸어와 짝이 되길 바라리.
자유가인구필배

勉旃汝等各早修 힘써 그대들은 어서 배움을 닦아
면전여등각조수

莫待老來徒自悔 공연히 늙기만 기다렸다
막대노래도자회 후회하는 일이 없도록 하라.

【語義】 過(과):허물, 잘못. 訓導(훈도):가르치고 인도함. 惰(타):게으른
것. 怠. 兩無外(양무외):兩은 父敎와 師嚴의 두 가지 일을 가리킨다.
無外는 충실하여 부족함이 없는 것, 도리에서 벗어나지 않는 것. 煖衣
飽食(난의포식):따뜻하게 입고 배부르게 먹음. 별 걱정 없이 생활하는
것을 가리킨다.《孟子》등문공편(滕文公篇) 上에, '사람들에게는 지켜야
할 도리가 있다. 배불리 먹고 따뜻이 입으며 안일하게 지내면서 가르침
이 없으면 금수(禽獸)에 가까워진다. 성인 요(堯)임금은 이것을 근심하
여 설(契)로 하여금 사도(司徒)를 삼아 백성들에게 인륜(人倫)을 가르치
게 하였으니, 부자유친(父子有親)·군신유의(君臣有義)·부부유별(夫
婦有別)·장유유서(長幼有序)·붕우유신(朋友有信)이 그것이다(人之有
道也. 飽食煖衣 逸居而無敎 則近於禽獸. 聖人有憂之 使契爲司徒 敎以
人倫. 父子有親 君臣有義 夫婦有別 長幼有序 朋友有信).'라고 하였다.
居人倫(거인륜):사람들 속에서 생활하는 것을 가리킨다. 여기의 人倫은
앞의《孟子》에서 인용된 人倫과는 다른 뜻으로, 親·義·別·序·信의
오륜(五倫)을 뜻하는 게 아니라, 인간 또는 인류(人類)를 뜻한다. 즉 父
子·君臣·夫婦·長幼·朋友 등의 인간관계를 뜻한다. 視我(시아):'나
같은, 곧 작자 사마광 같은 나이 많은 사람을 보고'의 뜻. 여기의 我는
뒤에 나오는 汝等[너희들]과 대응시켜 풀어야 한다. 笑談(소담):웃으
며 이야기함. 如土塊(여토괴):흙덩어리처럼 여김. 대수롭지 않게 여긴

다는 뜻. 攀高(반고):높은 곳에 오름. 크게 출세하는 것. 下品流(하품
류):하등(下等)의 무리에 낌. 品은 등급(等級). 流는 휩쓸리다·끼다의
뜻. 稍(초):녹(祿)을 뜻한다. 與對(여대):함께 이야기하며 어울림. 無
與對는 비교할 수 없다는 뜻. 勉(면):힘쓰다. 後生(후생):후배(後輩).
力求(역구):힘써 구함. 誨(회):가르침. 投明師(투명사):훌륭한 스승에
게 몸을 던짐. 投는 몸을 맡기는 것, 또는 의탁(依託)하는 것. 昧(매):어
두운 것. 自昧는 스스로 본성(本性)을 어둡게 하여 사리(事理)를 가리지
못하는 것. 一朝(일조):하루아침에. 어느 날 갑자기. 雲路(운로):조정,
출세(出世) 길 등을 뜻한다. 구름은 높은 하늘에 있으므로, 구름길[雲
路]이란 신분이 고귀(高貴)한 것을 가리킨다. 果然(과연):확실히, 결정
적으로의 뜻. 亞等(아등):가장 이름 있는 사람의 버금가는 무리가 된다
는 뜻. 亞는 次의 뜻. 先輩(선배):과거(科擧)에 급제하고 아직 벼슬하지
않은 사람. 과거의 수석 합격자(首席合格者)인 장원(壯元)을 뜻한다는
설(說)도 있다. 여기서는 두 뜻을 다 포함한다. 송(宋)의 오방(吳枋)의
《의재야승(宜齋野乘)》에, '당대(唐代)에는 과거에 합격한 사람을 부를
때에 선배(先輩)라 했다.'라고 했다. 室(실):처(妻)가 거처하는 곳. 親
姻(친인):親과 姻은 같은 뜻으로, 혼인(婚姻). 佳人(가인):미인(美人).
또는 사랑하는 사람. 匹配(필배):부부(夫婦), 배우(配偶). 두 사람을 한
꺼번에 가리킬 때에 匹이라 하며, 어느 한 사람을 가리킬 때에는 配라
한다. 旃(전):조자(助字). 아무런 뜻도 없다. 修(수):몸을 닦고 학문을
연마함. 修學·修業. 徒(도):다만, 오직.

【解說】송(宋)나라 때의 명재상(名宰相) 온국공(溫國公) 사마광(司馬光)이
학문을 권장하기 위해 지은 것이다. 本書 題下 注에, '아비 된 자는 자
식의 스승을 고르는 데에 마음을 쓰고, 가르치는 것은 스승이 해야 한

다. 사부(師父)가 모두 바르면, 면학(勉學)에 대한 책임은 자식 된 자에게 있다.'라고 했다. 부모와 스승이 자식의 교육에 마음을 쓰는 것도 중요하지만, 무엇보다도 교육을 받는 자식이 학문에 힘쓰지 않으면 안 된다는 것을 말하고 있다. 제명(題名)에서 알 수 있듯이, 이 글은 七言古詩의 형식을 빌린 가요체(歌謠體)의 글이다.

글 첫머리에 '養子不敎父之過'라 하여, 교육의 책임을 우선 부형(父兄)에게 있음을 말하고 있다. 그런데 예로부터 중국에서는 아버지가 아무리 학문에 뛰어나더라도 따로 스승을 구하여 자식의 교육을 맡겼다. 《孟子》 이루편(離婁篇) 上에, '옛날에는 아들을 바꿔 가르쳤다. 대저 父子 사이에는 善을 따져 꾸짖지 않는 법이다. 善을 따져 꾸짖게 되면 사이가 벌어지게 되고, 사이가 벌어지게 되면 상서롭지 못함이 그보다 더 큰 것이 없다(古者 易子而敎之. 父子之間不責善. 責善則離 離則不祥 莫大焉).'고 한 것이 그러한 사정의 일면을 말해 주고 있다.

溫公의 勸學도, 과거에 합격하여 출사(出仕)하는 것과 佳人과의 婚姻이라는 人生의 행복에 목표를 두고 있다는 점에서, 眞宗 皇帝의 그것과 큰 차이가 없다. 그렇지만 本書 後集에 실려 있는 그의 〈獨樂園記〉에 의하면, '나 우수(迂叟) 司馬光은 평소에 책을 읽으며 홀로 즐기는데, 위로는 堯・舜・禹・湯・文武・周公・孔子와 같은 여러 성인을 스승으로 삼고, 아래로는 顔子・曾子와 같은 공자의 수제자와 子思・孟子 등의 많은 어진 이를 벗으로 삼는다. 또 인간이 하늘로부터 부여받은 인간애의 근본인 仁과 사물을 바르게 규정하는 이치와 근본인 義를 살펴보고, 신분에 따른 도덕 법칙과 풍속・습관 등 사회 기강을 확립하는 근본인 禮와 사람들의 감정을 융화시키는 근본인 樂의 실마리를 찾는다. 이렇게 옛 성현의 글을 읽노라면, 아직 천지가 나뉘지 아니하고 만물 또한 형상을 이루지 아니한 혼돈(混沌)의 아득한 옛날로부터 사방

이 통하여 다함이 없는 무한 공간의 저쪽에 이르기까지, 천지자연의 무한한 도리와 인간 세상의 온갖 이치가 눈앞에 밝게 모여든다. 책을 읽어 좋은 것을 내 것으로 하고자 힘써 배워도 다 배울 수 없는 것이 안타깝다. 책을 읽는 즐거움이 이토록 진진(津津)한데, 독서 이외의 것에서 그 무엇을 남에게서 구하며 밖에서 얻기를 기대하겠는가(迂叟平日讀書 上師聖人 下友群賢. 窺仁義之原 探禮樂之緒. 自未始有形之前 曁四達無窮之外 事物之理 擧集目前. 可者學之 未之夫可. 何求於人 何待於外哉).' 라고 했듯이, 그가 목표로 하는 학문의 뜻은 고원(高遠)한 것이었다.

유둔전권학문(柳屯田勸學文)

父母養其子而不敎 是不愛其子也. 雖敎而不嚴 是亦不愛其子
也. 父母敎而不學 是子不愛其身也. 雖學而不勤 是亦不愛其
身也. 是故 養子必敎 敎則必嚴, 嚴則必勤 勤則必成. 學則庶
人之子爲公卿 不學則公卿之子爲庶人.

　부모가 자식을 기르면서 가르치지 않는 것은, 부모가 자식을 사랑하지
않기 때문이다. 가르친다 하더라도 엄하게 가르치지 않는 것은, 그 역시 자
식을 사랑하지 않기 때문이다. 부모가 가르치는데도 자식이 배우려 하지
않는 것은, 자식이 자신을 사랑하지 않기 때문이다. 배우기는 하되 힘써 노
력하지 않는 것은, 이것 역시 자신을 사랑하지 않기 때문이다. 따라서 자식
을 기르면 반드시 가르쳐야 하고, 가르친다면 엄하게 해야 하며, 부모의 교
육이 엄하면 자식은 틀림없이 학문에 힘쓸 것이며, 또 자식이 힘써 노력하
니 배움은 꼭 완성될 것이다. 배우면 평민(平民)의 자식이라도 공경(公卿)
이 되고, 배우지 않으면 공경의 자식이라도 평민이 되는 것이다.

【語義】 敎(교):가르침. 여기에서는 부모가 직접 자식을 가르치는 것을 뜻
　　하는 게 아니라, 좋은 스승을 구해 자식을 교육하는 것을 가리킨다.　嚴
　　(엄):교육을 엄하게 시키는 것.　勤(근):부지런히 학문을 닦는 것.　成
　　(성):학문이 높아짐. 또는 학문의 완성을 봄.　庶人(서인):무위무관(無位
　　無官)의 일반인.　公卿(공경):삼공육경(三公六卿). 고위고관(高位高官)
　　의 사람을 뜻한다. 주제(周制)에는 三公에 태사(太師)·태부(太傅)·태
　　보(太保)가 있었고, 六卿에 총재(冢宰)·사도(司徒)·종백(宗伯)·사마
　　(司馬)·사구(司寇)·사공(司空)이 있었는데, 삼공육경(三公六卿)을 통

칭하여 구경(九卿)이라 불렀다. 시대에 따라 관명(官名)이 여러 가지로 바뀌었다. 일반적으로, 공(公)·경(卿)·대부(大夫)·사(士)·서인(庶人)이 중국 고대 봉건사회(封建社會)의 계급(階級)이었다.

【解說】송(宋)나라 仁宗 때의 문인(文人)으로, 둔전원외랑(屯田員外郎)이었던 유영(柳永)이 지은 勸學文이다. 屯田員外郎은 호구(戶口)·간전(墾田)의 일을 관장(管掌)하던 벼슬이다. 本篇의 요지(要旨)는, '자식을 기르면서는 반드시 가르쳐야 한다. 또 가르칠 바에는 자식으로 하여금 열심히 공부하도록 해야 한다. 배우면 서인(庶人)도 공경(公卿)이 될 수 있다. 배우지 않으면 주자(冑子:帝王이나 卿大夫의 맏아들)라 해도 서인(庶人)밖에 될 수 없다.'라는 것이다. 本篇은 앞의 것들과는 달리 무운(無韻)의 산문(散文)이다. 학문이 입신(立身)의 조건이라는 주장은 앞의 글에서도 보았는데, 이것은 '학문을 권한다'는 계몽적인 성격을 띤 글들이기 때문이다. 本篇은 가르침과 배움이 사랑에 기인하는 것임을 말한다. 부모가 자식에게 가르침을 통하여 착한 성품과 우수한 재능을 지니게 하려는 것은 자식을 사랑하기 때문이며, 그렇기 때문에 가르침의 매질은 심해야 한다는 것이다. 결국 자식이 학문에 힘쓰는 것은 부모에 대한 孝일 뿐 아니라, 궁극적으로 자신의 행복에 기여하는 것이므로, 자기애(自己愛)의 구현이라 할 수 있다. 이것은 탁견(卓見)이다.

왕형공권학문(王荊公勸學文)

讀書不破費
독 서 불 파 비
독서에는 비용이 들지 않고

讀書萬倍利
독 서 만 배 리
독서함으로써 만 배의 이득이 생기네.

書顯官人才
서 현 관 인 재
글은 사람의 재능을 밝혀 주고

書添君子智
서 첨 군 자 지
군자에겐 지혜를 더하여 주네.

有卽起書樓
유 즉 기 서 루
여유가 있으면 서재(書齋)를 짓고

無卽致書櫃
무 즉 치 서 궤
여유가 없더라도 책상쯤은 갖추어야지.

窓前看古書
창 전 간 고 서
창 앞에서 옛 성현의 글을 읽고

燈下尋書義
등 하 심 서 의
등불 밑에서 그 뜻을 찾네.

貧者因書富
빈 자 인 서 부
가난한 자는 글로써 부유해지고

富者因書貴
부 자 인 서 귀
부유한 사람은 글로써 귀해지며

愚者得書賢
우 자 득 서 현
어리석은 자는 글로써 어질어지고

賢者因書利
현 자 인 서 리
어진 사람은 글로써 부귀를 얻네.

只見讀書榮
지 견 독 서 영
글을 읽어 영화를 누리는 것은 보았어도

不見讀書墜 _{불 견 독 서 추}	글을 읽어 타락하는 것은 보지 못했네.
賣金買書讀 _{매 금 매 서 독}	황금을 팔아 책을 사 독서하라!
讀書買金易 _{독 서 매 금 이}	독서하여 부귀해지면 황금쯤은 얼마든지 사들일 수 있네
好書卒難逢 _{호 서 졸 난 봉}	좋은 책은 참으로 만나기 어렵고
好書眞難致 _{호 서 진 난 치}	좋은 책은 정말 얻기 어렵네.
奉勸讀書人 _{봉 권 독 서 인}	삼가 글 읽는 사람들에게 권하노니,
好書在心記 _{호 서 재 심 기}	좋은 책은 꼭 마음에 기억해 두기를.

【語義】 不破費(불파비):비용이 들지 않음. 萬倍利(만배리):萬倍는 많은 것을 형용한 말. 이루 말할 수 없을 만큼 큰 이익을 준다는 뜻. 독서가 治國平天下의 큰 이익을 준다는 해석도 있다. 顯(현):밝히다, 뚜렷이 하다. 官人(관인):벼슬에 있는 사람, 또는 벼슬하려는 사람. 添君子智(첨군자지):군자의 지혜를 높여 줌. 添은 첨가(添加)의 뜻. 智는 지혜(智慧). 有卽起書樓(유즉기서루):힘이 있으면 서재(書齋)를 지음. 有는 돈 또는 財力이 있는 것. 卽은 則. 起는 建(세우다)의 뜻. 書樓는 책을 모아 두고 독서하는 서재(書齋). 無(무):有의 반대로, 財力이 없는 것. 致書櫃(치서궤):책상을 갖출 수 있도록 힘씀. 致는 힘써 애쓰는 것. 書櫃는 뚜껑이 위로 열리는 책 넣어 두는 상자. 本書의 注에, '無力한 자는 서궤(書櫃)를 준비하여 책을 모아, 책이 벌레들로부터 훼손되지 않게 해야 한다.'고 했다. 여유가 없으면 아쉬운 대로 책상이라도 마련하여 공부해야 한다는 뜻.

窓前看古書(창전간고서):창 앞에서 옛글을 봄. 古書는 고대(古代) 성현
(聖賢)들이 지은 책. 이 문장은 다음의 燈下尋書義와 대(對)가 된다. 本
書 注에, '형창 설안(螢窓雪案:중국 진(晉)나라의 차윤(車胤)이 반딧불
로 글을 읽고, 손강(孫康)이 눈빛으로 글을 읽었다는 고사(故事)에서 나
온 말)으로 옛 성현의 책을 읽기에 힘써야 한다.'고 했다. 燈下尋書義
(등하심서의):등불 아래에서 글 속의 뜻을 찾음. 尋書義는 앞 문장의 看
古書와 같은 뜻. 좋은 독서를 가리킨다. 因書富(인서부):책을 읽어 등
과(登科)하면 고귀 부유(高貴富裕)한 몸이 된다는 뜻. 因書貴(인서귀):
책으로 인하여 귀(貴)하여짐. 책을 읽어 도리를 알고 자신을 닦으면, 사
람들로부터 존경을 받는다는 뜻. 得書賢(득서현):책을 읽어 어질어짐.
賢은 덕(德)이 있는 사람을 가리킨다. 因書利(인서리):책으로 인하여
이롭게 됨. 本書 注에, '현인(賢人)이 힘써 독서하면 부귀해지고 이익을
얻는다.'고 했다. 榮(영):영예로운 지위(地位)를 얻음. 墜(추):실패(失
敗), 타락(墮落). 賣金買書讀(매금매서독):황금을 팔아 책을 사 읽음.
독서에 힘쓰라는 뜻이다. 讀書買金易(독서매금이):책을 읽으면 황금을
사기 쉬움. 독서하여 출세하면, 재물을 모으는 것은 문제가 아니라는
뜻. 易는 쉽다는 뜻일 때에는 이로, 바뀐다는 뜻일 때에는 역으로 읽는
다. 卒難逢(졸난봉):참으로 만나기 어려움. 卒은 참으로, 끝내. 眞難致
(진난치):참으로 입수(入手)하기 어려움. 奉勸(봉권):받들어 권함. 삼
가 권함. 在心記(재심기):마음속에 기억해 둠. 在는 於의 뜻.

【解說】 북송(北宋) 때의 재상(宰相) 왕안석(王安石)은 字는 개보(介甫), 고
문(古文)에 통달(通達)하여 唐宋八大家의 한 사람으로 꼽힌다. 신법당
(新法黨)의 政治家로 재정(財政) 개혁에 힘써 구법당(舊法黨)의 소동파
(蘇東坡) 등과 격렬하게 다투었다. 원풍(元豊) 2년(1079)에 좌복야관

문전대학사(左僕射觀文殿大學士)에 올라 형국공(荊國公)에 封해져 荊
公이라 불리었다. 이 글은 讀書의 이익을 說하고 책을 대하는 마음가
짐에 관해 언급하고 있다. 五言古詩의 형태인데, 20句의 매구(每句)마
다 書 字를 사용한 것이 기발하다. 학문을 위한 독서의 의의(意義)를 강
조하고 있다.

　이 글의 결구(結句)에 나타나 있는 荊公의 본의(本意)는 실로 음미해
볼 만한 것이다.

　好書卒難逢　好書眞難致.
　奉勸讀書人　好書在心記.

　《宋史》列傳 八十六에, '王安石, 무주(撫州) 임천(臨川) 사람, 어려서
부터 즐겨 독서했다. 한번 읽은 글은 평생 잊지 않았다.'라고 했을 만
큼, 王安石은 뛰어난 기억력의 소유자였다. 그래서 '好書在心記'란 말
을 한 듯한데, 범인(凡人)으로서는 어려운 일이다. 대신 힘써 정독(精
讀)해야 할 것이다.

백낙천권학문(白樂天勸學文)

有田不耕倉廩虛
유 전 불 경 창 름 허
밭이 있어도 갈지 않으면 곳간이 비고

有書不敎子孫愚
유 서 불 교 자 손 우
책이 있어도 가르치지 않으면
자식이 어리석게 된다.

倉廩虛兮歲月乏
창 름 허 혜 세 월 핍
곳간이 비면 살림이 구차해져 생활하기 어렵고

子孫愚兮禮義疎
자 손 우 혜 예 의 소
자손이 어리석으면 예의(禮義)에 어두워진다.

若惟不耕與不敎
약 유 불 경 여 불 교
갈지도 않고 가르치지도 않는다면

是乃父兄之過歟
시 내 부 형 지 과 여
그것은 곧 부형(父兄)의 잘못이다.

【語義】 耕(경):밭을 갊. 경작(耕作), 농사(農事)짓는 것. 倉廩(창름):곡식 창고. 일반 곡식을 저장하는 곳을 倉, 특별히 쌀을 저장하는 곳을 廩이라 하기도 한다. 虛(허):텅 빔. 子孫愚(자손우):자손이 어리석어짐. 愚는 세상 사리(事理)에 어두운 것. 兮(혜):而·則 등의 의미로 쓰이는 助字. 歲月乏(세월핍):지내기에 곤궁함. 乏은 부족한 것, 곤궁한 것. 농사짓지 않아 창고가 텅 비면 생활이 곤궁해진다는 뜻이다. 禮義疎(예의소):예의에서 멀어짐. 禮義는 사람이 사회생활을 하면서 지켜야 할 여러 도리. 疎는 疏와 소字로, 멀리하다·드물다·거칠다의 뜻. 惟(유):뚜렷한 뜻은 없고, 단지 강조의 뜻을 나타내는 助字로 쓰이고 있다. 歟(여):단정(斷定)이 아니라 동의(同意)를 구하는 의문형(疑問形)으로 문장을 만들 때에 쓰이는 助字.

【解說】 중당(中唐)의 대중시인(大衆詩人)이었던 백거이(白居易)의 字는 낙천(樂天)이다. 學問을 농경(農耕)에 비유(比喻)하여, 농사에 힘쓰지 않으면 창고에 식량이 없는 것처럼, 자식을 교육하지 않으면 자식이 우매(愚昧)해진다는 것이다. 창고가 비면 생활하기에 어려운 것같이, 예의(禮義)에 어두우면 사회생활 하는 데에 막힘이 많은데, 자식을 교육하지 않아 자식이 우매해지는 것은 부모의 잘못이라는 것이다. 이 篇도 七言古詩의 형식을 취하고 있으나, 文이라 제(題)하고 있다. 白居易의 本集에는 이 작품이 실려 있지 않다.

末尾의 二句 외의 句는 대구(對句)를 이루며 같은 구법(句法)을 반복하고 있다. 白樂天이 이 篇에서 말하는 학문이란 도리(道理)를 알고 예의(禮義)를 분별하기 위한 것이다. 禮義는 사람이 살아가기 위해 필요한 사회생활의 규칙(規則)이다. 유학(儒學)은 사람이 사람답게 살기 위해 닦는 학문이므로 禮義를 알게 되는 것이야말로 학문을 닦는 궁극적인 목표이다. 眞宗 皇帝가 勸하는 학문의 목적과 비교하면 큰 차이가 있다. 그러나 학문의 효과를 현실적인 예로 밝히지 않았을 뿐, 현실을 중요시하는 중국인답게 학문을 농경이라는 실생활에 비유하여 말하고 있다.

주문공권학문(朱文公勸學文)

勿謂今日不學
물 위 금 일 불 학

말하지 말라, 오늘 배우지 않고

而有來日
이 유 내 일

내일이 있다고.

勿謂今年不學
물 위 금 년 불 학

말하지 말라, 올해 배우지 않고

而有來年
이 유 내 년

내년이 있다고.

日月逝矣
일 월 서 의

세월은 무심히 흐를 뿐

歲不我延
세 불 아 연

결코 나를 기다리지 않는다.

嗚呼老矣
오 호 노 의

아아, 늙었노라!

是誰之愆
시 수 지 건

이 누구의 허물인가.

【語義】勿(물):~하지 말라는 금지사(禁止詞). 日月(일월):세월(歲月). 逝 (서):지나감. 延(연):끌다. 지체되다. 여기서는 待의 뜻으로, 기다리 다. 嗚呼(오호):탄식을 나타내는 감탄사(感歎詞). 愆(건):허물, 과실.

【解說】宋의 대유(大儒) 주희(朱熹)는 성리학(性理學)의 대성자(大成者)로, 字는 원회(元晦), 시호(諡號)는 문공(文公). 朱文公은 이 글을 통하여, '촌 음(寸陰)도 아껴 공부하라. 그렇게 하지 않으면 늙어서 후회하게 된다.'라 고 말하고 있다. 이 篇은 작자가 이미 덧없이 늙어 버린 것을 한탄하여

젊었을 때에 촌가(寸暇)를 아껴 면학(勉學)해야 한다고 靑年들에게 권하는 글이므로, 영탄조(詠嘆調)의 절실한 감정이 읽는 이의 마음을 움직이게 한다. 朱子 자신은 중국 제일의 哲學者로, 宋代 性理學·이기설(理氣說)을 대성하여 결코 세월을 헛되이 보내지 않고 정진(精進)한 위인이라 할 수 있다. 그런데도 끝이 없는 학문의 세계에 비하여 人生이 너무나 짧음을 절감하여, 시간의 귀중함을 강조하기 위해 이 글을 지은 것이다. 朱子의 학문은 주지적(主知的)이어서 격물치지(格物致知), 즉 사물의 이치를 연구하여 지식을 쌓는 것을 수기치인(修己治人)의 근본으로 삼았으므로, 그 자신 부단히 노력했다. 그러기에 歲不我延이란 생각이 항상 마음속에 자리 잡고 있었다.

그는 〈偶成〉이란 詩에서 다음과 같이 읊었다.

少年易老學難成　　소년은 늙기 쉬운데 학문은 이루기 어려우니
소 년 이 로 학 난 성

一寸光陰不可輕　　짧은 시간일지라도 결코 가벼이 여길 수 없네,
일 촌 광 음 불 가 경

未覺池塘春草夢　　못가 봄풀의 꿈에서 채 깨기도 전에
미 각 지 당 춘 초 몽

階前梧葉已秋聲　　섬돌 앞 오동잎 떨어져 벌써 가을이네.
계 전 오 엽 이 추 성

이 詩에도 易老와 學難成에 대한 한탄이 보이는데, 이로 미루어 보아 本篇의 嗚呼老矣라는 탄식이 단순히 남에게 학문을 권하기 위해 한 말이 아니라, 자신의 경험과 반성에서 우러나온 육성(肉聲)이 담긴 말임을 알 수 있다.

이 글도 앞의 두 편과 마찬가지로 對句를 두 번 반복시키는 형식으로

되어 있다. 처음 네 句에서는 6字와 4字, 뒤의 네 句에서는 4字와 4字의 두 句를 반복시키고, 年·延·筵으로 압운(押韻)하고 있다.

부독서성남:한퇴지(符讀書城南:韓退之)

木之就規矩
목 지 취 규 구

나무가 둥글게 또는 모나게 깎임은

在梓匠輪輿
재 재 장 륜 여

목수의 손에 달려 있고,

人之能爲人
인 지 능 위 인

사람이 사람답게 되는 것은

由腹有詩書
유 복 유 시 서

뱃속에 글이 얼마나 들어 있느냐에 달려 있네.

詩書勤乃有
시 서 근 내 유

부지런히 공부하면 글을 자기 것으로 할 수 있으나

不勤腸空虛
불 근 장 공 허

게으름을 피우면 뱃속이 텅 비게 되네.

欲知學之力
욕 지 학 지 력

배움의 힘을 알려면

賢愚同一初
현 우 동 일 초

태어났을 때엔 누구나 현우(賢愚)가 같음을 보면 되지.

由其不能學
유 기 불 능 학

배우지 못했기 때문에

所入遂異閭
소 입 수 이 려

마침내 그 들어가는 문이 달라지는 것이네.

兩家各生子
양 가 각 생 자

두 집안에서 아들을 낳았다 하세,

提孩巧相如
제 해 교 상 여

두 녀석 어릴 적엔 별로 차이가 없고,

少長聚嬉戲
소 장 취 희 희

약간 자라 서로 모여 놀 적엔

不殊同隊魚
불 수 동 대 어

떼 지어 헤엄치는 물고기와 다름없네.

年至十二三
연 지 십 이 삼

그런데 나이가 열 두셋 되면

頭角稍相疎
두 각 초 상 소

두각(頭角)이 약간 달라지고,

二十漸乖張
이 십 점 괴 장

스무 살쯤 되면 점점 더 벌어져

淸溝映汚渠
청 구 영 오 거

맑은 냇물과 더러운 도랑을 비교하는 것처럼
차이가 나며,

三十骨骼成
삼 십 골 격 성

서른 살, 뼈대가 굵어질 때쯤 되면

乃一龍一豬
내 일 룡 일 저

하나는 용(龍), 하나는 돼지가 된다네.

飛黃騰踏去
비 황 등 답 거

신마(神馬) 비황(飛黃)은 높이 뛰어올라 내달려

不能顧蟾蜍
불 능 고 섬 여

두꺼비 따위는 돌아보지도 않네.

一爲馬前卒
일 위 마 전 졸

한 사람은 말고삐 잡는 졸개가 되어

鞭背生蟲蛆
편 배 생 충 저

채찍 맞은 등에서 구더기가 끓고,

一爲公與相
일 위 공 여 상

한 사람은
삼공(三公)·재상(宰相)의 고귀한 사람이 되어

潭潭府中居
담 담 부 중 거

큰 저택 깊은 곳에서 의젓하게 지낸다네.

問之何因爾
문 지 하 인 이

묻노니, 어인 까닭에 이렇게 되었나?

學與不學歟
학 여 불 학 여

배우고 배우지 않은 차이라네.

金璧雖重寶
금 벽 수 중 보
금(金)이나 옥(玉)이 중한 보배라고 하지만

費用難貯儲
비 용 난 저 저
쉬이 쓰게 되어 간직하기 어렵네.

學問藏之身
학 문 장 지 신
학문은 몸에 간직하는 것,

身在則有餘
신 재 즉 유 여
몸만 있으면 써도 남음이 있지.

君子與小人
군 자 여 소 인
군자(君子)가 되고 소인(小人)이 되는 것은

不繫父母且
불 계 부 모 저
부모와 관계있는 것이 아니네.

不見公與相
불 견 공 여 상
보지 못했는가, 삼공(三公)과 재상(宰相)이

起身自犂鋤
기 신 자 려 서
평범한 사람에서 나오는 것을.

不見三公後
불 견 삼 공 후
보지 못했는가, 삼공(三公)의 후손들이

寒饑出無驢
한 기 출 무 려
헐벗고 굶주리며 당나귀도 없이 문밖에 나가는 것을.

文章豈不貴
문 장 기 불 귀
문장(文章)이 어찌 귀(貴)하지 않으리,

經訓乃菑畬
경 훈 내 치 여
경서(經書)의 가르침은 전답(田畓)과 다름없네.

潢潦無根源
황 료 무 근 원
길바닥에 괸 물은 근원이 없이,

朝滿夕已除
초 만 석 이 제
아침엔 구덩이에 찼다가도 저녁이면 말라 없어지지.

人不通古今
인 불 통 고 금
사람으로 태어나 고금(古今)에 통(通)하지 않으면

馬牛而襟裾 마 우 이 금 거	말과 소가 옷을 입은 것이라.
行身陷不義 행 신 함 불 의	자신이 불의(不義)에 빠지고서
況望多名譽 황 망 다 명 예	어찌 많은 명예를 바랄 수 있겠는가.
時秋積雨霽 시 추 적 우 제	때는 바야흐로 오랜 장맛비 갠 가을,
新涼入郊墟 신 량 입 교 허	맑고 시원한 기운이 들판에 이니
燈火稍可親 등 화 초 가 친	점점 등불과 가까이할 수 있고
簡編可卷舒 간 편 가 권 서	책을 펼칠 만하게 되었네.
豈不旦夕念 기 불 단 석 념	어찌 이 아비 조석(朝夕)으로 너를 염려하지 않으리,
爲爾惜居諸 위 이 석 거 제	너를 위해 세월이 지나감을 아쉬워한다.
恩義有相奪 은 의 유 상 탈	자식 사랑하는 마음과 교육을 엄히 시키고자 하는 마음은 어긋남이 많아,
作詩勸躊躇 작 시 권 주 저	이렇게 시를 지어 머뭇거리지 말고 공부하라 전하노라.

【語義】 符(부):작자 한유(韓愈)의 아들 창(昶)의 유명(幼名). 장경(長慶: 唐 穆宗 때의 연호) 연간에 급제(及第)하여 집현교리(集賢校理)가 되었다. 城南(성남):한유의 별장(別莊)이 있던 곳. 就規矩(취규구):나무가 원형(圓形), 또는 모나게 깎임. 就는 이루다·좇다. 規는 그림쇠로, 원형을 그리는 데에 쓰는 제구(製具). 矩는 곱자로, 방형(方形)을 그리는

데에 쓰는 자. 在梓匠輪輿(재재장륜여):재인(梓人)·장인(匠人)·윤인(輪人)·여인(輿人)의 손에 달려 있음. 梓人은 순(簨:종이나 경쇠 등의 악기를 거는 틀)·거(簴:簨과 같음)·음기(飮器:술잔)·사후(射侯:활 쏠 때 쓰이는 과녁)를 만드는 목수(木手). 轉하여 목수. 목수의 우두머리. 匠人은 보통 목공(木工). 輪人은 수레바퀴를 만드는 사람. 輿人은 車體를 만드는 목수. 《주례(周禮)》多官考工記 第六에, '무릇 나무를 다루는 장인이 일곱 있는데, 윤(輪)·여(輿)·궁(弓)·노(盧)·장(匠)·거(車)·재(梓)이다(攻木之工七, 輪輿弓盧匠車梓).'라고 했다. 爲人(위인):사람답게 되는 것. 由(유):말미암다. 腹有詩書(복유시서):시(詩)·서(書)를 충실히 공부하는 것을 가리킨다. '詩書'는 육경(六經)을 대표하는 《시경(詩經)》과 《서경(書經)》. 勤乃有(근내유):부지런히 힘쓰면 곧 갖게 됨. 경전(經典)을 열심히 공부하면 사람답게 된다는 뜻. 空虛(공허):텅 빔. 賢愚同一初(현우동일초):어진 이나 어리석은 사람이나 처음 세상에 태어났을 때는 똑같음. 初는 사람이 세상에 처음 태어난 것, 또는 인간 본래의 바탕. 所入(소입):들어가게 되는 곳. 轉하여 나중의 형편이나 상황. 遂(수):마침내, 드디어. 異閭(이려):출입하는 문이 다름. 배운 사람과 배우지 않은 사람은 그 신분이 달라진다는 뜻. 提孩(제해):웃을 줄 알고, 또 손으로 끌고 다닐 수 있는 어린아이, 곧 두세 살 된 갓난아이. 孩는 어린아이가 방글방글 웃는 것. 巧相如(교상여):교묘하기가 같음. 지혜가 비슷하다는 뜻. 少長(소장):약간 자란 것. 聚嬉戲(취희희):모여 즐겁게 놂. 不殊(불수):다르지 않음. 同隊魚(동대어):같은 무리에서 노는 물고기. 우열(優劣)이 없음을 형용(形容)하는 말. 頭角稍相疎(두각초상소):두각(頭角)이 조금씩 달라짐. 커 감에 따라 아이들에게 크고 작고의 차별이 생기듯, 지능(知能)이나 배움이 노력에 따라 차이가 난다는 뜻. 頭角은 머리의 모진 끝. 稍는 점점·차차. 疎는 멀어지는 것. 漸乖張(점괴장):점점 더 달라지고 벌어짐. 乖는 어그러지는 것. 張은 벌어지는 것. 淸溝(청구):맑은 시내. 배운 사람에 대한 비유. 溝는 도랑·시내. 汙渠(오거):더러운 도랑. 배우지 못한 사람에 대한 비유. 渠는 도랑, 개통(開通)한 수로(水路). 骨骼(골격):骨格으로도 쓰며, 뼈대. 一龍一豬(일룡일저):한 사람은 용이 되고, 한 사람은 돼지가 됨. 배운 사람은 용처럼 뛰어난 사람이 되고, 배우지 못한 사람은 돼지처럼 어리석은 사람이 된다는 뜻. 飛黃(비황):신마(神馬)의 이름으로, 학문을 이룬 사람을 가리킨다.《회남자(淮南子)》남명훈(覽冥訓) 注에, '飛黃은 승황(乘黃)이라 한다. 서방(西方)에서 나며, 모양은 여우 같고, 등 위에 뿔이 있다.'고 했다. 騰踏(등답):높이 뛰어오름. 騰은 날아오르는 것. 踏은 밟는 것. 배운 사람이 크게 출세한 것을 가리킨다. 顧(고):돌아다봄. 蟾蜍(섬여):두꺼비. 배우지 못해 우둔(愚鈍)한 사람을 가리킨다. 馬前卒(마전졸):말 앞에서 달려가며 시중하는 졸개. 천한 신분의 사람을 가리킨다. 鞭背生蟲蛆(편배생충저):등을 채찍으로 얻어맞아, 맞은 곳에 구더기가 생김. 배우지 못하여 천한 신세가 된 사람의 고충을 뜻한다. 鞭은 채찍. 蛆는 구더기. 公與相(공여상):삼공〔三公:태사(太師)·태부(太傅)·태보(太保)〕과 재상(宰相). 최고의 벼슬들이다. 潭潭府中居(담담부중거):큰 저택 깊숙한 곳에서 의젓하게 지냄. 潭潭은 원래 물이 깊은 것을 형용하는 말. 여기서는 저택이 크고 훌륭한 것을 뜻한다. 何因爾(하인이):무슨 까닭인가? 爾는 助字. 金璧(금벽):황금과 벽옥(璧玉). 璧은 원래 가운데 구멍이 있는 환상(環狀)의 옥(玉). 雖(수):비록. 오직의 뜻으로 쓰일 때에는 유로 읽힌다. 費用難貯儲(비용난저저):쓰게 되어 간직하기 어려움. 金玉이나 재물은 쉬이 없어지게 됨을 뜻한다. 身在則有餘(신재즉유여):몸만 있으면 남음이 있음. 학문이란 마음에 지니는 것이기 때문에, 재물과는 달리 탕진(蕩盡)

되는 것이 아니라는 뜻. 不繫父母且(불계부모저):부모와 관계있는 것이 아님. 繫는 단단히 얽매여 있는 것. 군자(君子)가 되느냐 소인(小人)이 되느냐는, 부모와 관계있는 것이 아니라 자신이 얼마만큼 노력하느냐에 달려 있다는 뜻. 且는 助字로, 압운(押韻)하기 위하여 쓰였다. 起身自犂鋤(기신자려서):농부(農夫)로부터 몸을 일으킴. 自는 ~로부터의 뜻. 犂는 보습·쟁기, 鋤는 호미. 모두 농기구로, 여기서는 왕후장상(王侯將相)이 아닌 평범한 사람을 상징한다. 三公後(삼공후):삼공(三公)의 후손(後孫). 寒饑出無驢(한기출무려):헐벗고 굶주리며, 외출하는 데에 당나귀조차 타지 못함. 驢는 당나귀. 豈(기):어찌. 經訓乃菑畬(경훈내치여):경서(經書)의 가르침은 밭과 같은 것임. 밭에서 곡식이나 사람을 먹여 살리듯, 경서(經書)의 가르침도 사람에게 식록(食祿)을 주어 먹여 살린다는 뜻. 菑는 개간한 지 일 년 된 밭. 畬는 개간한 지 이태 된 밭. 일설(一說)에는 3년 된 밭이라고도 한다. 潢潦(황료):길바닥에 괸 물. 除(제):없어짐. 여기서는 말라져 없어지는 것. 通古今(통고금):학문을 하여 고금(古今)의 여러 일을 밝게 앎. 馬牛而襟裾(마우이금거):말이나 소가 옷을 입은 것임. 襟은 옷깃. 裾는 옷자락. 行身(행신):행동(行動)·행실(行實). 陷(함):빠지다. 況(황):하물며. 時秋積雨霽(시추적우제):때는 가을로, 장맛비가 갬. 積雨는 오래 계속되던 비. 霽는 맑게 개는 것. 이 文句부터 '簡編可卷舒'까지 四行은, 가을이 되면 누구나 한 번씩 읊조려 보는 名句이다. 新涼(신량):청신(淸新)하고 서늘한 기운. 郊墟(교허):郊는 성밖의 땅. 墟는 인가(人家)가 있는 언덕. 燈火稍可親(등화초가친):등불과 점점 친해짐. 燈火는 등불. 稍는 조금씩·점점. 簡編可卷舒(간편가권서):책을 펼 만함. 옛날 종이가 없을 적엔 대쪽에 글을 적어 그것을 엮어 册을 만들었다. 그렇기 때문에 두루마리로 된 책을 폈다 말았다 하며 독서하였다. 豈不旦夕念(기불단석념):어찌 조

석(朝夕)으로 염려하지 않을 수 있겠는가. 豈不은 반어법(反語法)으로,
긍정(肯定)의 의미를 강조할 때에 쓰인다. 惜(석):애석하게 생각하다.
居諸(거제):《詩經》國風篇 패풍(邶風) 〈日月〉의, '해와 달은 땅을 비추
고 있는데(日居月諸 照臨下土)'에서 따온 말로, 歲月·時間을 가리킨다.
〈日月〉에서는 居·諸 모두 助字로 쓰였음. 恩義有相奪(은의유상탈):은
(恩)과 의(義)가 서로 다툼. 恩은 어버이가 자식을 사랑하는 마음. 義는
교육에 엄한 것. 교육은 엄하게 해야 하는데, 자식을 사랑하는 마음에
부모가 자식을 엄하게 교육시키지 못함을 가리킨다. 作詩勸躊躇(작시
권주저):시(詩)를 지어, 학문을 닦는 데에 주저하는 사람들에게 권학(勸
學)함. 작자 한유(韓愈)가 은미(隱微)한 표현으로 애정과 교훈(敎訓)을
나타내며, 자식에게 열심히 공부할 것을 권하고 있다.

【解說】 중당(中唐)의 시인(詩人)이자 고문가(古文家)인 한유(韓愈)의 字는
퇴지(退之), 그는 창려백(昌黎伯)에 封해졌기 때문에 창려선생(昌黎先
生)이라고도 했다. 本書 題下 注에, '韓昌黎 先生에게 아들이 있었는데,
이름은 부(符), 군성(郡城)의 남쪽에서 공부했다. 韓公은 이 글을 지어
符에게 학문을 권했다. 열심히 공부하면 군자가 되고, 열심히 배우지
않으면 소인이 된다는 것을 깨우쳐 주기 위해서였다.'라고 했다. 또《昌
黎先生集》卷六 古詩에 있는 이 篇의 題下 注에는, '符는 公의 아들. 城
南은 公의 別莊이 있던 곳. 맹동야(孟東野)의 詩와 장적(張籍)의 詩에
符와 城南을 말한 것이 있다. 公의 묘지(墓誌) 및 등과기(登科記)를 살
펴보면, 公의 아들은 창(昶)이라 했고, 장경(長慶) 4년에 과거에 급제했
다. 여기에 符라 한 것은 昶의 소자(小字:어렸을 적 이름)를 쓴 것일까?
원화(元和) 11년 가을에 지음.'이라고 했다.
 '時秋積雨霽 新涼入郊墟 燈火稍可親 簡編可卷舒'의 四句, 중당(中唐)

의 대표적 시인으로 한백(韓白:韓愈와 白居易)이 손꼽히는 데에 조금도 부끄럽지 않을 名文句로, 本篇을 한층 돋보이게 할 뿐 아니라 글 전체에 생기를 갖게 한다. 또 자식을 생각하는 어버이의 마음이 잘 표명된 것이라 할 수 있다. 잘 알아듣도록 적절한 예를 들어 가며 설득하여 인도하려는 어조(語調)가, 전편을 통하여 읽는 이의 마음을 크게 움직이게 한다. 특히 '恩義有相奪 作詩勸躊躇'라고 하여, 자애로우면서도 엄격함을 잃지 않은 시교(詩敎:시를 지어 훈계하고 가르침)로써 이 篇을 맺은 것은, 古文家로서 韓文公의 유가적(儒家的) 문학 정신(文學精神)의 구현(具現)으로 보아야 할 것이다. 이 篇을 한 번이라도 읽으면, 가을 밤 풀벌레 소리가 들려올 때쯤이면 燈火可親이란 讀書를 권하는 千古의 명언이 저절로 생겨날 것이다.

《朱文公校昌黎集》孫氏 注에, "文章은 마땅히 경훈(經訓:경서의 가르침)을 근본으로 해야 한다."고 했다. 또 補注에, "《呂原明雜記》에 杜甫의 詩를 인용하여 '文章은 한낱 작은 재주, 道에서 나는 아직 높다 할 수 없다.'라고 했다. 文은 道를 담는 그릇, 어찌 小技라 말할 수 있겠는가? 마땅히 쓸 곳을 살펴야 한다. 韓退之의 詩에 '文章이 어찌 貴하지 않으리오. 經訓은 치여(菑畲:황무지를 개간함)에 미칠 만한 것이라 할 수 있다.'고 했다. 이 說에는 취할 것이 있다."고 했다. 경서(經書)의 가르침을 존중하여 문장을 귀히 여김은 문장이 道를 싣는 도구이기 때문이라는 思想은, 杜甫의 시풍(詩風)을 이어받은 韓文公에게도 있었다. 또 이것은 《詩經》 이래 중국의 文學觀이어서, 당대(唐代)의 詩에 강하게 復活한 풍아 정신(風雅精神)이었다. 이러한 정신이 누구보다 강했던 韓文公이 마음 깊이 문장을 좋아하고 존중(尊重)했다는 것은 말할 나위도 없다.

권지 1(卷之一)

오언고풍단편(五言古風短篇)

　明의 양교(梁橋:字는 公濟, 永川이라 號했다)의 《永川詩式》에, '五言은 漢의 李陵·蘇武에 의해 시작되었다. 혹자(或者)는 枚乘이라고도 한다. 五言絶句는 옛날 漢·魏의 樂府에서 시작되었다. 옛 글로는 〈白頭吟〉(漢나라 司馬相如의 아내 卓文君의 作이라 전한다)·〈出塞曲〉(晉의 劉疇) 등이 남아 있다. 육대(六代:六朝. 文學上 後漢에서 隋末까지의 시기)에 이르러 차차 널리 퍼졌다. 唐代에 이르러 이에 능(能)한 자가 매우 많았다.'라고 했다. 五言詩는 前漢의 武帝 때에 시작되었으며, 〈李蘇贈答〉이란 詩가 그 효시(嚆矢)라고 하는데, 그 진위(眞僞)는 확실하지 않다. 古詩 19首(《文選》에 수록되어 있음)만 하더라도, 모두 수미 정연(首尾整然)한 五言詩여서, 五言詩의 완성기 작품이지 종래의 說처럼 초기의 것은 아닐 것이다. 또 19首 가운데 8首는 景帝 때의 사람 枚乘의 작품이라고 하는데(《玉臺新詠》), 같은 이유로 의심하지 않을 수 없다. 오히려 前後漢代의 樂府 중에 句의 字數가 갖추어지지 않은 채 점차 五言詩의 틀을 이루어 가는 작품들이 보인다. 그 후 魏·晉·六朝를 거치면서 발전을 보게 되었다.

청야음:소강절(淸夜吟:邵康節)

月到天心處
월 도 천 심 처

달은 하늘 한가운데에 있고

風來水面時
풍 래 수 면 시

바람 불어와 수면에 잔물결 인다.

一般淸意味
일 반 청 의 미

이러한 상쾌한 흥치(興致),

料得少人知
요 득 소 인 지

세상에 아는 사람 적으리.

【語義】 天心(천심):하늘 가운데. 心은 중앙(中央). 風來水面時(풍래수면시):직역(直譯)하면 바람이 물 위에 불어올 때. 여기서는 時를 굳이 표현하지 않아도 된다. 一般(일반):이러한. 淸意(청의):상쾌한 기분. 料得(요득):마음속으로 헤아려 앎. ～한 듯하다의 뜻. 料는 헤아리는 것. 少(소):稀의 뜻으로, 드묾. 적음.

【解說】 시원한 밤의 노래라고 題하고 道, 즉 眞理의 本體와 그 작용을 알며 그것을 체득(體得)한 세인(世人)이 드물다는 것을 읊은 詩이다. 四句 20字의 詩 속에, 明月·淸風 등 自然과 혼연일치(渾然一致)된 작자 마음의 경지(境地)가 잘 나타나 있다. 이 시의 題下에, '道와 中和의 妙用, 그것을 터득한 즐거움, 그 맛을 아는 사람이 적음을 말하고 있음.'이라고 注되어 있다. 일종의 철학시(哲學詩)라고 할 수 있다. 작자 소옹(邵雍)의 《伊川擊壤集》에는, 제1권 〈觀基大吟〉의 長篇古詩에서 제20권 〈首尾吟〉에 이르기까지 무수한 吟이 수록되어 있다. 〈淸夜吟〉은 절구체(絶句體)의 詩로, 康節先生이 매우 좋아했던 詩體의 하나이다. 吟은 본디

樂府의 한 형태로, 벌레의 울음소리 같은 슬픈 가락의 노래를 말하는 것이라고 하는데, 이 篇은 悲歌는 아니다. 吟도 詠과 같이 소리 내어 읊조린다의 뜻으로, 歌와 같다고 할 수 있다.

《性理大全》(宋의 道學者 120인의 說을 集錄한 冊) 제70에도 이 시가 실려 있는데 熊剛大의 말을 인용하여, "이 篇은 事物을 빌어서, 聖人의 本體가 淸明함과 사람의 욕망이 淨化된 것을 形容하고 있다. '月到天心處란' 달을 가린 구름이 깨끗이 걷힌 것을 말하며, '風來水面時'란 물결이 일지 않는 것을 뜻한다. 다름 아닌 사람의 욕망이 淨化되어 天理가 流行하는 때를 가리킨다."라고 注했다. 당시의 道學者들이 詩를 짓는 뜻도, 욕망과 감정의 淨化에 있었던 것이라고 생각된다. 이 詩는 自然의 흥취(興趣)를 읊은 시임에 틀림없으나, 哲理와 도덕 수양(道德修養)의 마음가짐에 관해서 논(論)하고 있다. 宋代에는 說理詩, 즉 道理를 說한 詩가 많았다. 또 宋代의 학문과 사상은 理論을 좋아하는 경향이 강해, 그것이 후에 宋學을 대성하게 했다.

광풍제월(光風霽月:비 온 뒤에 맑게 부는 바람과 밝은 달) 같은 淸虛한 心境에 이른 도학자의 淨化된 마음을 엿볼 수 있는 작품이다.

사시:도연명(四時:陶淵明)

春水滿四澤
춘 수 만 사 택   봄물은 사방 못에 가득 넘치고

夏雲多奇峰
하 운 다 기 봉   여름 구름은 기이한 산봉우리에 모여 있다.

秋月揚明輝
추 월 양 명 휘   가을 달 밝은 빛을 떨치고

冬嶺秀孤松
동 령 수 고 송   겨울 산마루엔 푸른 솔이 홀로 서 있다.

【語義】四澤(사택):사방의 못. 모든 못. 奇峰(기봉):기이한 산봉우리. 揚(양):드날리다. 나타내다〔發〕. 明輝(명휘):밝은 빛. 輝는 빛나는 것. 嶺(령):산마루. 秀(수):홀로 빼어남. 특출(特出)하다는 뜻.

【解說】題下 注에 '春水·夏雲·秋月·冬松은, 각 계절의 특색 있는 풍경을 대표하기에 足하다.'고 했듯이, 이 詩는 사계의 風物의 특징을 정확하게 포착하여, 각 계절의 아름다움을 읊은 古詩이다. 自然美 그대로를 主題로 한 것이 이 詩의 특색이다. 《陶靖節集》卷四의 끝에 수록되어 있다.

    물이 따뜻해지는 봄의 溫和하고 여유 있는 기분, 구름 맴도는 산봉우리 높은데 넓기만 한 하늘, 맑고 맑은 가을날의 달밤, 눈 덮인 산마루에 홀로 우뚝 선 소나무 등 사계의 自然의 대관(大觀)을 읊은 詩인데, 春夏의 꽃의 아름다움을 취하지 않은 점 등으로 미루어 보아, 風物을 다분히 倫理的인 아름다움, 즉 작자 자신의 마음의 눈을 통해 느껴지는 모습으로 읊고 있다. 山水와 自然의 아름다움을 詩로 노래한 것은 晉代

이후의 일인데, 이 詩는 山水畫의 개조(開祖)라 불리는 고개지(顧愷之)의 作이라고도 하며, 도연명(陶淵明)이 顧愷之의 詩 중에서 四句를 적출(摘出)한 것이라고도 한다. 어쨌든 이 詩가 晉代에 지어진 작품임에는 틀림없다. 참고로 이에 관한 여러 說을 밝혀 둔다.

(一) 顧長康(愷之)의 詩인데, 잘못하여 陶彭澤의 文集 속에 編入된 것이다(宋·許顗《彦周詩話》).

(二) 劉斯立이 말하길, '마땅히 이것으로써 全篇을 살펴야 한다. 篇 가운데 이것만이 특출하다는 것을 알 수 있다. 顧氏의 作이라 해도, 淵明이 이 四句를 가려 뽑은 것은 실로 잘 가려냈다 할 수 있다.'고 했다(宋·湯漢의 注《陶靖節先生詩》卷三 인용).

(三) 이것은 顧愷之의 〈神情詩〉이다. 《類文》에 全篇이 있다. 그런데 顧詩는 首尾가 같지 않고, 그의 작품 가운데 이것만이 특출하다(宋·湯漢의 注《陶靖節先生詩》卷三 인용).

(四) 詩의 기격(氣格)이 淵明에 걸맞지 않는다. 마땅히 빼어 버려야 할 것이다(明·張自烈評《箋注陶淵明集》卷三).

이상과 같이 이 詩가 陶淵明의 作品이 아니라고 생각하는 학자도 많은 것 같다.

방도자불우:승 무본(訪道者不遇:僧 無本)

松下問童子	소나무 아래에서 동자(童子)에게 물으니,
송 하 문 동 자	
言師採藥去	스승은 약초 캐러 가
언 사 채 약 거	
只在此山中	분명 이 산속에 있을 터인데
지 재 차 산 중	
雲深不知處	구름이 하도 깊어 있는 곳을 모르겠다고.
운 심 부 지 처	

【語義】訪(방):찾아가다. 방문(訪問)하다.　道者(도자):수도(修道)하는 은
자(隱者).　遇(우):만나다.　童子(동자):심부름하는 어린 소년. 은자(隱
者)의 시자(侍者).　師(사):동자(童子)가 섬기는 선생. 도자(道者)·은자
(隱者)를 가리키는 경칭(敬稱).　只(지):틀림없이 ~하기는 하지만의 뜻.
採藥(채약):약초를 캠. 도사(道士)나 은자(隱者)의 일상생활을 대표하
는 일 가운데 하나이다.

【解說】訪道者不遇란, 산속에서 도가(道家)의 神仙術을 닦는 隱者를 찾아
갔는데 만나지 못했다는 뜻이다. 隱者는 없고 童子만이 남아 집을 지키
고 있어, 그와 몇 마디 주고받은 것을 그대로 옮겨 한 작품을 이루었다.
실로 기발한 착상이라 아니할 수 없다. 세상으로부터 격리되어 깨끗이
살고 있는 隱者를 부러워하는 마음이 은은히 읽는 이의 마음에까지 전
해지며, '산속에 있으되, 구름이 깊어 어디에 있는지 모른다(只在此山
中 雲深不知處).'는 표현은 작자 역시 道를 터득한 사람임을 느끼게 한
다. 唐代의 詩에는 隱者를 소재로 한 것들이 많은데, 이 작품만큼 인구

(人口)에 회자(膾炙)되는 詩도 드물다. 은자를 만나지 못한 사실을 이야기한 시인데, 오히려 은자를 만나 직접 보고 이야기하는 것보다 더 멋지게 은자의 풍격(風格)을 읊고 있다.

《唐詩遺響》에는 〈訪羊尊師〉라 題하고 손혁(孫革)의 作으로 되어 있으며, 《唐詩訓解》·《唐詩選》·《唐詩三百首》 등에서는 本篇 제목의 道者를 隱者라 하고 가도(賈島)의 作으로 했다. 이 篇은 諸本에는 絕句(近體詩)에 들어 있는데, 요체(拗體:詩體의 하나로, 일정한 平仄의 형식을 따르지 않는 漢詩)이므로 本書에서는 古詩(古風)로서 다룬 것 같다.

作者 賈島는 中唐의 詩人으로, 字는 낭선(浪仙). 일찍이 중이 되어 무본(無本)이라 했으나, 韓愈에게서 詩才를 인정받아 환속(還俗)하였다. 그가 '僧敲月下門'이라는 文句를 놓고 고심하다가 韓愈의 행차하는 행렬에 부딪쳐, 韓愈로부터 가르침을 받은 퇴고(推敲)의 故事는 유명하다.

잠부:무명씨(蠶婦:無名氏)

昨日到城郭　　어제 성밖에 나갔다가
작 일 도 성 곽

歸來淚滿巾　　돌아오면서 눈물 흠뻑 흘렸지.
귀 래 누 만 건

遍身綺羅者　　온몸에 비단을 감고 있는 사람들,
편 신 기 라 자

不是養蠶人　　하나같이 누에치는 사람은 아니더군.
불 시 양 잠 인

【語義】蠶(잠):누에. 城郭(성곽):성밖. 城은 내성(內城)의 벽(壁), 郭은 외성(外城)의 壁. 歸來(귀래):돌아옴. 來는 助字. 淚滿巾(누만건):수건이 흠뻑 젖도록 눈물을 흘림. 遍身(편신):온몸. 遍은 두루 미치는 것. 綺羅(기라):무늬가 새겨진 비단. 여기서는 형용사(形容詞)로, 비단을 두르고 있는의 뜻.

【解說】누에치는 여자를 동정하여 지은 詩이다. 題下 注에, '城을 나와 집으로 돌아가며 느끼는 바 있어 눈물 흘린다. 누에를 치는 것은 고사하고 누에치는 고통조차 모르는 자들이 몸에 비단을 두르고 있는 것을 보았기 때문이다.'라고 했다. 作者 未詳의 작품이다. 이 篇은 近體詩(絕句)의 平仄法을 지키지 않았으므로, 古詩로 보아도 좋을 것 같다.

《禮記》月令篇에 기록되어 있는 바에 의하면, 古代의 后妃는 季春이 되면 齋戒하고 몸소 뽕을 따 양잠을 권장했다 한다. 양잠을 주제로 한 것으로는 漢代의 〈陌上桑〉과 같은 樂府體의 작품이 있으며, 南朝時代의 樂府에서는 '누에치는 여인'이 愛情詩의 주류를 이루고 있다. 그런데 後

世에 내려와, 누에치는 여인은 고생만 할 뿐 비단옷은 사치를 일삼는 사람들이나 입게 되는 모순이 생겼다. 그러한 모순을 날카롭게 지적한 사람은 唐의 白樂天으로 그의 시 가운데에는, 그 당시 정치의 부패(腐敗)와 부정에 의해 누에치는 여인들이 겪어야 하는 고통을 서술함으로써 사회를 고발하는 것들이 많다. 이 篇도 그러한 모순을 지적한 작품이라 할 수 있다.

민농:이신(憫農:李紳)

鋤禾日當午
서 화 일 당 오
김을 매니 때는 벌써 한낮,

汗滴禾下土
한 적 화 하 토
땀방울이 곡식 밑 흙에 떨어진다.

誰知盤中飱
수 지 반 중 손
뉘 알랴, 그릇에 담긴 밥

粒粒皆辛苦
입 립 개 신 고
한 알 한 알이 농민의 땀인 것을.

【語義】憫農(민농):고생하는 농민(農民)을 동정(同情)함. 憫은 가엾게 여기는 것. 鋤(서):호미. 김매는 것을 가리킨다. 禾(화):본디는 곡식의 총칭. 午(오):한낮. 시간으로 오전 11시부터 오후 1시까지. 汗滴(한적):땀방울. 汗은 땀. 滴은 물방울. 盤(반):쟁반. 여기서는 밥을 담는 그릇을 말한다. 飱(손):저녁밥. 여기서는 밥으로 해석하는 게 좋다. 참고로 아침밥은 옹(饔), 저녁밥은 손(飱)이라 한다. 粒(입):낟알. 粒粒은 낟알 하나하나.

【解說】 憫農이란 농사일에 애쓰는 농민을 딱하게 여긴다는 뜻이다. 이 篇은《唐文粹》十六 下 古調歌篇에 실려 있는, 李紳이 지은 두 편의〈憫農〉중 한 편이다. 농부의 노고를 불쌍히 여기는 마음을 노래한 古詩인데, 本集에는 없다. 題下 注에, '농부는 무더위 속에서도 땀 흘려 김을 매며 밭을 땀으로 적신다. 사람들은 그 곡식을 먹으면서도 농부들의 고통을 조금도 모른다.'라고 했다.

李紳의 同題의 다른 詩는, 나라에서 정치를 잘못하여, 농부들은 저마

다 힘써 경작하는데도 아사(餓死)하는 일이 있음을 한탄하는 것으로,
다음과 같다.

　春種一粒粟　　봄에 곡식 한 알 뿌리면
　秋收萬顆子　　가을엔 만 알의 곡식 거두네.
　四海無閑田　　천하에 놀리는 밭이 없는데
　農夫猶餓死　　농부들은 굶어 죽는다네.

　또 《全唐詩》에 수록된 섭이중(聶夷中)의 詩 〈田家〉두 首 가운데
첫首에서도,

　父耕原上田　　아버지는 들의 밭을 갈고
　子劚山中荒　　자식은 산속의 거친 땅 파네.
　六月禾未秀　　유월 곡식이 아직 패지도 않았는데
　官家已修倉　　관가에선 벌써 창고를 수리한다네.

라고 하여, 가렴주구(苛斂誅求)에 신고(辛苦)하는 농민들의 모습을 읊
었다.

독이사전:이업(讀李斯傳:李鄴)

欺暗常不然
기 암 상 불 연

남이 모르는 것을 속이려 해도 잘 안 되는 법인데,

欺明當自戮
기 명 당 자 륙

세상이 다 아는 것을 속이려 했으니 죽음을 불렀지.

難將一人手
난 장 일 인 수

한 사람의 작은 손으로는

掩得天下目
엄 득 천 하 목

천하의 눈을 다 가리기 참으로 어려우리.

【語義】 李斯傳(이사전):《사기(史記)》의 이사열전(李斯列傳)을 가리킨다. 이사(李斯)에 관해서는 해설 참조. 欺(기):속이다. 暗(암):자기만 알고 남은 모르는 일. 常(상):늘, 언제나. 不然(불연):제대로 되지 않음. 明 (명):세상 모두가 아는 것. 自戮(자륙):스스로 자신을 해침. 戮은 죽이는 것. 將(장):以의 뜻으로, ~을 가지고, ~로써. 掩(엄):가리다. 안보이게 하거나 막는 것. 天下目(천하목):세상 모든 사람들의 이목(耳目).

【解說】《史記》李斯列傳을 읽고 느낀 바를 읊은 詩이다.

이 詩의 작자는,《全唐詩》나《唐文粹》十八에 의하면 李鄴이 아니라 曹鄴이다.《全唐詩》에는 李鄴의 시로는 〈和綿州于中丞登越王樓作〉 한 首가 실려 있을 뿐이다.《全唐詩》에 수록되어 있는 曹鄴의 〈讀李斯傳〉 은 本書에 수록되어 있는 同題의 本篇과는 약간 다른데, 全文을 소개하겠다.

一車致三轂　한 수레에 세 바퀴를 단 것은

本圖行地速　빨리 달리려는 것인데,

不知駕馭難　이는 수레몰기의 어려움을 모르는 것이어서

擧足成顚覆　출발하자마자 뒤엎어질 수밖에.

欺暗尙不然　남이 모르는 것을 속이려 해도 뜻대로 되지 않거늘

欺明當自戮　천하가 아는 것을 속이려 했으니 죽음을 당할 수밖에.

難將一人手　한 사람의 손으로는

掩得天下目　천하의 눈들을 가리기 어려우리.

不見三尺墳　못 보았는가, 석 자 높이의 무덤에

雲陽草自綠　그늘 졌다 볕들다 하며 풀빛만 푸르른 것을.

本書의 本篇은, 이 詩의 五·六·七·八의 四句만 채록(採錄)한 것 같다.

李斯는 초(楚)나라 상채(上蔡) 사람. 한비(韓非)와 함께 순자(荀子)를 좇아 제왕(帝王)의 술(術)을 배우고, 법술형명학(法術刑名學)으로 진시황(秦始皇)을 섬겼다. 始皇이 천하를 통일한 후에는 승상(丞相)이 되어, 군현제(郡縣制)를 정하고 금서령(禁書令)을 내렸으며, 창힐(蒼頡)이 만든 문자를 정리하게 하여 소전(小篆)을 만들게 했다. 秦二世 때에, 조고(趙高)의 참언에 의해 함양(咸陽)의 거리에서 요참형(腰斬刑)에 처해졌다. 秦 始皇 때에 있었던 분서갱유(焚書坑儒)는 그의 진언(進言)에 의한 것이었다. 《史記》 李斯列傳 말미에 다음과 같은 太史公의 말이 실려 있다.

"李斯는 작은 마을의 미천한 몸으로서 諸侯를 유세(遊說)하고 秦에 들어가 秦王의 신하가 되었다. 열국(列國)의 분쟁을 교묘히 이용하여 공작을 하고, 始皇을 보좌하여 마침내 始皇으로 하여금 帝王의 業을 이

루게 하여 자신은 三公이 되었다. 진실로 귀중하게 쓰였다고 말할 수
있다. 斯는 六藝와 經典의 근본 뜻을 잘 알아 정치를 공명하게 하고 임
금의 모자라는 점을 잘 보충하였으나, 높은 벼슬과 祿을 가지고서도 아
첨 영합하였으며, 명령을 엄하게 하고 형벌(刑罰)을 혹독하게 했을 뿐
아니라, 조고(趙高)의 요사한 말에 혹(惑)하여 적자(嫡子)를 폐(廢)하고
서자(庶子)를 세웠다. 諸侯들이 이반(離反)하자 비로소 임금께 간(諫)하
려 했지만, 이미 때가 늦지 않았던가? 세상 사람들이 모두, 斯는 나라
에 충성을 다했으면서도 오형(五刑)을 받아 죽었다고 하지만, 그 근본
을 살펴보면 斯의 행동에는 세속(世俗)의 말과 다른 점이 많다. 그렇지
만 않았던들 진실로 斯의 공적은, 그로 하여금 주공(周公) · 소공(召公)
과 어깨를 나란히 하게 했을 것이다."

왕소군:이태백(王昭君:李太白)

昭君拂玉鞍
소 군 불 옥 안

원제(元帝)의 궁녀 소군(昭君),
치맛자락으로 구슬 안장 건드리듯

上馬啼紅頰
상 마 제 홍 협

말 위에 오르니 붉은 두 뺨이 우네.

今日漢宮人
금 일 한 궁 인

오늘까진 한궁(漢宮)의 여인이지만

明朝胡地妾
명 조 호 지 첩

내일부턴 오랑캐의 첩(妾).

【語義】 王昭君(왕소군):중국 전한(前漢) 원제(元帝)의 궁녀. 이름은 장(嬙),
소군(昭君)은 자(字). 절세(絕世)의 미인이었는데, 흉노(匈奴)와의 친화
책 때문에 화번공주〔和蕃公主:중국의 제실(帝室), 또는 왕족의 부녀로
서 새외(塞外)의 군주를 회유하기 위하여 그곳으로 출가한 사람을 일컫
는 말〕로서 호한야선우(呼韓邪單于)에게 출가하여 아들 넷을 낳고 호지
(胡地)에서 자살하였음. 후세에 많은 문학 작품 등에 애화(哀話)로서 윤
색(潤色)되었다. 생몰년 미상. 拂(불):떨치다, 건드리다. 玉鞍(옥안):
옥으로 장식된 안장. 紅頰(홍협):붉은 뺨. 胡地(호지):오랑캐 땅. 흉노
(匈奴)를 가리킨다.

【解說】 李白은〈王昭君〉이란 제목의 詩를 두 篇 지었는데, 이것은 그 後
篇이다.《樂府詩集》二十九 相和歌辭 4 吟歎曲에, 진(晉) 石崇의〈王明
君〉을 필두로 하여〈王昭君〉29首 외에 明君詞·昭君詞·昭君歎 등 王
昭君을 주제로 한 歌가 많다. 明君·明妃 라 한 것은, 晉의 文王 사마소
(司馬昭)의 휘(諱:本名)를 피하여 같은 뜻의 글자인 明을 사용했기 때문

이다. 本書에도 권말에 〈明妃曲〉이 있다.

《西京雜記》에 기록된 바에 의하면, 원제(元帝)에겐 후궁이 너무 많아 일일이 천자가 그녀들을 볼 수 없어, 화공으로 하여금 그녀들의 초상화를 그리게 하여 그 초상화를 보고 그 가운데 예쁜 여자들만 불렀다한다. 이에 후궁들은 너 나 할 것 없이 화공에게 뇌물을 바치게 되었는데, 많이 내는 자는 10만 전(錢), 적게 내는 자도 5만 전은 바쳤다. 유독 王嬙(本名, 昭君은 字)만이 뇌물을 바치지 않았기 때문에 천자 곁에가 볼 수가 없었다. 그럴 즈음 세력이 커지기 시작한 흉노(匈奴)가 入朝하여 漢의 미인을 구하고자 했다. 元帝는 화공이 그린 후궁들의 초상화를 보고 그 가운데 가장 밉게 그려진 王昭君을 보내기로 결정했다. 그런데 떠나는 昭君의 모습을 보니 후궁 가운데 제일 미녀였다. 元帝는 후회했지만 이미 결정된 일이라 번복할 수가 없었다. 元帝는 일이 그렇게 된 책임을 물어, 화공들을 모조리 베어 거리에 내다 버리게 하고 그들의 재산을 몰수하게 했다. 그때 화공으로는 모연수(毛延壽)가 있었다는 설이 있다.

이 詩는 측운(仄韻)을 사용한 古詩로, 한(漢)나라 때의 일을 인용하여唐代에도 있었던, 王女가 이국(異國)에 출가하는 일을 풍자(諷刺)한 것이라 한다. 漢代 이후의 詩에는 북방 오랑캐를 막기 위하여 출정한 군인 가정의 애환을 그린 것들이 많다. 그러한 작품들은 주로 흉노와의 마찰을 배경으로 하는데, 王昭君의 역사적인 슬픈 사건은 중국이 오랑캐들을 달래기 위한 화친정책(和親政策) 때문에 생긴 비극이라 할 수 있다.

참고로 李白의 다른 〈王昭君〉을 소개하겠다.

漢家秦地月　　한나라 진 땅의 달이
流影送明妃　　달그림자 뿌리며 명비를 보내네.

一上玉關道	한번 옥문관을 나서더니
天涯去不歸	하늘 끝에 가 다시는 오지 않네.
漢月還從東海出	한나라의 달은 여전히 동해에서 뜨건만
明妃西嫁無來日	명비는 서쪽 땅으로 가더니 돌아오지 않네.
燕支長寒雪作花	연지산은 늘 추워 눈꽃을 만들고
蛾眉憔悴沒胡沙	미인은 초췌해져 오랑캐 땅에 묻히네.
生乏黃金枉圖畫	살아선 황금이 없어 초상화를 잘못 그리게 하더니
死留靑塚使人嗟	죽어선 청총을 남겨 탄식케 하네.

이 詩에 나오는 燕支는 몽고에 있는 山 이름이며, 靑塚은 王昭君의 무덤으로, 白草가 자라는 胡地의 다른 무덤과는 달리 중국의 무덤처럼 푸른 풀이 났다 하여 이런 이름이 붙여졌다 한다.

검객:가도(劍客:賈島)

十年磨一劍 십 년 동안 칼을 갈고
십 년 마 일 검

霜刃未曾試 서릿발 같은 칼날 아직 시험해 보지 않았네.
상 인 미 증 시

今日把似君 오늘 그것을 당신께 바치노니
금 일 파 사 군

誰有不平事 어느 누가 바르지 못한 일을 할 수 있으리?
수 유 불 평 사

【語義】劍客(검객):칼을 잘 쓰는 사람. 칼을 쓰는 기술뿐만 아니라 정신 수
양이 잘 되어 있어야 좋은 검객이다. 霜刃(상인):서릿발 같은 칼날. 未
曾試(미증시):아직 시험해 보지 않음. 把(파):가지다, 움켜쥐다. 似君
(사군):그대에게 보이다. 여기서 似는 드리다‧바치다의 뜻. 有不平事
(유불평사):바르지 못한 일을 함. 有는 爲의 뜻.

【解說】검술(劍術)에 뛰어난 사람이 오랫동안 수행(修行)하여 터득한 검기
(劍技)를, 바야흐로 君을 위하여 쓰게 되었으니 이 얼마나 통쾌한 일이
겠는가?《唐文粹》에는 〈少年行〉‧〈俠客行〉 등과 함께 〈俠少〉 제13권에
들어 있다. 젊은 검객의 기개(氣槪)를 노래한 작품이라 할 수 있는데, 여
기서 10년 동안 검을 갈았다는 것은 학문 재예(學問才藝)를 연마한 것
에 비유한 것으로 보아도 된다. 賈島는 앞에 나온 〈訪道者不遇〉를 지은
僧 無本이 환속(還俗)하여 갖게 된 이름이다.

　劍客이란 뛰어난 검술로 왕후(王侯)에 출사(出仕)한 사람을 말하는
데, 古來로 유명한 검객으로 풍호(風胡)가 있다. 그가 楚의 소왕(昭王)

을 섬긴 기록이 《吳越春秋》에 나와 있으며, 孟郊가 韓退之와 함께 지은
〈贈劍客李園〉이란 詩에 그의 이름이 나온다.

    風胡久已死   풍호가 죽은 지 오래이니
    此劍將誰分(愈)   이 검을 누구에게 주리.
    行當獻天子   나아가 천자께 바치고
    然後致殊勳(郊)   그후에 높은 공을 세우리.

    앞의 두 句는 韓愈가 읊은 것이고, 뒤의 두 句는 韓愈의 句에 孟郊가
화답(和答)한 것이다.
    이 詩에서 검을 바친다는 말도 검객 자신의 출사(出仕)를 뜻하는 것
으로 보아야 할 것이다.

칠보시:조자건(七步詩:曹子建)

煮豆燃豆萁 콩을 삶는 데에 콩대를 때니
자 두 연 두 기

豆在釜中泣 솥 속에서 콩이 우네.
두 재 부 중 읍

本是同根生 본디 한 뿌리에서 났으면서
본 시 동 근 생

相煎何太急 들볶기가 어찌 저리 심할까.
상 전 하 태 급

【語義】 煮(자):끓이다·삶다. 煮의 본음(本音)은 저. 燃(연):태우다·사르다. 豆萁(두기):콩대. 釜(부):솥. 泣(읍):울다. 同根生(동근생):한 뿌리에서 남. 작자 조식(曹植)과 위(魏) 문제(文帝)는, 조조(曹操)의 자식으로 형제 사이이다. 相煎(상전):서로 볶다. 여기서는 한 쪽이 다른 쪽을 핍박하는 것을 뜻한다. 즉 曹丕가 아우 植을 괴롭히는 것.

【解說】 위(魏) 文帝 조비(曹丕:魏 武帝 曹操의 맏아들)는 아우 식(植:字는 子建)에게 명하여, 일곱 발짝을 걷는 동안 詩를 짓지 못하면 죽이겠다고 했다. 子建은 형제가 서로 다투는 비극을 콩을 삶는 데 같은 뿌리에서 난 콩깍지를 태우는 것에 비유하여, 이 詩를 지었다. 예로부터 천재시인을 七步才라 하는 것은 이 일에서 비롯된 것이다.
　　曹植은 三國時代 위(魏)나라를 대표하는 文人으로, 처음엔 東阿王, 뒤엔 陳王에 封해졌고, 죽은 뒤 시(諡)를 思王이라 하였다. 따라서 흔히 陳思王이라고도 불린다. 曹植의 文集에 실려 있는 〈七步詩〉는 六句로 되어 있지만, 내용에서는 四句로 된 이 篇과 큰 차이가 없다.

탐천:오은지(貪泉:吳隱之)

古人云此水
고 인 운 차 수
옛사람들이 이 물에 대해 말하기를,

一歃懷千金
일 삽 회 천 금
'한번 마시면 천금을 탐내게 된다.'고.

試使夷齊飮
시 사 이 제 음
시험 삼아 백이·숙제에게 마시게 해 보지,

終當不易心
종 당 불 역 심
그래도 그들의 마음은 바뀌지 않으리.

【語議】貪泉(탐천):광주성(廣州城) 밖 10리 되는 석문(石門)에 있는 샘 이름. 이 샘물을 마시면 탐욕이 생긴다 하여 탐천(貪泉)이라 이름 붙였다. 歃(삽):마시다. 懷(회):마음을 품음. 夷齊(이제):백이(伯夷)와 숙제(叔齊). 伯夷는 중국 은(殷)나라의 처사(處士). 성(姓)은 묵태(墨胎), 자(字)는 공신(公信). 고죽군(孤竹君)의 장남이며, 숙제(叔齊)의 형. 무왕(武王)이 은(殷)을 치려 하자 이를 말렸으나 듣지 않으므로, 주(周)나라의 곡식 먹기를 부끄럽게 여겨 수양산(首陽山)에 들어가 고사리를 캐어 먹으며 숨어 살다가 굶어 죽음. 叔齊의 이름은 지(智), 자(字)는 공달(公達). 형과 더불어 백이·숙제로 병칭된다. 易(역):변하다·바뀌다.

【解說】《晋書》卷九十 良吏列傳에 기록된 바에 의하면, 廣州에 부임하는 자사(刺史:知事)들은 어찌된 일인지 하나같이 財貨 때문에 부정한 일을 저질러 자리에서 쫓겨났다 한다. 조정에서는 그 폐단을 막기 위하여 청렴결백하기로 유명한 吳隱之를 보내기로 하였다. 廣州에 샘이 있는데, 그 물을 마시는 사람은 끝없는 탐욕을 일으킨다 하여 貪泉이라 했다. 吳

隱之는 일부러 그 샘을 찾아가 이 詩를 지었고, 州에서 근무하면서 자신의 청조(淸操)를 더욱 빛냈다 한다.《古詩源》등에는 〈酌貪泉詩〉라는 제목으로 소개되어 있다.《古詩賞折》의 注에 의하면, 처음 두 句가 '石門有貪泉 一歃重千金(石門에 貪泉이 있는데, 한번 마시면 천금을 중히 여기게 된다)'으로 된 판본도 있다 한다.

청렴결백한 吳隱之는 깨끗한 마음만 잃지 않으면 어떠한 것에도 더럽혀질 수 없다는 굳은 신념으로 貪泉을 마셨는데, 이는 불의(不義)와 과감히 맞서 싸우겠다는 결의(決意)를 표명한 것이라 하겠다.

《尸子》에 '孔子가 도천(盜泉:그 물을 마시면 盜心을 품게 된다는 샘으로, 山東省 泗水縣 東北에 있었다)을 지나게 되었는데 목이 몹시 말랐다. 그러나 그 샘의 이름이 흉악하여 마시지 않았다.'라고 했는데, 貪泉을 찾아가 그 물을 마신 吳隱之나 목이 몹시 탐에도 샘의 이름이 흉악하다 하여 물마시기를 거부한 孔子나 不義를 미워하는 마음에는 같았다 할 수 있다. 어쩌면 吳隱之는 孔子의 이러한 일화를 알고 의식적으로 이 詩를 지었는지도 모른다. 伯夷·叔齊는 貪泉을 마시게 되더라도 마음이 변하지 않을 것이라는 말로 자신의 결의를 진술하고 있다.

상산로유감:백거이(商山路有感:白居易)

萬里路長在
만 리 로 장 재
만 리 길은 예와 변함없이 뻗어 있고

六年今始歸
육 년 금 시 귀
이 몸 6년 만에 돌아오네.

所經多舊館
소 경 다 구 관
지나는 곳마다 옛 여관이 그대로 있는데

大半主人非
대 반 주 인 비
주인은 태반이 바뀌었네.

【語義】 商山(상산):상령(商嶺)·상판(商坂)·상안(商顏) 등으로도 불린다. 진 말(秦末)의 난(亂)을 피하여 사호(四皓:네 사람의 백발노인. 東園公·綺里季·夏黃公·角里先生)가 은거(隱居)했던 곳. 이들은 장생(長生)의 신약(神藥)인 자지초(紫芝草)를 캐 먹고 신선(神仙)이 되었다고 한다. 이러한 옛일을 생각하고, 작자 白居易가 아직도 변치 않고 있는 商山의 길에서 인간 세상의 변전(變轉)을 슬퍼하며 이 詩를 지었다. 今(금):白居易의 문집(文集)에는 身으로 되어 있다. 舊館(구관):옛날부터 있던 여관(旅館). 主人(주인):여관의 주인. 非(비):아님. 여관은 옛 여관 그대로이나, 주인은 옛사람이 아니라는 뜻.

【解說】 白樂天이 6년 만에 섬서성(陝西省) 상현(商縣)의 동쪽에 있는 상산(商山)을 지나 장안으로 돌아가면서 느낀 바를 읊은 詩이다. 여관 주인 대다수가 바뀐 것을 보고 인간 세상의 무상(無常)함을 통감한 것이다. 오언절구(五言絕句)이며, 《白氏長慶集》卷十八에 실려 있다.

유구(悠久)한 전설을 지닌 상산의 길은 언제까지나 존재하리라고 생각되나, 여로(旅路)에 오른 작자의 눈에 비친 인간 세상의 모습은 너무나 변화가 많아, 절로 인생무상(人生無常)의 깊은 슬픔을 자아내게 하는 것이다. 일설(一說)에는 《搜神後記》에 실려 있는, 漢나라 때의 요동(遼東) 사람 丁令威가 道를 배워 학(鶴)으로 화(化)하여 돌아와, 고향 마을 어귀에 있는 성문 기둥에 앉아 노래한 詞를 근거로 하여 이 詩가 지어졌다고 하는데, 丁令威의 노래는 다음과 같다.

有鳥有鳥丁令威　새가 왔네, 새가 왔네, 丁令威가 왔네!
去家千年今始歸　집 떠난 지 천년 만에 돌아왔네.
城郭如故人民非　성곽은 옛 모습 그대로인데 사람들은 달라졌으니
何不學仙塚纍纍　어찌하여 仙術을 배우지 않아 무덤들이 되는가?

丁令威는 李白의 詩〈醉後答丁十八以詩譏予槌碎黃鶴樓〉에도 나오니 참고할 것.

금곡원:무명씨(金谷園:無名氏)

當時歌舞地
당 시 가 무 지

그 옛날 이곳은 노래하고 춤추던 금곡원(金谷園).

不說艸離離
불 설 초 리 리

잡초에 묻혀 황폐해지리라곤 아무도 생각지 못했네.

今日歌舞盡
금 일 가 무 진

지금은 노래와 춤 간 곳 없고

滿園秋露垂
만 원 추 로 수

동산 가득히 이슬이 맺혀 있네.

【語義】金谷園(금곡원):진(晋)나라 때 석숭(石崇)이 만든 정원(庭園) 이름.
하남성(河南省) 금곡(金谷)에 있었으며, 석숭은 매일 귀인(貴人)들을 모
아 잔치를 벌였다. 當時(당시):진(晋)의 석숭(石崇)이 금곡원(金谷園)
을 짓고 귀인(貴人)들을 모아 잔치를 벌이던 때. 歌舞地(가무지):성대
한 잔치가 벌어지던 금곡원(金谷園)을 가리킨다. 不說(불설):말하지 않
음. 생각지 못함. 離離(이리):풀이 무성하게 자란 모양을 형용한 것.
盡(진):자취조차 남아 있지 않음.

【解說】진(晋)의 석숭(石崇)은 하남성(河南省) 금곡(金谷)에 동산을 만들고
매일 성대한 잔치를 벌여 춤과 노래를 즐겼다. 그러나 이 詩가 지어질
즈음엔 금곡원(金谷園)은 잡초에 묻혀 폐허나 다름없었으니, 보는 이는
저마다 금석지감(今昔之感)에 눈물을 흘렸다.
　　晋의 石崇, 字는 계륜(季倫), 남피(南皮:河北 天津) 사람으로, 형주(荊
州) 자사(刺史)를 지냈다. 무역(貿易)으로 만금(萬金)을 벌어 금곡(金谷)
에 별장을 짓고, 왕개(王愷)·양수(羊琇) 등과 호사(豪奢)를 다한 풍류

를 즐겼는데, 손수(孫秀)가 조왕(趙王)에게 참언(讒言)하여 결국 처형당하고 말았다. 금곡(金谷)은 하남성(河南省) 낙양현(洛陽縣)의 서쪽에 있는데, 곡수(穀水)라는 강물이 신안(新安)·낙양(洛陽)에서 시작하여 이곳을 지나 동남으로 흐른다. 石崇은 자신이 지은 詩의 序에, '나에게는 별장이 있는데, 금곡(金谷)에 있다. 샘이 맑고 나무가 무성하며, 많은 과일 나무와 대나무·잣나무·약초 등이 있고, 또 물레방아와 낚시질을 즐길 수 있는 못이 있다.'고 했는데, 그후 세상에서는 그곳을 '金谷園'이라 부르게 되었다. 《世說新語》(後漢부터 東晉에 이르기까지 貴族·文人·僧侶 들의 德行·言語·文學 등 36문에 관한 일화를, 宋의 劉義慶이 분류하여 수록한 책으로, 全 3권) 卷 下의 머리 부분에, '왕우군(王右軍:羲之, 字는 逸少), 사람들이 그의 〈蘭亭集序〉를 石崇의 〈金谷詩序〉에 견주어 그가 石崇에 필적할 만한 일을 했다 하니, 몹시 즐거워했다.'라고 했는데, 本書 後集에 실려 있는 〈蘭亭記〉는 石崇의 〈金谷園序〉를 본뜬 것이라 할 수 있다. 또 本書 後集에 실려 있는 李白의 〈春夜宴桃李園序〉에, '누구든 詩를 이루지 못한다면, 예의 금곡(金谷)의 예에 따라 마땅히 벌주(罰酒) 서 말을 마셔야 되리(如詩不成 罰依金谷酒數).'라고 한 것도 石崇의 옛 풍류를 사모하여 지어진 것이니, 石崇의 호사(豪奢)를 다한 풍류야말로 후세 사람들의 선망(羨望)의 대상이었다 할 수 있다.

유자음:맹교(遊子吟:孟郊)

慈母手中線
자 모 수 중 선
어머님 손에 들린 실은

遊子身上衣
유 자 신 상 의
길 떠나는 아들의 옷을 짓기 위한 것.

臨行密密縫
임 행 밀 밀 봉
떠날 때 되니 더욱 촘촘히 꿰매시며

意恐遲遲歸
의 공 지 지 귀
아들이 늦게 돌아올까 걱정하시네.

難將寸草心
난 장 촌 초 심
한 치 풀 같은 아들의 마음으로는

報得三春輝
보 득 삼 춘 휘
봄날의 햇빛 같은 어머님 사랑 갚기 어렵네.

【語義】遊子(유자):길을 나선 사람. 密密(밀밀):촘촘한 모양을 형용한 말.
縫(봉):꿰매다. 難將(난장):~하기 어려움.《孟東野集》에는 誰言으로
되어 있다. 寸草(촌초):한 치밖에 안 되는 풀. 미력(微力)한 자식을 가
리킨다. 三春輝(삼춘휘):봄 석 달 동안의 햇빛. 어머니의 자애로운 사
랑을 가리킨다. 本書 注에, '春輝는 봄의 화기(和氣)이다. 草木을 기른
다. 따라서 자모(慈母)에 비유된다.'고 했다.

【解說】遊子란 길을 나선 사람이란 뜻이다. 여행길에 오른 자식을 위하여
어머니가 정성을 들여 옷을 지었는데, 자식이 그 어머니의 은혜를 깊이
느껴 이 詩를 지은 것이다. 吟은 行·歌와 같이 樂府의 한 형태이다. 오
언고시(五言古詩)로,《孟東野詩集》제1권에 실려 있다.

맹교(孟郊)는 호주(湖州) 무강(武康:浙江省) 사람으로, 字는 동야(東野). 젊어서는 숭산(嵩山)에 숨어 살았다. 그는 효심이 지극하였는데 本書 題下 注에, '어머니를 율수(溧水)에서 뵙고 지은 것이다.'고 自注했다.고 한 점으로 보아, 本篇은 孟郊가 율양현위(溧陽縣尉)로 있던 54세 때의 작품인 듯하며, 늦게야 겨우 과거에 급제하여 보은(報恩)이 늦어짐을 자책(自責)한 詩라고 할 수 있다.

자야오가:이태백(子夜吳歌:李太白)

長安一片月
장 안 일 편 월
장안(長安) 하늘엔 한 조각 달

萬戶擣衣聲
만 호 도 의 성
집집마다 다듬이질 소리

秋風吹不盡
추 풍 취 부 진
가을바람 끝없이 불어오는데

總是玉關情
총 시 옥 관 정
모든 게 옥관(玉關)에 계신 당신을 생각나게 합니다.

何日平胡虜
하 일 평 호 로
어느 날에나 오랑캐가 평정(平定)될까요,

良人罷遠征
양 인 파 원 정
그래야 당신이 돌아오시죠.

【語義】 長安(장안):당(唐)의 수도. 섬서성(陝西省) 서안(西安)의 옛 이름.
一片月(일편월):한 조각 달. 대도시 장안 하늘에 뜬 작은 달로, 다음
의 만호(萬戶)와 대조(對照)되어 미묘한 맛을 준다. 萬戶(만호):모든
집. 집집마다. 擣衣聲(도의성):다듬이질하는 소리. 擣는 찧다 · 두드리
다. 吹不盡(취부진):다함이 없이 끊이지 않고 불어옴. 吹는 바람이 이
는 것. 玉關(옥관):옥문관(玉門關). 장안(長安)으로부터 서북쪽으로 3
천6백 리 떨어진 곳에 있던 관문(關門). 여인의 남편이 원정(遠征)가 있
는 곳. 胡虜(호로):오랑캐. 胡는 북쪽 오랑캐. 虜는 포로. 良人(양인):
좋은 사람. 남편을 가리킨다. 아버지를 가리킬 경우도 있다. 罷遠征(파
원정):오랑캐를 무찌르고 남편이 집으로 돌아오는 것을 가리킨다. 罷는
그만두는 것. 遠征은 먼 여행. 국경을 경비하기 위해 멀리 나가 오랑캐

와 싸우는 것.

【解說】 민요조(民謠調)의 노래이다. 동진(東晉)에 살던 자야(子夜)라는 여인이 처음으로 짓기 시작했는데, 후세 사람들이 그 슬픈 곡조(曲調)를 살려 사시행락(四時行樂)의 노래를 지었다고 한다(《樂府古題要解》). 또 동진(東晉)의 수도가 오(吳:江蘇省)의 건업(建業:金陵, 지금의 南京)이었기 때문에, 그러한 노래들을 吳歌라 부르게 되었다. 《樂府詩集》제45〈淸商曲辭〉에 李白의〈子夜四時歌〉네 首가 실려 있는데, 本篇은 그 중〈秋歌〉이다.

　밝은 달, 다듬이질 소리, 소슬한 가을바람, 이것들은 모두 멀리 있는 남편에 대한 그리움을 불러일으키는 것들이다. 가을바람이 쉬지 않고 불어오는 것처럼, 오랑캐를 막기 위하여 옥문관(玉門關)에 나가 있는 남편을 그리워하는 마음은 결코 가실 줄을 모른다. 무한(無限)한 애수(哀愁)를, 제4句까지 가을의 여러 풍물(風物)을 읊음으로써 간접적으로 표현하고 있다. 그리고 제5·6句에서는 그 애절한 그리움을 현실을 통찰한 육성으로 호소하여, 앞 네 句가 함축하고 있는 뜻을 밝히고 있다. 특히 이 두 句는 오랑캐를 평정하는 일이 빨리 이루어져 남편이 곧 돌아오기를 바라는 여인의 마음을 이야기했을 뿐, 이른바 '玄宗의 독무(黷武:함부로 전쟁을 일으켜 武德을 더럽히는 것)'를 비방하는 말을 드러내어 사용하지 않고 있다. 본디 詩에서는 온유돈후(溫柔敦厚)하고 은미(隱微)한 표현을 귀하게 여기므로, 이 詩는 그러한 점에서도 매우 뛰어난 작품이라 할 수 있다.

　또 本篇 끝의 '何日平胡虜 良人罷遠征'의 두 句는 앞의 네 句의 서정적인 정취(情趣)와 너무 걸맞지 않으므로 이것을 삭제하여 本篇을 절구(絶句)로 하는 편이 좋다고 하는 說이 있는데, 言志(시로써 자신의 뜻을 밝힘)라는 시인 본연의 자세를 생각하면, 원정(遠征)에 고통을 받는 백성의 아픔을 완곡하게나마 표현한 이 두 句야말로, 李白이 이 詩를 지은 의도가 어디에 있는지를 밝혀 준다고 할 수 있을 것이다.

우인회숙:이태백(友人會宿:李太白)

滁蕩千古愁
척 탕 천 고 수

천고의 시름을 씻고자

留連百壺飲
유 련 백 호 음

백 병의 술을 마신다.

良宵宜且談
양 소 의 차 담

좋은 밤 맑은 이야기 나누기 더없이 좋고,

皓月未能寢
호 월 미 능 침

달 밝아 잠들지 못하네.

醉來臥空山
취 래 와 공 산

취하여 인적 없는 산에 누우니

天地卽衾枕
천 지 즉 금 침

하늘과 땅이 이불과 베개로다.

【語義】會宿(회숙):만나 함께 묵음. 滌蕩(척탕):깨끗이 씻어 없앰. 千古愁(천고수):아득한 태고(太古)로부터 인간이 지녀 온 시름. 留連(유련):미련이 남아 자리를 뜨지 못함. 壺(호):술병. 良宵宜且談(양소의차담):좋은 밤이라 이야기하기 좋음.《李太白集》에는 良宵宜淸談으로 되어 있다. 良宵는 좋은 밤. 淸談은 속세(俗世)를 떠난 맑은 이야기. 皓月(호월):밝은 달. 皓는 희다·밝다. 未能寢(미능침):잠을 이루기 어려움. 醉來(취래):취기(醉氣)가 오다. 즉 취하다. 臥(와):눕다. 空山(공산):인적 없는 조용한 산. 天地卽衾枕(천지즉금침):천지가 곧 이불과 베개임. 천지의 대도(大道)를 체득한 경지를 말한다. 후집(後集)에 실린 유영(劉伶)의 〈酒德頌〉 참조.

【解說】題下 注에, '벗과 만나 함께 술을 마셔 근심을 삭힌다. 달 밝은 밤 고담(高談)을 나누노라니 잠이 멀리 달아난다.'라고 했는데 本篇은, 취한 다음 대지를 베고 잠든 채 속세의 온갖 일을 잊었던 주선(酒仙) 李白의 호방(豪放)한 심경(心境)이 약여(躍如)하게 그려진 작품이다. 本集 卷二十三에 실려 있다.

本篇 처음 두 句의 해석에서, 제2句는 제1句의 이유를 말하는 것이라 하여, '눌러앉아 백 병의 술을 마셨기 때문에 천고의 시름을 흘려버릴 수 있다.'고 하는 說도 있는데, 그보다는 本書의 번역이 더 무난한 해석이라고 생각한다. 뒤에 나오는 李白의 〈將進酒〉에도, 인생무상(人生無常)의 슬픔 때문에 술을 마시는 것으로 되어 있으며, 그로써 만고의 시름을 삭인다고 맺고 있다. 本篇의 千古愁는 〈將進酒〉의 萬古愁와 그 뜻하는 바가 같으며, 李白에게 음주(飮酒)란 이러한 시름을 달래기 위한 수단이었다. 이러한 사상은 〈把酒問月〉에도 잘 나타나 있다. 또 李白이 취중(醉中), 또는 취후(醉後)에 보이는 달관(達觀:세속을 벗어난 높은 見識)은 유영(劉伶)의 〈酒德頌〉의 사상과도 통하는데, 뒤에 나오는 〈春日醉起言志〉의 사상도 이와 같은 老莊的 인생관(人生觀)의 발현(發現)이라 할 수 있다.

운곡잡영:주회암(雲谷雜詠:朱晦庵)

野人載酒來 야 인 재 주 래	술을 가져온 농부와 함께
農談日西夕 농 담 일 서 석	농사 이야기 하는 동안 해가 기울었다.
此意良已勤 차 의 양 이 근	찾아 준 뜻이 너무 고마워
感歎情何極 감 탄 정 하 극	감사의 마음 끝이 없지만,
歸去莫頻來 귀 거 막 빈 래	돌아가거든 자주 오진 마시오.
林深山路黑 임 심 산 로 흑	숲이 깊고 산길이 험하니.

【語義】 野人(야인):교외(郊外)의 들에서 일하는 사람. 즉 농부(農夫). 載酒來(재주래):술을 수레에 싣고 옴. 여기서는 술을 가져왔다고 해석함이 좋다. 農談(농담):농사에 관한 이야기. 此意(차의):농부가 찾아 준 뜻. 良已勤(양이근):참으로 각별함. 勤은 지극함·각별함. 感歎(감탄):마음속으로 느끼는 것. 情何極(정하극):감사(感謝)의 정(情)이 끝이 없음. 極은 限의 뜻으로, 끝. 頻(빈):자주·빈번히. 山路黑(산로흑):산길이 어두움. 또는 험함. 작자가 자신의 수도(修道)를 위하여 내방객(來訪客)을 거절한다는 뜻을, 손님에 대한 예(禮)로 이렇게 완곡하게 표현한 것이다.

【解說】 雲谷은 복건성(福建省) 건양현(建陽縣)의 서북쪽 70리 되는 곳으

로, 그곳에는 노봉(蘆峯) 이 있었다. 宋의 朱熹(號는 晦庵)는 그곳의 이름을 '雲谷'이라 고치고, 초당(草堂)을 짓고 글을 읽었다. 《朱子大全》 六에 〈雲谷雜詩〉 12首가 실려 있고 각각 다른 제목이 붙어 있는데, 本篇은 그중에서 〈謝客(客의 來訪을 사절함)〉이라 제목 되어 있는 詩이다.

雲谷에 은거하며 독서에 전념하던 때였으므로, 朱熹는 세인(世人)의 빈번한 방문을 거절하고 싶었을 것이다. 야인이 술을 들고 찾아온 것에 대해 몹시 고맙게 여기면서도, 자주 오지는 마시오(莫頻來)라고 말하고 있다. 그리고 그 이유를 산길이 어둡고 험한 것에 돌리고 있는데, 이는 客의 내방을 완곡하게 거절하는 방법이다. 농부와 농사 이야기는 무익(無益)하므로 朱熹가 야인의 내방을 거절했다는 해석도 있지만, 朱熹가 자신의 공부를 위하여 유서(幽棲)하기를 원하여 客의 내방을 사절했다고 해석하는 쪽이 타당하다. 농사 이야기를 하는 것이 세속(世俗)의 영리(榮利)에 관하여 이야기하는 것보다 가치가 있다. 그런 까닭에 농부와 더불어 해가 서산에 질 때까지 농사 이야기를 한 것이다. 이 詩는 陶淵明이 〈飮酒〉 제9首에서, 농부가 술병을 들고 찾아온 것은 고맙게 여기지만 유거(幽居) 의지는 바꿀 수 없다고 노래한 것과 흡사하다. 이 詩에 〈謝客〉이라 제목을 붙인 것부터가 유거(幽居)를 원하는 마음에서였을 것이다. 朱熹가 농부와 대화를 피했지만 결코 그들을 업신여기지 않았음은, 〈雲谷雜詩〉 12首 중 이 詩 다음에 나오는 〈勞農〉의 '지팡이를 세워 놓고 김을 매는 늙은이를 진심으로 고맙게 여김(多謝植杖翁)'이라는 句를 보면 잘 알 수 있다. 지팡이를 세워 놓고 김을 매는 노인이란, 《論語》 微子篇에 나오는 은자(隱者) 하조(荷蓧)와 같은 현인을 뜻한다. 荷蓧는 공자(孔子)를, '사지(四肢)를 늘어뜨려 부지런히 일하지 않고 오곡(五穀)도 분간할 줄 모르거늘, 누구를 가지고 선생이라 하는가?(四體不勤 五穀不分 孰爲夫子)'라고 비판(批判)했는데, 그 이야기를 전해들은 孔子는, 자로(子路)로 하여금 다시 찾아보게 했다 한다. 그래서 朱熹는 〈勞農〉 첫머리에, '사지를 오랫동안 힘써 사용하지 않았다(四體久不勤).'라는 말을 씀으로써, 스스로를 책망했다.

상전가:섭이중(傷田家:聶夷中)

二月賣新絲
이 월 매 신 사
2월이면 앞으로 나올 명주를 미리 팔고

五月糶新穀
오 월 조 신 곡
5월이면 추수할 곡식을 담보로 식량을 빌리네.

醫得眼前瘡
의 득 안 전 창
눈앞의 부스럼은 고쳐지겠지만

剜卻心頭肉
완 각 심 두 육
그건 심장을 도려내는 것과 다름없네.

我願君王心
아 원 군 왕 심
임금께 바라노니

化作光明燭
화 작 광 명 촉
부디 밝게 비추는 촛불 되시어,

不照綺羅筵
부 조 기 라 연
부귀한 이들의 잔치 자리 빛내지 마시고

偏照逃亡屋
편 조 도 망 옥
사방으로 흩어지는 빈농(貧農)의 집안을 비추소서.

【語義】 傷(상):슬퍼하는 것. 田家(전가):농가(農家). 二月(이월):음력 2
월이니 중춘(仲春). 농가에서 누에를 치기 시작하는 때. 新絲(신사):앞
으로 생산될 명주. 五月(오월):모를 심을 때. 糶(조):쌀, 또는 곡식을
팖. 양식(糧食)이 떨어진 농민이 모를 심을 때 추수(秋收)할 곡식을 담
보로 식량이나 돈을 빌리는 것을 가리킨다. 眼前瘡(안전창):눈앞의 부
스럼. 눈앞의 고통을 가리킨다. 瘡은 곪는 것. 剜卻(완각):도려내어 없
앰. 心頭肉(심두육):심장(心臟)의 살점. 더욱 극심한 생활의 고통이 닥
침을 뜻한다. 化作(화작):변화하여 ～이 됨. 綺羅筵(기라연):부귀한 사

람들이 벌이는 화려한 잔치 자리. 綺羅는 화려한 무늬가 새겨진 귀족들의 옷. 徧照(편조):두루 비춤. 逃亡屋(도망옥):극심한 생활고(生活苦)로 유랑(流浪)하는 농가(農家).

【解說】 가난과 고통을 겪는 전가(田家)의 농민을 딱하게 생각하여, 그들을 구제할 밝은 정치가 실현되길 희망하여 지은 작품이다. 《唐文粹》十六에 실려 있으며, 앞에 나왔던 李紳의 〈憫農〉과 그 주제(主題)가 같다고 할 수 있다. 〈憫農〉의 解說에 聶夷中의 〈田家〉가 언급되어 있으니 참조하기 바란다.

本篇도 中·晚唐 때 농민의 고통스런 생활을 적확(的確)하게 반영(反映)한 작품이다. 《才子傳》에 의하면, 聶夷中은 오랫동안 등용되지 않아 빈곤(貧困)하게 지내다 간신히 채용 임관(採用任官)된 사람이지만, 검소(儉素)한 생활에서 자신을 일으켜 세운 만큼, 그의 詩에는 백성이나 농민의 빈궁(貧窮)을 동정한 것들이 많았다고 한다.

"官에 나아가도 오직 금서(琴書)만을 가까이했다. 성품이 검소(儉素)하였다. 생각건대 몸을 초택(草澤)에서 일으켜 신고(辛苦)를 고루 맛보았기에, 세속(世俗)을 슬퍼하고 시대를 가엾게 여기는 일이 많았으며, 가색(稼穡:農業)의 간난(艱難)을 슬퍼했다. 옛날 악부체(樂府體)의 글을 잘 지었는데, 모두 경성(警省:세상을 훈계하고 반성하게 함)의 辭로, 국풍(國風:《詩經》國風篇에 나오는 시들에서 자주 사용되는 諷諭)의 뜻을 담고 있다."(《才子傳》九)라고 말한 것은, 그의 詩의 성립 요인(成立要因)을 말한 것이며, 또 《詩經》이래 중국의 詩 精神의 전통(傳統)이기도 하다.

'醫得眼前瘡 剜卻心頭肉'의 句, 읽는 이로 하여금 뼛속까지 슬픔을 느끼게 한다.

시흥:양분(時興:楊賁)

貴人昔未貴
귀 인 석 미 귀
귀한 이들 옛날 귀해지기 전엔

咸願顧寒微
함 원 고 한 미
귀해지면 모두 빈한한 사람들 돌보리라 생각했지.

及自登樞要
급 자 등 추 요
그런데 높은 자리에 오른 뒤로는

何曾問布衣
하 증 문 포 의
옛 생각 잊고 가엾은 이들 돌보지 않네.

平明登紫閣
평 명 등 자 각
새벽에 천자께 나아갔다가

日晏下彤闈
일 안 하 동 위
날 저물면 궁궐 문을 나올 뿐이네.

擾擾路傍子
요 요 노 방 자
시끄러운 시정(市井)의 가엾은 이들이여,

無勞歌是非
무 로 가 시 비
귀인(貴人)들의 시비(是非)를 노래하지 말게.

【語義】 咸(함):다, 모두. 顧寒微(고한미):가난하고 천한 사람들을 돌봄.
　　寒은 가난한 것, 微는 신분이 낮아 힘이 없는 것. 樞要(추요):정치를 하
　　는데 중심이 되는 중요한 인물. 높은 벼슬자리. 樞는 문의 지도리. 布
　　衣(포의):평민(平民)의 옷. 전(轉)하여 평민, 천한 사람. 平明(평명):밤
　　이 지나고 지평선이 밝아 오는 때. 즉 날이 밝아 오는 새벽. 紫閣(자각):
　　조정(朝廷)의 전전(前殿)을 자신(紫宸)이라 한다. 천자(天子)가 조회(朝
　　會)를 보는 곳. 하늘에 자미원[紫微垣:옛날 중국 천문학에서 하늘을 3원
　　28수로 나눈 가운데, 태미원(太微垣)·천시원(天市垣)과 더불어 삼원의

하나인 성좌(星座). 북극의 작은곰자리를 중심으로 한 170여 개의 별로 이루어졌는데, 천제(天帝)가 거처하는 곳이라고 일러져 내려옴]이 있다는 데서, 천자의 거소를 자각(紫閣)·자신(紫宸)·자전(紫殿) 등으로 부르게 되었다. 宸은 궁전. 晏(안):해가 저묾. 관리들의 퇴청(退廳)은 오후 8시. 彤闈(동위):붉게 칠을 한 궁문(宮門). 擾擾(요요):시끄럽게 떠드는 모양. 路傍子(노방자):길가에서 구경하고 있는 사람들. 無勞(무로):힘쓰지 말라, 수고하지 말라. 無는 莫과 같이 금지사(禁止詞). 歌是非(가시비):귀인(貴人)들의 옳고 그름을 시(詩)나 노래로 풍자(諷刺)함.

【解說】時勢에 관하여 느낀 바를 읊은 詩이다. 누구나 출세(出世)하여 귀(貴)한 몸이 되면 자신의 빈천(貧賤)했던 때를 잊고, 미천(微賤)한 사람들을 거들떠보지 않게 된다. 이것은 동서고금(東西古今)을 막론(莫論)하고 늘 있는 일이다.

　'平明登紫閣 日晏下彤闈'라 한 것은, 당시 고위 고관(高位高官)들의 생활을 그대로 이야기한 것이다. 唐代에 宰相의 참조(參朝)는 날이 밝기 전, 즉 새벽에 행해졌다. 本書 後集에 수록되어 있는 王元之의 〈待漏院記〉에, '宮城 북쪽 문은 새벽 어둠이 가시지 않고 동녘은 아직 밝지도 않았는데, 宰相의 등청 행렬은 불의 성을 이룬 듯 대낮처럼 밝다(至若北闕向曙 東方未明 相君啓行 煌煌火城).'고 한 것이라든지, 또 韓愈가 〈上張僕射書〉에서, 當時 '9월부터 다음해 2월말까지는 누구나 아침 일찍 등청하고 밤늦게 돌아가되, 질병이 있거나 부득이한 사정이 없는 한 근무 중에 사원에서 나가는 것을 허락하지 않는다.'라고 되어 있는 절도추관(節度推官)의 근무 규칙을 바꾸어, '새벽 4시경에 등청하면 아침 8시경에 돌아가게 해 주고, 오후 4시경에 등청하면 저녁 6시경에 돌아가게 해 주며, 또 그것을 상례(常例)로 정하여 달라(寅而入 盡辰而

退 申而入 終酉而退. 率以爲常).'라고 한 것 등으로, 唐代 관료들의 근무 시간을 대충 짐작할 수 있다. 이처럼 아침 일찍부터 밤늦게까지 노고하는 것이 고위 관직자의 생활이었는데, 本篇의 '平明登紫閣 日晏下彤闈'가 뜻하는 것은 그들의 호화로운 귀인으로서의 생활이다. 일단 입신출세(立身出世)한 후에는 자신이 귀한 자리에 오르면 꼭 빈궁(貧窮)한 사람들을 돌아보겠다던 옛 생각을 까맣게 잊는 것이 세상의 인심인 것이다. 이것은 인지상정(人之相情)이어서 그 시비를 논해야 소용없는 일이라고 체념하면서도, 야속하기만 한 세속(世俗)의 풍습(風習)을 통렬히 비판(批判)하고 있다. 《唐文粹》十八에 실려 있다.

이별:육노망(離別:陸魯望)

丈夫非無淚
장 부 비 무 루

대장부에게 눈물이 없는 것은 아니지만

不灑離別間
불 쇄 이 별 간

이별 따위에 눈물을 흘리지는 않네.

杖劍對樽酒
장 검 대 준 주

칼을 집고 술통 앞에 서며

恥爲游子顏
치 위 유 자 안

나그네의 수심 띤 얼굴 하는 것을 부끄러워하네.

蝮蛇一螫手
복 사 일 석 수

독사가 손을 물면

壯士疾解腕
장 사 질 해 완

장사는 서슴없이 한 팔을 자르네.

所思在功名
소 사 재 공 명

생각이 공명(功名)에 있으니

離別何足歎
이 별 하 족 탄

어찌 이별 따월 한탄하리!

【語義】 丈夫(장부):대장부. 《孟子》등문공편(滕文公篇) 下에, '천하의 넓은 집〔仁〕에 살고, 천하의 올바른 자리〔禮〕에 서며, 천하의 큰 길〔義〕을 걸어가, 뜻을 얻으면 백성들과 함께 그 뜻을 실천해 가고, 뜻을 얻지 못하면 홀로 자기의 道를 행하여, 富貴도 그의 마음을 어지럽히지 못하고, 貧賤도 그의 지조를 변하게 하지 못하며, 威力과 武力도 그의 뜻을 꺾지 못하는 사람, 이런 사람을 大丈夫라 말한다(居天下之廣居 立天下之正位 行天下之大道 得志與民由之 不得之獨行其道 富貴不能淫 貧賤不能移 威武不能屈 此之謂大丈夫).'라 했다. 非無(비무):없지 않음. 즉 있다

는 뜻. 灑(쇄):물을 뿌리는 것. 여기서는 눈물을 흘리는 것. 間(간):때, 장소. 또는 경우. 杖劍(장검):칼을 짚음. 舊本에는 仗劍으로 되어 있다. 樽(준):술통. 이별주(離別酒)가 담긴 술통. 恥(치):수치스러운 것, 부끄러운 것. 游子顔(유자안):먼 길을 떠나는 나그네의 수심 띤 얼굴. 蝮蛇(복사):독사. 蝮은 살무사. 螫(석):벌레가 쏘는 것. 여기서는 독사가 무는 것. 疾解腕(질해완):재빨리 팔을 잘라 냄. 疾은 빠른 것. 腕은 팔. 큰 목적을 위해서 조그만 희생을 감수(甘受)한다는 뜻.

【解說】 남자가 이별을 할 때에는 의기(意氣)가 비장(悲壯)하지 않으면 안 된다는 것을 읊은 詩이다.《唐文粹》十五에는 〈別離〉라는 제목에 陸龜蒙의 作으로 되어 있는데, 魯望은 그의 字이다.

　이 詩의 제5·6句 '蝮蛇一螫手 壯士疾解腕'은 남아 대장부의 결단(決斷)을 나타내는 말로, 옛날에도 자주 쓰였던 것 같다.《通鑑綱目》에, "진(晉)의 민제(愍帝)가 병(兵)을 징발(徵發)할 적에 신하들이, '독사가 손을 물면, 장사는 팔을 자른다.'는 말을 인용했다."라고 했으며, 또《前漢書》三十三 田儋傳에는, "齊王이 '독사가 손을 물면 손을 자르고, 발을 물면 곧 발을 자른다. 방치하면 목숨을 잃게 되기 때문이다.'라고 말했다."고 기록되어 있다. 그밖에《文選》에 실려 있는 陳孔璋의 〈檄吳將校部曲文〉에는 다음과 같은 말이 있다. '대저 올가미가 발에 걸리면 맹호(猛虎)는 발바닥을 잘라 내며, 독사가 손에 있으면 장사(壯士)는 손의 관절을 잘라 버린다. 몸을 온전하게 지키는 것이 중(重)하며, 신체의 한 부분을 버리는 것은 가볍기 때문이다(夫係蹄在足 則猛虎絕其蹯, 蝮蛇在手 則壯士斷其節. 何則以所全者重 其所棄者輕).'

고시:무명씨(古詩:無名氏)

客從遠方來
객 종 원 방 래
나그네가 임 소식을 안고 먼 곳에서 와

遺我一端綺
유 아 일 단 기
내게 비단 한 자락을 전하네.

相去萬餘里
상 거 만 여 리
임과 나는 멀리 떨어져 있지만

故人心尙爾
고 인 심 상 이
마음만은 그대로라네.

文綵雙鴛鴦
문 채 쌍 원 앙
암수 원앙이 새겨진 비단으로

裁爲合歡被
재 위 합 환 피
임과 덮을 이불을 만드네.

著以長相思
저 이 장 상 사
영원토록 잊지 말자 속엔 솜을 넣고

緣以結不解
연 이 결 불 해
우리의 맺음 풀리지 말라 이불 가를 시치네.

以膠投漆中
이 교 투 칠 중
아교를 옻칠에 넣은 것같이 되리니

誰能別離此
수 능 별 리 차
누가 우리를 이별케 할 수 있으리.

【語義】客(객):나그네. 遠方來(원방래):먼 곳에서 옴. 遺(유):주다, 선사하다.
一端(일단):端은 포백(布帛) 길이의 단위. 18척, 또는 20척. 綺(기):아름
다운 무늬가 새겨져 있는 비단. 故人(고인):임, 남편. 爾(이):然의 뜻으
로, 변치 않고 그대로임. 자신을 잊지 않고 아직도 사랑하고 있다는 뜻.
文綵(문채):비단에 새겨진 아름다운 빛깔의 무늬. 雙鴛鴦(쌍원앙):암

수 두 마리의 원앙새. 예로부터 금슬 좋은 부부에 비유되어 왔다. 鴛은 수컷, 鴦은 암컷. 合歡被(합환피):부부가 함께 어울리는 이불. 合歡은 기쁨을 같이한다는 뜻. 被는 이불. 著(저):《儀禮》정현(鄭玄)의 注에, '著란 솜을 넣는 것을 말한다.'고 하였다. 長相思(장상사):잊지 않고 오랫동안 생각함. 변치 않고 사랑한다는 뜻. 緣(연):이불의 사방 가를 호는 것. 結不解(결불해):풀리지 않게 단단히 꿰맴. 부부가 굳게 결합하여 헤어지지 않는 것을 뜻한다. 膠(교):아교. 나무 등을 붙일 때에 쓰는 강력 접착제. 漆(칠):옻칠. 아교와 옻칠을 한데 넣으면 완전히 섞인다. 부부의 굳은 결합을 뜻한다.

【解說】《文選》卷二十九에 실려 있는 〈古詩〉 19首 가운데 18번째 詩이다. 예로부터 五言古詩는 漢代에서 시작되었고《文選》의 〈古詩〉 19首가 그 효시(嚆矢)라고 하는데, 《文選》의 그것들은 시형(詩形)이 갖추어져 있을 뿐 아니라 詩句 가운데에 후한(後漢)의 도성(都城) 이름이 나와 있는 점 등으로 미루어 볼 때에, 전한대(前漢代)의 작품이라고만은 할 수 없다. 그렇지만 이것들이 후세의 작품에 많은 영향을 끼친 것은 사실이며, 또 이것들을 본떠 지어진 작품들이 많다. 《文選》李善 注에 의하면, 古詩는 대체로 그 지은이를 알 수 없으며, 매승(枚乘)의 作이라고 말하는 사람이 있는데 확인할 수가 없다고 한다. 또 呂向 注에 의하면, 지어진 시대와 지은이를 알 수 없어 단지 古詩라고만 했다는 것이다.

  本篇은 객지(客地)에 있는 남편에게서 보내온 편지를 받은 아내가 크게 감동하여, 두 사람의 마음은 굳게 맺어져 결코 풀리지 않을 것임을 맹세한 詩이다. 본디《古文眞寶》에는 '相去萬餘里 故人心尙爾'의 두 句가 없는데, 《文選》을 참고하여 本書에서는 이를 보충하였다. 이 작품의 특징으로는 부부의 사랑을 뜻하는 어휘가 많이 쓰였음을 들 수 있는데, 雙鴛鴦 · 合歡被 · 長相思 · 結不解 등이 그것이다. '鴛鴦'과 '合歡'은 부부의 사랑을, '著'는 면면히 그리워하는 마음을, '緣'은 결코 변하지 않는 지조(志操)를 상징한다. 높은 격조(格調)를 지닌 작품이라고는 할 수 없지만, 서민적(庶民的)인 애틋한 감정이 '어희(語戱)'의 재미있는 표현을 빌려 잘 나타나 있다.

'著以長相思'의 著는 이불에 솜[綿]을 넣는다는 뜻이어서(《儀禮》鄭玄注), 작자가 말하고자 하는 본디의 뜻은 '부부가 서로 면면(綿綿)히 그리워한다.'는 것이다. 이와 같이 그 글자와 연관된 다른 뜻이나, 또는 그 글자와 음(音)이 같은 글자의 뜻을 취하여야 바르게 해석되도록 글자를 선택하는 것을 어희(語戱)라 하는데, 이는 한대(漢代)의 詩에 곧잘 사용되었다. 漢代의 古詩 〈古絶句〉에,

藁砧今何在　남편은 지금 어디에?
山上復有山　집 떠나 먼 곳에.
何當大刀頭　언제쯤 돌아올까?
破鏡飛上天　반달이 하늘 위로 떠오르네.

라고 했는데, 이 詩를 글자의 뜻 그대로 풀면 무슨 내용인지 도저히 이해할 수 없다. 語戱에 의하여 지었다는 것을 알고, 그에 맞추어 해석해야만 위의 번역처럼 된다. 藁砧(고침)은 짚 같은 것을 올려놓고 두들기는 돌. 부(砆)라고도 하기 때문에, 결국 同音의 夫의 뜻으로 해석할 수 있다. '山上復有山'은 出 字의 자형(字形)을 나타낸 것. 大刀頭는 큰 칼의 손잡이의 머리라는 뜻으로, 그곳에는 鐶(고리)이 있고, 鐶은 還과 音이 같다. 破鏡은 반달의 모양. 이와 같이 語戱를 사용한 시를 隱語詩라고 한다.

귀전원거:도연명(歸田園居:陶淵明)

種豆南山下	남산 아래에 콩을 뿌렸더니
종두남산하	

草盛豆苗稀	잡초만 성하고 콩 싹은 드물다.
초성두묘희	

侵晨理荒穢	새벽부터 나가 잡초 우거진 밭을 매고
침신이황예	

帶月荷鋤歸	달빛에 젖어 호미 메고 돌아온다.
대월하서귀	

道狹草木長	길은 좁고 초목이 무성하여
도협초목장	

夕露沾我衣	저녁 이슬이 옷을 적신다.
석로첨아의	

衣沾不足惜	옷 젖는 거야 아까울 게 없고
의첨부족석	

但使願無違	단지 바라는 농사나 잘 되었으면.
단사원무위	

【語義】 稀(희):드묾. 侵晨(침신):이른 아침. 《陶淵明集》에는 晨興(아침에 일어나서)으로 되어 있다. 理(리):손질함. 荒穢(황예):황폐하여 잡초만 무성한 것. 帶月(대월):달과 함께. 帶는 同의 뜻. '달빛을 몸에 받으며' 라는 풀이도 있다. 荷鋤歸(하서귀):호미를 짊어지고 돌아옴. 荷는 짊어 지다·메다. 鋤는 호미. 願(원):작자 陶淵明의 바람. 밭에 심은 콩이 잘 자라 많은 수확을 얻는 것. 無違(무위):어긋남이 없는 것.

【解說】 陶淵明 本集에 〈歸園田居〉 다섯 首가 실려 있는데, 本篇은 그 가운

데 네 번째 詩이다. 陶淵明이 관리(官吏)의 생활을 떨쳐버리고 전원으로 돌아와, 오직 경작(耕作)에만 힘쓰는 농민의 소박한 마음을 담담하게 읊고 있다. 《古文眞寶》本篇 題下 注에, '小人은 많으나 君子가 적음을 말한다.'라고 했고, 또 詩句를 注함에, '콩 농사가 잘되고 못되고는 잡초를 제거하는 데에 달려 있고, 조정에서 賢人을 등용하느냐 못 하느냐는 小人을 제거하는 데에 달려 있음을 말한다.'라고 했는데, 이는 모두 작자의 본의(本意)와는 거리가 먼, 너무 비약이 심한 해석이다.

이 詩는 단순한 즉흥시(卽興詩)이다. 陶淵明이 전원으로 은퇴한 것은 몸소 밭을 갈며 흙과 더불어 살기 위해서였다. 그는 직접 농사를 지어 생계를 꾸려 나갔다. 그가 오늘날까지 숭고한 정신을 지닌 참된 선비로서 추앙받는 것은 이러한 생활 태도 때문일 것이다. 그는 남을 원망하거나 세상을 야유하지 않았다. 조용히 은퇴하여 몸소 김을 매고 땀 흘려 일했다. 바로 이 점이 그만이 할 수 있었던 일이며 그의 위대한 점이다. 그의 작품 전부가 그러하지만, 本篇도 그의 생활만큼이나 질박(質朴)하다.

《古詩歸》에 실려 있는 담원춘(譚元春)의 評에, '高堂·深居人, 모두 陶淵明을 본뜨려고 하지만, 淵明의 심경과 이러한 글은 흙 속에 묻혀 살지 않고는 알 수도 없고 쓸 수도 없다.'라고 했다. 새벽부터 밤늦게까지 일하고 바라는 것은 오직 콩이나 많이 거두었으면 하는 것이다. 이 얼마나 소박한 꿈인가! '帶月荷鋤歸, 夕露沾我衣'의 두 句는 전원생활을 꾸밈없이 표현한 名句이다.

문래사:도연명(問來使:陶淵明)

爾從山中來 이 종 산 중 래	자네는 남산(南山)에서 왔으니
早晚發天目 조 만 발 천 목	얼마 전 천목산(天目山)을 떠났겠지?
我屋南山下 아 옥 남 산 하	내 집이 남산 아래에 있는데
今生幾叢菊 금 생 기 총 국	지금 국화가 몇 송이나 피었는가?
薔薇葉已抽 장 미 엽 이 추	장미 잎은 벌써 나왔을 테고
秋蘭氣當馥 추 란 기 당 복	추란(秋蘭)은 향기를 내뿜겠지.
歸去來山中 귀 거 래 산 중	남산에 돌아가면
山中酒應熟 산 중 주 응 숙	술이 먹기 좋게 잘 익었을 테지.

【語義】爾(이):너. 향리(鄕里)에서 온 심부름꾼을 가리킨다. 山中(산중):
도연명이 사는 향리(鄕里)의 남산(南山). 早晚(조만):얼마 전에. 發
(발):떠나다, 출발하다. 天目(천목):절강성(浙江省) 항주부(杭州府)
임안현(臨安縣)의 서쪽에 있는, 도교(道敎)의 영산(靈山)인 천목산(天
目山). 도연명의 향리와는 관계가 없는 곳이다. 이 점이 약간 의문스
러운 점이다. 叢(총):떨기. 抽(추):새싹이나 새 잎이 뾰족하게 나온
것을 가리킨다. 馥(복):향기로움. 歸去來(귀거래):돌아가다. 來는 助
字. 應熟(응숙):잘 익음. 9월 9일 중양절(重陽節)의 국화주〔菊酒〕를

연상하고, 도연명이 이런 글을 지은 것으로 생각할 수 있다.

【解說】陶淵明이 팽택현(彭澤縣)의 슈으로 있을 때에 향리(鄕里)로부터 심
부름꾼이 왔다. 陶淵朋은 그에게 고향 소식을 물으며 은거하고 싶은 자
신의 마음을 전했다. 그런데 本篇에 나오는 天目山이 陶淵明의 향리와
는 전연 관계가 없는 곳이어서, 本篇의 작자에 관해서는 說이 많다. 본
디 宋의 蘇子美의 작품인데, 호사자(好事者)가 陶淵明의 작품집에 넣
었다는 說도 있다.《陶淵明集》卷四에 실려 있는 本篇 題下 注의 湯東
磵의 말에 의하면, 이 작품은 만당(晚唐) 때의 사람이 李白의 詩〈感秋〉
를 본떠 지은 것이라고 하는데, 李白의〈感秋〉에 '도연명이 팽택령을 그
만두고 돌아오니, 고향집엔 마침 술이 익고 있었다(陶令歸去來 田家酒
應熟).'라는 句에 의거하여 晚唐 때의 사람이 本篇을 지었을 것이라는
說이 가장 유력하다.

왕우군:이태백(王右軍:李太白)

右軍本淸眞
우 군 본 청 진
우군(右軍)은 본시 맑고 진실하여

瀟洒在風塵
소 쇄 재 풍 진
속세에 있으면서도 때 묻지 않았네.

山陰遇羽客
산 음 우 우 객
산음(山陰) 땅에서 도사를 만나니

愛此好鵝賓
애 차 호 아 빈
도사는 첫눈에 거위를 팔라 하는
우군을 좋아하게 되었네.

掃素寫道經
소 소 사 도 경
흰 비단을 펴 도덕경을 베껴 쓰니

筆精妙入神
필 정 묘 입 신
신묘한 필법(筆法), 마치 입신(入神)의 경지에 든 듯.

書罷籠鵝去
서 파 농 아 거
붓을 내던지고 거위를 바구니에 담아 갔으니

何曾別主人
하 증 별 주 인
주인에게 작별을 고할 틈이 있었겠는가?

【語義】 王右軍(왕우군):동진(東晉)의 명필가(名筆家) 왕희지(王羲之)를
가리킨다. 淸眞(청진):맑고 진실한 본성(本性). 속세의 예법 따위에
구속받지 않는, 천진난만(天眞爛漫)한 성격. 瀟洒(소쇄):맑고 깨끗함.
인품(人品)이 맑아 속기(俗氣)가 없음. 洒는 灑로도 쓴다. 風塵(풍진):
속세(俗世)를 가리킨다. 塵은 티끌·먼지. 山陰(산음):회계군(會稽郡)
산음현(山陰縣). 왕희지는 그 지방의 지방관인 내사(內史)를 지냈으며,
영화(永和:東晉 穆帝 때의 연호) 9년(353) 3월 3일에는 그곳 난정(蘭
亭)에서 곡수유상(曲水流觴)의 잔치를 베풀고 그 유명한 〈난정기(蘭亭

記)〉(《古文眞寶》後集에 수록)를 지었다. 지금의 절강성(浙江省) 소흥부
(紹興府) 땅으로, 회계산(會稽山)의 북쪽에 있다 하여 山陰이라 불렸다.
羽客(우객):도사(道士). 도사들은 새 깃으로 만든 옷(羽衣)을 입었기 때
문에, 羽人 또는 羽客이라 불렸다. 好鵝賓(호아빈):거위를 좋아하는 손
님. 왕희지를 가리킨다. 鵝는 거위. 掃素(소소):글씨를 쓰기 전에, 글씨
를 쓸 비단을 손으로 쓸어 잘 펴는 것. 掃는 비(帚)로 쓰는 것. 素는 생
사로 짠 명주. 寫(사):베껴 씀. 道經(도경):노자(老子)의 《道德經》. 筆
(필):필법(筆法), 필력(筆力). 妙入神(묘입신):묘하기가 신의 경지에 든
것 같음. 사람의 솜씨 같지 않다는 뜻. 書罷(서파):글씨 쓰기를 마침.
《道德經》을 다 베껴 쓴 것을 뜻한다. 籠(롱):바구니·새장. 何曾別主
人(하증별주인):어찌 주인에게 작별 인사까지 했겠는가? 何曾은 어찌
~까지 했겠는가?의 뜻. 작별 인사도 없이 떠났다는 뜻. 솔직하고 직선
적인 왕희지의 태도를 표현한 것이다.

【解說】 王羲之의 字는 일소(逸少), 그의 아버지 曠은 東晉의 大宰相 王
導의 조카였다. 王羲之는 13세 때에 주의(周顗)에게서 훌륭한 재예(才
藝)를 지녔음을 인정받았다. 장성하여서는 변설(辯舌)과 의론(議論)에
능했을 뿐만 아니라, 특히 예서(隸書)를 잘 썼다. 그의 글씨는 고금 제
일이란 평을 받는데, 필세(筆勢)가 '노는 구름과 놀란 용(遊雲驚龍)' 같
았다 한다. 벼슬은 右軍將軍, 회계군(會稽郡)의 내사(內史:長官)에 이
르렀고, 59세에 죽었다. 그는 북제(北齊)의 안지추(顔之推)가 남긴 《顔
氏家訓》에, 風流 才士이며 蕭洒한 名人으로 評되어 있는 것처럼, 〈蘭
亭集序〉(本書 後集에 〈蘭亭記〉로 되어 있는 것은 잘못이다)의 글과 글
씨로 개성미(個性美) 넘치는 풍류를 후세에 남겼다. 특히 서수필(鼠鬚
筆:쥐의 수염으로 만든 붓)로 잠견지(蠶絹紙)에 썼다는 그 글씨는 고금

에 다시없는 명필(名筆)로서, 그의 글씨 중에서도 가장 뛰어난 것이라 한다. 唐 太宗은 그의 필적(筆跡)에 반하여, 자신이 죽거든 자신의 무덤 속에 王羲之의 글씨도 함께 묻으라고 했을 정도였다.

本篇은 《晋書》 本傳에, '山陰에 한 道士가 있었는데 좋은 거위를 기르고 있었다. 羲之, 가서 그 거위를 보고 매우 좋아하였다. 그래서 그것을 팔라고 졸랐다. 道士는 《道德經》을 써 주면 거위 떼를 모두 주겠다고 했다. 羲之는 기꺼이 《道德經》을 베껴 주고 거위를 채롱에 담아 돌아와 매우 즐거워하였다.'라고 한 일화(逸話)를 소재로 하여, 王羲之의 청진(淸眞)한 기질(氣質)과 소쇄(蕭灑)한 인품(人品)을 노래한 작품이다. 天下第一의 명필(名筆)이 거위 몇 마리를 얻기 위하여 《老子》 五千 字를 베껴 준다는 것은, 세속에 물든 사람들로서는 도저히 상상도 할 수 없는 일이다. 이러한 優雅한 風流는 李白뿐 아니라 후세의 거의 모든 시인들이 흠모한 사조(思潮)였다. 다음에 나오는 〈對酒憶賀監〉도 이러한 晋代의 풍류를 그리워하는 마음이 짙게 깔려 있는 작품이다.

대주억하감 2수:이태백(對酒憶賀監 二首:李太白)

四明有狂客 사 명 유 광 객	사명산(四明山)에 광객(狂客)이 있었으니
風流賀季眞 풍 류 하 계 진	풍류남아 하지장(賀知章)!
長安一相見 장 안 일 상 견	장안에서 나를 한 번 보더니
呼我謫仙人 호 아 적 선 인	대뜸 적선인(謫仙人)이라 불렀지.
昔好盃中物 석 호 배 중 물	전엔 그리도 술을 좋아하더니
今爲松下塵 금 위 송 하 진	이젠 죽어 진토(塵土)가 되었네.
金龜換酒處 금 귀 환 주 처	금 거북 풀러 술과 바꾸던 곳,
卻憶淚沾巾 각 억 누 첨 건	생각할수록 눈물이 건(巾)을 적시네.

【語義】四明(사명):산 이름. 절강성(浙江省)에 있다. 하지장(賀知章)은 이
산속에 숨어 살았다.　狂客(광객):세속에 구애받지 않고 자유분방(自
由奔放)하게 행동하는 사람. 하지장은 만년(晚年)에 四明山에 은거(隱
居)하며 스스로 四明狂客이라 했다.　風流(풍류):性行에 一風一流 있
는 것. 개성이 뚜렷한 것. 우아하다는 뜻으로도 쓰이긴 하나, 이 경우
에는 좀 더 강렬한 성격의 개성미를 말한다.《後漢紀》에, '그 크고 넓
은 것을 風이라 하고, 그것을 나타내는 바를 流라 한다.'고 진(晉)의 원
굉(袁宏)이 정의하고 있다. 이것은 사람에 대한 영향력, 다시 말해 사

람을 감화하는 힘을 風이라 하고, 그 主義·節操를 流라 한다는 것이다. 季眞(계진):하지장(賀知章)의 자(字). 長安一相見(장안일상견):이백(李白)이 장안에 가 처음 하지장을 만난 것을 가리킨다. 謫仙人(적선인):귀양 온 신선(神仙). 謫은 죄를 입어 귀양 가는 것. 盃中物(배중물):잔속의 물건. 곧 술. 도연명(陶淵明)의 〈責子〉라는 詩에 '술잔이나 기울일 수밖에(且進盃中物)'라는 말이 나온다. 松下塵(송하진):소나무 밑의 티끌. 즉 죽어 진토(塵土)가 되었다는 뜻. 金龜(금귀):관리들이 예복(禮服)의 띠에 매는 주머니. 본디는 물고기 모양으로 된 金·銀의 어대(魚袋)였는데, 측천무후(則天武后)가 거북으로 바꿨다. 金龜는 3품 이상의 고관(高官)이, 銀龜는 5품 이상의 관리들이 지녔다. 卻憶(각억):돌이켜 생각함.

우(又)

狂客歸四明
광 객 귀 사 명
광객 하지장이 사명산으로 돌아가자

山陰道士迎
산 음 도 사 영
산음의 도사들이 그를 맞았지.

敕賜鏡湖水
칙 사 경 호 수
황제께서 경호(鏡湖)의 물을 내리시니

爲君臺沼榮
위 군 대 소 영
그대 위한 누대(樓臺)와 못의 영예였네.

人亡餘故宅
인 망 여 고 택
그는 가고 옛집만 남았으니

空有荷花生
공 유 하 화 생
연꽃이 피어도 보는 이가 없네.

念此杳如夢　　생각하면 아득하기 꿈만 같아
염 차 묘 여 몽

凄然傷我情　　쓸쓸한 기분, 마음 슬퍼지네.
처 연 상 아 정

【語義】 狂客(광객)·四明(사명):앞의 詩에 상세히 설명되어 있음. 山陰道
士(산음도사):앞에 나온 李白의 詩 〈王右軍〉에 등장하는 산음(山陰)의
우객(羽客). 勅賜鏡湖(칙사경호):해설에 상세히 설명되어 있음. 鏡湖는
절강성(浙江省) 소흥현(紹興縣)에 있던 호수. 臺沼榮(대소영):하지장의
저택(邸宅)에 높은 누대(樓臺)와 못이 있었던 것을 가리킨다. 하지장은
현종(玄宗)으로부터, 천추관(千秋觀:觀은 道敎의 寺)과 그 근처의 경호
(鏡湖)와 염천(剡川)의 일부를 하사(下賜)받았다. 故宅(고택):옛집. 천
추관(千秋觀)을 가리킨다. 空有(공유):보는 사람이 없는 것. 荷花(하
화):연꽃. 杳(묘):아득함. 凄然(처연):쓸쓸하고 허전함. 깊이 사무쳐
슬픈 것. 혹 悽然의 잘못된 표기인지도 모른다.

【解說】 本集 卷二十三에 실려 있고 그 序에, '太子賓客 賀公(賀知章을 가
리킨다), 長安의 자극궁(紫極宮)에서 처음으로 나를 보더니 적선인(謫
仙人)이라 불렀다. 허리에 차고 있던 金龜를 풀어 술과 바꾸어 마셨다.
그때 일을 생각하면 절로 마음이 슬퍼져 이 詩를 짓는다.'고 했다.《唐
書》列傳에, "賀知章(677~744), 字는 계진(季眞), 越州 永興 사람, 성
격이 曠達하고 平夷하였으며 이야기하기를 좋아했다. 족고(族姑:아버
지의 再從姉妹)의 아들 陸象先과 사이가 좋았다. 象先이 일찍이 사람들
에게 말하기를, '季眞은 청담 풍류(淸談風流)하여, 하루만이라도 그를
보지 않으면 마음이 좁아지는 것 같다.'라고 하였다. 증성(證聖) 初에

進士에 올랐고, 누천(累遷:여러 번 승진하여 관직을 옮김)하여 太常博士에 이르렀으며, 肅宗이 太子였을 때 賓客으로 자리를 옮겨 비서감(秘書監)이 되었다. 만년(晩年)에 더욱 탄방(誕放:마음 내키는 대로 행동함)하여 이항(里巷:마을의 거리)에서 오유(遨遊)하였다. 스스로 四明狂客·秘書外監이라 호(號)했다. 천보(天寶) 初에 병이 들었는데, 제거(帝居:天帝가 계신 곳, 즉 天上)에서 노는 꿈을 꾸었다. 곧 道士가 되고자 향리에 돌아가기를 청하니, 天子께서 그것을 허락하고 宅을 천추관(千秋觀:觀은 道士의 절을 가리키는 말임)이라 이름 짓게 하였다. 또 그의 請에 따라 鏡湖의 한 구비를 하사(下賜)했다."고 했다. 賀監이란 비서감(秘書監:宮中의 圖書를 관장하는 官의 우두머리) 賀知章이라는 뜻. 李白에게 仙風이 있음을 첫눈에 꿰뚫어본 知章에게도 仙風이 있었다. 간담상조(肝膽相照:서로 마음을 터놓고 진심으로 사귐)한 두 사람의 우애의 정이 잘 표현된 작품이다.

李白과 賀知章은 杜甫의 〈飮中八僊歌〉에 당당히 한자리씩 차지하고 있을 만큼 唐代의 유명한 주호(酒豪)들이었다. 李白이 知章의 死後, 술을 대할 때마다 그가 생각나 인생무상(人生無常)의 감개에 젖은 것은 너무나 당연한 일이었을 것이다. '人亡餘故宅 空有荷花生'의 두 句에 그러한 마음이 잘 나타나 있다.

송장사인지강동:이태백(送張舍人之江東:李太白)

張翰江東去
장 한 강 동 거
장한이 강동으로 떠난다.

正値秋風時
정 치 추 풍 시
마침 가을바람 이는 때,

天晴一雁遠
천 청 일 안 원
하늘 맑고 외기러기 저 멀리 나는데

海闊孤帆遲
해 활 고 범 지
넓은 바다엔 외로운 돛단배 한 척.

白日行欲暮
백 일 행 욕 모
해는 뉘엿뉘엿 저물어 가고

滄波杳難期
창 파 묘 난 기
푸른 물결 아득하여 재회를 기약하기 어려워라.

吳洲如見月
오 주 여 견 월
오나라 땅에서 달을 보거든

千里幸相思
천 리 행 상 사
천리 밖 이 몸을 생각해 주게.

【語義】 張翰(장한):《진서(晋書)》에, "장한(張翰), 자(字)는 계응(季鷹), 오
(吳)나라 사람이다. 글을 잘 지었다. 성격이 분방(奔放)하여, 사람들이
강동(江東)의 보병〔步兵:竹林七賢 중의 한 사람으로, 步兵校尉를 지낸
완적(阮籍)을 가리킴〕이라 불렀다. 낙(洛) 땅에 들어가자, 제왕(齊王) 경
(冏)이 불러 대사마동조연(大司馬東曹掾)을 내렸다. 장한은 가을바람이
이는 것을 보고 고향 오나라 땅에 있는 고채(菰菜:포아풀과에 속하는
줄의 열매나 어린 싹으로 만든 나물)·박갱〔蒪羹:생강과에 속하는 宿根
草인 양하(蘘荷)를 재료로 하여 끓인 국〕·노어회(鱸魚膾:농어의 살로

만든 회)가 생각나, '사람이 살아가는 데 뜻에 맞는 일을 하는 것이 가
장 귀(貴)하다. 어찌 수천 리 밖에까지 나와 벼슬에 매여, 이름과 명예
를 구하려 하겠는가.' 하고 말하고, 수레를 돌려 고향으로 돌아갔다."고
했다. 여기서 李白은, 친구인 장사인(張舍人)을 풍류남아(風流男兒) 장
한에 비긴 것이다.   正値秋風時(정치추풍시):마침 가을바람 부는 때임.
正値는 '마침 ~임'의 뜻. 天晴(천청):하늘이 맑음. 가을 하늘이어서 더
욱 그러하다.《古文眞寶》本集에는 天淸으로 되어 있다.   一雁(일안):
외기러기. 장사인의 여로(旅路)에 비유한 것.   海闊(해활):바다가 넓음.
장강(長江) 하류는 바다에 연(連)해 있다.   帆(범):돛단배.   難期(난기):
기약하기 어려움.   吳(오):나라 이름. 지금의 강소성(江蘇省) 지방.   洲
(주):섬, 또는 물가.   如(여):만일, 만약.   千里幸相思(천리행상사):천
리 밖 멀리 떨어진 곳이지만 서로 잊지 말고 생각했으면 좋겠다는 뜻.

【解說】本篇은 本集 卷十六에 실려 있다. 揚子江 동쪽인 강소성(江蘇省)
으로 떠나는 張 모(某)를 전송하며 지은 詩이다. 本集 題下 注에, '張
翰을 江東으로 보내며 그 이별의 情을 읊은 것이다.'라고 했는데, 이는
李白이 진나라 張翰의 고사(故事)를 인용한 것을 注를 붙인 사람이 張
舍人을 가리키는 것으로 잘못 이해했기 때문이다. 舍人은 관명(官名)
이며, 張舍人이 누구인지는 확실하지 않다. 일설(一說)에 張舍人은 張
說이라고 하는데, 진위(眞僞)가 불명(不明)하다. 李白 자신이 晋의 張
翰의 풍류(風流)를 사모했기 때문에 張舍人을 동성(同姓)의 그에 비긴
것이다. 이것은 자신이 존경하는 사람에게 상대방을 견줌으로써 경의
(敬意)를 나타낸 것이다.
   李白에겐 또 〈送金陵張十一再遊東吳〉라는 詩가 있는데, 張十一은 本
篇의 張舍人과 동일인(同一人)인 듯하며, 그 詩는 다음과 같다.

張翰黃花句	장한이 국화를 읊어 지은 詩는
風流五百年	東晉 이후 최고의 風流詩라 한다.
誰人今繼作	지금 누가 그 뒤를 이을까,
夫子世稱賢	그분은 세상에서 현인이라 불리네.
再動遊吳棹	다시 吳 땅에서 노 저으며 놀고자
還浮入海船	배 타고 바다로 들어가네.
春光白門柳	봄빛은 白門의 버들을 감싸고
霞色赤城天	노을은 赤城山의 하늘을 물들이네.
去國難爲別	고향 떠나는 이별 참으로 어려워
思歸各未旋	차마 발걸음 떼지 못하네.
空餘賈生淚	賈生의 눈물만을 남기며
相顧共悽然	서로 돌아보며 슬퍼하네.

이처럼 李白은 張翰의 풍류를 좋아했고, 친구를 전별(餞別)할 때엔 그를 자주 인용했다.

【語義】 白門:金陵에 있다. 赤城:浙江省 天台縣에 있는 名山. 賈生:漢의 賈誼. 〈弔屈原賦〉를 지음.

희증정율양:이태백(戱贈鄭溧陽:李太白)

陶令日日醉
도 령 일 일 취
도연명은 매일 취하여

不知五柳春
부 지 오 류 춘
다섯 그루 버들에 봄이 온 것도 몰랐네.

素琴本無絃
소 금 본 무 현
소금(素琴)엔 본디 줄이 없었고

漉酒用葛巾
녹 주 용 갈 건
술을 거르는 데에 머리에 쓴 건(巾)을 썼네.

淸風北窓下
청 풍 북 창 하
맑은 바람 불어 들어오는 북창 아래에서

自謂羲皇人
자 위 희 황 인
스스로 복희씨 적 사람이라 했네.

何時到栗里
하 시 도 율 리
나는 언제 율리(栗里)로 가서

一見平生親
일 견 평 생 친
평생의 친구를 만나게 될까.

【語義】 陶令(도령):도연명(陶淵明). 그가 일찍이 강서성(江西省) 북부에 있는 팽택(彭澤)의 영(令)을 지냈으므로, 이렇게 부른 것이다. 五柳(오류):다섯 그루의 버드나무. 도연명은 집 주위에 다섯 그루의 버드나무를 심고, 자신을 五柳先生이라 불렀다. 《古文眞寶》後集에 수록되어 있는 〈五柳先生傳〉을 참고할 것. 素琴(소금):아무런 장식도 없는 질박한 금(琴). 《古文眞寶》注에, "연명, 소금(素琴)을 한 벌 지니고 있었는데, 그 琴에는 줄[絃]이 없었다. 연명, 언제나 琴을 어루만질 때면, '琴의 흥취를 알면 되었지, 줄을 만져 소리 낼 필요가 있겠는가?'라고 말했다."

고 했다. 漉(록):액체를 거르는 것. 漉酒는 술을 거르는 것. 葛巾(갈건):칡베로 만든 두건(頭巾). 羲皇人(희황인):상고(上古)의 제왕(帝王), 삼황(三皇)의 한 사람인 복희씨(伏羲氏) 시대의 사람. 소박(素朴)하고 꾸밈없는 태평 시대(太平時代)의 사람을 가리킨다. 栗里(율리):도연명의 고거(故居:전에 살던 곳). 이백의 친구 鄭 아무개가 영(令)으로 있는 율양(溧陽)에 비긴 것이다. 平生親(평생친):평생의 친구. 정율양(鄭溧陽)을 가리킨다.

【解說】 溧陽令으로 있는 친구 鄭 某에게 李白이 장난삼아 지어 보낸 詩이다. 그러나 장난삼아 지은 글이라고 하지만, 친구를 그리워하는 마음이 잘 나타나 있어 여운이 있다. 溧陽은 현재의 강소성(江蘇省) 진강부(鎭江府).

　〈五柳先生傳〉에 나타난 바와 같이 陶淵明은 자신의 인간성을 솔직하게 행동으로 나타냈던 인물이다. 술을 좋아하고 무욕 염담(無欲恬淡)하여 전원(田園)의 자연을 사랑했으며, 그의 詩는 하나같이 그런 것을 노래한 것들이어서 후세 시인들로부터 많은 존경을 받았다. 특히 唐代의 시인들이 그를 좋아하였는데, 왕적(王績:585~644)과 같은 사람이 술을 좋아하여 스스로 五斗先生이라 號한 것은, 淵明이 자신을 五柳先生이라 號한 것을 본뜬 것이 분명하다. 王績의 詩에는 완적(阮籍:竹林七賢의 대표적인 인물)이나 陶潛과 관계있는 句가 많다. 〈贈學仙者〉의,

　　誰知彭澤意　　누가 연명의 뜻을 알리,
　　更覓步兵墟　　다시 완적의 술자리를 찾으리.

라든가 〈醉後〉의,

阮籍醒時少	완적은 술 깨어 있는 적이 없었고,
陶潛醉時多	도잠은 늘 취해 있었네.

라는 것 등이 그 좋은 예로, 王績은 唐代에 陶淵明流派를 세운 선구자였다. 李白의 이 詩도 그러한 점에서 王績의 詩風을 이어받은 것이라 할 수 있는데, 다음에 나오는 〈嘲王歷陽不肯飮酒〉도 陶淵明의 일화(逸話)를 유효적절하게 인용하고 있다는 점에서 本篇과 유사(類似)한 詩風의 작품이라 할 수 있다.

조왕역양불긍음주:이태백(嘲王歷陽不肯飮酒:李太白)

地白風色寒 지 백 풍 색 한	눈 덮인 천지 풍경마저 차가운데
雪片大如手 설 편 대 여 수	내리는 눈송이가 손바닥만 하다.
笑殺陶淵明 소 쇄 도 연 명	우습다, 도연명이여!
不飮盃中酒 불 음 배 중 주	그대가 술을 피한다고?
浪撫一張琴 낭 무 일 장 금	일없이 소금(素琴)을 어루만지게 되었으니
虛栽五株柳 허 재 오 주 류	다섯 그루 버들은 왜 심었나?
空負頭上巾 공 부 두 상 건	머리 위에 건(巾)을 걸친 뜻을 저버리고 있으니
吾於爾何有 오 어 이 하 유	다시는 자네와 상종(相從)하지 않겠네.

【語義】地白(지백):땅이 하얗게 눈에 덮여 있는 것을 말한다. 風色(풍색):
풍광(風光)·풍경(風景). 雪片(설편):눈송이.《古文眞寶》本集에는 雪
花라고 되어 있다. 如手(여수):손바닥만함. 笑殺(소쇄):참으로 우스
움. 殺는 강조의 뜻을 나타내는 助字. 陶淵明(도연명):이백이 왕역양
(王歷陽)을 도연명에 비유하여 말한 것이다. 浪撫(낭무):헛되이 어루
만짐. 一張(일장):한 벌. 張은 활·거문고 등을 세는 수사(數詞). 空負
頭上巾(공부두상건):머리에 두건을 쓴 뜻에 어긋남. 負는 배반하다·
어긋나다. 도연명은 술을 걸러 마시기 위해 巾을 썼는데, 王歷陽은 술

을 마시지도 않으려면서 巾을 쓰고 있으니, 巾을 쓴 뜻을 배반했다고 한
것이다. 陶淵明의 〈飮酒〉 제20首의, '다시 통쾌하게 마시지 않는다면,
그건 머리 위의 건을 실망시키는 짓(若復不快飮 空負頭上巾).'에서 취한
것이다. 吾於爾何有(오어이하유):내가 너에게 무엇을 하리? 너의 가치
를 인정할 수 없다는 뜻. 즉 상종(相從)하지 않겠다는 뜻.

【解說】 역양(歷陽:安徽省 和縣)의 슈인 王某가 금주(禁酒)를 선언하자 李
白이 그것을 조롱하여 지은 시이다. 前篇 〈戲贈鄭溧陽〉보다 조소(嘲笑)
의 정도가 심하지만, 막상 조소를 당한 王某는 화내기는커녕 파안대소
(破顔大笑)했을 것이다. 줄 없는 소금(素琴), 다섯 그루 버드나무, 머리
위에 쓴 갈건(葛巾) 등 술 좋아했던 陶淵明의 유명한 일화(逸話)를 들어
자신을 淵明과 견주어 주었으니 그보다 더 큰 영광이 어디에 있겠는가.
　　李白은 王歷陽에게 이렇게 말하고 싶었을 것이다.
　　"뭐, 자네가 술을 끊었다고? 흥, 陶淵明이 술을 끊으면 끊었지. 자네
가 술을 끊어?"
　　《李太白集》卷二十三에 실려 있다.

자류마:이태백(紫騮馬:李太白)

紫騮行且嘶 자류마(紫騮馬)가 나아가며 울며
자 류 행 차 시

雙翻碧玉蹄 벽옥(碧玉) 같은 말발굽을 번갈아 뒤집는다.
쌍 번 벽 옥 제

臨流不肯渡   물가에 이르러 건너려 하지 않으니
임 류 불 긍 도

似惜錦障泥 비단 진흙가리개 더러워짐을 싫어하는 듯.
사 석 금 장 니

白雪關山遠 흰 눈 덮인 관산(關山)은 까맣게 멀고
백 설 관 산 원

黃雲海戍迷 구름 낀 바닷가 수자리는 아득하다.
황 운 해 수 미

揮鞭萬里去 채찍 휘둘러 만 리 밖으로 달려가야지
휘 편 만 리 거

安得念香閨 어찌 처 있는 집을 생각할 수 있으리.
안 득 염 향 규

【語義】 行且嘶(행차시):말이 걸어가며 우는 것. 雙翻(쌍번):말이 걸어
   갈 때에, 두 발이 번갈아 굽을 뒤집는 것. 말이 걸어갈 때 말굽의 움직
   임을 형용한 것이다. 碧玉蹄(벽옥제):푸른 옥같이 아름다운 말발굽.
   不肯渡(불긍도):건너려고 하지 않음. 不肯은 잘 하려고 하지 않는 것.
   似惜(사석):애석하게 생각하는 것 같음. 似는 ~하는 것처럼 보임. 錦
   障泥(금장니):비단으로 만든 진흙가리개. 말의 안장 밑에 단다. 關
   山(관산):나라를 지키는 요해처(要害處)가 있는 산. 黃雲(황운):암황
   색(暗黃色) 구름. 海戍(해수):바닷가 수자리. 수자리는 국경을 지키

는 일, 또는 그 민병(民兵). 迷(미):아득하여 잘 분간할 수 없음. 揮
鞭(휘편):채찍을 휘두름. 곧 말을 달리는 것. 安得念香閨(안득염향
규):어찌 처가 있는 규방을 생각하랴? 安은 어찌의 뜻을 가진 부사.
香閨는 처(妻)가 있는 규방(閨房).《李太白集》엔 春閨로 되어 있다.

【解說】紫騮馬는 털이 밤빛이고 검은 갈기를 가진 준마(駿馬).《李白詩集》
　　卷六에 실려 있는 악부(樂府)인데, 양제현(楊齊賢)의 다음과 같은 注가
　　달려 있다.
　　　"진(晋)의 王濟는 말의 성질을 잘 알았다. 일찍이 비단을 이어 만든
　　말다래(말의 배 양쪽에 달아 늘어뜨리어 진땅의 흙이 튀는 것을 막는 물
　　건. 障泥)를 단 말을 타고 가는데, 물이 있는 곳에 이르자 말이 나아가
　　려 하지 않았다. 王濟는, 말이 말다래가 더럽혀질까 봐 물을 건너려 하
　　지 않는 것으로 생각하여, 사람을 시켜 말다래를 풀어내도록 했다. 말
　　다래를 풀어내자 말은 곧 물을 건넜다.《古今樂錄》에, '紫騮馬를 노래
　　한 작품들은, 대개 원정(遠征) 나가 돌아갈 것을 그리워하는 병사들의
　　마음을 읊은 것이다.'고 했다."
　　　이 詩는 전반(前半) 4句에선 진(晋)의 왕제(王濟)와 그의 名馬에 얽힌
　　고사(故事)를 읊고, 후반 4句에선 수자리 나간 장부가 돌아갈 것을 그
　　리워하는 마음을 읊고 있는데, 이것이 앞서 밝힌 악부(樂府)가 지니는
　　본의(本意)이다. 출정(出征)하는 장부는 전공(戰功)만을 생각할 뿐 집
　　안의 아녀자는 안중에 없다고 이야기하는 듯하나, 실은 아내를 그리워
　　하는 절실한 마음을 그렇게 표현한 것일 뿐이다.

대주부지:이태백(待酒不至:李太白)

玉壺繫青絲
옥 호 계 청 사
술병에 푸른 실 매어 갔거늘

沽酒來何遲
고 주 내 하 지
술 사 오기 왜 이리 더딜까.

山花向我笑
산 화 향 아 소
산꽃이 날 향해 웃으니

正好銜盃時
정 호 함 배 시
술 들기 더없이 좋을 때일세.

晚酌東山下
만 작 동 산 하
느지막이 동산 아래에서 술잔을 드니

流鶯復在玆
유 앵 부 재 자
꾀꼬리 다시 날아와 우네.

春風與醉客
춘 풍 여 취 객
봄바람과 취한 사람,

今日乃相宜
금 일 내 상 의
오늘따라 더욱 사이좋네.

【語義】玉壺(옥호):백옥(白玉)으로 만든 술병. 繫青絲(계청사):술병을 들기 좋게 병목에 푸른 실을 맨 것을 가리킨다. 沽酒(고주):술을 삼. 沽에는 사다(買)·팔다(賣)의 뜻이 모두 있다. 來何遲(내하지):오는 게 어째서 더딘가? 銜盃(함배):술잔을 입에 묾. 곧 술을 마심. 晚(만):저녁. 酌(작):술을 따름. 전(轉)하여 술을 마심. 東山(동산):《李太白集》엔 東牕(동창)으로 되어 있다. 流鶯(유앵):여기저기로 날아다니며 우는 꾀꼬리. 相宜(상의):서로 잘 어울림. 조화(調和)가 잘 됨.

【解說】 李白과 술은 불가분(不可分)의 관계이다. 더욱이 산꽃 활짝 핀 봄
　동산에서 꾀꼬리와 벗하며 술을 마심에랴. 주선(酒仙) 李白이 천하의 주
　호(酒豪)들을 대표하여 주객(酒客)의 마음을 노래한 작품이다.
　　李白이 술을 소재(素材)로 하여 지은 詩는 헤아릴 수 없을 만큼 많은
　데, 하나같이 주옥(朱玉) 같은 명편(名篇)들이다. 그는 만고(萬古)의 시
　름을 달래고자 붓을 들었다 하면 광기(狂氣) 어린 괴변을 곧잘 늘어놓
　았는데, 이 詩에서만큼은 주객(酒客)의 취흥(醉興)을 더없이 아름답게
　그려 놓고 있다. 청사를 맨 술병, 활짝 핀 산꽃, 꾀꼬리, 봄바람, 주선
　(酒仙) 李白이 자연 속에서 즐거워하는 모습이 눈앞에 보이는 듯하다.
　本集 卷二十三에 실려 있다.

유용문봉선사:두자미(遊龍門奉先寺:杜子美)

已從招提遊
이 종 초 제 유

절에서 놀다가

更宿招提境
갱 숙 초 제 경

또다시 절에 묵는다.

陰壑生靈籟
음 학 생 령 뢰

북녘 골짜기에 바람 일고

月林散清影
월 림 산 청 영

달빛 비치는 숲 속에 나무 그림자 어지럽다.

天闕象緯逼
천 궐 상 위 핍

하늘을 찌르는 산봉우리 별에 닿고

雲臥衣裳冷
운 와 의 상 랭

구름 속에 누우니 옷이 차갑다.

欲覺聞晨鐘
욕 각 문 신 종

잠 깨려 할 때에 들려오는 새벽 종소리,

令人發深省
영 인 발 심 성

속진(俗塵)의 이 몸 깊이 반성케 한다.

【語義】 招提(초제):절. 사찰(寺刹). 《僧輝記》에, "招提는 범어(梵語) 拓鬪
提奢를 가리킨다. 唐의 四方僧物을 가리키는 말이다. 단 전필(傳筆)이
잘못되어, 拓이 招로 되었고, 鬪奢가 빠지고 提 字만 남게 되었다. 지
금의 시방주지원(十方住持院)이다."라고 했다. 更宿(갱숙):다시 묵음.
陰壑(음학):산의 북쪽 골짜기. 陰은 방위에서 북쪽을 가리킨다. 陽은 남
쪽. 靈籟(영뢰):영묘(靈妙)한 바람 소리. 《莊子》에서는 자연의 음향(音
響)을 천뢰(天籟), 바람 소리를 지뢰(地籟), 사람의 소리를 인뢰(人籟)
라 하였다. 月林(월림):달빛 쏟아지는 숲. 清影(청영):숲 속 나무의 또

렷한 그림자. 天闕(천궐):하늘로 들어가는 문. 용문산(龍門山)이 매우
높아 이렇게 표현한 것. 闕은 궁문(宮門) 앞 좌우에 있는 높은 누각. 象
緯(상위):일월성신(日月星辰)의 경(經:날실)의 형상과, 하늘을 수놓은
위(緯:씨)의 성좌(星座). 逼(핍):가까운 것. 雲臥(운와):구름 속에 누
움. 奉先寺가 龍門山 높은 곳에 있어, 방에 누우면 구름이 날아 들어
오므로, 이렇게 표현한 것이다. 欲覺(욕각):새벽녘에 잠이 깨려고 하
는 것을 가리킨다. 令人發深省(영인발심성):사람으로 하여 깊이 반성
하게 함.

【解說】《杜少陵集》卷一의 첫머리에 실려 있는 이 작품은, 개원(開元) 24
년 이후 杜甫가 동도(東都)인 낙양(洛陽)에서 놀았을 때에 지은 듯하다.
龍門은 이궐(伊闕)이라고도 한다. 伊闕山은 하남성(河南省) 하남부(河
南府) 이궐현(伊闕縣) 서북쪽 15里 되는 곳에 있으며, 흔히 龍門山 또
는 궐구(闕口)라고 부른다. 또《大明一統志》에 기록된 바에 의하면 奉
先寺는 河南府의 城 서남쪽에 있다고 한다.

　세 번째 句부터 일곱 번째 句까지 네 句에서는 奉先寺의 밤 풍경을
읊었고, 마지막 두 句에서는 절에서 하룻밤을 묵으면서 느낀 情을 읊었
다. 하늘에 맞닿을 듯한 높은 산의 古刹, 싸늘한 새벽 공기를 뚫고 은
은히 들려오는 종소리, 아무리 속진(俗塵)에 물든 사람일지라도 그러한
자리에선 자신을 한 번쯤 돌아보지 않을 수 없으리.

희간정광문겸정소사업:두자미(戲簡鄭廣文兼呈蘇司業:杜子美)

廣文到官舍 <small>광 문 도 관 사</small>	광문이 광문관(廣文館)에 이르더니
繫馬堂堦下 <small>계 마 당 계 하</small>	대청 섬돌 아래에 말을 맨다.
醉卽騎馬歸 <small>취 즉 기 마 귀</small>	취하면 말에 올라 곧 돌아가니
頗遭官長罵 <small>파 조 관 장 매</small>	윗분들한테 꾸지람을 적잖이 듣는다.
才名三十年 <small>재 명 삼 십 년</small>	재명(才名)을 삼십 년 동안이나 날리고도
坐客寒無氈 <small>좌 객 한 무 전</small>	추위에 떠는 객에게 방석 한 장 못 내놓는다.
近有蘇司業 <small>근 유 소 사 업</small>	근자엔 소사업이란 분이
時時與酒錢 <small>시 시 여 주 전</small>	때때로 술과 돈을 보내 준단다.

【語義】戲簡(희간):장난삼아 편지하는 것. 廣文(광문):광문관(廣文館) 박사(博士)를 지낸 정건(鄭虔)을 가리킨다. 그는 정주(鄭州) 사람으로 뜻이 높았다. 玄宗이 그를 아껴 개원(開元) 25년(737)에 廣文館을 설치하고 그를 박사(博士)로 임명했다. 杜甫는 재명(才名)이 높음에도 늘 불우한 그를 동정하여 〈醉時歌〉를 지었는데, 本書에 수록되어 있다. 官舍(관사):관청(官廳). 여기서는 광문관(廣文館)을 가리킨다. 繫(계):붙들어 맴. 堂堦(당계):관사(官舍)의 계단. 頗(파):치우치다. 여기서는 매

우, 또는 많이.   遭(조):만나다. 여기서는 일을 당한다는 뜻. 頗遭는 자
주 ~한 일을 당하다의 뜻.   官長(관장):광문관(廣文館)의 장관(長官).
罵(매):질책(叱責)·비난.   坐客(좌객):방문(訪問)하여 앉아 있는 손님.
氈(전):솜털로 만든 모직물로, 담요나 이불.

【解說】 本集 卷一에 실려 있는데, 우선 이 詩의 긴 제목을 뜻부터 풀어
보기로 하자. 戲는 앞에서 본 것처럼 장난삼아 글을 짓는 것. 簡은 안
부 편지. 鄭廣文은 광문관(廣文館) 박사(博士)를 지낸 정건(鄭虔)을 가
리키며, 蘇司業은 국자감(國子監) 사업(司業:官職名)인 소원명(蘇源明)
을 가리킨다. 兼은 글자 그대로 겸한다는 뜻. 呈은 드리다·바치다. 따
라서 이 詩의 제목은 '장난삼아 글을 지어, 廣文館 博士를 지낸 鄭虔에
게 안부를 전하며, 아울러 國子監 司業인 蘇源明에게 올림' 정도로 번
역될 수 있겠다.

　　本書 注에 '虔은 廣文館 博士가 되었으나 술을 좋아하여 사무(事務)
에 별로 신경을 쓰지 않았다. 장관(長官)에게서 자주 꾸지람을 들었으
나, 그는 그것을 마음에 두지 않았다. 安祿山의 난에 長安이 함락되자
몸을 숨겼는데, 그 일로 인하여 면직(免職)되어 곤궁하게 지냈다. 유독
蘇源明만이 그의 재주를 중히 여겨 때때로 술과 돈을 보내 주었다.'고
했다. 蘇源明에 관하여《唐書》列傳에, '蘇源明, 경조(京兆) 무공(武功)
사람. 초명(初名)은 예(預), 자(字)는 약부(弱夫). 어려서 고아가 되었으
나, 글을 잘 지어 문명(文名)이 있었다. 천보(天寶) 연간에 진사(進士)에
급제하여 국자사업(國子司業)이 되었다.'고 했다. 司業은 대학(大學)의
유관(儒官)과 악관(樂官)을 겸하고 국자(國子:卿大夫의 자식)를 가르쳤
던 벼슬로, 국자좨주(國子祭酒:大學의 長)를 대리(代理)하는 지위였다.
　　杜甫는 형식에 얽매이거나 남의 눈치를 살피며 윗사람 비위나 맞추

기에 급급하는 세속(世俗)의 인심을 미워했다. 따라서 일체의 형식을 무시하고 초탈(超脫)하게 행동하는 鄭虔을 좋아했으며, 또 그러한 鄭虔을 끝까지 배려해 준 蘇源明을 높이 평가했다. 비록 장난삼아 지은 글이란 뜻에서 제목에 戲 字가 들어 있지만, 범속(凡俗)을 뛰어넘는 기인(奇人)들의 훈훈한 우정과 진정이 잘 나타난 작품이다.

기전초산중도사:위응물(寄全椒山中道士:韋應物)

今朝郡齋冷
금 조 군 재 랭

오늘 아침엔 유난히 군청이 쌀쌀하니

忽念山中客
홀 념 산 중 객

갑자기 산속의 자네가 생각나네.

澗底束荊薪
간 저 속 형 신

산골짜기 시냇가에서 땔나무를 하고

歸來煮白石
귀 래 자 백 석

돌아가 흰 돌을 찌고 있겠지.

遙持一盃酒
요 지 일 배 주

멀리에서나마 한잔 술을 들어

遠慰風雨夕
원 위 풍 우 석

산속에서 비바람 치는 밤을 보낼 그대를 위로하네.

落葉滿空山
낙 엽 만 공 산

텅 빈 산에 낙엽만 가득할 테니

何處尋行迹
하 처 심 행 적

어디에서 자네 발자취를 찾을 수 있겠는가.

【語義】郡齋(군재):군청(郡廳) 안에 있는, 자사(刺史)가 일을 보는 서재(書齋). 忽念(홀념):문득 생각남. 갑자기 생각남. 山中客(산중객):산속에서 수도(修道)하는 친구. 澗底(간저):산골짜기의 시냇물이 흐르는 낮은 바닥. 荊薪(형신):땔나무. 荊은 가시나무. 薪은 땔나무, 또는 땔나무나 풀을 베는 것. 歸來(귀래):돌아감. 來는 의미를 강하게 하는 조자(助字). 煮白石(자백석):흰 돌을 삶음. 白石은 신선이 먹는다는 흰 돌. 《抱朴子》內篇에, '인석산(引石散)을 한 치 넓이의 숟가락으로 떠서 한 말의 흰 돌에 넣어 물을 붓고 삶으면, 토란처럼 익게 되어 곡식처럼 먹

을 수 있다.'고 했다.　遙持一盃酒(요지일배주):먼 산중에서 비바람 치
는 밤을 쓸쓸히 보낼 친구를 멀리서나마 한잔 술을 들어 위로한다는 뜻.

【解說】　全椒山에 은거(隱居)하는 道士에게 보내는 詩로,《韋江州集》卷
三에 실려 있다. 全椒山은 섬서성(陝西省) 봉상부(鳳翔府)에 있다. 작
자 韋應物은 唐代의 陶淵明流派의 한 사람으로, 자연 시인(自然詩人)이
다. 唐代의 시인 가운데에 전원(田園)의 풍물(風物)을 읊은 陶淵明의 시
풍(詩風)을 본뜬 대표적인 사람으로는 왕유(王維)·유종원(柳宗元)·위
응물(韋應物)·맹호연(孟浩然) 네 사람을 꼽을 수 있는데, 이들의 유원
청신(幽遠淸新)한 시풍(詩風)은 李白·杜甫와는 다른 또 하나의 唐詩의
특징을 이루는 것이다. 비록 이들이 唐詩의 쌍벽인 李白·杜甫의 그늘
에 가려지는 것은 사실이지만, 이들의 작품에는 낭만적이며 참신한 가
작(佳作)이 많다. 本篇도 그 하나로, 산속의 道士인 친구를 생각하는 작
자의 따뜻한 우정이 읽는 이의 마음을 훈훈하게 해 준다. 韋應物은 소주
(蘇州)의 자사(刺史)를 지냈으므로, 세상에서 韋蘇州라고도 불렀다. 그
의 청신한 詩는 후세의 시인들에게 많은 감명을 주어, 宋의 蘇東坡 같
은 문호(文豪)는 그의 詩에 추화(追和)하여 다음에 나오는 〈和韋蘇州詩
寄鄧道士〉를 지었을 정도이다. 蘇東坡는 이처럼 自然詩를 사랑하여, 陶
淵明의 詩에 追和한 詩를 무려 백여 편이나 지었다.
　　앞의 〈訪道者不遇〉의 '雲深不知處'라든가 本篇의 '落葉滿空山 何處尋
行迹'의 句에서 알 수 있듯이, 일반적으로 산속의 道士를 주제(主題)로
한 詩는 속세(俗世)를 벗어난 은자(隱者)만이 즐길 수 있는 청정감(淸淨
感)을 읽는 이로 하여금 맛볼 수 있게 한다.

화위소주시기등도사:소자첨(和韋蘇州詩寄鄧道士: 蘇子瞻)

一盃羅浮春
일 배 나 부 춘

한잔의 나부춘(羅浮春)을

遠餉採薇客
원 향 채 미 객

멀리 산속의 도사에게 보내노라.

遙知獨酌罷
요 지 독 작 파

그는 홀로 술을 마시고

醉臥松下石
취 와 송 하 석

소나무 아래에 누워 있으리.

幽人不可見
유 인 불 가 견

도사는 볼 수 없지만

淸嘯聞月夕
청 소 문 월 석

맑은 휘파람소리 달 밝은 밤이면 들려온다네.

聊戲庵中人
요 희 암 중 인

장난삼아 암자에 있는 그대에게 묻노니,

空飛本無迹
공 비 본 무 적

하늘을 나는 신선이 발자취를 남기겠는가?

【語義】 羅浮春(나부춘):《古文眞寶》注에, '羅浮春은 蘇軾이 만든 술 이름. 혜주(惠州)에서 나부산(羅浮山)이 보이므로 이렇게 이름 지은 것이다.' 고 했다. 惠州는 소식의 유배지. 羅浮山에 春자를 붙여 술 이름을 지은 것은, 기분 좋게 봄날처럼 취한다는 뜻에서 취한 것이다. 餉(향):밥, 또 는 음식 따위를 보내는 것. 採薇客(채미객):고사리를 캐는 사람. 산속 에 은거(隱居)하는 도인(道人)을 가리킨다. 은(殷)나라 말(末)에 백이와 숙제가 수양산(首陽山)에 들어가 고사리를 캐어 먹고 살다가 죽었다는

고사(故事)에서 취한 것. 遙知(요지):~하리라고 앎. 추측의 뜻을 나타
냄. 幽人(유인):깊은 산에 은거하여 사는 사람. 도사(道士)를 가리킨다.
淸嘯(청소):맑은 휘파람소리. 선객(仙客)·도사(道士)들이 행하던 수행
(修行)의 하나로, 길게 호흡하는 법. 月夕(월석):달이 밝은 밤. 聊(료):
어조사로, 별 뜻이 없이 쓰였다. 庵中人(암중인):암자 속에 있는 사람.
등도사(鄧道士)를 가리킨다. 空飛(공비):하늘을 낢.

【解說】 宋의 대시인(大詩人) 蘇東坡가 혜주(惠州)에 귀양 가 지은 작품이
다. 唐나라 때에 소주(蘇州)의 자사(刺史)였던 위응물(韋應物)의 詩에
답(答)한 詩로, 鄧道士 수안(守安)에게 보낸 것이다. 제목에 和韋蘇州
詩의 다섯 字가 빠진 판본(版本)도 있다. 本集 卷四에는 다음과 같은 東
坡의 자서(自序)가 붙어 있다.

　　羅浮山有野人 相傳葛稚川之隸也. 鄧道士守安山中有道者也. 嘗於庵
前見其足迹二尺許. 紹聖二年正月十日 予偶讀韋蘇州寄全椒山中道士詩.
云云. 乃以酒一壺依蘇州韻作詩寄之.

　　나부산에 야인이 있는데, 갈치천〔葛稚川:晉나라 사람 葛洪으로, 稚
川은 그의 字. 神仙術에 通하고《포박자(抱朴子)》를 지었다〕의 종자(從
者)라 전한다. 鄧道士 수안(守安)은 그 산속에서 道를 닦는 사람이다.
일찍이 암자 앞에서 野人의 두 자가 넘는 발자국을 보았다 한다. 소성
(紹聖) 2년(1095) 정월 10일, 나는 우연히 韋蘇州가 지은 詩〈寄全椒山
中道士〉를 읽게 되었다. 云云. 이에 술 한 병과 韋蘇州의 詩의 韻을 따
詩 한 首를 지어 鄧道士에게 보냈다.

족유공권연구:소자첨(足柳公權聯句:蘇子瞻)

人皆苦炎熱 인 개 고 염 열	사람들은 모두 더위를 싫어하지만
我愛夏日長 아 애 하 일 장	나는 긴 여름날을 사랑하노라.
薰風自南來 훈 풍 자 남 래	훈풍이 남으로부터 불어오니
殿閣生微涼 전 각 생 미 량	전각엔 시원한 기운이 감도네.
一爲居所移 일 위 거 소 이	한번 이런 곳으로 거처를 옮기면
苦樂永相忘 고 락 영 상 망	백성들의 고락을 영영 잊게 되지.
願言均此施 원 언 균 차 시	바라노니 군주이시여, 이 시원함을 고루 베푸시어
淸陰分四方 청 음 분 사 방	천하의 백성들과 그늘을 나누어 즐기시길.

【語義】 苦(고):고통스럽게 생각함. 炎熱(염열):여름날의 뜨거운 더위. 薰風(훈풍):남쪽에서 불어오는 따스한 바람. 自(자):~로부터. 微涼(미량):시원한 기운. 居所移(거소이):거처를 옮김. 《孟子》盡心篇 上에, '거처하는 환경이 기상(氣象)을 변화시키고, 음식의 봉양이 몸을 변화시킨다. 크기도 하여라, 환경의 힘이여! 모두가 사람의 자식이 아닌가?(居移氣 養移體. 大哉 居乎. 夫非盡人之子與)'라 했다. 인간은 환경의 지배를 크게 받는다는 뜻. 시원한 바람이 이는 화려한 전각에서 생활하는 신분이 되면, 염열(炎熱)을 싫어하는 서민들과는 그 생각이 달

라지는 것을 가리킨다.　苦樂(고락):백성들의 고통과 즐거움.　願言(원언):바라노니. 言은 조자(助字).　均此施(균차시):군주가 전각에서 누리는 시원함을 백성들에게 고루 나누어 주는 것을 가리킨다.　淸陰(청음):군주가 고각(高閣)에 앉아 즐기는, 맑고 시원한 그늘.　四方(사방):사방의 백성들.

【解說】《東坡先生詩》에는 이 詩에 다음과 같은 序가 있다.

宋玉對楚王. 此獨大王之雄風也. 庶人安得而共之. 譏楚王知己而不知人也. 柳公權小子. 與文宗聯句 有美而無箴. 故爲足成其篇.

송옥(宋玉)이 楚王을 마주보고, "이것(시원한 바람)은 오직 大王의 웅풍(雄風:시원한 바람)입니다. 서인(庶人)들이 어찌 함께할 수 있겠습니까?"라고 말했다. 이것은 자기만 알고 다른 사람은 모르는 楚王을 宋玉이 은근히 책망한 것이다. 柳公權은 소인이다. 문종(文宗)과 함께 지은 聯句는 아름답긴 하나 諫하는 뜻이 전혀 없다. 그래서 뜻을 보충하는 詩句를 지어 한 篇으로 완성했다.

예로부터 중국의 시인들은, 天子와 聯句할 때에는 훈계의 뜻을 넣어 君을 풍자(諷刺)하는 것을 사명(使命)으로 생각해 왔다. 이러한 사실은 위의 序에도 잘 나타나 있는데, 本篇은 東坡가 그러한 정신에 입각하여, 아름답기만 하고 교훈의 뜻이 없는 문종(文宗)과 柳公權의 聯句에 풍간(諷諫)의 뜻을 담은 句를 더하여 한 篇의 詩로 완성한 것이다.

文宗은 唐의 제10대 天子(在位 827~840). 柳公權(777~865)은 화원(華原:陝西省) 사람으로 공작(公綽)의 아우. 경학(經學)에 밝아 원화(元

和) 초에 진사(進士)가 되었으며, 侍書學士를 거쳐 太子太保에까지 벼슬이 올랐다. 《唐詩紀事》에 다음과 같은 기록이 있다.

"文宗이 여름날 여러 학사(學士)와 함께 聯句를 지었다. 文宗이 '人皆苦炎熱 我愛夏日長'이라 읊으니, 公權이 그 뒤를 이어 '薰風自南來 殿閣生微涼'이라 읊었고, 五學士가 그 뒤를 이어 和하였다. 文宗은 公權이 지은 두 句만을 읊조렸다. 公權의 것만 글이 맑고 뜻이 깊을 뿐 다른 것들은 속이 없는 글이라 하고, 公權을 시켜 壁上에 聯句를 쓰도록 했다. 帝는 그것을 보고 찬탄(讚歎)하여 말했다. '종왕(鍾王:天下 名筆인 晉의 鍾繇와 王羲之)이 다시 태어난다고 해도 이렇게 쓰지 못할 것이다.'라고."

그러나 東坡는 이 유명한 聯句에 불만을 가져 네 句를 더 지어 넣어 한 篇의 詩를 만들었는데, 그 이유는 앞의 序에서 밝힌 바와 같다.

柳公權은 數朝에 출사하여 명망(名望)이 높았고, 목종(穆宗)이 필법(筆法)에 관하여 묻자, '마음이 바르면 筆도 바르다(心正則筆正).'고 거침없이 대답하여, 穆宗은 그것을 필간(筆諫:筆法에 빗대어 諫하는 것)으로 생각했다 하며, 또 문종(文宗) 때에는 간의대부(諫議大夫)가 되어 文宗으로부터 쟁신(諍臣:君의 뜻에 반대하여 諫하는 신하)의 풍도(風度)가 있다는 말을 들을 정도로 강직한 인물이었다. 그런 인물을 東坡가 詩句 하나만 가지고 小人이라 비방한 것은 좀 지나친 감이 없지 않다. 그러나 文宗과 柳公權의 聯句에 東坡가 네 句를 지어 넣지 않았다면, 그들의 聯句는 백성의 고락을 망각한 상위자(上位者)의 독선적(獨善的)인 글로 인정될 수밖에 없다. 天子의 글에 和答을 잘못하여 천자가 비난을 받게 되면, 그 밑의 신하들은 불성실하다는 비난을 면할 수 없다. 그래서 東坡는 궁전(宮殿)의 청량(淸涼)이 아래 백성들에게까지 미칠 수 있게 상위자(上位者)가 마음 써야 한다는 뜻의 글로 마무리 지은 것이다.

이것은 東坡의 뛰어난 식견(識見)이며, 예로부터 중국시가 갖는 정치적 (政治的)·도덕적(道德的) 사명(使命)의 일면을 나타낸 것이라 할 수 있 다. 이것이 바로《詩經》에서 볼 수 있는 시교(詩敎:詩에 훈계의 뜻을 담 아 세상을 敎化함)인 것이다.

자첨적해남:황노직(子瞻謫海南:黃魯直)

子瞻謫海南 _{자 첨 적 해 남}	자첨이 해남으로 귀양 간 건
時宰欲殺之 _{시 재 욕 살 지}	당시의 재상이 그를 죽이려 했기 때문.
飽喫惠州飯 _{포 끽 혜 주 반}	자첨, 혜주 땅의 밥을 배불리 먹고
細和淵明詩 _{세 화 연 명 시}	연명의 시에 화답(和答)했네.
彭澤千載人 _{팽 택 천 재 인}	연명은 천 년에 한 번 날 인물이고
東坡百世師 _{동 파 백 세 사}	동파는 백세를 두고 스승으로 섬길 만한 사람.
出處雖不同 _{출 처 수 부 동}	세상 살아가는 방법은 달랐지만
氣味乃相似 _{기 미 내 상 사}	두 사람의 기상은 비슷했네.

【語義】 子瞻(자첨):소식(蘇軾:호는 東坡)의 字. 謫(적):귀양 가는 것. 海南(해남):황산곡(黃山谷)의 本集에는 嶺南으로 되어 있다. 동파는 처음에 혜주(惠州)로 귀양 갔다가 3년 후에 해남도(海南島)로 옮겼다. 時宰(시재):그 당시의 재상(宰相). 왕안석(王安石)의 신법당(新法黨)에 속했던 왕규(王珪)·채확(蔡確) 등. 飽喫(포끽):배부르게 먹음. 喫은 먹다·마시다. 飯(반):밥. 細和(세화):가늘게 읊조려 화답(和答)함. 동파는 도연명의 시를 무척 좋아하여, 그의 시에 화답한 작품이 109首나 된다. 彭澤(팽택):팽택령(彭澤令)을 지낸 도연명(陶淵明)을 이렇게 부른 것이

다. 千載人(천재인):천 년에 한 번 나올까 말까 한 훌륭한 인물. 百世師
(백세사):백 대 후까지 사종(師宗)이 되는 사람. 一世는 30년. 出處(출
처):出은 조정에 나아가 벼슬하는 것. 處는 벼슬하지 않고 야(野)에 머
물러 있는 것. 즉 세상 살아가는 방법. 氣味(기미):인물의 풍취(風趣).
기상(氣象)과 풍채. 기질. 相似(상사):서로 비슷함.

【解說】《豫章黃先生文集》卷七에는 〈跋子瞻和陶詩〉라는 제목으로 실려 있
는데, 여기서 跋은 序의 반대로 책 또는 작품 끝에 쓰는 글을 가리킨다.
本書에서는 이 詩의 첫句를 제목으로 했다. 本集에 실린 이 詩에는 다
음과 같은 注가 있다.

"東坡가 말하기를, '옛 詩人의 작품을 본떠 지은 자는 있어도, 아직
옛사람의 작품에 추화(追和:뒤를 쫓아 和答함)한 자는 없다. 古人의 작
품에 追和한 것은 내가 처음이다. 시인 중에 특별히 좋아하는 사람이
없으면서도 유독 淵明을 좋아하는 것은 그의 詩가, 질박(質朴)한 듯하
나 실은 아름답고 무미건조한 듯하나 사실은 깊은 뜻을 담고 있어, 조
류(曹劉:魏의 曹植과 劉楨)·포사(鮑謝:宋의 鮑照와 謝靈運)·이두(李
杜:唐의 李白과 杜甫) 등도 그에 미치지 못하기 때문이다. 내가 淵明의
詩에 화답(和答)한 게 무릇 109篇에 이른다. 淵明의 참뜻을 이해하고
표현하는 데에 나름대로 자부심을 가지고 있다. 내가 淵明을 좋아하는
것은, 그의 詩를 좋아하기 때문이기도 하지만 그의 사람됨을 좋아하기
때문이다. 淵明이 임종(臨終)할 때에 엄(儼:淵明의 맏아들) 등에게, 자
신은 성품이 곧기만 할 뿐 재주가 없어 세상에 잘 적응하지 못하여 자
식들을 가난에 시달리게 했다고 사과했는데, 그 말은 그의 진심일 것이
다. 내게도 그러한 병폐가 있어, 벼슬길에 나아가 반생(半生)을 지내는
동안 세상에 환난만 저질러 놓았다. 만년(晚年)에 한때나마 淵明을 본

받아 지낼까 한다.'라고."

　罪를 입어 해남(海南)에 유배(流配)되었던 東坡는 淵明의 출처진퇴
(出處進退)를 사모하여 그를 본받으려 했다. 本篇은 東坡의 이러한 마
음을 헤아린 그의 제자 黃魯直이 산문적(散文的)으로 솔직히 읊은 것이
다. 東坡는 소성(紹聖) 元年(1094)에 혜주(惠州:廣東)에 유배되었다가
3년 뒤에 경주(瓊州:海南島)로 유배지를 옮겼다.

소년자:이태백(少年子:李太白)

青春少年子
청 춘 소 년 자

싱싱한 젊은이들이

挾彈章臺左
협 탄 장 대 좌

탄궁(彈弓)을 옆에 끼고 장안의 누대 옆에서 논다.

鞍馬四邊開
안 마 사 변 개

말을 몰아 사방으로 내달리니

突如流星過
돌 여 유 성 과

마치 유성이 지나가는 듯.

金丸落飛鳥
금 환 낙 비 조

금환(金丸)을 날려 새를 떨구고

夜入瓊樓臥
야 입 경 루 와

밤이면 구슬 누각에 든다.

夷齊是何人
이 제 시 하 인

백이숙제는 어떤 사람들이었기에

獨守西山餓
독 수 서 산 아

홀로 지조를 지킨다고 서산에서 주려 죽었을까.

【語義】 靑春(청춘):음양오행설(陰陽五行說)에서는, 만물(萬物)의 생성 발
전(生成發展)을 음양 두 기운의 교합 전이(交合轉移)에 의한 것으로 생
각하여, 萬物은 木・土・水・火・金의 다섯 가지 요소로 이루어졌다고
본다. 봄은 五行으로는 木에 속하며 빛깔로는 푸른 色이다. 靑春은 인
생(人生)의 봄을 가리킨다. 少年子(소년자):지금의 말로는 少年보다 靑
年에 가깝다. 挾彈(협탄):탄궁(彈弓)을 겨드랑이 사이에 낌. 彈은 옥으
로 만든 실탄을 쏘아 새를 잡는 화살. 章臺(장대):초(楚)나라의 영왕(靈
王)이 지금의 화용현(華容縣)에 지었던 장화대(章華臺). 여기서는 장안

(長安)의 화려한 누대(樓臺)를 가리킨다. 四邊開(사변개):사방으로 달림. 突(돌):급히 앞으로 내달리는 것. 金丸(금환):금으로 만든 탄환(彈丸). 그것으로 새를 쏜다고 하니 호사(豪奢)한 짓의 극치라 할 수 있다. 《西京雜記》第四에 다음과 같은 이야기가 있다. "한언(韓嫣)은 탄궁(彈弓)으로 사냥하기를 좋아하여, 항상 금을 깎아 탄환(彈丸)을 만들었다. 그가 하루에 잃는 탄환은 십여 개에 이르렀다. 장안에선 그런 그를 두고 이런 말을 했다. '굶주리고 헐벗어 고통스러운 사람은 금환(金丸)을 뒤쫓아라.'라고. 경사(京師)의 아이들은, 언(嫣)이 탄궁을 메고 나오면 그를 따라다니다 금환이 떨어지는 곳으로 달려가 그것을 주웠다." 瓊樓(경루):구슬로 장식된 화려한 누각(樓閣). 원래는 宮殿의 미칭(美稱)이나, 여기서는 밤새 주색잡기(酒色雜技)가 벌어지는 화려한 기생집. 夷齊(이제):백이(伯夷)와 숙제(叔齊). 수양산(首陽山)에 들어가 고사리를 캐 먹다 죽은, 지조 굳은 사람들. 절의(節義)를 지키다 죽은 대표적인 사람들로 추앙받고 있다(〈貪良〉의 〔語義〕를 참조할 것.). 是何人(시하인):어떤 사람인가? 이해할 수 없다는 뜻. 獨守(독수):홀로 지킴. 백이·숙제가 절조를 지킨 것을 가리킨다. 西山(서산):수양산(首陽山)의 별명(別名). 餓(아):굶다. 여기서는 굶어 죽는 것을 뜻한다.

【解說】 本篇에 대한 해석은 두 가지로 내릴 수 있는데, 국가의 장래나 도탄에 빠져 신음하는 백성들의 고통은 걱정하지 않고 환락으로 세월을 보내는 경박한 젊은이들의 한심한 정신 상태를 나무라는 작품으로 해석하는 것과, 젊어서 실컷 놀며 즐겨야지 백이·숙제처럼 지조를 지킨다고 굶어 죽어야 무슨 소용이 있느냐는 쪽으로 내리는 해석이다. 이것은 이 詩의 마지막 연(聯)인 '夷齊是何人 獨守西山餓'에 대한 해석 여하에 따라 어느 쪽으로도 해석할 수 있는 것이다.

李白에게는 또 다음과 같은 〈少年行〉이라는 詩가 있다.

男兒百年且樂命　남아의 백 년, 命을 좇아 즐겨야 하리!
何須徇書受貧病　무엇 때문에 책을 좇아 가난과 병을 겪나.
男兒百年且榮身　남아의 백 년, 꼭 영달해야 하리!
何須徇節甘風塵　무엇 때문에 절개 지켜 풍진을 겪나.
衣冠半是征戰士　의관을 갖춘 사람들은 전쟁터에 나갔던 사람들이고
窮儒浪作林泉民　고루한 선비들은 숲 속의 백성들이네.

이 詩에서도 마찬가지로 표면상으로 드러난 내용만 보면 책이나 읽고 절조나 따지는 고루한 선비들을 비웃고 있는 듯한 인상을 받게 된다. 그러나 이러한 표현은 어쩌면 암담한 세상이 너무나 안타까워 비분강개(悲憤慷慨)한 나머지 자학(自虐)에 가까운 역설(逆說)을 토해 낸 것인지도 모른다.

금릉신정:궐명(金陵新亭:闕名)

金陵風景好	금릉 땅은 풍경이 빼어나게 아름다워
금 릉 풍 경 호	
豪士集新亭	천하의 호걸들 신정(新亭)에 모였었네.
호 사 집 신 정	
擧目江河異	눈 들어 산하를 보면 옛 땅과 달라
거 목 강 하 이	
偏傷周顗情	주의(周顗)의 마음을 슬프게만 했네.
편 상 주 의 정	
四坐楚囚悲	모든 사람들이 초나라 포로처럼 슬퍼했지만
사 좌 초 수 비	
不憂社稷傾	사직이 기울었음을 걱정하진 않았네.
불 우 사 직 경	
王公何慷慨	그때, 왕공이 얼마나 비분강개하였던가,
왕 공 하 강 개	
千載仰雄名	영웅다운 이름 천년을 두고 추앙받네.
천 재 앙 웅 명	

【語義】 金陵(금릉):남경(南京)의 옛 이름. 豪士(호사):걸출한 인물. 新亭
(신정):해설 참조. 擧目(거목):눈을 들어 바라봄. 江河異(강하이):山河
異의 잘못. 옛 영토인 북쪽 땅을 오랑캐한테 빼앗기고 남쪽에 와 있음
을 가리킨다. 偏(편):한쪽으로 기욺. 오로지 ~하게만 한다는 뜻. 周
顗(주의):진(晋)나라 안성(安成) 사람. 자(字)는 백인(伯仁). 당시의 유
수(有數)한 명사(名士)로, 왕도(王導)와 친분이 두터웠다. 四坐(사좌):
사방에 앉아 있는 여러 사람들. 楚囚(초수):초(楚)나라의 포로(捕虜).
그런데 여기서는 단순히 패전자(敗戰者)의 뜻으로 쓰였다. 남쪽으로 쫓

겨 온 처지여서, 남쪽에 있던 楚나라를 생각하고 楚囚라 한 것이다. 《左傳》성공(成公) 9년에, "진후(晉侯)가 병기고를 시찰하다 종의(鍾儀)를 보고 물었다. '남쪽의 관(冠)을 쓰고 묶여 있는 자는 누구인가?' 이에 관원이 대답했다. '정나라 사람이 바친 초나라의 포로[楚囚]입니다.'라" 했는데, 여기서 楚囚를 따온 것이다. 社稷(사직):옛날 중국에서 새로 건국(建國)하였을 때에 천자(天子)나 제후(諸侯)가 단(壇)을 세워 제사를 지내는 토신(土神)인 사(社)와 곡신(穀神)인 직(稷). 뒤에는 나라를 대표하는 말로 쓰이게 되었다. 王公(왕공):왕도(王導)를 가리킨다. 자(字)는 무홍(茂弘). 당시의 재상(宰相)으로 황제의 신임이 두터웠다. 慷慨(강개):의롭지 못한 것을 보고, 의분(義憤)을 느껴 슬퍼하고 한탄하는 것. 雄名(웅명):영웅다운 이름. 대장부라는 평판(評判).

【解說】 이 작품은 전편(全篇)에 걸쳐 《晉書》 王導傳에 실린 이야기를 인용하고 있다. 진(晉)이 북호(北胡)의 침입을 피하여 도읍을 강남(江南)의 금릉(金陵:지금의 南京), 당시의 건업(建業)으로 옮긴 것은 317년, 동진(東晉)의 원제(元帝) 때였다. 新亭은 지금의 강소성(江蘇省) 강녕현(江寧縣) 남쪽에 있었는데, 勞勞山 위에 자리하고 있어 勞勞亭, 또는 臨滄觀이라고도 불렸다. 王導는 元帝가 중히 여긴 재상(宰相)이었다. 本書 注에, "東晉이 강을 건넌 다음부터(江南으로 천도한 것을 뜻함), 東晉의 名士들은 한가한 날이면 서로 新亭에 모여 음연(飲宴)을 벌였다. 周顗가 좌중(座中)에서, '풍경은 다르지 않은데도, 눈을 들어 보면 산하(山河)가 다르다.'라고 탄식하여 말했다. 그 말을 듣고 모두들 눈물을 흘렸다. 오직 王導만이 안색(顔色)을 바로잡고 말하기를, '우리 모두 힘을 합해 신주(神州:中國)를 되찾아야 한다. 어찌 초수(楚囚:楚나라 출신의 포로)처럼 되어 서로 마주 보며 울어서야 되겠는가?'라고. 이에 모두 눈

물을 거두고 그의 말에 동의하였다."라고 했는데. 바로 이 王導가 보여
준 불굴의 기상이 本篇의 주제(主題)이다. 本書에는 이 詩의 작자 이름
이 빠져 있는데 누구인지 알 수 없다.

이 詩의 배경(背景)이 되고 있는 사실(史實)의 개략(槪略)은 다음과
같다.

서진(西晉)의 회제(懷帝) 영가(永嘉) 5년(311)에 흉노족(匈奴族)인 한
(漢)의 유총(劉聰)이 낙양(洛陽)에 쳐들어왔는데, 晉軍이 열두 번이나
패(敗)하였다. 懷帝는 장안(長安)으로 도주하려다 포로가 되어 평양(平
陽:山西省 북쪽 지방)으로 잡혀가고, 태자(太子) 전(詮)은 피살(被殺)되
었다. 이것을 '오호 십육국의 난(五胡十六國의 亂)'이라 한다. 천하가 어
지러워지자 사민(士民)은 장강(長江:揚子江)을 건너 남으로 도망했다.
그때 왕도(王導)는 낭야왕(瑯琊王) 사마예(司馬睿)를 보필하여, 살아남
은 군사를 부르고 현명한 선비와 호걸들을 모아 천하를 평정하려고 큰
뜻을 세웠다. 그리하여 睿는 106人의 신하를 데리고 강을 건너 건업(建
業)으로 옮겼다. 한편 장안(長安)에서는 무제(武帝)의 손자(孫子)가 즉
위(卽位)했는데, 그를 민제(愍帝)라 부른다. 그러나 長安도 유요(劉曜)
에게 함락되고 愍帝는 피살(被殺)되고 만다. 이렇게 西晉이 망하자, 瑯
琊王은 建業에서 즉위하여 동진(東晉)의 원제(元帝)가 된다(317). 중국
역사에서 조정(朝廷)이 양자강을 건너 강남(江南)에 도읍을 정한 것은
그것이 처음이었다. 이것을 남조(南朝)라고 하며, 삼국(三國)의 오(吳)
를 합쳐, 吳·東晉·宋·齊·梁·陳의 육대(六代)를 육조(六朝)라 부
른다. 즉 금릉(金陵)에 도읍을 정했던 여섯 왕조라는 뜻이다. 당시 五
胡十六國의 이민족들은 강북(江北)에서 각축(角逐)을 벌이며 興亡했는
데, 그 가운데 북위(北魏)·북제(北齊)·북주(北周) 등을 북조(北朝)라
한다. 또 남조(南朝)와 북조(北朝)가 공존(共存)한 이 시기를 남북조 시

대(南北朝時代)라고 한다.

本篇에서 '擧目江河異(江河는 山河의 잘못)'라고 한 것은 이러한 역사적인 전변(轉變)을 가리키는 것이다. 나라도 잃고 백성도 잃는 큰 수난(受難)을 겪으면서도, 원대한 포부와 높은 기개(氣槪)를 잃지 않았던 王導야말로 청사(靑史)에 길이 빛날 위인이라 하겠다.

권지 2(卷之二)

오언고풍단편(五言古風短篇)

　唐代에 들어와서 五言·七言의 絕句와 율시(律詩)가 지어지기 시작했고, 평측(平仄)과 압운(押韻) 등 엄격한 규격(規格)이 정해져 이것을 近體詩라 부르고, 隋 이전의 詩體를 古詩 또는 古風이라 부르게 되었다. 本書의 이 篇에는 五言古風의 단편(短篇)이 수록되어 있는데, 그 가운데에는 唐宋의 絕句도 있다. 詩風이 고아(古雅)하여 이 篇에 수록한 것 같다. 이러한 몇몇 작품들을 뺀 나머지 것들은 詩體 역시 古風의 것들이다.

　古詩의 특징은 평측(平仄)의 규정이 엄격하지 않고, 격구 압운(隔句押韻)의 것이 많으며, 드물게는 매구운(每句韻)의 것도 있다는 것이다. 그외에 측운(仄韻)을 피하지 않고 환운(換韻)이 자유로우며, 그래서 한 篇 중에 같은 字를 두 번 이상 사용한 것도 있다. 이것들이 近體詩의 절구(絕句)나 율시(律詩)와 두드러지게 달랐던 점이다. 古詩를 古風이라고 한 예로는 唐을 대표하는 詩人인 李白의《李白詩集》에 古詩를 古風五十九首라고 제(題)한 것을 들 수 있다.

장행가:심휴문(長行歌:沈休文)

靑靑園中葵 청 청 원 중 규	파릇파릇한 채소밭의 아욱 잎이
朝露待日晞 조 로 대 일 희	아침 이슬에 젖어 해가 나와 말려 주길 기다리네.
陽春布德澤 양 춘 포 덕 택	따스한 봄이 널리 은택을 펴니
萬物生光輝 만 물 생 광 휘	만물에 생기가 도네.
常恐秋節至 상 공 추 절 지	늘 두려운 건 가을 되어
焜黃華葉衰 혼 황 화 엽 쇠	나뭇잎이 누렇게 말라 시드는 것
百川東到海 백 천 동 도 해	모든 강물 동으로 흘러 바다에 이르면
何時復西歸 하 시 부 서 귀	언제 다시 서쪽 땅으로 돌아올 수 있으리.
少壯不努力 소 장 불 노 력	젊을 때 힘쓰지 않으면
老大徒傷悲 노 대 도 상 비	늙어 서럽게 될 뿐이네.

【語義】 葵(규):아욱과에 속하는 일년초. 園中葵는 채소밭 가운데 자라는
아욱. 朝露待日晞(조로대일희):아침 이슬에 젖어 해가 나와 말려 주기
를 기다림. 晞는 건조시키는 것. 밭의 초목이 기운차게 자라는 것을 형
용한 것. 布(포):施의 뜻으로, 베풀다. 德澤(덕택):은택(恩澤)·은덕
(恩德). 焜黃(혼황):나뭇잎이 누렇게 됨. 초목이 시드는 것을 형용한

것. 焜은 빛을 발하는 것. 東到海(동도해):동쪽으로 흘러 바다에 이름.
중국의 지형은 서고동저(西高東低). 따라서 모든 강물이 서쪽에서 동쪽
으로 흐른다. 徒(도):단지. 공연히.

【解說】《文選》악부(樂府) 上에 실려 있는 〈長歌行〉으로, 本書에 長行歌라
되어 있는 것은 잘못인 듯하다. 長歌行은 短歌行에 대(對)한 말로, 行은
歌, 吟, 引, 曲등과 비슷한 형태의 시(詩)이다. 行은 행서(行書)의 行과
같이 막힘없이 술술 나아간다는 정도의 뜻이다.

　本書에는 本篇의 작자가 沈休文으로 되어 있으나, 《文選》李善의
注에 의하면 本篇은 작자 미상(未詳)이다. 《樂府詩集》第三十 相和歌
辭에 〈長歌行〉 11首가 실려 있는데 本篇은 그 가운데에 있으며, 沈休
文이 지은 同題의 詩 2首도 있는데 내용이 本篇과 다르다.

　이 詩의 本意는 마지막 두 句, '少壯不努力 老大徒傷悲'에 담겨 있다.
젊을 때 노력하지 않으면 늙어 부질없이 슬퍼하게 될 뿐이다. 이것은
평범한 진리이다.

잡시 2수:도연명(雜詩 二首:陶淵明)

結廬在人境
결 려 재 인 경
사람들 틈에 오두막집 짓고 살지만

而無車馬喧
이 무 거 마 훤
시끄럽게 수레 몰고 찾아오는 이 없다.

問君何能爾
문 군 하 능 이
어찌 그럴 수 있느냐고 묻기에,

心遠地自偏
심 원 지 자 편
마음이 속세에서 멀어지면 거처하는 곳이
절로 외진 곳처럼 된다고.

採菊東籬下
채 국 동 리 하
동쪽 울타리 밑에서 국화를 따 드니

悠然見南山
유 연 견 남 산
유연히 남산이 눈에 들어온다.

山氣日夕佳
산 기 일 석 가
산 기운 날 저물자 더욱 좋고

飛鳥相與還
비 조 상 여 환
나는 새들 짝을 지어 집으로 돌아온다.

此間有眞意
차 간 유 진 의
이처럼 자연 따라 사는 속에 참뜻이 있는데

欲辯已忘言
욕 변 이 망 언
말로는 도저히 표현할 수 없노라.

【語義】結廬(결려):오두막집을 짓다. 廬는 오두막집, 또는 농부가 논밭 가
운데 간단히 지은 농막.　人境(인경):사람들이 사는 고장. 이 문장은 깊
은 산속에 오두막집을 짓고 사는 것이 아니라, 사람들 틈에 끼어 살면서
도 고고(孤高)하게 탈속(脫俗)하는 것을 뜻한다.　而(이):그러나, 그러
면서도.　無車馬喧(무거마훤):수레나 마차의 시끄러움이 없음. 정치에

서 은퇴하였으므로 관리나 벼슬아치들이 시끄럽게 찾아오는 일이 없다
는 뜻. 問君(문군):직역하면 '그대에게 묻는다'는 뜻이나, 여기서는 자
문자답(自問自答)의 뜻으로 푸는 게 좋다. 何能爾(하능이):어떻게 그렇
게 할 수 있는가? 爾는 然의 뜻. 心遠地自偏(심원지자편):마음이 먼 곳
에 있으니, 사는 곳이 편벽된 구석같이 조용하게 느껴짐. 대단히 유명
한 글귀이다. 마음이 속세의 이욕으로부터 멀리 떨어져 한가하므로, 사
는 곳이 비록 거리 한복판일지라도 정신적으로는 편벽된 구석에서 사는
것처럼 조용하다는 뜻. 採菊(채국):국화꽃을 땀. 東籬下(동리하):동쪽
울타리 아래. 下는 밑, 또는 부근. 悠然見南山(유연견남산):한가한 마
음에 남산이 절로 눈에 들어옴. 見은 의식적으로 애를 쓰지 않아도 저절
로 보인다는 뜻. 따라서 望이라고 한 《문선(文選)》의 기록은 잘못이며,
시의 맛을 깎을 뿐 아니라 앞의 悠然과 어울리지 않는다. 山氣(산기):
산색(山色), 또는 산을 둘러싼 운치나 기색(氣色). 日夕佳(일석가):날이
저무니 더욱 아름다움. 相與還(상여환):서로 짝을 지어 돌아옴. 此閒
有眞意(차간유진의):이러한 경지에 참다운 뜻이 있음. 아름다운 자연을
따라 사는 가운데에 생의 참뜻이 있다는 뜻. 欲辯已忘言(욕변이망언):
말로 표현하려고 해도 표현할 수 없음. 欲은 ~을 하려고 해도의 뜻. 已
忘言은 이미 말을 잃다, 즉 표현할 수 없다는 뜻.

【解說】《靖節先生集》卷三에 〈飮酒〉라는 제목으로 많은 詩가 실려 있는데,
本篇은 그중 다섯 번째 詩이다. 《文選》에는 本書에서와 같이 〈雜詩〉라
는 제목으로 실려 있다.
　本篇은 淵明의 많은 詩 가운데에서도 걸작으로 꼽히는 淵明의 대표
적인 작품으로, 세속(世俗)의 영리(榮利)에 집착하지 않고 인생을 달관
(達觀)한 대시인(大詩人)의 풍모(風貌)가 약여(躍如)하게 드러난 작품이

다. 특히 '採菊東籬下 悠然見南山'의 두 句는 인구(人口)에 회자(膾炙)되는 句로, 헤아릴 수 없이 많은 漢詩의 名句 중에서도 가히 으뜸이라 할 만하다. 淵明은 은퇴(隱退)했으되, 세상을 피하여 산림(山林)에 숨은 것이 아니라 농촌의 순박한 사람들 틈에 끼어 몸소 호미를 잡고 땀 흘려 일하며 전원생활을 즐겼다. 本篇은 전원 속에서 생활하는 사람만이 맛볼 수 있는 즐거움과, 자연이 인간에게 주는 깊은 의미를 실로 담담하게 그려내고 있다. 淵明이 자각(自覺)한 자연의 의미와 淵明 자신이 지닌 자연적 본성(自然的本性)을, 本篇을 통해 엿볼 수 있다. 蘇東坡는 悠然見南山의 句에서 '見' 字 대신 '望' 字를 넣으면 이 詩가 지닌 신기(神氣)가 흩어져 버린다고 했는데, 이에 관해서는 독자 여러분이 스스로 연구해 보기 바란다.

우(又)

秋菊有佳色
추 국 유 가 색
가을 국화 빛이 아름다워

裛露掇其英
읍 로 철 기 영
이슬 머금은 꽃잎을 따서

汎此忘憂物
범 차 망 우 물
근심 잊게 하는 술에 띄워 마시니

遠我遺世情
원 아 유 세 정
속세 버린 마음 더욱 깊어진다.

一觴雖獨進
일 상 수 독 진
하나의 술잔으로 홀로 마시다 취하니

盃盡壺自傾
배 진 호 자 경
잔이 다하면 술 항아리 저절로 기울어지노라.

日入羣動息
일 입 군 동 식

날 저물고 만물이 다 쉴 무렵,

歸鳥趨林鳴
귀 조 추 림 명

집을 찾는 날새 숲으로 날며 운다.

嘯傲東軒下
소 오 동 헌 하

동헌(東軒) 아래에서 후련하게 휘파람 부니

聊復得此生
요 부 득 차 생

다시금 참 삶을 얻는 듯하다.

【語義】秋菊(추국):가을 국화. 佳色(가색):아름다운 빛깔. 裛露(읍로):이슬에 흠뻑 젖은 것. 裛은 본디 옷에 향내가 배는 것. 掇其英(철기영):꽃잎을 땀. 掇은 따다·줍다. 英은 가장 아름답고 싱싱한 꽃이나 꽃잎. 汎(범):띄움. 忘憂物(망우물):근심을 잊게 하는 물건. 즉 술. 遠我遺世情(원아유세정):속세를 떠난 나의 마음을 더욱 깊게 해 줌. 一觴(일상):하나의 술잔. 독작(獨酌)한다는 뜻. 雖獨進(수독진):'비록 혼자 술을 마시지만'의 뜻. 進은 술잔을 거듭하는 것. 壺自傾(호자경):술 항아리가 저절로 기울어짐. 물아일체(物我一體)의 경지를 말한다. 群動息(군동식):여러 움직임이 쉼. 곧 만물이 고요해짐. 動을 인간 사회의 모든 행동을 포함한 것으로 풀어도 좋다. 歸鳥趨林鳴(귀조추림명):집으로 돌아오는 새가 숲으로 향하며 욺. 허구에 찬 인간 세계로부터 본연의 세계, 즉 허정(虛靜)으로 돌아가 쉬기를 갈망하고 있다. 嘯傲(소오):자유스럽고 홀가분한 마음으로 휘파람 소리를 냄. 傲는 거침없이, 마음 내키는 대로. 軒(헌):지붕의 도리 밖으로 내민 부분인 처마. 전(轉)하여 집. 여기서는 툇마루, 또는 창문. 聊(료):잠시나마, 홀연히, 그러는 동안. 復得此生(부득차생):다시 참다운 삶을 얻음.

【解說】앞의 詩와 같이《靖節先生集》卷三에〈飮酒〉라는 제목으로 실려 있
는데, 本篇은 그중 일곱 번째 작품이며,《文選》에는〈雜詩〉라는 제목으
로 실려 있다.

　속진(俗塵)을 떠나 고원(高遠)한 데에 뜻을 둔 淵明의 기품(氣品)을
잘 느낄 수 있는 작품이다. 앞 詩의 '悠然見南山'이나 本篇의 '嘯傲東
軒下'는, 淵明 특유의 무욕 염담(無欲恬淡)한 경지를 표현한 句들이다.
조풍 농월(嘲風弄月), 자연의 풍물(風物)을 노래하는 詩는 晉 이후 많
이 짓기 시작했는데, 淵明이 자연 속에서 인간의 진실한 삶을 구하려
고 노력한 데에 반해, 그들은 풍류(風流)를 앞세웠다. 그런 점에서 후
세의 많은 시인들이 자연을 노래했으나 淵明만큼은 감동(感動)을 주지
못하는 것이다.

의고:도연명(擬古:陶淵明)

日暮天無雲
일 모 천 무 운

해 지고 하늘에 구름 한 점 없는데

春風扇微和
춘 풍 선 미 화

봄바람이 부채질하듯 부드럽게 불어온다.

佳人美淸夜
가 인 미 청 야

고운 임이 맑은 밤을 아름답게 여기니

達曙酣且歌
달 서 감 차 가

새벽까지 술 마시며 노래한다.

歌竟長歎息
가 경 장 탄 식

노래 마치고 길게 탄식하니

持此感人多
지 차 감 인 다

그 모습 너무도 사람을 감동케 한다.

皎皎雲間月
교 교 운 간 월

구름 사이의 달은 밝기도 한데,

灼灼葉中華
작 작 엽 중 화

잎 가운데의 꽃은 곱기도 하여라.

豈無一時好
기 무 일 시 호

어찌 한때의 아름다움이 없겠는가,

不久當如何
불 구 당 여 하

오래가지 못하니 어찌해야 좋단 말인가?

【語義】 春風扇微和(춘풍선미화):봄바람이 부채질하듯 부드럽게 불어옴.
扇은 부채. 따뜻한 날의 고요한 저녁을 형용하고 있다. 佳人(가인):사
모하는 사람. 애인(愛人)이나 벗을 가리킨다. 꼭 女人이라고 볼 수만은
없다. 美(미):감상하다, 좋아하다, 아름답게 여기다. 여기서는 동사(動
詞)로 쓰였다. 達曙(달서):새벽이 되도록. 酣且歌(감차가):술 마시며

노래 부름. 酣은 술을 마시며 즐기는 것. 皎皎(교교):달이 밝은 모양을
형용한 것. 灼灼(작작):꽃이 만발한 모양을 형용한 것. 華(화):꽃. 豈
無一時好(기무일시호):어찌 한때의 아름다움이 없겠는가. 곧 사람이건
꽃이건 한때 아름다울 때가 있지만, 그것이 지속되지는 않는다는 뜻.

【解說】擬古란 고시(古詩)를 본뜬다는 뜻. 淵明은 전원에 돌아온 다음부터
많은 古詩를 본떠 〈雜詩〉라는 제목의 여러 작품을 지어 자신의 감개(感
慨)를 간접적으로 읊었는데, 本篇은 그의 〈擬古〉 9首 가운데 일곱 번째
작품에 해당한다. 古詩를 본떠 지은 것이지만, 淵明 자신의 독자적인
개성이 잘 드러난 작품으로, 인간 세상의 영화와 즐거움이 오래 유지되
지 못함을 말하고 있다.
　　원(元)의 유이(劉履)는《選詩補注》卷五에서 本篇의 詩句 하나하나를
진조(晋朝)의 흥망성쇠(興亡盛衰)와 결부시켜, 이를테면 日暮는 晋朝의
몰락을, 春風扇微和는 공제(恭帝) 때 세상이 잠시 평온했던 것을 가리
킨다는 등으로 해석했는데, 이것은 지나친 견강부회(牽强附會)이다. 本
篇은 詞句의 글자 뜻 그대로 벗을 사랑하는 마음과 즐거운 시간이 흘러
가는 것을 안타깝게 여기는 마음에서 영탄(詠嘆)한 작품으로 보아야 한
다. 이것이 古詩가 지니는 본디의 유형적 사상(類型的思想)이며, 또 淵
明은 바로 이런 사상을 근저로 하여 本篇을 지은 것이다.

고취곡:사현휘(鼓吹曲:謝玄暉)

江南佳麗地 <small>강 남 가 려 지</small>	강남은 아름답고 고운 땅
金陵帝王州 <small>금 릉 제 왕 주</small>	금릉은 제왕의 도읍터.
逶迤帶綠水 <small>위 이 대 록 수</small>	구불구불 녹색 물줄기 흐르고
迢遞起朱樓 <small>초 체 기 주 루</small>	하늘 높이 붉은 누각 치솟아 있네.
飛甍夾馳道 <small>비 맹 협 치 도</small>	나는 듯한 용마루는 한길을 끼고,
垂楊蔭御溝 <small>수 양 음 어 구</small>	늘어진 버들은 궁전 도랑에 그늘을 드리웠네.
凝笳翼高蓋 <small>응 가 익 고 개</small>	어우러지는 피리 소리 수레 덮개를 떠받치고
疊鼓送華輈 <small>첩 고 송 화 주</small>	웅장한 북소리 아름다운 수레를 밀고 오네.
獻納雲臺表 <small>헌 납 운 대 표</small>	공을 아뢰어 운대 위에 표창되니
功名良可收 <small>공 명 양 가 수</small>	실로 공명이란 세울 만한 것이네.

【語義】 江南(강남):양자강(揚子江)의 남쪽.《文選》이선(李善)의 注에는 '江南은 양주(揚州)이다.'고 했다. 帝王州(제왕주):제왕이 있는 고장. 왕도(王都)라는 뜻. 州는 國·都의 뜻. 逶迤(위이):구불구불 길게 이어진 모양. 帶綠(대록):녹색을 띰. 迢遞(초체):멀고 아득한 모양. 또는 높은 모양. 朱樓(주루):붉은 칠을 한 화려한 누각(樓閣). 녹수(綠水)의 빛깔과

좋은 대조를 이룬다.　飛甍(비맹):높은 용마루. 飛는 용마루가 높은 것을 형용한 것. 甍은 대마루에 얹는 수키와, 또는 용마루.　馳道(치도):《前漢書》응소(應劭)의 注에 '馳道는 天子의 길'이라 하였다. 궁성 앞의 큰길.　蔭(음):그늘지다, 덮다.　御溝(어구):궁전가의 도랑. 최표(崔豹)의《古今注》에, '장안(長安)의 御溝를 양구(楊溝)라고도 한다. 버드나무를 그 위에 심었기 때문이다.'라고 했다. 금릉엔 어구가 없었다. 장안 치도(馳道)의 어구를 빌어 금릉의 화려함을 형용한 것이다.　凝笳(응가):많은 피리 소리가 엉기듯이 합주(合奏)되는 것.　翼高蓋(익고개):수레의 높은 덮개를 떠받침. 내조(來朝)하는 제후의 행차에 군악대가 부는 피리 소리가, 제후가 탄 수레의 높은 뚜껑을 양편에서 떠받치고 들어오는 것 같다는 뜻.　疊鼓(첩고):첩첩이 쌓인 여러 개의 북.　送華輈(송화주):화려한 수레를 밀고 옴. 華輈는 조각을 한 아름다운 수레. 제후의 행차에 악기를 연주하며 오므로, 그 북소리가 화려한 수레를 밀며 오는 것 같다는 뜻.　獻納雲臺表(헌납운대표):공(功)을 아뢰어 운대(雲臺)에 표창(表彰)됨.《綱鑑》漢明帝紀에, '庚申〔永平(明帝 때의 年號) 3년. A.D. 60〕, 帝, 중흥의 공신 28명의 초상을 남궁(南宮)의 운대(雲臺)에 그리게 했다.'고 한 것을 빌어 표현한 것. 獻納은 본디 충성스런 말 또는 물건 등을 바치는 것. 여기서는 공(功)을 세운 것을 가리킨다. 表는 上의 뜻. 良(량):참으로, 정말로.　可收(가수):거둘 만함. 즉 공명(功名)이란 한번 날려 볼 만한 것이라는 뜻.

【解說】《文選》卷二十八에 실려 있는 악부(樂府)로, 李善이《謝朓(字는 玄暉)集》에 기록된 것을 인용하여, '수왕(隋王)의 명을 받들어 古入朝曲으로 지은 것이다.'고 注했다. 또 채옹(蔡邕)이, 고취가(鼓吹歌)는 군악(軍樂)으로 단소요가(短簫鐃歌)라고도 부른다고 한 것에 의하면 鼓吹曲은

군악고취곡(軍樂鼓吹曲)으로, 제후(諸侯)들이 입조(入朝)하는 화려한 모습을 읊은 것이라 할 수 있다.

　本書 注에, '이 篇은 제도(帝都)인 金陵의 융성한 모습을 노래한 것이다.'라고 한 것은 本篇의 앞 여섯 句의 뜻만을 살핀 것으로, 本篇의 요지(要旨)는 제후들의 성대한 행차와 功을 노래한 후반 4句에 있다. 本篇에서도 볼 수 있듯 남조(南朝)의 詩人들은 金陵, 즉 帝都인 남경(南京)을 묘사하는 데에 장안(長安)의 풍물(風物)을 묘사하는 것으로 대신하는 방법을 즐겨 썼다. 本篇의 馳道, 御溝 등은 모두 長安의 고유명사(固有名詞)이다. 이것은 本篇이 제후들의 입조를 노래한 단순한 古入朝曲만은 아니라는 것을 말해 주는 것이다. 本篇 다음에 나오는 謝玄暉의 詩〈和徐都曹〉의 첫句에 '宛洛佳遨遊'라고 한 것도, 한대(漢代)의 고도(古都)인 낙양(洛陽)이나 장안(長安)을 들어 금릉(金陵)을 표현한 남조시편(南朝詩篇)의 특색을 보인 것이라 할 수 있다. 그리고 이것은 비록 국토를 잃고 양자강(揚子江) 이남으로 쫓겨 와 있지만, 항상 中國 古都인 장안을 생각하고 중원수복(中原收復)의 의지를 버리지 않겠다는 강한 염원(念願)을 담은 것이라 할 수 있다.

화서도조:사현휘(和徐都曹:謝玄暉)

宛洛佳遨遊
완 낙 가 오 유
완 땅과 낙양이 놀기 좋은 곳이라지만

春色滿皇州
춘 색 만 황 주
봄빛 가득한 이곳 황도(皇都)는 더욱 좋다.

結軫青郊路
결 진 청 교 로
수레 몰아 성밖 길을 달리며

迴矚蒼江流
형 감 창 강 류
멀리 장강을 바라본다.

日華川上動
일 화 천 상 동
강물 일렁거리며 햇빛에 반짝이고

風光草際浮
풍 광 초 제 부
풀잎마다 풍광(風光)이 어려 있다.

桃李成蹊徑
도 리 성 혜 경
도리화 만발하여 상춘객(賞春客) 줄을 잇고,

桑榆蔭道周
상 유 음 도 주
뽕나무와 느릅나무는 길가에 그늘을 드리운다.

東都已俶載
동 도 이 숙 재
이곳 동도에 농사일이 시작되었으니

言歸望綠疇
언 귀 망 록 주
돌아가 푸른 밭을 보아야지.

【語義】 宛洛(완낙):하남(河南)의 고도(古都)였던 두 현(縣)의 이름. 宛은
하남성(河南省) 남양현(南陽縣). 한(漢) 광무제(光武帝)가 태어난 곳으
로, 한(漢)나라의 중흥공신(中興功臣)이 많이 배출되어 크게 번성하였
다. 洛은 낙양(洛陽). 한대(漢代)의 동도(東都)였다. 작자는 漢代의 東
都를 끌어다 금릉(金陵)에 견준 것이다. 遨遊(오유):즐겁게 놂. 遨·遊

모두 즐겁게 노는 것. 皇州(황주):황제가 있는 곳. 여기서는 제(齊)나라의 도성(都城) 금릉(金陵)을 가리킨다. 結軫(결진):수레를 달려 돌아다님. 軫은 본디 수레의 횡목(橫木). 青郊路(청교로):초목이 파릇파릇한, 봄날의 성(城)밖. 오행설(五行說)에 의하면, 봄은 동쪽을 뜻하며 그 빛은 푸른 색이다. 郊는 성외(城外). 따라서 봄의 동쪽 성밖의 길임도 암시한다. 迥(형):먼 것. 瞰(감):내려다봄. 조망(眺望)함. 蒼江(창강):푸른 장강(長江). 日華川上動(일화천상동):햇빛이 강물 위에서 약동함. 日華는 태양의 광채(光彩). 風光(풍광):바람의 빛. 바람에는 빛깔이 없으나, 풀잎이 바람에 움직이며 빛나는 것을, 풀잎에 바람의 빛이 떠 있다고 표현한 것이다. 桃李成蹊徑(도리성혜경):복숭아와 오얏꽃이 좁은 길을 만들게 함. 桃李는 꽃이 아름다워 사람들이 그것을 보기 위해 모여들게 되므로, 桃李 밑에는 자연히 길이 나게 된다. 蹊徑은 좁은 길. 桑榆(상유):뽕나무와 느릅나무. 蔭(음):가리어 그늘을 이루는 것. 道周(도주):길이 굽은 곳. 周는 曲의 뜻. 東都(동도):금릉(金陵)을 가리킨다. 俶載(숙재):봄이 되어 농사를 시작하는 것. 俶은 처음·비로소. 載는 일〔事〕. 言(언):다음에 나오는 歸의 뜻을 강하게 한다. 疇(주):밭.

【解說】 중도조(中都曹)였던 서면(徐勉)의 詩〈昧旦出新亭渚〉에 和한 것으로, 금릉(金陵)의 아름다운 봄 풍경을 읊은 詩이다.《文選》卷三에 실려 있으며, 謝玄暉의 本集 卷四에는〈和徐都曹出新亭渚〉라고 제목 되어 있다. 新亭은 강소성(江蘇省) 강녕현(江寧縣)에 있던 지명으로 앞에 나온〈金陵新亭〉의 해설에서 자세히 설명하였다.

徐勉의 字는 수인(修仁), 어려서 고빈(孤貧)하였으나 청절(淸節)을 잃지 않았다. 서효사(徐孝嗣)는 그를 두고, '사람 가운데 기려(騏驥:千里馬)여서, 천리의 땅을 맡길 만하다.'고 했다. 都曹란 중도관(中都官:京

師의 여러 官府)의 불법을 단속하던 벼슬이다.

謝朓는 매우 섬세하고 감각적인 묘사에 뛰어나 청신(淸新)한 詩를 많이 남겨, 후세 唐의 李白은 그를 매우 좋아하였다. 本篇의 '日華川上動 風光草際浮'와 같은 句는 그 대표적인 예라 할 수 있다. 本篇은 짧은 詩이지만 《詩經》·《漢書》·《古詩》 19首 등에 나오는 고전적 詩句에서 인용한 성어(成語)를 많이 사용하고 있어, 그 구상(構想)이 의고적(擬古的)이다. 또 전술한 청신하며 독창적인 표현이 매우 효과적으로 쓰이고 있어 本篇을 한층 생기(生氣) 넘치게 하고 있다.

유동원:사현휘(遊東園:謝玄暉)

戚戚苦無悰	즐거움 없어 근심 쌓이고 괴로워
척 척 고 무 종	

携手共行樂	손잡고 함께 나아가 즐긴다.
휴 수 공 행 락	

尋雲陟累榭	구름 찾아 높은 누각에 오르고
심 운 척 루 사	

隨山望菌閣	산길을 걸으며 아름다운 누각을 바라본다.
수 산 망 균 각	

遠樹曖芊芊	멀리 나무 숲 짙푸르게 우거지고.
원 수 애 천 천	

生煙紛漠漠	피어오르는 산안개 어지럽게 퍼진다.
생 연 분 막 막	

魚戲新荷動	물고기 노니 새 연잎이 흔들리고
어 희 신 하 동	

鳥散餘花落	산 새 흩어져 나니 늦봄의 꽃들이 진다.
조 산 여 화 락	

不對芳春酒	향기로운 봄 술에 마음 두지 않고
부 대 방 춘 주	

還望靑山郭	푸른 산의 성곽을 넋 놓고 바라본다.
환 망 청 산 곽	

【語義】戚戚(척척):근심이 깊은 모양. 시름이 많은 것을 형용한 것. 悰(종):즐거워함. 携手(휴수):손을 잡음. 行樂(행락):즐겁게 노는 것. 陟累榭(척루사):여러 층으로 된 높은 누각(樓閣)에 오름. 榭는 정자. 隨山(수산):산길을 감. 菌閣(균각):굴원(屈原)의 《楚辭》구회(九懷)에 菌閣蕙樓라는 말이 나오는데, 菌과 蕙는 모두 향초(香草). 여관영(余冠英)

의 注에, '높은 누각의 모양이 지균(芝菌) 같다.' 하였는데, 이는 누각의
모양이 버섯이 여러 겹 겹쳐 있는 것 같다는 뜻. 그러나 여기서는 菌을
누각의 아름다움을 형용한 말로 보는 게 좋다. 曖(애):희미한 것, 또는
어두침침한 것. 芊芊(천천):초목(草木)이 무성한 모양, 또는 빛이 푸릇
푸릇한 모양. 生煙(생연):피어오르는 연기·안개·놀 등. 煙은 물건이
탈 때 일어나는 기체. 전(轉)하여 구름·안개·연기 등을 뜻한다. 紛漠
漠(분막막):어지럽게 널리 퍼짐. 紛은 흩어져 어지러운 것, 또는 얽혀
서 덩이가 되는 것. 漠漠은 흩어져 퍼지는 것, 또는 아주 넓어 끝이 없
는 것. 新荷(신하):연꽃의 새로 난 잎. 이 구절은 한대(漢代)의 악부(樂
府) 상화가(相和歌)의 강남편(江南篇)에서 취한 것이다. 餘花(여화):남
은 꽃. 봄이 지나갔음을 뜻한다. 芳(방):향기, 또는 향기로운 것. 還望
靑山郭(환망청산곽):초목이 파릇파릇한, 초하(初夏)에 산의 성곽(城郭)
을 돌아봄. 還望은 심취하여 돌아보는 것.

【解說】 謝朓가 자신의 별장 주변 경관의 아름다움을 읊은 작품이다.《文
選》卷二十二에 〈遊東田〉이란 제목으로 실려 있고 李善이, '謝朓에겐
종산(鍾山)에 별장이 있다. 朓가 그곳에서 놀다 돌아와 지은 것이다.'라
고 제하(題下)에 注를 붙였다. 여관영(余冠英)의《漢魏六朝詩選》에 실
린 本篇의 注에는, '齊의 혜문 태자(惠文太子)는 누관(樓舘)을 종산 아
래에 짓고, 이름 하여 동전(東田)이라 했다.'고 했지만, 여기서는 李善의
註를 좇기로 한다.
　　초여름에 느낄 수 있는 맑고 깨끗함을 유감없이 詩로 옮겨 놓은 작품
으로, 이와 같이 자연의 아름다움을 주옥 같은 문장으로 더없이 청신하
게 표현하는 게 謝朓 詩의 특징이자 아름다움이다. 新荷動과 餘花落은
계절이 초여름임을 교묘하게 표현한 것으로, 이와 같은 수법은 謝朓 特

유의 방법이라 할 수 있다. 일반적으로 섬세한 기교가 두드러지게 나타나는 것이 제시(齊詩)의 특징인데, 謝朓의 詩에는 그러한 특징 외에도 맑고 깊은 경지가 잘 그려져 있다.

원가행:반첩여(怨歌行:班婕妤)

新裂齊紈素
신 열 제 환 소
제 땅의 명물 흰 비단을 새로 자르니

皎潔如霜雪
교 결 여 상 설
희고 맑기가 눈서리 같네.

裁爲合歡扇
재 위 합 환 선
이를 말라 합환선 만드니

團圓似明月
단 원 사 명 월
둥글게 밝은 달이네.

出入君懷袖
출 입 군 회 수
임의 품속을 들랑거리고

動搖微風發
동 요 미 풍 발
가볍게 흔들리며 작은 바람 일으켰네.

常恐秋節至
상 공 추 절 지
언제나 두려워한 건 가을 닥쳐

涼飆奪炎熱
양 표 탈 염 열
서늘한 바람이 더위를 몰아내는 것.

棄捐篋笥中
기 연 협 사 중
이제 상자 속에 버려졌으니

恩情中道絕
은 정 중 도 절
임의 정 중간에서 끊어지고 말았네.

【語義】 新裂(신열):새로 잘라냄. 裂은 재단(裁斷)한다는 뜻. 齊紈素(제환소):제나라에서 나는 희고 고운 비단. 皎潔(교결):희고 깨끗함. 合歡扇(합환선):앞에 나온 〈古詩〉의 合歡被처럼, 부부가 함께 즐거워한다는 뜻. 合歡扇은 앞뒤로 천을 붙여 만든 부채로, 부부의 사랑을 상징한다. 團圓(단원):둥근 것. 《文選》에는 團團으로 되어 있다. 涼飆(양표):서늘

한 바람. 飇는 본디 회오리바람. 《文選》에는 涼風으로 되어 있다. 棄
捐(기연):두 자 모두 버린다는 뜻. 篋笥(협사):대나무를 엮어 만든 상
자로 장방형(長方形)의 것을 篋, 정방형(正方形)의 것을 笥라 한다. 中
道(중도):도중(途中).

【解說】 怨歌行이란 말 그대로 '원망하여 지은 노래'라는 뜻. 조비연(趙
飛燕)의 참소(讒訴)로 성제(成帝)로부터 버림받은 반첩여(班婕妤:班은
姓이고, 婕妤는 漢代 宮中의 女官名)가 지은 것이라고 하며,《漢書》에
는 〈환선시(紈扇詩)〉로 되어 있다. 자신을 부채에 견주어, 가을이 되어
버려지게 되는 슬픔을 읊고 있다. 〈怨詩行〉이라고 된 판본(版本)도 있
으나 옳지 않다.
    班婕妤는 漢나라 성제(成帝:B.C. 32~B.C. 7 在位)의 총애를 받았지
만, 후에 조비연(趙飛燕)의 등장으로 成帝의 총애를 잃고, 또 그것을 원
망하여 成帝를 저주한다는 모함까지 받았다. 마침내 婕妤는 스스로 태
후(太后)의 장신궁(長信宮)에서 일할 것을 청하여 그곳에 있게 되었다.
成帝가 죽은 후에는 원릉(園陵:成帝의 墓)을 지키다 죽었다. 本篇의 작
자에 관해서는 이견이 많다. 宋의 안연년(顏延年)이 지었다고도 하나,
잘못된 說일 것이다.《文選》李善 注에 의하면 怨歌行은 본디 古辭인데
班婕妤가 그것은 본떠 本篇을 지었다고 한다.
    本篇의 후반 4句의 해석에는 그 說이 여러 가지이다. 本書에서는《文
選》의 李善 注를 좇아 번역했다. 李善은 앞의 〈長行歌〉의 경우와 마찬
가지로 常恐이 두 句에만 걸리는 것으로 보아 해석했다. 그러면 마지막
두 句는 분명히 成帝에게서 버림받은 班婕妤가 그것을 원망하는 글이
된다. 그런데 끝의 4句를 파국을 예상한 두려움을 표현한 것이라고 해
석하는 사람도 많다. 常恐, 즉 늘 두려워한다는 것은 아직 일어나지 않

은 일에 관하여 말하는 것이므로, 本篇은 班婕妤가 아직 버림받기 전에 앞일을 걱정하여 지은 것이라는 說이다. 이 說도 通한다. 다만 애정의 파국을 두려워하여 班婕妤가 이 작품을 지었다는 것보다는 후세 사람들이 그때의 일의 결과를 알고 이 詩를 지었다고 해석하는 것이 자연스럽다.

잡시:강문통(雜詩:江文通)

紈扇如圓月 환 선 여 원 월	둥근 달 같은 흰 깁부채를
出自機中素 출 자 기 중 소	베틀의 흰 비단을 잘라 만들었네.
畫作秦王女 화 작 진 왕 녀	진나라 농옥(弄玉)을 새겼으니
乘鸞向煙霧 승 란 향 연 무	나는 새 타고 구름 안개 속을 나는 모습.
采色世所重 채 색 세 소 중	채색을 세상에서 중히 여긴다지만
雖新不代故 수 신 부 대 고	아무리 새것일지라도 옛것을 대신할 순 없으리.
竊愁涼風至 절 수 양 풍 지	남몰래 근심한 건, 서늘한 바람 불어와
吹我玉階樹 취 아 옥 계 수	구슬 섬돌 앞 나뭇잎 떨어뜨리는 것.
君子恩未畢 군 자 은 미 필	임의 사랑 채 다하기 전에
零落在中路 영 락 재 중 로	이 몸, 길바닥에 떨어진 낙엽 꼴이 되었네.

【語義】 紈扇(환선):흰 깁부채. 깁은 명주실로 바탕을 좀 거칠게 짠 비단.
出自機中素(출자기중소):베틀 가운데에 있는 비단으로부터 나옴. 機는
베틀. 素는 비단. 곧 베틀의 비단을 잘라 만들었다는 뜻. 秦王女(진왕
녀):진(秦)나라 목공(穆公)의 딸 농옥(弄玉). 《文選》이선(李善) 注에,
《列仙傳》에 "소사(蕭史)는 진(秦)나라 목공(穆公) 때의 사람으로, 퉁소

를 잘 불었다. 목공에게 딸이 있었는데, 자(字)를 농옥이라 했고 소사를 좋아했다. 목공은 마침내 그녀를 소사의 아내로 시집보냈는데, 어느 날 아침 둘 다 봉황을 따라 날아가 버렸다."고 했다. 乘鸞向煙霧(승란향연무):난(鸞)을 타고 구름과 안개 속으로 향함. 앞의 고사(故事)를 묘사한 것. 鸞은 봉황(鳳凰) 종류의 신조(神鳥). 煙霧는 구름과 안개. 雖新不代故(수신부대고):비록 새것이라 하더라도 옛것을 대신할 수는 없음. 班婕妤를 아름다운 부채에 비유하여, 그녀는 어떠한 여자에도 뒤지지 않는 아름다움을 지니고 있음을 강조한 것. 竊愁(절수):남몰래 근심함. 竊은 남몰래·마음속으로의 뜻을 가진 부사어. 동사로 쓰일 때에는 훔치다의 뜻. 零落(영락):잎이 시들고 말라서 떨어지는 것. 총애를 잃어 버림받는 것을 뜻한다. 中路(중로):중도(中途). 길 가운데로 해석해도 괜찮다.

【解說】《文選》卷三十一에 실려 있는 양(梁)나라 강엄(江淹:字는 文通)의 〈雜體詩〉30首 가운데 세 번째 詩로,《文選》에는 〈班婕妤〉로 되어 있다. 앞의 〈怨歌行〉을 본떠 지은 것으로 대의(大意)는 〈怨歌行〉과 다를 게 없다.

〈怨歌行〉을 본떠 지은 것이니만큼 각구(各句)의 구성(構成)도 〈怨歌行〉과 상응(相應)한다. 本篇도 앞의 〈怨歌行〉과 마찬가지로 후반 4句의 해석을 두 가지로 할 수 있다. 竊愁를 어느 句까지 걸리는 것으로 보느냐에 따라 해석이 달라지는데, 本書에서는 〈怨歌行〉의 해석에 맞추어 두 句에만 걸리는 것으로 보아 번역했다. 이미 버림받은 다음에 그것을 원망하여 지은 작품이므로, '가을이 올까 두려워했는데, 아니나 다를까, 가을 되어 떨어지는 나뭇잎처럼 처량한 신세가 되었다.'는 쪽으로 해석하는 것이 옳을 것이다.

고시 2수:무명씨(古詩 二首:無名氏)

迢迢牽牛星
초 초 견 우 성

아득히 멀리에 견우성

皎皎河漢女
교 교 하 한 녀

희고 밝은 은하수 옆에 직녀성.

纖纖擢素手
섬 섬 탁 소 수

직녀, 가냘픈 흰 손들어

札札弄機杼
찰 찰 농 기 저

찰칵찰칵 베틀 위에서 북을 놀린다.

終日不成章
종 일 불 성 장

종일토록 무늬를 새기지 못하고

泣涕零如雨
읍 체 영 여 우

눈물을 비 오듯 흘린다.

河漢淸且淺
하 한 청 차 천

은하수 맑고도 얕은데

相去復幾許
상 거 부 기 허

서로 떨어져 있기 또 얼마여야 하는가?

盈盈一水閒
영 영 일 수 간

맑은 은하수 사이에 두고

默默不得語
묵 묵 부 득 어

두 별 말이 없다.

【語義】迢迢(초초):멀고 높은 것을 형용한 말. 牽牛星(견우성):은하수 동
쪽 가에 있는 독수리자리의 수성(首星) 알타이르(Altair)의 속칭. 칠석
(七夕)에 은하수를 건너 직녀성(織女星)을 만나러 간다는 전설이 있음.
중국 천문학의 이십팔수(二十八宿) 가운데 우수(牛宿). 皎皎(교교):희
게 빛나는 모양. 河漢女(하한녀):河漢은 은하수(銀河水). 은하수 옆의

여자이니 직녀성(織女星)을 가리킨다. 칠석(七夕)날 밤 견우성과 일 년
에 한 차례 만난다는 슬픈 전설(傳說)이 있다. 纖纖(섬섬):연약하고 가
날픈 모양. 擢(탁):擧의 뜻으로, 들다. 素手(소수):하얀 손. 札札(찰
찰):베 짜는 베틀 소리를 형용한 것. 札은 본디 얇고 작은 나뭇조각, 또
는 편지. 弄機杼(농기저):베틀의 북을 희롱함. 베를 짠다는 뜻. 機는
베틀. 杼는 베틀에 딸린, 씨를 푸는 제구인 북. 終日不成章(종일불성
장):종일토록 무늬를 이루지 못함. 직녀가 종일 베를 짜면서도 헤어진
견우를 그리워하느라 제대로 일을 할 수 없다는 뜻.《詩經》小雅篇〈大
東〉에, '직녀를 바라보니, 하루 종일 일곱 번이나 베틀에 오르네. 일곱
번이나 베틀에 오르면서도 비단의 무늬를 이루지 못하네(跂彼織女 終
日七襄. 雖則七襄 不成報章).'라고 했다. 泣涕(읍체):흐느껴 욺. 涕泣으
로 된 판본(版本)도 있는데, 이는 잘못이다. 零(령):눈물이나 물방울 등
이 떨어지는 것. 幾許(기허):얼마나. 盈盈(영영):맑고 얕은 모양을 형
용한 것. 물이 가득 찬 모양으로 풀이하는 것은, 앞의 淸且淺과 모순되
므로 잘못이다. 默默(묵묵):《文選》五臣注本에는 맥맥(脈脈)으로 되어
있다. 劉良이 '脈脈은 스스로 뽐내는 모양이다.'라고 해석한 것은 옳지
않다. 李善이 注한 本에는 '맥맥(脈脈)'으로 되어 있고 注에, "《詩經》爾
雅에, '脈은 서로 마주 보는 것이다.'고 했다. 郭璞이, 脈脈은 서로 바
라보는 모양을 말한다고 했다."고 했는데, 脈脈을 脈脈으로 잘못 표기
한 것 같다. 本書에 默默으로 표기된 것은, 脈脈의 발음이 轉化한 것을
音만 좇아 표기한 것 같다. 여기서는 默默의 뜻 그대로 말이 없다는 뜻
으로 번역했다.

【解說】《文選》卷二十九에 실린 〈古詩〉 19首 가운데 제10首로, 작자가 누
　　　구인지 알 수 없다.《玉臺新詠》에는 한(漢)의 매승(枚乘)이 지은 것으로

되어 있는데, 믿을 수는 없다. 本篇의 내용은 七夕의 전설과 견우 · 직녀 두 별의 이야기를 빌어, 멀리 떨어져 있는 부부의 애절한 슬픔을 읊은 것이다. 그것도 여성의 입장에서 여성을 동정하는 마음으로 읊고 있다. 本篇의 해석에 《文選》呂延濟의 注처럼, '견우성과 직녀성은 夫婦를 뜻하며, 그 두 별은 은하수를 사이에 두고 만나지 못한다. 夫는 君을 상징하며, 婦는 臣을 상징한다. 臣에게 재능이 있으나 君을 모시지 못하고 참소를 입어 오히려 君으로부터 멀어지게 되는 것은, 직녀가 애틋한 情을 가지고 있으면서도 견우를 만나지 못하는 것과 같다.'라고 하여, 인간의 자연스런 연애 감정(戀愛感情)에서 만들어진 노래를 도의적(道義的) · 정치적(政治的) 교훈이나 풍간(諷諫)을 담은 노래로 해석하는 것은 옳지 않다.

　七夕의 전설(傳說)은 우리나라 민간에도 널리 알려진 이야기인데, 《詩經》小雅篇〈大東〉에 견우 · 직녀 두 별의 이야기가 나오는 것으로 보아, 고대 때부터 이미 널리 알려진 이야기였던 것 같다.

우(又)

生年不滿百　　사람들은 백 년도 채 못 살면서
생 년 불 만 백

常懷千歲憂　　항상 천년의 시름을 품는다.
상 회 천 세 우

晝短苦夜長　　낮 짧고 밤 길어 괴로우니
주 단 고 야 장

何不秉燭遊　　어찌 촛불 밝혀 놀지 않으리?
하 불 병 촉 유

爲樂當及時
위 락 당 급 시

즐거움을 누리는 것은 마땅히 때에 미쳐야 하니

何能待來玆
하 능 대 래 자

어찌 내일을 기다릴 수 있겠는가.

愚者愛惜費
우 자 애 석 비

어리석은 자는 노는 데에 비용을 아끼어

俱爲塵世嗤
구 위 진 세 치

세상의 비웃음거리가 될 뿐이네.

仙人王子喬
선 인 왕 자 교

선인 왕자교가 있지만

難可以等期
난 가 이 등 기

그처럼 산다는 것은 기대할 수 없는 일.

【語義】 生年(생년):사람이 사는 햇수. 千歲憂(천세우):천년 후까지도 살려
는 걱정. 영원히 해결할 수 없는 人生의 본질적인 걱정. 秉燭(병촉):촛
불을 손에 듦. 當及時(당급시):마땅히 때에 미쳐야 함. 때를 잃지 않도
록 해야 한다는 뜻. 來玆(내자):장래(將來). 앞으로 올 날. 愛惜(애석):
사랑하고 아깝게 여김. 塵世(진세):속세(俗世), 세상(世上). 嗤(치):비
웃는 것. 王子喬(왕자교):주(周)나라 영왕(靈王)의 태자(太子)인 진(晋)
을 가리킨다. 생(笙)을 잘 불어 봉황의 울음소리를 냈으며, 이수(伊水)·
낙수(洛水) 주변에서 놀다 도사(道士) 부구공(浮丘公)을 만나 숭고산(崇
高山)에 들어갔다가, 후에 신선(神仙)이 되었다고 한다. 難可以等期(난
가이등기):그러한 것을 기대하기는 어려움. 왕자교처럼 장생불사(長生
不死)할 수는 없다는 뜻.

【解說】 〈古詩〉19首 가운데 제15首이다. 그 내용은 인생은 덧없는 것이므

로 즐거움을 누릴 수 있는 좋은 때를 놓치지 말고 후회 없이 즐기라는 것이다. 또 즐거움을 누리는 데에 재물을 아끼려는 것은 우매한 사람들의 소행이며, 우리네 인간은 불로장생(不老長生)을 누리는 선인(仙人)이 아니라는 것을 이야기하고 있다.

장생불사(長生不死)를 원하여 영원(永遠)을 동경하며, 생명이 쉬이 꺼져 가는 것을 슬퍼하여 청춘(青春)의 즐거움을 아낌없이 누려야 한다는 것은 고시(古詩)에서 흔히 볼 수 있는 낭만적인 사상이다. 本篇은 중국 문학에서 낭만성(浪漫性)의 전통(傳統)을 말해 주는 대표적인 詩篇이다. 한대(漢代)의 악부(樂府)인 〈西門行〉의 사구(詞句)에 本篇과 동일한 것이 있다. 〈西門行〉에는 본사(本辭)와 진악(晉樂)에 맞춰 부른 가사(歌辭)가 있는데, 다음에 소개되는 후자 쪽이 本篇과 더 비슷하다.

出西門步念之	서문을 나와 걸으며 생각하노니
今日不作樂	오늘 즐기지 못하면
當待何時	다시 언제까지 기다려야 하는가.
夫爲樂	무릇 즐거움을 누리려면
爲樂當及時	마땅히 때에 미치도록 할지어다.
何能坐怫鬱	어찌 앉아서 걱정 근심하며
當復待來茲	오는 시간을 기다리려 하는가.
飮醇酒 炙肥牛	술 마시자, 살찐 소 구워라,
請呼心所歡	마음속 친구들 불러야만
可用解愁心	근심 걱정 풀 수 있으리.
人生不滿百	백년도 못 사는 인생이
常懷千歲憂	천년 근심 늘 안고 있어라.

晝短苦夜長	낮 짧고 밤 길어 괴로우니
何不秉燭遊	어찌 촛불 밝혀 놀지 않으리.
自非仙人王子喬	선인 왕자교도 아닌 우리가
計會壽命難與期	수명 따위 헤아려 놀기를 기약하랴.
人壽非金石	우리의 수명 쇠나 돌 같지 않으니
年命安可期	일 년의 목숨인들 기약할 수 있겠는가.
貪財愛惜費	재물에 마음 두어 비용을 아낀다면
但爲時世嗤	후세의 비웃음거리가 될 뿐이리.

이 詩는 漢代의 악부(樂府)이며, 七言句가 섞여 있는 점으로 보아 本篇〈古詩〉가 만들어진 이후의 작품인 것 같다. 따라서 本篇이 〈西門行〉에서 나왔다는 說은 믿을 만한 것이 못 된다.

녹균헌:소자첨(綠筠軒:蘇子瞻)

可使食無肉
가 사 식 무 육

식사에 고기가 없는 건 괜찮아도

不可居無竹
불 가 거 무 죽

거처에 대나무가 없을 수는 없네.

無肉令人瘦
무 육 영 인 수

고기가 없으면 사람이 야위지만

無竹令人俗
무 죽 영 인 속

대나무가 없으면 사람이 속되게 되네.

人瘦尙可肥
인 수 상 가 비

사람이 야윈 것은 다시 살찌게 할 수 있지만

俗士不可醫
속 사 불 가 의

선비가 속된 것은 고칠 수 없네.

傍人笑此言
방 인 소 차 언

사람들 내 말을 비웃어

似高還似癡
사 고 환 사 치

고상한 것 같지만 실은 어리석은 생각이라고.

若對此君仍大嚼
약 대 차 군 잉 대 작

대나무를 즐기면서
고기까지 마음껏 먹을 수 있다면

世閒那有揚州鶴
세 간 나 유 양 주 학

어찌 세상에 양주학(揚州鶴)이란 말이 있으리.

【語義】 不可居無竹(불가거무죽):주거(住居)에 대나무가 없어서는 안 됨.
《晋書》王徽之傳에, "字는 자유(子猷)이고 희지(羲之)의 아들이다. 일
찍이 조용한 집에 살면서 대를 심게 하였다. 어떤 사람이 그 까닭을 물
으니, 휘지는 소리 내어 웃더니 대를 가리키며 말했다. '내 어찌 하루인
들 이 군자(此君:대나무를 가리킴) 없이 지낼 수 있겠는가.'라고" 하였

다. 東坡의 本集에는 不可使居無竹으로 되어 있다. 瘦(수):몸이 야위
는 것. 傍人(방인):곁에 있는 사람. 東坡의 말을 들은 일반 사람을 가
리킨다. 似高還似癡(사고환사치):고상한 것 같으면서도 어리석음. 대
나무를 보는 것보다 고기를 실컷 먹는 것이 낫다는 뜻도 되지만, 그보
다는 둘 다 겸할 수 있으면 더 좋지 않겠느냐는 뜻이다. 此君(차군):대
나무를 가리킨다. 仍(잉):거푸. ~하고 계속해서 ~한다는 뜻. 大嚼(대
작):씹는 소리를 크게 내며 고기를 먹음. 嚼은 씹는다는 뜻. 揚州鶴(양
주학):《事文類聚》後集 卷四十二 鶴條에, "옛날에 客들이 모여 서로 생
각하는 바를 말했다. 어떤 이는 揚州의 자사(刺史)가 되기를 원하고, 어
떤 이는 재화(財貨)를 많이 얻기를 원하고, 또 어떤 이는 학을 타고 하
늘에 오르기를 원했다. 이때 남은 한 사람이 '나는 허리에 십만 관(十萬
貫)의 돈을 차고 학을 타고 양주(揚州)로부터 하늘로 올라가고 싶다.'라
고 말했다. 앞의 세 사람의 욕망을 겸한 것이다."라고 했다. 揚州鶴이
란 부귀영화(富貴榮華)와 함께 신선이 되는 즐거움까지 누리겠다는 뜻
으로, 실현 불가능한 것을 욕심 내는 것을 가리킨다. 즉 대나무를 바라
보는 생활과 고기를 배불리 먹는 생활을 겸하겠다는 것은, 양주학을 바
라는 것과 마찬가지라는 뜻이다. 속세(俗世)의 일과 고상(高尙)한 취향
(趣向)은 어울릴 수가 없는 것이다. 揚州는 고대 중국의 구주(九州)의
하나. 구강군(九江郡)·단양군(丹陽郡)·여강군(廬江郡)·회계군(會稽
郡) 일대의 땅을 호칭한 것.

【解說】《東坡詩集》卷十三에는 〈於潛僧綠筠軒〉이란 제목으로 실려 있다.
절강성(浙江省) 항주부(杭州府) 어잠현(於潛縣)에 있던 한 중〔僧〕의 작
은 방을 '綠筠軒(푸른 대나무가 있는 방)'이라 했는데, 東坡는 그에 느낀
것이 있어 이 詩를 지었다. 대나무는 예부터 풍류 청아(風流淸雅)의 선

비들이 좋아하는 것으로, 속세에서도 절개를 지키는 나무로 사랑받아
왔다. 고기를 먹는 것과 대나무를 심어 즐기는 것, 이 두 가지 즐거움을
모두 누리기가 어려우면 대나무를 심는 풍류(風流)만이라도 좋겠다는
것이 本篇의 요지(要旨)이다.

　배해적(俳諧的)인 문답체(問答體)의 詩이다. 고기도 먹고 대나무도
바라볼 수 있는 생활을 꿈꾸지, 굳이 어느 한 쪽을 버릴 생각을 하느냐
고 조소하는 사람들에게, 東坡가 揚州鶴을 이야기하는 대목이 참으로
재미있다. 東坡는 자연스럽게, 육식(肉食)을 피하는 승려들의 유아(幽
雅)한 풍취(風趣)를 말하고 있다. 이론(理論)을 앞세워 정감(情感)이 부
족한 듯한 게 흠이라면 흠인데, 이러한 시풍(詩風)은 송대(宋代) 詩의
특징이다. 그래서 宋代의 詩를 說理詩라고도 하는데, 本篇은 그 좋은
예라 할 수 있다. 本篇의 此君이란 말은 왕희지(王羲之)의 아들인 휘
지(徽之)가 대나무를 가리켰던 말로, 이에 얽힌 일화(逸話) 하나만으로
도 진(晋)나라 사람들의 風流를 넉넉히 짐작할 수 있다. 東坡가 그 말
을 쓴 것은 晋代의 風流를 경모(敬慕)하는 자신의 마음을 은연중에 표
현한 것이다.

월하독작：이태백(月下獨酌：李太白)

花下一壺酒
화 하 일 호 주
꽃 아래 한 병의 술을 놓고

獨酌無相親
독 작 무 상 친
짝 없이 홀로 술잔을 드네.

擧盃邀明月
거 배 요 명 월
잔 들어 달님을 맞으니

對影成三人
대 영 성 삼 인
그림자까지 합하여 셋이어라.

月旣不解飮
월 기 불 해 음
달님은 본디 술을 못 하고

影徒隨我身
영 도 수 아 신
그림자는 그저 나 하는 대로 할 뿐.

暫伴月將影
잠 반 월 장 영
잠시 달과 그림자를 벗하며

行樂須及春
행 락 수 급 춘
봄밤을 맘껏 즐기네.

我歌月徘徊
아 가 월 배 회
내 노래에 달님이 서성거리고

我舞影凌亂
아 무 영 릉 란
내 춤에 그림자가 어지러이 흔들리네.

醒時同交歡
성 시 동 교 환
취하기 전엔 함께 즐거움을 나누고

醉後各分散
취 후 각 분 산
취하면 각기 흩어지네.

永結無情遊
영 결 무 정 유
속세를 떠난 맑은 사귐 길이 맺고자

相期邈雲漢　아득한 은하에서 다시 만날 것을 기약하노라.
상 기 막 운 한

【語義】 花下(화하):꽃 밑.《李太白詩集》엔 花間으로 되어 있다.　邀(요):맞이하다.　三人(삼인):달과 그림자와 자기 자신.　解(해):能의 뜻으로, ~할 수 있음.　徒(도):공연히.　將(장):與의 뜻으로, ~과 함께.　行樂(행락):밖에 나가 즐겁게 놂.　須及春(수급춘):모름지기 봄에 미쳐야 함. 봄철 같은 좋은 때에는 놓치지 말고 재미있게 놀아야 한다는 뜻.　徘徊(배회):서성거림.　凌亂(능란):어지러이 흩어져 움직임.　醒(성):술에 취하지 않고 깨어 있는 것.　交歡(교환):서로 어울려 즐거움을 나누는 것.　醉後各分散(취후각분산):취하면 각기 흩어짐. 취하여 잠들면, 酒客과 달과 그림자가 어울리지 못하기 때문에 이처럼 말한 것이다.　無情遊(무정유):이해나 감정의 엉킴이 없는 담담한 교유(交遊).　相期(상기):서로 만날 것을 약속함.　邈雲漢(막운한):먼 은하수. 달이 있는 곳을 뜻한다. 邈은 아득한 것. 雲漢은 은하(銀河).

【解說】 달빛 아래에서 홀로 술잔을 들며 달과 그림자를 벗으로 하여 無情遊의 즐거움을 누린 李白이, 시선(詩仙)다운 솜씨를 유감없이 발휘하여 지은 詩이다. 本集 卷二十三에 실려 있는 같은 제목의 詩 四首 가운데 첫 번째 것이다.

　속세의 이해나 인간의 잡다한 감정이 배제된 비인정(非人情)·무정(無情)의 사귐으로 즐거움을 만끽하는 경지를 풍류(風流)라고 한다. 진대(晋代)의 풍류는 자연 속에서 자신의 개성(個性)을 해방(解放)하는 기쁨이다. 晋의 도연명(陶淵明)은 〈雜詩〉에서, '말을 걸려 해도 대답해 줄 사람이 없으니, 잔 들어 외로운 그림자에 권하노라(欲言無予和 揮杯勸

孤影).'라고 하여, 자신의 고독한 심경(心境)을 토로(吐露)했다. 本篇에 '舉盃邀明月 對影成三人'이라 한 것도 그와 같은 풍치(風致)라 할 수 있다. '我歌月徘徊'의 句는 노래를 부르는 李白의 몸이 흔들리기 때문에 허공에 있는 달이 배회하는 것처럼 보이는 것을 참으로 자연스럽고 재미있게 묘사한 것이다. 宋의 蘇東坡가 〈赤壁賦〉에서, '잔 들어 客에게 권하며 明月의 詩를 읊조리고 窈窕의 章을 노래했다. 이윽고 동산 위에 둥근 달이 솟더니 남두성과 견우성 사이로 천천히 떠올랐다(舉酒屬客 誦明月之詩 歌窈窕之章. 少焉月出於東山之上 徘徊於斗牛之間).'라고 한 것도 本篇의 표현법을 본뜬 것이라 할 수 있다. '永結無情遊 相期邈雲漢'의 두 句는 本篇의 本意를 나타낸 것으로, 시선(詩仙) 李白의 표표(飄飄)한 시풍(詩風)이 엿보이는 名句이다. 뒤에 나오는 李白의 〈獨酌〉은 本篇과 같은 제목의 네 편의 詩 가운데 두 번째 것이므로, 아울러 감상하면 재미있을 것이다.

춘일취기언지:이태백(春日醉起言志:李太白)

處世若大夢 처 세 약 대 몽	인생은 큰 꿈을 꾸는 것,
胡爲勞其生 호 위 노 기 생	어찌 삶을 수고롭게 할 것인가.
所以終日醉 소 이 종 일 취	하루 종일 취하여
頹然臥前楹 퇴 연 와 전 영	대청 기둥 아래에 누워 있네.
覺來眄庭前 각 래 혜 정 전	술 깨자 가늘게 눈 떠 뜰 앞을 바라보니
一鳥花閒鳴 일 조 화 간 명	꽃들 사이에서 새 한 마리 지저귄다.
借問如何時 차 문 여 하 시	묻노니, 지금이 어떤 철인가?
春風語流鶯 춘 풍 어 류 앵	살랑거리는 바람에 꾀꼬리 우는 봄!
感之欲歎息 감 지 욕 탄 식	봄의 즐거움에 크게 느껴 탄식 나오고
對酒還自傾 대 주 환 자 경	다시 술을 마주하니 술항아리 절로 기울어진다.
浩歌待明月 호 가 대 명 월	큰 소리로 노래 부르며 달을 기다리노라,
曲盡已忘情 곡 진 이 망 정	노래 끝나자 속세의 감정이 사라진다.

【語義】 處世(처세):세상을 살아가는 것. 大夢(대몽):큰 꿈.《莊子》제물

론(齊物論)에, '깨어난 후에야 그것이 꿈임을 안다. 또 크게 깨우친 후에야 이 세상의 온갖 일이 큰 꿈임을 안다(覺而後知其夢也. 且有大覺而後知此其大夢也).'고 했다. 胡爲(호위):何爲와 같은 뜻으로, 어째서. 勞其生(노기생):사는 동안 이해관계 때문에 고생하는 것을 뜻한다.《莊子》大宗師에, '대저, 천지는 우리에게 형체를 주었다. 또 우리에게 삶을 주어 수고롭게 하고, 늙음을 주어 편안케 하며, 죽음을 주어 우리를 쉬게 한다(夫大塊載我以形 勞我以生 佚我以老 息我以死).'고 했다. 所以(소이):그래서, 그러한 까닭에. 즉 人生은 큰 꿈과 같기 때문에. 頹然(퇴연):취하여 쓰러지는 모양. 前楹(전영):당(堂) 앞에 있는 기둥. 覺來(각래):술에서 깨어남. 來는 조자(助字). 盻(혜):노려봄, 또는 뒤돌아봄. 如何時(여하시):어떠한 때인가?《李太白詩集》엔 此何時로 되어 있다. 語(어):지저귀다. 流鶯(유앵):이리저리 날아다니는 꾀꼬리. 感之(감지):感은 감동되는 것. 之는 봄의 아름다움을 가리킨다. 自傾(자경):술병이 저절로 기움. 술이 바닥났다는 뜻. 浩歌(호가):큰 소리로 노래함. 曲盡(곡진):노래가 끝남. 忘情(망정):인간세상의 모든 감정을 잊게 됨. 술에 醉하여, 노장철학(老莊哲學)에서 말하는 무아지경(無我之境)에 들어가는 것을 가리킨다.

【解說】 인생을 꿈으로 보고 대취(大醉)했다가 깨어 보니, 꾀꼬리 소리 자자하게 들려온다. 봄날의 화창한 자연에 도연(陶然)히 융화(融和)·몰입(沒入)하여 모든 것을 잊고자 한다는 것이 李白의 言志, 즉 말하고자 하는 바이다. 本集 卷二十三에 실려 있다.

술에서 막 깨어 의식이 몽롱한데 아름다운 꾀꼬리 소리가 들려온다. 봄날임을 느껴 기분이 다시 고조되어, 술을 마시고 노래를 부르며 달이 뜨기를 기다린다. 그러는 동안에 또 의식은 몽롱해지고 피아(彼我)

의 구별이 없는 허무(虛無)의 세계에 몰입하게 되어 모든 인간적 감정을 잊어버리게 된다. 이렇게 의식과 기분이 옮겨지는 것을 실로 아름답게 운율적(韻律的)으로 노래한 작품이다. 인생이 한바탕 꿈임을 한탄하여 슬퍼하지만, 결국 대취하여 모든 것을 잊게 된다. 술에서 깨어나면 다시 무아(無我)의 상태로 몰입하고자 또 술을 들고…….

'對酒還自傾'의 句는 淵明의 詩에서 사용된 것과 같은 用法으로 보아 해석해야만 묘미(妙味)가 있다. 즉 自傾을 술 마시는 사람이 술병을 기울인다는 식으로 해석해서는 재미가 없다. 앞에 나온 淵明의 詩〈雜詩〉의 '盃盡壺自傾'의 自傾과 같이, 술병이 저절로 기울어진다는 쪽으로 해석하여 물아 일체(物我一體)의 경지를 말한 것으로 보아야 한다. 本篇 역시 淵明의 風流를 사모한 李白이 그의 詩를 본떠 지은 것이라 할 수 있다.

소무:이태백(蘇武:李太白)

蘇武在匈奴
소 무 재 흉 노
소무(蘇武), 흉노 땅에 잡혀 있으면서도

十年持漢節
십 년 지 한 절
십 년 동안 한나라 사신의 부절(符節)을 지녔네.

白雁飛上林
백 안 비 상 림
흰 기러기 상림원까지 날아와

空傳一書札
공 전 일 서 찰
편지를 전했지만 헛일이었고,

牧羊邊地苦
목 양 변 지 고
양을 치느라 변지에서 고생하며

落日歸心絕
낙 일 귀 심 절
지는 해 볼 적마다 돌아가고픈 마음 간절했네.

渴飲月窟水
갈 음 월 굴 수
목이 타면 흉노 땅의 물을 마시고

飢餐天上雪
기 찬 천 상 설
주릴 때면 하늘에서 내리는 눈을 삼켰네.

東還沙塞遠
동 환 사 새 원
고국으로 돌아가려니 사막의 변방 아득했고,

北愴河梁別
북 창 하 량 별
북쪽 하수(河水)의 다리 위에서
이릉(李陵)과의 이별을 슬퍼했네.

泣把李陵衣
읍 파 이 릉 의
울며 이릉의 옷자락을 잡고

相看淚成血
상 간 누 성 혈
마주 보며 피눈물을 흘렸네.

【語義】匈奴(흉노):《大明一統志》에, '夏나라 때에는 훈육(獯鬻), 殷나라 때

에는 귀방(鬼方), 周나라 때에는 험윤(玁狁), 秦나라·漢나라 때에는 흉노(匈奴), 唐나라 때에는 돌궐(突厥), 宋나라 때에는 거란(契丹), 요즘엔 달단(韃靼)이라고 한다.'고 했는데, 시대에 따라 이민족(異民族)의 인종을 가리키는 말로 쓰이기도 했다.　漢節(한절):한(漢)나라 사신의 부절(符節).《後漢書》光武紀 注에, '節은 대나무로 만드는데, 자루의 길이 8尺, 세 경의 모우(旄牛)로 되어 있다.'고 했으며,《周禮》地官, 掌節의 注에, '王命으로 왕래함엔 반드시 節을 가지고 증거(證據)로 삼는다.'고 했다.　白雁(백안):흰 기러기.　上林(상림):상림원(上林苑).《三輔黃圖》에, '漢의 上林苑은 진(秦)나라 때의 구원(舊苑)이다.'라고 했고《漢書》에, '무제(武帝) 건원(建元) 3년, 상림원(上林苑)을 열었다. 둘레 300리, 이궁(離宮) 70개, 천 대의 전차와 만 명의 기병(騎兵)을 수용했다. 동산에 여러 짐승을 길러, 가을과 겨울에 천자(天子)가 이를 사냥했다.'고 했다. 여기서는《漢書》列傳의 내용과는 달리, 실제로 소무(蘇武)가 기러기발에 편지를 매어 보낸 것처럼 읊고 있다.　空(공):헛것이 됨. 쓸모 없이 됨.　書札(서찰):편지.　落日歸心絕(낙일귀심절):지는 해에 고향에 돌아가고 싶은 마음이 간절해짐. 絕은 절실하다는 뜻.　月窟(월굴):서역에 있으며, 달이 나온다는 굴. 여기서는 匈奴 땅을 가리킨다.　東還(동환):동쪽 漢나라로 돌아감.　沙(사):사막(沙漠).　塞(새):변방 국경.　北愴河梁別(북창하량별):소무가 북쪽 하수(河水)의 다리에서 이릉(李陵)과의 이별을 슬퍼한 것을 뜻한다. 이릉은 무제 때에 흉노와 싸워 패하자 투항한 장수.　淚成血(누성혈):피눈물을 흘림.《韓非子》和氏에, '무왕(武王)이 죽고 문왕(文王)이 즉위하였다. 화씨(和氏)는 구슬을 안고 초산(楚山) 아래에서 울었는데, 3일 밤낮을 그러니 눈물이 다하여 피가 이어 나왔다(武王薨 文王卽位. 和乃抱其璞 而哭於楚山之下. 三日三夜泣盡而繼之以血).'고 했는데, 이에서 취한 것이다.

【解說】한(漢) 무제(武帝) 때에, 소무(蘇武)는 사신으로 흉노(匈奴)에 갔다
가 포로가 되었지만, 19년 동안이나 지조를 지켜 항복하지 않고 모진 고
난을 감수하였다. 蘇武는 뒤에 자신의 생존을 알리는 글월을 발에 맨 기
러기가 장안의 상림원(上林園)에서 잡힘으로써 다시 長安으로 돌아가게
되는데, 그의 일생이야말로 동서고금 어디에서도 그 예를 찾을 수 없을
만큼 파란만장(波瀾萬丈)한 것이었다. 本篇은 蘇武가 흉노에서 돌아올
때 흉노에 항복한 漢의 장군 李陵과 다리 위에서 이별한 유명한 고사(故
事)를 노래한 詩로, 李白의 本集 卷二十二에 실려 있다. 本篇에도 나와
있지만, 기러기가 편지를 전한다는 이야기는 蘇武의 故事로부터 나온
것이다. 蘇武가 기러기발에 편지를 묶어 보냈다는 것은 사실이 아니고,
漢의 사신(使臣)이 匈奴의 선우(單于)에게 꾸며낸 이야기일 뿐인데, 그
것이 점차 蘇武가 그렇게 한 것처럼 전설(傳說)이 되었다.

《漢書》列傳 二十四에 실려 있는 蘇武의 전기(傳記)를 간략히 소개
하겠다.

"武, 자(字)는 자경(子卿), 젊어서 아버지의 벼슬을 물려받아 형제가
모두 郎이 되었다. 천한(天漢:武帝 때의 年號) 元年(B.C. 100), 武帝는
武에게 中郎將이란 벼슬을 내리고 사신(使臣)임을 나타내는 절(節)을
주어, 흉노의 사신으로 漢에 붙잡혀 있는 자들을 흉노에 다시 돌려보내
도록 했다. 武는 副中郎將 張勝, 假吏 常惠, 병사 등과 백여 인을 이끌고
함께 갔다. 武, 흉노에 이르러 선우(單于)에게 예물을 바치자, 선우는
그를 항복시키려고 했다. 그래서 武를 지하 감옥에 가두고 음식을 주지
않았다. 武, 누운 채로 눈을 받아먹고 전모(旄毛:기를 장식하는 털)를
씹어 먹었다. 며칠이 지나도록 죽지 않자, 흉노는 그를 神으로 여겨, 그
를 북해(北海)의 사람 없는 곳에 보내어 양을 치게 하고, 새끼가 생기거
든 보내 주겠다고 했다. 武는 바닷가로 갔으나 식량을 보내 주지 않아,

들쥐들이 열매를 모아 둔 것을 먹고 연명했다. 武는 항상 漢의 사신임을 나타내는 節을 지팡이처럼 짚고 양을 쳤다. 누우나 서나 항상 節을 놓지 않아 절모(節旄:쇠꼬리로 만든 節의 장식)가 다 닳았다. 후에 李陵이 北海에 도착하여, 武에게 武帝가 죽었음을 알렸다. 武는 남쪽을 보고 통곡하며 피를 토했다. 아침저녁으로 哭을 하기를 수개월. 소제(昭帝)가 즉위하고 몇 년 후, 흉노는 漢과 화친(和親)했다. 漢은 武 등을 돌려달라고 요구했는데, 흉노는 武가 죽고 없다고 거짓말을 했다. 뒤에 漢의 사신이 다시 흉노에 갔다. 常惠가 그들을 지키고 있는 자에게 청(請)하여 함께 밤에 漢의 사신을 만나 모든 사실을 이야기하고, '天子께서 상림원에서 기러기를 쏘아 잡으셨는데, 다리에 편지가 매어 있었고, 그 편지에는 武 등이 택중(澤中)에 있다는 것이 적혀 있었다.'고 선우에게 말해 달라고 사신에게 부탁했다. 사신은 크게 기뻐하고 선우에게 그대로 말했더니, 선우는 좌우를 돌아보더니 크게 놀라며 사신에게 사과의 말을 전하고, 武 등을 돌려보내기로 했다. 이에 李陵은 술자리를 벌여 武를 송별하며 하염없이 눈물을 흘렸다. ……武를 따라 돌아온 자 9人. 武, 시원(始元: 漢 昭帝 때의 年號) 6년(B.C. 81) 봄, 경사(京師)에 돌아와 전속국(典屬國)을 배명(拜命)했다. 武, 흉노에 머물기 19년, 젊었을 때에 나아가 백발이 되어 돌아왔다. 武의 나이 80여 세, 신작(神爵:漢 宣帝 때의 年號) 2년(B.C. 69)에 병으로 세상을 떠났다."

잡시:도연명(雜詩:陶淵明)

人生無根蔕
인 생 무 근 체
인생은 뿌리도 꼭지도 없어

飄如陌上塵
표 여 맥 상 진
길가의 먼지처럼 날려 다니는 것.

分散逐風轉
분 산 축 풍 전
흩어져 바람 따라 움직이니

此已非常身
차 이 비 상 신
인간은 원래가 무상(無常)한 몸.

落地爲兄弟
낙 지 위 형 제
땅 위에 태어난 모두가 형제이니

何必骨肉親
하 필 골 육 친
어찌 꼭 골육만을 사랑하리.

得歡當作樂
득 환 당 작 락
기쁜 일 있으면 마땅히 즐겨야 하며

斗酒聚比鄰
두 주 취 비 린
말술을 이웃과 함께 마셔야지.

盛年不重來
성 년 부 중 래
젊은 시절은 거듭 오지 않으며

一日難再晨
일 일 난 재 신
하루에 새벽이 두 번 있진 않네.

及時當勉勵
급 시 당 면 려
때를 놓치지 말고 힘쓸진저,

歲月不待人
세 월 부 대 인
세월은 사람을 기다리지 않는다네.

【語義】 根蔕(근체):뿌리와 꼭지. 根蔕가 없다는 것은 믿을 만한 것이 없다

는 뜻.   飄(표):바람에 날림.   陌(맥):길. 원래는 동서로 통하는 밭두둑
길. 남북으로 통하는 밭두둑 길은 천(阡)이라 한다.   逐風轉(축풍전):바
람 부는 대로 움직임. 소재(所在)가 일정하지 않은 것을 형용한 것.   常
身(상신):영원히 고정된 몸. 非常身은 무상(無常)한 존재.   落地爲兄弟
(낙지위형제):땅 위에 떨어진 존재는 모두가 형제임. 落地는 땅 위에 태어
나는 것.   骨肉親(골육친):피를 나눈 골육만을 사랑함. 같은 혈육만을
형제로 아는 것.《論語》顔淵篇에, '군자가 조심하여 실수가 없으며, 남
에게 공손하여 예(禮)를 지키면, 온 세상 사람들이 다 형제이다. 군자
가 어찌 형제 없음을 걱정하랴(君子敬而無失 與人恭而有禮 四海之內
皆兄弟也. 君子何患乎無兄弟也).'라 했다.   斗酒(두주):한 말의 술.   聚
(취):모으다.   比鄰(비린):이웃 사람들. 五家를 比, 또는 鄰이라 한다.
盛年(성년):한참 활약할 나이. 원기 왕성한 때.   難再晨(난재신):하루
에 새벽이 두 번 있기는 어려움.   及時(급시):때를 놓치지 않는 것.   勉
勵(면려):부지런히 힘씀. 뜻 있게 시간을 보내도록 힘써야 한다는 뜻.

【解說】 本集 卷四에 실린 〈雜詩〉 12首 가운데 첫 번째 작품이다. 전술(前
述)한 바와 같이, 淵明은 어지러운 세상에 살면서 드러낼 수 없는 마음
속의 번민을 〈飮酒〉·〈擬古〉·〈雜詩〉 등의 詩를 통해 토로(吐露)했다.
雜詩란 고인(古人)의 작품 가운데 제목을 알 수 없는 것을 편선(編選)할
때에 붙인 제목을 말한다. 淵明의 〈雜詩〉 12首가 같은 때에 지어졌다
면 제6首에, '내 나이 오십(奈何五十年)'이란 말이 있는 것으로 보아, 本
篇은 淵明의 나이 50세경에 지어진 작품이라고 할 수 있다.
  本篇은 淵明의 작품 중에서도 유명한 것으로, 후반의 4句는 인구(人
口)에 회자(膾炙)된다. '及時當勉勵 歲月不待人'이라 말한 것은, 실은 무
상(無常)한 인생에 대한 감개(感慨)에서 나온 처세훈(處世訓)이다. '落地

爲兄弟'란 유가에서 말하는 四海兄弟와 같은 뜻으로, 淵明의 인류애(人類愛)적 사상을 말해 준다. 그가 즐겨 이웃을 불러 술자리를 연 것도 그의 이러한 사상에서 비롯된 것이라 할 수 있으며, 本篇에서도 볼 수 있듯이 詩句에《論語》의 말을 자주 인용한 것도 그러한 유가적 교양(敎養)의 발로(發露)인 것이다. 그가 유가의 입장을 지켜 도의를 잃지 않으려고 애썼다는 것은, 그의 시호(諡號)가 靖節先生임을 보면 잘 알 수 있다. 淵明의 유가 정신은 晋의 재상(宰相)으로 대장군(大將軍)이었던 그의 증조부(曾祖父) 도간(陶侃)으로부터 계승된 것이다. 陶侃은 유가적 정신에 투철했던 인물로, '대우(大禹:禹임금)는 성인이었어도 촌음(寸陰)을 아꼈다. 중인(衆人)들은 마땅히 분음(分陰)을 아껴야 할 것이다.'라고 말했다고 전해진다(《晋書》陶侃傳).

귀전원거:도연명(歸田園居:陶淵明)

野外罕人事 야 외 한 인 사	성밖의 들이라 번거로운 세상일 없고
深巷寡輪鞅 심 항 과 륜 앙	가난한 마을이라 세도가의 마차 없네.
白日掩柴扉 백 일 엄 시 비	대낮에 사립문 굳게 닫고
虛室絶塵想 허 실 절 진 상	빈 방에 앉으니 잡된 생각 사라지네.
時復墟曲中 시 부 허 곡 중	이따금 마을 모퉁이로 발길 옮겨
披草共來往 피 초 공 래 왕	풀을 헤치며 사람들과 내왕하며,
相見無雜言 상 견 무 잡 언	서로 만나 잡스런 말 나누지 않고
但道桑麻長 단 도 상 마 장	오직 농사일 잘 되는가 물을 뿐.
桑麻日已長 상 마 일 이 장	뽕과 삼은 쑥쑥 자라고
我土日已廣 아 토 일 이 광	내 땅은 개간되어 날로 넓어지네.
常恐雪霰至 상 공 설 산 지	언제나 두려운 것은 눈이나 싸라기눈 내려
零落同草莽 영 락 동 초 망	우거진 풀과 함께 뽕과 삼이 시드는 것.

【語義】 野外(야외):성밖의 들. 罕(한):드묾. 人事(인사):사람과의 교제.

深巷(심항):으슥한 골목. 가난한 마을. 輪(륜):수레바퀴. 수레를 가리
킨다. 鞅(앙):마소의 가슴에 걸어 매는 끈. 수레를 끄는 말을 가리킨다.
輪鞅은 수레를 타고 방문하는 것을 뜻한다. 掩(엄):가리다·닫다. 柴
扉(시비):사립문. 虛室(허실):실내에 살림살이가 거의 없는, 텅 빈 조
용한 방. 塵想(진상):인간 세상의 속된 생각. 공명심(功名心) 같은 것.
時(시):때때로. 墟曲(허곡):마을의 궁벽한 곳. 披草(피초):길가에 우
거진 잡초(雜草)를 헤침. 廣(광):땅이 개간되어 경작지가 넓어지는 것.
霰(산):싸라기눈. 零落(영락):나뭇잎이나 풀잎이 시들어 떨어지는 것.
莽(망):풀이 무성한 것.

【解說】 本集 卷二에는 〈歸園田居〉라는 제목으로 되어 있는데, 그것이 옳
다. 같은 제목의 다섯 편 작품 중 두 번째 것이다.
　　전원에서 소박한 생활을 읊은 것으로, 어지러운 세상을 피하되 세상
으로부터 도망쳐 은거(隱居)하는 게 아니라 땀 흘려 일하며 지분지족
(知分知足)하겠다는 淵明의 마음이 잘 나타나 있다. 本篇의 마지막 두
句를 당시의 어지러운 정치를 걱정하는 내용으로 해석하는 것은 옳지
않다고 본다.

서수필:소숙당(鼠鬚筆:蘇叔黨)

大倉失陳紅 대 창 실 진 홍	나라의 창고에선 붉게 썩은 쌀을 잃게 하고
狡穴得餘腐 교 혈 득 여 부	쥐구멍을 헐어 남은 고기를 찾게 하여,
旣興丞相歎 기 흥 승 상 탄	일찍이, 이사(李斯)로 하여금 탄식하게 하더니
又發廷尉怒 우 발 정 위 노	장탕(張湯)으로 하여금 분노케 했네.
磔肉餒餓猫 책 육 위 아 묘	고기는 찢겨 주린 고양이에게 먹히고
分髥雜霜兎 분 염 잡 상 토	수염은 토끼털과 섞여 붓을 만드는 데에 쓰이네.
挿架刀槊健 삽 가 도 삭 건	필가(筆架)에 꽂아 두니 창검처럼 억세어 보이고
落紙龍蛇騖 낙 지 용 사 무	글씨를 쓰면 용사(龍蛇)가 꿈틀거리듯 필세가 웅장하네.
物理未易詰 물 리 미 이 힐	사물의 이치는 헤아리기 어려운 것,
時來卽所遇 시 래 즉 소 우	어느 것이든 때를 만나면 적절히 쓰이게 마련이네.
穿墉何卑微 천 용 하 비 미	담을 뚫을 때엔 얼마나 비천한 것이었나?
託此得佳譽 탁 차 득 가 예	그런데 어떤 이는 이를 빌어 명성을 얻네.

【語義】 大倉(대창):太倉과 같음. 제도(帝都)에 있던, 곡물과 세미(稅米)를

저장하는 창고. 《漢書》고제기(高帝紀)에, '7년 2월, 소하(蕭何)는 미앙궁(未央宮)을 보수하고 태창(太倉)을 세웠다.'고 했다. 陳紅(진홍):오래되고 썩어 붉은 색을 띤 쌀. 陳은 묵는 것. 失陳紅은 묵어 붉게 썩은 쌀을 쥐에게 잃는다는 뜻. 狡穴(교혈):교활한 쥐가 드나드는 구멍. 餘腐(여부):먹다 남은 썩은 고기. 旣興丞相歎(기흥승상탄):이미 승상의 탄식을 일으켰음. 《史記》이사열전(李斯列傳)에, "李斯는 楚나라 상채(上蔡) 사람. 젊었을 때에 郡의 아전이 되었다. 그는 아전의 숙사 변소에 있는 쥐가 더러운 것을 먹다가 사람이나 개가 가까이 가면 자주 놀라는 것을 보았다. 뒤에 이사는 창고에 들어갔다가, 창고의 쥐들이 사람이나 개에게 들킬 염려 없이 가득 쌓여 있는 곡식을 먹으며 창고에서 편히 지내는 것을 보았다. 이에 이사는 탄식하여 '사람의 현명하고 못남도 저 쥐의 경우와 같다. 자신이 處해 있는 곳에 따라 결정된다.'고 말했다. 이사는 곧 순경(荀卿)을 찾아가 제왕(帝王)의 술(術)을 배웠다."고 한 사실을 가리킨다. 이사는 뒤에 진시황(秦始皇)의 승상(丞相)이 되어 천하에 법가(法家)의 정치를 행했다. 첫 번째 句 '大倉失陳紅'을 보충하고, 그 句와 對를 이룬다. 又發廷尉怒(우발정위노):또 장탕(張湯)을 분노케 함. 《漢書》열전에, '장탕(張湯)은 두릉(杜陵) 사람이다. 어렸을 때 집을 보고 있는데 쥐가 고기를 물어 갔다. 화가 난 湯의 아버지가 탕을 때렸다. 湯은 화가 나 쥐 굴을 파헤치고 불을 지펴 연기를 낸 끝에 쥐와 쥐가 먹다 남긴 고기를 찾았다. 탕은 쥐를 처형했다.'고 한 것을 가리킨다. 장탕은 후에, 대중대부(大中大夫)를 거쳐 정위(廷尉)가 되었다. 廷尉는 주관(周官)의 추관(秋官)에 해당하며, 형벌(刑罰)을 맡아 다스리는 관리. 이 句는 두 번째 句인 狡穴得餘腐와 응(應)하는데, 이처럼 제1구와 제3구, 제2구와 제4구가 대응하는 것을 선대(扇對)라 한다. 磔肉(책육):고기를 찢음. 餧餓猫(위아묘):굶주린 고양이에게 먹임. 餧는 먹이는 것.

分髭(분염):쥐의 수염을 분리하여 가려내는 것을 가리킨다. 髭은 수염.
霜兎(상토):서리처럼 하얀, 토끼의 털. 霜은 흰 색을 형용한 것. 揷架
(삽가):필가(筆架)에 꽂아 놓음. 刀槊健(도삭건):칼이나 창처럼 억셈.
쥐의 수염으로 붓을 만들어 필가(筆架)에 꽂아 놓으면, 창이나 칼을 세
워 놓은 것처럼 날카롭고 억세어 보인다는 뜻. 落紙(낙지):붓을 종이에
대어 글자를 쓰는 것을 가리킨다. 龍蛇鶩(용사무):용과 뱀이 질주하는
것 같음. 필세(筆勢)의 웅장(雄壯)함을 형용한 것. 物理未易詰(물리미
이힐):사물의 이치는 쉽게 따질 수 없다는 뜻. 詰은 잘못을 캐어물으며
책망하는 것, 또는 물어 대답을 구하는 것. 時來卽所遇(시래즉소우):때
가 오면 만나는 바가 있음. 때가 오면 그 상황에 적합하게 제 구실을 한
다는 뜻. 穿墉(천용):담에 구멍을 냄. 墉은 흙으로 쌓은 높은 담. 卑微
(비미):낮고 천함. 비천(卑賤). 託此(탁차):이것에 의지함. 서수필(鼠鬚
筆)로써의 뜻. 得佳譽(득가예):훌륭한 명성을 얻음. 왕희지(王羲之)처
럼 명필로서 훌륭한 이름을 얻는 것을 뜻한다.

【解說】 쥐의 수염을 모아 만든 鼠鬚筆은 예부터 서가(書家)가 진중(珍重)
히 여겼던 것으로, 왕희지(王羲之)가 남긴 만고의 명필(名筆) 난정집서
(蘭亭集序)가 바로 이 서수필로 씌었다는 것은 유명한 이야기이다. 本
篇은 서수필을 빌어 인생을 노래한 것이다. 쥐가 하는 짓은 하나같이
사람들에게 해가 되는 것뿐인데, 쥐의 수염만은 서가(書家)가 귀히 여
기는 서수필의 재료가 되는 것이다. 인간은 저마다 재능을 지니고 있는
데, 재능의 경중(輕重)보다 그 재능을 어떤 일에 어떻게 쓰며, 또 재능
을 발휘할 수 있는 상황을 만나느냐 못 만나느냐 하는 것이 더 중요하
다. 語義에 나와 있는 李斯의 이야기는 이러한 진리를 입증한 역사적인
예라 할 수 있다.

本篇의 작자인 蘇叔黨은 宋의 대문호(大文豪) 蘇東坡의 아들로, 이름은 과(過), 시문(詩文)을 잘 지었다. 중산부(中山府)의 통판(通判)을 지냈으며, 정치적 업적을 많이 남겼다.

첩박명 2수 : 진무기(妾薄命 二首 : 陳無己)

主家十二樓
주 가 십 이 루

주인 집 열두 누각에서

一身當三千
일 신 당 삼 천

이 몸, 삼천 명이 누릴 총애를 받았네.

古來妾薄命
고 래 첩 박 명

예부터 여자 팔자 기구하다 하더니

事主不盡年
사 주 부 진 년

주인을 섬기는 데에 이 삶 다 바치지 못했네.

起舞爲主壽
기 무 위 주 수

춤추어 주인의 수(壽)를 빌었건만

相送南陽阡
상 송 남 양 천

끝내 주인을 무덤길로 보내고 말았네.

忍著主衣裳
인 착 주 의 상

어찌 주인께서 주신 옷을 걸치고

爲人作春妍
위 인 작 춘 연

남 위해 봄 화장 할 수 있으리.

有聲當徹天
유 성 당 철 천

나의 울음소리 하늘가에 사무치고

有淚當徹泉
유 루 당 철 천

눈물은 황천에까지 미치리.

死者恐無知
사 자 공 무 지

돌아가신 분은 아무것도 모르실 테니

妾身長自憐
첩 신 장 자 련

이 몸만 영영 가련하게 되었네.

【語義】 妾(첩):여인이 자기를 낮춰 부르는 말.　薄命(박명):운명이 기박(奇

薄)한 것. 主家(주가):남편의 집. 十二樓(십이루):화려한 많은 누각들을
가리킨다. 一身當三千(일신당삼천):白樂天의 〈長恨歌〉에, '후궁에 미녀
가 삼천 명이나 있었지만, 그 삼천 명이 받아야 할 사랑을 그녀 혼자 차
지했다(後宮佳麗三千人 三千寵愛在一身).'고 한 데에서 취한 것. 곧 자기
혼자 많은 사랑을 받았다는 뜻. 古來妾薄命(고래첩박명):예부터 妾薄
命을 노래해 왔음. 즉 예부터 '여자 팔자는 기구하다.'는 말이 있었다는
뜻. 전(轉)하여 예부터 여인 중에는 박명(薄命)한 이가 많다는 뜻. 事主
(사주):주인을 섬김. 不盡年(부진년):하늘이 준 수(壽)를 다하지 못함.
남편을 섬기는 것을, 자기가 죽을 때까지 하지 못한 것을 가리킨다. 爲
主壽(위주수):남편의 수(壽)를 기원하는 것을 가리킨다. 壽는 오래 사는
것. 相送南陽阡(상송남양천):무덤으로 보낸 것을 가리킨다. 南陽阡은,
《漢書》유협전(游俠傳)에, '원섭(原涉)은 字가 거선(巨先), 섭의 아버지
는 애제(哀帝) 때 남양(南陽) 태수(太守)였는데 천하의 갑부(甲富)였다.
대군(大郡)의 태수가 죽으면 부렴(賦斂:조세를 부과하여 징수함)하여 장
사를 지냈는데, 모두 千萬 이상을 모아, 죽은 자의 처자들이 이를 받아
생업을 가졌다. 그때엔 삼년상을 지키는 자가 적었다. 섭은 아버지가 돌
아가시자 남양에서 보내온 부의(賻儀)를 되돌려 보내고 묘소 옆에 움막
을 짓고 삼년상을 치렀다. 그의 이름은 곧 경사(京師)에 알려졌다. 云
云. 그런데 섭은 '전에 남양에서 온 賻儀를 되돌려 보내 나는 명성을 얻
었다. 그러나 조상의 무덤을 검소하게 꾸미는 것은 효(孝)가 아니다.'라
고 생각하여, 묘막(墓幕)을 크게 보수하고 합(閤)을 둘러 중문(重門)을
만들었다. 무제(武帝) 때에 경조윤(京兆尹:중국 한나라 때에 서울을 지
키며 다스리던 으뜸 벼슬.) 조(曹)氏를 무릉(茂陵)에 장사 지냈는데, 사
람들은 그 길을 경조천(京兆阡)이라 했다. 섭은 이를 생각하고, 곧 땅을
사서 길을 닦은 다음, 표(表)를 세워 남양천(南陽阡)이라 하였다. 그런데

사람들은 이를 따르지 않고 원씨천(原氏阡)이라 불렀다.'고 한 고사에서 취한 말. 忍著主衣裳 爲人作春妍(인착주의상 위인작춘연):어찌 주인이 주신 옷을 입고 남을 위해 봄 화장을 할 수 있겠는가? 忍은 차마 ~할 수 없다는 뜻. 著은 옷을 입거나 신발을 신는 것. 人은 주인이 아닌 다른 사람. 作春妍은 봄의 아름다운 모습을 하는 것. 즉 곱게 치장하는 것. 徹天(철천):하늘에 통함. 하늘에까지 미침. 泉(천):지하의 샘. 황천(黃泉). 死者(사자):죽은 남편. 恐(공):아마, 필시. 長自憐(장자련):영영 불쌍한 신세가 되었다는 뜻.

우(又)

葉落風不起 엽 락 풍 불 기	낙엽 지고 바람 잔잔한데
山空花自紅 산 공 화 자 홍	산은 고요하고 꽃만이 붉네.
捐世不待老 연 세 부 대 로	임께선 늙기도 전에 세상을 버리셨으니
惠妾無其終 혜 첩 무 기 종	우리의 사랑 끝을 맺지 못했네.
一死尙可忍 일 사 상 가 인	한번 죽는 것은 오히려 참을 수 있지만
百歲何當窮 백 세 하 당 궁	임 없이 남은 생을 어이 살까.
天地豈不寬 천 지 기 불 관	하늘과 땅이 어찌 넓지 않으리.
妾身自不容 첩 신 자 불 용	그런데도 이 몸 하나 의지할 곳 없네.

死者如有知
사 자 여 유 지
돌아가신 분 알아주시기만 한다면

殺身以相從
살 신 이 상 종
이 몸 죽여서라도 임을 따르리.

向來歌舞地
향 래 가 무 지
옛날 노래하고 춤추던 곳에

夜雨鳴寒蛬
야 우 명 한 공
밤비 속에 귀뚜라미 소리만 쓸쓸하여라.

【語義】 捐世(연세):세상을 버리다, 즉 죽다. 不待老(부대로):늙음을 기다
리지 않음. 곧 늙기 전에 죽었다는 뜻. 惠(혜):사랑. 無其終(무기종):
끝까지 사랑해 주지 못하고 젊어서 죽어 버렸다는 뜻. 一死尙可忍(일
사상가인):한번 죽는 것은 참을 수 있음. 즉 차라리 죽어 버릴 수도 있
다는 뜻. 百歲(백세):평생(平生). 여생(餘生)을 가리킨다. 何當窮(하당
궁):어떻게 이 어려움을 감당하겠는가? 임 없이 살기에는 너무나도 고
통스럽다는 뜻. 豈不寬(기불관):어찌 넓지 않으리. 寬은 넓은 것. 妾
身自不容(첩신자불용):남편을 의지하고 살아왔는데 남편이 죽으니, 자
신은 의지할 곳조차 없게 되었다는 뜻. 向來(향래):전에. 그 옛날. 향
래(嚮來)와 같은 뜻. 嚮은 지난번. 寒蛬(한공):쓸쓸한 귀뚜라미. 또는
추동(秋冬)의 귀뚜라미. 寒은 만추(晚秋)·추동(秋冬)의 뜻. 蛬은 귀뚜
라미〔蟋蟀〕.

【解說】 蘇東坡 문하(門下)의 육학사(六學士) 가운데 한 사람인 진사도(陳
師道:無己는 그의 字)가 그의 스승 증공(曾鞏:唐宋八大家의 한 사람으
로, 號는 南豊, 字는 子固)의 죽음을 추모하여, 남편을 잃은 여인의 마
음을 노래하는 형식을 빌려 지은 작품이다.

예부터 남편의 사랑을 잃은 여인이 자신의 비운(悲運)을 슬퍼하는 내용이 주를 이루는 妾薄命이 많이 지어졌는데, 여기서 妾은 正妻에 상대되는 말이 아니라 婦人의 겸칭(謙稱)이다. 本篇은 문장이 깔끔할 뿐 아니라 여인의 결곡한 마음이 잘 묘사되어 있어, 사첩산(謝疊山)은 本篇을 평(評)하여, '국풍(國風:《詩經》國風篇)의 법도(法度)를 갖추고 있다.'고 했다. 本篇이 스승의 죽음을 애도하여 지어진 작품임에 틀림없으므로, 두 번째 편 첫 부분 두 句를, '나무가 죽게 되어 잎이 떨어지면, 바람이 일어도 다시 살 수가 없다. 쓸 만한 나무는 없고 붉은 꽃들만 산에 잔뜩 피었다.'와 같이 해석하여, 문장가 증공은 가고 세상에는 보잘 것없는 사람만이 남았다는 식으로 해석하는 것은 지나친 견강부회(牽强附會)이다. 本書의 번역처럼 묘지의 쓸쓸한 풍경을 묘사한 것으로 보는 게 옳을 것이다.

청청수중포:한퇴지(靑靑水中蒲:韓退之)

靑靑水中蒲
청 청 수 중 포

파릇파릇한 물속의 부들이여,

下有一雙魚
하 유 일 쌍 어

네 밑에서는 한 쌍의 고기가 놀고 있구나.

君今上隴去
군 금 상 롱 거

우리 임이 지금 농산으로 떠나니

我在與誰居
아 재 여 수 거

나는 누구와 산단 말이냐?

靑靑水中蒲
청 청 수 중 포

파릇파릇한 물속의 부들이여,

長在水中居
장 재 수 중 거

언제나 물속에 있구나.

寄語浮萍草
기 어 부 평 초

부평초에게 말 전하노니,

相隨我不如
상 수 아 불 여

함께 어울려 있는 너희들보다
임과 헤어진 내 신세가 못하구나.

靑靑水中蒲
청 청 수 중 포

파릇파릇한 물속의 부들이여,

葉短不出水
엽 단 불 출 수

잎이 짧아 네가 물 밖으로 나오지 못하듯

婦人不下堂
부 인 불 하 당

여자는 당(堂) 아래로 내려서지 않는다고 하니,

行子在萬里
행 자 재 만 리

만 리 밖에 계신 임을 어이하리.

【語義】 靑靑(청청):부들의 잎이 푸르고 무성한 것을 형용한 것. 蒲(포):

못·늪 같은 데에 자생하는 부들. 향포(香蒲)라고도 한다. 一雙(일쌍):
한 쌍. 두 마리. 隴(롱):섬서성(陝西省)에 있는 농산(隴山)으로, 서역으
로 수자리 갈 때에 지나는 곳. 上隴去, 즉 '隴으로 갔다'는 것은 서쪽으
로 수자리하러 떠났음을 뜻한다. 寄語(기어):말을 전하다. 浮萍草(부
평초):개구리밥. 물 위에 떠다니는 수초(水草). 相隨(상수):서로 따름.
부평초가 모여 있는 것을 가리킨다. 我不如(아불여):나는 같지 않음.
임과 헤어진 자신은 물 위에 몰려 떠다니는 부평초보다 못하다는 뜻.
婦人不下堂(부인불하당):부인은 堂 아래로 내려가지 않음. 堂은 대청.
여자는 규방(閨房)을 벗어나면 안 된다는 뜻. 따라서 임을 찾아 나설 수
도 없다. 行子(행자):수자리 떠난 임.

【解說】떠나간 임을 그리워하는 여인의 애절한 마음을 읊은 작품이다. 《古
文眞寶》에서는 이 작품을 한 작품으로 취급하였으나 《韓文》, 즉 《昌黎
先生集》卷四에는 세 篇으로 나뉘어 실려 있다. 네 句 한 篇으로 된 작품
인 것이다. 《古文眞寶》에 실린 本篇 題下에 다음과 같은 注가 붙어 있다.
　"제일장(첫 번째 四句)에서는 임이 멀리 떠난 것을, 제이장(두 번째
四句)에서는 임과 함께 있지 않음을, 제삼장(마지막 四句)에서는 여인
으로서 지켜야 할 바른 도리를 이야기하여 풍인지체(風人之體:《詩經》
國風篇에서 볼 수 있는 風格)를 갖추고 있다."

유회:한퇴지(幽懷:韓退之)

幽懷不可寫
유 회 불 가 사
가슴속의 시름을 씻을 길 없어

行此春江潯
행 차 춘 강 심
이렇게 강가를 거닌다.

適與佳節會
적 여 가 절 회
때마침 좋은 철이어서

士女競光陰
사 녀 경 광 음
남녀들 때를 다투어 봄을 즐긴다.

凝妝耀洲渚
응 장 요 주 저
곱게 화장한 얼굴 물에 아롱거리고

繁吹蕩人心
번 취 탕 인 심
요란한 피리 소리 마음을 들뜨게 한다.

閒關林中鳥
간 관 임 중 조
짹 짹, 숲 속에선 새들이 입을 모아

知時爲和音
지 시 위 화 음
봄이 왔음을 알고 곱게 지저귄다.

豈無一樽酒
기 무 일 준 주
어찌 한 통의 술이 없겠는가,

自酌還自吟
자 작 환 자 음
자작하며 홀로 읊조린다.

但悲時易失
단 비 시 이 실
때를 놓치는 게 서러울 뿐인데

四序迭相侵
사 서 질 상 침
사시는 속절없이 갈마든다.

我歌君子行
아 가 군 자 행
이 몸 군자행을 노래하노라.

視古猶視今
시 고 유 시 금

옛분들도 나처럼 때가 감을 슬퍼했으리.

【語義】 幽懷(유회):가슴속에 품고 있는 느낌. 인생무상(人生無常)의 우수(憂愁)를 말한다. 幽는 깊고 조용한 것. 懷는 가슴속의 생각, 감회(感懷). 寫(사):여기서는 덜어 없앤다는 뜻으로 쓰였다. 潯(심):물가. 適(적):때마침. 佳節(가절):기후 풍물(氣候風物)이 좋은 철. 競光陰(경광음):때를 다툼. 좋은 철을 만나 다투어 즐긴다는 뜻. 光陰은 시간. 日月. 凝妝(응장):짙은 화장. 耀洲渚(요주저):물가에 빛남. 洲는 섬·물가. 渚는 물가. 繁吹(번취):번다한 피리 소리. 요란한 피리 소리. 蕩人心(탕인심):사람의 마음을 들뜨게 함. 蕩은 동요시키는 것. 閒關(간관):새가우는 소리의 형용. 知時爲和音(지시위화음):때를 알고 부드러운 소리를냄. 봄철이 되어 새들이 곱게 운다는 뜻. 樽(준):술통. 時易失(시이실):시간을 쉬이 잃음. 때를 잡지 못하는 것을 가리킨다. 《漢書》列傳 十五괴통(蒯通)傳에, '대저, 공(功)을 이루기는 어렵고 실패하기는 쉽다. 때를만나기는 어렵고 잃기는 쉽다.'고 했다. 四序(사서):춘하추동 사시의 질서. 迭相侵(질상침):번갈아 가며 서로 자리를 빼앗음. 번갈아 돌아간다는 뜻. 君子行(군자행):옛 악부(樂府)의 제명(題名). 이것을 노래하며 고대 군자의 마음을 그리워한다는 뜻. 그 내용은, 군자는 힘써 道를 지키어 미움을 받을 만한 의심을 피하고, 시간을 아끼며, 현명한 선비를 구한다는 것. 해설 참조. 視古猶視今(시고유시금):왕희지(王羲之)의 〈蘭亭集序〉에, '후세 사람들이 우리의 이 글을 읽고 감회를 일으킬 것이, 지금우리가 옛사람의 글을 읽고 감회를 일으키는 것과 조금도 다를 것이 없다. 아, 어찌 슬프지 아니하랴(後之視今 亦猶今之視昔. 悲夫).'라 한 데에서 취한 것으로, 지금 작자가 시간이 흘러가는 것을 슬퍼하듯 옛 분들도

시간이 흘러감을 슬퍼했을 것이라는 뜻.

【解說】《昌黎文集》卷二에 실려 있는 작품으로, 篇首의 두 字를 제목으로
했다. 本篇의 주제(主題)는 덧없이 흘러가는 시간에 대한 슬픔인데, 李
白은 이것을 만고수(萬古愁)라 했고, 韓愈는 유회(幽懷)라 했다. 本篇은
한마디로 인생무상(人生無常)을 읊은 詩이다. 篇中에 '君子行을 노래한
다.'라는 구절이 나오는데, 君子行은 옛 樂府의 이름으로 그 내용이 本
篇의 주제와는 걸맞지 않는다. 따라서 韓愈가 君子行을 노래할 당시에
는 本篇의 주제와 동일한 내용을 담은 君子行이 있었는지도 모르겠다.
이 점은 좀 더 연구해 보아야 할 것 같다. 《文選》 악부고사(樂府古辭)에
〈君子行〉이 실려 있는데, 그것을 소개하면 다음과 같다.

君子防未然	군자는 화를 미연에 막으며
不處嫌疑間	의심받을 일을 하지 않네.
瓜田不納履	외밭에선 신을 고쳐 신지 않고
李下不整冠	오얏나무 아래에선 관을 바로잡지 않네.
嫂叔不親授	형수와 시동생은 물건을 주고받지 않으며
長幼不比肩	어른과 아이는 어깨를 나란히 하지 않네.
勞謙得其柄	권세를 잡지 않으려 힘쓰니
和光良獨難	온화한 덕망은 진실로 홀로되기 어렵네.
周公下白屋	주공은 민가에까지 찾아갔고
吐哺不及餐	음식을 자주 뱉어 밥도 제대로 못 먹었네.
一沐三握髮	한 번 목욕하는 동안 세 번씩이나 뛰어나왔으니
後世稱聖賢	후세에 성현이라 불렸네.

위 〈君子行〉에는 토포악발(吐哺握髮)한 주공(周公)의 고사(故事)가 인용되어 있으니, 토포악발에 관해서는 독자 여러분이 직접 알아보도록 바란다.

공연:조자건(公讌:曹子建)

公子愛敬客
공 자 애 경 객
공자께선 객을 좋아하고 공경하여

終宴不知疲
종 연 부 지 피
잔치 끝나도록 피로한 줄을 모르시네.

淸夜遊西園
청 야 유 서 원
맑은 밤 서원에서 노니시는데

飛蓋相追隨
비 개 상 추 수
수레들이 포장을 휘날리며 달리네.

明月澄淸影
명 월 징 청 영
밝은 달이 맑은 빛을 뿌리고

列宿正參差
열 수 정 참 치
보석을 뿌린 듯 별들이 반짝이네.

秋蘭被長坂
추 란 피 장 판
가을 난초는 긴 언덕을 덮었고

朱華冒綠池
주 화 모 록 지
붉은 연꽃은 푸른 못을 덮었네.

潛魚躍淸波
잠 어 약 청 파
물속의 고기는 푸른 물결 가르며 뛰어오르고

好鳥鳴高枝
호 조 명 고 지
예쁜 새는 높은 가지에서 지저귀네.

神飆接丹轂
신 표 접 단 곡
신묘한 회오리바람 붉은 수레를 밀고

輕輦隨風移
경 련 수 풍 이
가벼운 수레 바람 따라 옮아가네.

飄飆放志意
표 요 방 지 의
가볍게 바람에 날리듯 마음을 풀어놓으니

千秋長若斯
천 추 장 약 사

천추토록 길이 이러고 싶네.

【語義】公子(공자):국군(國君)의 아들. 여기서는 조조(曹操)의 아들 조비(曹
丕)를 가리키며, 그때 조비는 五官中郞將이란 벼슬에 있었다. 飛蓋(비개):
수레 위에 걸친 견산(絹傘)이, 수레가 빨리 달려 나는 것처럼 보임. 수레
가 빨리 달리는 것을 형용한 것. 淸影(청영):맑은 그림자, 또는 빛.《文
選》과 《曹集》엔 淸景으로 되어 있다. 景은 光. 列宿(열수):하늘의 성좌
들을 가리킨다. 參差(참치):가지런하지 않고 어지러이 흩어져 있는 모양.
坂(판):언덕. 산비탈. 朱華(주화):붉은 연꽃. 冒(모):복(覆)의 뜻으로, 덮
다. 潛魚·好鳥(잠어·호조):물속에 잠겨 있는 고기와 아름다운 새.《文
選》이주한(李周翰) 注에, '潛魚와 好鳥는 자신에 비유한 것이고, 波와 高
枝는 公子에 비긴 것이다. 곧 공자 곁에서 뛰고 놂을 말한 것이다.'라 했
다. 神飇(신표):불사의(不思議)한 질풍(疾風). 飇는 아래에서 위로 부는
회오리바람. 丹轂(단곡):화려한 수레를 뜻한다. 轂은 본디 바퀴통. 飄颻
(표요):가볍게 바람에 날리듯 움직이는 것. 放志意(방지의):마음을 자유
롭게 풀어놓음.

【解說】《文選》卷二十에 실려 있다. 公讌이란 신하들이 공가(公家:國君의
집)의 연회(宴會)에 참석하여 君을 모시는 것을 말한다. 本篇의 배경이
된 연회는 업궁(鄴宮:河南省 影德府)에서 있었으며, 당시 연회의 주인
은 조비(曹丕)였다. 曹子建의 本集에는 公宴이라 제목 되어 있는데, 이
는 讌이 음연(飮宴)을 뜻하기 때문이다. 曹丕를 가리켜 公子라 표현한
것은 당시 曹丕가 세자(世子)였기 때문이다. 本篇은 지은이의 창의성과
詩語 선택에 쏟은 깊은 배려가 글자 하나하나에 여실히 드러나 있는 力

作이다. 唐의 왕발(王勃)이 〈滕王閣序〉에서 鄴水朱華라 한 것은 바로
本篇에서 취한 것이다.

지은이 曹子建은 曹操의 셋째 아들이자 曹丕의 아우로, 이름은 식(植).
曹操 삼부자(三父子)는 三國時代에 많은 문인들을 이끌고 본격적으로 오
언시(五言詩)를 짓기 시작하여, 중국 문학에 끼친 공로가 적지 않은데 그
중에서도 특히 曹植의 文才는 비범하였다. 曹操가 죽자 뒤를 이은 魏 文
帝 조비(曹丕)는 子建을 죽이려 했으나, 일곱 발짝을 떼는 동안 詩를 지
어 내는 아우의 재능에 감탄하여 살려 주었다는 것은 유명한 이야기이다
(前出 〈七步詩〉 참조).

독작:이태백(獨酌:李太白)

天若不愛酒
천 약 불 애 주

하늘이 술을 사랑하지 않는다면

酒星不在天
주 성 부 재 천

하늘엔 술별이 없으리.

地若不愛酒
지 약 불 애 주

땅이 술을 사랑하지 않는다면

地應無酒泉
지 응 무 주 천

땅엔 술 샘이 없으리.

天地旣愛酒
천 지 기 애 주

하늘과 땅이 모두 술을 사랑하니

愛酒不愧天
애 주 불 괴 천

애주(愛酒)는 하늘에 부끄러운 일이 아니다.

已聞淸比聖
이 문 청 비 성

청주는 성인에 비하고

復道濁如賢
부 도 탁 여 현

탁주는 현인에 비한다는데,

聖賢旣已飮
성 현 기 이 음

청주와 탁주를 이미 마셨거늘

何必求神仙
하 필 구 신 선

굳이 신선이 되길 원할 것인가.

三盃通大道
삼 배 통 대 도

석 잔 술에 대도(大道)에 통하고

一斗合自然
일 두 합 자 연

한 말 술이면 자연과 합치되네.

但得醉中趣
단 득 취 중 취

오직 술 먹는 자만이 취흥(醉興)을 알 터

物爲醒者傳　술 못 하는 자에겐 전하지 말지어다.
물 위 성 자 전

【語義】 酒星(주성):술별.《晋書》天文志에, '헌원(軒轅:별 이름) 오른쪽 모
퉁이 남쪽의 세 별을 주기(酒旗)라 하는데, 향연 음식(饗宴飮食)을 주관
한다. 오성(五星)이 주기(酒旗)를 지키면, 천하가 술을 마시며 즐기게
된다.'고 했다.　酒泉(주천):술 샘. 응소(應劭)의《地理風俗記》에, '주천
군(酒泉郡)에서 나는 물은 맛이 술과 같다. 그래서 주천(酒泉)이라 한
다.'고 했다. 또 안사고(顔師古)의《漢書》注에는, '구전(舊傳)에, 성(城)
밑에 금천(金泉)이 있는데, 맛이 술과 같다.'고 했다. 酒泉은 군명(郡名)
으로, 지금의 감숙성(甘肅省) 주천현(酒泉縣)이다.　愧(괴):수치스러운
것, 부끄러운 것.　淸比聖(청비성):청주(淸酒)를 성인(聖人)에 비김.《魏
志》에, "서막(徐邈)은 字가 경산(景山), 魏에 출사(出仕)하여 상서랑(尙
書郞)이 되었다. 그 당시 금주법(禁酒法)이 있었는데 邈은 몰래 마시고
크게 취하였다. 조달(趙達)이 邈의 잘못을 따져 물으니, 邈은 聖人에 걸
맞은 일이라 했다. 達이 이 사실을 아뢰니 太祖가 크게 노하였다. 이때
선우보(鮮于輔)가 나아가 이렇게 말했다. '취객(醉客)은 술이 맑은 것을
聖人이라 하고 탁한 것을 賢人이라 합니다. 邈은 가끔 취하여 그렇게
말합니다.'고" 했는데, 여기에서 취(取)하여 후세(後世)에 청주(淸酒)를
성(聖), 탁주(濁酒)를 현(賢)이라 부르게 되었다.　聖賢(성현):청주(淸
酒)와 탁주(濁酒).　通大道(통대도):도가(道家)에서 말하는 대도(大道)
의 경지에 도달함. 석 잔의 술을 마시면 도연(陶然)해져, 의식을 초월하
여 허무 혼돈(虛無混沌)의 본체인 대도(大道)를 잘 알 수 있다는 뜻.　合
自然(합자연):속세의 모든 욕망(欲望)이나 감정(感情)을 잊고 본연의 순박
(純朴)한 상태로 되돌아감.　醉中趣(취중취):취흥(醉興).《李太白集》에는

酒中趣로 되어 있다. 醒者(성자):술 깬 사람. 술을 마시지 않는 사람.

【解說】《李太白集》卷二十三에 실려 있는 네 篇의 〈月下獨酌〉 가운데 두
번째 작품인데,《古文眞寶》에서는 篇中에 달에 관한 이야기가 없어 月
下 두 字를 뺀 것 같다.

　李白은 술을 마셔 대도자연(大道自然)의 경지에 이르기를 원하며, 취
중(醉中)의 즐거움은 술 마실 줄 모르는 사람에게는 전해 줄 수 없다고
말하고 있는데, 李白의 술도 다분히 위진(魏晉)의 죽림칠현(竹林七賢)
이나 陶淵明의 술과 통(通)하는 바가 있다. 이것은 노장사상(老莊思想)
의 허무적(虛無的), 낭만적(浪漫的) 우주관(宇宙觀)과 인생관(人生觀)
에 근거한 것이다. 本篇에는 대도(大道)나 자연(自然) 등 도가(道家)의
철리(哲理)를 구하려던 李白의 바람이 잘 묘사되어 있다. '何必求神仙'
이라 한 것은 술에 취하여 벌써 신선(神仙)의 경지에 들었다는 뜻일 것
이다. 주중(酒中)의 철리(哲理)는 晋의 유영(劉伶:竹林七賢의 한 사람)
의 〈酒德頌〉(《古文眞寶》後集에 수록)에 잘 나타나 있는데, 本篇의 시
상(詩想)도 그에 근거를 두고 있다. 本篇에 나오는 일화(逸話)는 대체로
위진 시대(魏晉時代)의 고사(故事)이다.

귀전원:도연명(歸田園:陶淵明)

種苗在東皐
종 묘 재 동 고
동쪽 언덕에 씨를 뿌리니

苗生滿阡陌
묘 생 만 천 맥
싹이 터 밭 둔덕에까지 차네.

雖有荷鋤倦
수 유 하 서 권
호미 메고 다니기 싫증도 나지만

濁酒聊自適
탁 주 료 자 적
간간이 탁주 들며 즐거워하네.

日暮巾柴車
일 모 건 시 거
해질 무렵 땔나무 실은 수레를 거두면

路暗光已夕
노 암 광 이 석
길 어두워지고 햇빛은 저녁임을 알리네.

歸人望煙火
귀 인 망 연 화
집으로 돌아가며 저녁 연기 바라볼 때면

稚子候簷隙
치 자 후 첨 극
어린것들 처마 밑에서 날 기다리네.

問君亦何爲
문 군 역 하 위
누군가가 묻길, 어째서 그런 생활을 즐기느냐고.

百年會有役
백 년 회 유 역
사람에겐 평생 동안 저마다 할 일이 있는 법이라네.

但願桑麻成
단 원 상 마 성
뽕과 삼이 잘 자라고

蠶月得紡績
잠 월 득 방 적
누에 칠 달엔 길쌈할 수 있길 바랄 뿐이네.

素心正如比
소 심 정 여 차
평소의 마음이 이와 같으니

開徑望三益
개 경 망 삼 익

길을 닦아 좋은 벗 안 오나 바라본다네.

【語義】 皐(고):언덕. 阡陌(천맥):밭 사이의 둔덕길. 《風俗通》에, '남북으로 뻗은 둔덕을 阡이라 하고, 동서로 뻗은 둔덕을 陌이라 한다. 하동(河東)에선 동서로 뻗은 둔덕을 阡이라 하고, 남북으로 뻗은 둔덕을 陌이라 한다.'고 했다. 荷鋤倦(하서권):호미를 지는 것이 권태로움. 밭 갈기에 싫증나는 것을 뜻한다. 鋤는 호미. 巾(건):수레에 짐을 싣고 포장을 덮어 싸는 것. 《周禮》春官의 巾車의 注에, '巾은 옷을 입히는 것과 같다.'고 했다. 柴車(시거):땔나무를 실은 수레. 柴는 땔나무, 또는 잡목. 歸人(귀인):집으로 돌아오는 사람. 작자 자신을 가리킨다. 煙火(연화):밥을 지을 때에 촌가의 굴뚝에서 나오는 연기. 稚子(치자):어린 자식들. 候簷隙(후첨극):처마 밑에서 아버지 돌아오기를 기다림. 候는 기다리는 것. 簷은 처마. 隙은 틈. 何爲(하위):어째서 그러는가? 왜 그토록 노고를 하느냐는 뜻. 百年(백년):사람의 평생을 가리킨다. 會(회):반드시, 꼭. 有役(유역):할 일이 있음. 《文選》注에, '인생(人生) 백년 동안, 모두에게는 힘써할 일이 있다.'고 했다. 桑麻成(상마성):뽕이나 삼 등이 잘 되는 것. 蠶月(잠월):누에를 치는 달. 紡績(방적):누에고치에서 실을 빼어 길쌈하는 것. 素心(소심):평소(平素)의 마음. 본시부터 지니던 마음. 開徑望三益(개경망삼익):길을 열고 세 가지 이로움을 바람. 《三輔決錄》에 '장후(蔣詡), 字는 원경(元卿). 집 가운데에 대나무를 심고 그 아래에 세 길(三徑)을 열고 오직 구중(求仲)·양중(羊仲)하고만 어울려 놀았다.'고 했으며, 도연명(陶淵明)의 〈歸去來辭〉에, '뜰 안의 세 갈래 작은 길에는 잡초가 무성하지만, 소나무와 국화는 아직도 꿋꿋하다(三徑就荒 松菊猶存).'고 읊었다. 후세의 사람들은 이를 근거로, 三徑을 은사(隱士)의 거처를 가리키

는 말로 쓰게 되었다. 三益은 《論語》 계씨편(季氏篇)에 나오는, '유익한 벗이 셋 있고, 해로운 벗이 셋 있다. 정직한 사람을 벗하고 성실한 사람을 벗하며 박학다식(博學多識)한 사람을 벗하면 유익하고, 아첨하는 사람을 벗하고 굽실거리는 사람을 벗하며 말 둘러대기 잘하는 사람을 벗하면 해롭다(益者三友. 損者三友. 友直 友諒 友多聞 益矣. 友便辟 友善柔 友便佞 損矣).'에 근거한 말로, 뜻이 맞는 좋은 벗을 가리킨다.

【解說】 本書에는 歸田園이란 제목으로 되어 있지만, 本集 卷二에는〈歸園田居〉로 되어 있으며, 本篇은 그 여섯 首 가운데 마지막 것이다. 그런데〈歸園田居〉여섯 首 가운데 앞의 다섯 首는 분명히 淵明이 지었으나, 本篇은 《文選》 卷三十一에 실려 있는 강문통(江文通)의 雜體 30首 가운데 하나인〈陶徵君田居〉이다. 강엄(江淹:字는 文通)은 양(梁)나라의 詩人으로 의고시(擬古詩)를 짓는 데에 너무나 뛰어나, 원작(原作)과 구별하기가 어려울 만큼 비슷한 작품을 지었다.

　本篇은 땀 흘려 농사짓고 노동의 괴로움을 탁주(濁酒)를 들어 잊어버리는, 전원(田園)에 은거(隱居)한 사람의 마음을 읊고 있다. 淵明의 作이라 해도 전혀 이상하지 않을 만큼 淵明의 체취를 느끼게 해 준다.

화도연명의고:소자첨(和陶淵明擬古:蘇子瞻)

有客扣我門
유 객 구 아 문

어떤 객이 우리 집 문을 두드리더니

繫馬門前柳
계 마 문 전 류

문 앞 버드나무에 말을 매었네.

庭空鳥雀噪
정 공 조 작 조

빈 뜰에서는 참새들만 지저귀고

門閉客立久
문 폐 객 립 구

문이 닫혀 있어 객은 오랫동안 서 있었네.

主人枕書臥
주 인 침 서 와

주인은 책을 베고 누워

夢我平生友
몽 아 평 생 우

평소의 벗을 꿈꾸고 있었네.

忽聞剝啄聲
홀 문 박 탁 성

갑자기 문 두드리는 소리가 들리니

驚散一盃酒
경 산 일 배 주

한 잔 술로 얻은 취기가 흩어졌네.

倒裳起謝客
도 상 기 사 객

바지를 거꾸로 입고 일어나 객을 맞이하며

夢覺兩愧負
몽 각 양 괴 부

꿈에서나 깨어서나 객의 내방(來訪)을
몰랐음을 부끄러워했네.

坐談雜今古
좌 담 잡 금 고

앉아 이야기하니 고금의 일이 뒤섞이는데

不答顔愈厚
부 답 안 유 후

주인인 나는 대답도 못하고 얼굴만 붉히네.

問我何處來
문 아 하 처 래

내게 어디서 왔느냐고 묻기에

我來無何有　　무하유(無何有)의 세계에서 왔노라고.
아 래 무 하 유

【語義】扣(구):두드리다, 치다. 繫(계):잡아매다. 雀(작):참새. 噪(조):떠들썩
한 것. 여기서는 많은 새들이 지저귀는 것을 가리킨다. 平生友(평생우):
평소의 친우(親友). 平生은 平日과 같은 뜻. 剝啄聲(박탁성):《韓文》卷四
〈剝啄行〉에, '剝剝啄啄, 어떤 손님이 문에 왔다.'고 하고, 題注에 '剝啄은
문을 두드리는 소리'라고 했다. 곧 탕탕, 혹은 똑똑 하고 문을 두드리는 소
리를 나타낸 것이다. 驚散一盃酒(경산일배주):한잔 술로 얻은 취기가 흩
어져 버림. 驚散은 놀라서 술기운이 달아나는 것. 一盃酒는 한잔 술로 얻
은 취기(醉氣). 倒裳(도상):치마나 바지를 거꾸로 입는 것. 당황한 모양을
나타낸 것이다. 謝客(사객):손님에게 인사를 함. 夢覺(몽각):꿈을 꿀 때와
깨었을 때. 兩愧負(양괴부):兩은 夢과 覺의 둘을 뜻하며, 愧는 부끄러워
하는 것, 負는 버리는 것. 즉 꿈에서나 깨어서나 모두 손님이 온 것을 몰랐
던 사실을 부끄러이 여긴다는 뜻이다. 坐談雜今古(좌담잡금고):앉아 하
는 이야기에 고금의 일이 뒤섞임. 내객(來客)이 고금(古今)에 달통(達通)
한 사람임을 나타낸다. 顏愈厚(안유후):얼굴이 자꾸만 두터워짐. 얼굴이
뜨거워진다는 뜻. 我來無何有(아래무하유):나는 무하유의 세계에서 왔
음. 모든 의식과 욕망을 잊은 잠의 세계에서 왔다는 뜻. 無何有는 《莊子》
에 나오는 말. 《莊子》逍遙遊篇에, '지금 그대는 큰 나무를 가지고 있으면
서 그 용도가 없는 것을 근심하오. 왜 그것을 아무것도 없는 고장의 넓은
들판에 심어, 아무 근심 없이 왔다 갔다 하며 그 곁에서 하는 일 없이 거
닐다가, 그 아래에서 자고 눕지 아니하는가?(今子有大樹 患其無用. 何不
樹之於無何有之鄉 廣莫之野 彷徨乎無爲其側 逍遙乎寢臥其下)'라고 했다.

【解說】《東坡詩集》卷三十一에 실려 있다. 本篇은 淵明을 흠모한 東坡가《靖節先生集》卷四에 실려 있는 9首의〈擬古〉가운데 첫 번째 詩에 和한 것이다. 本篇의 모체(母體)라 할 수 있는 淵明의〈擬古詩〉는 다음과 같다.

榮榮窗下蘭	파릇파릇 창 밑의 난초
密密堂前柳	축축 늘어진 당 앞의 버들.
初與君別時	처음 그대와 이별할 때
不謂行當久	오래 떠나 있으리라 생각지 못했네.
出門萬里客	문을 나선 만 리의 나그네가
中道逢嘉友	도중에서 좋은 벗 만나
未言心先醉	말 나누기 전에 마음부터 취하니
不在接杯酒	이는 술 때문이 아니네.
蘭枯柳亦衰	난초 시들고 버들도 쇠하니
遂令此言負	오래 떨어져 있지 않겠다는 말 어긴 게 됐네.
多謝諸少年	여러 젊은이에게 거듭 사죄하노니
相知不忠厚	서로 아는 사이에 우정을 다하지 못했네.
意氣傾人命	의기는 인명도 기울인다 하니
離隔復何有	떨어져 있은들 무슨 상관이 있겠는가.

친구와의 이별이 너무 오래인 것을 사죄하는 詩이다. 東坡는 이 詩의 이러한 뜻에 和하여, 오래 떨어져 있는 친구를 꿈속에서 만나고 있는데 정말 그 친구가 찾아와 크게 기뻐한다는 내용의 詩를 지은 것이다. 운자(韻字)는 淵明의 詩에 사용된 것을 똑같이 사용하고 있다. 本篇 끝 부분에 나오는 無何有는《莊子》에서 사용된 말로 그 해석이 난해한데, 東坡는 잠의 나라라는 뜻으로 사용했다.

책자:도연명(責子:陶淵明)

白髮被兩鬢
백 발 피 양 빈
백발이 양쪽 볼을 덮고

肌膚不復實
기 부 불 부 실
살결도 전처럼 실하지가 못하다.

雖有五男兒
수 유 오 남 아
아들놈이 다섯이나 되지만

總不好紙筆
총 불 호 지 필
하나같이 글공부를 싫어한다.

阿舒已二八
옥 서 이 이 팔
서란 놈은 벌써 열여섯 살이건만

懶惰故無匹
나 타 고 무 필
둘도 없는 게으름뱅이이고,

阿宣行志學
옥 선 행 지 학
선이란 놈은 곧 열다섯이 되는데

而不愛文術
이 불 애 문 술
학문을 싫어한다.

雍端年十三
옹 단 연 십 삼
옹과 단은 다 같이 열세 살인데

不識六與七
불 식 육 여 칠
여섯과 일곱도 분간하지 못한다.

通子垂九齡
통 자 수 구 령
통이란 놈은 아홉 살이 가까웠건만

但覓梨與栗
단 멱 이 여 률
그저 배와 밤만을 찾는다.

天運苟如此
천 운 구 여 차
하늘이 내리신 자식 운이 이러하니

且進盃中物　　술잔이나 기울일 수밖에.
차 진 배 중 물

【語義】 鬢(빈):귀 앞에 난 머리털.　肌膚(기부):살갗, 피부.　不復實(불부
실):옛날과는 달리 충실치 못하다는 뜻. 즉 많이 늙었다는 뜻.　五男兒
(오남아):도연명에게는　엄(儼)·사(俟)·분(份)·일(佚)·동(佟)의　다
섯 아들이 있었는데, 유명(幼名)을 서(舒)·선(宣)·옹(雍)·단(端)·통
(通)이라 했다.　阿(옥):남을 부를 때 친근한 뜻을 나타내기 위하여 붙
이는 말.　行志學(행지학):열다섯 살이 되어 감.《論語》爲政篇에, '나는
열다섯에 학문에 뜻을 두었다(吾十有五而志于學).'라고 한 데에서 취한
것이다.　文術(문술):학문(學問), 공부.　垂(수):거의 ~이 되어 간다는
뜻.　覓(멱):찾다.　苟(구):진실로, 참으로.　盃中物(배중물):잔 속의 물
건. 곧 술을 가리킨다.

【解說】《陶淵明集》卷三에 실려 있다. 淵明에게는 다섯 자식이 있었다. 엄
(儼)·사(俟)·분(份)·일(佚)·동(佟)이라 했고, 유명(幼名:어릴 적 이
름)은 서(舒)·선(宣)·옹(雍)·단(端)·통(通)이었다. 이 詩는 자식들
이 모두 불초(不肖)한 것을 가슴 아프게 여겨 한탄한 작품이다.
　淵明의 다섯 아들은 하나같이 공부를 싫어하고 우둔하였다. 淵明은
그에 대해 '天運苟如此 且進盃中物'이라 하여 체념하고 말았다. 本篇을
해학적(諧謔的)인 작품으로 보기에는, 다섯 아들의 불초(不肖)함을 생
생하게 그려낸 사실이 너무나 통절(通切)하다. 淵明은 〈命子〉에서, '돌
아보며 백발을 부끄럽게 여기며, 그림자 지고 홀로 설 뿐이네(顧慙華鬢
負影隻立).'라고 한 자신의 중년에 처음으로 얻은 자식에게, 먼 조상들
의 공업(功業)을 들추어 부디 그것을 계승하라고 부탁하고, 못난 아비

일지라도 자식만은 훌륭하게 되기를 바라는 것이 부모의 마음임을 읊었다. 그러한 기대를 저버리는 자식들에게 실망하여 그저 忘憂物이나 가까이할 수밖에 없었던 淵明의 슬픈 마음에, 우리는 동정을 금할 수가 없다. 雍과 端은 동갑이라 했으니 그 둘은 쌍둥이였는지, 아니면 한 녀석이 첩(妾) 또는 후처(後妻)의 소생이었는지, 이에 대해서는 설(說)이 구구(區區)하다.

전가 : 유자후(田家 : 柳子厚)

古道饒蒺藜
고 도 요 질 려
옛길의 우거진 납가새는

縈廻古城曲
영 회 고 성 곡
옛 성 모퉁이를 휘감고 있다.

蓼花被隄岸
요 화 피 제 안
여뀌꽃은 제방 언덕을 뒤덮고

陂水寒更綠
파 수 한 갱 록
못 물은 차갑고도 푸르기만 하다.

是時收穫竟
시 시 수 확 경
때는 수확 끝난 가을,

落日多樵牧
낙 일 다 초 목
해질녘이면 들에 나무꾼과 목동이 많다.

風高榆柳疎
풍 고 유 류 소
높은 바람이 느릅나무와 버드나무의
앙상한 가지를 흔드는데

霜重梨棗熟
상 중 이 조 숙
짙은 서리에 배와 대추가 익어 간다.

行人迷去徑
행 인 미 거 경
행인은 길이 어두워 갈 길을 분간 못 하는데

野鳥競棲宿
야 조 경 서 숙
들새들은 다투어 보금자리에 깃들인다.

田翁笑相念
전 옹 소 상 념
촌로(村老)가 행인을 걱정하여

昏黑愼原陸
혼 흑 신 원 륙
밤이 어두우니 들길을 조심하라며,

今年幸少豊
금 년 행 소 풍
올해엔 다행히 얼마쯤 풍년이 들었으니

無惡饘與粥 죽일망정 사양 말고 들고 가란다.
무 오 전 여 죽

【語義】 饒(요):넉넉한 것, 많은 것. 蒺藜(질려):납가새과에 속하는 일년
초. 납가새. 縈廻(영회):얼기설기 감겨 둘러쌈. 古城曲(고성곡):낡은
성벽(城壁)의 일각(一角). 蓼花(요화):여뀌의 꽃. 여뀌는 마디풀과에 속
하는 일년초로, 습지에 나며 흰 꽃이 핀다. 隄(제):방죽, 제방. 堤와 순
字. 岸(안):바다나 강가의 높이 언덕진 곳. 물가의 언덕. 陂水(파수):
못 속의 물. 寒更綠(한갱록):차갑고도 푸름. 竟(경):끝나다, 마치다.
樵牧(초목):나무꾼과 목동. 樵는 땔나무, 또는 나무꾼. 牧은 목장, 또는
목축하는 사람. 楡(유):느릅나무. 疎(소):드묾. 낙엽이 져 가지들이 성
글게 보이는 것을 가리킨다. 梨棗熟(이조숙):배와 대추가 익음. 行人
(행인):길 가는 사람. 작자 자신을 가리킨다. 迷去徑(미거경):날이 어
두워져 갈 길을 잘 분간할 수 없는 것을 가리킨다. 棲宿(서숙):새가 저
녁이 되어 자려고 보금자리에 깃들이는 것을 가리킨다. 田翁(전옹):농
가(農家)의 노인. 笑相念(소상념):노인이 웃으며 나그네의 갈 길과 머
물 곳을 걱정해 주는 것을 가리킨다. 昏黑(혼흑):밤의 어두움. 愼(신):
삼가다, 조심하다. 原陸(원륙):들길. 原은 들, 陸은 길. 饘(전):된 죽.
粥(죽):묽은 죽.

【解說】《唐柳先生集》卷四十三에〈田家〉세 首가 실려 있는데, 本篇은 그
가운데 세 번째 것이다. 전원(田園)의 농가(農家)에서 볼 수 있는 가을
풍경과 따뜻한 인정을 읊은 자연시(自然詩)이다. 앞의 8句에서는 전원
의 풍경을 그렸고, 뒤의 6句에서는 농가의 훈훈한 인정을 그렸다. '今年
幸少豊 無惡饘與粥'이란 표현, 비록 큰 풍년이 든 것은 아니나 먹을 게

넉넉하니 어려워 말고 며칠 묵었다 가라는 뜻이다. 이 얼마나 가슴 훈훈하게 해 주는 인정을 교묘히 표현한 것인가.

柳宗元은 당대(唐代) 陶淵明流派의 詩人으로, 어려서부터 문장을 잘 지었다. 학식(學識)이 깊었고, 특히 산수유기(山水遊記)·서경(敍景)의 문장에 비범한 재능을 보여 그의 〈永州八記〉는 걸작으로 꼽힌다. 韓愈와 함께 당대(唐代)의 二大 고문가(古文家)이며, 당송팔대가(唐宋八大家)의 한 사람이다.

권지 3(卷之三)

오언고풍장편(五言古風長篇)

　五言詩에 관해서는 앞에 나온 五言古風短篇의 해설에서 이미 설명했다. 여기에는 長篇의 詩들이 실려 있다. 그런데 앞에서도 꽤 긴 詩들이 나왔었다. 장단(長短)의 구분은 순전히 《古文眞寶》 편찬자의 주관에 의한 것이다. 단 五言古風短篇에는 14句가 넘지 않는 작품들이 실려 있고, 여기에는 16句 이상의 작품들이 실려 있다. 뒤에 나오는 七言詩의 경우에는 24句 이하의 것들은 短篇, 그밖의 것들은 長篇으로 취급하고 있는데, 어떤 근거가 있어 그렇게 한 것은 아닐 것이다.

직중서성:사영운(直中書省:謝靈運)

紫殿肅陰陰
자 전 숙 음 음
천자의 자미궁(紫微宮)은 엄숙하고도 고요한데

彤庭赫弘敞
동 정 혁 홍 창
궁전 뜰은 눈부시게 밝고도 넓다.

風動萬年枝
풍 동 만 년 지
바람은 감탕나무 가지를 흔들고

日華承露掌
일 화 승 로 장
햇빛은 승로장(承露掌)에 빛난다.

玲瓏結綺錢
영 롱 결 기 전
비단 연전(連錢)은 영롱하고

深沈映朱網
심 침 영 주 망
붉은 망창(網窓)은 아련히 빛난다.

紅藥當堦翻
홍 약 당 계 번
빨간 작약 섬돌 아래서 바람에 흔들리고

蒼苔依砌上
창 태 의 체 상
푸른 이끼 섬돌 따라 곱게 돋았다.

玆言翔鳳池
자 언 상 봉 지
이 몸 중서성(中書省)에 날아올랐고

鳴珮多淸響
명 패 다 청 향
패옥이 울리는 맑은 소리 요란하다.

信美非吾室
신 미 비 오 실
참으로 아름다운 곳이지만 내 집이 아니어서

中園思偃仰
중 원 사 언 앙
동산 가운데에서 유유히 뒹굴며 풍경을 즐긴다.

朋情以鬱陶
붕 정 이 울 도
벗을 그리워하는 정에 가슴 답답해지는데

春物方駘蕩　봄의 경치 바야흐로 한창이다.
춘 물 방 태 탕

安得淩風翰　어찌하면 바람을 탈 날개를 얻어
안 득 능 풍 한

聊恣山泉賞　잠시라도 마음 가는 대로 산과 샘을 구경할 수 있을까.
요 자 산 천 상

【語義】 紫殿(자전):천자(天子)의 거소를 북극의 성좌(星座)인 자미궁(紫
微宮)에 비유한 것.　肅陰陰(숙음음):엄숙하고 조용한 모양을 형용한
것.　彤庭(동정):궁중(宮中)의 뜰. 彤은 붉은 칠을 한 것. 궁중엔 붉
은 칠을 많이 하였으므로, 그 뜰을 彤庭이라 한 것이다.　赫(혁):밝
게 빛남.　弘敞(홍창):넓게 탁 트임.　萬年枝(만년지):감탕나무의 가
지. 萬年은 檍(억)이라고도 하며, 감탕나무.　華(화):햇빛이 빛나는
것.　承露掌(승로장):《漢書》교사지(郊祀志)에, '무제(武帝)는 백량대
(柏梁臺:漢 武帝가 長安의 서북쪽에 지은 누대로, 들보로 향백(香柏)
을 써 이렇게 이른다)·동주(銅柱)·승로(承露)·선인장(僊人掌) 등
을 만들었다.' 하고 그 注에《三輔故事》를 인용하여, '건장궁(建章宮)
의 승로반(承露盤)은, 높이가 20장(丈), 둘레가 10위(圍)이다. 동(銅)
으로 만들어졌는데 그 위에 僊人掌이 있다. 그곳에 이슬을 받아 옥
설(玉屑)과 섞어 마셔 신선이 되고자 했다.'고 하였다. 承露掌이란 바
로 僊人掌을 가리키며, 선인(仙人)이 손바닥에 쟁반을 올려놓은 모습
으로, 그 쟁반에 이슬을 모았다.　玲瓏(영롱):광채가 찬란함.　結綺錢
(결기전):비단을 돈 모양으로 잘라 이어 창(窓)을 장식한 것을 가리킨
다.《文選》이선(李善)의 注에, "동궁구사(東宮舊事)에 이르기를, '창의
사면에는 비단으로 만든 연전(連錢)이 있다.'고." 했다.　朱網(주망):붉
은 빛깔의 망창(網窓).　紅藥(홍약):빨간 작약(芍藥)꽃.　當堦翻(당계

번):섬돌 아래에서 바람에 흔들리고 있다는 뜻. 蒼苔(창태):푸른 이
끼. 依砌上(의체상):섬돌에 푸른 이끼가 자란 것을 가리킨다. 砌는
섬돌. 言(언):나. 詩에서는 이렇게 쓰이는 예가 많다. 茲言翔鳳池는
나도 중서성(中書省)의 관리가 되었다는 뜻. 茲는 여기에, 鳳池는 봉
황지(鳳凰池)를 가리키는 말로 중서성(中書省)을 뜻한다.《晋書》순
욱전(荀勖傳)에, "勖은 오랫동안 中書에 있었는데, 武帝가 그를 상서
령(尙書令)에 임명하였다. 어떤 이가 이를 축하하니, 勖은 '나는 봉황
지(鳳凰池)를 빼앗겼는데, 그대는 어째서 축하하는가?'라고 말했다."
고 했다. 鳴珮多淸響(명패다청향):패옥 울리는 맑은 소리가 요란함.
많은 군자들이 모여 있는 것을 형용한 것. 信美非吾室(신미비오실):
참으로 아름답지만 나의 집은 아님. 왕찬(王粲)의〈登樓賦〉에, '참으
로 아름답기는 하지만 나의 땅이 아니다(信美非吾土).'라 한 것을 본
뜬 것이다. 偃仰(언앙):눕고 우러르고 하며 유유히 지내는 것을 가리
킨다. 朋情(붕정):벗을 그리워하는 마음. 鬱陶(울도):가슴이 답답함.
《書經》五子之歌에, '백성들이 우리를 원수로 아니 우리는 누구를 의
지할꼬? 답답하고 넓도다. 이 내 마음이여!(萬姓仇子 子將疇依. 鬱陶
乎子心)'라 했다. 方(방):바야흐로, 한창. 駘蕩(태탕):무르익음. 봄
이 한창 화창한 것을 가리킨다. 安(안):어찌하면. 凌風翰(능풍한):
바람을 타는 날개. 凌은 달리다·지나다. 翰은 날개의 깃. 聊(료):잠
시. 恣(자):멋대로.

【解說】直이란 금중(禁中:宮中)에 숙직(宿直)하며 비상(非常)에 대비하는
것을 말한다. 本篇은《文選》卷三十에 실려 있는데, 작자가 제(齊)의 사
현휘(謝玄暉)로 되어 있다. 또 謝玄暉가 中書郎이었던 역사적인 사실로
볼 때, 本書에서 謝靈運의 作으로 한 것은 잘못이다. 中書省은 천자의

조칙(詔勅)과 문서(文書)·기밀(機密) 등을 처리하는 곳으로 궁중(宮中)의 오른쪽에 있어, 우조(右曹)라고도 했다.

사조(謝朓:玄暉는 字)뿐만 아니라 남조(南朝)의 시인들은, 대체로 장안(長安)의 고제(古制)를 빌어 금릉(金陵)을 노래했다. 승로반(承露盤) 따위가 그 예로, 승로반은 장안에 있던 한(漢)나라 궁전(宮殿)의 시설물이지 금릉(金陵)에 있는 궁전을 가리키는 게 아니다. 이러한 예는 앞에 나온 謝玄暉의 〈和徐都曹〉의 宛洛이나 〈鼓吹曲〉의 馳道, 御溝 등에서도 찾을 수 있다. 또 남조 때의 시인들의 작품에 이러한 표현이 많이 쓰인 것은 〈鼓吹曲〉의 解說에서 이미 설명했듯이, 빼앗긴 중국 중원(中原)을 수복하겠다는 강한 염원에서 비롯된 것이다.

고시 : 무명씨(古詩 : 無名氏)

行行重行行   가고 또 가고 가셨으니
행 행 중 행 행

與君生別離   임과 생이별을 하였네.
여 군 생 리 별

相去萬餘里   서로 만여 리나 떨어져
상 거 만 여 리

各在天一涯   각기 하늘가에 있네.
각 재 천 일 애

道路阻且長   가신 길이 험하고도 머니
도 로 조 차 장

會面安可期   다시 만날 날을 어찌 기약할 수 있으리.
회 면 안 가 기

胡馬依北風   오랑캐 말은 북풍에 몸을 맡기고
호 마 의 북 풍

越鳥巢南枝   월(越)에서 온 새는 남쪽 가지에 깃들인다네.
월 조 소 남 지

相去日已遠   떠나신 뒤 날로 멀어졌으니
상 거 일 이 원

衣帶日已緩   이 몸 여위어 허리띠 날로 느슨해지네.
의 대 일 이 완

浮雲蔽白日   뜬구름 해를 가리니
부 운 폐 백 일

遊子不復返   가신 임 돌아오실 생각을 않네.
유 자 불 복 반

思君令人老   임 생각에 이 몸 앉은 채로 늙고
사 군 영 인 로

歲月忽已晚	세월만 덧없이 흘러가네.
세 월 홀 이 만	
棄捐勿復道	버림받은 것을 더 이상 이야기 않으니,
기 연 물 부 도	
努力加餐飯	부디 식사 많이 하셔 몸이나 건강하셨으면.
노 력 가 찬 반	

【語義】 行行重行行(행행중행행):가고 또 가고 감. 行은 步의 뜻. 길나선 임이 계속하여 길을 가고 있음을 뜻한다. 天一涯(천일애):하늘의 한쪽 가. 멀리 떨어져 있음을 형용한 말. 阻且長(조차장):험하고도 멂. 安可期(안가기):어찌 기약할 수 있겠는가? 기약할 수 없다는 뜻. 胡馬(호마):중국의 북방, 이민족의 땅에서 나는 말. 依北風(의북풍):북풍에 몸을 의지함. 북쪽에서 온 말이 자신의 고향을 그리워하여 북풍에 몸을 의지한다는 뜻. 越鳥(월조):남방 越나라에서 날아온 새. 越은 절강(浙江)·광동(廣東)·광서(廣西) 이남의 지역을 가리킨다. 巢南枝(소남지):남쪽 가지에 깃들임. 금수(禽獸)도 이처럼 고향을 그리워하니, 집을 떠난 임이야 얼마나 고향을 그리워하겠느냐는 뜻. 日已遠(일이원):날이 갈수록 더욱 멀어짐. 衣帶日已緩(의대일이완):옷의 띠는 날이 갈수록 느슨해짐. 임 생각에 날마다 몸이 여윔을 뜻한다. 浮雲蔽白日(부운폐백일):뜬구름이 밝은 해를 가림. 임의 행방을 알 수 없을 뿐만 아니라, 서로가 더욱 심하게 격리되어 가는 것 같은 느낌을 받는다는 뜻. 遊子(유자):집 떠난 임을 가리킨다. 不復返(불복반):돌아올 생각을 하지 않음. 復에는 思의 뜻도 있다. 棄捐(기연):棄, 捐 모두 버린다는 뜻. 작자 자신이 임으로부터 버림받은 것을 뜻한다. 勿復道(물부도):더 이상 말하지 않겠다는 뜻. 努力加餐飯(노력가찬반):밥을 많이 들 수 있도록 노력하라. 즉 밥을 많이 드시고 몸조심하라는 뜻.

【解說】《文選》卷二十九에 실려 있는 〈古詩〉19首 가운데 첫 번째 것이다. 작자나 만들어진 연대 등을 알 수 없는데, 후한(後漢) 때에 만들어진 것이라고 이야기하는 이유는 五言古風短篇의 해설에서 이미 밝혔다. 이들 〈古詩〉가 후세의 문학에 끼친 영향은 매우 커, 많은 사람들이 〈古詩〉를 본떠 詩文을 만들었다. 《玉臺新詠》에 의하면 本篇은 漢의 매승(枚乘)이 지은 것이며, 후반 8句에서 사용된 운(韻)이 전반 8句에서 사용된 韻과 달라 '相去日已遠' 이하 부분이 별개의 한 작품이라고 하는데, 本書에서는 《文選》에 좇아 한 작품으로 취급하였다.

　本篇은 길 떠난 남편이 돌아오지 않음을 안타깝게 여기는 여인의 마음을 읊은 詩이다. 그런데 中國의 주석가(注釋家)들은 예부터 詩는 도의(道義)나 정치(政治)를 주된 주제로 삼아야 한다고 생각하여, 詩 이면(裏面)에 담긴 뜻을 애써 구하려고 했다. 한 예로 《文選》 張銑의 注에, '이 詩는 충신이 간신의 참소를 만나 쫓겨난 것을 읊었다.'고 한 것을 들 수 있는데, 君이 군주를 가리키는 것으로 보아 白日은 군주를, 浮雲은 간신(奸臣)을 상징한다고 해석했던 것이다. 李善 注에, '浮雲이 白日을 가렸다는 것은, 간신이 충신을 해치는 것을 뜻하는 것이다. 따라서 길 떠난 사람이 돌아오지 않는다고 한 것이다.'라고 한 것도 같은 예이다. 중국의 古詩 가운데에는 의식적으로 그러한 비유를 써 詩意를 암시적으로 나타낸 작품도 있지만, 이 詩는 일반적인 인간 감정에서 만들어진 서정적인 작품으로 보는 것이 자연스럽다. 〈古詩〉19首 가운데에는 군신(君臣) 관계를 남녀 관계에 비겨 읊은 것도 있으나, 만남·헤어짐·삶·죽음 등 인생사에 관한 일을 읊은 것이 대부분이다.

의고:도연명(擬古:陶淵明)

東方有一士 _{동 방 유 일 사}	동방에 한 선비가 있는데
被服常不完 _{피 복 상 불 완}	입은 옷이 항상 남루하고
三旬九遇食 _{삼 순 구 우 식}	한 달에 아홉 끼가 고작이며
十年著一冠 _{십 년 착 일 관}	십 년을 관 하나로 지낸다네.
辛苦無此比 _{신 고 무 차 비}	고생됨이 이에 비길 것이 없을 텐데
常有好容顔 _{상 유 호 용 안}	언제나 웃는 얼굴을 하고 있다네.
我欲觀其人 _{아 욕 관 기 인}	내 그분을 만나 보고자
晨去越河關 _{신 거 월 하 관}	새벽에 큰 강을 건넜네.
靑松夾路生 _{청 송 협 로 생}	푸른 소나무 길을 끼고 우거졌고
白雲宿簷端 _{백 운 숙 첨 단}	흰 구름 처마 끝에 걸렸네.
知我故來意 _{지 아 고 래 의}	찾아온 내 뜻을 알고
取琴爲我彈 _{취 금 위 아 탄}	그분 날 위해 금(琴)을 타네.
上絃驚別鶴 _{상 현 경 별 학}	상현(上絃)을 어루만져 높고 급한 별학조(別鶴操)를 타고

下絃操孤鸞
하 현 조 고 란
　하현(下絃)을 어루만져 고란조(孤鸞操)를 타네.

願留就君住
원 류 취 군 주
　바라노니 나 여기에 남아 당신과 함께 살며

從今至歲寒
종 금 지 세 한
　지금부터 늙을 때까지 같이 있고 싶네.

【語義】常不完(상불완):항상 완전치 못함. 不完은 의복이 해어지고 찢어
진 것을 뜻한다. 三旬九遇食(삼순구우식):삼십 일에 아홉 끼니를 먹음.
旬은 열흘. 著一冠(착일관):하나의 관만을 써 옴. 著은 옷을 입거나 신
발을 걸치는 것. 나타나다 · 저축하다의 뜻으로 쓰일 때에는 저로 읽힌
다. 辛苦(신고):매우 고생하는 것. 無此比(무차비):이에 비길 것이 없
음. 好容顔(호용안):좋은 얼굴. 기분 좋은 얼굴. 河關(하관):대천(大
川)의 관소(關所). 河는 본시 황하(黃河)의 뜻. 宿簷端(숙첨단):처마 끝
에 머물러 있음. 산속의 아침이라 구름이 낮게 떠 있는 것이다. 知我故
來意(지아고래의):일부러 찾아온 나의 뜻을 앎. 上絃(상현) · 하현(下
絃):윗줄에선 고음이 나고 아랫줄에서 저음이 난다. 驚別鶴(경별학):
〈別鶴操〉를 갑자기 탐. 驚은 높은 音으로 琴을 급히 연주하는 것. 〈別鶴
操〉는 漢의 商陵牧子가 지었다고 하는 琴의 曲. 그가 결혼한 지 5년이
되도록 아이가 없자, 집에서 새장가를 들라고 했다. 그 소리를 듣고 그
의 아내가 한밤중에 일어나 창에 기대어 흐느끼어 울자 이를 딱하게 여
겨, '比翼이 두 몸으로 갈려 하늘의 이 끝 저 끝에 있네. 산천은 아득하고
길은 멀기만 하네. 누워도 잠들 수 없고 먹어도 맛을 모르네(將乖比翼隔
天端. 山川悠遠路漫漫. 攬衣下寢食忘餐).'라고 노래했는데, 후세 사람
들이 그 노래의 가락을 취하여 琴曲으로 삼았다 한다. 操孤鸞(조고란):
금곡(琴曲) 孤鸞操를 연주함. 操는 금(琴)을 연주하는 것. 고란(孤鸞)은

거울을 보면, 거울 속 자신의 모습을 자기 짝인 줄 알고 노래를 부르고 춤을 춘다고 하여, 배우자를 잃고 슬퍼하는 사람에 자주 비유된다. 이란 (離鸞)과 같은 뜻이다. 鸞은 봉황의 일종으로 모습은 닭과 비슷하고, 깃털은 오색(五色)이며, 우는 소리는 오음(五音)에 맞는다 한다. 歲寒(세한):본디는 한 해가 다 감을 뜻하는 말인데, 여기서는 늙은 것을 뜻한다.

【解說】本集 卷四에 실린 〈擬古〉 9首 가운데 다섯 번째 詩이다. 동방에 사는 한 훌륭한 은사(隱士)를 찾아갔다가, 그의 고결한 풍도(風度)와 은거 (隱居)의 고아(高雅)한 멋에 끌려, 길이 그와 함께 살았으면 하는 마음을 읊고 있다. 擬古란 고시(古詩)를 본떠 지은 시란 뜻으로, 육조 시대 (六朝時代) 때에 많이 지어졌다.

이 詩는 위(魏)·진(晉) 시대에 시작된 초은시(招隱詩)의 일종인데, 당시에는 신선(神仙)의 도(道)를 구하여 입산(入山)하는 사람이 많아 유선시(遊仙詩)라는 것까지 나오게 되었다. 뜬세상을 버리고 산에 들어간 은자(隱者)를 불러내어 다시 벼슬자리에 앉히려고 찾아갔다가, 도리어 은자의 인품과 그 생활에 감화(感化)되어 자신도 산에 은거하게 된다는 내용이 주요 골자였다. 本篇에서는 淵明이 처음부터 은자를 경모하여 찾아간 것이니만큼 招의 의미는 없지만, 詩의 내용은 招隱詩와 다를 바 없다.

本篇에 나오는 '東方有一士'는 淵明이 꿈꾸는 이상적(理想的)인 인물로 宋의 蘇東坡가, '동방의 한 선비는 바로 淵明 자신이다.'라고 한 것처럼, 淵明이 자신을 상징(象徵)한 것인지도 모른다.

독산해경:도연명(讀山海經:陶淵明)

孟夏草木長
맹 하 초 목 장
초여름 초목이 우거져

繞屋樹扶疎
요 옥 수 부 소
집을 둘러싸고 나뭇잎과 가지 무성하다.

衆鳥欣有託
중 조 흔 유 탁
뭇 새들 깃들일 곳 있어 기뻐하고

吾亦愛吾廬
오 역 애 오 려
나는 내 움막을 사랑한다.

旣耕亦已種
기 경 역 이 종
밭 갈고 씨 뿌렸으니

時還讀我書
시 환 독 아 서
때때로 책을 읽는다.

窮巷隔深轍
궁 항 격 심 철
궁벽한 곳이어서 번잡한 한길과 떨어져 있고

頗回故人車
파 회 고 인 거
옛 친구들의 방문마저 자주 거절한다.

欣然酌春酒
흔 연 작 춘 주
기쁜 마음으로 봄 술을 마시며

摘我園中蔬
적 아 원 중 소
동산의 나물 뜯어 술안주 한다.

微雨從東來
미 우 종 동 래
보슬비 동쪽으로부터 뿌려 오니

好風與之俱
호 풍 여 지 구
상쾌한 바람 함께 불어온다.

汎覽周王傳
범 람 주 왕 전
주나라 《穆天子傳》을 두루 보고

流觀山海圖
유 관 산 해 도
《山海經》의 여러 그림을 모두 구경한다.

俛仰終宇宙
부 앙 종 우 주
머리 숙였다 드는 동안에 우주를 다 구경하니,

不樂復何如
불 락 부 하 여
즐겁지 않고 또 어떠리.

【語義】孟夏(맹하):초여름. 음력 4월. 繞(요):둘러싸다·감기다·얽히다.
扶疎(부소):초목의 지엽(枝葉)이 무성한 모양. 欣(흔):기뻐하다. 有託
(유탁):의탁할 곳이 있음. 곧 깃들일 곳이 있다는 뜻. 亦(역):且의 뜻으
로, 또. 時還(시환):때로는 또. 窮巷(궁항):궁벽(窮僻)한 촌구석. 隔(
격):멀리 떨어져 있는 것. 深轍(심철):깊게 난 수레바퀴 자국. 번화한
한길을 뜻한다. 頗回故人車(파회고인거):옛 친구의 수레를 여러 번 돌
려보냄. 頗는 매우 많은 것. 故人은 친구. 친구의 방문마저도 거절했다
는 뜻. 欣然(흔연):몹시 기뻐함. 摘(적):따다. 캐다. 蔬(소):채소. 술
안주로 하기 위하여 따는 것이다. 與之俱(여지구):그것과 함께하다. 곧
好風이 微雨를 따라 불어온다는 뜻. 汎覽(범람):널리 봄. 周王傳(주왕
전):주(周)나라 목왕(穆王)의 전(傳).《穆天子傳》《穆王遊行記》라고도
한다. 여섯 권으로 되어 있으며, 晉나라 태강(太康) 2년에 하남성(河南
省) 급현(汲縣) 사람이 위(魏)나라 양왕(襄王)의 묘(墓)를 도굴(盜掘)하
다 발견했다. 그 내용은 周나라 목왕(穆王)의 서유(西遊)에 관한 것으
로,《山海經》보다 사실에 가깝다. 진(晉)의 곽박(郭璞)이 注를 만들었
다. 流觀(유관):두루 봄. 山海圖(산해도):《山海經》의 도회(圖繪). 俛
仰(부앙):고개를 굽혔다 다시 드는 짧은 시간. 終宇宙(종우주):우주를
모두 구경하는 것을 마침. 不樂復何如(불락부하여):즐겁지 않고 어떠
하겠는가? 즉 매우 즐겁다는 뜻.

【解說】《文選》卷三十에 실려 있고, 本集 卷四에 실린 13首 가운데 첫 번째 작품으로, 《山海經》과 《穆天子傳》을 읽고 느낀 감흥(感興)을 읊은 詩이다. 《山海經》은 漢의 유흠(劉歆)이 교정(校正)하여 중국은 물론 그밖의 지역의 山川, 人物, 진귀(珍貴)한 이야기 등을 기술한 책이라 하는데, 왕충(王充)의 《論衡》과 《吳越春秋》에 의하면, 하(夏)의 우왕(禹王)이 홍수를 다스리고 해내(海內:中國)를 주유(周遊)하며 보고 들은 것을, 백익(伯益)이 기술한 것이라고 한다. 진(晉)의 곽박(郭璞)이 주(注)를 달고 도찬(圖讚)을 추가시켰다.

'窮巷隔深轍 頗回故人車'의 兩句를, 연명이 유거(幽居)하는 곳이 큰길로부터 멀리 떨어져 있어 아는 사람의 수레가 그대로 지나쳐 버리는 것을, '연명이 일부러 수레를 돌리게 하여 자기 집을 찾게 한 것이다.'라는 의미로 해석하는 설(《文選》呂向의 注)이 있는데, 찬성할 수 없다. 큰길에서 멀리 떨어진 곳에 산다는 것은 사람을 피한다는 뜻이다. 또 頗回故人車의 回가 迴로 되어 있는 판본(版本)도 있으므로, 이 句의 의미는 사람을 피하여 세상으로부터 떨어져 살기를 원하므로 본의 아니게 친구의 내방조차 거절하게 된다는 것이다. 만약 친구들을 불러들여 같이 마시며 환담을 즐겼다면 《山海經》이나 《穆天子傳》을 읽을 필요도, 여유도 없었을 것이다. 홀로 술을 마시다 틈틈이 무료함을 달래기 위해 책을 읽었으므로 〈讀山海經〉 13首가 지어질 수 있었다고 해석해야 할 것이다.

몽이백 2수:두자미(夢李白 二首:杜子美)

死別已吞聲

사 별 이 탄 성

사별의 슬픔은 울음소리조차 삼키게 하고

生別常惻惻

생 별 상 측 측

생이별은 서럽기만 하여라.

江南瘴癘地

강 남 장 려 지

강남땅은 열병이 많은 곳,

逐客無消息

축 객 무 소 식

쫓겨 간 그대에게선 소식이 없네.

故人入我夢

고 인 입 아 몽

그대가 내 꿈속에 보이는 것은

明我長相憶

명 아 장 상 억

우리가 오래도록 서로 그리워하기 때문이네.

恐非平生魂

공 비 평 생 혼

꿈에서 본 그대 평소의 모습이 아닌 것 같은데,

路遠不可測

노 원 불 가 측

길이 멀어 무슨 일이 있는지 헤아릴 수 없네.

魂來楓林靑

혼 래 풍 림 청

그대의 혼, 단풍나무 푸른 숲에서 왔다가

魂返關塞黑

혼 반 관 새 흑

국경의 검은 관문 밖으로 돌아갔네.

君今在羅網

군 금 재 라 망

그대는 지금 그물에 걸려 있는 몸,

何以有羽翼

하 이 유 우 익

어떻게 날개 얻어 꿈속에 나타났을까?

落月滿屋梁

낙 월 만 옥 량

지는 달 들보를 환히 비추어

猶疑見顔色
유 의 견 안 색
　밝은 달빛 그대의 얼굴이 아닌가 의심했네.

水深波浪闊
수 심 파 랑 활
　물 깊고 물결 널리 일고 있으니

無使蛟龍得
무 사 교 룡 득
　부디 이무기에게 잡혀 먹히지 말기를.

【語義】 呑聲(탄성):소리를 삼킴. 슬픔에 소리 죽여 우는 것. 惻(측):슬픈
것. 초사(楚辭)〈九歌〉에, '슬픔에 생이별보다 더 서러운 것은 없다.'고
했다. 江南瘴癘地(강남장려지):강남은 열병이 많은 곳. 江南은 長江 남
쪽의 땅. 이때 李白은 호남성(湖南省) 야랑(夜郎)에 귀양 가 있었고, 杜
甫는 섬서성(陝西省) 진주(秦州)에 있었다. 瘴癘는 장기(瘴氣)로 인하
여 걸리는 병으로, 일종의 열병(熱病). 풍토병(風土病). 逐客(축객):쫓
겨난 객. 곧 귀양 간 사람. 李白을 가리킨다. 故人(고인):옛사람, 옛친
구. 李白을 가리킨다. 明我(명아):우리들의 일이 어떻다는 것을 밝게
해 줌. 長相憶(장상억):오래 두고 서로 생각함, 또는 그리워함. 平生
魂(평생혼):평소(平素) 때의 혼. 路遠不可測(노원불가측):길이 멀어 무
슨 일이 일어났는지 헤아릴 수 없음. 魂來楓林靑(혼래풍림청):단풍나
무 숲이 푸른 곳에서 혼이 옴. 楚辭〈招魂〉에, '깊고 푸른 강물 위에 단
풍나무 있다. 눈 들어 저 멀리 바라보니 봄을 느끼는 마음이 슬퍼진다.
魂이여, 돌아오라. 강남(江南)은 슬프다.'라 한 데에서 취한 것이다. 關
塞黑(관새흑):국경 관소(關所) 밖의 어두운 곳. 在羅網(재라망):그물에
걸려 있음. 李白이 야랑(夜郎)에 유배된 것을 가리킨다. 滿屋梁(만옥
량):지붕 대마루에 달빛이 환히 비침. 見顔色(견안색):李白의 안색(顔
色)을 본다는 뜻. 無使蛟龍得(무사교룡득):이무기에게 잡히지 않도록
함. 蛟龍은 용의 종류로, 이무기. 악인들에게 해를 당하지 말라는 뜻.

우(又)

浮雲終日行
부 운 종 일 행
뜬구름만 종일토록 떠다니고

遊子久不至
유 자 구 부 지
길 떠난 사람 오래도록 돌아오지 않네.

三夜頻夢君
삼 야 빈 몽 군
사흘 밤이나 자주 그대 꿈꾸는 것은,

情親見君意
정 친 견 군 의
서로의 정이 두터워 내가 그대의 뜻을 알기 때문이네.

告歸常局促
고 귀 상 국 촉
돌아갈 때면 언제나 초초하고 불안한 낯으로

苦道來不易
고 도 내 불 이
오기가 쉽지 않다고 거듭 말했네.

江湖多風波
강 호 다 풍 파
강호(江湖)엔 풍파가 많아

舟楫恐失墜
주 집 공 실 추
배 젓는 노를 떨어뜨릴까 두렵다 했네.

出門搔白首
출 문 소 백 수
문을 나서며 흰머리 긁는 모습이

苦負平生志
고 부 평 생 지
깊은 실의에 빠진 듯했네.

冠蓋滿京華
관 개 만 경 화
고관대작이 서울엔 가득한데

斯人獨顦顇
사 인 독 초 췌
그대 홀로 초췌하네.

孰云網恢恢
숙 운 망 회 회
하늘의 뜻엔 빈틈이 없다고 누가 말했나?

將老身反累	그대는 늘그막에 오히려 화를 입었으니.
장 로 신 반 루	
千秋萬歲名	그대의 이름은 천만년 후까지 길이 남겠지만
천 추 만 세 명	
寂寞身後事	죽은 다음의 일일 테니 허무하기 그지없네.
적 막 신 후 사	

【語義】浮雲(부운):뜬구름. 이것은 앞에 나온 〈古詩〉의 浮雲蔽白日 遊子不復返이란 표현을 빈 것이다.　頻(빈):자주.　情親見君意(정친견군의):정이 두터워 그대의 뜻이 어떠한지를 앎.　告歸(고귀):꿈에서 李白이 돌아가려고 알리는 것을 가리킨다.　局促(국촉):두려워 몸을 움츠리는 모양.　苦道(고도):괴로운 듯이 말하다, 하소연하다. 또는 거듭 말하다. 苦는 再三의 뜻, 道는 言의 뜻.　楫(집):배의 노. 즙으로도 읽는다.　搔白首(소백수):백발의 머리를 긁음.　苦負平生志(고부평생지):평생의 뜻이 어그러진 듯이 보인다는 뜻. 곧 실의(失意)한 듯이 보였다는 뜻. 苦가 若으로 된 판본도 있다.　冠蓋(관개):머리에 쓰는 관과 수레를 덮는 비단포장. 모두 고관귀족(高官貴族)의 화려한 생활을 상징하는 것들이다.　京華(경화):문물(文物)이 화려한 대도시.　斯人(사인):李白을 가리킨다.　顦顇(초췌):근심으로 몰골이 파리해진 것을 가리킨다.　孰(숙):누가.　網恢恢(망회회):《老子》73章에, '하늘의 그물은 넓고 넓어서, 성긴 듯하고 놓치는 일이 없다(天網恢恢 疎而不失).'고 하였다. 이는 하늘은 하늘 아래에 있는 모든 것들을 하나도 빠뜨리지 않고 살펴서, 선량한 사람에게는 복을 주고, 악한 자에게는 벌을 내린다는 뜻. 이 구절은 李白의 불우함을 슬퍼하며 은근히 하늘을 원망한 것임.　累(루):화(禍)를 입는 것을 뜻한다.　千秋萬歲名(천추만세명):사후(死後) 천만년까지 세상에 남는 명예(名譽).　寂寞(적막):쓸쓸한 것.　身後事(신후사):몸이 죽어 버린 뒤의

일. 즉 사후(死後)의 일.

【解說】 천보(天寶) 3년(744), 杜甫는 처음으로 李白을 알게 되었다. 당시
李白은 장안(長安)에서 쫓겨나 낙양(洛陽)에 머물고 있었다. 이들 두 사
람은 적지 않은 나이의 차(杜甫는 李白보다 11세나 연하)에도 불구하고
의기 투합하여, 짧은 기간의 사귐이었으나 후세에 길이 남을 우정을 쌓
았다. 李白은 지덕(至德) 2년(757)에 영왕(永王) 李璘의 역모에 가담했
다는 죄로 사형(死刑)을 받게 되었으나, 곽자의(郭子儀)의 목숨을 건 구
명 운동(救命運動) 덕분에 감형되어 건원(乾元) 원년(758)에 멀리 야랑
(夜郎)에 유배되었는데, 이듬해 야랑으로 가던 도중에 사면되어 풀려나
게 되었다. 그러나 杜甫는 이러한 사실을 모르고, 李白이 야랑에 유배
되어 있는 줄만 알고 이 詩를 지었다. 첫 번째 작품은 李白의 신상(身
上)을 걱정하는 내용이고, 두 번째 작품은 친구의 비운(悲運)을 안타깝
게 생각하는 내용이다.

첫 번째 작품에는, 송옥(宋玉)이 굴원(屈原)의 혼(魂)을 부른 〈招魂
篇〉의 구상이 많이 사용되었다. 처량한 느낌을 자아내게 하는 시편(詩
篇)으로 읽는 이의 가슴을 친다. '死別已吞聲'의 句意에만 집착하여 李
白이 죽은 뒤에 지어진 작품인 것처럼 해석하는 사람이 있는데, 이는
잘못이다. 생이별의 서러움을 사별의 애통함에 비긴 것일 뿐이다. '逐
客無消息'이라든가 '君今在羅網' 등의 표현은 李白이 살아 있음을 전제
로 하는 것들이다.

本篇에서도 알 수 있듯이, 杜甫는 李白의 이름이 천만년 뒤의 후세에
까지 길이 빛날 것을 확신하고 있었다. 그러나 현실에 몸담고 있는 李
白의 처지는 항상 불우하기만 했다. 그래서 杜甫는 孰云網恢恢라고 반
문하여 친구의 비운에 비분강개(悲憤慷慨)한 것이다.

증동파 2수:황노직(贈東坡 二首:黃魯直)

江梅有佳實
강 매 유 가 실
냇가의 매화나무가 좋은 열매를 맺더니

託根桃李場
탁 근 도 리 장
뿌리를 복숭아 오얏 밭에 뻗었네.

桃李終不言
도 리 종 불 언
복숭아 오얏이 아무 말 안 했어도

朝露借恩光
조 로 차 은 광
아침 이슬은 매화에게 은혜로운 빛을 주었네.

孤芳忌皎潔
고 방 기 교 결
외로이 향기 내뿜은 매화,
자신의 맑고 빛남을 시기당했네.

氷雪空自香
빙 설 공 자 향
얼음과 눈 속에서도 보아 주는 이 없어도
향기를 내뿜었네.

古來和鼎實
고 래 화 정 실
예부터 솥 안의 음식 맛을 내는 데에 쓰여

此物升廟廊
차 물 승 묘 랑
매실은 묘당(廟堂)에 올랐었네.

歲月坐成晚
세 월 좌 성 만
세월이 속절없이 저무는 동안

煙雨靑已黃
연 우 청 이 황
파랗던 매실 안개와 비에 누레졌네.

得升桃李盤
득 승 도 리 반
복숭아 오얏 담긴 쟁반에 올려져

以遠初見嘗
이 원 초 견 상
먼 데서 온 것이라며 천자께 진상되었는데,

終然不可口
종 연 불 가 구
마침내 입에 맞지 않는다 하여

擲置官道傍	관청 길가에 버려지게 되었네.
척 치 관 도 방	
但使本根在	오직 뿌리만 온전하다면
단 사 본 근 재	
棄捐果何傷	매실쯤 버려지는 게 무엇이 슬프리?
기 연 과 하 상	

【語義】 江梅(강매):강가나 냇가에 자란 야생(野生)의 매화나무. 작자가 東
坡를 江梅에 비긴 것이다. 託根桃李場(탁근도리장):뿌리를 복숭아나무
와 오얏나무 밭에 의탁함. 뿌리를 복숭아나무와 오얏나무 밭에 뻗고 있
다는 뜻으로, 일반 대신들이 활약하는 어지러운 정계(政界)에서 東坡가
일하고 있었음을 가리킨다. 場은 장포(場圃)의 뜻으로, 채마밭. 桃李
終不言(도리종불언):복숭아와 오얏은 끝내 말을 안 함. 桃李는 조정의
신하들. 조정의 신하들이 東坡를 시기한 사실을 가리킨다. 朝露借恩光
(조로차은광):아침 이슬이 은혜로운 광채를 빌려 줌. 朝露는 천자의 사
랑을 뜻한다. 孤芳(고방):외로이 향기를 내뿜는 매화를 가리킨다. 忌
(기):시기를 받음. 皎潔(교결):희고 깨끗한 것. 氷雪(빙설):얼음과 눈.
겨울을 뜻한다. 空自香(공자향):공연히 향기를 내뿜음. 空은 헛되이.
알아주는 사람도 없는데, 東坡 혼자서 초속(超俗)하여 고매한 덕을 발
휘한다는 뜻. 古來和鼎實(고래화정실):예부터 솥 안의 맛을 조화 있게
했음. 매실(梅實)의 신맛은 소금과 함께 예부터 음식 맛을 조화시키는
데에 쓰였다.《書經》열명(說命) 下에, '그대는 나의 뜻에 대하여 훈계해
주시오. 술이나 단술을 만들려 하거든 누룩이 되고, 화갱(和羹)을 만들
려 하거든 소금과 매실(梅實)이 되어 주오(爾惟訓于朕志. 若作酒醴 爾
惟麴蘖, 若作和羹 爾惟鹽梅).'라는 구절이 있다. 升廟廊(승묘랑):조정
(朝廷)의 일에 참석함을 뜻한다. 坐(좌):'아무것도 하지 않고, 까닭없

이 어느덧'의 뜻. 以遠初見嘗(이원초견상):먼 데에서 왔다고 처음으로 맛보게 됨. 終然(종연):마침내. 不可口(불가구):입에 맞지 않음. 맛이 없음. 擲(척):버리다. 東坡가 조정에서 쫓겨난 것을 뜻한다. 使本根在(사본근재):뿌리나 줄기가 있으면. '東坡가 자신의 인격과 덕성만 그대로 지닌다면'의 뜻. 何傷(하상):무엇을 슬퍼하겠는가?

우(又)

靑松出澗壑
청송출간학
청송(靑松)이 산골짜기 시냇가에 자라니

十里聞風聲
십리문풍성
십 리 밖에서도 바람소리가 들리네.

上有百尺絲
상유백척사
소나무 위에는 백 척의 새삼이 감겼고

下有千歲苓
하유천세령
밑에는 천년 묵은 복령이 자라네.

自性得久要
자성득구요
복령은 본성이 변하지 않고 오래가

爲人制頹齡
위인제퇴령
사람들의 늙음을 막는 데에 쓰이네.

小草有遠志
소초유원지
소초(小草)도 산에 있을 때에는 원대한 뜻을 지녀

相依在平生
상의재평생
서로 의지하며 평생을 가려 했네.

醫和不竝世
의화불병세
명의 의화(醫和)가 없는 세상이니

深根且固帶 심 근 차 고 대	뿌리박고 꼭지 단단히 하여 때를 기다리리.
人言可醫國 인 언 가 의 국	사람들이 말하기를, 나라의 병도 고칠 수 있다 했으니
何用大早計 하 용 대 조 계	어찌 급히 서두를 필요가 있으리?
小大材則殊 소 대 재 즉 수	재능의 크고 작음은 다르다 하지만
氣味固相似 기 미 고 상 사	생각과 뜻은 본디부터 비슷하네.

【語義】靑松(청송):푸른 소나무. 東坡에 비긴 것이다.　澗壑(간학):산골짜기의 시내. 澗은 계곡의 물. 壑은 골짜기.　聞風聲(문풍성):소나무 가지를 스치고 지나가는 바람소리가 들림.　百尺絲(백척사):긴 토사(兔絲). 兔絲는 나무에 감겨 기생(寄生)하는 새삼. 黃山谷 자신을 가리키는 말이다.　千歲苓(천세령):천년 묵은 복령(茯苓). 茯苓은 소나무 뿌리에 생기는 일종의 균(菌).《山谷集》注에, "《淮南子》說山訓에 이르기를, '천년 묵은 소나무 아래에는 茯苓이 있다. 또 위에는 兔絲가 있다.'고 하였다." 했다. 東坡의 문하(門下)에는 소문사학사(蘇門四學士)라 하여 黃山谷·秦觀·張耒·晁補之 등 시문(詩文)에 능한 제자들이 많았는데, 작자는 겸손하게 자신 외의 3학사를 茯苓에, 자신을 兔絲에 비긴 것이다.　自性得久要(자성득구요):오래 견딜 수 있는 것이 본성임. 自性은 자기(自己) 본래의 성(性). 본디는 불교어(佛敎語)로, 모든 것이 저마다 가지고 있는 불변불멸(不變不滅)의 성(性). 久要는《論語》헌문편(憲問篇)에, '오래된 약속에 전날의 말을 잊지 않고 실천한다면, 완성된 인간이라 할 수 있다(久要不忘平生之言 亦可以爲成人矣).'라 한 데에서 따

온 말인데 이 詩에서는 단순히, '본성이 변하지 않고 오래감'을 뜻한다.
制頹齡(제퇴령):노쇠(老衰)하여 퇴폐(頹廢)해지는 것을 막음. 즉 노쇠
를 방지하는 데에 복령(茯苓)이 약으로 쓰인다는 뜻. 陶淵明의 〈九日閑
居〉에, '국화는 기울어지는 나이를 억제한다(菊解制頹齡).'라 했다. 小
草有遠志(소초유원지):小草도 산에 있을 때에는 원대한 뜻을 지니고 있
음. 다음의 고사(故事), 즉 《世說新語補》卷十八 排調下에, "謝安은 처
음에는 '동산지(東山志:隱居하여 自適하려는 뜻)'를 지녔다. 뒤에 출사
(出仕)하라는 엄한 명령이 내려져 세상에 나왔는데, 계속 승진을 거듭
하여 桓公의 사마(司馬)에까지 직위가 올랐다. 당시 사람들은 桓公에
게 약초를 보내곤 했는데, 그중에는 遠志라는 것이 있었다. 桓公은 遠
志를 謝安에게 보여 주며, '이것은 小草라고도 하는데, 어째서 두 가지
이름으로 불리는가?' 하고 물었다. 謝安이 대답을 못하자, 옆에 있던 학
융(郝隆)이 대답했다. '산에 있을 때에는(東山에 은거하여 출사하지 않
는 것을 가리킨다) 원지(遠志)를 지니고 있으나, 세상에 나오면(出仕하
는 것을 가리킨다) 소초(小草)밖에는 안 되기 때문입니다.'(東山에서 나
와 出仕한 謝安이 옛날과는 달리 大人답지 못함을 조롱한 것이다.) 謝
安은 몹시 부끄러워하며 낯을 붉혔다."라고 한 데에서 취한 것이다. 遠
志는 식물 이름.《本草》에, '遠志를 복용하면, 지혜가 더해지고 뜻이 강
해진다. 그래서 遠志라 부른다.'고 했으며,《博物志》四에는, '遠志의 싹
은 小草, 뿌리는 遠志라 한다.'고 했다. 작자 자신에게도 큰 뜻[遠志]이
있다는 뜻. 相依在平生(상의재평생):서로 의지하며 평생을 살려 함. 즉
원지(遠志)를 품고, 兎絲가 소나무를 의지하듯 자기는 東坡를 의지하
겠다는 뜻. 醫和不竝世(의화불병세):의화(醫和)가 세상에 같이하지 않
음. 醫和는 옛 晉나라의 명의(名醫). 의화와 같은 때에 태어나지 못하
여, 자기[遠志]를 약(藥)으로 써 주는 명의[爲政者]를 만나지 못한다는

뜻.　深根且固帶(심근차고대):뿌리를 깊이 박고 꼭지를 굳게 함. 곧 덕
(德)을 닦아 수신(修身)하여 몸이나 잘 보전(保全)하겠다는 뜻.　人言可
醫國(인언가의국):사람들이 말하기를, 나라의 병도 고칠 수 있다고 함.
앞의 의화(醫和)의 말을 인용한 것임.　大早計(대조계):너무 일찍 서두
르는 것을 뜻한다.《莊子》齊物論에, '그대는 너무나 서두르고 있소. 그
것은 달걀을 보고 새벽을 알리라 말하며, 튀어나간 화살을 보고 구운 비
둘기 고기를 먹자고 하는 것과 같소(且女亦大早計.　見卵而求時夜 見彈
而求鴞炙).'라고 했다.　小大材則殊(소대재즉수):재능은 크고 작아 서로
다름. 東坡와 자기는 그 才能이 다르다는 뜻.　氣味(기미):냄새와 맛. 곧
생각이나 취향(趣向).

【解說】宋의 황산곡(黃山谷)이 스승인 蘇東坡에게 보낸 두 편의 시로, 黃
山谷의 本集에는 〈上蘇子瞻古詩二首〉라 제목 되어 있다.

　　첫 편에서는 東坡를 매화에 비겨 그의 고결한 성품과 인격을 칭송하
고, 잠시 왕안석(王安石) 등의 정적(政敵)들한테 시기당하여 중앙에서
쫓겨나게 되었지만 고매한 인격을 그대로 지니고 있는 이상 조금도 슬
퍼할 게 없다며 위로하고 있다. 두 번째 편에서는 東坡를 청송(靑松)에,
그리고 그의 문하(門下)의 수재(秀才)들을 청송 주변에 자라는 새삼과
복령(茯苓)에 견주어, 훌륭한 약초가 명의(名醫)의 출현을 기다리듯 자
신들도 명철보신(明哲保身)하며 스승의 뜻을 대신 펼 때를 기다린다고
읊었다. 스승에 대한 존경심과, 불우한 스승의 처지를 위로하는 마음이
잘 나타나 있다. 스승이 못다 이룬 꿈을 제자들이 이룰 수 있을 것임을
말하여 스승을 위로한 데에서, 세월이 아무리 흘러도 변하지 않을 사제
(師弟) 간의 정을 느끼게 된다.

　　東坡 문하의 시인들은 東坡의 시풍(詩風)을 이어받았지만, 스승인 東

坡보다도 전고(典故)나 비유 등을 많이 써서 그들의 시는 약간 난해하게
느껴질 때가 많다. 이것이 江西詩派의 문학적 특징이기도 하다.

자오야제:백낙천(慈烏夜啼:白樂天)

慈烏失其母
자 오 실 기 모
효성스런 까마귀가 제 어미를 잃어

啞啞吐哀音
아 아 토 애 음
까악, 까악 섧게 울고 있다.

晝夜不飛去
주 야 불 비 거
밤낮없이 날아가지도 않고

經年守故林
경 년 수 고 림
해가 넘도록 옛 숲을 지킨다.

夜夜夜半啼
야 야 야 반 제
밤마다 밤중이면 우니

聞者爲沾襟
문 자 위 첨 금
듣는 이의 옷깃을 눈물로 적시게 한다.

聲中如告訴
성 중 여 고 소
우는 소리 마치 호소하는 듯,

未盡反哺心
미 진 반 포 심
반포(反哺)의 효를 다하지 못했음을.

百鳥豈無母
백 조 기 무 모
어찌 어미 없는 새들이 있으리

爾獨哀怨深
이 독 애 원 심
그런데도 그 슬퍼함이 너 홀로 지극하구나.

應是母慈重
응 시 모 자 중
어미의 사랑이 하도 두터웠기에

使爾悲不任
사 이 비 불 임
너로 하여금 슬픔을 이기지 못하게 하누나.

昔有吳起者
석 유 오 기 자
옛날 사람 가운데 오기란 자가 있었는데,

母歿喪不臨 모 몰 상 불 림	어머니가 돌아가셨어도 그는 장사지내러 집에 가지 않았단다.
哀哉若此輩 애 재 약 차 배	슬프다, 그런 무리들은
其心不如禽 기 심 불 여 금	그 마음이 새인 너보다 못하구나.
慈烏復慈烏 자 오 부 자 오	효성스런 새여, 효성스런 새여!
烏中之曾參 조 중 지 증 삼	너는 새 중의 증자(曾子)로다.

【語義】 慈烏(자오):孝鳥의 뜻으로, 효성스런 까마귀. 啞啞(아아):까마귀
의 울음소리를 형용한 것. 故林(고림):옛집이 있는 숲. 夜夜(야야):밤
마다. 夜半啼(야반제):밤중이면 욺. 聞者爲沾襟(문자위첨금):듣는 이
의 옷깃을 눈물로 젖게 함. 未盡(미진):다하지 못함. 즉 은혜를 다 갚
지 못한 것을 뜻한다. 反哺(반포):새끼 까마귀가 자라 어미에게 먹이를
물어다 주는 것을 뜻한다. 《本草》에, '자오(慈烏)는 일명 효조(孝鳥), 이
새는 처음 태어났을 때에는 어미에게 60일 동안 먹이를 얻어먹고, 자라
서는 반대로 어미에게 60일 동안 먹이를 물어다 준다. 자애롭고 효성스
럽다 할 수 있다.'고 했다. 使爾悲不任(사이비불임):너로 하여금 슬픔
을 이길 수 없게 함. 不任은 견딜 수 없는 것. 吳起(오기):중국 전국 시
대 위(衛)나라의 병법가(兵法家). 초(楚)나라 도왕(悼王)의 정승이 되어
남월(南越)·진(晋)·진(秦)을 정벌하여 초나라의 위력을 떨치었다. 그
의 병법서를 《吳子》라 하여 고래로 《孫子》와 더불어 유명하다. 《史記》
孫子·吳起列傳에, "吳起는 위(衛)나라 사람으로, 용병술(用兵術)을 좋
아했다. 일찍이 증자(曾子)를 스승으로 삼아 배우고, 노(魯)나라를 섬

겼다. 때마침 제(齊)나라가 노나라를 침공했다. 노나라 군주는 오기를 장군으로 삼으려 했으나, 오기의 아내가 제나라 사람임을 꺼려, 오기를 믿을 수가 없었다. 오기는 명성을 올리려는 욕심에 아내를 죽이고 자신의 마음을 명백히 밝혔다. 노나라에서는 그를 장군으로 삼아 제나라 군대를 크게 물리쳤다. 노나라 사람 중에 오기를 욕하는 자가 있었다. '오기는 시기심이 강하고 잔인하다.(中略) 동리 사람들이 오기를 비웃자, 오기는 자기를 욕한 자 30여 명을 모조리 죽이고, 동편으로 도망치려고 위나라 도읍의 성문을 나섰다. 그는 모친에게 하직을 고하며, 대신이나 재상이 되지 않으면 다시는 위나라 땅을 밟지 않겠다며 자신의 팔을 물어뜯었다. 그리고 증자에게 가 배웠는데, 그 사이에 모친이 죽었다. 그러나 오기는 돌아가지 않았다. 증자는 그를 박정한 자라 하여 추방했다. (後略).'라" 했다.　曾參(증삼):《史記》仲尼弟子列傳에, '曾參은 남무성(南武城) 사람이며, 字는 자여(子輿)이다. 공자(孔子)보다 46세 젊었다. 공자는 그를 효도(孝道)에 잘 통한다고 하였다. 그러므로 그에게 수업(授業)하고 《孝經》을 짓게 하였다. 노(魯)나라에서 죽었다.'고 하였다.

【解說】《白氏長慶集》卷一에 실려 있다. 자오(慈烏), 효성스런 까마귀가 어미를 그리워하여 밤에 우는 데에 느껴, 미물(微物)인 새조차도 효심을 지니고 있는데 하물며 만물의 영장(靈長)인 사람이 불효(不孝)를 저질러서야 되겠느냐고 훈계한 詩이다. 《禽經》張華 注에, '慈烏는 효조(孝鳥)라 불린다. 다 자라면 어미에게 먹이를 물어다 준다.'고 했고, 《孔叢子》小爾雅篇에는, '온몸이 검고 반포(反哺:다 자라면 어미에게 먹이를 물어다 줌)하는 놈을 오(烏:까마귀)라 하고, 작고 배 밑이 희며 반포하지 않는 놈을 아오(鴉烏:큰부리까마귀)라 한다.'고 했다.

전가:유자후(田家:柳子厚)

籬落隔煙火
이 락 격 연 화
밥 짓는 연기 울타리 사이로 보이고

農談四鄰夕
농 담 사 린 석
농사 얘기 하는 동안 사방에 어둠이 내리면,

庭際秋蛩鳴
정 제 추 공 명
뜰 모퉁이에선 가을 귀뚜라미 울고

疎麻方寂歷
소 마 방 적 력
삼대 밭은 적막에 싸인다.

蠶絲盡輸稅
잠 사 진 수 세
명주실을 모두 세금으로 바쳤으니

機杼空倚壁
기 저 공 의 벽
쓸 일 없는 베틀 공연히 벽 옆에 서 있네.

里胥夜經過
이 서 야 경 과
아전이 밤에도 돌아다니니

鷄黍事筵席
계 서 사 연 석
닭 잡고 밥 지어 술자리를 마련한다.

各言官長峻
각 언 관 장 준
모두가 말하길, 관청의 나리는 엄하기만 하고

文子多督責
문 자 다 독 책
명령은 하나같이 세금 내길 독촉하는 것이라고.

東鄕後租期
동 향 후 조 기
동쪽 마을에선 세금 기일을 놓쳐

車轂陷泥澤
거 곡 함 니 택
수레가 수렁에 빠진 듯 곤경에 처했다네.

公門少推恕
공 문 소 추 서
관청에선 백성들의 사정을 헤아려 주지 않고

鞭撲恣狼藉 <small>편 박 자 랑 자</small>	무턱대고 우리를 매질한다네.
努力愼經營 <small>노 력 신 경 영</small>	힘써 신중하게 일을 하여
肌膚眞可惜 <small>기 부 진 가 석</small>	우리의 살갗을 아껴야 하네.
迎新在此歲 <small>영 신 재 차 세</small>	올해엔 새로운 관리들이 나온다 했으나
惟恐踵前跡 <small>유 공 종 전 적</small>	그들도 앞의 관리들의 뒤를 쫓을까 그것이 두려울 뿐이네.

【語義】籬落(이락):섶이나 대나무를 얼기설기 엮어 친 울타리. 籬, 落 모두 울타리. 隔煙火(격연화):밥을 짓는 연기와 불이 울타리 사이로 보이는 것. 農談(농담):농사에 관한 이야기. 四鄰夕(사린석):사방 이웃에 저녁이 됨. 庭際(정제):뜰의 모퉁이. 際는 변두리, 끝. 蛩(공):귀뚜라미. 疎麻(소마):밭에 남은 삼대들을 가리킨다. 寂歷(적력):적막(寂寞)의 뜻으로, 쓸쓸하게 보이는 것. 蠶絲盡輸稅(잠사진수세):누에를 쳐 생산해 낸 실은 조세로 바쳐 남아 있지 않음. 輸稅는 세(稅)로 바치는 것. 機杼空倚壁(기저공의벽):베틀은 공연히 벽에 세워져 있음. 機는 베틀, 杼는 북. 里胥(이서):동리(洞里)의 일을 맡아 보는 사람. 胥는 하리(下吏:하급 관리)로, 아전. 夜經過(야경과):밤에도 돌아다님. 세금을 징수하기 위해 밤에도 관리들이 찾아오는 것을 가리킨다. 鷄黍事筵席(계서사연석):닭을 잡고 기장밥을 지어 술자리를 마련함. 鷄黍는 닭을 잡아 국을 끓이고 기장을 안쳐서 밥을 짓는다는 뜻으로, 남을 관대(款待)하고 향응(饗應)함을 뜻한다. 事筵席은 연석(宴席)을 마련하는 것. 官長峻(관장준):관(官)의 우두머리가 내리는 명령은 엄하기만 함. 峻은 명령이 엄

한 것. 文子多督責(문자다독책):명령 문구(文句)에는 독촉과 책망하는 말이 많음. 督責은 몹시 책망하는 것. 《史記》李斯列傳에, '무릇 현명한 군주란, 반드시 수단을 다하여 독책(督責)의 술(術)을 행하는 자입니다. 독책(督責)하면 신하는 힘을 다하여 군주를 따르지 않을 수 없습니다.' 라 했다. 東鄉(동향):동쪽의 마을. 後租期(후조기):기일에 맞추어 조세를 내지 못하는 것을 뜻한다. 車轂陷泥澤(거곡함니택):수레바퀴 통이 진창에 빠짐. 진퇴양난(進退兩難)의 곤경에 빠진 것을 뜻한다. 公門(공문):관청. 推恕(추서):사정을 생각하여 너그럽게 보아주는 것. 恕는 동정(同情)하는 것. 鞭撲(편박):관리들이 백성들을 매질하는 것을 뜻한다. 鞭은 채찍질하는 것, 撲은 두드리거나 찌르는 것. 撲은 扑(종아리채복)과 同字로 쓰이기도 한다. 恣(자):멋대로, 함부로. 狼藉(낭자):여기저기 흩어져 어지러움. 經營(경영):도모하다, 꾀하다. 계획을 잘 세워 일을 하는 것을 뜻한다. 肌膚眞可惜(기부진가석):살갗은 참으로 아깝게 여겨야 할 것임. 공연히 관원들에게 매를 맞아 다치지 않도록 해야 한다는 뜻. 迎新(영신):새로 내임(來任)하는 관리들을 맞게 됨. 새로 추수(秋收)하게 되었다는 해석은 잘못된 것이다. 踵前跡(종전적):앞 사람의 발뒤꿈치를 따라감. 새로 부임한 관리들이 전의 관리들과 마찬가지로 심하게 세금을 거두어 가는 것을 가리킨다.

【解說】《唐柳先生集》卷四十三에 실려 있는 同題의 세 편 가운데 두 번째 것이다. 그 세 번째 것은 本書 五言短篇의 끝부분에 수록되어 있으므로, 함께 감상하면 本篇을 이해하는 데에 도움이 될 것이다. 농촌의 저녁 풍경을 묘사하면서 가렴주구(苛斂誅求)에 고통당하는 농민의 참상을 그려, 위정자들의 반성을 촉구한 詩이다.

　앞서 나온 〈蠶婦〉, 〈憫農〉, 〈傷田家〉 등에서 보았던 것처럼, 唐代의 농촌은 가혹한 세금 때문에 형용할 수 없는 고통을 당했다. 위정자(爲政者)로서 바른 마음을 지닌 사람들은 한결같이 당시의 그러한 현상을 가슴 아파하여 사회의 모순과 부정을 고발하는 시를 지었다. 本篇도 그러한 시라 할 수 있는데, 농민의 참상을 묘사한 표현이 매우 뛰어나다. 작자 柳宗元이 陶淵明 유파(流派)의 자연 시인(自然詩人)임은 앞서 설명한 바 있다. 그러나 그는 당대(唐代) 고문가(古文家)로서 韓愈와 문명(文名)을 나란히 하는 사람으로, 그의 문학 정신은 전적으로 유가 사상(儒家思想)에 근거한다. 그의 시문(詩文)에는 참된 위정자(爲政者)다운 강한 의식이 깔려 있다. 本篇도 그러한 한 예이다. 本書 後集 序類에 수록된 〈送薛存義序〉에서 그는 다음과 같이 말했다.

"무릇, 땅에 의지하여 논밭을 갈아 곡식을 가꾸는 백성들은 수확의 10분의 1을 나라에 稅로 바치고, 나라는 그것으로 관리들에게 봉급을 주며, 관리로 하여금 백성을 잘 다스리도록 하네. 그런데 오늘날 백성들의 피땀이 담긴 세금으로 祿을 받으면서도, 제 할 일을 태만히 하는 관리가 천하에 두루 깔렸네. 어찌 그뿐이겠는가? 직권을 남용하여 백성을 등치는 무리는 또 얼마인가. (中略) 그런데도 백성들이 성을 내지 못하고 벌을 주지 못함은 무슨 까닭이겠는가? 바로 백성과 관리의 신분이 다르고 권력이 같지 않기 때문이네. 우리는 가엾은 백성들을 어찌하면 좋겠는가? 바른 도리를 아는 자라면, 어찌 백성들을 두려워하지 않으며, 자신에게 주어진 직분을 충분히 지키고자 애쓰지 않겠는가."

이처럼 子厚는 관리가 되어 백성에게서 세금을 거두어 祿을 먹으면서도 정치를 바르게 하지 못한다면 그는 바로 도둑이라고 극언(極言)했다. 이것이 柳宗元이 늘 염두에 두었으며, 또 실현하고자 애썼던 관리의 참된 정신이었다.

악부상:무명씨(樂府上:無名氏)

青青河畔草
청 청 하 반 초
강 언덕의 파릇파릇한 풀이

緜緜思遠道
면 면 사 원 도
멀리 떠난 당신을 끊임없이 생각하게 합니다.

遠道不可思
원 도 불 가 사
길이 멀어 생각할 수 없어서

夙昔夢見之
숙 석 몽 견 지
어젯밤 꿈속에서 당신을 뵈었습니다.

夢見在我傍
몽 견 재 아 방
꿈속에선 제 곁에 계시더니

忽覺在他鄕
홀 각 재 타 향
홀연히 꿈 깨니 타향에 계시는군요.

他鄕各異縣
타 향 각 이 현
타향이라도 너무 멀리 떨어진 곳에 서로 있으니

輾轉不可見
전 전 불 가 견
잠 못 이루고 뒤척일 뿐 뵈올 수가 없습니다.

枯桑知天風
고 상 지 천 풍
마른 뽕나무지만 하늘에 부는 바람을 알고

海水知天寒
해 수 지 천 한
얼지 않는 바닷물일망정 추위를 안다고 했습니다.

入門各自媚
입 문 각 자 미
여자는 집안에 들어서면
사랑하는 이를 위해 아양을 부린다 했는데.

誰肯相爲言
수 긍 상 위 언
누가 저를 상대해 주겠습니까?

客從遠方來
객 종 원 방 래
나그네가 먼 곳에서 와

遺我雙鯉魚 유 아 쌍 리 어	잉어 한 쌍을 주었습니다.
呼童烹鯉魚 호 동 팽 리 어	동자 불러 삶게 했더니
中有尺素書 중 유 척 소 서	뱃속에서 한 자 되는 비단 편지가 나왔습니다.
長跪讀素書 장 궤 독 소 서	단정히 무릎 꿇고 그것을 읽었는데
書中竟何如 서 중 경 하 여	무어라 씌어 있었는지 아셔요?
上有加餐飯 상 유 가 찬 반	글머리에는 몸조심하라 하셨고,
下有長相憶 하 유 창 상 억	글 끝에는 언제나 그리워한다고 하셨습니다.

【語義】河畔(하반):강가, 강 언덕. 緜緜(면면):끊어지지 아니하고 끝없이 이어져 있는 것. 遠道(원도):먼 길을 떠난 사람을 가리킨다. 夙昔(숙석):지난밤, 어젯밤. 昔은 夕의 뜻. 忽覺(홀각):홀연히 잠에서 깸. 輾轉(전전):잠을 못 이루고 이리저리 몸을 뒤척임. 枯桑知天風(고상지천풍)·海水知天寒(해수지천한):잎 떨어진 뽕나무여도 하늘에 바람 부는 것을 앎. 바닷물은 비록 얼지 않지만 날씨가 추워진 것을 앎. 사랑하는 임이 비록 멀리 떨어져 있지만, 기다리는 사람의 고독함과 처연한 심정, 그리고 그리워하는 마음을 모르지는 않을 것이라는 뜻. 入門各自媚(입문각자미):여자는 집안에 들어서면, 모두 자기를 사랑하는 사람을 위해 교태를 부림. 烹(팽):삶는 것. 尺素(척소):한 자 길이 되는 흰 명주. 옛 사람들은 이것에 편지를 썼다. 長跪(장궤):무릎을 꿇고 앉음. 加餐飯(가찬반):밥을 많이 들라는 뜻. 轉하여 몸조심하라는 뜻.

【解說】《文選》卷二十七 樂府上의 첫머리에 〈樂府〉 4首가 있다. 그 古辭의 첫 번째 篇, 〈飮馬長城窟行〉이라 제목 되어 있는 것이 바로 本篇이다. 樂府는 한(漢) 무제(武帝)가 교사(郊祀:天地에 지내는 祭)의 예(禮)를 정하고, 제(齊)·초(楚)·조(趙)·위(魏) 등에서 불리는 노래를 수집하여 노래의 음조(音調)나 사구(詞句)를 수정하고, 또 새로운 노래를 짓게 하기 위해 설치한 곳으로, 그곳에서 만들어진 가요조(歌謠調)의 詩를 樂府體, 후세에는 단순히 樂府라 부르게 되었다. 그 옛 노래 중에서 작자를 알 수 없는 것을 古辭라 한다. 《文選》卷二十七에 〈樂府上〉 14首가, 卷二十八에 〈樂府下〉 27首가 실려 있는데, 本書에는 〈樂府下〉에서 취한 작품이 없으므로, 本篇의 제목은 〈樂府〉라고 하는 편이 더 낫다.

本篇은 멀리 떠나가 있는 임을 그리는 정을 읊은 작품으로, 고악부(古樂府)에서 자주 쓰이는, 문의(文意)가 바뀔 때에는 운(韻)도 바꾸는 방법을 쓰고 있다. 本篇 후반의 구절들은 〈古詩十九首〉의 第17首에 있는 문구(文句)와 흡사하다.

客從遠方來　나그네가 먼 곳에서 와
遺我一書札　내게 편지 한 장 주었네.
上言長相思　위에선 언제나 그립다 말하고,
下言久離別　아래에선 이별이 너무 길다 했네.

이것은 옛날 멀리 떨어진 사랑하는 사람들이 주고받던 편지에 늘 쓰인, 위무(慰撫)와 비탄(悲歎)을 표현하는 상투어(常套語)였던 것 같다.

음주:도연명(飮酒:陶淵明)

羲農去我久
희 농 거 아 구
복희와 신농씨가 태곳적 분들이어서

擧世少復眞
거 세 소 복 진
요즘 세상엔 인간 본연의 참모습으로
돌아가려는 이가 없네.

汲汲魯中叟
급 급 노 중 수
노나라 공자께서 무진 애를 쓰셔

彌縫使其淳
미 봉 사 기 순
거친 세상의 사람들을 순박하게 하셨네.

鳳鳥雖不至
봉 조 수 부 지
그리하여, 봉황이 날아오지 않았어도

禮樂暫得新
예 악 잠 득 신
예악(禮樂)이 잠시나마 새로워졌다네.

洙泗輟微響
수 사 철 미 향
공자의 영향이 미약해지고

漂流逮狂秦
표 류 체 광 진
세월이 흘러 진나라 때에 이르니,

詩書復何罪
시 서 부 하 죄
시서(詩書)가 무슨 죄를 지었기에

一朝成灰塵
일 조 성 회 진
하루아침에 한줌 재로 변했나.

區區諸老翁
구 구 제 노 옹
뜻 있는 여러 노인네들

爲事誠慇懃
위 사 성 은 근
참으로 정성을 다해 육경을 후세에 전했네.

如何絶世下
여 하 절 세 하
그런데 어찌된 일로 후세에 이르러

六籍無一親
육 적 무 일 친
육경을 잘 아는 이 하나도 없는가?

終日馳車走
종 일 치 거 주
하루 종일 마차 몰아 이익을 구할 뿐,

不見所問津
불 견 소 문 진
나루터 묻는 사람 하나도 없네.

若復不快飲
약 부 불 쾌 음
유쾌하게 다시 술을 들이켜지 않는다면

空負頭上巾
공 부 두 상 건
머리 위의 건(巾)은 공연히 쓴 게 되리.

但恨多謬誤
단 한 다 류 오
오직 걱정하는 것은 내게 잘못이 많은 것이니,

君當恕醉人
군 당 서 취 인
그대들은 마땅히 술 취한 사람을
너그러이 보아주어야 하겠지.

【語義】 羲農(희농):복희(伏羲)와 신농(神農). 태고(太古)의 천자로, 소박하고
자연스럽게 천하를 통치하였다는 전설상의 제왕(帝王). 수인씨(燧人氏)와
더불어 삼황(三皇)이라 불린다. 少復眞(소복진):인간이 타고난 본성의 참
모습으로 돌아감이 적음. 眞은 인간 본연의 참된 모습. 汲汲(급급):쉬지
않고 애씀. 魯中叟(노중수):노나라의 늙은이. 공자(孔子)를 가리킨다. 彌
縫(미봉):해진 곳을 기움. 使其淳(사기순):사람의 마음을 순박하게 하는
것. 淳은 순(醇)과 같은 뜻으로, 순수하다·도탑다. 鳳鳥雖不至(봉조수부
지):봉황이 비록 날아들지 않았지만. 성군(聖君)이 다스리는 태평시대(太
平時代)는 아니었지만 의 뜻.《論語》자한편(子罕篇)에, '봉황새도 날아
오지 않고 황하(黃河)에서 도문(圖文)도 나오지 않으니, 나는 이제 그만
이구나(鳳鳥不至河不出圖 吾已矣).'라 했다. 禮樂暫得新(예악잠득신):
예악(禮樂)이 잠시 새로워짐. 이 구절은 공자(孔子)가 육경(六經)을 편

수(編修)하여 사회의 예의제도(禮義制度)와 음악(音樂)을 새롭게 했음을 가리킨다. 洙泗(수사):두 물, 수수(洙水)와 사수(泗水)를 가리킨다. 공자는 이 두 물가에서 가르침을 열고 유교(儒敎)를 폈다. 輟(철):그치다. 특히 물소리가 그치는 것. 공자의 후계자에 유력(有力)한 인물이 없었던 것을 뜻한다. 微響(미향):미약해진 공자의 사상. 漂流(표류):물에 떠서 흘러감. 역사의 흐름을 뜻한다. 逮(체):이르다. 狂秦(광진):광포(狂暴)한 진(秦)의 시황제(始皇帝). 詩書復何罪(시서부하죄):《詩經》과《書經》에 무슨 죄가 있는가? 成灰塵(성회진):재와 티끌이 됨. 시황제(始皇帝)가 재상 이사(李斯)의 건의를 받아들여 백가(百家)의 서(書)를 불사른 것을 가리킨다. 區區諸老翁(구구제노옹):자그마한 일에까지도 꼼꼼하게 주의한 여러 노인. 區區는 작은 일에까지 마음을 쓰는 것. 諸老翁은《書經》을 전한 제남(濟南)의 복생(伏生),《詩經》을 전한 제(齊)나라의 원고생(轅固生)과 노(魯)나라의 신공(申公),《禮記》를 전한 노(魯)나라의 고당생(高堂生),《春秋》를 전한 호모생(胡母生) 등을 가리킨다. 이들은 이러한 경서(經書)를 마음에 기억하거나 입으로 전하여 후세에 남겼다. 爲事(위사):앞의 諸老翁이 진시황의 분서(焚書)로 말미암아 실전(失傳)된 경서(經書)들을 다시 후세에 전(傳)한 일을 가리킨다. 慇懃(은근):공을 많이 들이는 것. 絶世(절세):후세(後世)를 뜻한다. 六籍(육적):유가(儒家)의 경전(經典)인《詩經》·《書經》·《易經》·《春秋》·《禮記》·《樂記》의 육경(六經)을 가리킨다. 籍은 문서. 無一親(무일친):잘 아는 사람이 하나도 없음. 終日馳車走(종일치거주):이익을 추구하기 위하여 하루 종일 마차를 타고 달림. 不見所問津(불견소문진):나루터를 묻는 사람을 볼 수 없음, 所는 人.《論語》미자편(微子篇)에, '장저(長沮)와 걸익(桀溺)이 같이 밭을 갈고 있었다. 공자께서 그곳을 지나시다가 자로(子路)를 시켜 나루터가 어디에 있는지 물어보도록 하셨다(長沮桀溺耦而耕. 孔子過之 使子路 問津焉).'라

한 데에서 취한 것으로, 연명은 자신을 두 사람의 은자(隱者)에 견주고 있다. 나루터를 묻는다는 것은, 성인(聖人)의 도(道)로 나아가기 위하여 육경(六經)을 공부하는 것을 뜻한다. 空負頭上巾(공부두상건):공연히 머리 위에 건을 얹고 있음. 연명은 머리 위의 巾을 벗어 술을 걸러 마셨다. 따라서 술을 마시지 않을 경우 머리 위의 巾은 공연히 쓴 것이 된다. 謬誤(유오):그릇된 것. 잘못된 것. 君當恕醉人(군당서취인):그대들은 마땅히 술 취한 사람을 너그럽게 보아주어야 함. 작자는 최후의 四句로, 비관절망(悲觀絕望)의 극(極)을 표현하면서 배해적(俳諧的)으로 篇을 끝내고 있다. 그러면서 자신의 실언(失言)을 사과하고 있는 것이다.

【解說】 本集 卷三에 실려 있는 〈飲酒〉 20首 가운데 마지막 篇이다. 앞에 나온 〈雜詩〉 두 篇도 〈飲酒〉 20首 가운데 들어 있으므로, 그것들도 〈飲酒〉라 제목 해야 옳다.

　　本篇은 유학자(儒學者)다운 陶淵明의 면모가 여실히 표명(表明)된 작품이다. 淵明이 살던 진대(晉代)는 매우 혼란했다. 왕실(王室)과 사족(士族)의 세력이 약화되고 신흥 군벌(軍閥)이 대두하여 각축을 벌였으며, 이민족의 침입과 농민의 봉기가 끊임없이 일어났다. 공자(孔子)가 부르짖던 인의(仁義)의 유가 정신(儒家精神)은 사라지고, 너도나도 노장(老莊)에 기울어 현실을 백안시한 허무주의에 빠지거나, 실력자에게 빌붙어 영달(榮達)을 누리려고 혈안이었다. 그래서 눈을 씻고 찾아보아도 長沮나 桀溺처럼 땀 흘려 일하는 사람은 볼 수 없었다. 암담한 세상, 절망한 淵明은 술로써만이 마음을 달랠 수 있었다. 술을 마시지 않는다면 巾을 배반하는 것이 된다는 해학적인 표현 속에서, 우리가 알고 있는 전원시인으로서 淵明의 술과는 약간 거리가 있는 淵明의 음주(飲酒)를 보게 된다.

청(淸)의 심덕잠(沈德潛)은 本篇을 높이 평가했는데, 특히 시종일관 유가(儒家)의 일을 인용한 것에 대해 淵明이야말로 漢 以後 육조 말(六朝末)까지에 있어 공자의 참다운 제자라 했다.

귀전원거:도연명(歸田園居:陶淵明)

少無適俗韻
소 무 적 속 운

어려서부터 세속에 어울리지 못하고

性本愛丘山
성 본 애 구 산

천성이 본디 산을 사랑했노라.

誤落塵網中
오 락 진 망 중

잘못하여 속세에 떨어져

一去三十年
일 거 삼 십 년

어느덧 삼십 년이 지났네.

羈鳥戀舊林
기 조 연 구 림

새장에 갇힌 새는 옛 숲을 그리워하고

池魚思故淵
지 어 사 고 연

못 속의 물고기는 제 놀던 못을 생각한다네.

開荒南野際
개 황 남 야 제

황폐한 남쪽 들 한쪽을 일구어 살며

守拙歸園田
수 졸 귀 원 전

전원에 돌아와 순박한 본성을 지키노라.

方宅十餘畝
방 택 십 여 묘

반듯한 십여 이랑의 텃밭에

草屋八九閒
초 옥 팔 구 간

여덟아홉 칸의 초가집.

榆柳蔭後簷
유 류 음 후 첨

느릅나무와 버드나무는 뒤뜰 처마를 가리고

桃李羅堂前
도 리 나 당 전

집 앞에는 복숭아 오얏꽃이 줄지어 피었네.

曖曖遠人村
애 애 원 인 촌

저 멀리 시골 마을 흐릿하게 보이고

依依墟里煙
의 의 허 리 연

마을에선 저녁 연기 길게 피어오르는데,

狗吠深巷中
구 폐 심 항 중

깊은 골목 안에선 개가 짖고

鷄鳴桑樹顚
계 명 상 수 전

뽕나무 위에선 닭이 우네.

戸庭無塵雜
호 정 무 진 잡

뜰 안에는 속세의 잡된 일 없고

虛室有餘閑
허 실 유 여 한

텅 빈 방은 한가롭기만 하네.

久在樊籠裏
구 재 번 롱 리

오랫동안 새장 속에 갇혔다가

復得返自然
부 득 반 자 연

이제야 다시 자연으로 돌아왔노라.

【語義】 少(소):젊었을 때를 가리킨다. 無適(무적):적합하지 않음. 俗韻
(속운):세상의 속된 풍속(風俗). 誤落(오락):잘못하여 떨어짐. 塵網(진
망):티끌처럼 지저분한 인간 세상의 그물. 세간(世間)의 명리(名利) 때
문에 어쩔 수 없이 받아야 하는 생활의 구속. 특히 관료 생활의 부자유.
三十年(삼십년):어느덧 삼십 년이 지남. 제설(諸說)이 구구한데, 오랜
세월을 가리키는 말로 보는 것이 무난하다. 羈鳥(기조):새장 안에 갇힌
새. 집을 떠나 떠돌아다니거나 관도(官途)에 있는 자를 가리킨다. 戀舊
林(연구림):옛 숲을 그리워함. 故淵(고연):옛날에 자신이 놀던 못. 開
荒(개황):황무지를 개간하는 것. 守拙(수졸):세태(世態)에 적응하지 않
고 자신의 순박한 본성을 지키는 것을 가리킨다. 方宅(방택):모가 난
네모꼴의 집터. 밭까지 딸려 있다. 畝(묘):이랑. 지적(地積)의 단위. 육
척 사방(六尺四方)을 일 보(一步)라 하고, 백 보를 일묘(一畝)라 한다.

진(秦)나라 이후에는 이백사십 보를 일 묘(一畝)라 했다.　楡(유):느릅
나무.　蔭(음):가리다. 그늘지다.　簷(첨):처마.　曖曖(애애):흐린 모양.
밝지 않은 모양.　依依(의의):의희(依稀)와 같은 뜻으로, 어렴풋이 보이
는 모양.　墟里(허리):촌리(村里), 촌락(村落).　深巷(심항):깊숙한 골목.
戸庭(호정):대문에서 마당에 이르는 집 안.　顚(전):머리, 또는 꼭대기.
塵雜(진잡):지저분하고 잡된 속세(俗世)의 일.　虛室(허실):잡다한 가재
도구가 없는 텅 빈 방.　樊籠(번롱):새장. 궁하고 막힘이 많은 세속(世
俗)의 생활을 가리킨다.　自然(자연):외부의 강요나 간섭이 없는 본래
의 생활을 가리킨다. 《老子》25장에, '사람은 땅을 모범 삼고, 땅은 하
늘을 모범 삼고, 하늘은 도(道)를 모범 삼고, 도(道)는 자연(自然)을 모
범 삼는다(人法地 地法天・天法道 道法自然).'고 했다. 무위자연(無爲
自然)은 도(道) 본연의 상태.

【解說】 本集 卷二에 실린 〈歸園田居〉 5首 가운데 첫 번째 것으로, 淵明의
　　　작품 중에서도 걸작(傑作)에 든다. 새장에 들어간 것같이 속박이 심한
　　　관계(官界)를 떠나 평소부터 그리던 향리(鄕里)의 전원(田園)에 돌아와
　　　평화스럽고 자연스런 생활을 누리게 된 기쁨을 노래한 작품이다. 같은
　　　제목의 시가 두 首나 이미 앞의 五言短篇에 실렸는데, 本篇은 그것들과
　　　맥(脈)을 같이하는 일련(一連)의 전원시(田園詩)라 할 수 있다. 淵明이
　　　향촌(鄕村)을 얼마나 사랑했는지는 本篇뿐만 아니라 〈歸去來辭〉(後集에
　　　收錄)・〈桃花源記〉(뒤에 나오는 韓愈의 詩 〈桃源圖〉의 解說 참조) 등의
　　　詩에도 잘 나타나 있다.
　　　　'一去三十年'에 관하여, 淵明의 관직 생활이 30년이 못 되므로 三은
　　　己의 잘못이다. 三十年은 十三年의 오기(誤記)이다는 등으로 해석하
　　　여, 이 句를 淵明의 실제 관직 생활의 기간과 결부시키려는 사람이 많

은데, 이 句는 단순히 오랜 세월이 지난 것을 표현한 것으로 보아도 좋을 것 같다.

하일이공견방:두자미(夏日李公見訪:杜子美)

遠林暑氣薄
원 림 서 기 박
마을에서 멀리 떨어진 숲이라 더위가 엷어

公子過我遊
공 자 과 아 유
이공께서 날 찾아 놀러 오셨네.

貧居類村塢
빈 거 유 촌 오
가난한 내 집, 마을 가에 둘러친 담이나 다름없고

僻近城南樓
벽 근 성 남 루
외지게도 성 남쪽 누(樓) 가까이에 있네.

旁舍頗淳朴
방 사 파 순 박
이웃들이 모두 순박하여

所願亦易求
소 원 역 이 구
아쉬운 것 있어도 쉬이 구할 수 있네.

隔屋問西家
격 옥 문 서 가
담 너머 서쪽 집에 묻길,

借問有酒不
차 문 유 주 불
혹시 술 가진 게 없느냐고.

牆頭過濁醪
장 두 과 탁 료
담 너머로 막걸리 넘겨주니

展席俯長流
전 석 부 장 류
자리 펴고 멀리 긴 물줄기 굽어보네.

淸風左右至
청 풍 좌 우 지
맑은 바람 좌우에서 불어오니

客意已驚秋
객 의 이 경 추
객(客), 벌써 가을인가 하고 놀라네.

巢多衆鳥鬪
소 다 중 조 투
새둥지 많은 숲 속에선 뭇 새들 다투고

葉密鳴蟬稠 _{엽 밀 명 선 조}	잎 무성한 나무엔 울어 대는 매미들 득실거리네.
苦遭此物聒 _{고 조 차 물 괄}	이것들 울음소리 시끄러워 괴롭기만 한데
孰語吾廬幽 _{숙 어 오 려 유}	누가 내 집을 조용하다 하였나?
水花晚色靜 _{수 화 만 색 정}	연꽃에 저녁 빛이 고요히 감도니
庶足充淹留 _{서 족 충 엄 류}	객(客)을 더 머물게 하기에 충분하리.
預恐罇中盡 _{예 공 준 중 진}	술통이 빌까 벌써부터 두려워
更起爲君謀 _{갱 기 위 군 모}	다시 일어나 객(客) 위해 술을 마련하려고 마음 쓰네.

【語義】遠林(원림):마을로부터 멀리 떨어진 숲. 公子(공자):왕후(王侯)나 귀족(貴族)의 자제에 대한 경칭(敬稱). 이염(李炎)을 가리킨다. 過我遊(과아유):내게로 놀러 옴. 過는 방문하는 것. 類村塢(유촌오):마을가의 담과 흡사함. 塢는 보루. 僻(벽):후미진 것, 외진 것. 城南樓(성남루):장안 성벽(長安城壁) 남쪽에 있는 누(樓). 旁舍(방사):사방 이웃집들. 頗(파):자못, 매우. 隔屋(격옥):집을 사이에 두고. 問西家(문서가):서쪽에 있는 이웃집에 물음. 借問(차문):남에게 묻는 것. 有酒不(유주불):술이 있는지 없는지. 牆頭過濁醪(장두과탁료):담 너머로 막걸리를 넘겨줌. 牆은 담. 醪는 막걸리. 展席俯長流(전석부장류):자리를 펴고 길게 흘러가는 물을 굽어봄. 客意(객의):손님, 즉 공자(公子) 이염(李炎)의 마음. 已驚秋(이경추):벌써 가을인가 하고 놀람. 衆鳥鬪(중조투):뭇 새들이 다툼. 蟬(선):매미. 稠(조):빽빽함, 많음. 遭(조):만나다. 此物(차물):요란하게 울어 대

는 새와 매미를 가리킨다. 聒(괄):시끄러운 것. 孰語吾廬幽(숙어오려유):
누가 나의 오두막집이 조용하다 하는가? 그러나 이 표현은 반어적(反語
的)인 표현으로, 내 집 주위가 참으로 조용하기 때문에 새나 매미의 울음
소리가 요란하게 들린다는 것을 암시하고 있다. 水花(수화):연못의 연꽃.
晩色靜(만색정):저녁 빛이 고요함. 庶(서):거의, 다분히. 淹留(엄류):오랫
동안 머무르는 것. 預(예):미리. 罇中(준중):술통 속의 술. 謀(모):마음
을 씀. 배려함. 작자가 이염(李炎)을 위하여 술을 더 마련하기 위하여 마
음을 쓰는 것을 가리킨다.

【解說】《杜少陵集》卷三에 실려 있고, 本書 題下 注에, '李炎은 태자가령
(太子家令:唐의 肅宗이 太子였을 때의 家老)이다. 〈李家令見訪〉이라 제
목한 판본도 있다.'고 했다. 本篇의 李公을 李白으로 해석하는 것은 잘
못이다. 이 詩는 천보(天寶) 14년(755)에 지어진 작품이다. 이염(李炎)
은 唐의 종실(宗室)인 채왕(蔡王) 이방(李房)의 자식으로, 태자가령(太
子家令)이었다.

  어느 여름날, 杜甫는 李公의 방문을 받고 대좌(對坐)하여 음연(飮宴)
하게 되었는데, 本篇은 그때의 감흥(感興)을 읊은 작품이다. 가난한 생
활이긴 하지만 인심 좋은 이웃들과 함께 한적하게 살아가는 杜甫의 모
습이 눈앞에 보이는 듯하다.

증위팔처사:두자미(贈衛八處士:杜子美)

人生不相見 _{인 생 불 상 견}	함께 살며 서로 만나지 못함이
動如參與商 _{동 여 삼 여 상}	마치 삼성(參星)과 상성(商星) 같네.
今夕復何夕 _{금 석 부 하 석}	그런데 오늘 밤은 어떤 밤이기에
共此燈燭光 _{공 차 등 촉 광}	이렇게 촛불 아래 함께 앉게 되었나?
少壯能幾時 _{소 장 능 기 시}	젊은 날이 그 얼마이리.
鬢髮各已蒼 _{빈 발 각 이 창}	귀밑머리 벌써 희끗희끗해졌네.
訪舊半爲鬼 _{방 구 반 위 귀}	옛 친구들, 반은 벌써 귀신이 되었으니
驚呼熱中腸 _{경 호 열 중 장}	놀라움에 뱃속이 뜨거워지네.
焉知二十載 _{언 지 이 십 재}	어찌 알았으랴 이십 년 만에
重上君子堂 _{중 상 군 자 당}	다시 그대의 집에 오르게 될 줄이야.

【語義】 動如參與商(동여삼여상):자칫하면 삼성(參星)과 상성(商星)처럼, 서로 하늘 한쪽 가에 떨어져 만나지 못하는 것과 같게 됨. 動은 자칫하면, 걸핏하면. 參星은 동쪽에, 商星은 서쪽에 있는데, 삼성이 뜨면 상성이 지고 상성이 뜨면 삼성이 져, 이 두 별은 영영 함께 나타나지 않는다. 그래서 삼상(參商)은 사람들이 이별하여 만나지 못하는 것에 흔히 비유

된다. 今夕復何夕(금석부하석):오늘 저녁은 또 어떤 저녁인가?《詩經》
국풍편(國風篇) 당풍(唐風) 〈주무(綢繆)〉에, '오늘 저녁이 어떤 저녁인
가? 오늘 저녁에 좋은 임을 만났네. 아아, 기뻐라. 이 좋은 임을 어이할
까(今夕何夕 見此良人. 子兮子兮 如此良人何).'라 한 데에서 인용한 것
이다. 共此燈燭光(공차등촉광):그대와 함께 촛불 아래에 있게 됨. 共
宿燈燭光으로 된 판본도 있다. 少壯能幾時(소장능기시):젊은 날이 얼
마나 되리. 한 무제(漢武帝)의 〈秋風辭〉에, '젊은 날이 그 얼마이랴, 늙
는 것을 어찌할 것인가(少壯幾時兮奈老何).'라 한 데에서 취한 것. 蒼
(창):검은 머리에 흰머리가 섞인 것. 訪舊半爲鬼(방구반위귀):옛 친구
를 찾아보면 반은 귀신이 되어 있음. 舊는 옛 친구. 鬼는 죽은 사람. 驚
呼(경호):놀라 탄식의 소리를 냄. 熱中腸(열중장):뱃속의 창자가 슬픔
으로 뜨거워짐. 가슴이 슬픔 때문에 북받치는 것. 焉知(언지):어찌 알
았으랴? 생각조차 할 수 없었다는 뜻. 君子堂(군자당):덕 있는 사람이
기거하는 곳을 가리킨다.

昔別君未婚   옛날 헤어질 적엔 그대 홀몸이었는데
석 별 군 미 혼

兒女忽成行   이제는 아이들이 줄을 짓게 되었구려.
아 녀 홀 성 항

怡然敬父執   기뻐 아비 친구에게 인사하며
이 연 경 부 집

問我來何方   내게 어디서 왔느냐고 묻네.
문 아 내 하 방

問答未及已   미처 나의 대답 끝나기도 전에
문 답 미 급 이

兒女羅酒漿   아이들이 술상을 벌여 놓네.
아 녀 나 주 장

夜雨剪春韭 야 우 전 춘 구	밤비 맞으며 봄 부추 잘라 오고
新炊間黃粱 신 취 간 황 량	노란 좁쌀 섞어 새로 밥을 짓네.
主稱會面難 주 칭 회 면 난	주인이 앞으로는 만나기 어려울 거라 말하니
一擧累十觴 일 거 누 십 상	단숨에 십여 잔을 거듭 드네.
十觴亦不醉 십 상 역 불 취	십여 잔을 마셔도 취하지 않으니,
感子故意長 감 자 고 의 장	이는 변함없는 그대의 옛정에 감동했기 때문일세.
明日隔山岳 명 일 격 산 악	내일, 산 이쪽저쪽으로 서로 헤어지리니
世事兩茫茫 세 사 양 망 망	세상일에 서로가 사정 몰라 망망하리.

【語義】 成行(성항):줄을 이루고 있음. 곧 자녀들이 많음을 가리킨다. 怡
然(이연):기뻐하는 모양, 즐거워하는 모양. 父執(부집):아버지와 같은
뜻을 가지고 있는 사람. 즉 아버지의 친구.《禮記》곡례(曲禮) 上에, '아
버지의 집우(執友)를 뵈었을 때에는, 나아가라는 말이 없으면 나아가지
않으며, 물러가라는 말이 없으면 물러가지 않으며, 묻지 않으면 대답
할 수 없다. 이것이 바로 효자의 행동이다(見父之執 不謂之進不敢進 不
謂之退不敢退 不問不敢對. 此孝子之行也).'라 했다. 羅酒漿(나주장):술
상 차리는 것을 가리킨다. 羅는 벌여 놓는 것. 酒漿은 술과 음료(飮料).
夜雨剪春韭(야우전춘구):밤비를 맞으며 봄 부추를 자름. 剪은 자르다.
韭는 부추. 新炊間黃粱(신취간황량):새로 밥을 지으며 노란 좁쌀을 섞

음. 炊는 불을 때어 밥을 짓는 것. 閒은 섞는 것. 黃粱은 노란 좁쌀. 一
擧累十觴(일거누십상):한 번에 열 잔의 술을 마심. 累는 여러 번 거듭한
다는 뜻. 子故意長(자고의장):그대의 옛 우정은 변하지 않았음. 故意는
옛 우정. 長은 오래도록 변하지 않는 것. 世事兩茫茫(세사양망망):세상
일 때문에 두 사람이 서로 멀리 떨어져, 서로의 소식도 모르는 채 지내
게 될 것이라는 뜻. 茫茫은 아득한 것.

【解說】《杜少陵集》卷六에 실려 있다. 本書 題注에, '《唐史拾遺》에 의하
면 杜甫·李白·高適·衛賓 등은 교유(交遊)했고, 당시 賓이 가장 나
이가 어렸으므로 小友라 호(號)했다 한다. '昔別君未婚'이란 말이 나오
는 것으로 보아 衛八處士는 賓을 가리키는 것 같다. 本篇은 친밀한 교
분을 서술하고, 옛 친구의 정의(情義)가 매우 두터운 것을 이야기한다.
結末의 의미가 神妙하다.'고 했는데, 衛處士가 누구인지는 확실하지 않
다. 당대(唐代)의 은사(隱士), 포주(蒲州)의 위대경(衛大經)의 집안사람
이라는 설도 있다. 處士란 은자(隱者)를 가리키는 말로, 출사(出仕)하
지 않은 사람을 부르는 명칭(名稱) 이다. 本篇은 건원(乾元) 2년(759)
杜甫가 화주(華州)에 있을 때에 衛處士의 집에 머물다 지은 것 같다. 衛
八이란 衛氏 형제들 가운데 여덟 번째란 뜻으로, 중국에선 이처럼 이
름 대신 배항(排行:한 겨레 중에서 長幼·尊卑 등에 의한 순서. 輩行)
의 숫자를 많이 썼다.

　《杜少陵集詳注》周甸 注에, '앞에서는 人生을 이야기하고, 뒤에서는
세상일을 이야기했다. 앞에서는 삼상(參商)과 같다고 말하고, 뒤에서는
산을 사이에 두고 헤어진다고 말했다. 사람들의 만남과 헤어짐이 일정
하지 않고, 이별은 쉽고 만남은 어렵다는 것을 보게 된다.'고 했다. 헤
어진 지 20년 만에 우연히 만난 옛 친구와 즐거움을 나눈 감회가 더없

이 감동적으로 서술되어 있어, 本篇은 杜甫의 詩 가운데서도 몇 손가락
안에 꼽히는 걸작이다.

가인:두자미(佳人:杜子美)

絶代有佳人
절 대 유 가 인
절세의 미인이

幽居在空谷
유 거 재 공 곡
빈 골짜기에 숨어 사네.

自云良家子
자 운 양 가 자
원래는 양갓집 딸이었는데

零落依草木
영 락 의 초 목
영락하여 의지할 곳도 없다고.

關中昔喪敗
관 중 석 상 패
옛날 장안 땅이 전란에 짓밟힐 때에

兄弟遭殺戮
형 제 조 살 육
형제가 모두 변을 당했다네.

官高何足論
관 고 하 족 론
벼슬이 높았음을 말해 무엇 하리

不得收骨肉
부 득 수 골 육
육친의 골육조차 거두지 못한 것을.

世情惡衰歇
세 정 오 쇠 헐
몰락한 집안을 싫어하는 게 세상의 인정,

萬事隨轉燭
만 사 수 전 촉
바람에 흔들리는 촛불 따라 변하는 만사.

【語義】絶代(절대):絶世와 같은 말. 이 세상에 둘도 없음. 한대(漢代) 이연
년(李延年)의 〈佳人歌〉에, '북방에 미인이 있으니, 세상에서 뛰어나 비
길 바 없다(北方有佳人 絶世而獨立).'라 했다. 幽居(유거):속세를 떠나
깊은 산속에서 조용히 사는 것. 空谷(공곡):공허하고 사람이 없는 골짜
기. 良家(양가):좋은 가문. 子(자):여기서는 딸을 뜻한다. 零落(영락):

몰락(沒落)의 뜻. 依草木(의초목):초목에 몸을 의지함. 의지할 데가 없다는 뜻. 關中(관중):섬서성(陝西省) 함곡관(函谷關)의 서쪽 지방을 가리킨다. 장안(長安)이 있다. 천보(天寶) 14년 안녹산(安祿山)이 난을 일으켜 장안을 함락시킨 적이 있다. 喪敗(상패):전란(戰亂)에 짓밟혀 형편 없이 되는 것을 가리킨다. 喪은 잃는 것, 敗는 망하는 것. 殺戮(살육):사람을 마구 죽이는 것. 骨肉(골육):뼈와 살을 나눈 부모와 자식의 관계. 世情(세정):세상의 인정(人情). 惡(오):싫어함, 미워함. 衰歇(쇠헐):집안이 쇠하고 재물이 탕진된 것. 歇은 흩어져 사라지는 것. 萬事隨轉燭(만사수전촉):모든 것이 꺼져 가는 촛불을 따라감. 만사가 바람에 흔들리는 촛불처럼 갑자기 소멸되어 버렸다는 뜻. 곧 세상의 모든 일은 걷잡을 수 없이 변하게 마련이라는 뜻.

夫婿輕薄兒
부 서 경 박 아
남편은 경박한 사람이어서

新人美如玉
신 인 미 여 옥
구슬 같은 새사람을 얻었다네.

合昏尙知時
합 혼 상 지 시
합혼초도 때를 알아 짝을 짓고

鴛鴦不獨宿
원 앙 부 독 숙
원앙새는 홀로 자지 않거늘,

但見新人笑
단 견 신 인 소
새사람 웃는 낮만 쳐다볼 뿐

那聞舊人哭
나 문 구 인 곡
옛 처의 울음소린 들리지도 않는 듯.

在山泉水淸
재 산 천 수 청
샘물은 산에 있어야 맑지

出山泉水濁
출 산 천 수 탁
산을 나와 흐르면 탁해진다네.

侍婢賣珠廻 <small>시 비 매 주 회</small>	하녀가 구슬 팔고 돌아와서는
牽蘿補茅屋 <small>견 라 보 모 옥</small>	덩굴 당겨 띳집 지붕을 고치네.
摘花不挿髮 <small>적 화 불 삽 발</small>	꽃을 따도 머리에 꽂지 않으리.
采柏動盈掬 <small>채 백 동 영 국</small>	측백잎 따니 이내 양손에 차네.
天寒翠袖薄 <small>천 한 취 수 박</small>	날은 찬데 푸른 옷소매 얇고
日暮倚脩竹 <small>일 모 의 수 죽</small>	날 저무니 긴 대나무에 몸을 기대네.

【語義】夫婿(부서):남편. 婿는 壻로도 쓰며, 夫婿는 아내가 남편을 칭(稱)
할 때에 쓰는 말.　輕薄兒(경박아):경솔(輕率)하고 박정(薄情)한 사람.
新人(신인):남편이 새로 맞아들인 여자.　合昏(합혼):저녁이 되면 잎들
이 하나로 합쳐진다는 풀.　鴛鴦(원앙):언제나 암수가 함께 노닌다는 새
로, 부부를 상징한다.　那(나):어찌.　舊人哭(구인곡):옛사람의 울음소
리. 즉 새 여자에게 남편을 빼앗긴 옛 아내.　侍婢(시비):하녀(下女).　賣
珠(매주):살기가 궁하여 지녔던 구슬을 팖.　牽蘿補茅屋(견라보모옥):
담쟁이의 덩굴을 끌어올려 띳집의 지붕을 보수함.　摘花不挿髮(적화불
삽발):꽃을 꺾어도 머리에 꽂지 않음. 《詩經》國風篇 衛風〈伯兮〉의, '임
께서 동으로 가시니 내 머리 나부끼는 쑥대 같네. 어찌 기름 바르고 머
리 감지 못하랴마는, 누구를 위해 얼굴을 매만질꼬(自伯之東 首如飛蓬.
豈無膏沐 誰適爲容).'라 한 뜻을 표현한 것이다.　采柏(채백):측백나무
의 잎을 땀. 측백나무는 소나무와 함께 겨울에도 푸르름을 잃지 않아 지

조를 상징한다. 버림받은 아내가 끝까지 절조(節操) 지키는 것을 가리
킨다. 動(동):바로, 어느새. 盈掬(영국):양손에 가득 참. 양손을 一匊
(掬의 本字)이라 한다. 天寒翠袖薄(천한취수박):날은 찬데 비취 빛 옷
소매는 얇음. 겨울 의복도 없이 고생하는 것을 알 수 있다. 依脩竹(의
수죽):긴 대나무에 몸을 기댐. 비록 남편으로부터 버림받았지만, 옛 아
내는 굳게 절조를 지킨다는 뜻.

【解說】《杜少陵集》卷七에 실려 있다. 佳人은 아름다운 사람, 좋아하는
사람이란 뜻으로, 일반적으로 부인(婦人)을 가리키지만 자신이 흠모하
는 사람이라는 뜻에서, 군주(君主) · 정인(情人) · 친구 등 남자를 가리
킬 때도 있다.
　　本書 注에, '本篇에 天寒翠袖薄이라 한 것은, 세상이 어지러워 군자가
군주로부터 멀리 떨어져 있는 것을 가리킨다. 柏과 竹은 겨울이 되어도
지조를 바꾸지 않는다. 采柏과 倚脩竹함은 멀리 나라의 앞일을 걱정하
기 때문이다. 군자는 君으로부터 버림받아도 지조를 지키는 것과 같다.
이는 충신(忠臣)이 정부(貞婦)에 비유되는 소이(所以)이다.'라고 한 것
처럼 本篇을, 쫓겨난 현신(賢臣)이 君에 대한 충심(忠心)을 잃지 않았는
데도 신진(新進)의 덕(德) 없는 젊은이들이 君의 총애를 받는 것을 풍간
(諷諫)한 것으로 해석하는 예가 많은데, 꼭 그렇다고는 생각할 수 없다.
本篇은 군자나 현신을 佳人에 비유하여 그릇된 정치를 이야기한 게 아
니라, 현실의 아름다운 여인을 노래한 작품이다. 건원(乾元) 2년(759),
杜甫가 진주(秦州)에서 아름다운 여인을 보고 지은 작품일 것이다.

송제갈각왕수주독서:한퇴지(送諸葛覺往隨州讀書: 韓退之)

鄴侯家多書
업 후 가 다 서
업후의 집에는 책이 많아

架揷三萬軸
가 삽 삼 만 축
서가에는 삼만 개의 두루마리가 꽂혀 있네.

一一懸牙籤
일 일 현 아 첨
두루마리마다 상아패가 달려 있고

新若手未觸
신 약 수 미 촉
새롭기 손 한 번 대지 않은 것 같네.

爲人强記覽
위 인 강 기 람
사람됨이 박람강기(博覽强記)하여

過眼不再讀
과 안 부 재 독
한번 읽은 책은 다시 볼 게 없다네.

偉哉羣聖書
위 재 군 성 서
위대하여라, 여러 성현의 글이

磊落載其腹
뇌 락 재 기 복
뱃속에 돌무더기처럼 쌓여 있네.

行年逾五十
행 년 유 오 십
나이 오십이 넘었는데

出守數已六
출 수 수 이 륙
지방 태수를 여섯 번이나 지냈다네.

京邑有舊廬
경 읍 유 구 려
장안에 옛집이 없는 건 아니지만

不容久食宿
불 용 구 식 숙
지방관으로 전전하느라 오래 머물 수 없었네.

臺閣多官員
대 각 다 관 원
중앙 조정엔 관원이 많아

無地寄一足　한 발도 들여놓을 여지가 없다네.
무 지 기 일 족

【語義】 鄴侯(업후):재상(宰相)을 지낸 이필(李泌)을 가리킨다. 李泌은 唐의
현종(玄宗)·숙종(肅宗)·대종(代宗)·덕종(德宗)을 섬긴 공신(功臣)으
로, 업현후(鄴縣侯)에 봉(封)해졌다.　架(가):서가(書架).　揷三萬軸(삽
삼만축):삼만 개의 두루마리가 꽂혀 있음. 이때의 책은 비단에 글을 써
서 굴대에 만 것이다.　一一(일일):두루마리 하나하나에.　懸牙籤(현아
첨):상아로 만든 패에 책이름을 적어 달아 둠. 牙籤은 상아로 만든 패.
爲人(위인):사람의 됨됨이. 사람 된 품. 사람됨.　强記覽(강기람):오래
도록 잘 기억하고 널리 책을 읽음. 박람강기(博覽强記).　不再讀(부재
독):다시 읽을 필요가 없음.　磊落(뇌락):많은 돌이 쌓여 있는 모양. 여
기에서는 많은 것을 뜻한다.　載其腹(재기복):뱃속에 들어 있음. 암기
하고 있다는 뜻.　行年(행년):지나온 해. 곧 나이.　出守(출수):지방으로
가 고을 태수(太守)가 되는 것.　數已六(수이륙):그 수효가 이미 여섯 번
임. 여섯 번이나 지방 태수 노릇을 했다는 뜻.　京邑(경읍):장안(長安)
을 가리킨다.　不容久食宿(불용구식숙):장안(長安)에 있는 집에서 오랫
동안 사는 것이 허락되지 않음. 여러 차례 지방 태수로 일했던 것을 가
리킨다.　臺閣(대각):백관(百官)을 총령(總領)하던 관청인 상서성(尙書
省)을 가리킨다.　無地寄一足(무지기일족):한 발도 들여놓을 여지가 없
음. 중앙 관청에서 근무하지 못하고 계속 외임(外任)으로 전전했음을
가리킨다.

我雖官在朝
아 수 관 재 조
나는 비록 조정에 있지만

氣勢日局縮
기 세 일 국 축
기세가 나날이 줄어들고 있어,

屢爲丞相言
누 위 승 상 언
여러 번 승상께 말씀드렸어도

雖懇不見錄
수 간 불 현 록
간절한 내 뜻 받아들여지지 않았다네.

送行過溹水
송 행 과 산 수
그를 전송하러 산수(溹水)를 지나

東望不轉目
동 망 부 전 목
눈 한 번 깜빡이지 않고
동쪽으로 멀어져 가는 그를 바라보았네.

今子從之遊
금 자 종 지 유
지금 그대가 그를 좇아 놀게 되었으니

學問得所欲
학 문 득 소 욕
마음껏 학문을 닦도록 하게.

入海觀龍魚
입 해 관 룡 어
바다 속에 들어가 용과 물고기를 보고

矯翮逐黃鵠
교 핵 축 황 곡
날개 쳐 큰기러기를 좇듯
심오한 도리를 구하도록 하게.

勉爲新詩章
면 위 신 시 장
힘써 청신한 시와 글을 지어

月寄三四幅
월 기 삼 사 폭
다달이 서너 폭씩 보내 주게나.

【語義】局縮(국축):줄어드는 것. 屢(루):여러 차례. 丞相言(승상언):승상에게 말함. 이번(李繁)을 조정에 임용해 달라고 말하는 것을 가리킨다. 雖懇(수간):'매우 간절하게 말씀드렸지만'의 뜻. 不見錄(불현록):채용

(採用)되지 않음. 見은 수동(受動)의 뜻을 나타내는 助字. 送行(송행):
이번(李繁)이 조정에 쓰이지 않고 지방관이 되어 수주(隨州)로 가는 것
을 전송함. 滻水(산수):장안(長安)의 남전곡(藍田谷) 북쪽으로부터 나
와 파릉(灞陵)에 이르러 파수(灞水)와 합쳐지는 물 이름. 東望(동망):
장안(長安)으로부터 동쪽으로 가는 것을 바라봄. 不轉目(부전목):눈을
깜박거리거나 눈동자를 굴리지 않는 것. 從之遊(종지유):그를 좇아 놂.
入海觀龍魚(입해관룡어):바다 속에 들어가 용과 물고기를 구경함. 심오
한 학문을 닦는 것을 가리킨다. 矯翮逐黃鵠(교핵축황곡):나래를 들어
황곡을 좇음. 矯翮은 높이 나는 것, 黃鵠은 황색(黃色)의 큰기러기. 마
음껏 공부를 하라는 뜻이다. 또는 높고 심오한 도리(道理)를 구하라는
뜻. 新詩章(신시장):청신(淸新)한 시(詩)와 문장. 月寄三四幅(월기삼
사폭):매월 서너 폭씩 보내달라는 뜻. 옛날에는 글을 권물(卷物)이나 괘
물(掛物)에 썼으므로 幅이라 한 것이다.

【解說】韓愈의 本集 卷七에 실려 있다. 諸葛覺은 처음에 중〔僧〕이었는데 나
중에 환속(還俗)하여 유교(儒敎)를 신봉했다. 韓愈는 평소 諸葛覺과 친
분이 두터워, 그의 일시(逸詩:세상에 전해지지 아니하는 詩) 중의 〈澹
師鼾睡〉2首는 諸葛覺에 관해 읊은 것이라 한다.
　本篇은 李繁을 좇아 수주(隨州)에 가 공부하게 된 諸葛覺을 전송하여
지은 詩이다. 먼저 업후(鄴侯)에게 장서(藏書)가 많고 그의 아들 繁은
학식이 높다는 것을 이야기하고, 다음으로 학식이 높은데도 높이 쓰이
지 못하는 繁을 안타깝게 생각하는 자신의 마음을 서술하며, 마지막으
로 수주(隨州)로 가는 諸葛覺에게 그곳에 가거든 李繁을 좇아 힘써 공
부하라고 권하고 있다. 韓愈의 글에는, 재주가 높음에도 불우하게 지내
는 사람에 대한 침통한 동정을 읊은 것들이 많은데, 이것은 韓愈 자신

의 처지를 그대로 반영시킨 것이라 할 수 있다. 本篇에서 李繁의 불우함을 자주 이야기한 것도 실은 韓愈 자신의 울분을 토로(吐露)한 것이다. 그래서 諸葛覺에게 학문을 권한 웅장한 표현에 韓愈의 격앙(激昻)된 육성이 담겨져 있음을 느끼게 된다.

사마온공독락원:소자첨(司馬溫公獨樂園:蘇子瞻)

靑山在屋上 청 산 재 옥 상	푸른 산이 지붕 위에 있고
流水在屋下 유 수 재 옥 하	흐르는 물이 집 아래를 맴도네.
中有五畝園 중 유 오 묘 원	그 사이에 사방 삼천 보의 동산이 있는데
花竹秀而野 화 죽 수 이 야	꽃나무와 대가 우거져 들판 같네.
花香襲杖屨 화 향 습 장 구	동산을 걸으면, 지팡이와 신발에 꽃향기 배어들고
竹色侵盞斝 죽 색 침 잔 가	대의 푸르름 옥 술잔에 젖어드네.
樽酒樂餘春 준 주 낙 여 춘	통 술로 남은 봄을 즐기며
棊局消長夏 기 국 소 장 하	바둑으로 긴 여름의 더위를 잊네.

【語義】靑山在屋上(청산재옥상) · 流水在屋下(유수재옥하):푸른 산이 지붕
위에 솟아 있고, 냇물이 집 아래를 맴돎. 곧 집 주위의 풍경이 아름답다
는 것을 표현한 것이다. 花竹秀而野(화죽수이야):꽃과 대나무가 무성
하여 들과 같은 경치를 이루고 있다는 뜻. 襲杖屨(습장구):동산을 걷는
동안 꽃향기가 지팡이와 신발에 배는 것을 가리킨다. 襲은 안으로 들어
오는 것. 屨는 신발, 일설(一說)에는 미투리. 竹色侵盞斝(죽색침잔가):
대의 푸른빛이 옥으로 만든 술잔에 젖어듦. 盞은 술잔. 斝는 옥으로 만
든 술잔. 술 빛과 대의 푸른빛이 잘 어울린다는 뜻. 죽엽청(竹葉靑)이란

술이 있는데, 이는 소흥주(紹興酒)를 3년 동안 묵힌 것이다. 옥 술잔에
든 죽엽청의 빛깔을 대나무의 푸르름에 비유한 것이다. 棊局(기국):바
둑판. 局은 盤의 뜻. 消長夏(소장하):긴 여름의 더위를 잊음. 消夏는 여
름의 더위를 피하는 것.

洛陽古多士 낙 양 고 다 사	예부터 낙양엔 선비가 많아
風俗猶爾雅 풍 속 유 이 아	풍속이 아직도 고아하다네.
先生臥不出 선 생 와 불 출	선생께선 들어앉아 세상에 나서지 않았어도
冠蓋傾洛社 관 개 경 락 사	낙양의 귀인들 선생께 기울어졌네.
雖云與衆樂 수 운 여 중 락	여러 사람들과 함께 즐겨야 된다 말하나
中有獨樂者 중 유 독 락 자	그 가운데 홀로 즐기는 것이 있네.
才全德不形 재 전 덕 불 형	재능이 완전함에도 덕을 드러내지 않고
所貴知我寡 소 귀 지 아 과	나를 알아주는 이 적은 게 귀한 것이라네.

【語義】 洛陽(낙양):주(周)나라 이래의 수도, 또는 동도(東都)로서, 예부
터 문화의 중심지였다. 사마광(司馬光)의 독락원(獨樂園)은 이곳에 있
었다. 多士(다사):인물이 많음. 爾雅(이아):매우 우아하다는 뜻. 爾는
邇와 같은 뜻으로, 매우 가깝다는 뜻. 臥不出(와불출):집에 있으면서
세상에 나아가지 않음. 사마광은 신법(新法)을 주장하는 왕안석(王安

石)에 반대하여, 낙양에 돌아와 15년 동안 국사(國事)에 관여하지 않았다.　冠蓋(관개):관을 쓰고 수레에 포장을 달고 다니는 사람이니, 귀인(貴人)들을 가리킨다.　傾洛社(경락사):낙사(洛社)로 기울어짐. 당시 문언박(文彦博)은 은퇴한 뒤 낙양으로 가 부필(富弼)·사마광(司馬光) 등과 洛陽耆英會를 결성하였는데, 그 회원은 공경대부(公卿大夫)로서 퇴관(退官)한 나이 71세 이상의 노인 열두 사람이었다. 사마광은 당시 50세였으나 여러 노인들이 그의 인품을 흠모하여 모여들었다. 洛社란 이 耆英會와 같은 모임을 말한다. 社는 뜻을 같이하는 사람들의 모임. 與衆樂(여중락):여러 사람들과 함께 즐김.《孟子》양혜왕편(梁惠王篇) 下에, "적은 사람들과 음악을 즐기는 것과 여러 사람들과 함께 음악을 즐기는 것과는 어느 쪽이 더 즐겁습니까? 여러 사람들과 즐기는 편이 더 즐겁습니다(日 獨樂樂 與人樂樂 孰樂. 日 不若與衆)."라고 했는데, 백성과 함께 즐거워한다는 생각은, 유가(儒家)의 왕도정치(王道政治)를 실현하는 제일보이다.　獨樂者(독락자):자기 혼자 道를 즐기는 것.《論語》술이편(述而篇)에, '거친 밥을 먹고 물을 마시고 팔을 베고 잘지라도, 즐거움이 그 가운데 있는 법이다(飯疏食飮水 曲肱而枕之 樂亦在其中矣).'라 했는데, 이런 것이 獨樂이다.　才全德不形(재전덕불형):재능(才能)이 완전한데도 덕(德)을 나타내지 않음.《莊子》덕충부편(德充符篇)에 나오는 말로서, 무슨 일이나 할 수 있는 능력은 가졌으되, 그 효용(効用)을 외면에 나타내지 않는 훌륭한 사람을 가리킨다.《莊子》德充符篇에, '지금 애타타는 아무 말 하지 않아도 신임을 얻고, 공적이 없는데도 여러 사람이 친밀하게 대하며, 나라를 주어도 받지 않을까 하여 남들이 걱정합니다. 이는 필시, 재능이 온전하고 덕이 겉에 나타나지 않기 때문일 것입니다(是必才全而德不形者也).'라 했다.　所貴知我寡(소귀지아과):귀히 여기는 것은 나를 알아주는 사람이 적은 것임.《老子》

70장에, '나를 아는 사람이 드물면 내가 귀해지는 것이다. 그래서 성인은 베옷을 입고 구슬을 안에 품는 것이다(知我者希 則我貴矣. 是以 聖人被褐懷玉).'라 했다.

先生獨何事 선 생 독 하 사	선생께선 홀로 무슨 일을 하시는가?
四海望陶冶 사 해 망 도 야	천하는 선생께서 나서시어 다스려 주시길 바라는데.
兒童誦君實 아 동 송 군 실	아이들이 군실(君實)을 읊고
走卒知司馬 주 졸 지 사 마	하인들마저 사마(司馬)를 아네.
持此欲安歸 지 차 욕 안 귀	이런 명성을 얻고 어찌 숨어 사시려 하는가?
造物不我捨 조 물 불 아 사	하늘이 우리를 버리지 않으시리.
名聲逐我輩 명 성 축 아 배	명성이란 우리를 쫓아다니는 것이어서,
此病天所赭 차 병 천 소 자	한 번 명성을 얻으면 하늘이 내려준 붉은 옷을 입은 것과 같다네
撫掌笑先生 무 장 소 선 생	손뼉을 치며 웃노니, 선생께선
年來效暗啞 연 래 효 음 아	근래에 벙어리 흉내를 내신다지.

【語義】 獨何事(독하사):홀로 무슨 일을 하는가? 四海(사해):세계, 천하. 望陶冶(망도야):세상이, 사마광(司馬光)이 재상이 되어 나라를 다스리기를 바람. 陶는 도자기를 굽는 것, 冶는 쇠를 부어 그릇을 만드는 것.

이 두 글자는 천하를 다스리는 것에 비유된다. 君實(군실):사마광(司馬光)의 자(字). 走卒(주졸):하인. 持此欲安歸(지차욕안귀):이것을 가지고 어찌 돌아가려 하는가? 此는 사마광의 명성. 곧 훌륭한 덕을 지닌 인물이 세상을 피하여 숨을 수가 있겠느냐는 뜻. 造物不我捨(조물불아사):조물주가 우리를 버리지 않음. 즉 하늘이 우리를 위하여, 사마광의 은퇴를 그냥 보고만 있지는 않을 것이라는 뜻. 此病(차병):훌륭한 사람에게 명성이 붙어 다니는 병. 天所赭(천소자):하늘이 붉은 옷을 입힌 것과 같음. 赭는 죄인이 입는 붉은 옷. 하늘이 천형(天刑)의 표시로 붉은 옷을 입혀 놓은 것과 같다는 뜻. 撫掌笑(무장소):손뼉을 치고 크게 웃음. 效喑啞(효음아):벙어리 흉내를 냄. 喑과 啞는 모두 말 못 하는 벙어리. 정치에 대하여 아무 말 없이 지내는 것을 가리킨다.

【解說】《分類東坡詩》卷十에는 〈司馬君實獨樂園〉이란 제목으로 실려 있다. 司馬光(1019~1086), 字는 군실(君實), 문사(文詞)에도 뛰어난 정치가로 왕안석(王安石)의 신법(新法)에 반대하여, 소위 구법당(舊法黨)의 한 사람이었다. 죽은 뒤에 문정(文正)이란 시호(諡號)가 내려졌고 태사온국공(太師溫國公)이 추증(追贈)되어, 사마온공(司馬溫公)이라 불린다. 《資治通鑑》294卷, 目錄 30卷, 考異 30卷을 지었으며,《古文眞寶》後集에 실려 있는 〈獨樂園記〉·〈諫院題名記〉 등의 명문(名文)을 남겼다. 司馬光의 동지(同志)인 蘇東坡가 그의 〈獨樂園〉을 읽고 그를 칭송하여 지은 것이 本篇이다.

　溫公의 〈獨樂園記〉에 나와 있는 것처럼(本書 後集에 실린 〈獨樂園記〉 참조), 그는 희녕(熙寧) 4년(1071), 낙양(洛陽)에 살며 밭 20묘(畝)를 사 동산을 만들고 그곳에 독서당(讀書堂)을 지어 책을 모으기 5천 권, 옛 성현을 벗 삼으며 도(道)를 즐겼다. 그는 〈獨樂園七題〉를 지었는데, 〈讀

書堂〉에서는 吾愛董仲舒(董仲舒는 漢의 大儒)라 했고, 〈釣魚庵〉에서는 엄자릉(嚴子陵)을, 〈采藥圃〉에서는 한백휴(韓白休:漢의 韓康)를, 〈見山臺〉에서는 陶淵明을, 〈弄水軒〉에서는 두목지(杜牧之)를, 〈種竹齋〉에서는 왕자유(王子猷)를, 〈澆花亭〉에서는 백낙천(白樂天)을 사랑한다고 하여, 각 詩의 첫 句에서 고인(古人)을 영탄했다. 司馬公이 독락(獨樂)의 벗으로 삼은 것은 고래(古來)의 풍류인(風流人)이자 학자들이었다. 이처럼 그는 자적(自適)의 생활을 즐겼는데, 세상 사람들은 그가 다시 국정(國政)에 참여하기를 열망했다. 그러한 사실은 그의 사후(死後) 蘇東坡가 지은 그의 비문 〈사마온공신도비(司馬溫公神道碑)〉에도 잘 나타나 있는데, 本篇은 東坡의 〈司馬溫公神道碑〉와 함께 司馬光의 덕망(德望)을 더없이 훌륭하게 기린 문장으로 손꼽힌다.

상위좌상이십운:두자미(上韋左相二十韻:杜子美)

鳳曆軒轅紀
봉 력 헌 원 기
봉력(鳳曆)과 역년(曆年)에 의하면

龍飛四十春
용 비 사 십 춘
현종(玄宗)께선 즉위하신 지 사십 년 만에

八荒開壽域
팔 황 개 수 역
천지를 열어 평화로운 나라를 만드시고

一氣轉洪鈞
일 기 전 홍 균
정도(正道)로 천하를 다스리셨네.

霖雨思賢佐
임 우 사 현 좌
단비 같은 어진 신하 생각하시어

丹青憶老臣
단 청 억 로 신
한(漢)의 선제(宣帝)가 공신(功臣)을 생각하듯
노신(老臣)들을 사모하셨네.

應圖求駿馬
응 도 구 준 마
날랜 말을 찾듯 어진 이를 구하셨으니

驚代得麒麟
경 대 득 기 린
세상을 놀라게 할 기린 같은 분을 얻으셨네.

沙汰江河濁
사 태 강 하 탁
공께서는, 관계(官界)를 정화하기에 힘쓰셨고

調和鼎鼐新
조 화 정 내 신
솥 속의 음식 맛을 조화시키듯 정치를 쇄신하셨네.

韋賢初相漢
위 현 초 상 한
위현이 한의 재상이 되듯 재상이 되셨고

范叔已歸秦
범 숙 이 귀 진
범저가 진으로 가 공을 세우듯 큰일을 하셨네.

盛業今如此
성 업 금 여 차
이루신 위업이 이와 같고

傳經固絕倫 　경학(經學)을 전하심에도 뛰어나셨네.
전 경 고 절 륜

【語義】鳳曆(봉력):봉황(鳳凰)은 천시(天時)를 안다는 뜻에서, 책력(册曆)
을 가리킨다. 소호씨(少皥氏) 때 봉조씨(鳳鳥氏)가 만든 달력.　軒轅紀
(헌원기):황제(黃帝)가 정한 역년(曆年).　軒轅은 황제(黃帝)의 氏.　龍飛
(용비):천자가 즉위한 것을 가리킨다. 이 해 천보(天寶) 13년은, 현종(玄
宗)이 즉위한 지 43년이 되는 해이다. 그래서 다음에 四十春이라 한 것
이다.　팔황(八荒):온 세상.　壽域(수역):장수(長壽)하는 지역. 평화로운
나라를 뜻한다.　一氣(일기):한 기운. 천지가 음양(陰陽)으로 분리되기
전의, 혼연(混然)한 만상(萬象)의 근원(根源)이 되는 기운.　轉洪鈞(전홍
균):큰 녹로를 돌림. 鈞은 오지그릇을 만드는 데에 쓰이는 바퀴 모양의
연장. 이 바퀴를 회전시켜 갖가지 오지그릇을 자유로이 만들 수 있으므
로, 전(轉)하여 만물의 조화(造化)의 뜻으로 쓰이며, 이 문장은 천자가
정도(正道)로 세상을 다스린다는 뜻이다.　霖雨思賢佐(임우사현좌):가
뭄에 단비를 기다리듯, 현명한 신하를 생각함. 霖雨는 가뭄을 푸는, 사
흘 이상 오는 비.　丹青憶老臣(단청억로신):한(漢)의 선제(宣帝)가 공신
(功臣)들의 화상을 그린 것을 생각하고, 노신(老臣)들을 사모한다는 뜻.
丹青은 漢의 宣帝가 감로(甘露) 2년에 명하여 기린각(麒麟閣)에 공신들
의 초상을 그리게 한 것을 가리킨다.　應圖求駿馬(응도구준마):그림을 따
라 준마를 구함.《漢書》六十七 梅福傳에, '三代의 선거(選擧)의 法을 가
지고 당세(當世)의 선비를 구하려는 것은 마치 백락(伯樂)의 그림을 보고
준마를 시장에서 구하려는 것과 같아, 얻을 수 없음이 분명하다.'고 했다.
그런데 여기서는 준마 같은 현신을 구할 수 없다는 뜻으로가 아니라, 그
런 신하를 열심히 찾는다는 뜻으로 쓰였다.　驚代(경대):'세상을 놀라게 할

만한'의 뜻. 驚世로 된 판본(版本)도 있다. 麒麟(기린):뛰어난 현신(賢臣)을 가리킨다. 沙汰江河濁(사태강하탁):모래를 씻어 내어 강물이 흐려짐. 관계(官界)를 정화(淨化)하기 위한 좌상(左相)의 노고를 가리킨다. 調和鼎鼐新(조화정내신):솥 속의 음식 맛을 새롭게 조화시킴. 좌상(左相)이 정치를 쇄신시킨 것을 가리킨다. 鼎은 발이 셋 달린 솥. 鼐는 큰솥. 韋賢(위현):한(漢)나라 선제(宣帝) 때의 어진 재상(宰相). 박학(博學)했다. 자(字)는 장유(長孺), 노(魯)나라 추(鄒)사람. 재상(宰相) 韋見素를 동성(同姓)의 명상(名相) 韋賢에 비긴 것이다. 范叔(범숙):위(魏)나라 사람 범저(范雎)를 가리킨다. 叔은 그의 자(字). 그는 위(魏)나라에서 뜻을 펴지 못하자 진(秦)나라에 들어가 명상(名相)이 되었다. 韋見素가 진(秦)나라에 들어간 범저(范雎)와 같은 명상(名相)임을 뜻한다. 盛業(성업):훌륭한 사업(事業). 傳經(전경):학문(學問)을 세상에 전하는 것. 경학(經學)을 전하는 것. 古絕倫(고절륜):옛날부터 비교할 것이 없음. 매우 뛰어나다는 뜻.

豫樟深出地 공께서는 그 인물됨이 뿌리 깊은 예장나무 같고,
예 장 심 출 지

滄海闊無津 도량이 넓기가 바다가 넓어 나루터가 없는 것 같네.
창 해 활 무 진

北斗司喉舌 북두성이 하늘의 후설(喉舌)이듯
북 두 사 후 설 천자의 조칙을 지으셨고,

東方領搢紳 필공(畢公)이 동방의 제후들을 거느리듯
동 방 영 진 신 신하들을 거느리셨네.

持衡留藻鑒 저울대처럼 공평하게 인물을 평가하셨고
지 형 유 조 감

聽履上星辰 천자를 가깝게 보좌하셨네.
청 리 상 성 신

【語義】 豫樟(예장):거목(巨木)의 이름. 韋見素를 가리킨다. 深出地(심출지):땅속 깊은 곳에서 나옴. 韋見素가 훌륭한 인재라는 것을 뜻한다. 滄海闊無津(창해활무진):푸른 바다가 넓어 나루터가 없음. 韋見素의 도량(度量)이 넓음을 가리킨다. 北斗司喉舌(북두사후설):북두성이 되어 목구멍과 혀의 일을 맡음. 韋見素가 상서(尙書)로서 천자의 명령을 출납(出納)한 사실을 가리킨다. 《後漢書》列傳에, "이고(李固), 자(字)는 자견(子堅). 양가(陽嘉) 2년에 땅이 흔들려 산이 무너지고 화재가 났다. 공경(公卿)이 고(固)로 하여금 대책을 세우도록 하였다. 이에 고는, '지금 폐하(陛下)께 상서(尙書)가 있음은, 마치 하늘에 북두(北斗)가 있는 것과 같습니다. 북두성이 하늘의 후설(喉舌)이듯, 상서(尙書)는 왕명(王命)을 출납(出納)하여 정사(政事)를 사해(四海)에 폅니다.'라고 답했다."고 했다. 東方領搢紳(동방영진신):필공(畢公)이 동방의 여러 제후(諸侯)들을 거느리듯 韋見素가 여러 신하들을 거느린 것을 가리킨다. 搢紳은 홀(笏)을 조복(朝服)의 대대(大帶)에 꽂는 것. 전(轉)하여 귀현(貴顯)한 사람. 이 구절은 《書經》강왕지고(康王之誥)에, '필공(畢公:畢은 나라 이름)은 동쪽의 제후들을 거느리고 응문(應門:外朝가 있는 中廷) 오른쪽으로 들어왔다(畢公率東方諸侯 入應門右).'라 한 데에서 취한 것이다. 持衡(지형):저울대를 잡음. 공평하게 인사(人事)를 처리하는 것을 가리킨다. 留藻鑒(유조감):품조 감별(品藻鑑別)의 행적(行迹)을 남김. 品은 인물의 평가, 藻는 재능의 평정(評定), 鑑은 거울처럼 밝히는 것. 聽履上星辰(청리상성신):천자가 계신 곳을 걸어가는 발자국 소리를 들음. 천자를 친근히 보좌함을 뜻한다. 聽履는 신발 끄는 소리를 듣는 것. 星辰은 천자가 계시는 곳을 가리킨다.

獨步才超古
독 보 재 초 고
뛰어난 재주는 옛사람들을 능가하셨고

餘波德照鄰
여 파 덕 조 린
덕의 여파는 이웃 나라에까지 미치셨네.

聰明過管輅
총 명 과 관 로
총명하기가 관노보다 더하셨고

尺牘倒陳遵
척 독 도 진 준
편지글은 진준을 압도하셨네.

豈是池中物
기 시 지 중 물
어찌 못 속의 이무기이시겠는가,

由來席上珍
유 래 석 상 진
학문을 닦으며 천자의 부르심을 기다리셨네.

廟堂知至理
묘 당 지 지 리
조정에서 지극한 도리로 정사를 주재하셨으니

風俗盡還淳
풍 속 진 환 순
세상 풍속 순박하게 변했네.

【語義】 餘波(여파):재능과 학덕(學德)의 영향. 德照鄰(덕조린):韋見素의
덕이 이웃 나라들까지도 교화(敎化)시킴을 뜻한다. 管輅(관로):위(魏)
나라 때의 사람으로 천문지리(天文地理)에 달통(達通)했던 명인(名人).
字는 공명(公明). 尺牘(척독):짧은 문서, 또는 편지글. 牘은 글자를 쓰
는 나뭇조각. 전(轉)하여 편지, 또는 기타 모든 문서. 倒陳遵(도진준):
진준(陳遵)을 압도함. 陳遵은 한(漢)나라 사람으로, 자(字)는 맹공(孟
公). 글을 썩 잘 지어 사람들은 그의 편지를 받으면 모두 소중히 간직했
다 한다. 池中物(지중물):칩거(蟄居)하고 있는 사람을 가리킨다. 池中
物은 용이 되지 못하고 못 속에 있는 이무기.《三國志》吳志 周瑜傳에,
'유비(劉備)는 효웅(梟雄)으로서 자질을 갖추고 관우(關羽)·장비(張飛)

등의 맹장을 거느리고 있다. 필시 교룡이 비구름을 얻은 것처럼 될 자이지, 지중물(池中物:못 중의 시원찮은 물건)로는 끝나지 않을 것이다.'라 했다.   由來(유래):본디.   席上珍(석상진):군자로서 예절과 학문 등 모든 성의와 진실을 갖추고 석상(席上)에 나아감을 가리킨다.《禮記》儒行篇에, "애공(哀公)이 자리에 앉으라 명(命)하자, 공자는 모시고 앉아 말했다. '선비는 석상(席上)의 보배를 가지고 초빙(招聘)을 기다립니다(哀公命席 孔子侍曰 儒有席上之珍 以待聘).'라" 했다. 韋見素가 평소 덕(德)을 닦으며 天子의 부름을 기다렸다는 뜻.   廟堂(묘당):옛날에는 국가의 대사(大事)를 종묘(宗廟)에서 논의(論議)하였다. 여기서는 조정(朝廷)을 가리킨다.   至理(지리):지극한 이치. 최상의 도리(道理).   還淳(환순):태고(太古)의 순수한 마음으로 돌아감. 陶淵明의〈飮酒〉에, '노나라 공자께선 무진 애를 쓰셔, 거친 세상의 사람들을 순박하게 하셨네(汲汲魯中叟 彌縫使其淳).'라 한 것과 같은 뜻.

才傑俱登用
재 걸 구 등 용

재능이 뛰어난 인물을 두루 등용하시니

愚蒙但隱淪
우 몽 단 은 륜

어리석은 자들은 초야에 묻혔네.

長卿多病久
장 경 다 병 구

이 몸 사마상여처럼 병든 지 오래이고,

子夏索居貧
자 하 색 거 빈

자하처럼 쓸쓸하고 빈한하네.

回首驅流俗
회 수 구 류 속

생각해 보면, 어지러운 세상일에 몰리어서

生涯似衆人
생 애 사 중 인

나의 생애 일반 백성들과 같네.

巫咸不可問
무 함 불 가 문

내 신세 신무(神巫) 무함(巫咸)에게 물을 수도 없고,

鄒魯莫容身
추 로 막 용 신

공자께서 노에서, 맹자께서 추에서
몸 둘 곳이 없었던 것 같네.

感激時將晩
감 격 시 장 만

내 마음 크게 느끼어 움직이는 가운데
때는 저물어 가고

蒼茫興有神
창 망 흥 유 신

천지 아득하여 신묘한 시흥(詩興)이 이네.

爲公歌此曲
위 공 가 차 곡

공을 위하여 이 노래를 부르노라니

涕淚在衣巾
체 루 재 의 건

눈물이 흘러 옷과 건(巾)을 적시네.

【語義】 才傑(재걸):재능이 뛰어난 인물. 俱(구):모두. 愚蒙(우몽):어리석고
몽매한 사람. 두보가 자신을 겸손하게 가리킨 것. 隱淪(은륜):세상을 피
하여 숨음. 등용되지 못하고 초야에 묻혀 평민(平民)으로 사는 것을 뜻
한다. 長卿(장경):한대(漢代)의 대표적인 부가(賦家)인 사마상여(司馬相
如)의 자(字). 두보가 자신의 불우함을 사마상여를 빌어 표현한 것이다.
이 구절부터 두보는 자신의 불우함을 표현하고 있다. 多病久(다병구):많
은 병에 걸린 지 오래임. 사마상여는 소갈병(消渴病:목이 말라서 물이 자
꾸 먹히는 증세. 당뇨병 같은 것.)을 앓았는데, 탁문군(卓文君)을 가까이
한 뒤로는 병이 더 심해져 마침내 죽고 말았다. 子夏素居貧(자하색거빈):
자하는 쓸쓸하고 빈한하게 살았음. 素居는 헤어져 사는 것, 또는 쓸쓸히
사는 것. 《禮記》 단궁편(檀弓篇) 上에, '내가 벗들과 떠나 흩어져서 외로
이 산 지 오래이기 때문에 이렇게 죄를 지은 것이다(吾離群而素居 亦已久
矣).'라 했다. 回首(회수):머리를 돌려 자신을 살펴봄. 반성(反省)함. 驅流
俗(구류속):세속의 어지러운 생활에 몰리는 것. 巫咸(무함):황제(黃帝) 때
의 신무(神巫). 鄒魯莫容身(추로막용신):추(鄒)와 노(魯)에서 몸 둘 곳

이 없었음. 맹자는 鄒나라 사람, 공자는 魯나라 사람. 후세엔 문교(文
敎)의 중심지를 가리키게 되었다. 공자와 맹자 같은 성현도 뜻을 얻지
못했음을 가리킨다.　感激(감격):마음이 크게 느끼어 움직이는 것.　時
將晚(시장만):때가 저물어 감. 자신이 뜻을 얻지 못한 것에 대한 탄식의
말이다.　蒼茫(창망):넓고 먼 모양.　興有神(흥유신):시흥(詩興) 속에 신
묘(神妙)함이 있음.　涕淚(체루):눈물을 흘림.

【解說】《杜工部集》卷九에는 근체시(近體詩:唐代에 형식이 완성된 시로서,
押韻이나 平仄에 엄격한 규격을 지키는 詩)로서 本篇이 실려 있다. 左
相의 相은 재상(宰相)이란 뜻으로, 그 전까지는 복야(僕射)라 했던 것을
개원(開元) 元年 12月에 개칭한 관직명이다.

　위현소(韋見素)는 천보(天寶) 13년(754)에 무부상서동중서문하평장
사집현원학사(武部尙書同中書門下平章事集賢院學士)에 임명되고, 安
祿山의 亂이 일어나자 玄宗을 수행하여 蜀에 가 그곳에서 좌상(左相)을
겸하여 빈국후(豳國侯)에 봉(封)해졌다. 상원(上元) 初에 병(病)이 들자
관직에서 물러났으며, 보응(寶應) 元年(762)에 죽었다. 향년(享年) 76
세. 사도(司徒)가 추증(追贈)되고, 시호(諡號)는 충정(忠貞).

　本篇은 처음에 성대(聖代)를 찬미하고, 바른 도가 행해지는 세상에 나
와 재상(宰相)이 된 韋見素의 재덕(才德)을 칭송하는 데에 많은 句를 할
애(割愛)하고 있다. 그리고 끝 부분 12句에서 杜甫 자신의 불우를 호소
하고 있는데, 이것이 杜甫가 本篇을 韋公에게 바치는 본의(本意)이다.
韋見素는 관위(官位)가 높았을 뿐만 아니라 玄宗으로부터 두터운 신임
을 얻었던 인물로, 杜甫와 뜻이 잘 맞았던 것 같다. 그래서 杜甫는 이런
글을 지어 자신의 고충(苦衷)을 눈물로써 호소한 것이다.

　本篇은 韋公이 아직 재상이 되기 전인 천보(天寶) 14년 봄에 지어진

것으로 추정되어, 제목에 韋左相이란 말이 쓰인 것은 합당하지 않은
데, 이는 후세 사람이 杜甫의 詩를 정리하면서 제목을 정정했기 때문
일 것이다.

기이백:두자미(寄李白:杜子美)

昔年有狂客
석 년 유 광 객
옛날 광객(狂客)이 하나 있어

號爾謫仙人
호 이 적 선 인
그대를 적선인(謫仙人)이라 불렀지.

筆落驚風雨
필 락 경 풍 우
붓을 들어 비바람을 놀라게 하고

詩成泣鬼神
시 성 읍 귀 신
지어 내는 시(詩)마다 귀신을 울렸네.

聲名從此大
성 명 종 차 대
그로부터 명성이 커져

汨沒一朝伸
골 몰 일 조 신
초야에 묻혔던 몸 하루아침에 뜻을 폈네.

文彩承殊渥
문 채 승 수 악
문채(文彩) 어린 글로 천자의 은총을 입고.

流傳必絕倫
유 전 필 절 륜
세상에 퍼진 글들 비길 데 없이 뛰어났네.

龍舟移棹晚
용 주 이 도 만
천자의 배에선 그대 기다려 노를 더디 저었고

獸錦奪袍新
수 금 탈 포 신
천자는 그대에게 금포(錦袍)를 내렸네.

白日來深殿
백 일 내 심 전
대낮에도 깊은 궁전에 드나들었고

靑雲滿後塵
청 운 만 후 진
귀인 고관들이 그대 뒤를 가득히 따랐네.

【語義】狂客:(광객):세속(世俗)에 반(反)하는 뜻을 지닌 사람으로, 여기서

는 四明狂客이라 호(號)하였던 하지장(賀知章)을 가리킨다. 謫仙人(적
선인):죄를 지어 천상(天上)에서 하계(下界)로 귀양을 온 신선(神仙). 이
백이 처음 장안(長安)에 나타났을 때, 일종의 선풍(仙風)을 지닌 그를 보
고 하지장은 謫仙人이라 불렀다. 筆落(필락):붓을 종이에 대면. 즉 글씨
를 쓰는 것을 가리킨다. 驚風雨(경풍우):풍우(風雨)가 놀란 듯이 일어
나는 것처럼 힘찬 문장(文章)을 짓는 것을 가리킨다. 泣鬼神(읍귀신):
귀신을 울림. 시(詩)가 썩 훌륭하여, 사람의 영혼과 천지의 신을 감동
시켜 눈물을 흘리게 할 정도라는 뜻. 汨沒(골몰):汨, 沒 모두 深의 뜻.
초야(草野)에 묻혀 세상에 드러나지 않은 것을 가리킨다. 一朝伸(일조
신):하루아침에 뜻을 펴게 됨. 文彩(문채):문장의 아름다움, 또는 시문
의 아름다움을 가리킨다. 殊渥(수악):천자로부터 특별한 은총을 받는
것을 가리킨다. 渥은 은혜. 流傳(유전):세상에 널리 전하여 퍼진 이백
의 시들을 가리킨다. 絶倫(절륜):비길 데 없이 뛰어난 것. 龍舟(용주):
천자가 타는, 용두(龍頭)가 달린 배. 移棹晚(이도만):노를 옮기는 것을
더디 함. 곧 천자의 배가 이백을 기다리느라 늦게 떠난 것을 가리킨다.
범전정(范傳正)의 李白墓碑에, '현종(玄宗)이 백련지(白蓮池)에 뱃놀이
를 나가셨다. 황제께서는 즐거이 노시다 李白을 불러 서(序)를 짓게 하
셨다. 그때 李白은 한림원(翰林院)에서 술에 취해 있어, 황제께서는 高
將軍에 명하여 부축을 하게 하여 배에 오르도록 하셨다.'고 했는데, 이
문장은 그때의 일을 가리킨다. 獸錦(수금):짐승 무늬를 새겨 넣은 비
단. 奪袍新(탈포신):아름답게 빛나는 긴 상의(上衣)를 빼앗음. 袍는 긴
상의(上衣). 新은 금포(錦袍)의 아름다움을 형용한 것. 李白이 글을 지
어 현종으로부터 상찬(賞讚)을 받았음을 가리킨다. '袍를 빼앗다'는 것
은 《舊唐書》에, '무후(武后), 종신(從臣)들로 하여금 시(詩)를 짓게 하였
다. 동방규(東方虯)가 글을 지어 올리니 금포(錦袍)를 내렸다. 송지문

(宋之間)이 뒤를 이어 글을 바쳤는데, 동방규의 것보다 훌륭하였다. 이에 무후(武后), 동방규에게 내린 금포(錦袍)를 거두어 송지문에게 내렸다.'라 한 고사에서 취한 것이다. 白日(백일):백주(白晝)와 같음. 來深殿(내심전):천자가 계시는 궁전에 드나듦. 深殿은 금란전(金鑾殿)을 가리킨다. 李白에 대한 현종의 총애가 지극했음을 가리킨다. 靑雲滿後塵(청운만후진):많은 고관들이 李白의 뒤를 따른 것을 가리킨다. 靑雲에는 세 가지 뜻이 있다. 덕(德)이 높은 것, 지위가 높은 것, 뜻이 높은 것이 그것인데, 여기서는 지위가 높은 관리들을 가리킨다. 滿後塵은 李白뒤의 먼지 속에 가득하다는 것.

乞歸優詔許
걸 귀 우 조 허
초야로 돌아가길 원하니 천자께서 허락하셨고

遇我宿心親
우 아 숙 심 친
나를 만나자 오랜 친구처럼 대해 주었네.

未負幽棲志
미 부 유 서 지
숨어 살려는 뜻 어기지 않고

兼全寵辱身
겸 전 총 욕 신
총애 끝에 욕을 본 몸 온전히 지켰네.

劇談憐野逸
극 담 연 야 일
입담 좋게 이야기하며 초야의 생활 사랑했고

嗜酒見天眞
기 주 현 천 진
술을 좋아하여 천성의 참됨 나타내 보였네.

醉舞梁園夜
취 무 양 원 야
같이 취하여 양원(梁園)의 밤잔치에서 춤을 추었고

行歌泗水春
행 가 사 수 춘
사수(泗水)의 봄을 즐기며 같이 노래 불렀네.

才高心不展
재 고 심 부 전
재주가 높음에도 뜻을 펴지 못했고

道屈善無鄰 도 굴 선 무 린	앞길이 막혀 선(善)한데도 이웃이 없었네.
處士禰衡俊 처 사 예 형 준	처사 예형은 뛰어난 인물임에도 숨어 살았고
諸生原憲貧 제 생 원 헌 빈	자사(子思)는 덕(德)이 높았어도 빈한하게 살았다네.

【語義】乞歸優詔許(걸귀우조허):초야로 돌아갈 것을 청하자, 분에 넘치게도 조칙을 내려 허락해 줌. 遇我(우아):나를 만나자. 我는 두보(杜甫)를 가리킨다. 宿心親(숙심친):오래 전부터 친근했던 것 같음. 宿心은 숙심(夙心)과 같은 뜻으로, 일찍부터 품은 뜻. 未負(미부):버리지 않음. 幽棲志(유서지):은퇴하여 살려는 뜻. 寵辱身(총욕신):총애를 받다 욕을 본 몸. 李白은 처음엔 玄宗의 총애를 받았으나 고역사(高力士) 등의 모함에 의해 욕을 보았다. 劇談(극담):기세 좋게 이야기하는 것. 憐野逸(연야일):초야에 묻혀 사는 안일(安逸)함을 사랑함. 見(현):나타냄. 天眞(천진):천성(天性)으로 타고난 참된 성품. 梁園(양원):하남성(河南省) 변주(汴州)에 있는, 한(漢)나라 양효왕(梁孝王)의 토원(兎園). 李白은 한림(翰林)에서 쫓겨나 양(梁)·송(宋)·제(齊)·노(魯) 지방을 객유(客遊)하며 시를 읊었다. 천보(天寶) 3,4년경의 일로, 이때 杜甫는 여러 차례 李白과 어울렸다. 行歌泗水春(행가사수춘):杜甫와 李白이 함께 제(齊)의 사수(泗水)에서 봄 경치를 즐기며 시를 노래한 것을 가리킨다. 泗水는 산동성(山東省)에 있는 강물 이름. 孔子가 이곳 근처에서 가르침을 편 것은 유명하다. 道屈(도굴):李白의 뜻이 제대로 이루어지지 않은 것을 가리킨다. 善無鄰(선무린):선한데도 이웃이 없음.《論語》里仁篇의, '德은 외롭지 않다. 반드시 이웃이 있게 마련이다(德不孤 必有鄰).'라 한 말을 강하게 반박한 것이다. 處士(처사):세파(世波)의 표

면에 나서지 않고 조용히 야(野)에 묻혀 사는 선비. 襧衡俊(예형준):예
형처럼 뛰어남. 襧衡은 후한(後漢) 사람으로, 자(字)는 정평(正平). 어
려서부터 재변(才辯)이 있었고, 성질이 강오(剛敖)하였다. 공융(孔融)
이 후에 그를 임금에게 천거하였다. 諸生原憲貧(제생원헌빈):孔子의
제자 原憲은 가난했음. 原憲은 송(宋)나라 사람으로, 자(字)는 자사(子
思). 가난했지만 절개를 지켜 낙도(樂道)하였다. 杜甫가 李白을 예형과
원헌에 비겨, 李白도 그들처럼 재주가 비범하고 덕(德)이 높았으나 가
난하게 살았음을 말한 것이다.

稻粱求未足 도 량 구 미 족	벼와 조도 넉넉히 구하지 못하는 신세에
薏苡謗何頻 의 이 방 하 빈	어찌 그리 '율무의 비방'은 잦았던고.
五嶺炎蒸地 오 령 염 증 지	오령(五嶺)은 덥고 습기 많은 땅,
三危放逐臣 삼 위 방 축 신	삼위(三危)로 쫓겨난 신하.
幾年遭鵩鳥 기 년 조 복 조	흉악한 복조(鵩鳥)를 만나기 그 몇 해인가?
獨泣向麒麟 독 읍 향 기 린	기린 나타나길 기다리며 홀로 울었네.
蘇武先還漢 소 무 선 환 한	한(漢)나라 소무보다 먼저 돌아왔고,
黃公豈事秦 황 공 기 사 진	황공(黃公)이 진(秦)을 섬기지 않듯 역적의 무리에 가담하지 않았네.
楚筵辭醴日 초 연 사 례 일	단술이 없다 초(楚)나라를 떠난 목생(穆生)처럼 뜻에 맞지 않는 조정 미련 없이 버렸네.

梁獄上書辰 양 옥 상 서 진	추양(鄒陽)이 옥중에서 글을 올려 자신의 결백을 밝혔듯, 그대도 자신의 결백을 밝혔네.
已用當時法 이 용 당 시 법	다만 법이 이미 행해졌으니,
誰將此義陳 수 장 차 의 진	누가 자네의 사정을 호소할 수 있으리.
老吟秋月下 노 음 추 월 하	이 늙은 몸, 가을 달 아래에서 시를 읊조리고
病起暮江濱 병 기 모 강 빈	해 저무는 강가에서 자네를 생각한다네.
莫怪恩波隔 막 괴 은 파 격	천자의 은혜 저 멀리 있다 원망하지 말게,
乘槎與問津 승 사 여 문 진	뗏목 타고 은하수에 올라 그대의 운명 물어보리라.

【語義】 稻梁(도량):벼와 조. 식량(食糧)을 가리킨다. 薏苡謗何頻(의이방
하빈):율무의 비방은 어찌 그리도 잦은가? 薏苡는 율무. 謗은 비방.
頻은 잦은 것. 이 글은《後漢書》열전(列傳)에, '마원(馬援), 자(字)는 문
연(文淵), 부풍(扶風) 무릉(茂陵) 사람이다. 그는 교지(交趾)에 있으면
서 율무를 상식(常食)했다. 그리하여 몸을 가벼이 하고 욕망을 줄임으
로써 장기(瘴氣:열병의 원인이 되는, 산천에서 생기는 나쁜 기운)를 이
겨 냈다. 남쪽에서 나는 율무는 종자가 굵었다. 그는 종자를 받으려고
군대가 돌아올 때에 그 씨를 수레에 싣고 왔다. 사람들은 그것을 남쪽
땅의 진괴(珍怪:진기하고 괴이한 물건)라 했다. 권세가들이 모두 이것
을 얻으려고 했으나, 임금의 총애를 받던 마원은 들어주지 않았다. 그
런데 그가 죽자, 어떤 자가 마원이 가지고 온 것은 율무가 아니라 명주
(明珠)와 문서(文犀:아름다운 무늬가 새겨져 있는 무소의 뿔)라고 모함

하였다. 이에 임금께서는 몹시 화를 내시고 마원을 미워하셨다.'라 한 고사(故事)에서 취한 것으로, 李白이 터무니없는 모함을 여러 차례 받은 것을 가리킨다.   五嶺(오령):대유(大庾)·시안(始安)·임하(臨賀)·계양(桂陽)·게양(揭陽)의 다섯 고개를 가리킨다. 五嶺의 남쪽을 영남도(嶺南道)라 했으며, 이곳에 李白이 귀양 갔던 야랑(夜郎)이 있었다. 炎蒸地(염증지):덥고 습기가 많은 땅.   三危(삼위):산 이름. 李白이 귀양 갔던 야랑(夜郎)은 이곳에서 가까운 곳에 있었다.   放逐臣(방축신):추방당한 신하. 李白을 가리킨다.   鵩鳥(복조):올빼미의 일종으로, 악성(惡聲)을 발하는 불길한 새. 그 소리를 듣는 자는 수명이 줄어든다고 한다. 李白이 귀양 간 것을 가리킨다.   獨泣向麒麟(독읍향기린):기린이 나오길 기다리며 홀로 욺. 李白이 때를 만나지 못하여 자신의 도(道)가 행해지지 않음을 탄식한다는 뜻이다. 《春秋公羊傳》에, "(기린을 향하여) 孔子가 말씀하셨다. '누구를 위하여 왔는가, 누구를 위하여 왔는가?' 소매를 뒤집어 얼굴을 닦으니 눈물이 상의(上衣)를 적셨다.(中略) 孔子가 말씀하셨다. '나의 도가 다하였노라.'고" 했다.   蘇武先還漢(소무선환한):소무보다 먼저 나라에 돌아옴. 소무는 흉노(匈奴)에 잡혀 있다 19년 만에 돌아왔다. 李白은 그에 비하면 훨씬 먼저 귀양에서 풀려났다는 뜻. 蘇武에 관해서는 五言古風短篇에 실려 있는 李白의 〈蘇武〉를 참조할 것.   黃公豈事秦(황공기사진):황공이 어찌 진나라를 섬기겠는가? 黃公은 하(夏)나라 때 사호(四皓) 중의 한 사람. 진(秦)나라를 피하여 상산(商山)에 숨어 살았다. 사호(四皓)는 진시황 때에 국란을 피하여 섬서성(陝西省) 상산(商山)에 들어가 숨은 네 사람의 은사(隱士)로, 동원공(東園公)·기리계(綺里季)·하황공(夏黃公)·녹리선생(角里先生)을 말하는데, 모두 눈썹과 수염이 흰 노인이었으므로 이렇게 부른다. 杜甫는 李白이 영왕(永王) 이인(李璘)을 따르지 않았다는 것을 주장하고 있다.

楚筵辭醴(초연사례):초나라 잔치에 단술이 빠짐. 楚筵은 초나라의 연석
(宴席). 醴는 단술. 이것은, 《漢書》列傳의, '초(楚)의 원왕(元王) 교(交)
는, 자(字)가 유(游)이며, 고조(高祖)의 동생이다. 책을 좋아하여 재예(才
藝)가 많았다. 어릴 적에 노(魯)의 목생(穆生)·신공(申公)과 함께 부구백
(浮丘伯)에게서 시(詩)를 배웠다. 진(秦)나라가 분서(焚書)하자 서로 헤어
졌는데, 한(漢)나라가 선 지 6년 만에 交가 초왕(楚王)이 되었다. 元王은
목생·신공·백생(白生) 등을 불러 중대부(中大夫)로 삼았다. 元王이 4
년 뒤에 죽으니, 그의 아들 무(戊)가 왕위를 이었다. 元王은 신공 등을
공경하여, 목생이 술을 싫어하자 그를 위해 잔치에는 언제나 단술을 마
련하였다. 戊王도 즉위한 처음에는 언제나 잔치에 단술을 마련하였는
데, 나중에는 잊고 준비하지 않았다. 목생은 왕이 단술을 준비하지 않
으니 떠나겠다며, 왕의 마음이 게을러졌다고 했다.'라고 한 고사(故事)
에서 취한 것으로, 목공이 잔치에 단술이 없다고 초나라를 떠난 것처
럼, 李白도 뜻이 맞지 않아 조정(朝廷)을 떠난 것을 가리킨다. 梁獄上
書(양옥상서):양나라 옥에서 글을 올림. 李白이 영왕(永王) 이인(李璘)
의 반역 음모에 연루(連累)되어 심양(潯陽)의 옥(獄)에 갇혔다 풀려 난
것은, 추양(鄒陽)이 양(梁)나라 효왕(孝王)의 옥중(獄中)에서 글을 올려
풀려 난 것과 같다는 뜻. 《漢書》列傳에, '추양(鄒陽)은 제(齊)나라 사
람. 그는 엄기(嚴忌)·매승(枚乘) 등과 함께 오(吳)나라에 출사(出仕)하
였다. 그때 오왕(吳王)은 은밀히 음모를 꾸미고 있었다. 陽이 글을 올
려 간(諫)했으나, 오왕은 듣지 않았다. 당시 경제(景帝)의 소제(少弟)인
양(梁)의 효왕(孝王)이 어질고 선비를 극진히 대접했으므로, 陽은 吳나
라를 버리고 梁나라로 가 孝王과 사귀었다. 양승(羊勝) 등이 陽을 미워
하여 孝王에게 참소(讒訴)하니, 孝王은 노하여 陽을 하옥시키고 죽이려
하였다. 이에 陽은 옥중에서 자신의 결백을 밝히는 글을 지어 올렸다.'

고 했는데, 이 구절은 이 사실을 인용한 것이다. 誰將此義陳(수장차의진):누가 이러한 사정을 말하겠는가? 형법(刑法)이 이미 행해져 李白에 대한 진술이나 변론 등이 소용없게 되었다는 뜻. 老吟(노음):늙어 시(詩)를 읊음. 病起(병기):杜甫는 병을 자주 앓았는데, 몸이 좀 나아지면 강가에 나와 李白을 생각했다. '병에서 일어났다'는 것은 이것을 가리킨다. 莫怪恩波隔(막괴은파격):은혜로운 파도가 멀리 떨어져 있음을 이상하게 생각하지 말라. 恩波는 천자의 은총. 세상일은 모두 천명(天命)에 의해 이루어진다고 생각하는 것이다. 乘槎與問津(승사여문진):뗏목을 타고 은하수로 올라가 나루터를 물어봄. 乘槎는 星槎와 같은 말. 槎는 뗏목. 바다는 은하수와 통한다는 말을 듣고, 어떤 사람이 뗏목을 타고 한없이 가다 은하수에 도착해 견우(牽牛)를 보았다는 고사(故事)에서 나온 것. 與는 ~을 위해서의 뜻. '問津'은 나루터가 어디에 있는지를 물어보는 것. 《論語》미자편(微子篇)에, '장저(長沮)와 걸익(桀溺)이 나란히 밭을 갈고 있었다. 孔子께서 그곳을 지나시다가 子路를 시켜 나루터를 물어오게 하셨다(長沮桀溺耦而耕 孔子過之 使子路問津焉).'라는 말이 있다. 이 구절은, 杜甫가 뗏목을 타고 하늘에 올라가 李白의 운명(運命)을 물어보겠다는 뜻. '나루터를 묻는다'는 것은 운명을 알고 싶다는 뜻이다.

【解說】《杜少陵集》卷八에는 〈寄李十二白二十韻〉이란 제목으로 실려 있다. 李十二白이라 한 것은 李白의 兄弟 배항(排行)이 열두 번째이기 때문이다. 지덕(至德) 元年(755), 영왕(永王) 인(璘)의 군대가 단양(丹陽)에서 패하자, 李白은 숙송(宿松)으로 달아났으나 罪에 연루(連累)되어 심양(潯陽)의 옥에 갇히게 되었다. 至德 2년, 송약사(宋若思)가 군대를 이끌고 하남(河南)으로 가다가 심양을 지나게 되었다. 그는 李白의 죄가 가벼우므로 李白을 석방하여 자신의 참모로 삼았다. 당시 李白의 나

이 57세였다. 건원(乾元) 元年(758), 永王의 반란이 완전히 진압되자,
李白은 永王을 도왔던 전과(前過)로 인해 멀리 야랑(夜郎)에 유배되는
신세가 되고 말았다. 杜甫는 李白의 불우함을 동정하여, 李白의 재주
를 높이 칭찬하고 그의 무고(無辜)를 주장하여 친구를 위로하기 위해
本篇을 지었다.

　杜甫 일류(一流)의 우수(憂愁)가 전편(全篇)에 흘러넘치는 작품으로,
해박(該博)한 학식(學殖)에 근거한 고사(故事)의 인용이 풍부하여,《文
選》의 詩風을 이어받았다 할 수 있다. 李白에 대한 우정이 짙게 깔려
있는 작품이어서, 詩의 전반에는 李白의 성격과 행적, 일화(逸話) 등이
묘사됨으로써 李白의 면모가 약여(躍如)하게 드러나 있다. '龍舟移棹晚
獸錦奪袍新'의 兩句는 李白이 玄宗의 부름을 받아 백련지(白蓮池)의 유
연(遊宴)에서 글을 지은 것을 단문(短文)으로 교묘히 표현한 것이며, '劇
談憐野逸 嗜酒見天眞'은 李白의 일생을 읊은 것이고, '醉舞梁園夜 行歌
泗水春'에는 풍류(風流)를 사랑한 李白의 시인적인 기질이 잘 묘사되어
있다. 本篇의 후반에는 고래(古來)의 고사(故事)가 거듭 인용되어 있어
약간 번쇄(煩瑣)한 감을 주는데, 친구를 변호하기 위해 힘쓰는 杜甫의
정성이 잘 나타나 있다. 그리고 마지막으로 '老吟秋月下 病起暮江濱'의
兩句로 멀리 떨어져 있는 친구를 그리는 정(情)을 처창(悽愴)한 가락으
로 읊어, 읽는 이의 마음을 감동(感動)하게 한다.

투증가서개부이십운:두자미(投贈哥舒開府二十韻: 杜子美)

今代麒麟閣
금 대 기 린 각
당대(唐代)의 공신(功臣)을 기린각에 그린다면

何人第一功
하 인 제 일 공
누가 가장 공이 높은 인물일까?

君王自神武
군 왕 자 신 무
천자께서 신묘한 무위(武威)를 지니셨으니

駕馭必英雄
가 어 필 영 웅
부리는 신하 모두가 영웅일세.

開府當朝傑
개 부 당 조 걸
그중에서도 가서한(哥舒翰)이 가장 걸출한 인물!

論兵邁古風
논 병 매 고 풍
군사를 논함에 옛사람의 풍도(風度)를 앞서네.

先鋒百勝在
선 봉 백 승 재
선봉으로 나서서 백승(百勝)을 거두고

略地兩隅空
약 지 양 우 공
땅을 경략(經略)하여
서·북 두 변방의 오랑캐를 몰아냈네.

青海無傳箭
청 해 무 전 전
청해(青海)엔 외적의 침입을 알리는 화살 없어지고

天山早掛弓
천 산 조 괘 궁
천산(天山) 지방에선 활을 거둔 지 이미 오래이네.

廉頗仍走敵
염 파 잉 주 적
염파(廉頗) 장군처럼
오랑캐를 거듭 패주(敗走)케 하고,

魏絳已和戎
위 강 이 화 융
진(晋)의 위강(魏絳)처럼 오랑캐들로 하여금
강화를 청하게 했네.

【語義】今代(금대):지금의 시대. 당대(唐代)를 가리킨다. 麒麟閣(기린각):한
(漢)의 선제(宣帝) 감로(甘露) 3년에, 당대의 공신(功臣) 곽광(霍光)·장
안세(張安世)·한증(韓增)·조충국(趙充國)·위상(魏相)·병길(丙吉)·
두연년(杜延年)·유덕(劉德)·양구하(梁丘賀)·소망지(蕭望之)·소무
(蘇武) 등 열한 사람의 초상을 그려 모아 놓았던 누각(樓閣). 自神武(자
신무):본디부터 신묘한 무위(武威)를 지님. 駕馭(가어):말을 길들여 마음
대로 부림. 전(轉)하여 사람을 통솔(統率)하는 것을 뜻한다. 開府(개부):
가서한(哥舒翰)을 가리킨다. 當朝傑(당조걸):지금 조정(朝廷)에서 걸출한
인물임. 論兵(논병):군사에 관한 일을 논하는 것. 邁古風(매고풍):옛사람
의 풍도(風度)를 능가(凌駕)함. 先鋒(선봉):군의 맨 앞에 나서서 적과 싸
우는 것. 百勝在(백승재):백전백승(百戰百勝)의 공(功)을 세우는 것을 가
리킨다. 略地兩隅空(약지양우공):땅을 경략(經略)하니 서·북 두 모퉁이
가 텅 빔. 가서한이 서쪽과 북쪽의 양쪽 변방을 공격하여 오랑캐의 그림
자조차 보이지 않게 했다는 뜻. 靑海無傳箭(청해무전전):청해 지방엔 오
랑캐의 침입을 알리는 화살이 없어짐. 傳箭은 외적의 침입을 알리는 화
살. 靑海는 지금의 청해성(靑海省)에 있는 호수(湖水) 이름. 天山(천산):
《환우지(寰宇志)》에, '天山은 교하현(交河縣)의 북쪽 120里 되는 곳에 있
으며, 기련산(祁連山), 또는 백산(白山)이라고도 한다.'고 했다. 掛弓(괘
궁):활을 걸어 놓음. 곧 전쟁이 끝났음을 뜻한다. 廉頗(염파):《史記》列
傳에, '염파(廉頗)는 조(趙)나라의 훌륭한 장군이었다. 혜문왕(惠文王) 16
년에 진나라의 장군이 되어 제(齊)나라를 쳐서 대파(大破)하고, 진양(晉
陽)을 탈취하였다. 그는 그 공으로 상경(上卿)에 임명되었고, 용기 있는 사
람으로 제후들 사이에 유명하게 되었다. 염파는 동방의 제(齊)나라를 쳐
서 그 군대를 격파하고, 2년 후에는 위(魏)나라의 기(幾) 땅을 쳐 점령했
다. 그리고 3년 후에는 위(魏)나라의 방릉(防陵)·안양(安陽)을 쳐 점령

했다.'고 했다. 仍走敵(잉주적):거듭 적을 달아나게 함. 仍은 거듭, 계속하여. 魏絳(위강):융(戎:서쪽 오랑캐)과 화친하면 다섯 가지의 이로운 것이 있다는 것을 들어 진(晋)의 제후를 설득시켰던, 지모(智謀)가 뛰어났던 사람《左傳》襄公 4년). 和戎(화융):오랑캐와 강화(講和)함. 이 두 구(句)는 염파와 위강에 가서한을 견주어, 가서한이 무용(武勇)과 지모(智謀)에 뛰어나 많은 공을 세웠음을 뜻한다.

每惜河湟棄
매 석 하 황 기
언제나 하황(河湟)이 버려져 있음을
안타깝게 생각하더니

新兼節制通
신 겸 절 제 통
새로이 그곳 절도사가 되어 길을 텄네.

智謀垂睿想
지 모 수 예 상
뛰어난 지모에 천자의 생각도 드리워지고

出入冠諸公
출 입 관 제 공
조정에 드나듦에 여러 고관들 위에 섰네.

日月低秦樹
일 월 저 진 수
해와 달이 장안의 나무보다 낮게 뜨는 듯했고

乾坤繞漢宮
건 곤 요 한 궁
천지가 당나라 궁전을 감싸 안은 듯했네.

胡人愁逐北
호 인 수 축 북
쫓길 것을 두려워한 오랑캐들 북쪽으로 달아났고

宛馬又從東
완 마 우 종 동
완(宛)나라는 천마(天馬)를 조공으로 보내왔네.

受命邊沙遠
수 명 변 사 원
천자의 명으로 변경 사막으로 멀리 가더니

歸來御席同
귀 래 어 석 동
돌아와서는 천자님과 자리를 나란히 했네.

【語義】 河湟(하황):황하(黃河)와 황수(湟水)가 합쳐지는 지점. 곧 중국의
북서쪽. 棄(기):버리고 돌아보지 아니하여 이민족의 손에 있음. 兼節
制(겸절제):절제(節制)의 官, 즉 절도사(節度使)를 겸함. 본디는 군대에
서 쓸 양식을 헤아려 처리하는 것이 절도사의 사무였는데, 후에 와서는
군대의 지휘 통솔까지 맡게 되었다. 通(통):그 지방을 평정(平定)하여
길이 통하게 하는 것. 智謀(지모):지혜(智慧)와 모략(謀略). 垂睿想(수
예상):천자의 생각을 드리우게 함. 垂는 경어(敬語). 睿는 밝음, 슬기로
움. 천자의 일을 표현할 때에 요식적으로 쓰이는 높임말. 따라서 睿想은
천자의 생각. 出入(출입):조정(朝廷)에 드나드는 것을 가리킨다. 冠諸
公(관제공):많은 고관(高官)들 가운데 으뜸임. 훈공(勳功)이 제일 높다
는 뜻. 冠은 첫째. 日月低秦樹(일월저진수):해와 달이 장안(長安)의 나
무보다 낮음. 秦은 장안(長安)이 진(秦) 땅에 있었으므로 장안을 가리킨
다. 가서한(哥舒翰)의 공으로 당(唐) 왕조(王朝)의 위덕(威德)이 크게 성
(盛)하여졌음을 형용한 것이다. 乾坤繞漢宮(건곤요한궁):하늘과 땅이
당나라 궁전을 감쌈. 乾은 하늘, 坤은 땅. 繞는 둘러싸다, 감기다. 漢은
당왕조(唐王朝)를 고풍(古風)스럽게 표현한 것. 胡人(호인):중국 북방
의 이민족(異民族)을 가리킨다. 愁逐北(수축북):쫓길 것을 근심하여 북
쪽으로 달아남. 愁는 근심하는 것, 逐은 쫓기는 것, 北은 북녘으로 가
는 것. 宛馬又從東(완마우종동):완(宛)나라에서는 말을 조공(朝貢)으
로 보내옴. 宛은 서역(西域)에 있던 나라 이름. 흔히 大宛 이라 불렸다.
《史記》大宛列傳에, '大宛은 흉노의 西南, 漢의 正西에 위치하고 있으
며, 漢나라에서 1만 리 거리에 있다. 좋은 말[馬]이 많이 나는데, 피 같
은 땀을 흘린다. 천마(天馬)의 종자(種子)이다.'라 했다. 從東은 宛나라
에서 명마(名馬)를 조공(朝貢)으로 동쪽의 당나라에 바쳐 오는 것. 邊
沙遠(변사원):변경 지방(邊境地方) 사막(沙漠)으로 멀리 가 있었음. 歸

來(귀래):돌아옴. 來는 조자(助字).　御席同(어석동):천자와 자리를 같이함. 御는 천자에 관한 일의 경칭(敬稱)으로서 붙이는 자(字).

軒墀曾寵鶴　　수레와 섬돌에 올랐던 학처럼 총애를 받고
헌 지 증 총 학

畋獵舊非熊　　문왕(文王)을 보좌한 태공망(太公望)처럼
전 렵 구 비 웅　　천자를 보필했네.

茅土加名數　　모토(茅土)와 명수(名數)를 하사받아
모 토 가 명 수　　서평군왕(西平郡王)에 봉해지고,

山河誓始終　　태산과 황하를 두고
산 하 서 시 종　　천자와 운명을 함께할 것을 맹세했네.

策行遺戰伐　　공의 계책으로 전쟁을 잊게 되고,
책 행 유 전 벌

契合動昭融　　부신(符信)을 맞추듯 천자와 뜻이 맞아
계 합 동 소 융　　천자의 마음을 마음대로 움직였네.

勳業靑冥上　　이룬 공업(功業) 푸른 하늘 위로 솟고
훈 업 청 명 상

交親氣槩中　　천자와 사귐은 높은 기개로써 이루어졌네.
교 친 기 개 중

【語義】 軒墀曾寵鶴(헌지증총학):수레나 궁전 섬돌 위에 올랐던 학처럼, 哥舒翰이 천자로부터 은총을 받았다는 뜻. 軒은 대부(大夫)가 타는 수레. 墀는 천자의 궁전 계단 위에 붉은 칠을 해 놓은 곳.《左傳》에, '위(衛)나라 의공(懿公)이 학을 좋아하여, 학 중에는 수레에 타는 것도 있었다.'라고 했다.　畋獵舊非熊(전렵구비웅):《史記》 제태공세가(齊太公世家)에, '서백(西伯:周의 文王)이 사냥을 나가려 했다. 무엇이 잡힐까 점을 치니 용(龍)도 아니오, 이(螭:이무기)도 아니오, 범도 아니오, 곰도 아

320　고문진보-전집(시편)

니오, 잡을 것은 패왕(覇王)의 보신(輔臣)일 것이라 했다. 西伯은 사냥을 나가 위수(渭水) 북쪽 기슭에서 태공(太公)을 만났다. 西伯은 그와 이야기해 보고 크게 기뻐하여 함께 돌아와 스승으로 모셨다.'라고 했다. 옛날 太公이 文王을 훌륭히 보좌했던 것처럼, 哥舒翰이 玄宗을 잘 보좌했다는 것이 이 句節의 뜻이다. 茅土加名數(모토가명수):풀로 흙을 싼 것을 하사(下賜)받고, 또 명수(名數)를 받음. 茅土는, 옛날에 천자가 제후를 봉할 때 그 방향의 빛깔[동(東)은 청(靑), 서(西)는 백(白), 남(南)은 적(赤), 북(北)은 흑(黑), 중앙(中央)은 황(黃)]의 흙을 백모(白茅)에 싸서 하사한 것. 전(轉)하여 제후(諸侯)에 봉해짐. 名은 작위(爵位)의 명호(名號). 數는 작위(爵位)에 따른 의복(衣服) 등 예의 격식(禮儀格式)의 정수(定數). 이 句節은 哥舒翰이 서평군왕(西平郡王)에 봉(封)해졌던 것을 가리킨다. 山河誓始終(산하서시종):산하를 두고 처음부터 끝까지 운명(運命)을 함께할 것을 맹세함. 한(漢) 고조(高祖)는 왕위에 오른 뒤 공신(功臣)을 봉(封)하며 맹세하기를, '황하(黃河)가 띠[帶]처럼 되고 태산(太山)이 숫돌처럼 된다 하더라도, 나라는 영구히 존속되어 자손들에게 이어질 것이다.'라 했다. 한(漢) 고조가 태산과 황하를 가리키며 공신들에게 맹세했던 것처럼, 당(唐) 현종과 哥舒翰 사이에는 군신(君臣)의 의(義)가 굳다는 뜻. 策行(책행):哥舒翰의 계책(計策)이 시행(施行)되는 것을 가리킨다. 遺戰伐(유전벌):싸움과 토벌을 잊게 됨. 契合(계합):부신(符信)이 꼭 맞듯이 玄宗과 哥舒翰의 뜻이 잘 맞는 것을 가리킨다. 動昭融(동소융):밝게 비추어 통하는 천자의 마음을 움직임. 勳業(훈업):공훈(功勳)과 업적(業績). 靑冥上(청명상):푸른 하늘 위로 솟음. 훈업(勳業)의 높음을 형용한 것이다. 交親(교친):玄宗과 哥舒翰의 친밀한 사귐. 氣槩中(기개중):의기(義氣)로써 사람이 결합하는 것.

未爲珠履客 미 위 주 리 객	이 몸, 구슬 신을 신은 상객(上客) 되기도 전에
已見白頭翁 이 견 백 두 옹	벌써 머리 흰 노인이 되었네.
壯節初題柱 장 절 초 제 주	옛날엔 기개가 사마상여처럼 대단하였는데
生涯似轉蓬 생 애 사 전 봉	생애는 마치 바람에 굴러다니는 쑥대와 같네.
幾年春草歇 기 년 춘 초 헐	봄 풀 마르는 걸 보며 고향을 그리워하기 그 몇 해인가?
今日暮途窮 금 일 모 도 궁	오늘은 날 저물어 갈 길마저 궁하네.
軍事留孫楚 군 사 유 손 초	군사(軍事)에 손초(孫楚)를 붙들어 두듯
行閒識呂蒙 항 간 식 여 몽	항오(行伍) 사이에서 여몽(呂蒙)을 알아보듯 이 몸을 알아주셨으면……
防身一長劍 방 신 일 장 검	몸을 가릴 긴 칼 한 자루를 가지고
將欲倚崆峒 장 욕 의 공 동	공동산(崆峒山)의 당신께 가 이 몸 의지하고 싶네.

【語義】 珠履客(주리객):구슬로 만든 신발을 신은 객(客).《史記》春申君
列傳에, '春申君의 식객(食客)은 3천 명인데, 그 상객(上客)은 모두 구
슬로 꾸민 신을 신고 조(趙)나라의 사신을 맞이하였다.'고 했다. 이 구
절은 杜甫 자신이 뜻을 펴지 못하고 있음을 말한 것이다. 壯節(장절):
장한 절조(節操). 初題柱(초제주):처음엔 기둥에 제(題)하였음. 처음
엔 입신출세하겠다는 杜甫 자신의 결의가 대단하였다는 뜻. 한(漢)나
라 사마상여(司馬相如)는 처음 성도(成都)의 승선교(昇仙橋)를 지나다

그 기둥에, '네 말이 끄는 수레를 타지 않고는 다시 이 다리를 지나지
않겠다.'고 썼다 한다(《華陽國志》). 轉蓬(전봉):마른 쑥대가 바람에 이
리저리 굴러다님. 春草歇(춘초헐):봄풀이 다 말라죽음. 歇은 다 없어
져 버리는 것. 양(梁)나라 원제(元帝)의 〈藥名詩〉에 '수자리의 나그네
항산(恒山) 아래에서, 언제나 금의환향(錦衣還鄕) 생각하네. 더욱이 봄
풀 말라죽는 것을 보고 기러기 남쪽으로 날아가는 것을 봄에랴.'라 했
다. 春草歇은 객지에서 떠도는 나그네의 고향을 그리워하는 애절한 마
음을 가리킨다. 暮途窮(모도궁):해가 저물어 갈 길이 궁(窮)하여짐. 杜
甫가 늙어 생활이 곤궁해졌다는 뜻. 軍事(군사):군대를 지휘하는 일.
留孫楚(유손초):손초(孫楚)를 머무르게 함. 孫楚는 晉나라 때의 사람.
자(字)는 자형(子刑), 태원(太原) 중도(中都) 사람. 재조(才藻)가 탁절
(卓絶)하고 성품(性品)이 호쾌(豪快)하여 향리(鄕里)에서 존경을 받고
있다가, 40여 세가 되어서야 진동(鎭東)의 군사(軍事)에 참가하였다.
뒤에 빙익(馮翊)의 태수(太守)를 지내다 죽었다(《晉書》列傳). 이때 杜
甫의 나이 42,3세. 자신을 孫楚에 비유하여 哥舒翰에게 채용(採用)되
길 바란 것이다. 行閒識呂蒙(항간식여몽):군대의 항오(行伍) 사이에
서 여몽(呂蒙)을 알아봄. 呂蒙은 姊夫 정당(鄭當)을 따라 적(賊)을 쳤
다. 직리(職吏)가 그를 가벼이 보니, 呂蒙은 그 官吏를 죽였다. 그러자
교위(校尉) 원웅간(袁雄間)이 이를 손책(孫策)에게 보고하였다. 손책은
여몽을 뛰어난 인물로 보아, 그를 左右에 있게 하였다(《吳志》列傳).
防身(방신):몸을 가림. 將欲倚崆峒(장욕의공동):공동산에 의지하려고
함. 崆峒은 지금의 감숙성(甘肅省) 평량현(平涼縣) 서쪽에 있던 산 이
름. 토번(吐蕃)이 출입하는 길목에 있었다. 이 글은 杜甫가 哥舒翰의 막
하(幕下)에 들어가 일하고 싶다는 뜻을 나타낸 것이다.

【解說】《杜少陵集》卷三에 실려 있으며, 杜甫가 천보(天寶) 13년(754) 장
안(長安)에 있을 때에 개부(開府:將軍) 가서한(哥舒翰)에게 올린 40句
20韻의 詩이다. 投贈은 자신의 뜻을 밝히기 위해 글 따위를 지어 보
내는 것. 開府란 관부(官府)를 열어 부하(部下)를 두는 것을 말하는데,
漢의 제도(制度)에서는 삼공(三公)만이 개부(開府)할 수 있었다. 그런
데 한말(漢末)에는 장군도 개부할 수 있어, 후세에는 도독(都督)을 개
부라 부르게 되었다. 哥舒翰은 돌궐(突厥:匈奴의 일족)의 자손으로, 대
대로 서안(西安)에 살면서 재물(財物)을 가벼이 여기고 의기(義氣)를 높
이 여겼다.《春秋》를 읽어 대의(大義)를 깨달아, 처음에는 왕충사(王忠
嗣)를 섬겨 그의 아장(衙將:경호를 담당하는 장수)이 되었다. 전장(戰
場)에 나가면 반단창(半段槍)을 휘둘러 크게 용명(勇名)을 떨쳤다. 여
러 번 토번(吐蕃)을 격파하여 농우절도부대사(隴右節度副大使)·서평
군왕(西平郡王)에 봉(封)해졌다. 安祿山의 亂이 일어나자 병마원수(兵
馬元帥)가 되어 병(兵)을 이끌고 安祿山을 치러 갔는데, 마침 병이 나
승리하지 못하고 적진 속에서 죽었다. 시(諡)는 무민(武愍).

  당시 조정(朝廷)에는 이임보(李林甫)·진희열(陳希烈) 등 간신들이
있어 그들이 국정을 마음대로 요리하며 뜻 있는 인물을 배척했기 때문
에, 덕망 있는 사람은 도저히 쓰일 수가 없었다. 哥舒翰만이 사람의 재
주를 보아 썼다. 本篇은 安祿山의 亂이 일어나기 전, 杜甫가 哥舒翰에
게 의지하고자 지어 보낸 詩이다. 哥舒翰의 功을 칭송한 글인데, 좀 지
나친 감이 없지 않다. 그렇게라도 하여 안정된 생활을 얻으려는 것이
늙은 杜甫의 솔직한 속마음이었을지도 모른다. 그러나 杜甫는 이 글을
통해, 예로부터 항상 중국의 고민이었던 이민족의 침입을 막는 일에 미
력(微力)이나마 다해 보려는 자신의 애국충정(愛國忠情)을 나타내 보이
고 있다. 뒤에 나오는 〈兵車行〉에도 이러한 그의 마음이 잘 나타나 있

는데, 유가사상(儒家思想)에 투철했던 杜甫의 정신세계가 잘 반영된 작품들이라 할 수 있다.

증위좌승:두자미(贈韋左丞:杜子美)

紈袴不餓死
환 고 불 아 사

귀족들은 굶어 죽는 일이 없으나

儒冠多誤身
유 관 다 오 신

선비들은 몸을 그르치는 일이 많습니다.

丈人試靜聽
장 인 시 정 청

좌승(左丞), 제 말을 들어 보십시오.

賤子請具陳
천 자 청 구 진

천한 몸이 구구한 사정 이야기할까 합니다.

甫昔少年日
보 석 소 년 일

이 몸, 젊은 시절에는

早充觀國賓
조 충 관 국 빈

일찍이 장안(長安)으로 과거 보러 갔었죠.

讀書破萬卷
독 서 파 만 권

만 권의 책을 독파(讀破)했으며

下筆如有神
하 필 여 유 신

붓을 들면 짓는 글마다 명문(名文)이었습니다.

賦料揚雄敵
부 료 양 웅 적

부(賦)로는 양웅(揚雄)에 필적할 만하고

詩看子建親
시 간 자 건 친

시(詩)로는 조식(曹植)과 견줄 만하니,

李邕求識面
이 옹 구 식 면

이옹(李邕) 같은 명사(名士)가 저와 사귀길 원하고

王翰願卜鄰
왕 한 원 복 린

왕한(王翰) 같은 호협(豪俠)도 저와
이웃하길 원했습니다.

自謂頗挺出
자 위 파 정 출

스스로 뛰어난 인물이라 생각하여

立登要路津
입 등 요 로 진

당장 조정(朝廷)의 요직에 올라,

致君堯舜上
치 군 요 순 상

천자를 요순(堯舜)의 위에 서도록 보필하고

再使風俗淳
재 사 풍 속 순

세상의 풍속을 순박하게 만들려고 했습니다.

【語義】紈袴(환고):하얀 비단 바지. 귀족의 자제(子弟)를 가리킨다. 紈은 하
얀 비단. 袴는 바지.　儒冠(유관):유관(儒冠)을 쓴 사람. 선비를 가리킨
다.　誤身(오신):제 몸을 그릇되게 함. 처신을 잘못하여 고통을 받는 것
을 뜻한다.　丈人(장인):자기보다 나이 많은 사람에 대한 존칭(尊稱). 여
기서는 위좌승(韋左丞)을 가리킨다.　賤子(천자):천한 사람. 杜甫가 자
신을 낮추어 표현한 것.　具陳(구진):모두 진술(陳述)함. 낱낱이 말함.
甫(보):杜甫의 이름.　少年日(소년일):젊었을 때.　觀國賓(관국빈):《易
經》風地觀卦 六四의 爻辭에, '國家의 美를 본다. 그로써 王의 賓 됨이
좋다(觀國之光. 利用賓于王).'라고 한 데에서 나온 말. 본디 國家의 美를
본다는 것은 도성(都城)에 나가 문물(文物)의 아름다움을 구경하는 것이
고, 王의 賓이 된다는 것은 현덕(賢德)한 사람이 君으로부터 대우(待遇)
받는 것을 뜻한다. 여기서는 杜甫가 장안(長安)에 가 과거(科擧)에 응시
했던 것을 가리킨다. 그는 개원(開元) 23년(735), 그의 나이 24세 때에
과거를 보았다가 낙방했다.　破萬卷(파만권):만 권의 책을 읽음.　如有
神(여유신):신(神)이 있는 듯함. 곧 신묘한 힘이 작용된 듯한 명문(名文)
을 쓴다는 뜻.　賦(부):운문(韻文)의 한 형식. 사부(辭賦)라고도 일컬어
지며, 주 말(周末)의 굴원(屈原)·송옥(宋玉) 등의 작품이 실린《楚辭》
로부터 생겨났다. 전한(前漢)·후한(後漢) 시대에는 가의(賈誼)·사마
상여(司馬相如)·양웅(揚雄)·반고(班固) 등 많은 부가(賦家)가 배출되

었다. 料揚雄敵(요양웅적):한(漢)나라의 양웅(揚雄)에 필적할 정도라고
생각함. 揚雄(B.C.52~18)은 한대(漢代)의 대표적인 부(賦)의 작가로,
자(字)는 자운(子雲). 子建親(자건친):위(魏)의 조자건(曹子建)에 가까
움. 親은 近의 뜻. 子建은 위(魏) 무제(武帝) 조조(曹操)의 셋째 아들인
조식(曹植)의 자(字). 앞에 나온 〈七步詩〉 참조. 李邕(이옹):당대(唐代)
의 명사(名士). 자(字)는 태화(泰和)이며, 양주(揚州) 강도(江都) 사람.
무후(武后) 때 좌습유(左拾遺), 현종(玄宗) 때엔 호부 낭중(戶部郎中)을
거쳐 괄주 자사(括州刺史)를 지냈다. 求識面(구식면):알고 지내기를 원
함. 王翰(왕한):자(字)는 자우(子羽). 병주(并州) 진양(晉陽) 사람. 호협
(豪俠)한 선비로, 진사(進士)에 오른 후 도주 사마(道州司馬)를 지냈다.
卜鄰(복린):이웃에 주거(住居)를 정하는 것. 옛날엔 살 곳을 정할 때에
꼭 거북의 등딱지를 태워 점을 쳤는데, 그것을 복거(卜居)라 했다. 頗
(파):자못, 매우. 挺出(정출):걸출함. 남보다 뛰어남. 立(입):바로, 즉
시. 要路津(요로진):要路는 가장 긴요한 길. 전(轉)하여 당국(當局)의
권력을 쥔 지위(地位), 정치에서 가장 중요한 지위. 津은 도하(渡河)의
요지(要地). 致君堯舜上(치군요순상):임금을 보필하여 요순보다 훌륭
하게 만듦. 風俗淳(풍속순):선정(善政)을 베풀어 백성의 기풍(氣風)을
순수하게 하고 인심을 두텁게 함.

此意竟蕭條　　이런 뜻이 끝내 이루어지지 않아
차 의 경 소 조　　길 다니며 노래 부르는 신세일망정

行歌非隱淪　　세상을 등진 사람은 아닙니다.
행 가 비 은 륜

騎驢三十載　　나귀 타고 30년,
기 려 삼 십 재

旅食京華春　　장안의 봄을 나그네 신세로 살았습니다.
여 식 경 화 춘

朝扣富兒門
조 구 부 아 문
아침이면 부잣집 문을 두드리고

暮隨肥馬塵
모 수 비 마 진
저녁이면 귀인들의 행차 뒤를 따라다녔습니다.

殘盃與冷炙
잔 배 여 랭 적
남은 술과 식은 안주를 먹으며

到處潛悲辛
도 처 잠 비 신
가는 곳마다 남모를 슬픔과 고통 겪었습니다.

主上頃見徵
주 상 경 견 징
천자께서 마침 어진 선비 구하신다기에

欻然欲求伸
홀 연 욕 구 신
홀연히 뜻을 펴고자 했는데,

青冥卻垂翅
청 명 각 수 시
푸른 하늘로 날려다 죽지 꺾인 새처럼 되었고

蹭蹬無縱鱗
층 등 무 종 린
맥이 빠진 게 비늘 떨어진 물고기처럼 되었습니다.

甚愧丈人厚
심 괴 장 인 후
좌승의 후의(厚意)에 매우 부끄럽습니다.

甚知丈人眞
심 지 장 인 진
좌승의 진실됨을 잘 알고 있습니다.

每於百僚上
매 어 백 료 상
좌승께선 언제나 백관(百官) 위에 계시며,

猥誦佳句新
외 송 가 구 신
황공하옵게도 제가 지은 시구(詩句)들을 외우셨습니다.

竊效貢公喜
절 효 공 공 희
옛날 공우(貢禹)가 왕길(王吉)의 천거를 받았듯,
저는 좌승의 천거를 받고 싶습니다.

難甘原憲貧
난 감 원 헌 빈
자사(子思)가 겪은 가난 참으로 견디기 어렵습니다.

【語義】蕭條(소조):쓸쓸한 모양. 한적한 모양. 뜻을 이루지 못한 것을 형용한 것. 行歌(행가):길을 걸으며 노래 부르는 것. 隱淪(은륜):속세(俗世)를 떠나 숨어 사는 신선(神仙). 騎驢(기려):발이 느린 당나귀를 탐. 말조차 살 수 없는 가난한 신세임을 뜻한다. 三十載(삼십재):30년. 京華(경화):서울 장안(長安). 扣(구):두드리다. 肥馬塵(비마진):귀인(貴人)들을 태운 살찐 말이 달릴 때에 뒤에 남는 먼지. 殘盃與冷炙(잔배여랭적):남은 술과 차갑게 식은 구운 고기. 炙은 고기를 불 위에 놓고 굽는 것, 또는 그 구운 고기. 潛(잠):숨어 있는 것. 남이 모르는 것. 悲辛(비신):슬픔과 고통. 主上(주상):천자(天子). 見徵(견징):어진 선비가 천자의 부름을 받는 것. 欻然(홀연):忽然. 갑자기, 급히. 伸(신):자신의 뜻을 펴는 것. 靑冥(청명):푸른 하늘. 조정(朝廷)에 비유한 것이다. 卻垂翅(각수시):날개를 늘어뜨리고 물러남. 천보(天寶) 6년 현종(玄宗)은 천하의 현사(賢士)들을 널리 구했는데, 재상(宰相) 이임보(李林甫)가 상서성(尙書省)에 명하여 이들을 모두 물리치게 하였다. 이때 杜甫도 천자의 조명(詔命)에 응하여 나아갔다가 간계(奸計)에 의해 뜻을 이루지 못하고 물러나왔다. 蹭蹬(층등):헛디디는 모양. 실족(失足)하는 모양. 전(轉)하여 세력을 잃는 것을 뜻한다. 縱鱗(종린):마음대로 노니는 물고기의 비늘. 丈人(장인):위좌승(韋左丞)을 가리킨다. 百僚(백료):많은 관리(官吏). 僚는 寮의 뜻. 猥(외):외람된 것. 竊效(절효):남몰래 본뜸. 貢公喜(공공희):한(漢)나라 원제(元帝) 때에 공우(貢禹)가 왕길(王吉)의 천거로 벼슬을 하게 되어 기뻐한 사실을 가리킨다. 貢禹는 자(字)가 소옹(小翁). 경학(經學)과 덕행(德行)으로 알려졌다. 王吉은 자(字)가 자양(子陽). 貢禹의 친구로, 어려서부터 학문을 좋아했고 경학(經學)에 밝았다. '貢公이 기뻐한 것을 본뜨고 싶다.'는 것은, 貢禹가 王吉의 천거에 의해 벼슬한 것처럼, 杜甫도 左丞의 천거에 의해 등용되고 싶다는 뜻이

다. 原憲(원헌):孔子의 제자(弟子). 자(字)는 자사(子思), 또는 원사(原思). 孔子로부터 가읍(家邑)의 재(宰)로 임명받았으며, 성질이 견개(狷介)하고, 도를 즐기며 아주 청빈(淸貧)하게 살았다.

焉能心怏怏 언 능 심 앙 앙	어찌 속으로 불평만 할 수 있겠습니까,
祇是走踆踆 지 시 주 준 준	이곳저곳 바삐 돌아다니고 있을 뿐입니다.
今欲東入海 금 욕 동 입 해	언제 동쪽 바다 쪽으로 가려 하다가도
卽將西去秦 즉 장 서 거 진	다시 서쪽 장안으로 가려고도 생각합니다.
尙憐終南山 상 련 종 남 산	그러면서도 종남산(終南山)을 잊지 못하여
回首淸渭濱 회 수 청 위 빈	머리 돌려 맑은 위수(渭水)를 바라봅니다.
常擬報一飯 상 의 보 일 반	항상 한 끼 밥의 은혜도 갚으려 하는 이 몸,
況懷辭大臣 황 회 사 대 신	이제 좌승 곁을 떠날 것을 생각하니 어찌 감회가 없겠습니까.
白鷗沒浩蕩 백 구 몰 호 탕	제가 갈매기처럼 아득한 바다 저쪽으로 날아 사라지면,
萬里誰能馴 만 리 수 능 순	그때엔 만 리 밖 갈매기를 누가 마음대로 할 수 있겠습니까?

【語義】怏怏(앙앙):만족해하지 않는 모양. 우울한 모양.　祇(지):다만. 只의 뜻.　踆踆(준준):뛰어다니는 모양.　秦(진):장안(長安)을 가리킨다.　憐(련):애착(愛着)을 느끼는 것.　終南山(종남산):섬서성(陝西省) 서안부

(西安府)에 있는 산 이름. 長安 남쪽에 있어 南山이라고도 했다. 淸渭
濱(청위빈):푸르고 맑은 위수(渭水)의 물가. 예로부터 渭水는 맑기로 유
명하여, '淸渭濁涇(푸르기론 渭水요, 흐리기론 涇水).'라는 말이 있었다.
涇水는 감숙성(甘肅省) 화평현(化平縣)과 고원현(固原縣) 두 군데에서
발원(發源)하여 합류(合流)한 후 섬서성(陝西省)에 이르러 위수(渭水)로
흘러 들어가는 강. 常擬(상의):항상 헤아려 생각함. 報一飯(보일반):
한 끼니 밥의 은혜도 갚음. 조그만 은혜도 갚는다는 뜻.《史記》범저전
(范雎傳)에, '范雎는 집의 재물을 모두 내어 전에 자신이 곤궁하게 지낼
적에 은혜를 베풀어 준 사람들에게 보답했다. 한 끼니의 밥을 먹여 준
은덕도 반드시 갚았다.'고 했다. 辭(사):이별을 고(告)하는 것. 大臣(대
신):위좌승(韋左丞)을 가리킨다. 白鷗(백구):갈매기. 沒浩蕩(몰호탕):
넓은 바다 저쪽으로 사라져 보이지 않게 되는 것. 萬里誰能馴(만리수
능순):만 리 밖 물결 위의 갈매기를 누가 길들여 마음대로 할 수 있겠는
가? 갈매기는 杜甫를 가리킨다. 이번에 韋左丞의 천거를 받지 못하여
떠나게 되면, 韋公과는 다시 만나기 어려울 것이라는 뜻.

【解說】《杜少陵集》卷一에는 〈奉贈韋左丞丈二十二韻〉이란 제목으로 실려
있다. 韋左丞의 이름은 제(濟), 左丞은 관명(官名)으로 상서성(尙書省)
의 차관(次官). 本篇은 杜甫가 자신의 포부(抱負)를 밝히고, 조정에서
자신을 써 주지 않아 물러가는 심정을 호소하면서, 左丞에게 자신을 천
거해 달라는 간곡한 부탁과 함께 일이 여의치 않을 때에는 멀리 떠나겠
다는 고별인사를 겸한 글이다.

　杜甫는 장편시(長篇詩)를 지을 때에 대구(對句)를 많이 사용했는데,
그것이 杜詩의 흠이라면 흠이다. 그런데 本篇은 詩의 법식(法式)이 매
우 이상적으로 정돈된 작품으로, 杜甫의 걸작 장편시 중에서도 가장 뛰

어난 것이라 한다. 작자의 뜻이 완벽한 형식에 담겨져, 작품의 사상성과 예술미가 최고로 조화를 이룬 것이 바로 杜甫의 詩이다. 杜甫를 시성(詩聖)이라 부르는 까닭이 여기에 있다. 本篇에서 杜甫는 자신의 학문과 시문(詩文)에 대한 대단한 자신감을 표명하고, 천하에 도(道)를 펼 것을 피력했는데, 이것은 자신의 재능을 과시한 것이 아니라 평소에 자신을 인정해 주는 韋左丞에게 자신의 소신을 솔직하게 전한 것이다. 뛰어난 재능과 큰 뜻을 지닌 시성(詩聖) 杜甫였지만 '騎驢三十載 旅食京華春'의 딱한 신세로 평생을 지냈다. 本篇의 훌륭함을 칭찬하기에 앞서 그의 불우함에 동정을 금할 수 없다.

취증장비서:한퇴지(醉贈張秘書:韓退之)

人皆勸我酒
인 개 권 아 주
사람들이 모두 내게 술을 권했지만

我若耳不聞
아 약 이 불 문
듣지 못한 척해 왔네.

今日到君家
금 일 도 군 가
오늘 그대 집에 와

呼酒持勸君
호 주 지 권 군
술을 청해 그대에게 권하네.

爲此座上客
위 차 좌 상 객
이는, 좌상(座上)의 손님들은 물론

及余各能文
급 여 각 능 문
나도 글을 지을 줄 알기 때문이네.

君詩多態度
군 시 다 태 도
그대의 시는 정연한 법도를 갖춘 가운데
표현이 아름다워

藹藹春空雲
애 애 춘 공 운
봄 하늘에 꽃구름이 가득 걸린 듯하고,

東野動驚俗
동 야 동 경 속
맹교(孟郊)의 시는 지어질 때마다 세상을 놀라게 하여

天葩吐奇芬
천 파 토 기 분
천상의 꽃이 기이한 향기를 내뿜는 듯하며,

張籍學古談
장 적 학 고 담
장적(張籍)은 고풍(古風)스럽고
담담한 시풍(詩風)을 배워

軒鶴避雞羣
헌 학 피 계 군
그의 시(詩), 높이 나는 학이 닭 무리를 피하듯
고아(高雅)하네.

阿買不識字
아 매 불 식 자
내 조카 아매(阿買)는 시문(詩文)은 잘 모르지만

頗知書八分 <small>파 지 서 팔 분</small>	글씨만은 제법 쓸 줄 알아,
詩成使之寫 <small>시 성 사 지 사</small>	시(詩)가 되면 녀석에게 베끼도록 할 만하니,
亦足張吾軍 <small>역 족 장 오 군</small>	우리가 시를 읊기에 족하네.

【語義】呼酒持勸君(호주지권군):술을 청(請)하여 그대에게 권함. 爲(위):~ 하기 때문의 뜻. 及余(급여):나까지, 나도. 及은 더불어. 各能文(각능 문):모두 글을 지을 줄 앎. 態度(태도):정태(情態:어떤 일의 됨됨이)와 법도(法度). 곧 도(度)에 벗어나지 않는 아름다운 표현. 藹藹(애애):많 고 성(盛)한 모양. 東野(동야):한유(韓愈)의 제자인 맹교(孟郊)의 자(字). 그는 그 시대를 대표하는 시인의 한 사람이다.《孟東野集》을 남겼다. 天 葩(천파):天花와 같은 뜻으로, 하늘의 꽃. 葩는 꽃. 吐奇芬(토기분):천 상(天上)의 기이(奇異)한 향기를 내뿜음. 張籍(장적):자(字)는 문창(文 昌). 韓愈의 추천으로 국자박사(國子博士)・국자사업(國子司業) 등을 지 낸 시인. 學古淡(학고담):고풍(古風)스럽고 담담한 시를 배움. 軒鶴避 雞羣(헌학피계군):하늘 높이 나는 학이 닭의 무리를 피함. 장적(張籍)의 시풍(詩風)이 고아(高雅)하다는 것을 표현한 것이다. 阿買(아매):韓愈의 조카 이름. 不識字(불식자):글을 모름. 字는 글자를 뜻하는 게 아니라, 시문(詩文)을 가리킨다. 따라서 不識字는 시문(詩文)에 관해 잘 모른다 는 뜻. 頗(파):자못, 제법. 八分(팔분):서체(書體)의 하나. 예서(隷書)와 전자(篆字)를 절충하여 만들었는데 예서에서 이분(二分), 전자에서 팔분 (八分)을 땄기 때문이라고도 하며, 혹은 그 체(體)가 八자처럼 글자의 아 래쪽이 좌우로 벌어졌기 때문이라고도 함. 使之寫(사지사):그로 하여금 베끼도록 함. 張吾軍(장오군):우리의 군진(軍陣)을 벌임. 軍陣은 필진

(筆陣)에 비유한 것. 시를 읊어 볼 만하다는 뜻.

所以欲得酒 소 이 욕 득 주	술을 얻으려 하는 까닭은
爲文俟其醺 위 문 사 기 훈	취하여 흥취가 높아지길 기다려 글을 지으려는 걸세.
酒味旣冷冽 주 미 기 냉 렬	술 맛 차고도 시원하며
酒氣又氤氳 주 기 우 인 온	술기운 은은하게 올라오네.
性情漸浩浩 성 정 점 호 호	마음이 점점 넓어지고 커지니
諧笑方云云 해 소 방 운 운	즐거이 이야기하고 웃는 소리 좌중에 가득하네.
此誠得酒意 차 성 득 주 의	이것이 진정 술의 참뜻을 얻은 것,
餘外徒繽紛 여 외 도 빈 분	이밖의 다른 것들은 잡다한 것일 뿐.
長安衆富兒 장 안 중 부 아	장안(長安)의 뭇 부호 자제들,
盤饌羅羶葷 반 찬 나 전 훈	큰 쟁반에 고기와 야채로 만든 성찬(盛饌)을 벌여 놓지만,
不解文字飮 불 해 문 자 음	글을 지으며 술 마시는 즐거움 누릴 줄 모르고
惟能醉紅裙 유 능 취 홍 군	오직 붉은 치마 두른 여인들에 취할 뿐이네.
雖得一餉樂 수 득 일 향 락	잠시 동안의 즐거움은 얻을 수 있겠지만
有如聚飛蚊 유 여 취 비 문	그건 모기떼가 모여 노는 것과 다름없네.

【語義】 所以(소이):까닭, 이유. 爲文俟其醺(위문사기훈):취하여 흥취(興趣)가 높아지길 기다려 글을 지음. 爲文은 글을 짓는 것. 俟는 기다리는 것. 醺은 술에 얼근히 취하는 것. 冷洌(냉렬):차고도 시원함. 氤氳(인온):천지의 기(氣)가 서로 합하여 어리는 모양. 여기서는 취기(醉氣)가 올라오는 것을 뜻한다. 性情(성정):본성(本性)과 밖으로 표출(表出)되는 감정(感情). 浩浩(호호):넓고 큰 것. 諧笑方云云(해소방운운):재미있게 이야기하고 웃는 소리가 바야흐로 시끄러워짐. 云云은 왁자지껄한 것. 誠(성):진실로. 餘外(여외):그밖의 다른 일. 徒(도):다만. 繽紛(빈분):난잡(亂雜)한 것. 어지러이 섞이는 것. 盤饌(반찬):큰 접시 위의 요리(料理). 羅(라):벌여 놓는 것. 羶(전):육류(肉類)로 만든 술안주. 본디는 수육(獸肉)에서 나는 누린내. 葷(훈):생강·파 등과 같이 매운 채소. 여기서는 강한 향기가 나는 채소를 넣어 만든 고급 야채 요리(野菜料理). 不解文字飲(불해문자음):글을 지으며 즐기는 술자리를 이해하지 못함. 惟能醉紅裙(유능취홍군):오직 붉은 치마 두른 여자에게 취할 뿐임. 紅裙은 붉은 치마. 雖(수):비록. 一餉樂(일향락):짧은 동안의 즐거움. 餉은 본디 식사 시간, 전(轉)하여 짧은 시간을 뜻한다. 有如聚飛蚊(유여취비문):모여 날아다니는 모기떼와 같음. 聚는 모이는 것. 蚊은 모기.

今我及數子
금 아 급 수 자
지금 이 자리에 나와 여러 사람이 모인 것은,

故無蕕與薰
고 무 유 여 훈
분명히 누린내 나는
풀과 향초가 섞여 있는 것이 아니네.

險語破鬼膽
험 어 파 귀 담
뛰어난 의론(議論)은 귀신의 쓸개를 깨뜨리고,

高詞媲皇墳
고 사 비 황 분
고상한 글귀는 태곳적 글에 견줄 만하네.

至寶不雕琢 지 보 부 조 탁	지극한 보배는 깎고 다듬을 필요가 없고,
神功謝鋤耘 신 공 사 서 운	신묘한 일은 인위적인 손질을 사양한다네.
方今向泰平 방 금 향 태 평	바야흐로 지금은 태평세월로 가는 때,
元凱承華勛 원 개 승 화 훈	많은 어진 이들이 성천자(聖天子)를 받들고 있네.
吾徒幸無事 오 도 행 무 사	우리에겐 다행히 애써야 할 일이 없으니
庶以窮朝曛 서 이 궁 조 훈	아침부터 저녁까지 이런 즐거움 누리기를 바랄 뿐이네.

【語義】 數子(수자):술자리에 모인 장적(張籍)·맹교(孟郊) 등의 여러 사람을 가리킨다. 故(고):固의 뜻으로, 본다. 猶與薰(유여훈):猶는 누린내가 나는 풀. 전(轉)하여 악취, 또는 악인 등의 비유로 쓰인다. 薰은 향기로운 풀. 猶與薰은 성격(性格)이나 취미, 행동 등이 판이(判異)한 사람들의 모임에 비유된다. 險語破鬼膽(험어파귀담):사람을 놀라게 할 뛰어난 의론(議論)은 귀신의 쓸개를 깨뜨림. 險語는 매우 뛰어난 의론(議論). 高詞(고사):고상(高尙)한 글귀. 媲(비):짝, 배필. 皇墳(황분):태고(太古)의 삼황(三皇) 시대의 책.《書經》의 序에, '복희(伏羲)·신농(神農)·황제(黃帝)의 서(書)를 삼분(三墳)이라 한다.'라고 했다. 至寶不雕琢(지보부조탁):지극한 보배는 깎고 다듬을 필요가 없음. 雕琢은 보석 같은 것을 새기거나 쪼는 일. 神功謝鋤耘(신공사서운):신묘(神妙)한 일은 김매는 것을 사양함. 至寶나 神功과 같은 훌륭한 문장(文章)은 인공(人工)을 필요로 하지 않고 자연스럽게 이루어진다는 뜻. 方今(방금):

이제, 지금.　元凱承華勛(원개승화훈):고대의 현신(賢臣) 팔원(八元)·
팔개(八凱)에 견줄 만한 어진 신하들이 요순 같은 어진 천자를 보필(輔
弼)하여 선정을 베풀고 있다는 뜻. 이때의 天子는 헌종황제(憲宗皇帝)
였다.　元凱는 고대(古代)의 현신(賢臣) 팔원(八元)과 팔개(八凱).《左傳》
文公 18년에, '옛날에 고양씨(高陽氏)에게 훌륭한 아들 여덟이 있었으
니, 그들은 창서(蒼舒)·퇴개(隤凱)·도연(檮戭)·대림(大臨)·방강(尨
降)·정견(庭堅)·중용(仲容)·숙달(叔達)로, 근신하고 도리에 통하며,
도량이 넓고 생각함이 깊으며, 밝고 진실하며, 인정 많고 성실하여, 천
하의 사람들이 그들을 팔개(八凱)라 불렀다. 그리고 고신씨(高辛氏)에
게 훌륭한 아들 여덟이 있었으니, 그들은 백분(伯奮)·중감(仲堪)·숙
헌(叔獻)·계중(季仲)·백호(伯虎)·중웅(仲熊)·숙표(叔豹)·계리(季
狸)로, 착실하고 공경스러우며, 몸을 닦고 일을 함이 공손하고도 훌륭
하며, 자애심(慈愛心)을 널리 베풀고 온화(溫和)하여, 천하의 사람들은
그들을 팔원(八元)이라 불렀다.'라고 했다.　華勛은 요(堯)임금의 호(號)
인 방훈(放勛)과 순(舜)임금의 호(號)인 중화(重華)를 뜻한다.　吾徒幸
無事(오도행무사):우리 무리들에게는 다행히 아무 일도 없음.　庶(서):
바라다.　窮(궁):있는 힘을 다하여 힘씀.　曛(훈):해가 진 뒤의 어스레
한 때. 저녁.

【解說】《韓文》卷二에 실려 있고, 題下에 실린 方氏의 注에 의하면 本篇은
韓公이 元和 초년 장안에 있을 때에 지은 것이라 한다. 韓愈가 元和 4
년에 진사(進士)에 오른 장철(張徹)에게 보낸 시라고 보는 사람이 많
은데, 제명(題名)에 관명(官名)인 비서(秘書)가 쓰인 점이 아무래도 석
연치 않다. 韓公이 張徹과 함께 동도(東都:洛陽)에 5,6년간 있었던 것
만 생각하여 張秘書를 張徹로 해석하는 게 아닌가 생각된다.《韓文》의

손씨(孫氏) 注에는, '張秘書 徹은, 禮部郎 한운경(韓雲卿)의 손녀에게 장가들어, 韓文公에게는 숙부(叔父)의 손녀사위이다.'라고 했는데, 그가 과연 元和 4년에 進士에 오른 張徹인지 아닌지는 확인할 수 없다.

本篇은 제목에 醉贈이란 말이 있는 것처럼, 취기(醉氣)가 고조된 흥취(興趣)를 해학적으로 읊어 친한 벗에게 보낸 글이다. 뜻 맞는 동지(同志)들의 특장(特長)을 극력 칭찬하고 술에 취한 즐거움을 서술하면서, 문자음(文字飮:詩文을 짓기 위해 술을 마시는 것)을 누리는 고상한 취미에 긍지를 느껴 세간(世間) 부호들의 안주에 취하고 여자에 취하는 속된 주도(酒道)를 매도(罵倒)했을 뿐만 아니라, 자신과 벗하는 詩人들의 글은 귀신의 쓸개를 깨뜨리고 고전(古典)에 필적할 만한 지보 신공(至寶神功)의 걸작임을 자부(自負)한 것이다. 비록 韓愈가 취중(醉中)에 한 말이라고는 하나, 그의 강의 자존(剛毅自尊)한 면목(面目)이 약여(躍如)하게 드러나 있다. 해학(諧謔) 속에 더없이 날카로운 침을 숨겨 자신(自信)을 주장하는 것은 그의 글의 특색이기도 하다. 本書 後集에 실린 그의 명작(名作) 〈進學解〉도 이러한 특징을 잘 지니고 있다. 本篇은 醉贈이란 이름을 빌어 자찬(自讚)한 배해시(俳諧詩)라 할 수 있다.

권지 4(卷之四)

칠언고풍단편(七言古風短篇)

七言古詩는 漢 武帝의 〈栢梁臺聯句〉에서 비롯된 것이라 하는데, 옛날 초사(楚辭) 계통의 가요(歌謠)에도 七言句가 보인다. 소리가 길고 글자가 많아 자유롭게 詩句를 수식(修飾)할 수 있는 게 이 시형(詩形)의 특징이다. 육조(六朝)의 齊·梁 이후부터 악부(樂府:歌謠曲)에 七言의 고시(古詩)가 많이 쓰이게 되었고, 특히 당대(唐代)에 들어 많은 장편(長篇)이 지어져, 종래의 사부(辭賦)를 대신하는 지위를 점하기에 이르렀다. 唐의 율시(律詩)나 절구(絶句) 등 근체시(近體詩)가 평측(平仄)을 중히 여긴 것과는 달리 법식(法式)이 자유로워, 서사시(敍事詩)나 이야기를 서술하듯 자신의 감정을 읊는 서정시(抒情詩)에는 자주 이 구형(句形)이 사용되었다.

아미산월가:이태백(峨眉山月歌:李太白)

峨眉山月半輪秋
아 미 산 월 반 륜 추
아미산에 반달 걸린 가을밤

影入平羌江水流
영 입 평 강 강 수 류
달그림자 평강강물에 어려 물 따라 흐른다.

夜發淸溪向三峽
야 발 청 계 향 삼 협
밤에 청계를 떠나 삼협으로 향하노니

思君不見下渝州
사 군 불 견 하 투 주
그대를 그리면서도 보지 못하고 투주로 떠간다.

【語義】 峨眉山(아미산):사천성(四川省) 아미현(峨眉縣)에 있는 명산(名山). 半輪秋(반륜추):반원형의 달이 맑은 가을 하늘에 떠 있음. 半輪은 반원(半圓)의 뜻. 影(영):월영(月影). 달그림자. 平羌江(평강강):평향강(平鄕江)이라고도 한다. 사천성(四川省) 아안현(雅安縣)의 북쪽으로부터 흘러내려온 물이 대도하(大渡河)와 합쳐지는 곳을 가리키는데, 이 곳에서 제갈공명(諸葛孔明)이 강족(羌族)을 무찔렀다고 하여 平羌江이라 부르게 되었다. 發(발):떠남, 출발함. 淸溪(청계):사천성(四川省) 성도부(成都府) 자주(資州)의 내강현(內江縣) 동북쪽 80리 되는 곳에 있는 마을. 三峽(삼협):중국 양자강(揚子江) 상중류(上中流)에 있는 세 협곡(峽谷). 파협(巴峽)·무협(巫峽)·명월협(明月峽), 또는 무협(巫峽)·서릉협(西陵峽)·귀협(歸峽). 三峽의 지명에 관해서는 제설(諸說)이 많으며, 이곳은 사천(四川)·호북(湖北)의 양성(兩省)에 걸치어 있는데, 예로부터 물살이 세어 주행(舟行)이 어렵기로 유명하다. 思君(사군):그대를 생각함. 君은 아미산의 달. 이별한 사람을 가리킨다는 해석도 있다. 渝州(투주):지금의 사천성(四川省) 중경(重慶).

【解說】 인구(人口)에 회자(膾炙)되는 七言絕句의 명편(名篇)으로, 《分類補注李太白詩》卷八에 실려 있다. 峨眉山은 峨嵋山이라고도 하며, 두 봉우리가 마주 보고 솟아 있는 게 마치 나방의 촉수〔蛾眉:轉하여 미인의 초승달 같은 눈썹, 또는 美人을 가리키는 말로 쓰인다〕 같다 하여 蛾眉山이라고도 한다. 불가(佛家)에서는 광명산(光明山), 도가(道家)에서는 허령통천(虛靈洞天), 또는 영릉태묘천(靈陵太妙天)이라고도 부른다.

本篇은 아미산 반달과의 이별을 아쉬워하며 투주(渝州)로 물길 따라 내려가는 감회(感懷)를 읊은 詩이다. 불과 28字밖에 안 되는 七言絕句에 峨眉山·平羌江·淸溪·三峽·渝州 등 다섯 개의 고유 명사 12字가 들어 있다. 그런데 그것들 하나하나가 시운(詩韻)과 시의 이미지를 손상시키기는커녕 詩를 더욱 아름답게 하니, 李白의 솜씨는 참으로 놀랍다 하겠다. 宋의 蘇東坡는 〈送張嘉州〉에서

峨眉山月半輪秋	아미산에 반달 걸린 가을밤
影入平羌江水流	달그림자 평강강물에 어려 물 따라 흐른다.
謫仙此語誰解道	적선의 이 글을 누가 지을 수 있으리,
請君見月後登樓	그대는 달 보면 누에 오르게.

라고 하여, 本篇의 두 句를 그대로 썼다. 東坡가 李白의 이 詩에 얼마나 감복(感服)했는가는 이로써 판명된다. 本篇의 思君에 대해 의견이 분분한데, 달을 의인화(擬人化)하여 君이라 했다고 해석하는 것이 本篇의 主題가 峨眉山의 달임과, 李白이 다른 詩에서도 峨眉山의 달을 의인화하여 그대〔君〕라 부른 점 등을 감안할 때 가장 타당할 것 같다.

산중답속인:이태백(山中答俗人:李太白)

問余何事栖碧山 문 여 하 사 서 벽 산	왜 푸른 산에 사느냐 묻기에
笑而不答心自閑 소 이 부 답 심 자 한	대답 없이 빙그레 웃으니 마음이 한가로워진다.
桃花流水宛然去 도 화 유 수 완 연 거	복숭아꽃 물 따라 변치 않고 흘러가니
別有天地非人間 별 유 천 지 비 인 간	이곳, 인간 세상 아닌 별천지일세.

【語義】問余(문여):내게 물음. 자문(自問)의 형식을 취한 것. 栖(서):살다,
머물다. 棲와 仝字. 笑而不答(소이부답):웃으며 대답하지 아니함. 心
自閑(심자한):마음이 한가로워짐. 桃花流水(도화유수):복숭아꽃이 물
에 떨어져 물과 함께 흘러가는 것을 가리킨다. 陶淵明의 〈桃花源記〉의
도원향(桃源鄕)을 암시한다. 宛然去(완연거):《李太白集》에는 묘연거
(杳然去:아득히 흘러감)로 되어 있고, 또 요연거(窅然去:멀리 흘러감)
로 된 판본(版本)도 있다. 宛然은 依然의 뜻으로, 전과 다름없는 것. 別
有天地(별유천지):도원(桃源)의 별천지(別天地). 人間(인간):사람들이
사는 세상. 속세(俗世).

【解說】《分類補注李太白詩》卷十九에는 〈山中問答〉으로 제목 되어 있다.
本篇도 앞의 〈峨眉山月歌〉와 마찬가지로 七言絶句의 근체시(近體詩)이
다. 자문자답(自問自答) 형식을 빌려 산중에 유서(幽棲)하는 즐거움을
읊고 있다.

'問余何事栖碧山'에 대해 笑而不答한 것은, 속인(俗人)에게는 그 까닭을 말해 주어도 이해할 수 없기 때문이다. 그러나 끝 부분 두 句에서 그 이유를 참으로 멋지게 이야기했다. '桃花流水宛然去 別有天地非人間'이 바로 그것으로, 이는 일찍이 淵明이 이상향(理想鄕)으로 삼았던 도화원(桃花源)에서 사는 것을 뜻한다.

 本篇은 후세의 평자(評者)들이 입을 모아 칭찬한 詩로, 心自閑의 경지를 아무런 기교도 부리지 않은 듯한 수법으로 그려낸 걸작이다.

산중대작:이태백(山中對酌:李太白)

兩人對酌山花開 두 사람 마주 앉아 술 마실 새 산꽃이 핀다.
양 인 대 작 산 화 개

一盃一盃復一盃 한 잔 한 잔 또 한 잔…….
일 배 일 배 부 일 배

我醉欲眠君且去 나는 취해 졸리나니 그대 일단 돌아갔다가
아 취 욕 면 군 차 거

明朝有意抱琴來 내일 아침 다시 생각나거든 금(琴) 안고 오게.
명 조 유 의 포 금 래

【語義】一盃(일배):한 잔.《李太白集》에는 一杯로 되어 있다. 我醉欲眠君
且去(아취욕면군차거):나는 취하여 잠이 오려 하니 그대는 일단 돌아갔
다가. 且는 잠시, 일단. 솔직 담박(率直淡泊)한 李白의 성품이 잘 나타
나 있다.《李太白集》에는 君이 卿으로 되어 있다. 有意(유의):뜻이 있
거든. 여기서의 뜻은, 술 마시며 즐거이 노는 것을 가리킨다.

【解說】《李白詩集》卷二十三에는 〈山中與幽人對酌〉이란 제목으로 실려 있
다. 前篇과 같은 사상(思想)의 詩로, 山中에 유거(幽居)하는 사람이 자
신을 찾아온 친구를 맞아 술을 마시며 즐겁게 살아가는 것을 읊고 있다.
여기서 친구란 속세를 떠나 은거하는 사람을 가리킨다. 本篇은 五言絕
句이긴 하나 평측(平仄)이 제대로 지켜지지 않았다.
　속세(俗世)를 떠나 은서(隱棲)하는 친구끼리 산꽃나무 밑에서 술을
마신다. 흥취(興趣) 따라 마시고 취하는 것이니, 세속의 예의범절(禮儀
凡節) 따위에 얽매이지 않아도 된다. 완전한 자유의 경지를 즐긴다. 그
야말로 망형(忘形)의 사귐이다. 本篇도 李白이 淵明의 풍류(風流)를 얼

마나 흠모했는지를 잘 말해 주는 작품이다. '我醉欲眠君且去'는 淵明의
〈五柳先生傳〉(本書 後集에 수록)에, '선생의 친구들이 가끔 술자리를
마련하여 선생을 불렀다. 그럴 때면 가서 서슴지 않고 마셨으며, 반드
시 취할 때까지 마셨다. 그러나 일단 취하면 선뜻 물러났다. 언제나 떠
나거나 머무르는 데에 미련을 두지 않았다(或置酒而招之. 造飮輒盡 期
在必醉. 旣醉而退 曾不吝情去留).'라고 한 것과 같은 심경(心境)을 말
한 것이다. 앞의 〈山中答俗人〉과 같이 감상하면 일관(一貫)된 풍류 사
상(風流思想)이 짙게 깔려 있음을 알 수 있다. 왕유(王維) · 맹호연(孟浩
然) 등 일류 시인(一流詩人)에만 국한되는 게 아니라, 당대(唐代) 시인
(詩人)들에게는 이렇게 진대(晋代)의 문학 사상(文學思想)이 강하게 흐
르고 있는 것이다.

춘몽：잠삼(春夢：岑參)

洞房昨夜春風起
<small>동 방 작 야 춘 풍 기</small>　지난밤 동방(洞房)에 봄바람 이니

遙憶美人湘江水
<small>요 억 미 인 상 강 수</small>　생각이 멀리 상강(湘江)가의 미인에게로.

枕上片時春夢中
<small>침 상 편 시 춘 몽 중</small>　베갯머리에서 잠시 봄꿈을 꾸노라면

行盡江南數千里
<small>행 진 강 남 수 천 리</small>　강남 수천 리를 두루 돌아다닌다.

【語義】洞房(동방)：그윽하고 깊은 방. 洞은 深의 뜻. 후세엔 華燭洞房이라
하여 신혼(新婚)의 방을 주로 가리켰다.　美人(미인)：다음에 湘江水가
나오는 것으로 보아, 湘水의 神인 상군(湘君：湘夫人)에 빗대어 말하는
것인데, 누구를 가리키는지는 알 수 없다. 美人은 일반적으로 女性을
가리킬 경우가 많지만, 男性을 가리키는 경우도 적지 않다. 아름다운
德을 지닌 사람이란 뜻으로, 賢者를 가리키는 예가 많다.　湘江(상강)：
상수(湘水). 광동성(廣東省)의 계림(桂林) 부근에서 발원하여 북으로 흘
러 호남성(湖南省)에 들어가 형주(衡州)·상담(湘潭)·장사(長沙) 등지
를 지나 동정호(洞庭湖)에 이름. 상강의 쓸쓸한 풍경은 유명하다.　片時
(편시)：잠시.　江南(강남)：상강(湘江)의 남쪽.

【解說】《岑嘉州詩》卷之七에는 七言絶句가 33首 실려 있는데, 본편은 그
가운데 하나이다. 한 篇 중에 春 字와 江 字가 두 번 사용된 것은 絶句로
서는 파격(破格)으로, 本篇은 고시(古詩)에 가깝다. 봄날 꿈속에서 남
방 수천 리 밖에 있는 사람을 찾아간 것을 읊고 있다. 岑參은 성당(盛

唐)의 詩人으로, 杜甫와 동시대(同時代)의 인물이다. 고적(高適)과 문명(文名)을 같이하여 고잠(高岑)이라 병칭(竝稱)되었으며, 비장(悲壯)한 분위기가 감도는 변새시(邊塞詩)를 많이 남겼는데, 하나같이 뛰어난 것들이다.

'遙憶美人湘江水'가 분명히 무엇을 뜻하는지 헤아리기 어렵다. 작자가 꿈속에서 湘江가에 있는 친구를 찾아간 것을 읊은 것인지, 아니면 楚辭에 나오는 湘江女神의 전설을 생각하고 그를 인용하여 친구를 그리워하는 마음을 읊은 것인지 분명하지 않은데, 아무래도 후자 쪽이 낭만적(浪漫的)이며 湘江의 물과 어울리는 해석일 것 같다.

소년행:왕유(少年行:王維)

新豊美酒斗十千
신 풍 미 주 두 십 천

신풍(新豊) 땅의 미주는 한 말에 만 전(萬錢),

咸陽遊俠多少年
함 양 유 협 다 소 년

함양의 유협(遊俠) 중엔 젊은이들이 많네.

相逢意氣爲君飮
상 봉 의 기 위 군 음

서로 만나면 의기 높여 상대 위해 술을 마신다.

繫馬高樓垂柳邊
계 마 고 루 수 류 변

말고삐를 누각 옆 수양버들에 매어 두고서.

【語義】 新豊(신풍):현명(縣名). 섬서성(陝西省) 임동현(臨潼縣) 동쪽에 있
던 현(縣). 한(漢)나라 고조(高祖)가 도읍을 장안(長安)으로 정했을 때
태상황(太上皇)인 그의 아버지가 고향인 강소성(江蘇省) 패현(沛縣)의
풍읍(豊邑)으로 돌아가고 싶어했으므로, 고조는 장안 근처에 새로이 豊
邑과 비슷한 고을을 만들고 신풍(新豊)이라 부르도록 했다. 이곳은 후
에 미주(美酒)의 산지(産地)가 됐다. 斗十千(두십천):술 한 말에 일만
전(錢). 斗는 술 한 말. 千은 돈을 꿴 꾸러미로 一貫을 말한다. 一貫은
千文. 文은 네모진 구멍이 있는 엽전, 또는 돈을 세는 수사(數詞). 咸
陽(함양):진(秦)나라 고도(古都)의 이름이나, 여기서는 당(唐)나라 장안
(長安)을 가리킨다. 遊俠(유협):호협(豪俠)한 기상 지니고 노는 것. 또
는 일정한 직업이 없이 놀면서 협기(俠氣) 있는 사람. 意氣(의기):기개
(氣槪), 원기(元氣). 감정(感情)에 치우쳐 행동하는 것을 말하는 경우도
있다. 君(군):상대방. 繫馬(계마):말고삐를 맴. 高樓(고루):주연(酒宴)
이 벌어지는 높은 누각. 垂柳(수류):수양버들.

【解說】《王右丞集》卷一에 실려 있는 4首의 〈少年行〉 가운데 첫 번째 것
이다. 〈少年行〉은《樂府詩集》卷六十六의 雜曲歌辭에도 들어 있으며,
〈結客少年場行〉· 前出 〈少年子〉·〈少年樂〉 등과 함께 호협(豪俠)한 젊
은이의 의기(意氣)를 세상에 자랑하는 가곡(歌曲)으로, 당대(唐代)에 들
어 많이 지어졌다.《樂府詩集》에는 李白 · 杜甫 · 王維를 위시하여 많은
시인들이 지은 同題의 작품이 약 30首 실려 있다. 詩仙 李白과 詩聖 杜
甫에 대하여 시불(詩佛)이라 불린 성당(盛唐)의 王維가 지은 本篇은 당
시 장안(長安) 젊은이들의 생활의 일면을 아름답게 묘사한 작품이다.

   예로부터 유협(遊俠)은 함양(咸陽)의 젊은이들이 중히 여기던 것으
로, 장안(長安)의 화려한 풍물(風物)의 하나라고 한다. 遊俠에 관해서는
《史記集解》序의 〈索隱〉에, '죽음을 가볍게 알고 의기(意氣)를 중히 여
김이 荊軻 · 豫讓의 무리와 같다.'고 하였다. 전시(戰時)의 용사(勇士)나
변경(邊境)의 맹장(猛將)들 가운데에는 이들 출신이 많으며, 이들은 평
시(平時)에는 강한 자를 꺾고 약한 자를 도와주며 절조 의기(節操意氣)
를 지켜 임협(任俠)을 자처했다. 따라서 이들이 악부(樂府)나 시(詩)의
좋은 재료가 된 것은 당연한 일이었다.

   王維가 지은 同題의 다른 세 篇은 국경의 전장(戰場)에서 무위(武威)
를 떨치는 용장(勇將)을 읊은 것이다.

심은자불우:위야(尋隱者不遇:魏野)

尋眞悞入蓬萊島
심 진 오 입 봉 래 도

신선 찾아 잘못 봉래도에 들어갔더니

香風不動松花老
향 풍 부 동 송 화 로

바람도 없는데 향기 날리며 송홧가루 진다.

採芝何處未歸來
채 지 하 처 미 귀 래

지초(芝草) 캐러 어디 갔기에
아직 돌아오지 않는가?

白雲滿地無人掃
백 운 만 지 무 인 소

흰 구름 땅에 가득한데 쓰는 사람 아무도 없네.

【語義】尋眞(심진):선인(仙人)을 찾아. 眞은 眞人, 곧 선인(仙人). 悞(오):誤와 仝字. 蓬萊島(봉래도):방장산(方丈山) · 영주산(瀛州山)과 함께 동해에 있다는 삼신산(三神山)의 하나. 진시황(秦始皇)과 한 무제(漢武帝)가 삼신산에 동남동녀(童男童女) 수천 명을 보내어, 불로불사 약(不老不死藥)을 구하려고 했다고 한다. 이곳에는 황금(黃金) · 백은(白銀) 등으로 지은 궁궐(宮闕)이 있다 함.   香風不動(향풍부동):바람도 없는데 향기가 은은하게 풍김.   松花老(송화로):송화(松花) 가루가 날리는 것을 뜻한다.   芝(지):지초(芝草). 모균류(帽菌類)에 속하는 버섯의 한가지로, 도가(道家)에서는 불로장생(不老長生)의 영초(靈草)라 하여 중히 여겼다.

【解說】은자(隱者)를 찾아갔으나 부재중(不在中)이었다. 그래서 이 詩를 지어 남긴 것이다. 앞의 五言短篇에 실린 僧 無本의 〈訪道者不遇〉와 거의 같은 취지(趣旨)의 詩로, 宋 初의 탈속 고상(脫俗高尙)한 시인이었던 魏野의 풍취(風趣)가 잘 반영된 작품이다. 단 僧 無本의 作品이 고담(枯

淡)한 풍취(風趣)를 지니고 있는 데에 비해, 本篇은 약간 기교적인 면
에 치우친 감이 있다.

보허사:고병(步虛詞:高騈)

靑溪道士人不識　　청계산의 도사를 세상에선 모르지만
청 계 도 사 인 불 식

上天下天鶴一隻　　그는 하늘 위아래를 학을 타고 다닌다네.
상 천 하 천 학 일 척

洞門深鎖碧窓寒　　동굴 문을 굳게 닫고
동 문 심 쇄 벽 창 한　　푸른 창으로 들이치는 찬바람 속에 앉아

滴露研朱點周易　　이슬로 붉은 먹을 갈아
적 로 연 주 점 주 역　　주역(周易)에 방점(傍點)을 찍고 있네.

【語義】靑溪(청계):산명(山名).《文選》에서 李善은, "유중용(庾仲雍)의 〈荊
州記〉에, '임저현(臨沮縣)에 청계산(靑溪山)이 있고, 그 산 동쪽에 샘이
있으며, 샘 옆에 도사(道士)의 정사(精舍)가 있다.'고" 注했다. 道士(도
사):선도(仙道)를 배우는 사람. 鶴一隻(학일척):학 한 척(隻). 도사가 학
을 타고 다니므로 鶴一隻이라 표현한 것이다. 洞門(동문):도사가 사는
동혈(洞穴)의 문. 鎖(쇄):자물쇠로 잠그는 것. 碧窓(벽창):푸른 창. 동
혈(洞穴)에서 밖을 보면 푸른 바위만 보이므로, 碧窓이라 한 것이다. 滴
露(적로):방울져 떨어지는 이슬. 研朱(연주):주묵(朱墨)을 갊. 點周易
(점주역):《周易》을 읽으며 요소(要所)에 권점(圈點)을 찍는 것을 말한다.

【解說】《唐詩遺響》및《三體詩》에 실려 있고,《三體詩》의 題注에《異苑》
에 기록된 것을 인용하여, '陳의 사왕(思王:魏의 曹植)이 어산(漁山)에
서 노는데, 갑자기 하늘에서 경(經)을 외는 소리가 들렸다. 音을 아는 사
람으로 하여금 그것을 기록하게 하고, 神仙의 소리라고 했다. 도사(道
士)가 그것을 본떠 보허사(步虛詞)를 지었다. 步虛詩는 이에서 비롯한

다.'라고 했다.

　高騈은 唐 희종(僖宗) 때 황소(黃巢)를 격파하여 공(功)을 세웠으나, 후에 근왕(勤王:王事에 힘씀, 또는 충성을 다함)할 뜻이 없어 인간사(人間事)를 버리고 신선학(神仙學)에 빠졌다.

　本篇은 首句에서 볼 수 있는 것처럼 晉의 곽박(郭璞)의 〈遊仙詩〉의 思想을 계승한 것으로, 神仙의 세계를 동경(憧憬)하는 작자의 마음이 잘 그려져 있다. 당대(唐代)에 高騈뿐만 아니라 李白·賀知章과 같은 일류 詩人들이 神仙이 되길 꿈꾸어 입산(入山)하여 도(道)를 구했던 것은, 신선사상(神仙思想)이 중국의 思想과 文學에 깊이 뿌리내리고 있었음을 증명하는 것이다.

십죽:승 청순(十竹:僧 淸順)

城中寸土如寸金
성 중 촌 토 여 촌 금
　　　성안의 한 치 땅은 한 치 금과 같은데,

幽軒種竹只十箇
유 헌 종 죽 지 십 개
　　　깊고 그윽한 은사의 처소에
　　　대나무 열 그루 심었네.

春風愼勿長兒孫
춘 풍 신 물 장 아 손
　　　봄바람아, 죽순이 자라지 않도록 조심하여라.

穿我堦前綠苔破
천 아 계 전 녹 태 파
　　　섬돌 앞 푸른 이끼 뚫어 망가뜨릴까 걱정이다.

【語義】 寸土(촌토):사방(四方) 한 치의 땅. 寸金(촌금):사각(四角) 한 치의
금. 幽軒(유헌):깊고 그윽한 곳에 숨어 사는 은사(隱士)의 집을 가리킨
다. 軒은 집, 또는 처마. 種竹(종죽):대나무를 심음. 군자(君子)의 거소
에 풍류(風流)를 더하기 위해 대나무 심는 것을 가리킨다. 長(장):기르
는 것. 兒孫(아손):죽순(竹筍)을 가리킨다. 穿(천):뚫다. 堦(계):섬
돌. 階와 仝字. 綠苔(녹태):푸른 이끼.

【解說】 宋의 석혜홍(釋惠洪)이 지은 《冷齋夜話》에 실려 있는 이 詩는 서호
(西湖)의 중〔僧〕 淸順의 作이다. 그의 詩를 인정한 것은 北宋의 왕안석
(王安石)이며, 蘇東坡도 만년(晚年)에 그와 교유(交遊)했다.
　　五言古風短篇에 나온 蘇東坡의 〈綠筠軒〉에서도 보았듯이, 대나무를
심어 즐기는 것은 절조(節操)를 중히 여긴 옛사람들의 풍류(風流)였다.
넓은 땅을 구하기 어려운 도시에서 대나무를 열 대나 심고 살 수 있다
는 것은 그런대로 풍취(風趣) 있는 생활이다. 그런데 대나무가 마구 새
끼를 쳐 섬돌 앞 푸른 이끼를 망가뜨릴까 보아 걱정된다고 했다. 좁은

공간에서 대나무의 풍류도 즐기고 푸른 이끼를 보는 즐거움도 누리겠다는 것이다. 무욕염담(無欲恬淡)해야 할 중으로서는 너무 욕심을 부리는 감이 없지 않다. 익살을 섞은 일종의 배해미(俳諧味)가 있는 詩이다.

유삼유동:소자첨(遊三遊洞:蘇子瞻)

凍雨霏霏半成雪　　부슬부슬 내리는 진눈깨비 눈 반 비 반이어서
동 우 비 비 반 성 설

遊人履冷蒼崖滑　　노니는 사람의 신발은 차고
유 인 이 랭 창 애 활　　푸른 벼랑은 미끄럽네.

不辭携被岩底眠　　이불 안고 가 바위 밑에서 자고 싶은데
불 사 휴 피 암 저 면

洞口雲深夜無月　　동굴 어귀에 구름이 짙어 밤에 달을 볼 수 없다네.
동 구 운 심 야 무 월

【語義】凍雨(동우):눈이 녹아들어 비와 섞여서 내리는 눈. 진눈깨비.　霏
霏(비비):비나 눈이 부슬부슬 오는 모양.　遊人(유인):蘇東坡 자신을 가
리킨다.　履冷(이랭):신발이 차가움. 履는 신발.　蒼崖(창애):푸른 바위
벼랑.　被(피):이불.

【解說】《集注分類東坡詩》卷一에 실려 있다.《大明一統志》에, ‘형주부(荊
州府:湖北)의 三遊洞은 이릉주(夷陵州)의 서북 25里 되는 곳에 있고,
唐의 白樂天과 그의 아우 行簡, 그리고 元積이 그곳에서 놀다〈三遊洞
記〉를 지어 석벽(石壁)에 새겼다. 후세 사람들은 그래서 그곳을 三遊
洞이라 불렀다. 宋의 蘇軾(字는 子瞻)과 그의 아우 轍, 그리고 黃庭堅
(東坡의 제자) 세 사람도 그곳에서 놀았다.’고 했다.《東坡詩》에는 이 詩
다음에 두 首가 더 실려 있고, ‘洞에서 놀던 날 역참의 관리가 찾아와
詩를 지어 달라고 졸랐다. 세 篇의 絶句를 이미 洞의 석벽에 남긴 터였
다. 다음날 협주(峽州:宜昌)에 도착했다. 협주의 관리가 또 찾아왔는데,
흡족하게 생각하는 것 같지 않아 다시 이것을 지어 그에게 주었다.’고

보충 설명이 되어 있으며, 또 그 題下 注에 老泉과 子由가 지은 絶句를 소개하고 있다. 蘇東坡의 부친 老泉이 지은 絶句는 다음과 같은데, 그 때의 상황을 눈앞에 고스란히 옮겨 놓은 듯하다.

洞門蒼石流成乳	동굴 앞 푸른 벼랑엔 빗물이 젖처럼 흐르고
山下寒溪冷欲冰	산 밑 계곡물 얼음처럼 차갑네.
天寒二子苦求去	하늘 기운 싸늘해도 두 녀석 애써 가려 하고
我欲居之爾不能	나도 그러려고 하나 날씨가 궂네.

어옹:유자후(漁翁:柳子厚)

漁翁夜傍西巖宿
어 옹 야 방 서 암 숙

밤 되자 늙은 어부 바위에 배를 대고 묵더니

曉汲淸湘燃楚竹
효 급 청 상 연 초 죽

새벽에 상강(湘江)의 물을 길어
초(楚) 땅의 대나무 때어 밥을 짓네.

煙消日出不見人
연 소 일 출 불 견 인

연기 사라지고 해 뜨니 사람 보이지 않고,

欸乃一聲山水綠
애 내 일 성 산 수 록

뱃노래 한 가락에 산도 물도 초록으로 물드네.

回看天際下中流
회 간 천 제 하 중 류

하늘 끝 바라보며 강 가운데로 흘러갈새

巖上無心雲相逐
암 상 무 심 운 상 축

지난밤 바위 위엔 무심한 구름만
다투듯 흘러간다.

【語義】 漁翁(어옹):늙은 어부. 夜傍(야방):밤이 가까워진 저녁때를 가리
킨다. 西巖宿(서암숙):서쪽 바위에 배를 대고 묵음. 曉(효):새벽. 汲
(급):물을 길음. 淸湘(청상):맑은 상수(湘水)의 물. 湘水는 상강(湘江).
중국 호남성(湖南省)에 있는 강으로, 광동성(廣東省)의 계림(桂林) 부근
에서 발원하여 북으로 흘러 호남성(湖南省)에 들어가 형주(衡州)·상담
(湘潭)·장사(長沙) 등지를 지나 동정호(洞庭湖)에 흘러든다. 燃(연):
사름, 불을 땜. 여기서는 밥을 짓는 것을 가리킨다. 楚竹(초죽):남쪽
초(楚) 땅의 대나무. 楚 땅엔 대나무가 많다. 煙(연):연기. 전(轉)하여
먼지·구름·안개 등이 자욱이 피어오르는 기운. 消(소):사라지는 것.
欸乃(애내):뱃노래. 일설(一說)에는 노 젓는 소리. 天際(천제):하늘의
가. 하늘의 끝. 無心雲相逐(무심운상축):무심한 구름이 연이어 흘러감.

【解說】 七言古詩로 六句인 것은 《古文眞寶》에 다섯 篇 수록되어 있다. 七
言六句의 율시(律詩)는 매우 드문데, 대체로 古詩로 보면 좋을 것이
다. 율시(律詩)는 八句로 이루어지는 게 일반적인데, 삼운 육구(三韻六
句)로 된 것도 있어 그것을 삼운(三韻), 또는 육구격(六句格)이라 부른
다. 그리고 압운(押韻)과 평측(平仄)을 지킨 삼운 육구격(三韻六句格)의
詩는 근체시(近體詩)로 보아야 한다.

　　本篇은 《唐柳先生集》 卷四十三에 실려 있으며, 측운(仄韻)이 사용된
古詩로 자연 묘사에 뛰어난 걸작이다. 상쾌한 여름날 아침 시시각각(時
時刻刻)으로 변화하는 상수(湘水)의 풍경을 묘사하고 있다. 漁翁의 행
동이 각각(刻刻)으로 변화하는 자연의 풍경과 하나가 되어 묘사되어 있
는데, 欸乃一聲山水綠이라고 하여 漁翁의 움직임에 따라 자연이 변화
하는 것처럼 표현한 것은 가히 入神의 경지에 든 솜씨이다. 한순간도
가만히 있지 않고 계속 변화하는 풍경을 묘사했는데도, 詩 전체에서 받
는 인상은 더없는 정적미(靜寂美)이다. 이것은 자연과 인생의 본질을
정허(靜虛)한 도(道)의 입장에서 보았던 柳宗元의 사상이 그대로 반영
되었기 때문이다. 本篇 結句의 無心雲은 허무(虛無)·무위(無爲)·자연
의 道를 상징하는 것으로, 陶淵明의 〈歸去來辭〉에 나오는, '구름은 무심
히 산골짜기를 돌아나온다(雲無心以出岫).'는 말에 근거하고 있다. 本
篇에 나타난 柳宗元의 사상과 표현 기법은 그를 王維·孟浩然·韋應物
등과 함께 陶淵明流의 풍물 묘사에 뛰어난 시인으로 추앙받게 하는 데
에 부족함이 없다.

금릉주사유별:이태백(金陵酒肆留別:李太白)

風吹柳花滿店香
풍 취 유 화 만 점 향

버들 꽃에 바람 불어 가게 안이 온통 향기롭고

吳姬壓酒喚客嘗
오 희 압 주 환 객 상

오(吳)나라 계집은
술 걸러 손님 부르며 맛보라 하네.

金陵子弟來相送
금 릉 자 제 내 상 송

금릉의 젊은이들 나를 전송하러 와

欲行不行各盡觴
욕 행 불 행 각 진 상

차마 발걸음 떼지 못하고 잔들을 비우네.

請君試問東流水
청 군 시 문 동 류 수

그대들, 장강(長江)에게 물어보게나,

別意與之誰短長
별 의 여 지 수 단 장

이별하는 마음과 장강의 흐름 중
어느 쪽이 더 기냐고.

【語義】 酒肆(주사):술집. 風吹(풍취):바람이 부는 것.《李太白集》에는 금릉성(金陵城) 서문(西門)을 가리키는 白門으로 되어 있다. 滿店香(만점향):가게 안이 향기로 가득함. 吳姬(오희):오(吳) 땅의 미인(美人). 吳·越은 예로부터 미인이 많이 나기로 유명한 곳이다. 壓酒(압주):술을 거르는 것을 가리킨다. 欲行不行(욕행불행):가려고 하다 가지 못하는 것. 盡觴(진상):술을 마셔 잔을 비움. 東流水(동류수):동쪽으로 흐르는 물. 장강(長江)을 가리킨다. 之(지):東流水를 가리킨다.

【解說】《李白詩》卷十五에 실려 있다. 李白이 금릉(金陵), 즉 지금의 강소성(江蘇省) 남경(南京)의 주점(酒店)에서 술자리를 마련하고, 자기를 송별하러 온 사람들에게 이 詩를 지어 주었다. 이렇게 떠나는 사람이 남

아 있는 사람에게 작별을 告하는 것을 유별(留別)이라 한다. 끝 부분에
서 '試問東流水'라 하여 이별의 무한한 슬픔을 장강(長江)의 긴 흐름에
비유한 것은 참으로 기발(奇拔)한 착상(着想)이다. 李白 특유의 표표(飄
飄)한 시풍(詩風)이 여실히 드러난 篇이다.

사변:이태백(思邊:李太白)

去歲何時君別妾 거 세 하 시 군 별 첩	지난해 어느 때에 당신께서 저와 이별하셨나요?
南園綠草飛蝴蝶 남 원 녹 초 비 호 접	남쪽 동산 푸른 풀 사이로 나비들이 날고 있었지요.
今歲何時妾憶君 금 세 하 시 첩 억 군	제가 당신을 그리는 올해의 지금은 어느 때인가요?
西山白雪暗秦雲 서 산 백 설 암 진 운	서산에 흰 눈 내리고 진(秦)의 하늘은 구름에 가리워져 어둡습니다.
玉關去此三千里 옥 관 거 차 삼 천 리	옥문관(玉門關)은 예서 삼천 리 밖에 있으니
欲寄音書那得聞 욕 기 음 서 나 득 문	글월을 띄운다 해도 전해질 수 있을지…….

【語義】 去歲(거세):지난해. 남편과 이별한 때를 회고(回顧)하는 것이다.
蝴蝶(호접):나비. 秦雲(진운):진(秦:지금의 陝西省)의 하늘을 가린 구
름. 玉關(옥관):옥문관(玉門關). 감숙성(甘肅省) 돈황현(燉煌縣) 서쪽
에 있는, 서역(西域)으로 통하는 관문(關門). 장안(長安)으로부터 3천6
백 리 떨어진 곳으로, 남편이 수자리 살러 가 있는 곳. 音書(음서):음
신(音信). 편지. 那得聞(나득문):어찌 들릴 수 있겠는가? 聞은 상대방
에게 전해지는 것.

【解說】 本集 卷二十五에 실려 있고, 〈春怨〉으로 제목 된 판본(版本)도 있
다. 本書 題注에, "이것은 〈采薇〉의, '그 옛날 내가 찾아왔을 적에는 갯
버들이 축축 늘어졌었는데, 이제 다시 돌아와 보니 함박눈 어지러이 날

리고 있네(昔我往矣 楊柳依依, 今我來思 雨雪霏霏).'를 본뜬 것이다."
라고 했다. 《詩經》 小雅 〈采薇〉는 봄에 출정하여 겨울에 돌아오는 병사
의 감회(感懷)를 읊은 詩인데, 本篇은 집에 있는 아내가 변방에 있는 남
편을 그리워하는 마음을 읊은 노래이다. 本篇의 제목 思邊이 바로 本
篇의 요지(要旨)라 할 수 있다. 思邊이란 변경(邊境)을 생각한다는 뜻
으로, 집에 있는 아내가 출정 나간 남편을 그리워하는 것을 가리킨다.

오야제 : 이태백(烏夜啼 : 李太白)

黃雲城邊烏欲棲　　황혼 빛 구름 감도는 성 옆에
황 운 성 변 오 욕 서　　까마귀들 깃들이려고

歸飛啞啞枝上啼　　날아 돌아와 짝을 그리며 가지 위에서 운다.
귀 비 아 아 지 상 제

機中織錦秦川女　　베틀에 올라 비단 짜는 진천녀(秦川女),
기 중 직 금 진 천 녀

碧紗如煙隔窗語　　연기 같은 벽사창 너머로
벽 사 여 연 격 창 어　　정든 목소리 들리는 것 같아

停梭悵然憶遠人　　북 든 손 멈추고 멀리 떠난 임을 그린다.
정 사 창 연 억 원 인

獨宿孤房淚如雨　　오늘 밤 빈방에 홀로 누울 때면
독 숙 고 방 누 여 우　　비 오듯 눈물 흘리리.

【語義】黃雲(황운) : 저녁놀이 비쳐 누런 빛깔을 띤 구름. 烏欲棲(오욕서) :
까마귀가 깃들이려 함. 啞啞(아아) : 까마귀의 우는 소리를 형용한 것.
機(기) : 베틀.　織錦(직금) : 비단을 짬.　秦川女(진천녀) : 《晉書》열녀전
(列女傳)에, '두도(竇滔)의 처(妻) 蘇氏는, 이름이 혜(蕙), 자(字)가 약
란(若蘭), 문사(文詞)에 능했다. 남편이 양양(襄陽)으로 출정(出征)하
며 첩(妾)을 데리고 가더니, 오랫동안 소식을 보내오지 않았다. 소씨는
비단을 짰다. 그에 順 · 逆 · 縱 · 橫, 어느 쪽으로 읽어도 운(韻)이 있는
회문시(廻文詩)를 새겨 넣고, 그것을 선기도(璇璣圖)라 이른 다음, 하
인을 시켜 양양으로 보냈다. 두도, 그 절묘(絶妙)함에 감탄하여 소씨에
게 돌아왔다.'고 했다. 秦川女란 바로 이 蘇氏를 가리킨다. 소씨가 비단
에 짜 넣은 시를 회문금자시(廻文錦字詩)라 한다. 이 詩에선 秦川女처

럼 비단을 짜며 남편을 애타게 그리워함을 뜻한다.   梭(사):베틀에 딸린 제구인 북.

【解說】 本集 卷三에 실려 있다. 宋의 임천왕(臨川王) 義慶이 처음으로 이 제목을 사용했다 하며, 까마귀는 자웅(雌雄)이 떨어져 살게 되면 밤마다 서로를 그려 운다고 하여, 상사곡(相思曲)의 제명(題名)으로 쓰이게 되었다. 李白의 本篇도 멀리 출정한 남편을 그리는 아내의 애틋한 마음을 읊은 詩이다. 本書 題注에, '수부(戍婦)를 위해 지었다.'고 했는데, 戍婦란 수자리 나간 남편을 둔 婦人을 말한다.

　첫 번째와 두 번째 句에서는 저녁녘 슬프게 우짖는 까마귀 소리를 서술하여 남편과 이별한 여인의 슬픔을 상징하고, 다섯 번째 句에서는 아내가 남편을 사모하여 저도 모르게 짓는 동작을 묘사하고, 마지막 句에서는 독숙공방(獨宿空房)하는 여인의 슬픈 처지를 상상하여 동정(同情)을 표하고 있다. 碧紗如煙…… 이하의 句는 여인의 모습을 창 너머에서 본 것처럼 묘사하여, 여인의 애절한 모습을 직접 표현한 것보다 한층 우아하게 독자에게 전달한다. 효과적인 표현이며 교묘한 手法이다. 烏夜啼라 제목 하여 처음에 까마귀가 우는 것을 말하고는, 나중에 정말 밤에 우는 것은 남편과 헤어진 여인이라고 한 것도 재미있는 구상이다.

희화답금어:황노직(戲和答禽語:黃魯直)

南村北村雨一犂
남 촌 북 촌 우 일 려
　　비 오니 남촌 북촌 모두 나서 밭을 가는데

新婦餉姑翁哺兒
신 부 향 고 옹 포 아
　　신부는 시어머니께 음식을 올리고
　　할아버지는 아이에게 밥을 먹인다.

田中啼鳥自四時
전 중 제 조 자 사 시
　　밭 가운데서 우는 새는 철마다 다른데

催人脫袴著新衣
최 인 탈 고 착 신 의
　　곡우(穀雨) 지난 지금은 뻐꾸기가
　　헌 바지 벗고 새 바지 입으라 재촉하네.

著新替舊亦不惡
착 신 체 구 역 불 악
　　낡은 옷 벗고 새 옷 입는 게 나쁠 리 없지만

去年租重無袴著
거 년 조 중 무 고 착
　　지난해 세금이 너무 무거워
　　갈아입을 바지가 없단다.

【語義】一犂(일려):일제히 논밭을 갊. 犂는 쟁기, 또는 쟁기로 논밭을 가는 것. 餉姑(향고):시어머니에게 음식을 권함. 餉은 밥이나 음식 따위를 보내는 것. 또 말린 음식, 군량, 식사 시간 등의 뜻으로도 쓰인다. 哺兒(포아):어린아이의 입에 먹을 것을 넣어 주는 것. 催人脫袴著新衣(최인 탈고착신의):낡은 바지를 벗고 새 옷을 입으라고 사람에게 재촉함. 해설 참조. 租(조):전지(田地)에 대하여 부과되는 세금. 無袴著(무고착): 갈아입을 바지가 없음. 극도로 곤궁한 농민 생활을 말한다.

【解說】《豫章黃先生文集》卷四에 실려 있는 古詩 50首 가운데 하나이다. 뻐꾸기 울음소리가 탈각포고(脫卻布袴:중국음으로는 뻐꾸기 울음소리와 비슷하며, 글자의 뜻은 '천으로 만든 바지를 벗어라'이다)여서, 그에

장난삼아 답한 것인데, 詩의 내용에는 결코 장난기가 섞여 있지 않다. 가렴주구(苛斂誅求)에 신음하는 농민의 생활을 읊어 위정자(爲政者)에게 간(諫)하고 있다. 本篇은 黃山谷이 그의 스승 蘇東坡가 지은 5首의 〈五禽言〉 가운데 本篇과 그 내용이 흡사한 것 한 편을 본떠 지은 것으로, 농민에 대한 깊은 동정이 잘 나타나 있다.

채련곡:이태백(採蓮曲:李太白)

若耶溪傍採蓮女
약 야 계 방 채 련 녀

야계(耶溪)의 물가에서 연꽃 따는 아가씨들,

笑隔荷花共人語
소 격 하 화 공 인 어

웃으며 연꽃을 사이에 두고 이야기한다.

日照新粧水底明
일 조 신 장 수 저 명

단장한 얼굴 해가 비추니 물속까지 환해지고

風飄香袖空中擧
풍 표 향 수 공 중 거

바람은 향기로운 소맷자락을
공중으로 들어 올린다.

岸上誰家遊冶郎
안 상 수 가 유 야 랑

기슭 위에 뉘 집 풍류객인가,

三三五五映垂楊
삼 삼 오 오 영 수 양

삼삼오오 수양버들 사이로 오가는 게 보인다.

紫騮嘶入洛花去
자 류 시 입 낙 화 거

자류마 길게 울며 낙화 속으로 사라지니

見此躊躇空斷腸
견 차 주 저 공 단 장

연꽃 따던 아가씨들, 말도 못 하고 애만 태운다.

【語義】若耶溪(약야계):절강성(浙江省) 회계현(會稽縣) 동남에 있으며, 야
계(耶溪)로 약칭(略稱)되기도 한다. 隔荷花(격하화):연꽃을 사이에 두
고. 荷花는 연꽃. 飄(표):바람에 날리어 흔들리는 것. 遊冶郎(유야랑):
풍류(風流)를 즐기는 멋진 남자. 冶는 탐탁스럽게 아름다운 것, 또는 요
염하게 단장하는 것. 映(영):비쳐 보이는 것. 紫騮(자류):밤빛의 털이
난 좋은 말. 嘶(시):말이 욺. 躊躇(주저):앞으로 나아가지 못하고 머뭇
거리는 것. 空(공):공연히, 헛되이.

【解說】 八句로 이루어진 詩는 唐 이후 율시(律詩)의 정형(定型)이 되었다.
本書에 수록된 七言古風短篇의 詩 가운데에는 근체시의 형태를 갖춘 율
시도 있다. 예를 들면 李白의 〈登金陵鳳凰臺〉나 崔顥의 〈登黃鶴樓〉 등
이 그것이다. 七言律詩에서는 五言詩보다 수사(修辭)를 풍부하게 사용
할 수 있어, 화려(華麗)·장중(莊重)·침통(沈痛) 등 모든 시상(詩想)의
아름다움이 대구(對句)나 운율(韻律)에 의해 막힘없이 표현된다. 육조
(六朝) 이래 점차 발달한 七言詩의 정화(精華)는 唐代에 이르러 근체 팔
행시(近體八行詩)에 결정(結晶)했다고 할 수 있다. 한편 八句로 이루어
지는 古詩에는 평측(平仄)·압운(押韻)의 제약(制約)이 까다롭지 않아,
한층 자유롭게 八句詩의 장점이 발휘된 좋은 시가 많다. 本書의 작품 가
운데 이곳에 실린 七言八句詩에 특히 수작(秀作)이 많은 것도 이러한 데
에 기인한 것이라 할 수 있다.

　本篇은 《李太白詩集》 卷四에 실려 있으며, 또 《樂府詩集》 卷五十 淸
商曲辭 七에 실려 있는 27首의 〈採蓮曲〉 가운데 하나이다. 이 詩는 八
句로 되어 있으나, 四句마다 운(韻)을 바꾼 전후 환운(前後換韻)의 古
詩이다. 詩의 前半에서는 연꽃을 따는 아가씨들의 아름다움과 맑은 정
경(情景)을 읊었고, 후반(後半)에서는 그녀들을 유혹이라도 하려는 듯
물가에서 서성거리다 사라지는 젊은이의 모습과 그에 애를 태우는 연
꽃 따는 아가씨들의 마음을 묘사했다. 짧은 詩句에 만춘(晩春)의 풍물
과 봄에 느끼어 흔들리는 아가씨의 설레는 마음을 실로 교묘하게 표현
하였다. 李白의 樂府 가운데 단편(短篇)이면서도 가작으로, 제(齊)의 사
조(謝朓)가 〈遊東園〉(앞 五言古風短篇에 실려 있음)에서, '물고기 노니
새 연잎이 흔들리고, 산새 흩어져 나니 늦봄의 꽃들이 진다(魚戲新荷動
鳥散餘花落).'고 읊은 그대로, 강남(江南)의 만춘 초하(晩春初夏)의 아
름다운 풍물을 고스란히 옮겨 놓은 詩이다.

청강곡:소양직(淸江曲:蘇養直)

屬玉雙飛水滿塘
_{촉 옥 쌍 비 수 만 당}
촉옥 쌍쌍이 날고 못에 물 가득하니

菰蒲深處浴鴛鴦
_{고 포 심 처 욕 원 앙}
물풀 우거진 곳에서 원앙들 목욕한다.

白蘋滿棹歸來晚
_{백 빈 만 도 귀 래 만}
하얀 개구리밥 무성하여 노 젓기 더딘데

秋著蘆花兩岸霜
_{추 저 로 화 양 안 상}
갈꽃 만발한 가을, 못 기슭이 서리 내린 듯 희다.

扁舟繫岸依林樾
_{편 주 계 안 의 림 월}
조각배 언덕에 매어 두고 숲 그늘에 드니

蕭蕭兩鬢吹華髮
_{소 소 양 빈 취 화 발}
하얀 귀밑머리가 살랑이는 바람에 날린다.

萬事不理醉復醒
_{만 사 불 리 취 부 성}
모든 일 제쳐놓고 술 마시며

長占烟波弄明月
_{장 점 연 파 농 명 월}
오랫동안 안개와 물결을 벗하며
밝은 달을 즐긴다.

【語義】 屬玉(촉옥):물새의 이름.《史記》司馬相如傳에, '屬玉은 오리처럼
생겼으며, 크고 목이 길며, 눈이 붉고, 자감색(紫紺色:자줏빛을 띤 감
색)을 띠고 있다.'고 했다. 또《古文眞寶》注에는, '屬玉은 백로〔鷺〕의 무
리'라 했다. 水滿塘(수만당):연못에 물이 가득함. 菰蒲(고포):수초(水
草)의 일종(一種)으로, 줄과 부들. 白蘋(백빈):흰 네가래, 蘋은 네가래
과에 속하는 여러해살이 수초인 네가래. 또는 개구리밥. 滿棹(만도):촘
촘히 난 물풀이 노에 걸리는 것을 가리킨다. 蘆花(노화):갈꽃. 兩岸霜
(양안상):양쪽 기슭에 갈꽃이 하얗게 핀 것이, 마치 서리 내린 것 같다

는 뜻. 扁舟(편주):조각배 林樾(임월):나무 그늘. 蕭蕭(소소):바람 부
는 소리를 형용한 것. 鬢(빈):귀밑머리. 華髮(화발):백발(白髮). 華는
머리가 흰 것. 萬事不理(만사불리):해야 할 일들을 처리하지 않고 방치
해 둠. 醉復醒(취부성):취했다가 다시 깸. 술을 마시는 것을 가리킨다.
長占(장점):오랫동안 차지하는 것. 弄明月(농명월):밝은 달을 희롱함.
유유자적(悠悠自適)하며 달을 즐김.

【解說】 本篇의 작자 소상(蘇庠:字는 養直, 號는 眚翁)은 평생 출사(出仕)
하지 않았으나, 문재(文才)는 비범하였다. 本篇의 맨 마지막 句 '長占
烟波弄明月'에 대해 蘇東坡는, 李白의 文集에 넣더라도 손색이 없을 것
이라고 극찬했다. 또 宋의 나대경(羅大經)의《鶴林玉露》에는 다음과 같
은 기록이 있다.
　　"蘇養直의 아버지 백고(伯固)는 東坡와 교유(交遊)했다. 我夢扁舟浮
震澤의 詞는 伯固가 지은 것이다. 養直의 屬玉雙飛水滿塘도 東坡가 극
찬을 아끼지 않은 句이다. 東坡가 '역시 우리 집안의 養直이로다.'라고
했을 정도이다. 이 詩를 지을 때 蘇庠의 나이 매우 어렸으나, 격률(格
律)의 노창(老蒼)함이 이와 같았다."
　　이에 의해서도 이 詩의 작자가 젊었을 때부터 뛰어난 문재(文才)를
발휘했다는 것을 쉬이 짐작할 수 있다.

등금릉봉황대:이태백(登金陵鳳凰臺:李太白)

鳳凰臺上鳳凰遊
봉 황 대 상 봉 황 유

옛적 봉황대 위에서 봉황이 놀았다더니

鳳去臺空江自流
봉 거 대 공 강 자 류

봉황은 사라지고 빈 대(臺) 앞엔
강물만 무심히 흐른다.

吳宮花草埋幽徑
오 궁 화 초 매 유 경

오궁(吳宮)의 화초는 오솔길을 덮고

晉代衣冠成古丘
진 대 의 관 성 고 구

진대(晉代)의 귀인들 무덤은
오래된 언덕을 이루었다.

三山半落靑天外
삼 산 반 락 청 천 외

삼산(三山)은 푸른 하늘 위로
반쯤 솟아 있고

二水中分白鷺洲
이 수 중 분 백 로 주

두 물줄기 백로주(白鷺洲)를
가운데 두고 갈라진다.

總爲浮雲能蔽日
총 위 부 운 능 폐 일

뜬구름이 온통 해를 가리니

長安不見使人愁
장 안 불 견 사 인 수

장안(長安) 보이지 않아 시름에 잠긴다.

【語義】吳宮(오궁):삼국시대 오(吳)의 손권(孫權)이 지은 궁전(宮殿). 幽
徑(유경):사람의 발길이 닿지 않는 한적한 길. 晉代衣冠(진대의관):
晉은 동진(東晉). 사마의(司馬懿)의 증손(曾孫)인 예(睿)가 강남(江南)
에 세운 나라로, 금릉(金陵)에 도읍을 정했다. 衣冠은, 의관을 갖추고
왔다 갔다 하던 그 당시의 왕족과 고관들을 가리킨다. 成古丘(성고
구):낡은 무덤으로 변하고 말았다는 뜻. 三山(삼산):강소성(江蘇省)
강녕현(江寧縣) 서남쪽에 있는, 세 개의 봉우리가 연이어 있는 산 이
름. 半落(반락):푸른 하늘 높이 산의 모습이 반쯤 나타나 보이는 것

을 가리킨다. 二水(이수):진회(秦淮)의 물줄기가 금릉에 이르러 두
줄기로 갈려, 한 가닥은 성안으로 들어오고, 한 가닥은 성을 돌아 흐
른다. 白鷺洲(백로주):이수(二水)가 나뉘는 곳에 있는 섬 이름. 總爲
(총위):온통 ~하다의 뜻. 浮雲(부운):뜬구름. 간신(奸臣)에 비유한
것이다. 蔽日(폐일):해를 가림. 간신들이 천자의 주변에서 참소 등을
일삼는 것을 암시한다.

【解說】 金陵은 강소성(江蘇省)의 남경(南京)을 가리킨다. 六朝 宋나라의
원가(元嘉:文帝 때의 年號) 연간에 왕의(王顗)가 金陵에 봉황(鳳凰)이
모인 것을 보고 대(臺)를 지었다. 李白은 玄宗에게 물리침을 받아 객유
(客遊)하던 중 무창(武昌)에 갔다가 황학루(黃鶴樓)에 올라 최호(崔顥)
의 詩에 감탄하여 붓을 던지고 그 자리를 떠났다가, 다시 金陵에서 놀
다 鳳凰臺에 올라 이 詩를 짓고 崔顥의 〈登黃鶴樓〉에 비겼다. 회고(懷
古)·여정(旅情)을 술회하고, 천자 곁에 간신이 있는 것을 개탄(慨嘆)한
詩이다. 鳳凰은 백조(百鳥)의 王으로, 성천자(聖天子)가 다스리는 세상
에만 나타난다고 하는 서조(瑞鳥)이다.

　崔顥의 〈登黃鶴樓〉를 본떠 지은 詩인 만큼 형식(形式)과 성조(聲調)
에 흡사한 데가 많다. 다만 다른 점이 있다면 語句 표현의 화려함과 시
국 우분(時局憂憤)의 뜻에서이다. 〈登黃鶴樓〉는 전설의 신선과 인간 세
상의 회고(懷古)를 통하여 여정(旅情)을 읊어 경관(景觀)의 아름다움을
표현했고, 本篇은 동진(東晋)의 고도(古都)에 있었던 풍류(風流), 눈앞
에 펼쳐진 三山·二水의 뛰어난 경관(景觀), 靑天·白鷺의 빛깔과 半
落·中分의 형상을 대비한 감각적인 아름다움을 서술하여, 미려(美麗)
한 경관과 서정(抒情)을 융합시키고 있다. 그러다가 최후에서 일전(一
轉)하여 여정(旅情)이 시사(時事)에 관한 근심으로 변했다. 그로써 이

詩는 단순한 풍류(風流)와 경관 조망(景觀眺望)을 읊은 詩에 그치지 않고, 시세(時世)를 개탄(慨嘆)하는 詩의 풍모를 갖추게 되었다. '總爲浮雲能蔽日 長安不見使人愁'에서 선골(仙骨) 李白에게도 政治를 위한 文學이라는《詩經》풍아(風雅)의 정신이 갖추어져 있음을 느끼게 한다. 本書 注에, '마지막 句는 晉이 중원(中原)을 수복할 뜻을 갖지 않은 데에 대해 불만을 나타낸 것이다.'라고 했는데, 이는 李白의 뜻과는 전혀 맞지 않는다. 唐代의 어지러운 정치를 개탄한 것으로 보는 것이 옳다.

조춘기왕한양:이태백(早春寄王漢陽:李太白)

聞道春還未相識 문 도 춘 환 미 상 식	봄이 왔다는데 아직 알지 못하여
起傍寒梅訪消息 기 방 한 매 방 소 식	일어나 찬 매화 옆에 가 봄소식을 알아보네.
昨夜東風入武陽 작 야 동 풍 입 무 양	간밤에 동풍이 무창(武昌)으로 불어들더니
陌頭楊柳黃金色 맥 두 양 류 황 금 색	길가의 버드나무 황금빛을 띠었네.
碧水渺渺雲茫茫 벽 수 묘 묘 운 망 망	푸른 물 아득하고 구름 낀 하늘 끝 망망한데
美人不來空斷腸 미 인 불 래 공 단 장	자네 오지 않아 애만 타네.
預拂靑山一片石 예 불 청 산 일 편 석	푸른 산 한 바위 쓸어 자리를 준비하는 건
與君連日醉壺觴 여 군 연 일 취 호 상	그대와 더불어 매일 취하려는 것일세.

【語義】 聞道(문도):들은 바로는. 여기서 道는 별 뜻이 없이 助字로 쓰였
다. 春還(춘환):봄이 온 것. 未相識(미상식):아직 알지 못함. 寒梅(한
매):본디는 겨울에 피는 매화인데, 여기서는 이른 봄에 핀 매화를 가리
킨다. 訪消息(방소식):소식을 찾음. 봄이 왔는가를 확인하는 것을 뜻한
다. 武陽(무양):장강(長江)과 한수(漢水)가 합쳐지는 곳에 무창(武昌)·
한구(漢口)·한양(漢陽)의 무한삼진(武漢三鎭)이 있는데, 武陽은 무창
(武昌)을 가리킨다. 陽은 물의 북쪽, 산의 남쪽을 뜻하지만, 武陽은 武
昌의 남쪽 지방이라는 뜻일 것이다. 陌頭(맥두):가두(街頭), 거리. 陌은

원래 밭 사이에 난 길로, 남북으로 뻗은 것을 가리킨다. 동서로 뻗은 것
은 천(阡)이라 한다.   渺渺(묘묘):수면이 넓어 끝없는 모양.《李太白集》
에는 浩浩로 되어 있다.   茫茫(망망):넓고 멀어 아득한 모양.   美人(미
인):王漢陽을 가리킨다.   空(공):헛되이, 공연히.   預拂(예불):미리 먼
지나 흙 등을 깨끗이 털어 냄.   君(군):그대. 王漢陽을 가리킨다.   壺觴
(호상):술병과 술잔.

【解說】本集 卷十四에 실려 있다. 한양(漢陽)의 현령(縣令)인 왕(王) 모(某)
에게 보낸 고시(古詩)인데, 王 某가 정확히 누구인지는 알 수 없다.
　벗을 그리워하는 주선(酒仙)의 마음이 은은하게 전해져 오는 작품이
다. 언제 올지 알 수 없는 친구를 기다리며, 그때를 위하여 미리 자리를
마련하는 술꾼의 마음은 초조하기만 하다.

금릉성서루월하음:이태백(金陵城西樓月下吟:李太白)

金陵夜寂涼風發 금 릉 야 적 양 풍 발	금릉의 밤 고요하고 서늘한 바람 이는데
獨上高樓望吳越 독 상 고 루 망 오 월	홀로 높은 누(樓)에 올라 오월(吳越)의 땅을 바라본다.
白雲映水搖空城 백 운 영 수 요 공 성	흰 구름 물에 비쳐 성 그림자를 흔들고
白露垂珠滴秋月 백 로 수 주 적 추 월	하얀 이슬은 구슬을 드리우듯 가을 달빛 아래 방울진다.
月下長吟久不歸 월 하 장 음 구 불 귀	달빛 속에서 길게 읊으며 돌아갈 걸 잊으니
古今相接眼中稀 고 금 상 접 안 중 희	예로부터 도읍지로서 영화를 누렸던 금릉의 모습은 눈에 들어오지 않고,
解道澄江靜如練 해 도 징 강 정 여 련	빼어난 풍경이, '맑은 강물 깨끗하기 비단 같다.'고 저절로 읊조리게 하며
令人卻憶謝玄暉 영 인 각 억 사 현 휘	옛 시인 사조(謝朓)를 못내 그리워하게 한다.

【語義】 吳越(오월):춘추시대(春秋時代) 오(吳)나라와 월(越)나라가 다스리
던 땅으로, 지금의 강소(江蘇) · 안휘(安徽) · 절강(浙江) 지방.   白雲映
水搖空城(백운영수요공성):흰 구름이 물에 비쳐 물에 비친 성의 그림자
와 함께 물결 따라 흔들리는 것을 가리킨다.   久不歸(구불귀):오랫동안
돌아가지 않음.   古今相接(고금상접):직역을 하면, 옛일과 지금의 일이
서로 접함. 예로부터 지금까지, 금릉(金陵)이 도읍으로서 정치 · 문화에
서 번성을 누린 곳임을 가리킨다.   眼中稀(안중희):안중(眼中)에 남아
있는 것이 드묾. 마음을 끌 만한 것이 없다는 뜻.   解道(해도):저절로 말

하게 됨. 解는 能의 뜻. 道는 言의 뜻으로, 말하는 것. 澄江靜如練(징
강정여련):달빛 아래 맑게 빛나는 장강(長江)이 마치 누인 비단처럼 깨
끗함.《李太白集》에는 靜이 淨으로 되어 있다. 江은 장강(長江)을 가리
킨다. 練은 피륙을 잿물에 담갔다가 솥에 넣어 찌는 것. 즉 누이는 것.
이 구절은 사현휘(謝玄暉)의 시(詩) 〈晚登三山還望京邑〉에서 딴 것이
다. 謝玄暉(사현휘):육조시대(六朝時代) 제(齊)의 시인(詩人) 사조(謝
朓). 부록의 작자 소전(作者小傳) 참조.

【解說】 本集 卷七에 실려 있다. 높은 樓에 올라 조망(眺望)하며 옛날을 회
고하여, 자신이 경모(敬慕)하는 남제(南齊)의 詩人 사조(謝朓)를 그리
는 마음을 읊은 詩이다.

李白이 사조(謝朓)를 흠모하였음은 앞에서도 이야기한 바 있다. 李
白은 〈秋登宣城謝朓北樓〉에서, '누가 알았으리 北樓 위에 올라 바람 앞
에서 사공(謝公)을 그릴 줄을(誰念北樓上 臨風懷謝公).'라고 읊었고, 또
〈宣州謝朓樓餞別校書叔雲〉에서는, '蓬萊의 문장은 풍골(風骨)이 억센
건안체(建安體)이고, 그다음엔 사조(謝朓)의 글이 맑고도 매서웠네(蓬
萊文章建安骨 中間小謝又淸發).'라고 읊었다. 보통은 謝惠連을 소사(小
謝), 謝朓를 대사(大謝)라 하는데, 謝朓樓에 올라 謝公을 가리킨 것이
니만큼 여기의 小謝는 謝朓를 가리킴에 틀림없다. 李白이 謝靈運뿐 아
니라 謝惠連도 존경했던 것은, 그의 詩에 惠連의 이름이 자주 나오는
것으로도 충분히 알 수 있다. 다음에 나오는 詩에도 謝朓의 이름이 나
오는데, 李白은 謝朓를 좋아했을 뿐만 아니라 그의 詩風까지도 본뜨려
고 애썼다.

제동계공유거:이태백(題東溪公幽居:李太白)

杜陵賢人淸且廉 두 릉 현 인 청 차 렴	두릉의 어진 사람 맑고 욕심 없어
東溪卜築歲將淹 동 계 복 축 세 장 엄	동계에 초막 짓고 오랫동안 살아왔네.
宅近靑山同謝朓 택 근 청 산 동 사 조	집이 청산에 가까워 옛날의 사조(謝朓) 같고,
門垂碧柳似陶潛 문 수 벽 류 사 도 잠	문 앞엔 수양버들 있어 도잠(陶潛)과 흡사하네.
好鳥迎春歌後院 호 조 영 춘 가 후 원	예쁜 새 봄을 맞아 뒤뜰에서 노래하고
飛花送酒舞前簷 비 화 송 주 무 전 첨	날리는 꽃잎 술을 권하는 듯 처마 앞에서 춤추네.
客到但知留一醉 객 도 단 지 유 일 취	객이 오면 한바탕 취하게 할 줄밖에 모르니
盤中祇有水晶鹽 반 중 지 유 수 정 염	술상의 술안주론 수정 같은 소금뿐이네.

【語義】杜陵(두릉):한(漢)나라 선제(宣帝)의 능(陵). 장안(長安)에 속해 있
　　었다. 賢人(현인):덕(德)이 있는 사람. 東溪公을 가리킨다. 淸且廉(청
　　차렴):마음이 맑고 욕심이 없으며, 행동을 바르게 함. 東溪(동계):선주
　　(宣州) 완계(宛溪)의 별칭(別稱). 卜築(복축):점(占)을 쳐 살 만한 땅을
　　가려서 그곳에 집을 짓는 것. 歲將淹(세장엄):세월과 함께 머물음. 즉
　　오래 살았다는 뜻. 淹은 오래 체류하는 것. 同謝朓(동사조):사현휘(謝
　　玄暉)의 〈遊東田〉(本書에는 遊東園으로 되어 있음)에 '푸른 산의 성곽
　　을 바라본다(還望靑山郭).'라고 한 靑山과 같음. 사조(謝朓)의 청산(靑

山)은 당도현(當塗縣)의 남쪽 30리 되는 곳에 있었다. 當塗縣은 안휘성
(安徽省)의 단양현(丹陽縣). 似陶潛(사도잠):도연명(陶淵明)과 흡사함.
《晋書》陶淵明傳에, '陶潛의 집 문 앞에는 다섯 그루의 버드나무가 있었
다. 陶潛, 〈五柳先生傳〉을 지어 자신에 비겼다.'고 했다. 送酒(송주):술
을 권함. 水晶鹽(수정염):수정 같은 소금.

【解說】本集 卷二十五에 실려 있다. 本篇은 七言古詩가 아니라 七言律詩이
다. 李白이 선주(宣州)의 동계(東溪)에 은거하는 東溪公을, 자신이 경모
(敬慕)하는 제(齊)의 사조(謝朓)와 진(晋)의 도연명(陶淵明)에 비겨 칭찬
하여 벽에 기록한 詩이다. 東溪公의 성명(姓名)은 미상(未詳).
　　은자(隱者) 東溪公의 소탈한 생활을 읊고 있다. 李白은 그의 만년(晚
年)에 황로(黃老)의 학(學), 즉 노자(老子)의 사상에 심취(心醉)했으며,
그가 평소 흠모하는 謝朓의 청산(靑山)을 볼 수 있는 곳에서 살고자 했
다. 그래서 그의 일족인 이양빙(李陽冰)이 영(令)으로 있는 당도(當塗)
에 가 陽冰에게 의지했으며, 끝내는 그곳에서 병몰(病沒)했다.

상이옹:이태백(上李邕:李太白)

大鵬一日同風起
대 붕 일 일 동 풍 기

붕새는 어느 날 바람과 함께 일어나

扶搖直上九萬里
부 요 직 상 구 만 리

회오리바람 타고 곧장 구만 리를 날아오른다네.

假令風歇時下來
가 령 풍 헐 시 하 래

바람 멎어 내려오게 되더라도

猶能簸卻滄溟水
유 능 파 각 창 명 수

날개를 쳐 짙푸른 바닷물 날릴 수 있네.

世人見我恆殊調
쩨 인 견 아 항 수 조

세상 사람들 날 보고 내 생활과 생각은
항상 세속과 다르다며,

聞余大言皆冷笑
문 여 대 언 개 랭 소

높고 큰 내 말 듣고도 모두 비웃네.

宣父猶能畏後生
선 부 유 능 외 후 생

공자께서도 젊은이들을 경외(敬畏)하셨으니

丈夫未可輕年少
장 부 미 가 경 년 소

대장부는 젊은이를 가벼이 여겨서는 안 되네.

【語義】 大鵬(대붕):《莊子》 소요유편(逍遙遊篇)에 나오는 전설상의 큰 새. 여기서는 위대한 인물에 비유한 것으로, 이러한 작풍(作風)은, 붕(鵬)을 빌어 자신의 포부(抱負)를 노래한 〈大鵬賦〉의 詩風과 흡사하다. 《莊子》 逍遙遊篇에, "북쪽 바다에 물고기가 있는데, 그 이름을 곤(鯤)이라 한다. 곤의 크기는 몇천 리나 되는지 알 수 없다. 곤이 변하여 새가 되니, 그 이름을 붕(鵬)이라 한다. 붕새 등의 크기도 몇천 리가 되는지 알 수 없다. 붕새가 날면 그 날개는 마치 하늘에 드리워진 구름과 같다. 이 새는 하늘의 변화에 따라서 남쪽 바다로 옮겨가는데, 남쪽 바다란 곧 하늘의 연

못[天池]이다. 《제해(齊諧)》는 이상한 일들을 기록한 책이다. 《제해》에
말하기를, '붕새가 남쪽 바다로 옮겨갈 때에는, 물을 치기를 3천 리, 회
오리바람을 일으켜 하늘 높이 오르기를 9만 리, 그리고 날아간 지 6개월
만에야 쉰다.'고" 씌어 있다. 同風起(동풍기):바람과 함께 일어남. 즉 바
람을 타고 하늘 높이 날아오르는 것을 가리킨다. 扶搖(부요):아래에서
부터 위로 부는 바람. 회오리바람. 이것도 《莊子》逍遙遊篇에 나오는 이
야기를 인용한 것이다. 假令(가령):가령, 비록, 만일, 만약. 歇(헐):쉬
다, 멈추다. 猶能(유능):그럼에도 불구하고 ~할 수 있음. 猶는 도리어,
오히려, 더욱. 簸卻(파각):키로 까불러 겨, 또는 티를 날려 버리듯이 나
쁜 부분을 내버림. 여기서 붕새가 날개를 쳐 바닷물을 날리는 것을 가리
킨다. 簸는 키로 곡식 같은 것을 까부르는 것. 滄溟(창명):검푸른 바다.
殊調(수조):세상의 풍습에 동조하지 않음. 생활 방법과 사고방식이 세
속에 물든 사람과는 다른 것을 가리킨다. 大言(대언):세상 사람들의 생
각으로는 미칠 수 없는 일이나 인물에 대해 이야기하는 것을 가리킨다.
冷笑(냉소):업신여겨 비웃음. 宣父(선부):공자(孔子). 《唐書》禮樂志에,
'정관(貞觀:唐 太宗 때의 연호) 11년에 천자의 명령으로 孔子를 높이어
선부(宣父)라 했다.'고 씌어 있다. 畏後生(외후생):후생을 두렵게 여김.
《論語》자한편(子罕篇)에, '젊은 사람이 두렵다. 장래의 그들이 오늘의
우리만 못하리라고 할 수 있겠는가?(後生可畏. 焉知來者之不如今也)'라
고 하였다. 후배들 중에는 앞으로 선배를 능가할 뛰어난 사람이 있을 수
있으므로, 후배들을 경외(敬畏)해야 한다는 뜻. 丈夫(장부):대장부. 未
可輕年少(미가경년소):젊은이를 가볍게 여겨서는 안 됨.

【解說】 本集 卷九에 실려 있다. 李邕의 字는 태화(泰和), 양주(揚州) 강도
(江都) 사람이었다. 則天武后 때에 이교(李嶠)·장정규(張廷珪) 등의 천

거에 의해 좌습유(左拾遺)가 되었는데, 현종(玄宗) 때에 그의 재능을 시기한 이임보(李林甫)로부터 모함을 받아 장살(杖殺)당했다. 그는 북해(北海)의 태수(太守)를 지내어 李北海라고도 불렸으며, 인물됨과 재능에 당시 그를 따를 만한 사람이 없었다. 李白뿐 아니라 杜甫나 高適 등도 그를 앙망(仰望)하여 詩를 헌상(獻上)했다. 앞에 나온 杜甫의 〈贈韋左丞〉에 '李邕求識面'이란 말이 나올 만큼, 李邕으로부터 인정받는다는 것은 개인의 큰 명예였다.

本篇의 前半에선 李邕을 대붕(大鵬)에 비겨 노래하고, 後半에선 후배(後輩)를 업신여기지 않았던 성인 공자(孔子)의 이야기를 들어, 후배인 자신을 인정해 달라고 李邕에게 호소하고 있다. 한마디로 자천(自薦)의 詩인데, 자신의 기개(氣槪)를 당당하게 내보이고 있다. 큰일에는 대범하고 강직했던 李白의 성품을 읽을 수 있다. 詩仙 李白에게 이처럼 자천의 글이 있다는 것은 재미있는 일이다.

탄정전감국화:두자미(歎庭前甘菊花:杜子美)

簷前甘菊移時晚 첨 전 감 국 이 시 만	처마 앞 감국(甘菊) 옮겨 심는 때를 놓쳐
靑蘂重陽不堪摘 청 예 중 양 불 감 적	중양절이 되어도 국화의 꽃술을 딸 수가 없네.
明日蕭條盡醉醒 명 일 소 조 진 취 성	내일, 쓸쓸한 가운데 술에서 깨고 나면
殘花爛熳開何益 잔 화 난 만 개 하 익	나머지 꽃들이 만발한들 무슨 소용이 있으리?
籬邊野外多衆芳 이 변 야 외 다 중 방	울타리 밖 들녘에 다른 꽃들이 많아
采撷細瑣升中堂 채 힐 세 쇄 승 중 당	가늘고 잔 꽃을 따 중당(中堂)에 오르네.
念玆空長大枝葉 염 자 공 장 대 지 엽	생각하건대 국화는 꽃도 없이 가지와 잎사귀만 크니
結根失所纏風霜 결 근 실 소 전 풍 상	뿌리 내릴 곳을 잃어 풍상(風霜)에 휘감기리.

【語義】 簷(첨):처마. 移時晚(이시만):싹을 옮겨 심는 것이 늦음. 蘂(예):
꽃술. 重陽(중양):重陽節. 음력 9월 9일. 重陽은 陽의 수(數)인 9를 거
듭했다는 뜻. 중국에는 이날 국주(菊酒)를 마셔 병액(病厄)을 막는 풍습
이 있다. 摘(적):꽃 등을 따는 것. 蕭條(소조):쓸쓸한 모양, 한적한 모
양. 盡醉醒(진취성):술기운이 다하여 술에서 깨는 것을 뜻한다.《杜工
部集》에는 醉盡醒으로 되어 있다. 爛熳(난만):꽃이 만발한 모양. 熳은
漫으로 쓰는 것이 옳다. 何益(하익):무슨 이익이 있겠는가? 즉 소용없
다는 뜻. 籬邊(이변):울타리 주변. 衆芳(중방):여러 종류의 꽃. 국화를

제외한 다른 꽃들을 가리킨다. 采擷(채힐):따다, 꺾다, 채취하다. 采는
캐는 것, 擷은 손으로 뽑는 것. 細瑣(세쇄):가늘고 잔 것. 소인배들을
뜻한다. 瑣는 옥(玉)의 가루, 작은 것. 中堂(중당):대청 위 남북의 중간
으로, 조정(朝廷)에 비유된다. 玆(자):이것. 국화를 가리킨다. 空長(공
장):헛되이 자라기만 했을 뿐 꽃이 없다는 뜻. 結根失所(결근실소):뿌
리를 맺어야 하는데 그 장소를 잃음. 纏風霜(전풍상):바람과 서리에 휘
감김. 纏은 '얽다, 얽히다, 감다, 감기다' 의 뜻.

【解說】천보(天寶) 13년(754), 杜甫가 長安에 있을 때에 지은 작품이다. 감
국(甘菊)을 군자(君子)에, 衆芳을 소인(小人)에 비겨, 군자가 버림받고
소인들이 득세(得勢)하는 세태(世態)를 개탄(慨嘆)한 작품이다. 감국(甘
菊)은 국화의 일종으로, 진국(眞菊)·가국(家菊)·다국(茶菊) 등으로도
불린다. 또 항주(杭州)에서 나는 것은 국화 가운데서도 최고의 것으로,
약으로도 쓰이며 항국(杭菊)이라고도 불린다.

추우탄:두자미(秋雨歎:杜子美)

雨中百草秋爛死
우 중 백 초 추 란 사

긴 가을비에 모든 풀이 썩어 가는데

堦下決明顔色鮮
계 하 결 명 안 색 선

섬돌 아래 결명초는 빛깔도 새롭다.

著葉滿枝翠羽蓋
저 엽 만 지 취 우 개

가지마다 매달린 잎사귀들이
마치 수레를 덮은 비취색 덮개 같고

開花無數黃金錢
개 화 무 수 황 금 전

무수히 핀 꽃들은 황금 엽전 같다.

涼風蕭蕭吹汝急
양 풍 소 소 취 여 급

쓸쓸히 불던 서늘한 바람 네게 급히 몰아치니

恐汝後時難獨立
공 여 후 시 난 독 립

뒤늦게까지 남은 네가 견디기 어려울까 두렵구나

堂上書生空白頭
당 상 서 생 공 백 두

당상(堂上)의 서생은 이룬 일 없이
헛되이 머리만 희어졌으니

臨風三嗅馨香泣
임 풍 삼 후 형 향 읍

바람 앞에서 네 향기를 맡으며 눈물 흘린다.

【語義】爛死(난사):썩어 죽음. 본디 뜻은 화상을 입어 죽는 것. 爛은 화상을 입어 살이 문드러지는 것.　決明(결명):결명초(決明草).《本草綱目》에, '決明은 초여름에 싹이 난다. 7월에 꽃이 피는데, 황백색이다.'라고 했다.　顔色鮮(안색선):결명초의 빛깔이 선명함. 군자(君子)가 환난(患難)에 굴(屈)하지 않고, 절조(節操)를 지키는 것을 가리킨다.　翠羽蓋(취우개):물총새의 비취색 깃으로 만든, 수레 위 덮개. 결명초(決明草)를 가리킨다.　蕭蕭(소소):바람이 쓸쓸하게 부는 소리.　汝(여):결명초를 가리킨다.　後時(후시):뒤늦게.　堂上書生(당상서생):두보(杜甫)를 가리

킨다. 三嗅(삼후):《論語》향당편(鄕黨篇)에, '자로(子路)가 꿩을 잡으려
하자, 꿩은 세 번 냄새를 맡더니 날아가 버렸다(子路共之 三嗅而作).'고
한 데에서 인용한 것으로, 여기서는 여러 번 냄새 맡는 것을 가리킨다.

【解說】《杜少陵集》卷三에 3首의 〈秋雨歎〉이 실려 있는데, 本篇은 그 첫
번째 것이다. 천보(天寶) 13년(754) 가을, 장마가 들어 농작물에 극심
한 피해를 주었다. 그 장마는 장장 60여 일 동안이나 계속되어 天子인
玄宗이 무척 걱정했다. 그런데 양국충(楊國忠)이 벼 가운데에 잘 자란
것만 베어다 玄宗에게 보이고, 비가 많이 오긴 했으나 농사를 망칠 정
도는 아니라고 거짓말을 했다. 本篇은 이러한 역사적 사실에 근거하여,
杜甫가 참담한 세상을 걱정하여 지은 詩이다.
　　杜甫는 두 번째 작품에서는 장마 때문에 백성들이 고통을 겪는 것, 세
번째 작품에서는 장마가 긴 것을 한탄했다. 杜甫가 지은 세 편의 〈秋雨
歎〉의 한 句 한 句는 모두 당시의 인물이나 사건을 암시하고 있어, 이
詩들이 역사적인 사실에 근거한 詩임을 확인시켜 준다. 그러나 杜甫가
이들 詩에 자신의 불우한 경우를 반영시켜 자탄(自嘆)하고 있음을 놓쳐
서는 안 되며, 또 이들 세 편에는 杜甫의 무한한 인간애(人間愛)가 잘 나
타나 있음도 잊어서는 안 된다. 참고로 나머지 두 편의 〈秋雨歎〉을 소
개하겠다.

闌風伏雨秋紛紛	습한 바람 쏟아지는 비에 가을 어지럽고
四海八荒同一雲	천지가 온통 구름에 덮였네.
去馬來牛不復辯	가는 말 오는 소도 가릴 수 없고
濁涇淸渭何當分	흐린 경수 맑은 위수 분간할 수 없네.
禾頭生耳黍穗黑	벼 이삭에 싹이 나고 기장이 검게 썩으며

農夫田父無消息　　농부들 자취 찾을 수 없네.
城中斗米換衾裯　　성안에서 한 말 쌀이면 이불과도 바꾸고
相許寧論兩相直　　쌀만 얻을 수 있다면 값쯤은 문제가 아니라네.

長安布衣誰比數　　장안의 베옷 입은 나 누가 알아주리
反鎖衡門守環堵　　일각문 닫고 울타리 지키네.
老夫不出長蓬蒿　　늙은 몸 안 나다니니 논밭에 잡초 무성하고
稚子無憂走風雨　　어린놈은 아무것도 모르고 빗속에서 뛰네.
雨聲颼颼催早寒　　쏟아져 내리는 비 겨울 재촉하고
胡雁翅濕高飛難　　기러기 날개 젖어 높이 날지 못하네.
秋來去曾見白日　　가을 온 뒤로 해를 못 보았으니
泥汚后土何時乾　　진흙탕으로 변한 땅 언제 마를까.

이월견매:당자서(二月見梅:唐子西)

桃花能紅李能白
도 화 능 홍 이 능 백
    복숭아꽃은 붉고 오얏꽃은 눈처럼 흰데

春深何處無顏色
춘 심 하 처 무 안 색
    봄이 깊어 어디엔들 아름다운 꽃이 없겠는가?

不應尙有一枝梅
불 응 상 유 일 지 매
    다만 매화꽃은 한 가지에도 남아 있지 않으니

可是東君苦留客
가 시 동 군 고 류 객
    봄의 신도 그를 붙잡아 두기 어려웠음이리.

向來開處當嚴冬
향 래 개 처 당 엄 동
    전에 매화가 피었을 때는 엄동이어서

白者未白紅未紅
백 자 미 백 홍 미 홍
    오얏꽃은 희지 못했고 복숭아꽃은 붉지 못했지

只今已是丈人行
지 금 이 시 장 인 항
    매화꽃, 이미 어른의 자리에 있으니

肯與年少爭春風
긍 여 년 소 쟁 춘 풍
    젊은이들과 어찌 봄바람을 다투려 하겠는가?

【語義】 何處無顏色(하처무안색):어디엔들 아름다운 꽃이 없겠는가? 중춘
(仲春)이 되면 모든 꽃들이 아름답게 핀다는 뜻. 不應(불응):응하지 않
음. 매화는 피지 않을 것이라는 뜻. 東君(동군):봄의 신(神). 東은 음
양오행설(陰陽五行說)에서 木에 속하며, 봄에 해당한다. 苦留客(고류
객):손님을 머물러 있게 하기 어려움. 客은 매화를 가리킨다. 매화를 나
그네에 비유한 것이다. 向來(향래):이전에. 開處(개처):매화가 피었을
때를 가리킨다. 白者(백자):오얏꽃을 가리킨다. 紅(홍):복숭아꽃을 가
리킨다. 丈人行(장인항):어른의 자리. 매화에겐 仲春이 노년에 해당한

다. 行은 서열.   肯(긍):감히, 어찌.   年少(연소):젊은이. 여기서는 복숭아꽃과 오얏꽃을 가리킨다.   爭春風(쟁춘풍):천자의 은총을 받기 위해 다투는 것을 뜻한다.

【解說】 송(宋)의 사인(詞人:詩文 등을 짓는 사람. 文士) 당경(唐庚:字는 子西)이 장무진(張無盡)에게 보낸 詩이다.

　　本篇도 전반 四句와 후반 四句에서 운(韻)을 달리한 고시(古詩)이다. 본디 '영물(詠物:漢詩의 한 體로, 鳥獸·草木·自然 그 자체를 주제로 하여 읊은 詩)'에는 우의(寓意:다른 사물에 빗대어 은연중 어떤 의미를 넌지시 비침)가 많아 단순히 사물만을 노래한 詩가 적다. 詩의 사명이 '언지(言志:자기 뜻을 말함. 詩의 異稱)'임을 생각하면 자연의 풍물(風物)을 읊는 가운데서도 심중(心中)의 뜻을 넌지시 비쳐 풍간(諷諫)해야 한다. 예로부터 매화가 君子에 자주 비유된 것은, 매화가 서리와 눈을 이기고 꽃을 피우는 모습이 군자가 세상의 간난(艱難)을 이기고 지조를 지키는 것에 비겨졌고, 매화의 뛰어난 향기는 어진 선비가 덕풍(德風)으로 세상을 교화(敎化)시키는 것에 비겨졌기 때문이다. 반대로 도리(桃李)가 중춘(仲春)에 만개하여 아름다움을 뽐내는 것은 소인배들이 뜻을 얻어 날뛰는 것에 비유되었다. 本篇도 이러한 관용(慣用)에 따르고 있는데, 매화가 봄까지 지지 않고 있는 것을 소인들 사이에서 위태롭게 자신을 지키는 군자에 비겨 제명(題名)을 二月見梅라 한 것은, 작자의 뛰어난 식견이라 할 수 있다.

수선화:황노직(水仙花:黃魯直)

淩波仙子生塵韈 능 파 선 자 생 진 말	물속의 선녀 발끝에 먼지 같은 물방울을 튀기며
水上盈盈步微月 수 상 영 영 보 미 월	물위를 고요히 희미한 달빛 아래 걷는 것 같네.
是誰招此斷腸魂 시 수 초 차 단 장 혼	누가 이토록 애끓는 혼을 부른 걸까?
種作寒花寄愁絕 종 작 한 화 기 수 절	겨울 꽃을 씨 뿌려, 보는 이로 하여금 깊은 시름 자아내게 하네.
含香體素欲傾城 함 향 체 소 욕 경 성	향기 머금은 채 살결 희어 성을 기울이는 절대 미인 같으니
山礬是弟梅是兄 산 반 시 제 매 시 형	운향(芸香)은 아우요 매화는 언니로다.
坐對眞成被花惱 좌 대 진 성 피 화 뇌	보고 있노라니 그 모습 너무도 아름다워
出門一笑大江橫 출 문 일 소 대 강 횡	마음 가다듬으려 문을 나서며 웃는데 비껴 흐르는 강이 눈에 차네.

【語義】淩波仙子(능파선자):물결을 타고 걷는 물의 여신(女神). 仙子는 신
선녀(神仙女). 本書 注에, "〈洛中記〉에, '물결을 타고 가볍게 걸으니, 비
단 버선에서 먼지가 나는 듯하다.'고" 했는데, 〈洛中記〉라 한 것은, 《文
選》卷十九에 실린 조식(曹植)의 〈洛神賦〉를 오기(誤記)한 것이다. 〈洛
神賦〉序에, "내가 경사(京師)에 참례(參禮)하고 돌아오다 낙천(洛川)을
건너면서 옛사람이, '이 물에는 神이 있는데, 이름이 복비(宓妃)이다.'
라고 한 말이 생각났다. 송옥(宋玉)이 초왕(楚王)에게 신녀(神女)의 일
을 설명한 것에 느끼어, 내가 이 賦를 짓는다."고 했다. 〈洛神賦〉는 曹

植이 진(甄)씨 부인을 위해 지은 것이라고 전해지는데, 甄氏는 植의 아버지 曹操가 원소(袁紹)를 깨뜨리고 얻은 원소의 여자. 그녀는 조비(曹丕)에게 주어 명제(明帝)를 낳았는데, 후에 사건에 연루(連累)되어 죽음을 당했다. 황초(黃初) 3년, 植이 경사(京師)에서 돌아오다 낙수(洛水) 가에서 쉬면서 진후(甄后)를 생각했다. 그러자 홀연히 진후(甄后)가 植의 눈앞에 나타나 사(詞)를 읊더니 사라졌다. 植은 슬픔을 견디지 못해 그 자리에서 〈感甄賦〉를 지었다. 후에 明帝가 〈洛神賦〉로 이름 바꾸었다. 韈(말):버선. 盈盈(영영):넘쳐흐르는 모양. 예쁘게 단장한 모양. 여기서는 가볍게 천천히 걷는 모양을 형용한 것이다. 步微月(보미월):희미한 달빛 아래에서 걸음. 斷腸魂(단장혼):보는 이의 창자를 끊을 듯한, 선녀(仙女)의 영혼. 寒花(한화):수선화를 가리킨다. 愁絶(수절):애절한 시름. 含香體素(함향체소):수선화가 향기롭고 몸이 흰 것을 가리킨다. 傾城(경성):성을 기울임. 뛰어난 미인을 형용(形容)한 것이다. 《漢書》李夫人傳에, "이연년(李延年:李夫人의 오빠)이 노래하길, '북방에 아름다운 사람 있는데, 아름다움 견줄 이 없이 홀로 있네. 한 번 돌아봄에 성이 기울고, 다시 돌아봄에 나라가 기울어진다네. 어찌 성이 기울고 나라가 기울어짐을 모르겠는가? 아름다운 사람은 다시 얻기 어렵네(北方有佳人 絶世而獨立. 一顧傾人城 再顧傾人國. 寧不知傾城與傾國 佳人難再得).'라" 했다. 傾城·傾國은 본디 여색(女色)의 해(害)는 나라를 망치게 된다는 뜻인데, 전(轉)하여 미인(美人)에 대한 경칭(敬稱)으로 사용하게 되었다. 山礬(산반):식물의 이름. 보통 七里香花라 한다. 운향(芸香)·정화(掟花)·자화(柘花)·탕화(瑒花) 등으로도 불리며, 중국 남부지방에서 자란다. 眞成(진성):진실로. 成은 조자(助字). 被花惱(피화뇌):꽃 때문에 괴로움을 입음. 꽃이 너무나 좋다는 뜻이다. 出門一笑(출문일소):문을 나와 크게 한 번 웃음. 괴로움을 풀고 기분을 돌이키기 위해 밖으로 나오는 것을 가리킨다.

【解說】《豫章黃先生文集》卷七에 실려 있으며, '王充道가 수선화 50가지를 보내왔는데 마음에 썩 들었다. 그래서 이 詩를 짓는다(王充道送水仙花五十枝 欣然會心. 爲之作詠).'라고 제(題)하였다.

　黃魯直은 수선화(水仙花)를 매우 사랑하였는데, 本篇에서 수선화의 아름다움을, 曹植의 〈洛神賦〉에 나오는 神女의 더없이 아름다운 모습을 빌어 읊었다. '盈盈步微月'에 관해 여러 가지 해석이 있다. 曹植의 〈洛神賦〉에서는 '물결을 타고 조용히 걷네(陵波微步).'라 하여, 微가 걷는 모습을 형용한 말로 분명히 쓰였으나, 本篇에서는 달을 형용하는 말로 쓰였다. 따라서 '盈盈步微月'은 희미한 달빛을 받으며 물위를 걷는 것을 묘사한 것으로 보는 것이 옳다.

등황학루 : 최호(登黃鶴樓 : 崔顥)

昔人已乘黃鶴去 석 인 이 승 황 학 거	옛사람 이미 황학 타고 가 버려
此地空餘黃鶴樓 차 지 공 여 황 학 루	지금 이곳에는 빈 황학루만 남았네.
黃鶴一去不復返 황 학 일 거 불 부 반	한번 간 황학 돌아올 줄 모르고
白雲千載空悠悠 백 운 천 재 공 유 유	흰 구름만 천년 두고 유유히 흐르네.
晴川歷歷漢陽樹 청 천 역 력 한 양 수	물 맑은 장강 건너 한양엔 나무들 모습 또렷하고
春草萋萋鸚鵡洲 춘 초 처 처 앵 무 주	강 가운데 앵무주엔 봄풀이 무성하네.
日暮鄉關何處是 일 모 향 관 하 처 시	해는 지는데 고향은 어디쯤일까?
煙波江上使人愁 연 파 강 상 사 인 수	강 위에 저녁 안개 서리어 보는 이를 시름에 젖게 하네.

【語義】 乘黃鶴(승황학):《唐詩選》에는 乘白雲으로 되어 있다. 세 번째 句의
黃鶴과 네 번째 句의 白雲은 對句이다. 千載(천재):천 년. 晴川(청천):
맑은 하늘 아래의 냇물. 歷歷(역력):하나하나 뚜렷이 잘 보이는 것.
漢陽(한양):호북성(湖北省) 한양부(漢陽府). 무창(武昌)과 장강(長江)을
사이에 두고 서안(西岸)에 있다. 지금 청천각(晴川閣)이 있는 것은 이
시(詩) 때문이다. 春草(춘초):봄 풀. 芳草로 된 판본도 있다. 萋萋(처
처):잎 등이 무성한 모양. 鸚鵡洲(앵무주):무창(武昌)의 남쪽, 강 가운
데에 있다. 후한(後漢)의 황조(黃祖)가 예형(禰衡)을 죽인 곳이기도 하

다. 禰衡은 재능이 있는 유사(遊士)로 삼국(三國)의 제후(諸侯)에 중용
(重用)되었으며, 문장에 능해 〈鸚鵡賦〉를 지었다. 그것을 기념하기 위
해 이곳을 鸚鵡洲라 이름 했다. 鄕關(향관):고향(故鄕). ‘關’은 관소(關
所). 使人愁(사인수):사람으로 하여금 근심에 젖게 함.

【解說】《三體詩》·《唐詩訓解》·《唐詩歸》·《唐詩選》·《唐詩三百首》등 唐
詩를 소개하는 거의 모든 詩集에 수록되어 있는 名詩이다. 李白이 이
詩를 보고 탄복하여 직접 黃鶴樓에 관한 시를 짓지 않고, 후에 이 詩에
필적(匹敵)할 만한 七言律詩를 남기기 위해 앞에 나온 〈登金陵鳳凰臺〉
를 지었다는 것은 유명한 일화(逸話)이다. 또 송(宋)의 엄창랑(嚴滄浪)
은 이 詩를 극찬(極讚)하여, ‘唐人의 七言律詩라고 하면 마땅히 崔顥의
黃鶴樓를 첫째로 꼽아야 한다.’라고 했을 정도이다.
　本篇은 前半에서는 黃鶴樓의 유래(由來)를, 後半에서는 樓에 올라 주
변 경관을 바라보며 회고(懷古)에 젖는 감상을 읊고 있다. 本篇은 七言
律詩로 보는 게 일반적인데, 篇中에 같은 文字가 중복되어 쓰인 것이 많
아 律詩로서는 파격(破格)이므로 古詩로 보는 견해도 있다. 本篇의 黃
鶴樓에 관하여《武昌志》의 기록을 빌면 다음과 같다.
　“강하군(江夏郡)에서 辛氏 한 사람이 술집을 하고 있었다. 어느 날,
낡은 옷을 입은 몸집이 큰 선비 한 사람이 와 술을 주겠느냐고 물었다.
辛氏는 거절하지 않았다. 그 선비는 그로부터 반년 동안이나 그곳에서
한 푼도 술값을 내지 않고, 그것도 큰 잔으로만 술을 마셨다. 그래도 辛
氏는 조금도 싫어하지 않았다. 그러던 어느 날 선비는 辛氏에게, 그동
안 밀린 술값이 많은데 갚을 수가 없다며, 대신 그림을 하나 그려 주겠
다고 했다. 선비가 귤껍질로 벽에 학을 그리니 黃鶴이 되었다. 술집의
손님들이 손뼉을 치며 노래를 부르면 학이 그에 맞추어 춤을 추었다. 많

은 사람들이 그것을 보려고 辛氏의 술집에 모여들었다. 십 년이 지나는 동안 辛氏는 수만금을 모았다. 그뒤 선비가 다시 辛氏를 찾아오니, 辛氏는 무엇이든 바라는 대로 다 들어주겠다고 했다. 선비는 잠시 웃더니 피리를 꺼내어 몇 곡 불었다. 흰 구름이 하늘에서 내려오고 벽에 그려 놓았던 학이 선비에게 날아 내려왔다. 마침내 선비는 학을 타고 하늘로 올라갔다. 이에 辛氏는 樓를 세우고 黃鶴樓라 이름하였다."

증당구:한퇴지(贈唐衢:韓退之)

虎有爪兮牛有角
호 유 조 혜 우 유 각

범은 발톱을, 소는 뿔을 가지고 있어

虎可搏兮牛可觸
호 가 박 혜 우 가 촉

범은 앞발로 치고 소는 뿔로 받네.

奈何君獨抱奇才
내 하 군 독 포 기 재

어찌하여 그대는 뛰어난 재주를 가지고 있으면서

手把犁鋤餓空谷
수 파 려 서 아 공 곡

텅 빈 골짜기에서 밭을 일구며 굶주리는가?

當今天子急賢良
당 금 천 자 급 현 량

때는 바야흐로, 천자께서 지성으로
인재를 구하려는 때!

甌函朝出開明光
궤 함 조 출 개 명 광

조정에 민의(民意)함 내어 놓고
궁전 열어 인재들의 말을 들으려 하네.

胡不上書自薦達
호 불 상 서 자 천 달

어찌하여 그대는 글을 올려
벼슬을 구하려 하지 않고,

坐令四海如虞唐
좌 령 사 해 여 우 당

앉아만 있을 뿐 천자 도와 사해를
요순시대로 만들지 않는가?

【語義】 爪(조):손톱. 여기서는 발톱을 가리킨다. 角(각):뿔. 搏(박):손으로 치는 것을 가리킨다. 때림. 觸(촉):뿔로 받음. 奈何(내하):'어찌하여 ~하는가?'의 뜻으로, 유감의 뜻을 나타낸다. 抱奇才(포기재):뛰어난 재주를 가지고 있음. 犁鋤(여서):쟁기와 호미. 空谷(공곡):사람이 없는 텅 빈 골짜기. 산곡(山谷)에 은거(隱居)하며 세상에 나아가지 않는 것을 가리킨다. 急賢良(급현량):어질고 덕이 있는 사람과 선량(善良)한 사람을 구하려는 것이 열화(烈火) 같음. 急은 맹렬하게 열심히 구하는 것을 가리킨다. 甌函(궤함):상자. 本集 孫氏 注에, '당(唐)의 무후(武后)는

수공(垂拱) 2년에 명을 내려 동(銅)으로 궤(匭)를 만들어 조당(朝堂)에
설치하게 하였다. 그리고 東을 연사(延思), 南을 초간(招諫), 西를 신원
(伸寃), 北을 통현(通玄)이라고 불렀다.'라고 하였다. 부송(賦頌)을 바쳐
벼슬하려는 사람, 政事에 관하여 간(諫)하려는 사람, 무실(無實)한 죄를
호소하려는 사람 등을 위해 설치한 투서함(投書函). 朝出(조출):조정에
내어 놓음. 開明光(개명광):明光은 한(漢)나라 무제(武帝)가 세운 명광
전(明光殿)을 가리킨다. '미앙궁(未央宮) 서쪽에 있었으며, 금옥주기(金
玉珠璣)로 발〔簾〕을 만들어 주야(晝夜)로 밝은 빛을 냈다.'고《三秦記》
에 기록되어 있다. 또《雍錄》에, '한(漢)의 明光宮이 셋 있다. 하나는 북
궁(北宮)에 있는 장락(長樂)과 상련(相聯)이며, 하나는 감천궁(甘泉宮)
가운데에 있으며, 하나는 상서(尙書)의 일을 올리는 곳이다.'라 했는데,
이 시(詩)의 경우에는 세 번째 곳을 가리키며, 궁전을 열어 누구나 자신
의 뜻을 올릴 수 있도록 현종(玄宗)이 배려한 사실을 가리킨다. 胡(호):
어찌하여. 自薦達(자천달):스스로 자신을 위에 천거하여 벼슬을 얻는
것을 뜻한다. 坐(좌):앉아서. 아무것도 하지 않는 것을 가리킨다. 令四
海如虞唐(영사해여우당):천하를 요순(堯舜) 시대처럼 태평하게 만드는
것을 가리킨다. 虞는 舜임금을, 唐은 堯임금을 가리킨다. 唐虞라 해야
옳겠으나, 운(韻)을 맞추기 위하여 虞唐이라 한 것이다.

【解說】本集 卷三에 실려 있고 그 題注에 의하면, 衢는 退之와 교유(交游)
했던 인물로 詩文을 잘 지었을 뿐 아니라 남의 글이라도 훌륭한 것이면
읽고 감격하여 잘 울었다 한다. 本篇은 재능이 있는데도 出仕하지 않는
唐衢에게 세상에 나와 백성을 잘 다스려 천하를 요순시대처럼 만들라고
권하는 글이다. 白樂天도 唐衢를 칭송하여 시를 지어 보낸 적이 있다.
　匭函朝出은 唐代에 조정에서 민의(民意)를 알기 위해 궤원(匭院)을

설치했던 역사적 사실에 의거한 것이다. 궤원은 후에 宋代에 들어 검원
(檢院)으로 개칭(改稱)하였다. 宋代에는 또 등문고원(登聞鼓院)을 설치
하고 간대부(諫大夫) 관할에 두어 문무백관(文武百官) 및 사민(士民)의
章·奏·表·疏를 처리하도록 했다. 登聞鼓란 조정에 간(諫)할 말이 있
거나 억울한 일을 당하여 호소할 일이 있으면, 북을 쳐 자신의 뜻을 위
에 알릴 수 있도록 조당(朝堂) 밖에 준비해 놓았던 북을 말한다. 唐代에
는 동서(東西) 양도(兩都)에 등문고를 설치했는데, 약(略)하여 고원(鼓
院)이라고 불렀다.

고의:한퇴지(古意:韓退之)

太華峰頭玉井蓮
<small>태 화 봉 두 옥 정 련</small>
태화산 봉우리 옥정(玉井)에서 나는 연(蓮)은

開花十丈藕如船
<small>개 화 십 장 우 여 선</small>
꽃 피면 너비가 십 장(丈)에 뿌리가 배만하다네.

冷比雪霜甘比蜜
<small>냉 비 설 상 감 비 밀</small>
차기가 눈서리 같고 달기가 꿀 같아

一片入口沈痾痊
<small>일 편 입 구 침 아 전</small>
한 조각만 입에 넣어도
오래된 만 가지 병이 다 낫는다네.

我欲求之不憚遠
<small>아 욕 구 지 불 탄 원</small>
그것을 구하고자 먼 길도 마다지 않겠으나

靑壁無路難夤緣
<small>청 벽 무 로 난 인 연</small>
깎아지른 푸른 절벽,
길도 없어 기어오르기 어렵네.

安得長梯上摘實
<small>안 득 장 제 상 적 실</small>
어떻게 하면, 긴 사닥다리 구해
위로 올라가 열매를 따다,

下種七澤根株連
<small>하 종 칠 택 근 주 련</small>
내려와 칠택에 심어
뿌리와 줄기를 연잇게 할 수 있을까?

【語義】 太華(태화):중국 섬서성(陝西省) 화음현(華陰縣) 남쪽에 있는 태화
산(太華山). 중국의 오악〔五岳:東의 태산(泰山), 西의 화산(華山), 남의
형산(衡山), 北의 항산(恒山), 중앙의 숭산(嵩山)〕의 하나로, 西岳에 해
당한다. 그 중봉(中峯)을 연화봉(蓮花峯)이라 하며, 봉우리 꼭대기에 궁
(宮)이 있고 궁 앞에 못이 있는데, 천엽(千葉)의 연화가 있다고 전해진
다. 玉井(옥정):못 이름. 玉井은 본디 성좌(星座)의 이름. 藕(우):연의
뿌리. 如船(여선):크기가 배만함. 蜜(밀):꿀. 沈痾(침아):오래되어 고치
기 어려운 병. 고질(痼疾). 沈은 '오래되다, 깊다'의 뜻. 痾는 病. 痊(전):

병이 낫는 것. 不憚遠(불탄원):먼 것을 꺼리지 않음. 憚은 꺼리다·싫
어하다. 靑壁(청벽):높은 산의 푸른 석벽(石壁). 夤緣(인연):매달려 올
라감. 安得長梯上摘實(안득장제상적실):어떻게 하면 긴 사닥다리를 얻
어 위에 올라가 열매를 딸 수 있을까? 安은 어찌, 어떻게 하면. 梯는 사
닥다리. 摘은 손으로 따는 것. 實은 열매. 七澤(칠택):本書 注에, '운몽
(雲夢)에 칠택(七澤)이 있다.'고 했다. 《文選》〈子虛賦〉에, '신(臣)이 듣
건대 초(楚)나라에 칠택(七澤)이 있다고 했습니다. 일찍이 그 하나는 보
았는데, 나머지 것들은 아직 보지 못했습니다. 신이 본 것은 아주 작은
것으로, 이름을 운몽(雲夢)이라 했습니다.'라고 했다. 根株連(근주련):
뿌리와 줄기가 연이어 많이 나는 것을 가리킨다.

【解說】本集 卷三에 실려 있다. 古意란 옛사람의 마음, 古代의 아취(雅趣),
고풍(古風) 등을 뜻한다. 本篇에서는 '예로부터 변하지 않는, 사람의 바
람'이란 뜻으로 쓰였다. 화산(華山) 꼭대기에 있다는 연꽃의 전설(傳說)
을 빌어, 그 연근(蓮根)을 얻어 병고(病苦)에 시달리는 세상 사람들을
구제하겠다는 기원을 읊은 詩로, 도저히 이룰 수 없는 것을 바라는 인
정(人情)을 한탄(恨歎)한 작품이다. 얻기 어려운 연근(蓮根)은 실은 현
세의 부귀영화(富貴榮華)를 가리킨다. 따라서 韓愈는 本篇을 통하여 부
귀를 탐내는 사람들을 은근히 야유한 것이다.

권지 5 (卷之五)

칠언고풍단편(七言古風短篇)

이 七言古風短篇에는 四句·六句·八句 및 그 이상 20여 句에 이르는 詩들이 수록되어 있는데, 그중에는 絕句나 律詩와 같은 近體詩도 섞여 있어, 엄밀히 따진다면 古風詩만 실려 있다고 할 수는 없다.

증정병조:한퇴지(贈鄭兵曹:韓退之)

樽酒相逢十載前
준 주 상 봉 십 재 전
십 년 전 술잔을 나누며 우리 서로 만났을 적엔

君爲壯夫我少年
군 위 장 부 아 소 년
그대는 장년 나는 청년이었지.

樽酒相逢十載後
준 주 상 봉 십 재 후
오늘 우리 다시 만나 술잔을 나누는데

我爲壯夫君白首
아 위 장 부 군 백 수
나는 장년 그대는 백발의 노인이네.

我才與世不相當
아 재 여 세 불 상 당
나의 재주 세상과 맞지 않아

戢鱗委翅無復望
즙 린 위 시 무 부 망
비늘 움츠리고 날개 펴지 못하는 듯
나는 세상에 나아갈 뜻을 버렸네.

當今賢俊皆周行
당 금 현 준 개 주 항
지금은 어질고 뛰어난 이 모두 조정에 드는 시대,

君何爲乎亦遑遑
군 하 위 호 역 황 황
그대는 어찌하여 나처럼 황황(遑遑)해 하는가?

盃行到君莫停手
배 행 도 군 막 정 수
잔 돌아 그대에게 가거든 손을 멈추지 말게,

破除萬事無過酒
파 제 만 사 무 과 주
어지러운 만사를 잊는 데에는
술에 취하는 것보다 나은 것이 없다네.

【語義】 樽酒相逢(준주상봉):술잔을 주고받으며 술자리에서 어울리는 것.
載(재):해[年]. 壯夫(장부):원기 왕성한 남자.《禮記》曲禮 上 第一에,
'사람이 태어나서 열 살이 되면 유(幼)라 하며, 이때에는 배운다. 20세
가 되면 약(弱)이라 하며, 이때에는 관(冠)을 쓴다. 30세가 되면 장(壯)
이라 하며, 이때에는 아내를 얻는다. 40세가 되면 강(强)이라 하며, 이

때에 처음으로 벼슬에 나아간다. 50세가 되면 애(艾)라 하며, 이때에는 관정(官政)에 복무한다. 60세가 되면 기(耆)라 하며, 이때에는 일을 지시하여 남을 부린다. 70세가 되면 노(老)라 하며, 이때에는 가사(家事)를 아들에게 전한다. 80세와 90세를 모(耄)라 하며, 7세를 도(悼)라 한다. 悼와 耄는 죄를 짓더라도 형(刑)을 받지 않는다. 100세가 되면 기(期)라 하며, 이때가 되면 부양받는다(人生十年曰幼, 學. 二十曰弱, 冠. 三十曰壯, 有室. 四十曰强, 而仕. 五十曰艾, 服官政. 六十曰耆, 指使. 七十曰老, 而傳. 八十九十曰耄, 七年曰悼. 悼與耄 雖有罪 不加刑焉. 百年曰期, 頤.).'라고 했다.   白首(백수):백발(白髮). 노년(老年)이 되었음을 뜻한다.   與世不相當(여세불상당):세상과 맞지 않음.   戢鱗(즙린):물고기가 비늘을 움츠리고 헤엄치지 못함. 戢은 거두어 옴츠리는 것. 鱗은 비늘.   委翅(위시):새가 날개를 펴지 못함. 委는 굽히는 것. 翅는 날개.   無復望(무부망):다시 바라볼 수 없음. 다시 세상에 나아가 벼슬하기를 바라지 않는다는 뜻.   周行(주항):조정(朝廷)의 벼슬자리에 오르는 것을 가리킨다.《詩經》國風篇 周南〈卷耳〉에, '아아, 그리운 임 생각에 바구니를 큰길 위에 내던지네(嗟我懷人 寘彼周行).'라고 했다. 周行은 본디 대로(大路)의 뜻인데, 여기서는《毛傳》의 해석을 좇아 '조정(朝廷)의 벼슬자리에 놓이는 것'이란 뜻으로 썼다.   遑遑(황황):마음이 몹시 급하여 허둥지둥하는 모양.   盃行(배행):술잔이 순서대로 돌아가는 것을 가리킨다.   莫停手(막정수):손을 멈추지 말라. 권하는 대로 술을 마셔 충분히 취(醉)하라는 뜻.   破除萬事無過酒(파제만사무과주):마음을 괴롭히는 여러 가지 일을 없애는 데에는 술에 취하는 것보다 나은 것이 없음.

【解說】 本集 卷三에 실려 있고 그 題注에, '鄭은 정통멸(鄭通滅). 장건봉(張建封)이 무녕(武寧)의 절도(節度)였을 때 通滅은 부사(副使)였고, 공

(公:韓愈를 가리킴)은 그 軍의 종사(從事)가 되어 通滅과 술로써 사귀었다.'고 했다. 兵曹는 병사(兵事)를 관장하는 관리로 병조참군사(兵曹參軍事), 즉 참모(參謀)이다. 세대(世代)가 바뀌고 세상일은 뜻대로 되지 않음을 한탄한 詩이다.

　本篇의 周行에 관해서는 제설(諸說)이 있다. 이는 본디《詩經》周南篇〈卷耳〉에 나오는 말인데, 宋의 朱熹는 큰길로 풀었고, 毛傳이나 鄭箋에서는 '官位'로 해석했다. 本篇에서는 후자의 설을 좇아야 문의(文意)가 명료해진다.

치대전:한퇴지(雉帶箭:韓退之)

原頭火燒靜兀兀
원 두 화 소 정 올 올
들판 저쪽의 풀숲을 태우는데
사냥터는 고요하며 높고 평평하다.

野雉畏鷹出復沒
야 치 외 응 출 부 몰
들꿩들, 매가 두려워 날아올랐다간 숨곤 한다.

將軍欲以巧伏人
장 군 욕 이 교 복 인
장군, 뛰어난 궁술로 사람들을 감탄시키려고

盤馬彎弓惜不發
반 마 만 궁 석 불 발
말 타고 돌며 시위 당긴 채 쏘는 것을 아끼네.

地形漸窄觀者多
지 형 점 착 관 자 다
포위망 좁혀지고 보는 이 많아지는데,

雉驚弓滿勁箭加
치 경 궁 만 경 전 가
꿩이 놀라 날아오르자 시위를 떠나
허공을 가르는 힘찬 살!

衝人決起百餘尺
충 인 결 기 백 여 척
살 맞은 꿩, 사람들을 향해
백여 척을 날아오르더니

紅翎白鏃相傾斜
홍 령 백 촉 상 경 사
붉은 깃 흰 촉 달린 살과 함께
비스듬히 기울어지네.

將軍仰笑軍吏賀
장 군 앙 소 군 리 하
하늘 보며 크게 웃는 장군에게
군사들이 치하드리는데,

五色離披馬前墮
오 색 이 피 마 전 타
꽃이 피듯 오색 깃을 흩뜨리며
말 앞에 떨어지는 꿩.

【語義】 原頭(원두):들판 저쪽. 火燒(화소):사냥할 곳의 풀숲을 태우는 것.
靜兀兀(정올올):고요하며, 높고 평평함. 兀兀은 높고 평평한 모습. 鷹
(응):매. 以巧伏人(이교복인):교묘한 기술로 사람들을 감탄시킴. 巧는
뛰어난 궁술(弓術)을 가리킨다. 伏人은 사람들을 탄복하게 하는 것. 盤
馬(반마):뱅글뱅글 말을 타고 돎. 彎弓(만궁):활을 힘껏 잡아당김. 地

形漸窄(지형점착):사냥터의 둘레가 점점 좁아짐. 窄은 좁은 것. 勁箭
(경전):강한 화살. 加(가):화살이 날아가는 것을 가리킨다. 加에는 '치
다·공격하다'의 뜻이 있다. 衝人決起(충인결기):꿩이 사람들을 향하
여 날아오르는 것을 가리킨다. 紅翎白鏃(홍령백촉):붉은 색의 화살 깃
과 하얀 화살촉. 장군이 쏘는 화살을 가리킨다. 相傾斜(상경사):날아
오른 꿩과 함께 꿩에 맞은 화살이 비스듬히 기울어져 떨어지는 것을 가
리킨다. 軍吏賀(군리하):군의 장교들이 장군에게 축하의 말을 하는 것
을 가리킨다. 五色(오색):꿩의 오색 깃을 가리킨다. 離披(이피):꽃이
활짝 핌. 여기서는, 꽃이 활짝 피듯 꿩의 오색 깃털이 흩어지는 것을 가
리킨다.

【解說】本集 卷三에 실려 있다. 本集 注에 의하면 本篇은 韓公이 사냥 나
가는 장복야(張僕射:張은 姓, 僕射는 官名)를 따라갔다가 꿩을 사냥하
는 모습을 읊은 것이다. 불을 놓아 꿩을 모는 데서부터 날아오른 꿩이
화살을 맞고 떨어지기까지의 광경을 실로 생생하게 묘사하여, 마치 한
폭의 그림을 보는 듯하다. 張僕射의 이름은 건봉(建封), 字는 본립(本
立), 그는 어렸을 때부터 문장을 좋아하고 변론(辯論)에 능했으며, 공
명심(功名心)이 강했다. 韓公은 정원(貞元) 15년(799) 2월, 변주(汴州)
의 난(亂)을 피해 張僕射가 있는 서주(徐州)에 가 몸을 의탁했다. 本書
後集에는 韓公이 張僕射에게 올린〈上張僕射書〉가 실려 있으니 참고하
기 바란다.

남릉서별:이태백(南陵敍別:李太白)

白酒初熟山中歸
백 주 초 숙 산 중 귀

막걸리 새로 익는 산중으로 돌아오니

黃雞啄黍秋正肥
황 계 탁 서 추 정 비

기장 쪼는 누런 닭 가을 살 졌네.

呼童烹雞酌白酒
호 동 팽 계 작 백 주

아이 불러 닭 잡아 삶게 하고 탁주 마시니

兒女嬉笑牽人衣
아 녀 희 소 견 인 의

아이들 웃으며 내 옷자락을 잡아끄네.

高歌取醉欲自慰
고 가 취 취 욕 자 위

소리 높여 노래하며 취기 빌어 울분을 달래려고

起舞落日爭光輝
기 무 낙 일 쟁 광 휘

일어나 춤추니 낙조(落照)와
취한 얼굴이 붉음을 다투네.

游說萬乘苦不早
유 세 만 승 고 부 조

일찍이 천자님을 설득하지 못한 게 한이 되어

著鞭跨馬涉原道
착 편 고 마 섭 원 도

말에 올라 채찍 쳐 먼 길을 가려 하네.

會稽愚婦輕買臣
회 계 우 부 경 매 신

옛날, 회계의 어리석은 아녀자가
매신을 업신여겼다는데,

余亦辭家西入秦
여 역 사 가 서 입 진

나도 그처럼 되고자 집 떠나 장안으로 가려네.

仰天大笑出門去
앙 천 대 소 출 문 거

하늘 우러러 크게 웃으며 문을 나서노라,

我輩豈是蓬蒿人
아 배 기 시 봉 고 인

내 어찌 초야에 묻혀 살다 죽을 사람이겠는가?

【語義】 白酒(백주):탁주(濁酒). 初熟(초숙):本集에는 新熟으로 되어 있다.
啄黍(탁서):기장을 부리로 쪼아 먹음. 啄은 부리로 쪼아 먹는 것, 黍는
오곡(五穀)의 하나인 기장. 秋正肥(추정비):가을이어서 닭이 때마침 맛
있게 살이 쪄 있는 것을 가리킨다. 烹雞(팽계):닭을 삶음. 嬉(희):희롱
하다. 牽人衣(견인의):사람의 옷을 끌어당김. 人은 작자인 李白을 가리
킨다. 牽衣는 친애(親愛)의 뜻을 나타낸 것. 自慰(자위):뜻을 얻지 못한
것을 스스로 위로함. 爭光輝(쟁광휘):취한 얼굴의 붉은 색이 지는 해
와 붉음을 다툼. 游說(유세):遊說와 같은 뜻. 각처로 돌아다니며 자신
의 포부나 주장을 펴는 것. 萬乘(만승):천자(天子). 고대에 천자는 병거
(兵車) 만 대를 거느렸기 때문에, 萬乘은 천자를 가리킨다. 苦不早(고부
조):일찍이 천자를 유세하지 못한 게 괴롭다는 뜻. 著鞭(착편):채찍질
을 함. 跨馬(고마):말에 올라탐. 跨는 '사타구니, 사타구니를 벌려 넘다'
의 뜻으로 쓰일 때에는 과로, '걸터앉다 · 걸치다'의 뜻으로 쓰일 때에는
고로 읽는다. 涉遠道(섭원도):먼 길을 감. 會稽愚婦輕買臣(회계우부경
매신):회계의 어리석은 여자는 매신(買臣)을 업신여겼음. 會稽는 절강
성(浙江省). 會稽의 愚婦는 매신(買臣)의 처(妻)를 가리킨다. 買臣은 주
매신(朱買臣). 《漢書》 朱買臣傳에, '朱買臣은 회계(會稽) 사람으로, 자
(字)는 자옹(子翁), 즐겨 책을 읽었다. 嚴助가 그를 조정에 천거하여 중
대부(中大夫)가 되었고, 회계(會稽) 태수(太守)가 되었다. 후에 승상장
사(丞相長史)가 되었는데, 승상(丞相) 장탕(張湯)이 그를 업신여기자 그
는 張湯의 음사(陰事)를 발설하여 湯을 자살(自殺)하게 하였다. 이에 황
제가 노하여 매신(買臣)을 죽였다. 매신은 뜻을 펴기 전 몹시 가난하여
땔나무를 해다 팔아서 연명하였는데, 나무를 지고 가는 동안에도 손에
는 항상 책이 들려 있었다. 그의 처는 가난을 부끄럽게 여겨 그를 버리
고 떠났다. 후에 회계의 태수가 되어 고향으로 돌아오던 매신은, 자신

을 버리고 떠났던 옛 아내가 새 남편과 함께 길을 닦는 것을 보았다. 매신은 그들 부부를 뒤따르던 마차에 태워 태수의 관사로 데리고 가, 그들에게 녹(祿)을 주어 편히 먹고 살도록 했다. 매신의 옛 아내는 몹시 부끄러워 목매어 죽고 말았다.'라고 하였다. 辭家(사가):집을 떠남. 西入秦(서입진):서쪽 진(秦)에 들어감. 장안(長安)에 들어가는 것을 가리킨다. 仰天大笑(앙천대소):이별의 슬픔을 감추고 남자답게 하늘을 우러러보며 크게 웃음. 我輩(아배):우리. 여기서는 李白 자신을 가리킨다. 豈是蓬蒿人(기시봉고인):어찌 초야에 묻혀 일생을 마칠 사람이겠는가? 반드시 명성을 떨치고야 말겠다는 자부(自負)의 말. 蓬·蒿 모두 쑥.

【解說】本集 卷十五에는〈南陵別兒童入京〉이란 제목으로 실려 있다. 南陵은 안휘성(安徽省) 무호현(蕪湖縣) 남쪽에 있는데, 李白이 그곳에서 자식들과 이별하고 장안(長安)으로 향할 때 이별의 정을 읊은 것이 本篇이다. 詩 가운데에 고인(古人)의 고사(故事)를 인용한 것이 있어, 本書 題注에는 '이 篇에는 회고(懷古)의 정(情)이 담겨 있다.'고 했다.

本篇 首句의 '山中歸'는 李白이 자신을, 전국 시대 출세를 꿈꾸고 집을 떠났다가 처음엔 뜻을 이루지 못하고 돌아온 소진(蘇秦)에 비겨 표현한 것이다. 소진이 거지가 되어 집에 돌아오자 그의 집안에서는 그를 업신여겨, 그의 아내는 베틀에서 내려오지 않았고 그의 형수는 밥도 주지 않았다. 그에 소진은 크게 자극받아 다시 집을 떠났고, 제후(諸侯)들에게 합종설(合縱說)을 유세(遊說)하여 끝내는 극귀(極貴)한 몸이 되었다. 本篇에서 李白은 소진의 경우와는 달리, 집에 돌아오자 식구들로부터 애정 어린 극진한 대접을 받는다. 예사 사람 같으면 안주(安住)할 것을 생각했을 텐데, 李白은 남아답게 천하에 道를 펴겠다며 다시 가출할 것을 선언하고 장안(長安)으로 향한다. 그뿐 아니라 주매신(朱買臣)의

고사(故事)를 들어 자신에게 채찍질까지 한다. 모든 일에 적극적이었던 李白의 성품이 잘 드러난 작품이라고 할 수 있는데, 한편으로는 가족들을 위해 빨리 출세하려는 가장의 깊은 애정이 짙게 배어 있는 작품이라고 할 수 있다. 왜냐하면 당시 李白은 장안으로 떠나기에 앞서 本篇 외에도 몇 篇의 詩를 남겼는데, 그것들은 하나같이 아내에 대한 사랑과 성공하고 돌아올 것을 기약하는 내용들이기 때문이다.

월야여객음주행화하:소자첨(月夜與客飮酒杏花下: 蘇子瞻)

否花飛簾散餘春
행 화 비 렴 산 여 춘
살구꽃은 발 안으로 날아들어
남은 봄을 흩뜨리고,

明月入戶尋幽人
명 월 입 호 심 유 인
밝은 달은 깊은 곳에서
고요히 사는 사람을 찾아온다.

褰衣步月踏花影
건 의 보 월 답 화 영
옷자락 걷고 달빛 아래에서 꽃 그림자 밟노라,

炯如流水涵靑蘋
형 여 유 수 함 청 빈
환하기가 흐르는 물이
푸른 개구리밥을 적시는 듯.

花間置酒淸香發
화 간 치 주 청 향 발
꽃나무 밑에 술자리를 펴니 맑은 향기 피어나고

爭挽長條落香雪
쟁 만 장 조 낙 향 설
다투어 긴 가지 끌어당기니
향기로운 꽃잎 눈처럼 떨어진다.

山城薄酒不堪飮
산 성 박 주 불 감 음
이곳 술은 묽어 마실 만한 것이 못 되니

勸君且吸杯中月
권 군 차 흡 배 중 월
그대여, 술잔 속의 달빛을 마시게.

洞簫聲斷月明中
통 소 성 단 월 명 중
퉁소 소리 끊어지고 달빛만 밝은데

惟憂月落酒盂空
유 우 월 락 주 배 공
달 지고 술잔 빌까 그것이 걱정이네.

明朝卷地春風惡
명 조 권 지 춘 풍 악
내일 아침 봄바람이 거세게 불면

但見綠葉栖殘紅
단 견 녹 엽 서 잔 홍
지다 남은 꽃 사이에 남아 있을 푸른 잎을 보리.

【語義】 散餘春(산여춘):남은 봄을 흩뜨림. 尋幽人(심유인):달빛을 의인
화(擬人化)하여, 유거인(幽居人), 즉 작자를 달빛이 방문했다고 한 것
이다. 褰衣(건의):옷자락을 걷어 올림. 褰은 소매나 치맛자락 같은 것
을 걷어 올리는 것. 步月踏花影(보월답화영):꽃 그림자를 밟으며 달빛
아래에서 걸음. 炯如流水涵靑蘋(형여유수함청빈):밝기가, 흐르는 물
이 푸른 개구리밥을 적시는 듯함. 炯은 밝다·환하다. 涵은 적시는 것.
蘋은 개구리밥. 부평초(浮萍草). 꽃 그림자를 蘋에 비유한 것이다. 淸
香(청향):맑은 향기. 술 향기를 가리킨다. 挽(만):잡아당기다. 끌다.
長條(장조):긴 나뭇가지. 條는 곁가지. 落香雪(낙향설):향기로운 눈 조
각이 떨어짐. 꽃이 떨어지는 것을 눈이 떨어지는 것으로 본 것이다. 山
城(산성):서주(徐州)의 성(城)을 가리킨다. 薄酒(박주):맛없는 술. 물
탄 술. 吸(흡):단숨에 마시는 것. 숨을 들이쉰다는 뜻으로도 쓰인다.
杯中月(배중월):술잔 속의 술에 비친 달빛. 洞簫(통소):통소. 洞은 대
통 모양을 가리킨다. 簫는 죽관(竹管)을 나란히 묶어 만든, 취주 악기
의 한 가지. 惟(유):오직, 오로지. 酒盃空(주배공):술잔이 비는 것. 즉
술이 떨어지는 것. 卷地(권지):땅을 말아 올림. 바람이 세차게 부는 것
을 가리킨다. 栖殘紅(서잔홍):지다 남은 꽃 사이에 남아 있는 것을 가
리킨다. 栖는 나무 위에 남아 있는 것. 殘紅은 거센 바람에도 떨어지지
않고 남아 있는 꽃.

【解說】《分類東坡詩》卷十에 실려 있다. 달빛 밝은 봄밤, 살구꽃 아래에서
술을 마신 것을 읊은 詩이다.
　　本篇의 특색은 고사(故事)를 전연 인용하지 않았다는 것과 사구(詞
句)가 더없이 청신(淸新)하다는 것이다. 東坡는 외경(外景) 묘사에 뛰
어났는데, 本篇에는 그러한 점이 잘 나타나 있다. 의인법(擬人法)과 비

유법(譬喩法)을 자유자재로 구사하여, 달빛 좋은 봄밤의 아름다움을 감각적으로 그려냈다. 東坡의 詩 중에서도 가히 수작(秀作)으로 꼽힌다.

인일기두이습유:고적(人日寄杜二拾遺:高適)

人日題詩寄草堂
인 일 제 시 기 초 당
정월 초이렛날 시를 지어 초당(草堂)에 부치며

遙憐故人思故鄉
요 련 고 인 사 고 향
옛 친구 고향 생각 할 것을
멀리에서 측은히 여긴다.

柳條弄色不忍見
유 조 농 색 불 인 견
파릇파릇한 버들 가지
옛 친구 생각나게 해 차마 볼 수 없고,

梅花滿枝空斷腸
매 화 만 지 공 단 장
만발한 매화는 공연히 남의 애를 끊누나.

身在南藩無所預
신 재 남 번 무 소 예
남쪽 변방에 있는 몸이라 정사에 관여하지 못하니

心懷百憂復千慮
심 회 백 우 부 천 려
가슴속에 백천 가지 근심과 시름이 서린다.

今年人日空相憶
금 년 인 일 공 상 억
올 초이렛날엔 부질없이 그대를 그리지만

明年人日知何處
명 년 인 일 지 하 처
내년 초이렛날엔 어디에 있을는지……

一臥東山三十春
일 와 동 산 삼 십 춘
고향에 숨어 살기 삼십 년,

豈知書劍老風塵
기 지 서 검 노 풍 진
어찌 알았으리, 선비의 몸으로 풍진 속에서
이렇게 늙을 줄을.

龍鍾還忝二千石
용 종 환 첨 이 천 석
노쇠한 늙은 몸이 이천 석의 녹(祿)을 받으니

愧爾東西南北人
괴 이 동 서 남 북 인
동서남북 사람인 그대에게 부끄럽네.

【語義】 草堂(초당):杜甫가 있는 곳을 가리킨다. 杜甫는 건원(乾元) 2년에 촉(蜀)의 성도(成都)에 들어갔는데, 그 이듬해 완화계(浣花溪) 가에 초당(草堂)을 짓고 그곳에서 생활하였다. 遙憐(요련):멀리서 불쌍히 여김. 故人思故鄕(고인사고향):옛 친구가 고향을 생각함. 柳條(유조):버들의 나뭇가지. 弄色(농색):봄이 되어 버들이 파릇파릇 푸른빛을 띠는 것을 가리킨다. 不忍見(불인견):차마 볼 수 없음. 중국에선 옛날, 이별하는 사람을 전별(餞別)할 때에 버드나무 가지를 꺾어 주었다. 봄이 되어 파릇파릇해지는 버들을 볼 때마다 이별한 사람들이 생각나 '차마 볼 수 없다'고 한 것이다. 梅花滿枝(매화만지):매화가 만개(滿開)한 것을 가리킨다. 空斷腸(공단장):공연히 애끊게 함.《杜少陵集》엔 堪斷腸으로 되어 있다. 南藩(남번):남방 촉주(蜀州)를 가리킨다. 無所預(무소예):천하의 정사(政事)에 관여하는 바가 없음. 당시에는 지방관(地方官)은 중앙 정치에 관여할 수 없었다. 預는 관계하는 것. 一臥東山三十春(일와동산삼십춘):한번 동산에 눕더니 30년을 지냄. 진(晋)나라 사안(謝安)은, 처음엔 고향인 東山에 은거(隱居)하며 세상에 나오지 않았다. 작자도 謝安처럼 처음에는 세상에 나오지 않으려 했다는 뜻이다. 謝安은 중국 동진(東晋) 중기(中期)의 명신. 자(字)는 안석(安石). 벼슬하지 않고 절강성(浙江省)의 동산(東山)에 들어가 은거하다가 40세에 이르러 처음으로 관계(官界)에 나아가 정서대장군(征西大將軍) 환온(桓溫)의 사마(司馬)가 됨. 뒤에 태보(太保)가 되어, 전진왕(前秦王) 부견(符堅)의 군대를 비수(淝水) 싸움에서 막음. 사후(死後)에 태부(太傅)로 추증(追贈)되었으므로 사태부(謝太傅)라 불림. 시호(諡號)는 문정(文靖). 一臥는 '한번 은거하자'의 뜻. 三十春은 30년. 東山은 절강성(浙江省)에 있는 산명(山名). 書劍(서검):책과 칼. 학문을 닦으며 의기(義氣)로 사는 선비와 군자를 가리킨다. 老風塵(노풍진):혼탁한 세상일에 휩쓸리며 늙는 것을 가리

킨다. 風塵은 세상의 속된 일, 또는 혼탁한 세상. 龍鍾(용종):노쇠한 모양. 늙어서 앓는 모양. 龍鍾 두 자의 중국음이 '융(癃:연로하여 몸이 느른함)'과 비슷하므로, 이런 뜻을 갖게 되었다. 중국에서 龍은 lóng, 鍾은 zhōng, 癃은 lóng으로 발음한다. 還(환):오히려, 도리어. 忝(첨):더럽힘. 녹(祿)을 받는 것이 분(分)에 넘치는 일이라고 겸양(謙讓)하여 하는 말. 愧(괴):부끄러움. 爾東西南北人(이동서남북인):동서남북으로 유랑하며 정해진 주거가 없는 사람. 杜甫를 가리킨다. 《禮記》 단궁(檀弓) 上篇에, "공자가 어머니를 방(防)에 합장(合葬)한 뒤, '듣건대, 옛날에는 묻었을 뿐이고 봉분(封墳)은 만들지 않았다고 한다. 이제 구(丘)는 동서남북으로 돌아다니는 사람이니, 표지(表識)를 하지 않을 수 없다.' 라고 말씀하셨다(孔子旣得合葬於防. 曰, 吾聞之 古也墓而不墳. 今丘也 東西南北之人也. 不可以弗識也.)."라고 했다. 杜甫가 일정한 관직에 구속되지 않고 자유로운 몸이었음을 가리킨다.

【解說】《高常詩集》卷五에 실려 있다. 고적(高適)이 인일(人日), 즉 정월 초이렛날에 杜甫에게 보낸 詩이다. 정월 초이렛날을 人日이라고 하는 것은 《東方朔古書》의 說에 의한 것이다. 연초(年初)의 8일간을 초하루부터 계(鷄)·견(犬)·시(豕)·양(羊)·우(牛)·마(馬)·인(人)·곡(穀)의 날로 정하고, 그날의 날씨가 맑고 흐림에 따라 그해 각각의 생물(生物)들의 길흉(吉凶)을 예측했던 것이다. 또 杜二拾遺라 한 것은, 杜甫의 배항(排行:한 집안 남자들의 年輩에 의한 순위)이 두 번째였으며, 숙종(肅宗) 때에 우습유(右拾遺)를 지낸 적이 있기 때문이다.

　高適은 이른바 이천 석(二千石), 즉 태수(太守)로 촉(蜀)을 다스렸는데, 그의 오랜 친구인 杜甫는 천하를 방랑(放浪)하는 신세로 성도(成都)의 완화초당(浣花草堂)에 우거(寓居)하고 있었다. 해가 바뀌어 人日이 되면, 머지않아 봄빛이 찾아들어 또 한 해가 지났음을 알리고 고향을 떠난 사람의 가슴에는 깊은 향수(鄕愁)가 어리게 된다. 중국 역사에서 詩人으로서는 영달(榮達)을 누린 高適이었으나, 그에게도 근심이 없었던 건 아니었다. 本篇은 실로 정(情)과 경(景)이 일치(一致)하여, 고향을 그리는 마음과 친구를 걱정하는 마음이 잘 표현된 뛰어난 작품인데, 벽지(僻地) 태수로서 강한 불평이 짙게 깔려 있다. 無所預, 老風塵 등의 탄식과 龍鍾 등의 자기 비하적(自己卑下的)인 표현을 보면, 本篇은 그가 실의(失意)에 빠졌을 때 지은 작품인 듯하다. '故人思故鄕, 柳條不忍見' 등의 文句는 〈折楊柳〉, 〈梅花落〉 등의 樂府에서 읊어진 망향(望鄕)의 슬픔을 암시한 것으로, 高適의 뛰어난 글재주를 말해 준다. 杜甫는 이 詩를 받고 십여 년이 지난 다음, 高適의 생사도 모르는 채, 모아 놓은 詩와 편지를 정리하다 本篇을 발견하고, 대력(大曆) 5년(770) 정월 21일에 高適에게 답시(答詩)를 지었다. 그러나 高適은 이미 5년 전(765)에 죽고 없었다.

유야랑증신판관:이태백(流夜郎贈辛判官:李太白)

昔在長安醉花柳　　옛날 장안에서 꽃과 버들에 취해 놀며
석 재 장 안 취 화 류

五侯七貴同盃酒　　고관 귀족들과 술잔을 같이했지.
오 후 칠 귀 동 배 주

氣岸遙凌豪士前　　높은 의기는 호걸들을 능가했으니
기 안 요 릉 호 사 전

風流肯落他人後　　인물과 행동이 어찌 다른 사람에게 뒤졌으리.
풍 류 긍 락 타 인 후

夫子紅顏我少年　　그대와 나는 혈기 넘치던 젊은이여서
부 자 홍 안 아 소 년

章臺走馬著金鞭　　말 타고 궁전 앞 달리며 금 채찍을 휘둘렀었네.
장 대 주 마 착 금 편

文章獻納麒麟殿　　글을 지어 기린각의 천자께 올리고
문 장 헌 납 기 린 전

歌舞淹留玳瑁筵　　호화로운 잔치 자리에 오래도록 머물며
가 무 엄 류 대 모 연　　가무를 즐겼네.

與君自謂長如此　　그대와 더불어 오래도록 그러리라 생각했고
여 군 자 위 장 여 차

寧知草動風塵起　　장안이 전란에 휩싸일 줄 어찌 알았으리.
영 지 초 동 풍 진 기

函谷忽驚胡馬來　　놀랍게도 안녹산이 함곡관에서
함 곡 홀 경 호 마 래　　장안으로 들이닥쳤으니

秦宮桃李向誰開　　진궁(秦宮)의 복숭아와 오얏꽃은
진 궁 도 리 향 수 개　　누굴 향해 피겠는가?

我愁遠謫夜郎去　　내 근심은 멀리 야랑(夜郎)으로 귀양 가는 것,
아 수 원 적 야 랑 거

何日金鷄放赦回
하 일 금 계 방 사 회
어느 날에 사면되어 다시 돌아오겠는가?

【語義】花柳(화류):경치가 빼어나 놀고 즐기기 좋은 곳을 가리킨다. 요즘
에는 기생이나 유곽을 가리키는 花街柳巷의 뜻으로 많이 쓰인다. 五侯
(오후):여기서는 신분이 높은 귀족(貴族)들을 가리킨다. 本集의 제현(齊
賢) 注에, '한(漢)의 하평(河平) 2년 6월에 성제(成帝)가 여러 구(舅:천
자, 또는 제후가 異姓의 사람을 친하게 부를 경우에 쓰는 말)를 제후로
봉(封)했다. 왕담(王譚)은 평아후(平阿侯), 상(商)은 성도후(成都侯), 입
(立)은 홍양후(紅陽侯), 근(根)은 곡양후(曲陽侯), 봉(逢)은 고평후(高平
侯)가 되었는데, 다섯 사람이 같은 날 제후가 되었으므로, 세상에선 이
들을 오후(五侯)라 불렀다.'고 했다. 七貴(칠귀):오후(五侯)와 같이, 한
대(漢代)의 호족(豪族)들을 빌어 당대(唐代) 장안의 귀족들을 가리킨 것
이다. 本集 注에, "〈西征賦〉에 '칠귀(七貴)를 한(漢)의 조정에 발을 내딛
게 했다(窺七貴於漢庭).'고 했다. 注에 '七貴는 여(呂)·곽(霍)·상관(上
官)·조(趙)·정(丁)·부(傅)·왕(王)의 七族을 가리킨다.'고" 하였다.
氣岸(기안):기상(氣象)이 언덕처럼 높은 것을 가리킨다. 岸은 인물이 뛰
어난 것. 遙凌豪士前(요릉호사전):호걸들을 훨씬 능가하여 그들 앞에
섬. 風流(풍류):인물과 행동. 風은 그 사람의 모습이나 위엄. 流는 그
사람의 행동. 요즘에는, '속된 일을 떠나서 풍치가 있고 멋들어지게 노
는 일, 또는 운치스러운 일' 등의 뜻으로 많이 쓰인다. 落他人後(낙타인
후):다른 사람에게 뒤떨어져 그의 뒤를 따르는 것. 夫子(부자):선생(先
生). 당신. 상대방에 대한 존칭(尊稱). 紅顏(홍안):붉은 얼굴. 원기 왕성
한 젊은이를 가리킨다. 章臺(장대):본디는 장안 서남쪽에 있던, 전국
시대(戰國時代) 진(秦)나라 궁전에 있던 대(臺)를 가리키는데, 여기서는

궁전 앞의 호화로운 거리를 가리킨다. 著金鞭(착금편):금 채찍을 침.
獻納(헌납):천자에게 바침. 麒麟殿(기린전):당(唐) 현종(玄宗)이 기거
하던 궁전을 가리킨다. 淹留(엄류):오래 머무름. 淹은 오래 체류하는
것. 玳瑁筵(대모연):대모로 장식한 호화로운 잔치 자리. 玳瑁는 거북
의 일종. 반투명의 황색 바탕에 암갈색 구름무늬가 있는 등딱지는 지붕
의 기와처럼 포개져 있는데, 공예품이나 장식품 등을 만드는 데에 긴요
하게 쓰인다. 草動風塵起(초동풍진기):풀이 움직이더니 바람과 먼지
가 일어남. 전란(戰亂)이 일어난 것을 가리킨다. 천보(天寶) 14년 안녹
산(安祿山)이 반란을 일으켜 장안(長安)을 함락시켰다. 函谷(함곡):함
곡관(函谷關). 함곡관은 하남성(河南省) 영보현(靈寶縣)의 서남쪽에 있
던 관소(關所)로, 장안(長安)을 지키는 데에 절대로 필요한 요충(要衝)
이었다. 胡馬來(호마래):오랑캐 출신 안녹산(安祿山)이 장안으로 쳐들
어온 것을 가리킨다. 安祿山은 당(唐)나라 중기(中期)의 무장(武將)으
로 현종(玄宗)의 총애를 받았는데, 하동 절도사(河東節度使)로 있을 때
군대의 증강과 사유화(私有化)를 도모하여, 중앙의 양국충(揚國忠)과
반목하게 되었다. 천보(天寶) 14년(755)에 범양(范陽)에서 거병(擧兵)
하여 낙양(洛陽)을 공략한 후 대연 황제(大燕皇帝)라 칭하였으나, 둘째
아들 경서(慶緒)에게 살해되었다. 진궁(秦宮):장안의 궁전을 가리킨다.
桃李向誰開(도리향수개):복숭아와 오얏꽃이 누구를 향하여 피겠는가?
궁인(宮人)들이 모두 난을 피하여 도망갔음을 가리킨다. 遠謫(원적):
멀리 귀양 감. 夜郎(야랑):李白의 유배지(流配地). 현 귀주성(貴州省)
동재현(桐梓縣). 金鷄(금계):금닭. 《唐書》백관지(百官志)에 의하면, 중
서령(中書令)이 죄인을 사면(赦免)하는 날에는 금빛 닭을 만들어 긴 장
대에 걸어 세워 놓았다고 한다. 放赦回(방사회):사면(赦免)되어 돌아
오는 것을 가리킨다.

【解説】本集 卷十一에 실려 있다. 宋의 증공(曾鞏)의《李白集序》에, '白, 여산(廬山)에서 쉬고 있다가 영왕(永王) 璘을 쫓아 그를 섬겼다. 璘이 패(敗)하자, 白은 연루(連累)되어 심양(潯陽)의 옥에 갇혔다가 혐의(嫌疑)가 풀려 석방되었다. 그러나 건원(乾元) 원년(758)에 다시 璘의 사건이 거론되고 白은 멀리 야랑(夜郎)에 유배(流配)되었다.'라고 했다. 夜郎은 강남도(江南道) 완주(沅州)에 있던 현(縣)으로, 천보(天寶) 원년(742)에 아산현(峨山縣)으로 개명(改名)되었다.

　本篇은 유형(流刑)에 처해진 李白이 귀양길에 오르며, 즐거웠던 옛일을 회고하여 辛判官에게 지어 준 글이다. 辛判官의 이름과 字가 무엇인지는 알 수 없다. 判官은 절도사(節度使)나 관찰사(觀察使)의 속관(屬官)이었다. 詩中의 '桃李向誰開'를, 辛判官과 같은 무리들이 전시(戰時)의 혼란(混亂)을 틈타 조정(朝廷)에 임용(任用)되어, 꽃이 양광(陽光)을 향해 만개한 것처럼 때를 만난 것으로 해석하는 說이 있는데, 本篇의 제목〈야랑으로 유배되며 신판관에게 드림(流夜郎贈辛判官)〉과 어울리지 않는 해석이다. '桃李'는 李白 자신을 가리키며, '도리가 누굴 보고 피겠느냐?'는 것은, 李白이 자신을 알아주는 사람이 없는 것을 한탄한 것으로 보아야 할 것이다.

취후답정십팔이시기여추쇄황학루:이태백(醉後答丁十八以詩譏予槌碎黃鶴樓:李太白)

黃鶴高樓已槌碎
황 학 고 루 이 추 쇄
높은 황학루 이미 부서졌으니

黃鶴仙人無所依
황 학 선 인 무 소 의
황학 탄 선인 의지할 곳이 없었네.

黃鶴上天訴上帝
황 학 상 천 소 상 제
황학 타고 하늘에 올라 상제께 호소했더니

卻放黃鶴江南歸
각 방 황 학 강 남 귀
상제께선 강남으로 황학을 쫓아 버리셨네.

神明太守再雕飾
신 명 태 수 재 조 식
덕(德)이 밝은 태수가 황학루를 다시 고치니

新圖粉壁還芳菲
신 도 분 벽 환 방 비
흰 벽에 새로 그려 넣어진
황학이 향기를 내뿜었네.

一州笑我爲狂客
일 주 소 아 위 광 객
온 고을에서 광객(狂客)이라 나를 비웃고

少年往往來相譏
소 년 왕 왕 내 상 기
젊은이들 가끔 몰려와 나를 나무라네.

君平簾下誰家子
군 평 염 하 수 가 자
군평의 발[簾] 아래에서 신선술을 배운 이
뉘 집 자손인가?

云是遼東丁令威
운 시 요 동 정 령 위
요동의 정령위(丁令威)라 말들 하네.

作詩悼我驚逸興
작 시 도 아 경 일 흥
시로써 나를 떨게 하고 뛰어난 재치로
사람을 놀라게 하니,

白雲遶筆牕前飛
백 운 요 필 창 전 비
창 앞을 날던 흰 구름,
자네의 붓 주위를 감돌았을 테지.

待取明朝酒醒罷
대 취 명 조 주 성 파
내일 아침 기다려 술이 깨거든

與君爛熳尋春輝　　자네와 함께 만화 만발한 봄빛을 찾아보리.
여 군 난 만 심 춘 휘

【語義】 黃鶴高樓(황학고루):높은 황학루(黃鶴樓). 앞에 나온 최호(崔顥)의
〈登黃鶴樓〉 참조. 槌碎(추쇄):망치 따위로 쳐 잘게 여러 조각으로 깨뜨
리는 것을 가리킨다. 槌는 망치, 또는 망치 따위로 치는 것. 碎는 잘게
여러 조각으로 깨뜨리는 것. 黃鶴仙人(황학선인):황학루에서 학을 타고
하늘로 올라갔던 선인(仙人). 앞에 나온 〈登黃鶴樓〉 참조. 訴上帝(소상
제):상제(上帝)께 호소함. 上帝는 천상(天上) 최고의 신. 천제(天帝). 本
集에는 玉帝로 되어 있는데, 이것도 천제(天帝)를 칭(稱)하는 말이다. 또
는 옥황(玉皇)이라고도 한다. 卻放(각방):오히려 쫓아냄. 神明(신명):
신과 같이 밝은 덕(德)을 지닌 것을 가리킨다. 雕飾(조식):조각하여 장
식함. 수리하는 것을 가리킨다. 雕는 彫의 뜻으로, 새기는 것. 新圖(신
도):새로 그린 황학(黃鶴)을 가리킨다. 粉壁(분벽):흰 벽. 還(환):다시.
芳菲(방비):꽃처럼 향기가 남. 새로 그린 黃鶴 그림이 훌륭하다는 뜻.
芳은 꽃·향기, 또는 향기가 나는 것. 菲는 향기로운 풀, 또는 아름다운
꽃. 扉와 통용되어, 짚신의 뜻으로 쓰이기도 한다. 一州(일주):한 고을
전체. 여기서 고을이라 함은 무창(武昌)을 가리킨다. 狂客(광객):마음
이 넓고 크며, 상식을 뛰어넘은 사람. 客은 人. 李白은, '나는 본디 초나
라의 미치광이. 미친 듯 노래 부르며 공자를 비웃노라(我本楚狂人. 狂歌
笑孔丘).'라고 외치기도 했다. 君平(군평):한(漢)의 엄준(嚴遵)을 가리
킨다. 君平은 그의 자(字). 本集 양제현(楊齊賢) 注에는 다음과 같이 되
어 있다. "《漢書》에, '嚴君平은 성도(成都:四川省)의 시장에서 점(占)을
치는 것을 업으로 삼아 연명했다. 몇 사람에게 점을 쳐 주어 백 전(百錢)
을 벌어 자신이 먹고 사는 데에 별 지장이 없으면, 즉시 가게 문을 닫고

발을 내린 다음, 사람들에게 老子를 가르쳤다.'고 했다." 簾下(염하):
발 아래. 君平에게서 老子를 배웠다는 뜻으로, 도가(道家) 공부를 한 사
람을 가리킨다. 遼東丁令威(요동정령위):요동 땅의 정령위. 丁十八이
신선(神仙)이었다는 丁令威와 동성(同姓)이므로, 丁十八은 丁令威가 다
시 나타난 것이라고 슬쩍 비꼰 것이다. 《수신후기(搜神後記)》에, "丁令
威는 본디 요동(遼東) 사람, 영허산(靈虛山)에 들어가 도(道)를 배워 후
에 학(鶴)이 되어 요동으로 돌아와 성문(城門)의 망주석(望柱石) 위에
앉았다. 그때 한 젊은이가 활을 당겨 그를 쏘려고 했다. 그는 곧 날아올
라 공중을 배회(徘徊)하며 말했다. '새가 있네. 새가 있네. 丁令威. 집을
떠난 지 천년 만에 이제 돌아왔네. 성곽(城郭)은 예와 같으나 사람은 달
라졌네. 어찌하여 선도(仙道)를 배우지 않아 연이은 무덤들이 되는가.'
마침내 학은 하늘 높이 날아올라 사라졌다. 지금도 요동의 여러 丁氏들
은, 자신들의 선조 가운데에 신선이 된 사람이 있다고 하는데, 그 이름
은 알지 못한다고 한다."고 했다. 悼我(도아):나를 떨게 함. 悼에는 '슬
퍼하다'의 뜻도 있다. 本集에는 '조아(調我:나를 조롱함. 調는 嘲의 뜻)'
로 되어 있다. 驚逸興(경일흥):매우 뛰어난 재치로 사람을 놀라게 한
다는 뜻. 白雲遶筆(백운요필):흰 구름이 붓 주위를 맴돎. 白雲은 신선
(神仙)이 사는 곳에 항상 떠도는 것. 丁十八의 詩가 선풍(仙風)을 띠고
있음을 가리킨다. 待取(대취):기다리다. 取는 조자(助字). 일반적으로
取는 看取·聽取 등의 예에서 알 수 있듯이, 동작의 진행을 나타내는 경
우가 많다. 爛慢(난만):광채(光彩)가 발산하는 모양, 또는 흩어져 사라
지는 모양. 방탕(放蕩)하다는 뜻으로도 쓰인다. 여기서는 다음의 '尋春
輝(빛나는 봄빛을 찾아보다)'와 관련하여, 꽃이 만발한 모양을 형용한
것으로 보는 게 좋다.

【解說】本集 卷十九에 실려 있다. 丁十八이란, 丁氏 집안에서 남자 서열 18
번째라는 뜻이다. 丁氏의 이름은 미상(未詳).

　　李白이 위빙(韋冰)에게 〈贈韋南陵〉이란 詩를 지어 주었는데 그 篇
中에, '槌碎黃鶴樓 倒卻鸚鵡州(황학루를 부술 테니, 앵무주를 엎어 버
려라.)'라는 句가 있었다. 이에 丁十八이 李白의 풍광 방종(風狂放縱)한
말을 詩를 지어 나무라자, 李白은 자신의 허물을 변명하기 위해 本篇을
지었다. 黃鶴은 다시 하계(下界)로 내려올 것이며, 유능한 태수(太守)
가 부임하여 더 좋은 누각을 지을 테니 염려하지 말라고 했을 뿐 아니
라, 자신을 비난한 丁十八을 요동(遼東)의 丁令威에 비겨 그의 文才를
극찬했다. 本篇은《文選》에 실린 양웅(揚雄)의 〈解嘲〉와 같은 배해시
(俳諧詩)라 할 수 있다. 李白이 〈贈韋南陵〉에서 '槌碎黃鶴樓 倒卻鸚鵡
州'라 한 것은, 취흥(醉興)이 고조된 호방(豪放)한 의기(意氣)를 표현한
것으로, 黃鶴樓나 鸚鵡州의 옛 전설과 삼국의 고사(故事) 등이 자신으
로 하여금 통절(通切)한 회고(懷古)의 비애를 불러일으키게 하므로, 그
것들을 없애 버림으로써 가슴속의 근심을 씻어 버리자는 뜻에서였다.

채석월증곽공보:매성유(採石月贈郭功甫:梅聖兪)

採石月下訪謫仙
채 석 월 하 방 적 선
채석산 달빛 아래로 귀양 온 신선을 찾아갔더니

夜披錦袍坐釣船
야 피 금 포 좌 조 선
달밤에 금포(錦袍) 입고 고깃배에 앉아 있었네.

醉中愛月江底懸
취 중 애 월 강 저 현
강물에 비친 달을 사랑하여 술에 취하여

以手弄月身翻然
이 수 농 월 신 번 연
달을 만지려다 물속에 빠졌다네.

不應暴落飢蛟涎
불 응 폭 락 기 교 연
물속 깊이 떨어질 리 없어 이무기의 밥을 면하고

便當騎鯨上靑天
변 당 기 경 상 청 천
곧 고래 타고 푸른 하늘로 올라갔다네.

靑山有冢人謾傳
청 산 유 총 인 만 전
청산에 그의 무덤이 있다고 사람들이 전하지만

卻來人間知幾年
각 래 인 간 지 기 년
그가 인간 세상에 다시 돌아온 지
얼마나 되는지 아는가?

在昔孰識汾陽王
재 석 숙 식 분 양 왕
옛날 항오(行伍)에 있던 곽자의를
누가 알아보았던가?

納官貰死義難忘
납 관 세 사 의 난 망
관작을 바쳐 이백의 죄를 사려 했음은,
그의 의리를 잊지 못해서였네.

今觀郭裔奇俊郎
금 관 곽 예 기 준 랑
지금 곽자의 후예로 뛰어난 그대를 보니

眉目眞似攻文章
미 목 진 사 공 문 장
이목구비가 글 잘 짓던 이백과 너무도 닮았네.

死生往復猶康莊
사 생 왕 복 유 강 장
인간의 죽고 삶은 큰길을 왕래하는 것 같아

樹穴探環知姓羊
수 혈 탐 환 지 성 양
양호의 전생이 이씨의 아들이었듯
그대는 이백이 다시 태어난 것일세.

【語義】謫仙(적선):귀양 온 신선. 李白을 가리키는 말이다. 앞에 나온 李白의
〈對酒憶賀監〉을 참조할 것. 披錦袍(피금포):비단 윗옷을 걸치고 있음.
披는 옷을 걸치는 것. 袍는 긴 상의(上衣). 釣船(조선):고깃배. 釣는 낚
시, 또는 고기를 낚는 것. 愛月江底懸(애월강저현):강 밑바닥에 걸려 있
는 달을 사랑함. 달밤에 강물 위에 비친 달을 사랑했다는 뜻. 以手弄月
(이수농월):손으로 달을 희롱함. 강물에 비친 달을 만지는 것을 가리킨
다. 身翻然(신번연):몸이 물에 빠짐. 翻然은 뒤집히는 것. 李白의 本傳에
는 보이지 않지만《唐才子傳》에, '白, 만년에 황로(黃老:黃帝와 老子)를
좋아했다. 우저(牛渚)를 건너다. 술에 취하여 달을 잡으러 물속으로 들어
갔다.'고 했다. 不應暴落飢蛟涎(불응폭락기교연):물속 깊이 떨어지지는
않아 굶주린 이무기의 밥은 되지 않았음. 暴落은 마구 떨어지는 것. 飢
蛟는 굶주린 이무기. 蛟는 뿔이 없는 용(龍)으로, 물속에서 아직 승천(升
天)하지 못한 놈. 涎은 침, 또는 물이 졸졸 흐르는 모양. 李白은 신선이
기 때문에, 물에 빠졌어도 이무기의 밥은 되지 않았을 것이라는 뜻. 便
(변):곧, 이내. 騎鯨上靑天(기경상청천):고래를 타고 푸른 하늘에 오름.
靑山有冢人譌傳(청산유총인만전):청산에 李白의 무덤이 있다고 사람들
이 잘못 전하는 것을 가리킨다.《唐才子傳》에, '白, 謝家의 靑山을 좋아
하였다. 白의 무덤이 그곳에 있다.'고 하였다. 謝家의 靑山은 안휘성(安徽
省) 당도현(當塗縣)에 있으며, 제(齊)의 사조(謝朓)가 좋아했던 산. 본서
(本書)에 실린 〈遊東園〉 가운데에 나온다. 譌傳은 그릇되게 전하는 것.
李白은 신선이어서 무덤이 있을 리 없는데 세상 사람들이 靑山에 그의 무
덤이 있다고 말하는 것을 가리킨다. 卻來人間(각래인간):인간 세상으로

李白의 혼(魂)이 되돌아온 것을 가리킨다. 李白이 곽상정(郭祥正)으로 화신(化身)하여 다시 인간 세상에 나타났다는 뜻이다. 知幾年(지기년):몇 년이 되었는지 아는가? 在昔(재석):옛날. 孰識汾陽王(숙식분양왕):누가 분양왕을 알아보았던가? 李白은 郭子儀를 알아보았다는 뜻. 孰은 누구. 汾陽王은 곽자의(郭子儀). 本書 注에, '白, 병주(幷州)에 객(客)으로 있던 중, 항오(行伍:隊列)에 있는 분양왕(汾陽王) 곽자의(郭子儀)가 범용(凡庸)한 병사가 아님을 알아보고, 그의 형책(刑責)을 벗겨 주고 그를 높이 기용할 것을 청했다. 白이 영왕(永王) 린(璘)의 역모 사건에 연루(連累)되었을 때, 子儀는 공신(功臣)의 자리에 있었다. 자의는 자신의 관작(官爵)을 내놓고 白의 죄(罪)를 용서해 줄 것을 청했다. 그 결과, 白은 죽음을 면했다.'라고 했다. 《新唐書》 열전(列傳) 六十二에, '郭子儀, 화주(華州) 정현(鄭縣) 사람. 신장(身長) 일곱 척 두 치, 무예로써 남다른 재능을 보였다. 천보(天寶) 8년에 안북 도호부사(安北都護府使)로 옮겨 구원(九原)의 태수(太守)를 겸했다. 천보 14년에 안녹산(安祿山)의 난이 일어났다. 조정에서는 子儀를 위위경 영무군 태수(衛尉卿靈武郡太守)에 명하는 동시에 삭방 절도사(朔方節度使)에 임명했다. 현종(玄宗)·숙종(肅宗)·대종(代宗)·덕종(德宗) 4조(四朝)에 출사했고, 안사(安史)의 난을 평정하여 당대(唐代) 제일 공신(第一功臣)이 되었다. 분양군(汾陽郡:山西省) 王에 봉(封)함을 받았으며, 천하의 안위(安危)를 걱정하여 힘쓰기 20년, 건중(建中) 2년(781)에 죽었다. 그의 나이 85세였다. 대사(大師)를 추증(追贈)받았고, 건릉(建陵)에 묻혔다.' 고 했다. 汾陽王은 그의 만년에 내려진 영위(榮位). 納官贖死(납관세사): 관직을 내놓고 죽음을 삼. 영왕(永王)의 사건에 연루(連累)되었던 李白을 살리기 위해, 郭子儀가 자신의 관작(官爵)을 내놓았던 것을 가리킨다. 그 결과, 李白은 사형을 면하고 야랑(夜郎)으로 귀양 가게 되었다. 贖는 償과 같은 뜻. 義難忘(의난망):의리를 잊기 어려움. 郭子儀가 자신을 천거해 준

李白의 의리를 잊지 못한 것을 가리킨다. 郭裔(곽예):곽자의(郭子儀)의 후예. 裔는 자손(子孫). 곽공보(郭功甫)를 가리킨다. 奇俊郎(기준랑):뛰어난 사람. 郎은 남자에 대한 존칭(尊稱). 眉目眞似攻文章(미목진사공문장): 눈썹과 눈을 보니, 참으로 문장을 잘 짓던 李白과 비슷하다는 뜻. 眉目은 이목구비(耳目口鼻). 攻은 巧, 또는 善의 뜻으로 빼어난 것. 攻文章은 글을 잘 지은 李白을 가리킨다. 死生往復猶康莊(사생왕복유강장):사람의 죽고 삶이 오고가는 것은, 사통팔달(四通八達)의 큰길과 같음. 곽공보(郭功甫)가 李白으로 다시 태어난 것임을 암시한다. 《爾雅》 釋宮에, '오달(五達)을 康이라 하며, 육달(六達)을 莊이라 한다.'고 했다. 康莊은 곧, 五通六達, 또는 四通八達되는 큰길을 뜻한다. 樹穴探環知姓羊(수혈탐환지성양):나무 구멍에서 고리를 찾자, 그가 양(羊)씨의 자손으로 다시 태어난 것임을 알게 됨. 진(晋)의 양호(羊祜)의 출생에 관한 고사(故事)로, 곽공보(郭功甫)가 李白의 환생(還生)이라는 것을 주장하기 위하여 인용되었다. 《수신기(搜神記)》에, "羊祜, 다섯 살 때에 유모에게 장난감 금환(金環)을 보여 주었다. 유모가 말하기를, '네게 전에는 이것이 없지 않았느냐?'라고. 호(祜)는 즉시 이웃집 이씨(李氏)네 동쪽 담에 가 뽕나무 가운데에서 그것을 찾아내었다. 주인이 놀라 말하기를, '이것은 우리 죽은 아이가 잃어버렸던 것이다. 어떻게 네가 지니게 되었느냐?'라고. 유모는 자세히 모든 일을 이야기했다. 이씨는 매우 슬퍼하였다. 세상 사람들은 이를 이상하게 여겼다."라고 했다. 本書 注에는 이 글을 인용하여, '李氏의 아들이 양호(羊祜)의 전신(前身)이었음을 알 수 있다.'라고 했다. 知姓羊은 이씨의 죽은 자식이 다시 양씨의 자식으로 태어났다는 것을 알게 되었다는 뜻. 《晋書》 列傳에, '羊祜, 자(字)는 숙자(叔子), 태산(泰山) 남성(南城) 사람. 대대로 이천 석(二千石)의 벼슬을 했다. 호(祜)에 이르기까지 9대를 청덕(淸德)으로 유명했다. 무제(武帝) 때, 상서좌복야(尙書左僕射)에 올라, 형

주 제군사(荊州諸軍事)를 도독(都督)으로 하여 양양(襄陽)에 진(鎭)을 쳤
다. 후에 오(吳)를 칠 계획을 상주(上奏)하였는데, 병이 나 두예(杜預)를
자기 대신 천거했다. 진(鎭)에 있을 때에, 경구완대(輕裘緩帶:가벼운 갖옷
과 느슨한 띠, 곧 경쾌한 몸차림)의 차림으로 갑옷을 입지 않고 육항(陸
抗)과 대치(對峙)하면서, 힘써 덕을 닦았다. 오(吳)의 사람들은 그를 흠모
하였다. 그가 죽자, 사람들이 그를 기리는 비(碑)를 현산(峴山)에 세웠다.
그 비(碑)를 보는 사람들은 모두 눈물을 흘려, 그 비(碑)를 타루비(墮淚
碑)라 한다.'라고 했다.

【解說】 채석산(採石山)은 안휘성(安徽省) 당도현(當塗縣)의 부성(府城) 북
쪽에 있는 산으로 옛날, 사람들이 그곳에서 많은 돌을 채취하여 그런
이름이 붙었다. 李白은 일찍이 달밤에 최종지(崔宗之)와 함께 採石에서
금릉(金陵)까지 뱃놀이를 즐겼는데, 그때 그는 비단 도포를 입고 있었
다 한다. 本篇은 採石山의 달을 보고 李白을 생각한 梅聖俞가 李白과 흡
사한 詩人 郭功甫를 찬양하여 지어 보낸 것이다. 郭功甫(이름은 祥正,
字는 功父)는 어려서부터 시명(詩名)이 높았으며, 本篇의 작자 매요신
(梅堯臣)은 그를 보고, '천재다! 진실로 太白의 후신(後身)이다.'라고 탄
복했으며, 왕안석 (王安石)도 그의 詩才를 높이 평가했다. 또 그의 어머
니는 李白을 꿈속에서 보고 그를 낳았다 한다. 李白이 採石에서 달을 보
고 달을 잡으러 물속으로 들어가 죽었다는 전설과, 李白과 郭子儀의 故
事, 또 晉의 羊祜의 출생에 관한 故事 등을 인용하여 실로 교묘하게 한
篇의 詩를 지었는데, 李白과 郭子儀의 관계를 李白과 郭功甫에까지 발
전시킨 것은 기발한 착상(着想)이다.
　　李白이 술에 취해 달을 따러 물속에 들어갔다가 익사했다는 것은, 杜
甫가 굶주림 끝에 연회에 초대되어 고기와 술을 너무 먹어 급사(急死)

했다는 것과 함께 잘못 전해지는 이야기이다. 두 사람 모두 병몰(病沒)
했다.

파주문월:이태백(把酒問月:李太白)

靑天有月來幾時
청천유월내기시

푸른 하늘에 언제부터 달이 있었는지

我今停盃一問之
아금정배일문지

잠시 술잔 놓고 한번 물어보노라.

人攀明月不可得
인반명월불가득

사람들은 달에 기어오르지 못하지만

月行卻與人相隨
월행각여인상수

달은 사람들을 어디든 따라가네.

皎如飛鏡臨丹闕
교여비경임단궐

맑고 밝기가 허공에 뜬 거울에
단궐이 비친 것 같고,

綠煙滅盡淸輝發
녹연멸진청휘발

밤안개 스러지자 맑은 빛을 내뿜네.

但見宵從海上來
단견소종해상래

밤이 되어 바다 위로 떠오르는 걸 볼 뿐이니

寧知曉向雲間沒
영지효향운간몰

새벽녘 구름 사이로 사라지는 걸 어찌 알리.

【語義】攀明月(반명월):밝은 달을 잡고 기어오름. 攀은 나무를 타거나 산
같은 곳을 기어오르는 것. 皎(교):달빛 같은 것이 희게 빛나 밝은 것.
飛鏡(비경):높은 하늘을 나는 거울. 만월(滿月)의 형용(形容). 丹闕(단
궐):붉은 색을 칠한 문궐(門闕). 闕은 궁문(宮門) 앞 양쪽에 세워져 있는
높은 건축물. 綠煙(녹연):푸른 밤안개.

白兔搗藥秋復春 백 토 도 약 추 부 춘	흰 토끼는 사철 불사약을 찧고
姮娥孤栖與誰鄰 항 아 고 서 여 수 린	항아는 홀로 살며 누구를 이웃할까?
今人不見古時月 금 인 불 견 고 시 월	지금 사람 옛 달 못 보았으나
今月曾經照古人 금 월 증 경 조 고 인	지금 달 옛사람을 비추었으리.
古人今人若流水 고 인 금 인 약 류 수	옛사람 지금 사람 모두 흐르는 물과 같으나
共看明月皆如此 공 간 명 월 개 여 차	달을 보는 그 마음은 모두 같으리.
惟願當歌對酒時 유 원 당 가 대 주 시	오직 바라는 것은, 술 마시고 노래 부를 때에는
月光長照金樽裏 월 광 장 조 금 준 리	달빛이 길이 금 술통을 비추는 것이네.

【語義】 白兔搗藥(백토도약):흰 토끼가 불사약(不死藥)을 찧음. 白兔가 玉
兔로 된 판본도 있다. 중국 고대엔 달 가운데에서 옥토끼가 불로불사
약(不老不死藥)을 찧고 있다는 전설이 있었다. 부현(傅玄)의 〈擬天問〉
에, '달 가운데에는 무엇이 있나? 흰 토끼가 불사약을 찧고 있지(月中何
有 白兔搗藥).'라고 했다. 姮娥(항아):달 가운데에 있다는 전설상의 신
녀(神女). 장형(張衡)의 〈靈憲〉에, '예(羿), 불사약(不死藥)을 서왕모(西
王母)에게서 얻었다. 항아(姮娥:羿의 妻), 그것을 훔쳐 달로 달아났다.'
라고 했다. 羿는 중국 고대의 전설적 영웅으로, 요(堯)임금의 신하. 활
을 잘 쏘아, 당시 10개의 태양이 함께 떠올라 모든 초목이 말라죽게 되
자 그중 9개를 쏘아 떨어뜨렸다고 한다. 當歌對酒(당가대주):술을 마

실 때에는 당연히 노래를 불러야 함. 짧은 인생에 즐거운 때는 거의 없다는 뜻. 조조(曹操)의 〈短歌行〉에, '술을 대하면 당연히 노래를 불러야하네(對酒當歌). 인생은 짧기만 하네.'라고 했는데, 이 문장은 對酒當歌를 도치(倒置)한 것이다.

【解說】本集 卷二十에 실려 있다. 술을 마시며 달에게 묻는 형식을 취한 호방 활달(豪放闊達)한 시상(詩想) 속에 인생의 무한한 슬픔이 짙게 배어 있는 작품이다. 즉 영원한 존재인 달에 대해 유한(有限)한 인간의 삶을 한탄하고 있다.

　李白의 술은 낭만적인 술이다. 영원한 달과 단명(短命)한 인생에 감개(感慨)하여 인간 세상에서 영원히 삭이지 못할 비애(悲哀) 때문에 마시는 술이다. 또 그러한 술을 마시기 위한 노래가 그의 주가(酒歌)이다. 이것들은 모두 뒤에 나오는 〈將進酒〉나 앞의 〈友人會宿〉 등에 나타난 낭만적 인생관에 의거한 것이다. 그런데 이것은 李白뿐만 아니라 당대(唐代) 詩人 모두에게서 볼 수 있는 일반적인 경향이다. 예를 들면 뒤에 나오는 〈有所思〉, 주가(酒歌)는 아니지만 장약허(張若虛)의 명편(名篇) 〈春江花月夜〉도 같은 時代의 대표적인 낭만적 사상의 작품들이다. 〈春江花月夜〉에서,

江畔何人初見月	강가에서 누가 처음 달을 보았나
江月何年初照人	강 달은 언제 처음 사람을 비추었을까.
人生代代無窮已	사람은 대대로 살아 끝이 없고
江月年年祇相似	달은 해마다 이처럼 빛을 던졌으리.
不知江月待何人	강 달이 뉘를 기다리는지 알 수 없네.
但見長江送流水	보이는 것은 동쪽으로 흐르는 장강의 물뿐.

라고 한 것도, 달을 보고 영원을 생각하여 인생을 슬퍼한 것이다.

　李白의 本篇은 호방(豪放)한 가운데 치기(稚氣)와 해학미(諧謔味)가
깃들인 수작(秀作)이다.

남목위풍우소발탄:두자미(枏木爲風雨所拔歎:杜子美)

倚江枏樹草堂前
의 강 남 수 초 당 전

초당 앞 강가에 녹나무가 있는데

故老相傳二百年
고 로 상 전 이 백 년

노인들이 전하길, 이백 년은 묵었다고.

誅茅卜居總爲此
주 모 복 거 총 위 차

땅 닦아 거처를 이곳에 정한 것은
모두 이 나무 때문으로.

五月髣髴聞寒蟬
오 월 방 불 문 한 선

오월에도 흡사 쓰르라미 소리 들릴 때처럼
시원했네.

東南飄風動地至
동 남 표 풍 동 지 지

그런데 동남에서 회오리바람이
땅을 흔들며 불어오니

江翻石走流雲氣
강 번 석 주 유 운 기

강물 뒤집히고 돌이 날고 구름 마구 흩어졌네.

幹排雷雨猶力爭
간 배 뢰 우 유 력 쟁

녹나무 줄기 우레와 비를 맞아 힘껏 버텼지만

根斷泉源豈天意
근 단 천 원 기 천 의

샘이 솟는 땅속 뿌리가 꺾였으니
이 어찌 하늘의 뜻이겠는가?

滄波老樹性所愛
창 파 노 수 성 소 애

푸른 물결과 늙은 나무는
내가 천성적으로 좋아하는 것들인데

浦上童童一靑蓋
포 상 동 동 일 청 개

잎만 무성한 채 물가에 서 있는 게 수레에
일산을 장식한 것 같네.

野客頻留懼雪霜
야 객 빈 류 구 설 상

시골 사람들 눈서리 피해
자주 그 아래에 머물렀고,

行人不過聽竽籟
행 인 불 과 청 우 뢰

나그네는 발걸음 멈추고
나무 스치는 바람 소리 들었었네.

虎倒龍顚委榛棘
호 도 용 전 위 진 극

넘어진 호랑이요 엎어진 용처럼
지금은 잡목 사이에 누워

涙痕血點垂胸臆
누 흔 혈 점 수 흉 억

피눈물을 흘리며 가슴을 적시고 있네.

我有新詩何處吟
아 유 신 시 하 처 음

시를 새로 짓더라도 어디에서 읊어야 하나?

草堂自此無顔色
초 당 자 차 무 안 색

초당은 이젠 볼품없게 되었네.

【語義】倚江(의강):강에 의지하다. 강가에 있다는 뜻. 草堂(초당):杜甫의
초당(草堂)은 완화계(浣花溪) 근처에 있었다. 故老(고로):노인. 本集에
는 古老로 되어 있다. 誅茅卜居(주모복거):띠를 베어 땅을 개간하고,
점을 쳐 주거(住居)를 정함. 誅茅는 토지를 개간(開墾)하는 것. 卜은 거
북의 등딱지를 구워 길흉(吉凶)을 판단하는 것. 此(차):남수(柟樹)를 가
리킨다. 髣髴(방불):아주 비슷하다는 뜻. 寒蟬(한선):쓰르라미.《禮記》
月令에, '맹추(孟秋:음력 7월의 異稱)에는 서늘한 바람이 불고, 흰 이슬
이 내리며, 쓰르라미가 운다(孟秋之月 涼風至 白露降 寒蟬鳴).'고 했다.
聞寒蟬은 쓰르라미 소리를 듣는 것처럼 시원하다는 뜻. 飄風(표풍):회
오리바람. 江翻(강번):강물이 뒤집힘. 翻은 날다·뒤집다·변하다·번
역하다. 石走(석주):모래와 돌이 바람에 날리는 것을 가리킨다. 流雲
氣(유운기):구름과 공기가 마구 흘러감. 幹排雷雨(간배뢰우):남(柟)의
줄기가 우레와 비를 밀어냄. 모진 우레와 비에 고통을 받는 柟樹의 모습
을 형용한 것이다. 力爭(역쟁):힘을 다하여 싸움. 根斷泉源(근단천원):
뿌리가 샘이 솟는 땅속으로부터 끊김. 豈天意(기천의):어찌 하늘의 뜻
이겠는가? 우연한 불행이라는 뜻이다. 滄波(창파):푸른 물결. 性所愛
(성소애):태어나면서부터 사랑함. 童童(동동):지엽(枝葉)이 무성한 모
양.《三國志》촉지 선주기(蜀志先主紀)에, '담 위에 뽕나무가 있어 자라
니, 높이가 다섯 장(丈) 남짓, 멀리서 보면 잎이 무성하여[童童], 작은

수레에 씌우는 일산(日傘) 같다.'라고 했다. 一靑蓋(일청개):수레에 장
식용으로 받치는 일산(日傘)이 하나 서 있는 것처럼 보인다는 뜻. 野客
(야객):들녘에서 일하는 사람. 시골 사람. 頻留懼雪霜(빈류구설상):눈
과 서리를 피하여 남수(枏樹) 밑에 머무는 것을 가리킨다. 頻은 자주,
懼는 두려워하는 것. 行人(행인):나그네. 不過聽竽籟(불과청우뢰):피
리소리를 듣느라고 지나가지 못함. 여기서 竽籟는 남수(枏樹)를 스치고
지나가는 바람소리를 가리킨다. 虎倒龍顚(호도용전):호랑이가 넘어지
고 용이 엎어짐. 큰 나무가 쓰러져 있는 모양을 형용한 것. 委榛棘(위
진극):남수(枏樹)가 잡목 사이에 쓰러져 있는 것을 가리킨다. 委는 맡기
다 · 내버려두다. 榛 · 棘 모두 가시나무. 淚痕血點(누흔혈점):눈물자국
과 핏자국. 胸臆(흉억):가슴을 뜻한다. 胸도 가슴, 臆도 가슴. 無顔色
(무안색):볼 만한 것이 없음.

【解說】《杜少陵集》卷十에 실려 있다. 성도(成都)에 머무르던 杜甫의 완화
초당(浣花草堂) 앞에 있던 녹나무가 풍우(風雨)에 넘어지자, 杜甫가 그
것을 슬퍼하여 지은 작품이다. 《古文眞寶》를 비롯하여 여러 책은, 杜
甫가 의탁(依託)하던 엄무(嚴武)의 죽음을 집 앞 녹나무가 쓰러진 것에
비겨 탄식한 것이라고 本篇에 注를 달고 있다. 즉 영태(永泰) 원년(765)
3월에 폭풍우가 있었던 사실과 그해 4월에 嚴武가 죽은 사실을 결부시
켜 해석한 것인데, 이것은 견강부회(牽强附會)한 說이다. 문면(文面)에
나타난 대로, 사랑하던 녹나무가 바람에 뽑혀 처참한 모습이 된 것을 슬
퍼하여 지은 詩이며, 本篇이 지어진 시기는 상원(上元) 2년(761)경이다.

제태을진인연엽도:한자창(題太乙眞人蓮葉圖:韓子蒼)

太乙眞人蓮葉舟
태 을 진 인 연 엽 주

태을진인이 연잎 배를 타고

脫巾露髮寒颼颼
탈 건 노 발 한 수 수

건 벗어 머리 드러내니 찬바람에 머리칼 날리네.

輕風爲帆浪爲檝
경 풍 위 범 낭 위 즙

가벼운 바람 돛 삼고 물결을 노 삼아

臥看玉宇浮中流
와 간 옥 우 부 중 류

누운 채 옥 같은 글씨 읽으며 물결 위를 흘러가네.

中流蕩漾翠綃舞
중 류 탕 양 취 초 무

물위를 떠가는 모습 비취 빛 비단이 춤추는 듯,

穩如龍驤萬斛擧
온 여 용 양 만 곡 거

안온하기 용양 장군의 큰 배가 떠 있는 듯.

不是峯頭十丈花
불 시 봉 두 십 장 화

태화산 옥정(玉井)의 십 장(丈) 너비의
연잎이 아니라면

世間那得葉如許
세 간 나 득 엽 여 허

세상 어디에서 이런 연잎을 얻었으리.

【語義】眞人(진인):도가(道家)에서는 진리를 닦아 도를 터득한 사람을 말한다. 仙人, 神人과 같은 뜻. 仙人이 형체를 변화시켜 하늘에 오른 것을 眞人이라 한다. 巾(건):두건(頭巾). 露髮(노발):머리를 드러냄. 露는 드러내다·나타내다. 颼颼(수수):바람이 솔솔 부는 소리를 형용한 것. 颼는 颼와 仝字. 輕風爲帆浪爲檝(경풍위범낭위즙):가벼운 바람으로 돛을 삼고, 물결로 노를 삼음. 帆은 돛. 檝은 노. 檝은 집으로도 읽는다. 玉宇(옥우):玉字를 잘못 표기한 것 같다.《古文大全》에는 玉字로 되어 있다. 蕩漾(탕양):물이 흐르는 모양, 또는 물결이 움직이는 모양.

翠綃舞(취초무):비취 빛 비단이 춤을 춤. 부드러운 연잎이 물위에 떠 있는 모양을 형용한 것. 綃는 삶아서 익히지 아니한 명주실. 건(巾), 머리띠, 돛대 등의 뜻으로 쓰일 때에는 소로 읽힌다. 穩(온):안온한 것. 龍驤萬斛(용양만곡):진(晋) 무제(武帝) 때의 용양 장군(龍驤將軍) 왕준(王濬)의 큰 배를 가리킨다. 《古文大全》에, '진(晋)의 왕준(王濬), 용양 장군(龍驤將軍)이 되자 큰 배를 만들어 오(吳)를 쳤다.'고 했다. 萬斛은 용량(容量)이 큰 배를 뜻한다. 斛은 용량을 되는 연모로, 열 말이 든다. 舉(거):파도를 타고 앞으로 나아가는 것. 峯頭十丈花(봉두십장화):앞에 나온 韓退之의 〈古意〉에서, '태화산 봉우리 옥정(玉井)에서 나는 연(蓮)은 꽃 피면, 너비가 십 장(丈)에 뿌리가 배만하다네(太華峯頭玉井蓮 開花十丈藕如船).'라고 한 것과 같은 류(類). 如許(여허):'이와 같은'의 뜻.

龍眠畫手老入神
용 면 화 수 노 입 신
용면거사의 그림 솜씨 나이 들수록 신묘해져

尺素幻出眞天人
척 소 환 출 진 천 인
한 자 폭의 비단에다 진짜 천인을 그려 놓았네.

恍然坐我水仙府
황 연 좌 아 수 선 부
나를 물속 신선의 궁전에 앉은 듯 황홀하게 만들고

蒼烟萬頃波粼粼
창 연 만 경 파 린 린
검푸른 물안개 피어오르는
넓은 수면엔 물결 반짝이네.

玉堂學士今劉向
옥 당 학 사 금 유 향
한림원의 학사들은 지금 세상에 나타난
유향 같은 사람들로

禁直岧嶢九天上
금 직 초 요 구 천 상
하늘 위로 높이 솟은 궁전에 앉아들 있네.

不須對此融心神
불 수 대 차 융 심 신
태을진인 기다려, 몸과 마음을 하나로 하여
도를 알고자 하지 않아도

會植靑藜夜相訪
회 식 청 려 야 상 방
밤이면 진인이 푸른 명아주 지팡이 짚고
찾아와 줄 것이네.

【語義】 龍眠(용면):太乙眞人蓮葉圖를 그린 이공린(李公麟)을 가리킨다. 《氏族大全》에, '이공린(李公麟), 자(字)는 백시(伯時), 송(宋)의 원우(元祐) 연간에 등제(登第)하였고, 초서(草書)와 그림에 능했다. 당시 고육(顧陸)에 견주어졌다. 원부(元符) 연간에 은퇴하여, 뜻을 자연에 두고 유유자적하였다. 용면산장(龍眠山莊)을 그리고 스스로 용면거사(龍眠居士)라 불렀다.'라고 했다. 畫手(화수):그림 그리는 솜씨. 老入神(노입신):늙을수록 신(神)의 경지에 듦. 入神은 기술이 숙달되어 영묘(靈妙)한 지경에 이른 것. 尺素(척소):한 자 너비의 흰 비단. 素는 생사로 짠 흰 명주. 幻出(환출):요술을 부린 듯이, 천인(天人)의 모습을 멋지게 그려 놓은 것을 가리킨다. 恍然(황연):황홀하여 정신이 멍한 모양. 水仙府(수선부):물속 신선들의 궁전. 蒼烟(창연):검푸르게 보이는 물안개. 烟은 煙과 仝字. 萬頃(만경):넓은 것을 형용한 말. 頃은 백 묘(畝). 粼粼(인린):하얀 돌이 물속에서 반짝이는 모양. 또는 달빛이 맑은 모양. 또는 잔물결이 반짝이는 모양. 玉堂學士(옥당학사):한림원(翰林院)의 학사(學士)를 가리킨다. 玉堂은 관서(官署)의 명칭. 한대(漢代)에 있었는데, 후에 한림원(翰林院)으로 개칭(改稱)되었다. 劉向(유향):《漢書》列傳에, '劉向, 자(字)는 자정(子政), 본명(本名)은 갱생(更生). 선제(宣帝)·원제(元帝)·성제(成帝)에게 출사(出仕)하여 광록대부(光祿大夫)가 되었고, 칙명을 받아 궁중의 장서를 바탕으로 하여 여러 가지 책의 교정을 시작하였다. 《洪範五行傳》을 지었다.'라고 했다. 禁直(금직):금중(禁中), 즉 궁중에서 숙직(宿直)함. 直은 당직·숙직. 岧嶢(초요):산이 높은 모양. 岧·嶢 모두 산이 높다는 뜻. 九天(구천):가장 높은 하늘을 가리킨다. 九天은 하늘을 아홉 방위로 나누어 일컬은 것. 곧 중앙을 균천(鈞天), 동방을 창천(蒼天), 서방을 호천(昊天), 남방을 염천(炎天), 북방을 현천(玄天), 동북방을 변천(變天), 서북방을 유천(幽天), 서남방을 주천

(朱天), 동남방을 양천(陽天)이라 함. 不須(불수):바라지 않음. 融心神
(융심신):마음과 정신을 통해 이해하는 것. 會(회):반드시, 꼭. 植靑藜
(식청려):푸른 명아주 지팡이를 세움. 植은 세우는 것. 藜는 명아주. 일
년초로 잎은 먹으며, 줄기로는 지팡이를 만듦. 夜相訪(야상방):밤중에
학사(學士)를 방문함.

【解說】태을진인(太乙眞人)이 연잎에 누워 책을 읽는 모습을 그린 李伯時의
그림을 보고 읊은 詩이다. 마치 한 폭의 그림을 눈앞에 보는 듯한 느낌
을 주는 作品이다. 宋의 胡仔(號는 苕溪)는 《漁隱叢話》에서 本篇을 평
하여, '李伯時, 太乙眞人이 큰 연잎에 누워 책을 읽고 있는 모습을 그렸
다. 소연(蕭然)히 물외(物外)의 생각을 갖게 하는 그림이었다. 子蒼이
그 위에 詩를 지어 넣었다. 뜻이 절묘하여, 그림의 숨은 뜻까지 잘 읊
었다.'고 칭찬했다. '太乙'은 별의 이름. '太一'이라고도 하며, 자미궁(紫
微宮:북극성의 성좌) 창합문중(閶闔門中)에 있다고 한다. 《星經》에, '太
一星은 하늘의 南半度에 있으며, 天帝神으로 16神을 장악한다.'고 했으
며, 太乙眞人은 그와 같은 하늘 최고신의 이름을 가진 선인(仙人)이다.
  本篇 끝 부분에는 太乙眞人이 유향(劉向)에게 '오행홍범(五行洪範)'
을 가르쳐 준 전설이 그대로 인용되어 있는데, 그것을 소개하면 다음
과 같다.
  "漢代의 천록각(天祿閣)과 기린각(麒麟閣)은 소하(蕭何)가 지은 것으
로, 많은 전적(典籍)을 비치하고 현사(賢士)로 하여금 공부하도록 하던
곳이다. 成帝末에 劉向이 천록각에서 책을 校正하고 있었다. 온 정성을
다 쏟아 연구하고 있는데, 한밤중에 누런 옷을 걸친 한 노인이 푸른 명
아주 지팡이를 짚고 계단을 두드리며 올라왔다. 劉向이 어둠 속에서 홀
로 책을 읽는 것을 본 노인은, 지팡이 끝을 불어 연기를 만들더니, 劉

向에게 〈五行洪範〉의 글을 전했다. 劉向은 한 자라도 잊을까 두려워 바지와 띠를 찢어 노인의 말을 모두 적었다. 새벽이 되어 노인이 떠나려하자, 劉向이 노인의 성명을 물었다. 노인은, '나는 太乙의 정(精)이다. 천제께서 묘금(卯金:劉氏를 가리킴)의 자손 중에 박학(博學)한 자가 있다고 하셨는데, 오늘 보게 되었다.'라고 말하더니, 품속에서 죽첩(竹牒)을 꺼냈다. 천문지도(天文地圖)의 書였다. 노인은, '너는 이것들을 모두 자손에게 전하라.'고 했다. 劉向의 아들 흠(歆)까지도 노인의 학술(學術)을 이어받아, 학문으로 一世에 이름을 떨쳤다."(《三輔黃圖》).

애강두 : 두자미(哀江頭 : 杜子美)

少陵野老呑聲哭 소릉야로탄성곡	소릉의 늙은이 소리 죽여 울면서
春日潛行曲江曲 춘일잠행곡강곡	곡강의 물굽이 남몰래 걷네.
江頭宮殿鎖千門 강두궁전쇄천문	강 언덕의 궁전문은 모두 잠겨 있는데
細柳新蒲爲誰綠 세류신포위수록	가는 버들 새 부들은 누굴 위해 푸른가?
憶昔霓旌下南苑 억석예정하남원	옛날, 천자께서 남원에 납시었을 적엔
苑中萬物生顔色 원중만물생안색	남원의 모든 것이 생기를 내었지.
昭陽殿裏第一人 소양전리제일인	소양전의 조비연 같은 천하절색 양귀비가
同輦隨君侍君側 동련수군시군측	천자의 수레에 타고 천자를 모셨었네.
輦前才人帶弓箭 연전재인대궁전	수레 앞의 재인들은 활과 화살을 들었고
白馬嚼囓黃金勒 백마작설황금륵	흰 말은 황금 재갈을 물고 있었네.
翻身向天仰射雲 번신향천앙사운	몸을 젖혀 하늘 향해 구름 높이 활을 쏘면
一箭正墜雙飛翼 일전정추쌍비익	한 화살에 두 마리 새가 함께 떨어졌다네.

【語義】少陵(소릉) : 지금의 섬서성(陝西省) 장안현(長安縣)에 있는 두릉(杜

陵)의 동남쪽에 있던 옛 지명. 杜陵은 한(漢)나라 선제(宣帝)의 능(陵).
少陵은 杜陵에 비교하여 훨씬 작다. 허후(許后)가 묻혀 있다. 杜甫는 자
신의 집이 소릉의 서쪽에 있어, 스스로 두릉포의(杜陵布衣), 또는 소릉
야로(少陵野老)라 자신을 불렀다. 세상 사람들도 杜甫를 두소릉(杜少
陵)이라 불렀다. 野老(야로):초야에 묻혀 사는 노인. 杜甫 자신을 가
리킨 것. 吞聲哭(탄성곡):소리를 내지 않고 우는 것. 吞은 삼키는 것.
哭은 슬퍼서 큰 소리를 내어 우는 것. 潛行(잠행):숨어서 감. 남몰래
감. 曲江曲(곡강곡):곡강(曲江:해설 참조)의 으슥한 곳. 뒤의 曲은 구
석지고 으슥한 곳을 가리킨다. 鎖千門(쇄천문):모든 문이 꼭 잠겨져 있
음. 鎖는 자물쇠. 爲誰綠(위수록):누구에게 보여주기 위하여 푸른가?
霓旌(예정):무지개같이 아름다운 기(旗). 우모(羽毛)로 만든 오색기(五
色旗). 천자의 기(旗)를 가리킨다. 霓는 무지개. 旌은 새의 깃으로 장목
을 꾸미어 깃대 끝에 늘어뜨린 기(旗). 南苑(남원):곡강(曲江)의 제방
남쪽에 있던 동산을 가리킨다. 生顔色(생안색):생기 있게 아름다운 빛
깔을 띰. 본디는 얼굴빛을 가리키는 말이나, 일반적으로 사물의 상태를
나타내는 말로도 쓰인다. 昭陽殿裏第一人(소양전리제일인):本書 注에,
'양비(楊妃)를 이른다.'라고 했다. 昭陽殿은 한(漢)의 미앙궁(未央宮)에
있던 궁전 이름. 성제(成帝)의 황후(皇后) 조비연(趙飛燕)의 거소였다고
전해진다. 第一人은 첫째가는 미인. 당대(唐代) 제일의 미인 양귀비(楊
貴妃)를 한대(漢代) 조비연(趙飛燕)에 비긴 것이다. 同輦(동련):천자의
수레에 함께 탐. 輦은 손으로 끄는 수레. 특히 천자(天子)가 타는 수레.
才人(재인):당대(唐代)의 여관(女官) 이름. 당제(唐制)에서 황후(皇后)
밑에 구부인(九夫人), 구빈(九嬪), 첩여(婕妤) 9人, 미인(美人) 9人, 재
인(才人) 7人이 있었다. 嚼齧(작설):두 자 모두 씹는다는 뜻. 여기서는
말이 재갈을 물고 있는 것을 가리킨다. 黃金勒(황금륵):황금으로 만든

재갈. 勒은 말을 제어(制御)하기 위하여 입에 가로 물리는 쇠토막. 向
天(향천):하늘을 향하여. 向空으로 된 版本도 있다. 仰射雲(앙사운):구
름을 향해 높이 활을 쏨. 一箭正墜雙飛翼(일전정추쌍비익):화살 하나
에 정확하게 두 마리의 새가 맞아떨어진다는 뜻.

明眸皓齒今何在　　양귀비는 지금 어디에?
명 모 호 치 금 하 재

血汚遊魂歸不得　　피에 얼룩진 떠돌이 혼 되어 돌아갈 곳 모르네.
혈 오 유 혼 귀 부 득

清渭東流劍閣深　　맑은 위수 동으로 흐르고 검각의 계곡 깊어
청 위 동 류 검 각 심

去住彼此無消息　　죽은 사람, 귀신 된 사람 모두 소식조차 없네.
거 주 피 차 무 소 식

人生有憶淚沾臆　　인간은 본디 날 적부터 정이 깊은 법,
인 생 유 억 누 첨 억　　흐르는 눈물 가슴을 적시네.

江水江花豈終極　　강물과 강 꽃이 어찌 다하는 날이 있으리!
강 수 강 화 기 종 극

黃昏胡騎塵滿城　　오랑캐 기마병이 일으키는
황 혼 호 기 진 만 성　　흙먼지 성안에 가득한 황혼,

欲往城南忘南北　　성남으로 가려 하나 남북조차 모르겠네.
욕 왕 성 남 망 남 북

【語義】 明眸皓齒(명모호치):集注에, '明眸는, 눈의 흰자위와 검은자위가
분명한 것을 말한다. 皓齒는 이빨이 하얀 것을 말한다. 귀비(貴妃)의 아
름다움을 가리킨다.'라고 했다. 미인의 아름다움을 형용한 말. 血汚遊
魂(혈오유혼):피에 얼룩진 채 떠다니는 영혼. 죽은 양귀비의 혼을 가리
킨다. 貴妃의 죽음에 관해서는 해설 참조. 歸不得(귀부득):정착할 곳으

로 돌아가지 못한다는 뜻. 장안(長安)으로 돌아오지 못한다는 뜻이 아니다. 淸渭(청위):물 맑은 위수(渭水)를 가리킨다. 渭水는 중국 감숙성(甘肅省) 중부에서 발원하여, 섬서성(陝西省)을 관류(貫流), 동성(同省)의 동단에서 황하(黃河)에 들어가는 강으로, 황하(黃河)의 지류(支流) 중 가장 크다. 劍閣深(검각심):劍閣은 골짜기의 이름. 산이 높고 골이 깊다. 지금의 사천성(四川省) 검각현(劍閣縣) 북쪽, 크고 작은 검산(劍山) 사이에 있다. 한중(漢中)에서 촉(蜀)으로 들어가는 중요한 관문(關門)이며, 바위를 깎고 나무로 다리를 만든 곳으로 사람이 겨우 다니는 험한 요충(要衝)이다. 去住彼此無消息(거주피차무소식):간 사람과 머문 사람 서로 소식이 없음. 去와 彼는 현종(玄宗)을, 住와 此는 귀비(貴妃)를 가리킨다. 人生有憶(인생유억):인간으로 태어나면 누구나 정(情)을 가지고 있음. 本集에 有情으로 되어 있는데, 有情 쪽이 더 합당하다. 江水江花豈終極(강수강화기종극):강물과 강 꽃이야 어찌 다함이 있겠는가? 本集에 江草江花……로 되어 있다. 강물과 강 풀이 다하지 않는 것처럼, 세상에서는 현종(玄宗)과 양귀비(楊貴妃)에 대한 동정(同情)이 마르지 않을 것이라는 뜻. 胡騎(호기):오랑캐의 기병(騎兵). 안녹산(安祿山)의 기마병을 뜻한다. 塵滿城(진만성):흙먼지가 성안에 가득함. 안녹산의 난에 장안이 함락된 것을 가리킨다. 欲往城南忘南北(욕왕성남망남북):성남(城南)으로 가려 하나 남북을 알 수 없음. 城南은 長安城의 남쪽으로, 杜甫의 집이 있는 곳. 회고 추억(回顧追憶)의 슬픔 때문에 마음이 어지러워 방향을 제대로 분간할 수 없다는 뜻.

【解說】《杜少陵集》卷四에 실려 있고, 黃鶴의 注에, '至德 2년(757) 봄, 公(杜甫를 가리킴)이 적(賊)들에게 연금된 가운데 지은 것이다.'라고 했다. 장안(長安)의 주작가(朱雀街)의 동쪽에 물굽이가 휘어진 강이 있어

그것을 곡강(曲江)이라 했다. 그곳을 秦代에는 의춘원(宜春苑), 漢代에는 낙유원(樂遊苑)이라 했는데, 唐 玄宗의 개원(開元) 연간에 소착(疏鑿:땅을 뚫어 막힌 물을 통하게 함)하여 절승지(絶勝地)로 만들었다. 남쪽에 자운루(紫雲樓)와 부용원(芙蓉苑), 서쪽에 행원(杏園) · 자은사(慈恩寺) 등이 있다. 이 곡강(曲江)의 강가에서 杜甫는 적(賊)들에게 연금되어 있으면서, 죽음을 당한 귀비(貴妃)를 가엾게 생각하고 멀리 촉(蜀)으로 피난 간 玄宗을 동정하여 本篇을 지었다. 本篇의 제목 〈哀江頭〉는 북주(北周)의 詩人 유신(庾信)의, 망국(亡國)의 恨을 품고 고향을 그리는 슬픈 마음을 노래한 賦 〈哀江南〉을 본뜬 것이다.

本篇과 뒤에 나오는 白樂天의 〈長恨歌〉는 주제(主題)가 같으며, 玄宗과 楊貴妃의 정화(情話)와 비극을 읊은 명편(名篇)들이다. 本篇의 경우에는, 杜甫 자신이 적중(敵中)을 잠행(潛行)하며 적들에게 짓밟혀 황폐해진 남원(南苑)을 직접 보고 뜨거운 눈물과 터져 나오는 통곡을 삼키며 지은 것이어서, 애틋한 연민의 정을 느끼게 하는 白居易의 〈長恨歌〉와는 달리 절실한 감동(感動)을 불러일으키게 한다. 本篇의 역사적 배경이 되는 안녹산(安祿山)의 난과 玄宗과 楊貴妃의 사랑에 관해서는, 뒤에 나오는 〈長恨歌〉의 해설을 참조하기 바란다.

연사정:마자재(燕思亭:馬子才)

李白騎鯨飛上天	이백이 고래 타고 하늘로 올라가니
이 백 기 경 비 상 천	
江南風月閑多年	강남의 풍월은 하릴없이 여러 해 보냈네.
강 남 풍 월 한 다 년	
縱有高亭與美酒	높은 정자와 좋은 술은 있지만
종 유 고 정 여 미 주	
何人一斗詩百篇	어느 누가 한 말 술에 시 백 편을 지으리?
하 인 일 두 시 백 편	
主人定是金龜老	잔치의 주인은 바로 하지장 같은 사람,
주 인 정 시 금 귀 로	
未到亭中名已好	정자에 닿기도 전에 그의 훌륭한 이름 알았네.
미 도 정 중 명 이 호	
紫蟹肥時晩稻香	붉은 게 살 오르고 늦벼 향기롭게 익어 가는데
자 해 비 시 만 도 향	
黃雞啄處秋風早	누런 닭 모이 쪼고 가을바람 벌써 이네.
황 계 탁 처 추 풍 조	

【語義】李白騎鯨飛上天(이백기경비상천):李白이 고래를 타고 하늘에 날아 올라 감. 앞에 나온, 梅聖俞의 〈採石月贈郭功甫〉 참조. 江南風月閑多年 (강남풍월한다년):강남의 바람과 달이 여러 해 동안 한가함. 강남의 풍물(風物)을 시로 읊는 이가 여러 해 동안 없어 바람과 달이 쓸쓸했다는 뜻. 縱(종):설사, 비록. 종령(縱令)과 같은 뜻. 高亭(고정):思亭을 가리킨다. 何人一斗詩百篇(하인일두시백편):누가 술 한 말에 시 백 편을 지으랴? 뒤에 나오는 杜甫의 〈飮中八僊歌〉에, '이백, 한 말의 술을 마시고 시(詩) 백 편을 짓는다(李白一斗詩百篇).'라고 했다. 主人(주인):사정

(思亭)의 주인을 가리킨다. 定是(정시):필시. 金龜老(금귀로):금 거북
을 가진 노인. 하지장(賀知章)을 가리킨다. 注에, '李白, 하지장(賀知章)
을 만났다. 지장(知章), 白을 일러 적선(謫仙:하계로 귀양 온 신선)이라
했다. 금 거북을 술과 바꾸어 즐거움을 다했다.'라고 했다. 앞에 나온 李
白의 〈對酒憶賀監〉 참조. 名已好(명이호):평판(評判)이 좋음. 思亭의
주인에 대한 평판이 썩 훌륭하다는 뜻. 蟹(해):게. 黃雞啄(황계탁):누
런 닭이 모이를 쫌. 앞에 나온 李白의 〈南陵敍別〉에, '기장 쪼는 누런 닭
가을 살 쪘네(黃雞啄黍秋正肥).'라고 했다. 李白의 시구(詩句)를 이용하
여 이 詩가 李白을 주제로 한 것임을 나타내고 있다.

我憶金鑾殿上人　　돌이켜 보건대, 금란전 위에 올랐던 이백
아 억 금 란 전 상 인

醉著宮錦烏角巾　　취하면 궁금(宮錦) 입은 채 검은 두건 썼었네.
취 착 궁 금 오 각 건

巨靈擘山洪河竭　　그의 기개, 큰 신령이 산을 쪼개고 큰 강을 말리며
거 령 벽 산 홍 하 갈

長鯨吸海萬壑貧　　큰 고래가 바닷물을 들이켜
장 경 흡 해 만 학 빈　　계곡물까지 말리는 듯했었네.

如傾元氣入胸腹　　천지의 원기를 기울여 가슴속에 품은 듯
여 경 원 기 입 흉 복

須臾百媚生陽春　　따뜻한 봄날 만물이 소생하듯
수 유 백 미 생 양 춘　　순식간에 아름다운 글을 지어 냈네.

讀書不必破萬卷　　어찌 만 권의 책을 읽을 필요가 있었으리,
독 서 불 필 파 만 권

筆下自有鬼與神　　붓만 들면 귀신이 깃들인 글이 지어졌다네.
필 하 자 유 귀 여 신

我曹本是狂吟客　　나는 본디 미친 듯 시나 읊는 사람,
아 조 본 시 광 음 객

寄語溪山莫相憶
기 어 계 산 막 상 억

산천에게 말하노니, 어찌 그대 품에
돌아갈 생각이 없겠는가?

他年須使襄陽兒
타 년 수 사 양 양 아

언젠가 꼭 양양의 아이들로 하여금

再唱銅鍉滿街陌
재 창 동 시 만 가 맥

온 거리가 노랫소리에 묻히게
'동제가'를 다시 부르게 하리.

【語義】 金鑾殿上人(금란전상인):금란전 위의 사람. 李白을 가리킨다. 本書
注에, '帝 천보(天寶) 중에 李白을 불러 금란전(金鑾殿)에서 보다. 帝, 귀
비(貴妃)와 함께 백련지(白蓮池)에서 뱃놀이를 하다, 白을 불러 시를 짓
게 하였다. 白은 취해 있었다. 고역사(高力士)에게 명하여, 白을 부축하
여 배에 오르도록 했다. 궁포(宮袍)를 풀어 白에게 하사했다.'라고 했다.
本傳에, '玄宗께서 李白을 불러 금란전(金鑾殿)에서 만나보고, 白으로 하
여금 당세(當世)의 일을 논(論)하게 하셨다. 白, 송(頌) 한 편을 지어 올
렸다. 帝, 음식을 내리시고 몸소 국 맛을 보셨다. 명을 내려 白으로 하여
금 한림원(翰林院)에서 일하도록 하셨다.'라고 했다. 金鑾殿은 당(唐)나
라 때에 있던 궁전 이름. 醉著宮錦烏角巾(취착궁금오각건):취하면 궁금
(宮錦)을 입고 오각건(烏角巾)을 씀. 宮錦은 궁중에서 입는 비단 장포(長
袍). 烏는 검은색, 角巾은 은거(隱居)하는 야인(野人)이 쓰는 두건(頭巾).
취하여 방약무인(傍若無人)하는 李白을 표현한 것이다. 巨靈擘山(거령
벽산):큰 신(神)이 산을 쪼갬. 李白의 기세(氣勢)를 표현한 것이다. 擘은
쪼개는 것. 洪河竭(홍하갈):큰 강을 말려 버림. 長鯨吸海萬壑貧(장경
흡해만학빈):큰 고래가 바닷물을 들이켜 계곡의 물까지 말려 버림. 李
白의 역량(力量)이 크다는 것을 말하고자 하는 것이다. 元氣(원기):만물
(萬物) 생성(生成)의 근원이 되는 기운. 須臾(수유):홀연, 갑자기, 순식
간에. 百媚(백미):온갖 아름다운 글을 가리킨다. 讀書不必破萬卷(독서

불필파만권):다음의 筆下自有鬼與神과 연관되어, 앞에 나온 杜甫의 〈贈
韋左丞〉에, '만 권의 책을 독파했으며, 붓을 들면 짓는 글마다 명문이었
네(讀書破萬卷 下筆如有神).'라고 한 것을 뒤집어 표현한 것이다. 李白의
경우에는, 만 권의 책을 읽지 않았는데도 신(神)이 든 듯한 글을 지었다
는 뜻이다. 我曹(아조):吾輩와 같은 뜻으로, 우리들. 曹는 무리. 寄語(기
어):傳語와 같은 뜻으로, 말을 전함. 溪山(계산):시내와 산. 자연을 뜻한
다. 莫相憶(막상억):反語로 보아 '생각하지 않겠는가?'로 해석함이 좋다.
산천(山川)을 그리워하여, 은거(隱居)하겠다는 생각을 한다는 뜻. 他年
(타년):언젠가. 須(수):반드시. 襄陽兒(양양아):양양(襄陽)의 아이들. 襄
陽은 호북성(湖北省)에 있는 고을 이름. 銅鍉(동시):銅鞮로 쓰는 것이 옳
다. 백동제가(白銅鞮歌)를 가리킨다. '백동제(白銅蹄)'로도 쓰며, 양양(襄
陽) 지방의 민요(民謠). 李白의 〈襄陽歌〉에, '저녁 해 현산(峴山) 너머로
지려 하는데, 두건(頭巾) 거꾸로 쓰고 꽃그늘 아래에서 비틀거리네. 양양
(襄陽)의 아이들 다 함께 손뼉 치며, 길을 막고 다투듯 〈白銅鞮〉 노래하
네. 옆 사람이 무얼 보고 웃느냐고 물으니, 아이들 나를 가리키며, 산간
(山簡)이 진흙처럼 취했다며 우스워 죽겠다네(落日欲沒峴山西 倒著接䍦
花下迷. 襄陽小兒齊拍手 攔街爭唱白銅鞮. 傍人借問笑何事 笑殺山翁醉
似泥).'라 했다. 〈襄陽歌〉 중에 나오는 山翁은 진(晉)의 산간(山簡)을 가
리킨다. 자(字)는 계륜(季倫)으로, 술에 취하면 백접리(白接䍦:頭巾의 이
름)를 거꾸로 썼다고 한다.

【解說】 사정(思亭)이라는 관(館)에서 연회(宴會)를 열었는데, 李白은 죽
고 없고, 그의 文章을 이을 사람이 없음을 한탄한 詩이다. 연회의 주인
은 李白의 지기(知己) 하지장(賀知章) 같은 풍류객(風流客)이나, 초대받
은 자신은 술 먹고 대취하여 길가에서 조롱받는 일에서만 李白의 재주

를 따를 수 있을 뿐, 詩才에서는 도저히 詩仙 李白을 따를 수 없다고 함으로써, 李白에 대한 경모(敬慕)의 情을 읊었다. 한마디로 本篇은, 李白에 관한 전설·일화 등을 자유자재로 구사하여 李白의 풍류와 재주를 칭찬한 작품이다.

思亭이 어디에 있었는지는 알 수 없다. 本書 後集에 진사도(陳師道)의 〈思亭記〉가 실려 있는데, 그것은 서주(徐州)의 진씨(甄氏) 자손이 부모를 추모하기 위해 지은 亭이어서, 연회를 베풀 수 있는 곳이 아니다. 또 本篇의 제목을, 思亭에서 연회를 벌이다의 뜻으로 해석하지 않고, 燕思亭 전체를 亭의 이름으로 해석하는 사람도 있다.

우미인초:증자고(虞美人草:曾子固)

鴻門玉斗紛如雪　홍문(鴻門)에선 옥두(玉斗)가 깨져
홍 문 옥 두 분 여 설　눈처럼 흩어졌고

十萬降兵夜流血　진(秦)의 십만 항병(降兵)은 생매장당했네.
십 만 항 병 야 류 혈

咸陽宮殿三月紅　함양의 궁전 석 달 동안이나 붉게 타올랐으니,
함 양 궁 전 삼 월 홍

覇業已隨煙燼滅　항왕(項王)의 꿈은 그때의 연기 따라 사라졌다네.
패 업 이 수 연 신 멸

剛强必死仁義王　모질기만 한 자는
강 강 필 사 인 의 왕　반드시 죽고 어질고 의로운 자가 왕이 되는 법,

陰陵失道非天亡　음릉(陰陵)에서 항왕이 길을 잃은 건
음 릉 실 도 비 천 망　하늘의 뜻이 아니었네.

英雄本學萬人敵　영웅은 본디 만인과 대적하는 법을 배운다는데,
영 웅 본 학 만 인 적

何用屑屑悲紅粧　미인 하나 잃는다고 어찌 그리 슬퍼했을까.
하 용 설 설 비 홍 장

【語意】 鴻門玉斗(홍문옥두):鴻門은 섬서성(陝西省) 동현(潼縣)의 동쪽 땅.
玉斗는 백옥(白玉)으로 만든 주기(酒器). 홍문(鴻門)에서 한 고조(漢高
祖) 유방(劉邦)이 초(楚)나라의 항우(項羽)와 회견하였을 때, 한 고조가
항우의 신하 범증(范增)에게 옥(玉)으로 만든 두(斗:구기. 술을 푸는 데
에 쓰는, 자루가 긴 연모) 한 쌍을 선사했는데, 범증이 칼을 빼어 그것
을 깨뜨려 버린 고사(故事)를 가리킨다.《史記》項王 本紀에 실린 내용
을 간략히 소개하겠다. 항왕(項王:項羽를 가리킴)은 패공(沛公:漢 高祖
劉邦을 가리킴)을 위하여 주연을 베풀었다. 평소 패공을 죽여야 한다고

458 고문진보-전집(시편)

주장하던 범증(范增)은, 기회가 왔다며 계속 항왕에게 눈짓을 했다. 그리고 허리에 찬 옥결(玉玦)을 들어 항왕에게 신호를 보내기 세 번, 그러나 항왕은 묵묵히 앉아 있을 뿐이었다. 범증은 밖으로 나와 항장(項莊)에게, '들어가 윗분들의 수(壽)를 빈 다음, 검무(劍舞)를 보여드리겠다고 하라. 그리고 검무를 추다가 앉아 있는 패공을 찔러 죽여라!'라고 명령했다. 항장은 즉시 연석(宴席)에 들어가 수(壽)를 빈 다음, 칼을 뽑아 춤을 추기 시작했다. 그런데 그 자리에 있던 항백(項伯)이 덩달아 일어나 검무를 추기 시작했다. 항백이 패공 앞에서 춤을 추었기 때문에, 자연 패공의 방패가 되었다. 항장은 패공을 찌를 기회를 얻지 못했다. 그때, 장량(張良)이 이러한 사실을 군문(軍門) 밖 번쾌(樊噲)에게 알렸다. 번쾌는 즉시 칼을 차고 방패를 든 다음, 군문(軍門) 안으로 들어가 휘장을 젖히고 서쪽을 향해 섰다. 항왕이 '지금 들어온 자가 누구냐?'고 묻자 장량이, '패공의 참승(參乘:귀인을 모시고 수레에 함께 타는 것. 또는 그러한 직위에 있는 사람) 번쾌입니다.'라고 대답했다. 항왕이, '장사다! 저쪽 큰 잔의 술을 마셔라.'라고 했다. 그러는 사이에 패공은 변소에 간다며 자리를 떴다. 그리고 번쾌를 불러 나오게 했다. (中略) 장량이 연석에 들어가 사죄하여 말했다. '패공께서는 몹시 취하셨습니다. 작별 인사도 제대로 드리지 못했습니다. 삼가 신(臣) 장량으로 하여금, 백벽(白璧) 한 쌍을 대왕의 발밑에 올리도록 하셨으며, 또 옥두(玉斗) 한 쌍을 대장군(大將軍:범증을 가리킨다)의 발밑에 올리도록 하셨습니다.' 항왕은 벽(璧)을 받아 그것을 좌상(座上)에 놓았다. 범증은 옥두를 땅에 내려놓더니, 검으로 그것을 쳐 깨뜨리며 말했다. '아아, 이 한심한 녀석(항장을 가리킴)! 함께 일을 도모할 수 없도다. 항왕의 천하를 훔칠 자는 필시 패공일 것이다.' 紛(분):어지러이 흩어짐. 十萬降兵夜流血(십만항병야류혈):십만 명의 항복한 병사들이 밤에 피를 흘림.《史記》項羽 本

紀에, '초군(楚軍:項羽의 군사), 밤에 습격하여 진졸(秦卒:降兵) 20여만 명을 신안성(新安城) 남쪽에 묻어 죽였다.'라고 했다. 咸陽宮殿三月紅(함양궁전삼월홍):함양의 궁전이 석 달 동안이나 붉음. 咸陽은 진(秦)나라의 수도. 섬서성(陝西省) 장안현(長安縣). 항우는 유방과 홍문(鴻門)에서 회합(會合)한 다음, 군대를 이끌고 함양에 들어가, 시황제(始皇帝)의 손자 자영(子嬰)을 죽이고 아방궁(阿房宮)을 불살라 버렸는데, 그 불이 석 달을 두고 탔다고 한다. 覇業(패업):제후(諸侯)의 으뜸이 되는 사업. 천하통일(天下統一)을 이룩하는 일. 여기서는 항우가 진(秦)을 멸망시킨 공적을 가리킨다. 隨煙燼滅(수연신멸):연기 따라 타서 없어져 버림. 燼은 타고 남은 찌꺼기. 항왕의 천하통일의 꿈이 사라진 것을 뜻한다. 剛强必死仁義王(강강필사인의왕):인정 없는 사람은 반드시 죽고, 인정이 깊고 의리를 지키는 사람은 왕자(王者)가 됨. 항왕은 패사(敗死)하고, 패공(沛公:유방)이 천하를 통일하여 한(漢)나라를 세운 것을 가리킨다. 항우(項羽)는 진(秦)나라의 항복한 병사들을 묻어 죽이고 아방궁(阿房宮)에 불을 지르는 등 포악한 일을 하여 민심(民心)을 잃었다. 剛强은 인정이 없고 모질기만 한 것. 陰陵失道(음릉실도):음릉(陰陵)에서 길을 잃음. 陰陵은 안휘성(安徽省) 봉양부(鳳陽府) 정원현(定遠縣) 서북의 땅.《史記》項羽 本紀에 "(項羽는 8백여 명의 병사를 이끌고 해하(垓下)의 포위망을 뚫었다) 새벽에 그것을 안 한군(漢軍)은, 기장(騎將) 관영(灌嬰)으로 하여금 기병(騎兵) 오천 명을 이끌고 추격하게 하였다. 항왕은 회수(淮水)를 건넜다. 항왕을 따르는 자 백여 명뿐이었다. 항왕, 음릉(陰陵)에 이르러 길을 잃었다. 한 농부에게 길을 물으니, 농부는 왼쪽으로 가라고 일부러 그릇되게 가르쳐 주었다. 왼쪽으로 간 항왕은 마침내 큰 못 가운데에 이르고 말았다. 한(漢)의 추격군이 곧 그곳으로 쫓아왔다. 항왕은 병사들을 이끌고 동으로 가 동성(東城)에 이르렀다. 항왕을 따르는 병사 28기(騎), 한(漢)의 추격군은 수천 명. 항왕은 더 이상 도망갈 수 없음을 알았다. 항왕, 자신을 따르는 병사들에게 말했다. '내가 병(兵)을 일으켜 오늘에 이르기까지 8년, 몸소 70여 전투를 치르며 대적하는 적들을 모조리 격파하고, 적을 공격하면 반드시 항복시켰다. 우리는 지금까지 한 번도 싸움에 진 적이 없고, 천하의 패자로 군림해 왔다. 지금 우리가 이런 곤궁에 빠진 것은, 하늘이 나를 망하게 하려고 하기 때문이지, 우리가 싸움에 약하기 때문은 아니다. 오늘 나는 죽기로 굳게 마음먹었다. 바라는 것은, 내가 그대들을 위해 나의 마지막 싸움을 흔쾌히 벌여 반드시 한군(漢軍)에게 세 번 이겨, 포위망을 무너뜨리고 적장과 적의 군기를 모조리 베어 오늘의 이 곤궁이, 하늘이 나를 망하게 하려 하기 때문에 초래된 것이지 우리가 싸움에 약하여 초래된 것이 아님을 그대들에게 보여 주는 것뿐이다.'고" 했다.　學萬人敵(학만인적):만인(萬人)과 대적할 수 있는 법을 배움. 병법(兵法)을 배우는 것을 가리킨다. 《史記》項羽 本紀에, "항적(項籍:羽는 그의 字임), 어렸을 적에 글을 배웠는데 높은 수준에 이르지 못했다. 글 배우기를 멈추고 검술을 배웠는데, 역시 높은 수준에 이르지 못했다. 항양(項梁:項羽의 季父 이름)이 항적에게 화를 내자 籍이 말했다. '글은 이름을 쓸 수 있을 정도만 배우면 충분합니다. 검술은 한 사람과 싸울 때에 필요한 것으로, 배울 만한 것이 못 됩니다. 만인을 적으로 하여 싸울 수 있는 것을 배우고 싶습니다.' 항양은 항적에게 병법(兵法)을 가르쳤다. 항적은 크게 기뻐하였다. 그런데 병법의 개략(概略)을 배워 알게 되자, 그 이상의 것은 배우려 하지 않았다."라고 했다.　屑屑(설설):근심하는 모양. 편안하지 아니한 모양.　紅粧(홍장):붉게 화장한 여자. 우미인(虞美人)을 가리킨다.

三軍散盡旌旗倒 삼 군 산 진 정 기 도	대군(大軍) 흩어지고 군기 넘어지니
玉帳佳人坐中老 옥 장 가 인 좌 중 로	휘장 속의 가인 앉은 채 늙었네.
香魂夜逐劍光飛 향 혼 야 축 검 광 비	향기로운 혼 밤중에 칼 빛 좇아 날아가니
靑血化爲原上草 청 혈 화 위 원 상 초	흘린 선혈(鮮血) 들녘의 풀이 되었다네.
芳心寂寞寄寒枝 방 심 적 막 기 한 지	미인의 꽃다운 마음 그녀의 연약한 가지에 깃들이었으니,
舊曲聞來似斂眉 구 곡 문 래 사 렴 미	옛 노래 들려오면 눈썹을 찡그리는 듯하네.
哀怨徘徊愁不語 애 원 배 회 수 불 어	슬프게 흔들리는 모습 말없이 근심에 젖은 듯하여
恰如初聽楚歌時 흡 여 초 청 초 가 시	옛날 항왕 옆에서 초나라의 노래를 듣던 때의 모습이라네.
滔滔逝水流今古 도 도 서 수 유 금 고	도도히 흐르는 물은 예나 지금이나 변함없이 흐르고,
漢楚興亡兩丘土 한 초 흥 망 양 구 토	흥망을 다투던 두 영웅, 지금은 모두 둔덕의 흙이 되었네.
當年遺事久成空 당 년 유 사 구 성 공	옛일들 허망하게 된 지 오래인데,
慷慨樽前爲誰舞 강 개 준 전 위 수 무	그대는 비분(悲憤)에 잠긴 모습으로 술통 앞에서 누굴 위해 춤추는가?

【語義】 三軍(삼군):대군(大軍)을 뜻한다. 주(周)의 제도(制度)에서 천자
(天子)는 6군(六軍)을, 제후(諸侯)의 경우 대국(大國)은 上·中·下 3군
(三軍)을, 소국(小國)은 上·下 2군(二軍)을 거느릴 수 있었다. 一軍은

12,500명. 旌旗(정기):군기(軍旗). 玉帳佳人(옥장가인):항우(項羽)와
함께 있던 우미인(虞美人)을 가리킨다. 玉帳은 구슬 장막. 여기서는 항
우가 있던 장막(帳幕) 속을 가리킨다. 坐中老(좌중로):앉은 채로 늙
음. 몹시 근심하는 것을 가리킨다. 香魂(향혼):우미인(虞美人)의 혼을
가리킨다. 逐劍光飛(축검광비):칼 빛을 좇아 날아감. 우미인(虞美人)
은 자신의 가슴을 찔러 자살했다. 靑血(청혈):선혈(鮮血). 선명한 피.
原上草(원상초):우미인초(虞美人草)를 가리킨다. 芳心(방심):우미인의
꽃다운 마음. 寂寞(적막):매우 쓸쓸한 것, 또는 조용한 것. 寒枝(한
지):연약한 가지라는 뜻으로 쓰였다. 舊曲(구곡):항우가 사면초가(四
面楚歌)를 당하여 불렀던 〈해하가(垓下歌)〉를 가리킨다. 해설 참조. 斂
眉(염미):슬퍼서 눈썹을 찡그림. 斂은 오므리는 것. 徘徊(배회):바람에
흔들리는 우미인초를 보고, 우미인이 슬픔에 젖어 방황하는 것을 상상
한 것이다. 愁不語(수불어):말없이 근심에 잠겨 있음. 恰如(흡여):아
주 비슷함. 初(초):옛날. 楚歌(초가):초나라의 노래. 한군(漢軍)이 해
하(垓下)에서 초군(楚軍)을 겹겹으로 포위하고, 초군(楚軍)의 심적 동
요를 노려 불렀던 초나라 노래를 가리킨다. 그때 항우는 사면에서 들려
오는 초나라의 노랫소리에 크게 놀라 이렇게 말했다. '한나라 군대가 벌
써 초나라를 점령했단 말인가? 어떻게 하여 초나라 사람이 이렇게 많은
가?(漢皆旣得楚乎. 是何楚人之多也)' 지금은 상황이 험악하고 급박해
진 것을 가리키는 말로 쓰인다. 滔滔(도도):물이 그득 퍼져 흐르는 모
양. 流今古(유금고):예나 지금이나 변함없이 흐름. 漢楚(한초):한(漢)
의 고조(高祖)와 초(楚)의 항우(項羽). 兩丘土(양구토):천하 통일을 이
룩한 유방이나 패했던 항우나 지금은 모두 죽어 무덤 속의 흙이 되었다
는 뜻. 當年遺事(당년유사):지난날의 일들. 久成空(구성공):허망하게
된 지 오래임. 慷慨樽前爲誰舞(강개준전위수무):슬픈 모습으로 술통

앞에서 누구를 위하여 춤추는가? 바람에 흔들리는 우미인초의 모습을, 사면초가(四面楚歌) 속에서 슬픔에 잠겨, 항우 앞에서 춤추던 우미인의 모습에 비긴 것이다. 慷慨는 비분(悲憤)하여 개탄하는 것.

【解說】 초왕(楚王) 항우(項羽)가 漢高祖 유방(劉邦)의 군(軍)에게 공격당하여 오강(烏江)에서 망할 때, 그의 애희(愛姬) 우미인(虞美人)은 그 전날 밤에 자살했다. 그후 그녀의 무덤에선 예쁜 꽃이 핀 화초(花草)가 자랐는데, 세상 사람들은 그것을 우미인초(虞美人草)라 불렀다.

　本篇의 역사적 배경이 되는 項羽와 劉邦의 해하(垓下)의 전투에 관해 《史記》 項羽本紀에는 다음과 같이 기록되어 있다.

　"項羽의 軍이 해하(垓下:安徽省 靈璧縣 東南)에 진을 쳤다. 병력도 모자랐고 식량도 바닥났다. 漢軍과 제후들의 군대가 그들을 포위하기 수겹, 밤중에 漢軍은 사면에서 초나라의 노래〔楚歌〕를 불렀다. 그것을 들은 項王은 크게 놀라 말했다. '漢軍이 이미 楚나라를 얻었단 말인가, 어찌 楚나라 사람들이 저리도 많은가(漢皆旣得楚乎, 是何楚人之多也).' 項王은 일어나 장중(帳中)에서 술을 마셨다. 項王에게는 항상 미인이 따르고 있었는데 이름을 우(虞)라 했으며, 또 준마(駿馬)가 있어 항상 탈 준비가 되어 있었는데 이름을 추(騅)라 했다. 項王은 비분 감개(悲憤感慨)하여 詩를 지어 노래했다. '힘은 산을 뽑고 기세는 세상을 덮는데, 때가 불리하여 騅가 앞으로 나아가지 않누나. 騅가 나아가지 않으니 어이하겠는가. 虞여, 虞여! 너를 어이해야 한단 말이냐(力拔山兮氣蓋世, 時不利兮騅不逝. 騅不逝兮可奈何. 虞兮虞兮奈若何).' 項王이 노래를 부르기 몇 차례, 美人이 그에 和答했다. 項王의 뺨에 몇 줄기 눈물이 흘렀다. 좌우에서는 감히 쳐다보지 못했다."

　당송팔대가(唐宋八大家)의 한 사람인 증공(曾鞏)은 사필(史筆)에 뛰어났다. 本篇은 우미인(虞美人)을 주제로 하여, 項羽의 역사적인 허물을 논하고, 천하의 패권을 다툰 양웅(兩雄)도 세월의 흐름에는 무력하다고 한탄한, 이른바 영사시(詠史詩)이다. 그런데 本篇의 作者에 관해서, 曾鞏의 全集《元豊類藁》에 本篇이 수록되어 있지 않아, 이론(異論)이 있다. 《冷齋夜話》에는 曾鞏의 아우 布의 부인인 위씨(魏氏)가 지은 것으로 되어 있으며, 또 《漁隱叢話》에는 宋의 허언국(許彦國)의 作으로 되어 있다.

자년소:이장길(刺年少:李長吉)

靑驄馬肥金鞍光
청총마비금안광
청총마 살찌고 금 안장 빛나는데

龍腦入縷羅衫香
용뇌입루나삼향
용뇌향 먹인 비단 적삼 향기롭네.

美人狎坐飛瓊觴
미인압좌비경상
미인들 가까이 앉아 구슬 잔을 날리듯 돌리니

貧人喚云天上郎
빈인환운천상랑
가난한 사람들 하늘 위 젊은이라 부르네.

別起高樓連碧篠
별기고루연벽소
높은 누각들 푸른 대밭 옆에 연이어 있고

絲曳紅鱗出深沼
사예홍린출심소
낚싯줄에 끌려 깊은 못에서 붉은 고기 나오네.

有時半醉百花前
유시반취백화전
때때로 꽃을 마주하고 반쯤 취하여

背把金丸落飛鳥
배파금환낙비조
등에 멘 금환의 탄궁으로 나는 새 떨어뜨리네.

【語義】 靑驄(청총):희고 푸른빛을 띤 말. 驄은 푸른빛을 띤 부루말.　龍
腦(용뇌):동인도(東印度)에서 나는 용뇌수(龍腦樹)의 줄기에서 취한 방
향(芳香)의 결정(結晶). 무색투명(無色透明)한 결정체로, 방충제(防蟲
劑)·훈향(薰香) 등으로 씀.　入縷(입루):향(香)을 실에 먹임.　羅衫(나
삼):얇은 비단으로 만든 적삼.　狎坐(압좌):아주 가깝게 앉음. 狎은 친밀
하다는 뜻.　飛瓊觴(비경상):구슬 술잔을 날림. 날렵하게 술을 부어 권
하는 모양을 형용한 것이다.　天上郎(천상랑):하늘 위의 젊은이.　碧篠
(벽소):푸른 조릿대. 篠는 작은 대나무의 총칭.　絲曳紅鱗(사예홍린):붉

은 비늘의 물고기가 낚시에 걸려 나옴. 絲는 낚싯줄. 曳는 끌다·끌리다. 紅鱗은 붉은 비늘, 즉 붉은 물고기. 金丸(금환):금으로 만든 탄환 (彈丸). 彈丸은 새를 잡는 데에 쓰는 탄궁(彈弓)의 알. 호사스러운 사냥놀이를 뜻한다.《西京雜記》第四에, "한언(韓嫣)은 탄궁(彈弓)으로 사냥하기를 좋아했다. 항상 금(金)을 깎아 탄환(彈丸)을 만들었다. 그가 하루에 잃는 탄환이 십여 개에 이르러, 장안에선 이런 말들을 했다. '굶주리고 헐벗고 고통스러운 사람들은 금환(金丸)을 뒤쫓아라.'라고. 경사(京師)의 아이들은, 언(嫣)이 탄궁을 메고 나왔다는 소리를 들으면 곧 그를 따라다니다, 언이 금환을 쏘면 곧 그 떨어지는 곳으로 달려가 그것을 주웠다."라고 했다.

自說生來未爲客
자 설 생 래 미 위 객

스스로 말하기를, 태어나 나그네 되어 본 적 없고,

一身美妾過三百
일 신 미 첩 과 삼 백

한 몸에 거느린 예쁜 첩 삼백이 넘는다고.

豈知劚地種田家
기 지 촉 지 종 전 가

밭을 일구는 농가의 사정을 어이 알리?

官稅頻催沒人織
관 세 빈 최 몰 인 직

관가에선 세금 내라 재촉하고
애써 짠 천 빼앗아 가네.

長金積玉誇豪毅
장 금 적 옥 과 호 의

금을 늘리고 옥을 쌓아
호기 있고 굳세다고 자랑하며,

每揖閑人多意氣
매 읍 한 인 다 의 기

하릴없이 빈둥거리는 자들과
사귀는 데에만 늘 의기 높네.

生來不讀半行書
생 래 부 독 반 행 서

태어나서부터 반 줄 글도 읽지 않은 몸이

只把黃金買身貴
지 파 황 금 매 신 귀

오직 황금을 쥐고 자신의 귀(貴)를 샀다네.

【語義】 未爲客(미위객):아직 객(客)이 되어 보지 않음. 아직 고통스러운 생활을 해 본 적이 없다는 뜻. 劚地(촉지):땅을 팜, 또는 밭을 일굼. 착지(斲地)로 되어 있는 판본(版本)도 있다. 種田家(종전가):농가(農家). 催(최):재촉함. 沒人織(몰인직):사람들이 짠 천을 몰수함. 沒은 빼앗는 것. 長金積玉(장금적옥):금을 늘리고 옥을 쌓아 둠. 재산 모으는 것을 가리킨다. 誇豪毅(과호의):호기(豪氣)가 있고 굳세다는 것을 과시함. 豪는 기개가 좋고 의협심이 있는 것. 毅는 의지가 강한 것. 揖(읍):두 손을 가슴에 올려 예를 표하는 것. 서로 사귀는 것을 뜻한다. 閑人(한인):일정한 생업(生業)이 없이 빈둥거리며 노는 사람. 半行書(반행서):얼마 안 되는 글. 買身貴(매신귀):귀한 신분을 황금으로 사는 것을 가리킨다.

少年安得長少年
소 년 안 득 장 소 년
젊은이가 언제까지고 젊은이일 수 있으리!

海波尙變爲桑田
해 파 상 변 위 상 전
바다조차 뽕밭이 되거늘.

枯榮遞傳急如箭
고 영 체 전 급 여 전
영고(榮枯)의 돌아감이
시위를 떠난 살같이 급한데,

天公豈肯爲君偏
천 공 기 긍 위 군 편
하늘이 어찌 그대 편만 들어주리.

莫道韶華鎭長在
막 도 소 화 진 장 재
화창한 봄 경치가 오래간다 말하지 말라,

髮白面皺專相待
발 백 면 추 전 상 대
백발과 주름 잡힌 얼굴이 기다리고 있을 뿐이네.

【語意】 少年安得長少年(소년안득장소년):젊은이가 어찌 영원토록 젊은이일 수 있겠는가? 安은 어찌. 海波尙變爲桑田(해파상변위상전):바다의

물결조차도 뽕밭이 됨. 상전벽해(桑田碧海)와 같은 뜻. 枯榮(고영):꽃
이 시들었다 다시 피는 것. 遞傳(체전):본디의 뜻은 차례차례 여러 곳
을 거쳐서 전(傳)하여 보내는 것인데, 여기서는 바뀐다는 뜻으로 쓰였
다. 遞는 갈마드는 것. 傳은 역참(驛站)에서 역참으로 문서 따위를 전하
여 보내는 것. 急如箭(급여전):빠르기가 화살 같음. 天公(천공):천신
(天神), 운명(運命). 豈肯爲君偏(기긍위군편):어찌 그대에게만 치우치
겠는가? 하늘이 어찌 그대만 잘 보아주겠느냐는 뜻. 道(도):言의 뜻으
로, 말하다. 韶華(소화):화창한 봄 경치. 소광(韶光). 인생의 젊은 때,
즉 청춘을 가리킨다. 鎭長(진장):두 자 모두 久의 뜻으로 쓰였다. 시
(詩)에서, 鎭은 久의 뜻으로 쓰일 때가 많다. 본디 뜻은 누르다, 진정시
키다. 髮白面皺專相待(발백면추전상대):백발과 주름 잡힌 얼굴이 기다
리고 있을 뿐임. 皺는 주름, 또는 주름 잡히는 것.

【解說】《李賀歌詩編》集外詩엔 〈啁少年〉이란 제목으로 실려 있고, 《古文
眞寶》版本 중에도 〈啁少年〉으로 제목 되어 있는 것이 있다. 啁는 嘲의
뜻이다.

　이 詩는 앞에 나온 〈少年行〉과 같은 악부체(樂府體)의 작품으로, 한
편으로는 장안(長安) 젊은이들의 풍속(風俗)을 아름답고 화려하게 묘사
하고, 다른 한편으로는 그들의 경박(輕薄)함을 훈계하고 있다. 七言古
詩로는 李長吉보다 먼저, 초당 사걸(初唐四傑)의 한 사람인 盧照鄰이
本篇과 비슷한 내용의 〈長安古意〉라는 長篇을 지었다. 그것도 상류 사
회 사람들의 사치한 생활을 화려한 필치로 묘사한 작품인데, 本篇과 같
이 덧없이 흘러가는 인생의 빠름을 읊고, 최후의 몇 句에 경박한 삶을
훈계하는 뜻을 담고 있다. 뒤에 나오는 〈有所思〉 중에도, 봄이 감을 애
석히 여기면서 인생을 슬퍼하는 비슷한 말이 나온다. 本篇의 끝 부분 몇

句에서는 공포감마저 갖게 되는데, 이것은 풍자의 뜻이 약간 지나친 것으로, 本篇의 특색이라 할 수 있다. 또 이렇게 격렬하게 훈계하는 것이, 韓愈·白樂天 등을 필두로 한 中唐 詩人의 시풍(詩風)이라 할 수 있다.

여산:소자첨(驪山:蘇子瞻)

君門如天深幾重
군 문 여 천 심 기 중

천자 계신 궁궐문은 하늘과 같으니 몇 겹인가?

君王如帝坐法宮
군 왕 여 제 좌 법 궁

천자께선 천제처럼 정전(正殿)에 앉아 계시네.

人生難處是安穩
인 생 난 처 시 안 온

사람으로 태어나 어려움을 겪는 것이
오히려 안온한 생활이거늘,

何爲來此驪山中
하 위 래 차 여 산 중

왜 이 여산 속에 놀러들 왔던가?

複道凌雲接金闕
복 도 릉 운 접 금 궐

각도(閣道)는 구름을 뚫고
하늘 위 천자의 궁문에 닿았었고,

樓觀隱煙橫翠空
누 관 은 연 횡 취 공

높은 누각은 노을에 잠겨
비취 빛 허공에 비껴 있었네.

林深霧暗迷八駿
임 심 무 암 미 팔 준

숲이 깊고 안개 자욱하여
말들이 길 찾기 어려웠는데,

朝東暮西勞六龍
조 동 모 서 노 륙 룡

아침엔 동으로 저녁엔 서로,
여섯 필 용마(龍馬)를 괴롭혔다네.

六龍西幸峨眉棧
육 룡 서 행 아 미 잔

현종(玄宗)을 태운 여섯 필 용마가
서쪽 아미산의 잔도를 건너니

悲風便入淸華院
비 풍 변 입 청 화 원

슬픈 바람 여산의 화청궁(華淸宮)에 불어 들었네.

霓裳蕭散羽衣空
예 상 소 산 우 의 공

예상우의곡(霓裳羽衣曲) 쓸쓸히 사라져
모든 게 허망해지니

麋鹿來遊猿鶴怨
미 록 래 유 원 학 원

고라니 사슴 뛰놀고 원숭이와 학이 슬피 우네.

【語義】驪山(여산):섬서성(陝西省) 임동현(臨東縣)의 동남인 장안(長安) 부근에 있는 산 이름. 당(唐)나라 현종(玄宗)이 이곳에서 화청궁(華淸宮)이라는 온천궁(溫泉宮)을 세워 양귀비(楊貴妃)로 하여금 목욕하도록 했으며, 진시황(秦始皇)의 묘지가 있다. 여산(麗山)·여융지산(麗戎之山)이라고도 한다.　君門(군문):천자(天子)가 계시는 궁성의 문.　君王(군왕):천자(天子).　帝(제):천제(天帝)를 가리킨다.　法宮(법궁):법령(法令)을 내리는 궁전(宮殿). 정전(正殿).　人生難處是安穩(인생난처시안온):사람이 태어나 마음 편안하게 지낼 수 없는 것이, 안락 평온(安樂平穩)한 생활임.　何爲來此驪山中(하위래차여산중):왜 이 여산 속에 왔는가? 여산에 와 노는 것만 좋아하여 임금들이 나라를 망쳤다는 뜻.　複道(복도):궁중의 누각(樓閣)을 통하는 데에 상하 두 곳의 복도가 있었으므로 複道라 한 것이다. 復道라고도 쓴다. 진시황(秦始皇)은 아방궁(阿房宮)에서 여산 마루에 이르는 2층으로 된 복도를 만들었는데, 이를 각도(閣道)라 했으며, 위층은 천자만이 다닐 수 있게 하였다.　凌雲(능운):구름을 뚫고 하늘로 올라감.　金闕(금궐):여기서는 천자의 궁문(宮門)을 가리킨다. 闕은 문전 좌우에 높이 세워진 누관(樓觀:다락집 모양으로 높게 지은 館. 樓館).　樓觀(누관):멀리 바라볼 수 있는 높은 누각.　隱煙(은연):樓觀의 아랫부분이 연기 같은 노을에 묻혀 있는 것을 가리킨다.　翠空(취공):비취색 허공.　八駿(팔준):천자가 탄 마차를 끄는 여덟 필의 준마(駿馬). 본디 주(周)나라 목왕(穆王)의 명마이다. 《穆天子傳》에, '천자의 준마(駿馬), 적기(赤驥)·도려(盜驪)·백의(白義)·유륜(踰輪)·산자(山子)·거황(渠黃)·화류(華騮)·녹이(綠耳)이다.'라고 했다. 《列子》·《拾遺記》 등에도 8준마가 나오는데, 이름이 다르다.　六龍(육룡):천자의 수레를 끄는 여섯 필의 준마(駿馬). 《周禮》 하관 수인(夏官廋人)에, '8척 이상 되는 말을 용(龍)이라 한다.'고 했다. 고제(古制)에서는 천자의 수

레는 말 여섯 필이 끌도록 되어 있었다. 西幸峨眉棧(서행아미잔):서쪽
으로 천자께서 거둥하셔 아미산의 잔도(棧道)를 건넘. 당(唐)나라 현종
(玄宗)이 안녹산(安祿山)의 난을 만나 서쪽 촉(蜀)으로 피난 간 것을 가
리킨다. 뒤에 나오는 白居易의 〈長恨歌〉 참조. 幸은 천자의 행차. 峨眉
山에 관해서는 李白의 〈峨眉山月歌〉 참조. 棧은 산골짜기에 높이 건너
질러놓은 다리. 잔도(棧道). 淸華院(청화원):여산궁(驪山宮), 그 당시
의 화청궁(華淸宮)을 가리킨다. 《唐書》 地理志에, '태종(太宗) 정관(貞
觀) 18년에 어탕(御湯:천자가 목욕하는 곳)을 만들어 탕천궁(湯泉宮)이
라 했는데, 고종(高宗) 함형(咸亨) 2년엔 온천궁(溫泉宮), 명황(明皇:玄
宗을 가리킨다) 천보(天寶) 6년엔 화청궁(華淸宮)으로 이름을 바꿨다.
북향(北向)의 정문(正門)을 진양(律陽), 동문(東門)을 개양(開陽), 서문
(西門)을 망경(望京), 남문(南門)을 소양(昭陽)이라 했다. 그 가운데에
요광전(瑤光殿)·비상전(飛霜殿)·구룡전(九龍殿)·의춘정(宜春亭)·
조원각(朝元閣)·장생전(長生殿)·갈고루(羯鼓樓)·중명각(重明閣)·
방풍각(芳風閣) 등 전각(殿閣) 18개가 있었다.'라고 했다. 현종은 해마
다 양귀비와 화청궁에 거둥하였다. 院은 건물의 통칭(通稱). 霓裳(예
상):현종은 여산궁에서 양귀비에게 예상우의곡(霓裳羽衣曲)에 맞춰 춤
추게 했다. 霓는 무지개의 바깥쪽, 霓裳은 무지개의 치맛자락, 羽衣는
선인이 승천(昇天)할 때에 입는 우모(羽毛)로 만든 옷. 蕭散(소산):쓸쓸
히 흩어짐. 麋鹿(미록):고라니와 사슴.

我上朝元春半老   조원각(朝元閣)에 오르니 봄은 반쯤 지나갔고,
아 상 조 원 춘 반 로

滿地落花無人掃   땅 가득히 꽃 흩어졌어도 보는 이 없네.
만 지 낙 화 무 인 소

羯鼓樓高掛夕陽
갈 고 루 고 괘 석 양

갈고루(羯鼓樓) 높은 곳엔 저녁 해가 걸렸고,

長生殿古生靑草
장 생 전 고 생 청 초

오래된 장생전(長生殿)엔 푸른 풀이 돋아났네.

可憐吳楚兩醯雞
가 련 오 초 양 혜 계

가련하게도 오(吳)·초(楚)의 두 임금은 어리석어

築臺未就已堪悲
축 대 미 취 이 감 비

누대를 다 짓기도 전에 슬픈 일을 당했다네.

長楊五柞漢幸免
장 양 오 작 한 행 면

한 무제(漢武帝)는 장양궁(長楊宮)과
오작궁(五柞宮)을 짓고도 다행히 화를 면했으나

江都樓成隋自迷
강 도 누 성 수 자 미

강도궁(江都宮)에서 미루(迷樓)를 보고 즐기던
수 양제(隋煬帝)는 스스로 어리석음에 빠졌다네.

由來流連多喪國
유 래 유 련 다 상 국

예로부터 놀이에 빠져 나라를 잃은 예가 많으니,

宴安鴆毒因奢惑
연 안 짐 독 인 사 혹

잔치나 일삼으며 안일하게 지내려는 것은
사치에 미혹된 것으로 짐독을 먹는 것과 같네.

三風十愆古所戒
삼 풍 십 건 고 소 계

어지러운 바람 셋과 열 가지 허물은
예부터 조심하라 일러져 왔으니,

不必驪山可亡國
불 필 여 산 가 망 국

꼭 여산 때문에 나라가 망하는 것은 아니네.

【語義】朝元(조원):여산의 화청궁(華淸宮) 안에 있던 조원각(朝元閣)을 가리킨다. 春半老(춘반로):봄이 반쯤 지나간 것을 가리킨다. 無人掃(무인소):아무도 쓸지 않음. 羯鼓樓(갈고루):여산궁에 있던 누(樓)의 이름. 羯鼓는 본디 흉노(匈奴)의 한 족속인 갈족(羯族)이 쓰던 큰북. 長生殿(장생전):화청궁에 있던 전(殿)의 이름. 별명(別名)이 집령대(集靈臺)로서, 신을 제사 지내는 신전이었다. 현종과 양귀비의 정화(情話)에 관계되는 궁전이다. 白居易의 〈長恨歌〉끝 부분에, "칠석날 장생전에

서는, 밤 깊어 사람 없자 은밀한 말 오고갔네. '하늘에선 비익조가 되고, 땅에선 연리지가 될지어다.' 천지가 영원하다 하지만 다할 때가 있고, 이들의 한스러움만이 길이길이 다함이 없으리(七月七日長生殿 夜半無人私語時. 在天願作比翼鳥 在地願爲連理枝. 天長地久有時盡 此恨綿綿無絶期)."라 했다. 吳楚兩醯雞(오초양혜계):오(吳)나라 임금과 초(楚)나라 임금은 모두 혜계(醯雞) 같음. 醯雞는 오래된 초나 술에서 생기는 하루살이 같은 날벌레. 혜계(醯雞)와 같다는 것은 무지몽매(無知夢昧)하다는 뜻. 이 구절은 다음 句의 築臺와 관련이 있다. 本書 注에, '초(楚)의 영왕(靈王)은 장화대(章華臺)를 짓고, 오왕(吳王) 부차(夫差)는 고소대(姑蘇臺)를 지었다. 말하고자 하는 것은, 두 왕 모두 혜계(醯雞)와 같다고 하지 않을 수 없다는 것이다.'라고 했다.《吳越春秋》에, '월왕(越王), 목공(木工) 천여 명으로 하여금 산에 들어가 나무를 베게 하였다. 크기 20아름, 길이 50심(尋:尺度의 단위로, 1심은 여덟 자)의 큰 나무였다. 대부(大夫) 문종(文種)에게 그것을 오왕(吳王:夫差)에게 바치도록 했다. 오왕은 크게 기뻐하여, 소주(蘇州)에 고소대(姑蘇臺)를 세웠다. 3년 동안 자재를 모으고, 5년에 걸쳐 완성했다. 대(臺)의 꼭대기가 200리 밖에서도 보였다. 백성들은 지치고 병사들은 괴로움을 겪었다.'라고 했다.《史記》楚世家에, '영왕(靈王) 7년, 장화대(章華臺)를 세우다.'라고 했다. 醯雞의 醯는 '초(醋)·작(酢)'과 같은 뜻으로, 신맛이 나는 초. 築臺未就(축대미취):吳·楚 두 나라 왕이 대를 다 짓기도 전에 망한 것을 가리킨다. 長楊(장양)·오작(五柞):모두 한(漢)나라 무제(武帝) 때에 지은 궁전의 이름. 長楊은 섬서성(陝西省) 서안부(西安府)에서 동남쪽으로 30리(里) 되는 곳에 있었으며, 원래는 진(秦)의 옛날 궁전이었는데 한대(漢代)에 그것을 수리하여 행궁(行宮:임금이 거둥할 때에 머무는 곳)으로 준비하였다. 궁중에 수양버들을 심은 곳이 여

러 곳 있어 궁명(宮名)을 長楊이라 하였다. 五柞은 섬서성(陝西省) 부풍
현(扶風縣)에 있던 한(漢)의 이궁[離宮:임금의 유행(遊幸)을 위하여 궁
성에서 떨어진 데에 지은 궁전]으로, 궁중에 다섯 그루의 참나무[柞]가
있어 이런 궁명(宮名)이 붙었다. 漢幸免(한행면):한나라는 다행히 나
라가 망하는 것을 면함. 江都樓成隋自迷(강도누성수자미):강도궁(江都
宮)에 미루(迷樓)를 지어 수(隋)나라는 스스로 망함. 수(隋)의 양제(煬
帝)가 정사를 돌보지 않고 놀이만 일삼다 나라를 잃은 것을 가리킨다.
本書 注와 《迷樓記》에, "隋의 煬帝는 대운하(大運河)를 개통하고 江都
宮에 나아가 놀이를 즐겼다. 절강(浙江) 사람 항승(項昇)이 새로운 궁전
의 설계도를 올렸다. 궁이 완성되니, 천문 만유(千門萬牖), 건축의 온
갖 기술을 다한, 그때까지 볼 수 없었던 건축물이었다. 사람이 잘못하
여 그곳에 들어가면 종일토록 출구를 찾을 수 없었다. 양제는 그곳에 행
차하여 매우 기뻐했다. 양제는 좌우를 둘러보며 말했다. '참으로 신선으
로 하여금 이곳에서 놀게 하더라도, 그도 길을 찾지 못할 것이다. 미루
(迷樓)라고 부를 만하다.'라고" 했다. 迷樓는 지금의 강소성(江蘇省) 강
도현(江都縣)의 서쪽에 있었다 한다. '隋自迷'는 양제(煬帝) 자신이 쾌락
에 미혹되어 나라를 망친 것을 가리킨다. 由來(유래):예로부터. 流連
(유련):놀이에 빠져 절도(節度)가 없는 것.《孟子》양혜왕편(梁惠王篇)
下에, '강물의 흐름을 따라 아래로 내려가 돌아올 줄 모르고 뱃놀이하
는 것을 流라 하고, 흐름을 따라 위로 올라가 돌아올 줄 모르고 산 놀이
하는 것을 連이라 하며, 산짐승을 따라가 싫증내지 않고 사냥하는 것을
荒이라 하고, 술을 즐겨 싫증내지 않고 방탕하는 것을 亡이라 한다. 先
王들께서는 流·連의 놀이를 즐기지 않으시고, 荒·亡의 처신을 행하지
않으셨다(從流下而忘反謂之流 從流上而忘反謂之連 從獸無厭謂之荒 樂
酒無厭謂之亡. 先王無流連之樂荒亡之行).'라고 했다. 宴安鴆毒(연안짐

독):잔치나 벌이며 편안하게 지내는 것은 짐독(鴆毒)을 마시는 것과 같음. 鴆은 광동성(廣東省)에 사는 독조(毒鳥)인 짐새. 鴆毒은 짐새의 깃을 술에 넣어 만든 독(毒).《春秋左氏傳》閔公 元年에, '주색에 빠져 안일하게 지내려는 것은 짐새의 독을 먹는 것과 같다. 그런 것을 생각해서는 안 된다(宴安鴆毒 不可懷也).'라고 했다. 奢惑(사혹):사치(奢侈)에 빠져 선악(善惡)의 판단을 할 수 없음. 三風十愆(삼풍십건):세 가지 풍습과 열 가지 허물.《書經》伊訓篇에 나오는 말로, 三風은 궁전에서 춤추고 방에서 취하여 노래하는 무풍(巫風), 재물과 여색을 추구하고 놀이와 사냥을 일삼는 음풍(淫風), 감히 성인의 말씀을 모욕하여 충성되고 곧음을 거스르며 늙은이와 덕 있는 이를 멀리하여 미련하고 유치한 사람들과 벗하는 난풍(亂風)의 세 어지러운 바람을 가리키며, 十愆은 앞에 나온 三風을 이루는 열 가지 허물로, 巫風의 歌와 舞, 淫風의 貨, 色, 遊, 畋, 亂風의 侮聖言 · 逆忠直 · 遠耆德 · 比頑童을 가리킨다. 不必驪山可亡國(불필여산가망국):꼭 여산 때문에 나라가 망하는 것은 아님. 여산 때문에 나라가 망한 것이 아니라, 군주들이 방탕을 즐겼기 때문에 나라가 망했다는 뜻. 注에, "당(唐) 보력(寶曆) 중에 경종(敬宗)이 여산에 거둥하려 했다. 그때 습유(拾遺) 장권여(張權輿)가 자신전(紫宸殿) 아래에 엎드려 간(諫)하여 말했다. '옛날, 주(周)의 유왕(幽王)은 여산에 거둥했다가 견융(犬戎)에게 피살당했으며, 진(秦)나라는 시황(始皇)을 여산에 장사 지내어 나라가 망했고, 현종(玄宗)께서는 여산에 궁(宮)을 지으셨기 때문에 안녹산(安祿山)의 난을 만나셨습니다. 선제(先帝:穆宗을 가리킨다)께서는 여산에 거둥하셨기에 수명이 짧아지셨습니다.' 帝가 말했다. '여산이 그처럼 흉(凶)한가? 내가 꼭 한번 가서 그 말이 맞는지 시험해 보리라.'라고" 했다.

【解說】《分類東坡詩》卷七에 실려 있다. 本書 注에, '군주(君主)가 유흥을 위하여 토목 공사를 일으키거나 거둥하려는 뜻을 가지면 나라가 망하기에 족하다는 것을 훈계한 것이다.'라고 한 것처럼, 군주의 사치를 경계한 詩이다.

　　東坡는 여산(驪山)의 옛일을 회고하고 고래(古來)의 제왕(帝王)들의 영욕(榮辱)의 발자취를 서술한 다음, 감계(鑑戒)의 뜻을 담은 不必驪山可亡國의 句로 篇을 매듭지었다. 여산은 주(周)의 유왕(幽王), 진(秦)의 시황(始皇), 당(唐)의 현종(玄宗) 등 역대의 여러 제왕들과 관계된 일화를 셀 수도 없을 만큼 많이 가진 역사적 명산(名山)이다. 그러나 일국(一國)의 흥망(興亡)이 여산 때문에 좌우된 것은 아니었다. 삼풍 십건(三風十愆)의 악덕(惡德)과 실정(失政)으로 인해 나라가 넘어지고 국란(國亂)이 일어났던 것이다. 宋代의 설리시(說理詩)답게, 감정에 호소하지 않고 정연한 논리를 펴 위정자를 간(諫)하고 있다. 東坡에게는 여산을 주제로 한 詩가 本篇 외에도 〈驪山絶句〉 3首가 있는데, 모두 前代 王朝의 실정(失政)을 한탄한 것들이다.

명하편:송지문(明河篇:宋之問)

八月涼風天氣晶
팔 월 양 풍 천 기 정

팔월이라 서늘한 바람 불고 하늘 맑은데

萬里無雲河漢明
만 리 무 운 하 한 명

만 리 밖까지 구름 한 점 없어 은하수만 밝네.

昏見南樓淸且淺
혼 현 남 루 청 차 천

남쪽 누각 위에 나타날 때엔 투명하게 밝다가

曉落西山縱復橫
효 락 서 산 종 부 횡

새벽녘 서산에 질 때엔 길게 가로눕네.

洛陽城闕天中起
낙 양 성 궐 천 중 기

낙양의 성궐은 하늘 가운데에 솟아 있어

長河夜夜千門裏
장 하 야 야 천 문 리

은하수를 밤마다 모든 문안에서 볼 수 있네.

複道連甍共蔽虧
복 도 연 맹 공 폐 휴

각도(閣道)와 연이은 지붕에
은하수의 한쪽이 가려져 있지만

畫堂瓊戶特相宜
화 당 경 호 특 상 의

화려한 전각, 아름다운 문들과 잘 어울리네.

雲母帳前初汎濫
운 모 장 전 초 범 람

강물이 넘실거리듯, 처음엔 운모 장막 너머
하늘가에 널리 깔리다가

水精簾外轉透迤
수 정 렴 외 전 위 이

수정 발 너머로 구불구불 길게 뻗어 나가네.

倬彼昭回如練白
탁 피 소 회 여 련 백

밝게 빛나며 하늘을 둥글게 감싼 저 은하수
흰 비단 같은데,

復出東城接南陌
부 출 동 성 접 남 맥

다시 동성(東城) 위로 솟아
남쪽 길 끝까지 이어지네.

【語義】 八月(팔월):중추(仲秋) 8월. 가을의 한창때. 天氣晶(천기정):날씨
가 투명하게 맑은 것을 가리킨다. 河漢(하한):천하(天河), 즉 은하(銀
河). 昏(혼):새벽. 見(현):나타남. 淸且淺(청차천):맑고 얕음. 은하수
가 빛나는 것을 형용한 것. 曉(효):새벽. 縱復橫(종부횡):밤에는 하늘
의 가운데를 가로질러 세로로 있던 은하수가 새벽녘에 서산 위에 가로
로 놓이는 것을 가리킨다. 長河(장하):은하수. 千門裏(천문리):장안의
모든 성문 안에서 은하수를 볼 수 있음을 가리킨다. 複道(복도):앞에
나온 〈驪山〉의 語義에 자세히 설명되어 있다. 2층으로 된 각도(閣道)로,
위층은 천자(天子)만이 다닐 수 있었다. 連甍(연맹):연이어 있는 기와
지붕을 가리킨다. 甍은 기와. 蔽虧(폐휴):가려져 이지러짐. 복도(複道)
와 지붕 때문에 은하수의 일부가 가려져 보이지 않는 것을 가리킨다.
畫堂(화당):채색(彩色)을 한 전당(殿堂). 瓊戶(경호):아름다운 옥(玉)으
로 장식된 문. 瓊은 아름다운 붉은 옥의 한 가지. 전(轉)하여 사물의 미
칭(美稱). 特相宜(특상의):특별히 잘 어울림. 宜는 화목(和睦)한 것. 雲
母帳(운모장):운모(雲母)로 장식한 장막(帳幕). 汎濫(범람):물이 넘쳐
흐르는 것. 은하수가 하늘 널리 깔려 있는 것을 가리킨다. 水精(수정):
수정(水晶)과 같다. 簾(렴):발. 轉(전):점점, 더욱. 逶迤(위이):구불구
불 긴 모양. 은하수가 길게 뻗어 있는 것을 가리킨다. 倬彼昭回:(탁피
소회):《詩經》 大雅篇 〈雲漢〉의, '뚜렷한 저 은하수, 밝게 빛나며 하늘을
돌고 있네(倬彼雲漢 昭回于天).'를 인용한 것이다. 倬은 뚜렷한 것, 또
는 환한 것. 昭는 환히 빛나는 것, 回는 둥글게 움직이는 것. 如練白(여
련백):비단같이 힘. 練은 표백한 하얀 명주. 제(齊)나라 사현휘(謝玄暉)
의 詩 〈晚登三山還望京邑〉에, '달빛 아래 맑게 빛나는 長江이 마치 누인
비단처럼 깨끗하네(澄江靜如練).'라고 했는데, 여기서는 如練을 은하수
의 아름다움을 표현하는 데에 썼다. 앞에 나온, 李白의 〈金陵城西樓月

下吟〉참조. 南陌(남맥):남쪽 길. 《風俗通》에, '남북으로 뻗은 길을 천(阡)이라 하고, 동서로 뻗은 길을 맥(陌)이라고 한다. 하동(河東)에서는 동서로 뻗은 길을 阡라 하고, 남북으로 뻗은 길을 陌이라 한다.'라고 했는데 주자(朱子)는 후설(後說)을 옳다고 했다.

南北征人去不歸
남북정인거불귀
남북으로 길 떠난 사람 돌아오지 않으니

誰家今夜搗寒衣
수가금야도한의
오늘 밤엔 뉘 집에서 다듬이질하는가?

鴛鴦機上疎螢度
원앙기상소형도
원앙 무늬 짜는 베틀 위로
가끔 반딧불이 넘나들고

烏鵲橋邊一雁飛
오작교변일안비
오작교 옆에선 외기러기 나네.

雁飛螢度愁難歇
안비형도수난헐
기러기 날고 반딧불 넘나드니
시름 더욱 가셔지기 어려워

坐見明河漸微沒
좌견명하점미몰
말없이 앉아 은하수 점점 희미해지는 것을
바라보네.

已能舒卷任浮雲
이능서권임부운
은하수를 펴고 마는 것 뜬구름에게 맡겼으니

不惜光輝讓流月
불석광휘양류월
은하수 밝은 빛이
지는 달빛보다 못 해도 아쉽지 않네.

明河可望不可親
명하가망불가친
볼 수는 있어도 가까이할 수 없는 저 은하수,

願得乘槎一問津
원득승사일문진
원하노니, 옛사람처럼 뗏목 타고
저곳에 가 보았으면.

更將織女支機石
경장직녀지기석
그리고 직녀의 베틀 받치는 돌을 가져다가

還訪成都賣卜人
환방성도매복인
성도(成都)의 점치는 사람 찾아가리.

【語義】 南北(남북):《당문수(唐文粹)》에는 南陌으로 되어 있다. 征人(정인):나그네. 여인(旅人). 搗(도):擣와 소字. 찧는 것. 여기서는 다듬이질하는 것을 뜻한다. 寒衣(한의):겨울 옷. 鴛鴦機(원앙기):원앙새의 무늬를 짜 넣는 베틀. 鴛鴦은 암수의 사이가 좋은 새로 널리 알려져 있는데, 여기서는 베 짜는 여인의 외로움을 나타내고 있다. 機는 베틀. 疎螢度(소형도):베틀 위로 가끔 반딧불이 날아다니는 것을 가리킨다. 疎는 疏와 소字. 드물다는 뜻. 螢은 반딧불. 度는 渡의 뜻으로, 건너다. 烏鵲橋(오작교):칠석(七夕)에 견우(牽牛)와 직녀(織女)의 두 부부별을 서로 만나게 하기 위하여 까막까치가 모여 은하(銀河)에 놓는다고 하는 다리. 《白孔六帖》에, '까막까치가 은하를 메워 다리를 만들어 직녀를 건너가게 한다.'라고 했으며, 《風俗通》에는, '七夕에 직녀가 은하를 건너게 되자, 까치들로 하여금 다리가 되도록 하였다.'라고 했다. 愁難歇(수난헐):근심이 마르기 어려움. 근심이 쉬이 가시지 않는다는 뜻. 坐見(좌견):말없이 물끄러미 바라봄. 漸微沒(점미몰):은하수가 점점 희미해지며 사라지는 것을 가리킨다. 舒卷任浮雲(서권임부운):넓게 퍼지는 뜬구름에게 은하수를 펴는 것도 마는 것도 맡김. 구름이 떠다니며 은하수를 마음대로 가리는 것을 가리킨다. 不惜(불석):아깝지 않음. 光輝讓流月(광휘양류월):밝음을 지는 달에게 양보함. 은하수가 희미해져 지는 달보다 밝지 못하다는 뜻. 여기서 讓은 劣의 뜻으로, 미치지 못한다는 뜻. 流月은 지는 달. 여기서 流는, 강하(降下)의 뜻. 乘槎一間津(승사일문진):뗏목을 타고 나루터를 한 번 찾아감. 杜甫의 〈寄李白〉에 나오는 乘槎與問津도 이와 같은 뜻이다. 장화(張華)의 《博物志》卷十에, "구설(舊說)에, '은하수는 바다에 통한다.'고 했다. 근세(近世)에 바닷가에 사는 한 사람이 해마다 8월이면 바다에 뗏목을 띄웠는데, 뗏목이 바닷물을 타고 사라졌다가 다시 돌아오는 기간이 늘 일정했

다. 그 사람은 비상한 뜻을 세워, 뗏목 위에 비각(飛閣)을 세우고 많은
식량을 실은 다음, 은하수를 향해 떠났다. 떠난 지 십여 일까지는 별·
달·해 등이 보였으나, 그후로는 끝없이 넓기만 할 뿐 아무것도 보이지
않아 밤낮을 구별할 수 없었다. 다시 십여 일 후, 한 곳에 닿았다. 성곽
이 보이고 집들이 매우 장엄하였다. 멀리 바라보니 궁중에는 베 짜는 여
자들이 많았다. 그때 한 건장한 남자가 소를 끌고 와 물가에서 물을 먹였
다. 그는 뗏목을 보고 깜짝 놀라 그 사람에게 , '어떻게 이곳에 왔느냐?'
고 물었다. 그는 오게 된 사연을 이야기하고, 그곳이 어디인지를 물었다.
소를 끌고 온 사람은, 돌아가 촉군(蜀郡)의 엄군평(嚴君平)을 찾아 물어
보면 알 수 있을 것이라고 대답했다. 그는 그곳에 오르지 않고 그대로 돌
아왔다. 그후 촉(蜀)에 가 엄군평에게 물으니, 엄군평은 모년 모월 모
일에 객성(客星)이 견우성(牽牛星)을 침범한 적이 있다고 대답했다. 연
월을 따져 보니, 바로 그 사람이 은하수에 도착했던 때였다."라고 했다.
支機石(지기석):베틀을 받치는 돌.《白孔六帖》第二에《集林》의 글을 인
용하여, "옛날, 뗏목을 타고 은하수에 갔다가 돌을 얻어 온 사람이 있었
다. 엄군평(嚴君平)이 그 돌을 보고, '이것은 직녀(織女)의 베틀을 받치
는 돌이다.'라고 했다."고 했다.   成都賣卜人(성도매복인):성도의 점쟁
이. 엄군평(嚴君平)을 가리킨다. 성도(成都) 사람으로, 이름은 준(遵),
字는 군평(君平). 평소의 성품이 담박(澹泊)하고 학문이 깊었는데, 특히
역(易)에 정통하고 노장(老莊) 사상에 심취(心醉)하였다. 한(漢)의 대유
(大儒) 양웅(揚雄)도 젊었을 때에 그를 사사(師事)하였다. 李白의 詩〈醉
後答丁十八以詩譏子搥碎黃鶴樓〉의 語義 참조.

【解說】《唐文粹》卷十七,《唐詩紀事》卷十一에 실려 있고,《唐詩紀事》에
는 本篇 뒤에, "之問은 北門學士가 되고자 했으나 天后(則天武后)가 허

락하지 않았다. 그래서 本篇에 乘槎·訪卜등의 말이 나온다. 天后는 本篇을 읽고 최융(崔融)에게, '그에게 재주가 있음을 모르는 것은 아니다. 그에게 구과(口過:입 안에 병이 있어 口臭가 남)가 있기 때문이다.'라고 말했다. 之問은 죽을 때까지 그것을 부끄럽게 여겼다."라고 했다.

　全篇을 통하여 은하(銀河)의 아름다움이 잘 묘사되어 있는데, 고독한 여인이 출정(出征) 나간 남편을 그리는 마음을 옷감에 수놓는 것에 비겨 표현한 것은 매우 낭만적인 발상이다. 앞에 나온 杜甫의 〈寄李白〉의 末句에도 '乘槎問津'이란 말이 나오는데, 당시에 널리 유행했던 성어(成語)인 듯하다. 특히 銀河에 관하여 읊은 本篇에선 더 자연스럽게 쓰이고 있다. 本篇을 武后에게서 버림받은 之問이 자신의 처지를 슬퍼하여 武后를 銀河에 비겨 노래한 것이라고 해석하는 說이 많으나, 단순히 은하수의 아름다움을 노래한 작품으로 보는 것이 타당하다.

제마애비:황노직(題磨崖碑:黃魯直)

春風吹船著浯溪 춘 풍 취 선 착 오 계	봄바람 불어와 배가 오계(浯溪)에 닿으니
扶藜上讀中興碑 부 려 상 독 중 흥 비	지팡이 짚고 절벽에 올라 중흥비를 읽노라.
平生半世看墨本 평 생 반 세 간 묵 본	평소부터 반세기 동안이나 마애비의 탁본을 보아 왔는데,
摩挲石刻鬢如絲 마 사 석 각 빈 여 사	마애비를 어루만지는 지금에 이르러선 귀밑머리 희었네.
明皇不作包桑計 명 황 부 작 포 상 계	현종이 백성들을 살리는 계책을 세우지 못해
顚倒四海由祿兒 전 도 사 해 유 록 아	천하가 안녹산의 난에 뒤집혔다네.
九廟不守乘輿西 구 묘 불 수 승 여 서	종묘를 지키지 못하고 천자가 서촉(西蜀)으로 가니
萬官奔竄鳥擇栖 만 관 분 찬 조 택 서	백관(百官), 새가 깃들일 곳을 찾듯 앞 다투어 달아났다네.
撫軍監國太子事 무 군 감 국 태 자 사	출정하는 군주를 따르는 것과 나라를 지키는 것이 태자의 일이거늘,
何乃趣取大物爲 하 내 촉 취 대 물 위	어찌하여 태자가 갑자기 천자의 자리에 올랐던가?
事有至難天幸耳 사 유 지 난 천 행 이	국난을 평정하는 일은 지극히 어려웠으나 다행히 하늘이 돌보시어
上皇跼蹐還京師 상 황 국 척 환 경 사	상황(上皇)이 된 현종 몸 굽혀 경사로 돌아왔다네.

【語義】著(착):다다르다. 浯溪(오계):本書 後集에 나오는 元次山의 〈大唐中興頌〉에, '상강(湘江)으로 흘러드는 동서(東西)의 두 물줄기가 합쳐지는 곳이 오계(浯溪)인데, 그곳에는 깎아 세운 듯한 돌벼랑이 하늘을 찌를 듯이 우뚝 솟아 있다. 이 글을 새길 만한 돌벼랑이어서, 이제 이 송(頌)을 새기노니, 어찌 천만 년만 전하겠는가(湘江東西 中直浯溪 石崖天齊. 可磨可鐫 刊此頌焉 何千萬年).'라고 했다. 解說 참조. 扶藜(부려):명아주 지팡이에 몸을 의지함. 中興碑(중흥비):원차산(元次山)의 〈大唐中興頌〉을 새긴 비문(碑文). 오계(浯溪)의 마애(磨崖)에 새겼으므로 〈磨崖碑〉라고도 한다. 後集 〈大唐中興頌〉 참조. 墨本(묵본):금석(金石)에 새겨진 그림에 먹칠을 하여 종이에 그대로 박아 낸 것. 탁본(拓本). 摩挲(마사):손으로 주물러 어루만짐. 여기서는 비문(碑文)을 어루만지며 읽고 감상하는 것을 가리킨다. 노년이 되어 시력이 쇠약하여져, 비문을 손으로 더듬어 읽는다는 뜻으로 해석하는 설도 있다. 鬢如絲(빈여사):귀밑머리가 명주실 같음. 나이가 많이 들었음을 가리킨다. 明皇(명황):당(唐) 현종(玄宗)을 가리킨다. 包桑計(포상계):백성들을 편히 살게 할 튼튼한 계책. 包桑은《周易》天地否卦 九五의 爻辭에 나오는 繫于苞桑을 뜻하는 말로, 그 해석에 이설(異說)이 많다. 매우 위험한 것을 뜻한다는 설이 있는가 하면, 안전 견고(安全堅固)한 것을 뜻한다는 설도 있다. 이 詩에서는 후자의 뜻으로 사용되었다. 苞가 包로 된 역서(易書)도 있다. 顚倒四海(전도사해):세상이 뒤집힘. 안녹산(安祿山)의 난이 일어난 것을 가리킨다. 祿兒(녹아):안녹산(安祿山)을 경멸하여 안녹산 녀석이라고 한 것임. 九廟(구묘):종묘사직(宗廟社稷)을 가리킨다. 천자의 묘(廟)는 원래 칠묘〔七廟:太祖의 사당을 중심으로, 그 왼쪽에 있는 二世·四世·六世의 사당을 삼소(三昭)라 하고, 오른쪽에 있는 三世·五世·七世의 사당을 삼목(三穆)이라 한다〕였는데, 당(唐)의 개원(開元) 연간(年間)에 구묘(九廟)로 하였다. 乘輿西(승여서):당(唐) 현종

(玄宗)이 안녹산(安祿山)의 난을 만나 서촉(西蜀)으로 피신한 것을 가리킨
다. 乘輿는 천자의 수레. 奔竄鳥擇栖(분찬조택서):달아나 숨는 것이, 새
가 깃들일 곳을 찾는 것 같음. 현종(玄宗)이 난을 피해 촉(蜀)으로 가고 장
안이 함락되자, 많은 신하들이 도망가고 심지어는 역적을 받들어 모신 사
실을 가리킨다. 撫軍監國(무군감국):출정(出征)하는 군주를 따르는 것과
나라를 지키는 것.《左傳》閔公 2년에, "진(晋)나라 제후가 태자(太子) 신
생(申生)으로 하여금 동산(東山)의 고락씨(皐落氏)를 치게 했다. 그러자 이
극(里克)이 간(諫)하여 말했다. '태자는 종묘사직(宗廟社稷)의 제사를 받
들어야 하고, 조석(朝夕)으로 군주에게 올라가는 음식상을 감시해야 합니
다. 그러기에 태자를 총자(冢子)라 하옵니다. 또 태자는 군주가 싸우러 나
가면 도읍에 남아 지켜야 하며, 지킬 사람이 있을 경우에는 군주를 따라
갑니다. 태자가 군주를 따라가는 것을 무군(撫軍)이라 하옵고, 도읍에 남
아 지키는 것을 감국(監國)이라 하는데, 이는 옛날에 정해진 법이옵니다
(太子奉冢祀社稷之粢盛 以朝夕視君膳者也. 故曰冢子. 君行則守 有守則
從. 從曰撫軍 守曰監國 古之制也).'라고" 했다. 趣(촉):갑자기. 促과 同字.
取大物(취대물):큰 것을 취하다, 즉 천자의 자리에 오른 것을 뜻한다. 앞
구절과 이 구절, '무군(撫軍)·감국(監國)이 태자의 일인데, 어찌하여 급
하게 천하를 차지하였는가?'는, 안녹산의 난에 현종(玄宗)이 피신하자 숙
종(肅宗)이 자기 마음대로 왕위에 오른 사실을 꼬집은 것이다.《左傳》閔
公 2년에 기록되어 있는 앞의 이극(里克)의 간언(諫言)에, '대저 군대를 마
음대로 부리는 것은, 군주와 국정(國政)을 맡은 대신의 일이지, 태자의 일
이 아니옵니다(夫帥師專行謀誓軍旅 君與國政之所圖也 非太子之事也).'라
고 했다. 事有至難(사유지난):원차산(元次山)의〈大唐中興頌〉가운데에
나오는 말이다. '국가의 난을 평정하는 일은 지극히 어려웠으나, 기울던 종
묘사직이 다시 편안하게 되고, 헤어지셨던 두 분의 성황(玄宗과 肅宗)께서

는 재회의 기쁨을 누리게 되셨다(事有至難 宗廟再安 二聖重歡).' 天幸耳
(천행이):本集에는 天幸爾로 되어 있다. 하늘이 돌보시어 국란(國亂)이 평
정되었다는 뜻. 上皇(상황):태상황(太上皇). 선위(禪位)한 황제에게 바치
는 존호(尊號). 현종(玄宗)을 가리킨다. 跼蹐(국척):두려워하는 모습을 형
용한 것.《詩經》小雅篇〈正月〉의, '하늘이 높다고들 하지만 몸을 굽히지
않을 수 없고, 땅이 두텁다고들 하지만 조심해 걷지 않을 수 없네(謂天蓋
高 不敢不局, 謂地蓋厚 不敢不蹐).'에서 유래된 말. 局은 跼, 몸을 굽히는
것. 蹐은 조심하여 걷는 것. 還京師(환경사):안녹산의 난이 진압되자, 현
종(玄宗)이 장안(長安)으로 다시 돌아온 것을 가리킨다.

内間張后色可否 내 간 장 후 색 가 부	궁중에선 장후(張后)가 낯빛 하나로 모든 일을 결정하여 현종과 숙종을 이간시켰고,
外間李父頤指揮 외 간 이 부 이 지 휘	궁 밖에선 이보국이 정사를 마음대로 하여 두 분을 이간시켰네.
南内凄涼幾苟活 남 내 처 량 기 구 활	흥경궁(興慶宮)의 처량한 생활 얼마나 구차스러웠던가,
高將軍去事尤危 고 장 군 거 사 우 위	고역사 귀양 가자 현종은 목숨마저 위태로웠네.
臣結春陵二三策 신 결 용 릉 이 삼 책	원결은 백성들의 괴로움을〈春陵行〉등 두세 편의 시로 읊었고,
臣甫杜鵑再拜詩 신 보 두 견 재 배 시	두보는〈杜鵑〉을 지어 천자에 대한 충성을 보였네. .
安知忠臣痛至骨 안 지 충 신 통 지 골	충신들의 고통이 뼈에 사무쳤음을 누가 알리?
後世但賞瓊琚詞 후 세 단 상 경 거 사	후세의 오늘엔〈大唐中興頌〉의 아름다운 문구만 감상할 뿐이네.
同來野僧六七輩 동 래 야 승 육 칠 배	떠돌이 중 6,7명이 함께 왔고,

亦有文士相追隨
역 유 문 사 상 추 수

또 문사(文士) 몇몇이 나를 따라왔네.

斷崖蒼蘚對立久
단 애 창 선 대 립 구

푸른 이끼 낀 마애비를 대하고 있노라니,

凍雨爲洗前朝悲
동 우 위 세 전 조 비

지난 왕조의 슬픔을 씻어 내려는 듯
소나기가 내린다.

【語義】內間張后色可否(내간장후색가부):궁중(宮中)에서 숙종(肅宗)의 비
(妃)인 장황후(張皇后)가 낯빛 하나로 모든 일을 결정하여, 현종(玄宗)
과 숙종을 이간(離間)시킨 것을 가리킨다. 間은 이간질하는 것. 張后는
숙종의 왕후(王后). 色은 낯빛. 《唐書》七十七에, '숙종(肅宗)의 폐후
(廢后)로서 서인(庶人)이 된 장씨(張氏)는, 등주(鄧州:河南省 南陽縣)
향성(向城) 사람. 건원(乾元) 초에 숙비(淑妃)에 책봉(册封)되더니 마침
내 황후(皇后)가 되었다. 장씨는 황제의 총애를 믿고 점차 정사에 관여
하더니, 이보국(李輔國)과 손을 잡고 권력을 휘둘렀으며, 상황(上皇:
玄宗)을 서궁(西宮)에 거(居)하게 하고, 황제로 하여금 서궁에 행차하
지 못하도록 했다. 보응(寶應) 9년, 내관(內官) 주휘광(朱輝光) 등과 공
모하여 월왕(越王) 계(係)를 옹립(擁立)하려다가, 이보국 · 정원진(程元
振)이 병(兵)을 일으켜 태자를 옹위(擁衛)하였기 때문에, 별전(別殿)에
유폐(幽閉)되었다. 대종(代宗)이 즉위하자 여러 신하들이 장씨의 폐위
(廢位)를 주장하여, 그녀는 평민으로 밀려났다.'라고 했다. 外間李父
頤指揮(외간이부이지휘):이보국(李輔國)이 정사를 마음대로 하며 현종
(玄宗)과 숙종(肅宗)을 이간시킨 것을 가리킨다. 李父는 대종(代宗)이
사공(司空)으로 삼고 상부(尙父)라 불렀던 이보국(李輔國)을 가리킨다.
그는 환관(宦官)으로 미천한 출신이었으나, 안녹산의 난 때에 숙종(肅
宗)을 수종(隨從)하여 신임을 얻고, 숙종이 즉위하자 판원수부 행군사

마(判元帥府行軍司馬)에 임명되고 성국공(成國公)에 봉(封)해져 권세를 부렸다. 후에 그는, 자신을 제거하려는 황후(皇后) 장씨의 음모를 알아채고, 병(兵)을 일으켜 대종(代宗)을 옹립(擁立), 그 공(功)을 받고 전횡(專橫)을 일삼아 천자보다 더한 세력을 누렸는데, 결국 대종(代宗)이 보낸 자객에게 죽음을 당했다. 頤指揮는 턱으로 모든 일을 지시하는 것. 南內(남내):현종(玄宗)이 있던 흥경궁(興慶宮)을 가리킨다. 內는 대궐을 뜻한다. 당(唐)의 장안(長安)에는 삼내(三內)가 있었다. 황성(皇城)은 서쪽에 있어 서내(西內)라 하고, 대명궁(大明宮)은 西內의 동쪽에 있어 동내(東內)라 하며, 흥경궁(興慶宮)은 東內의 남쪽에 있어 남내(南內)라 했다. 숙종(肅宗)이 즉위하자 명황(明皇:玄宗)을 태상황(太上皇)이라 높여 부르게 되었는데, 촉(蜀)에서 돌아온 상황(上皇)은 흥경궁(興慶宮)을 사랑하였으므로 그곳에 머물렀다. 후에 이보국(李輔國)이 조칙(詔勅)을 거짓으로 꾸며 현종의 거소를 서궁(西宮) 깊은 곳으로 옮겼다. 凄涼(처량):쓸쓸한 것. 幾苟活(기구활):매우 구차스럽게 생활하는 것을 뜻한다. 장안으로 돌아온 현종은 정치 일선에서 물러났을 뿐만 아니라, 이보국의 농간에 의해 연금당하고 만다. 高將軍(고장군):표기대장군(驃騎大將軍) 고역사(高力士)를 가리킨다. 그는 고주(高州) 사람으로, 예종(睿宗) 때에 내급사(內給事)가 되었고, 숙잠(蕭岑)을 죽인 공으로 右監門衛將軍·知內侍省事가 되었다. 현종(玄宗) 때에는 지극한 총애를 받아 驃騎大將軍에 올랐으며 제국공(齊國公)에 봉(封)해졌으나, 숙종(肅宗)이 즉위하자 이보국(李輔國)으로부터 탄핵(彈劾)을 받아 오랫동안 무주(巫州)에 귀양 가 있었다. 臣結(신결):신하 원결(元結). 元結은 자(字)는 차산(次山), 무창(武昌:湖北) 사람. 17세 때에 학문에 뜻을 두어 천보(天寶) 12년에 진사(進士)가 되었다. 안녹산(安祿山)의 난이 일어났을 때에 소원명(蘇原明)의 추천에 의해서 숙종(肅宗)

에게 출사했다. 〈時義〉 세 篇을 올려 금오참군병조(金吾參軍兵曹)로 승진되고, 감찰어사(監察御史)를 겸하여 산동서도(山東西道)의 절도참모(節度參謀)가 되었다. 대종(代宗)이 즉위하자 벼슬을 사퇴하고 번천(樊川)의 물가로 돌아가, 저작랑(著作郎)을 제수받아 책을 저술했다. 春陵(용릉):元結이 지은 〈春陵行〉을 가리킨다. 元結은 〈春陵行〉에서, 당시 백성들이 겪는 고통을 감동 있게 읊었다. 春陵은 옛 지명(地名)으로, 호북성(湖北省) 조양현(棗陽縣)의 동쪽 땅. 二三策(이삼책):원결이 시국(時局)을 읊은, 〈春陵行〉을 비롯한 2,3 편의 시를 가리킨다. 臣甫(신보):두보(杜甫)를 가리킨다. 杜鵑(두견):두보의 詩 〈杜鵑〉을 가리킨다. 詩의 내용은, 杜甫가 세상의 人心을 한탄한 것으로, 금수(禽獸)도 촉제(蜀帝)의 혼(魂)이 화(化)하여 된 것이라는 두견(杜鵑)에게는 존경의 예(禮)를 보이는데, 인간으로서 천자(天子)를 존경하지 않는 것은 금수만도 못한 짓이라는 것. 再拜詩(재배시):천자에 대한 충성을 나타낸 詩. 忠臣(충신):杜甫와 元結을 가리킨다. 瓊琚詞(경거사):구슬같이 아름다운 글. 中興頌의 문구(文句)를 가리킨다. 瓊琚는 아름다운 옥(玉). 野僧(야승):여행하며 돌아다니는 중. 文士(문사):시문(詩文)을 썩 잘 짓는 선비. 斷崖蒼蘚(단애창선):비문(碑文)이 새겨진 절벽에 푸른 이끼가 돋은 것을 가리킨다. 斷崖는 깎아지른 듯한 절벽. 蒼蘚은 푸른 이끼. 對立久(대립구):마애비(磨崖碑)를 보며 오랫동안 서 있음. 凍雨(동우):동우(凍雨). 봄이나 여름에 쏟아지는 소나기. 凍과 涷은 서로 뜻이 통한다. 凍雨를 氷雨의 뜻으로 해석하면, 이 詩를 지은 때인 봄의 기후와 맞지 않는다. 前朝悲(전조비):지난 왕조(王朝)의 슬픔.

【解說】《黃山谷文集》卷八에는 〈書磨崖碑後〉라는 제목으로 실려 있다. 唐 천보(天寶) 14년(755), 안녹산(安祿山)이 난을 일으켜 낙양을 함락시키

더니, 이듬해엔 장안마저 함락시켰다. 玄宗은 촉(蜀)으로 피했고, 太子가 영무(靈武)에서 즉위하여 반군 진압에 나섰다. 그리하여 양경(兩京:洛陽과 長安)이 수복되고, 玄宗은 다시 경사(京師)로 돌아오게 되었다. 이 역사적인 사실을 찬양하여, 唐의 元結이 頌을 지은 것이 바로 《古文眞寶》後集에 실려 있는 〈大唐中興頌〉이며, 그 글은 오계(浯溪)의 마애(磨崖)에 새겨졌다. 本篇은 숭녕(崇寧) 3년(1104) 3월 黃山谷이 그의 나이 60세 때, 마애비(磨崖碑)를 직접 보고 그 감개(感慨)를 읊은 것이다.

元結의 〈大唐中興頌〉에 관해서는 범성대(范成大)가, '頌은 성덕(盛德)을 찬미하는 글인데, 이 글에는 비록 부드럽게 표현하고 있기는 하나 비방의 뜻이 포함되어 있다.'고 한 것과 같이, 찬양의 글 속에 은밀히 唐朝의 잘못을 비난하고 있다고 해석하는 견해도 있으나, 그것은 글이 가지고 있는 본뜻은 제쳐놓고 문자의 작은 뜻에만 사로잡힌 견해이다. 〈大唐中興頌〉은 전적으로 숙종의 공적을 찬양한 글이다. 그런데 黃山谷은 〈大唐中興頌〉이 새겨진 〈磨崖碑〉를 보고, 中興이라는 말과는 어울리지 않는 그 당시의 唐朝 쇠미(衰微)의 역사적인 사실을 날카롭게 지적하여, 唐朝가 도의심(道義心)과 대의명분(大義名分)을 잃어 혼란을 자초했음을 한탄하고 있다. 사실 〈大唐中興頌〉을 지은 元結도 당시의 정치적 부패와 백성들의 고통을 한탄하여 〈舂陵行〉을 지었고, 杜甫는 〈杜鵑〉을 지어, 王朝를 존경할 줄 모르는 난세(亂世)의 인심(人心)을 슬퍼했다.

권지 6(卷之六)

칠언고풍장편(七言古風長篇)

七言古詩의 長篇은 당 초(唐初)부터 발달하여 〈帝京篇〉·〈長安古意〉 등의 서술적(敍述的) 장편이 출현하여, 한위(漢魏)의 부(賦)를 대신하는 위치를 차지하게 되었다. 후대(後代)로 오면서 성행(盛行)하였는데, 특히 전기적(傳奇的)인 이야기를 서술하는 詩로서 발전하였다. 초당(初唐) 장약허(張若虛)의 〈春江花月夜〉나 송지문(宋之問)의 〈有所思〉를 비롯하여, 行·歌類, 즉 악부(樂府)의 제명(題名)을 빌린 작품에 七言古風의 長篇이 많이 쓰이게 되었다. 白樂天의 〈琵琶行〉·〈長恨歌〉 등이 그러한 예이다. 本書에서는 樂府類를 따로 모았으나, 여기 '七言古風長篇' 중에는 〈有所思〉와 같은 樂府類도 섞여 있다.

유소사:송지문(有所思:宋之問)

洛陽城東桃李花
낙 양 성 동 도 리 화

낙양성 동쪽의 복숭아와 오얏꽃은

飛來飛去落誰家
비 래 비 거 낙 수 가

이리저리 날리며 뉘 집으로 떨어지는가.

幽閨兒女惜顔色
유 규 아 녀 석 안 색

규방의 아가씨는 낯빛을 아끼어

坐見落花長歎息
좌 견 낙 화 장 탄 식

떨어지는 꽃을 보며 길게 탄식하네.

今年花落顔色改
금 년 화 락 안 색 개

올해 꽃 지면 낯빛도 바뀔 테니

明年花開復誰在
명 년 화 개 부 수 재

내년 꽃 필 때엔 뉘 얼굴이 지금 그대로일까?

已見松柏摧爲薪
이 견 송 백 최 위 신

오래된 소나무와 잣나무가 잘려
땔나무 되는 것을 보았고,

更聞桑田變成海
갱 문 상 전 변 성 해

뽕나무 밭이 변하여
바다 되었다는 소리도 들었노라.

古人無復洛城東
고 인 무 복 낙 성 동

옛사람 낙양성 동쪽으로 다시 돌아오지 못하고,

今人還對落花風
금 인 환 대 낙 화 풍

지금 사람만이 꽃을 지우는 바람 앞에 서 있네.

年年歲歲花相似
연 년 세 세 화 상 사

해가 가도 꽃은 다시 피어 비슷하지만,

歲歲年年人不同
세 세 연 년 인 부 동

해가 가면 사람들은 바뀐다네.

寄言全盛紅顔子
기 언 전 성 홍 안 자

낯빛 붉은 젊은이들에게 말하노니,

須憐半死白頭翁
수 련 반 사 백 두 옹

반쯤 죽은 것이나 다름없는
머리 흰 늙은이를 가엾게 생각하게.

【語義】 洛陽(낙양):하남성(河南省) 하남부(河南府) 낙양현(洛陽縣), 낙수(洛水)의 북쪽에 있는 고도(古都). 당(唐)의 수도인 장안(長安)에 대하여 동도(東都)라고도 했다. 幽閨(유규):그윽한 규방(閨房). 여인들이 기거하는 깊은 방. 兒女(아녀):女兒로 된 판본도 있다. 젊은 여자. 惜顏色(석안색):낯빛을 아낌. 세월이 흘러 예쁜 얼굴에 주름이 지는 것을 안타까워한다는 뜻.《全唐詩》에는 好顏色으로 되어 있다. 松柏摧爲薪(송백최위신):소나무와 잣나무가 베어져 땔나무가 됨. 인생무상(人生無常)을 가리킨다. 摧는 꺾이는 것. 薪은 땔나무. 桑田變成海(상전변성해):뽕나무 밭이 변하여 바다가 됨. 세상의 모든 일이 덧없이 변천(變遷)함을 뜻하는 말로《神仙傳》의, '동해가 세 번 변하여 뽕나무 밭이 되는 것을 보았다(見東海三變爲桑田).'는 말에서 유래(由來)된 것. 古人無復洛城東(고인무복낙성동):옛사람은 낙양성 동쪽으로 다시 돌아오지 못함. 復은 동사로 돌아오다 의 뜻. 부사어로 보아 '다시, 또' 등으로 해석하면, 문의(文意)가 명확해지지 않는다. 寄言(기언):말을 전하고자 함. 全盛紅顏子(전성홍안자):지금 원기 왕성하고 낯빛도 붉은 젊은이. '子는 남자에 대한 존칭(尊稱), 또는 친애(親愛)의 뜻을 나타내는 호칭. 여자에게도 쓸 수 있다. 須(수):모름지기. 半死白頭翁(반사백두옹):반쯤 죽은, 즉 시체나 다름없는 머리 흰 늙은이. 매우 늙은 사람을 가리킨다.

此翁白頭眞可憐
차 옹 백 두 진 가 련

저 늙은이의 백발 참으로 가엾게 보이겠지만,

伊昔紅顏美少年
이 석 홍 안 미 소 년

그도 옛날엔 낯 붉던 젊은이였다네.

公子王孫芳樹下 공자왕손방수하	공자(公子)와 왕손들, 향기로운 나무 아래에서
清歌妙舞落花前 청가묘무낙화전	떨어지는 꽃을 보며 노래 부르고 춤추네.
光祿池臺文錦繡 광록지대문금수	곡양후(曲陽侯)의 못과 누대는 비단 무늬로 장식되었었고,
將軍樓閣畫神仙 장군누각화신선	호사(豪奢)를 다했던 양기(梁冀)의 누각엔 신선이 그려져 있었네.
一朝臥病無相識 일조와병무상식	하루아침에 몸져누우면 따르는 친구 하나 없을 테니,
三春行樂在誰邊 삼춘행락재수변	삼춘(三春)의 즐거움이 어느 곳에 있겠는가?
宛轉蛾眉能幾時 완전아미능기시	아름다운 얼굴이 그 언제까지이리,
須臾鶴髮亂如絲 수유학발난여사	눈 깜짝하면 흰머리 실처럼 날리게 된다네.
但看古來歌舞地 단간고래가무지	예부터 노래하고 춤추던 곳이라는 이곳,
惟有黃昏鳥雀飛 유유황혼조작비	황혼 되니 새들만이 날아다닐 뿐이네.

【語義】 伊(이):지시 대명사로 저〔彼〕. 白頭翁을 가리킨다. 公子王孫(공자
왕손):신분 높은 사람들의 자제(子弟). 光祿池臺文錦繡(광록지대문금
수):光祿池臺는 한(漢)나라 곡양후(曲陽侯:光祿大夫 왕근(王根)을 가리
킨다. 五侯의 한 사람)의 집 정원에 있던 화려한 못과 누대를 가리킨다.
光祿大夫는 관명(官名). 은인 청수(銀印靑綬)를 띠었으며, 궁중의 주식
(酒食)을 관장했던 종일품(從一品)의 고관(高官). 文은 장식하는 것. 錦
繡는 아름답게 무늬를 넣은 비단. 將軍樓閣畫神仙(장군누각화신선):

장군의 누각엔 신선의 그림이 그려져 있음. 將軍은 동한(東漢) 순제(順帝)의 비(妃)인 양황후(梁皇后)의 오빠인 양기(梁冀)로, 자(字)는 백거(伯車), 발고장군(跋扈將軍)이라 불렸으며, 호사(豪奢)와 전횡(專橫)으로 유명했다.　相識(상식):마음속으로 알아주는 사람을 뜻한다.《樂府詩集》에는 人識으로 되어 있다.　三春行樂(삼춘행락):봄 석 달 동안 야외(野外)에서 누리는 즐거움. 맹춘(孟春)·중춘(仲春)·계춘(季春)을 삼춘(三春)이라 한다.　宛轉(완전):얌전하고 아름다움. 미인(美人)을 형용한 것으로, 요조(窈窕)와 같은 뜻.　蛾眉(아미):누에나방의 촉수(觸鬚)처럼 털이 짧고 초승달 모양으로 길게 굽은 아름다운 눈썹. 곧 미인(美人)의 눈썹. 전(轉)하여 미인.　須臾(수유):갑자기, 금세. 눈 깜짝할 사이에.　鶴髮(학발):학의 깃처럼 하얀 머리털.　古來(고래):예로부터.《樂府詩集》에는 舊來로 되어 있다.　黃昏鳥雀飛(황혼조작비):황혼에 새들이 날고 있음. 雀은 참새. 시세(時世)의 변전(變轉)을 뜻한다.

【解說】《唐詩選》·《唐詩遺響》등에는 〈代悲白頭翁〉이란 제목으로 되어 있고, 유정지(劉廷芝)의 作으로 되어 있는데, 아무래도 本篇은 宋之問의 작품이 아닌 듯하다. 또 제목에도 〈白頭吟〉·〈白頭翁詠〉등 여러 가지인데, 詩의 내용이 청춘(靑春)을 회고(回顧)하고 人生의 무상(無常)함을 한탄한 것이므로 〈代悲白頭翁〉이란 제목이 가장 어울린다고 생각한다. 유려(流麗)한 필치(筆致)로 꽃 같은 봄날을 보내는 늙은이의 우수(憂愁)를 잘 그려낸 작품이다. 특히 ‘年年歲歲花相似 歲歲年年人不同’의 兩句는 인구(人口)에 회자(膾炙)되는 명구(名句)이다. 본디 이 詩는 宋之問의 사위인 유희이(劉希夷)가 지은 것인데, 之問이 위의 兩句를 달라고 했으나 응하지 않자, 之問이 하인을 시켜 흙 포대로 劉希夷를 눌러 죽이고 빼앗아 갔다는 이야기가 있는데(《唐才子傳》劉希夷傳), 宋之問쯤 되는

대시인이 詩句 하나를 빼앗기 위해 사위를 죽였다는 것은 믿을 수 없는 이야기이다. 이러한 이야기는, '年年歲歲花相似 歲歲年年人不同'의 兩句가 너무나 훌륭하여 생겨난 일화(逸話)일 것이다.

여지탄:소자첨(荔枝歎:蘇子瞻)

十里一置飛塵灰
십 리 일 치 비 진 회
십 리마다 역참을 두어 흙먼지를 날리게 하고

五里一堠兵火催
오 리 일 후 병 화 최
오 리마다 보루 쌓고 횃불을 올려
여지의 운반을 재촉했네.

顚坑仆谷相枕藉
전 갱 부 곡 상 침 적
구덩이에 엎어지고 골짜기에
쓰러져 죽은 시체가 어지러이 널려 있었으니

知是荔枝龍眼來
지 시 여 지 용 안 래
여지와 용안을 바치기 위해
얼마나 많은 고통을 받았는지 알 만하네.

飛車跨山鶻橫海
비 거 과 산 골 횡 해
나는 듯한 수레로 산을 넘고
빠른 배로 바다를 건너니

風枝露葉如新採
풍 지 노 엽 여 신 채
가지는 가벼이 흔들리고 잎에는 이슬 맺혀
이제 막 따 온 듯했네.

宮中美人一破顏
궁 중 미 인 일 파 안
양귀비는 한 번 웃으면 그만이었지만,

驚塵濺血流千載
경 진 천 혈 유 천 재
뽀얀 흙먼지 속에 흘렸던 피는
천년을 두고 흐르네.

【語義】 十里一置(십리일치):십리마다 역(驛)을 하나씩 둠.《後漢書》和
帝紀에, '본디 남해(南海)에서 용안(龍眼)·여지(荔枝)를 헌상했다. 十
里마다 一置, 五里마다 一堠를 두었다. 험한 길을 달려, 죽는 자가 길에
널렸다.'라고 했다. 置는 말을 준비하여 두었다가 지친 말과 바꿔 타도
록 하던 곳. 역참(驛站). 堠(후):적정(敵情)을 살피기 위하여 흙으로 쌓
은 보루(堡壘). 긴급한 일이 있으면 봉화로 그 사실을 알렸다. 兵火催
(병화최):兵火는 병재(兵災)의 뜻이 아니라 봉화(烽火)의 뜻으로 쓰였
다. 봉화는 적의 침입을 알리는 데에 쓰이는 것이지만, 이 시에서는 여
지(荔枝)를 운반하는 사자(使者)가 오는 것을 알린다는 뜻으로 쓰였다.

催는 재촉하는 것. 봉화로 신호하여, 여지의 운반을 재촉한 것을 가리킨다. 顚坑仆谷(전갱부곡):구덩이에 엎어지고 골짜기에 쓰러져 죽음. 여지를 운반하다 많은 사람이 죽은 사실을 가리킨다. 相枕藉(상침적): 죽은 시체가 어지럽게 포개져 있는 것을 가리킨다. 藉은 어지러운 모양. 龍眼(용안):식물(植物)의 이름. 열매는 달아 식용하는데, 중국 복건성 (福建省) 흥화(興化)에서 나는 것을 최고의 것으로 친다고 한다. 飛車 (비거):원래는 수레의 이름이나, 여기서는 여지를 운반하는 빠른 수레로 해석하는 것이 좋다. 跨山(과산):산을 뛰어넘음. 鶻(골):송골매. 여기서는 매우 빠른 배를 가리킨다. 병서(兵書)에, '해골(海鶻)은 이물이 낮고 고물이 높다. 또 앞은 크고 뒤는 작아, 기(旗)의 모습과 비슷하다.' 라고 했다. 宮中美人(궁중미인):양귀비(楊貴妃)를 가리킨다. 破顔(파안):웃는 것을 가리킨다. 驚塵(경진):내딛는 말발굽 아래에서 일어나는 흙먼지. 濺血(천혈):피를 뿌림. 여지를 운반하던 인마(人馬)가 험한 길에서 넘어져 피를 흘리는 것을 가리킨다. 流千載(유천재):천 년을 흐름. 천 년 뒤까지 해독(害毒)이 남으리라는 뜻. 載는 해〔年〕.

永元荔枝來交州 영 원 여 지 내 교 주	후한의 화제(和帝) 때에는 여지가 교주로부터 왔고,
天寶歲貢取之涪 천 보 세 공 취 지 부	현종(玄宗) 때에는 해마다 부주(涪州)에서 공물로 바쳤네.
至今欲食林甫肉 지 금 욕 식 임 보 육	지금 사람들, 이임보의 살코기를 먹겠다고 벼르면서도
無人舉觴酹伯游 무 인 거 상 뇌 백 유	당백유의 혼에 술잔 올릴 줄 모르네.
我願天公憐赤子 아 원 천 공 연 적 자	바라노니, 하늘이시어! 백성들을 가엾게 여기시어,

莫生尤物爲瘡痏
막 생 우 물 위 창 유

백성들을 괴롭히는 여지 같은 것을
부디 내지 마소서.

雨順風調百穀登
우 순 풍 조 백 곡 등

비바람 순조로워 백곡이 잘 여물어

民不飢寒爲上瑞
민 불 기 한 위 상 서

헐벗고 굶주리는 백성 없는 것이
천하에서 가장 좋은 일이어라.

【語義】 永元(영원):후한(後漢) 화제(和帝) 때의 연호(年號). 89~104. 交州
(교주):한(漢)나라 때 군(郡)의 하나인 교지(交趾) 지방을 가리킨다. 베트
남 북부의 통킹·하노이 지방. 天寶歲貢(천보세공):天寶는 당(唐)나라 현
종(玄宗) 때의 연호. 742~755. 歲貢은 해마다 바치는 공물(貢物). 여기서
는 여지(荔枝)와 용안(龍眼)을 가리킨다. 涪(부):부주(涪州). 투주(渝州:四
川省 重慶의 옛이름)의 부릉진(涪陵鎭). 欲食林甫肉(욕식임보육):이임보
(李林甫)의 살을 먹고자 함. 이임보에 대한 증오가 매우 심했던 것을 표현
한 것이다. 本書 注에, '李林甫, 현종(玄宗) 때의 재상(宰相). 여지(荔枝)를
남쪽에서 가져오는 것을 그만두라고 간(諫)하지 못했다. 천하의 사람들이
그를 미워하여, 그의 살코기를 먹고자 했다.'라고 했다. 酹(뢰):술을 땅에
붓고 신(神)에게 제사를 지내는 것. 伯游(백유):후한(後漢) 화제(和帝)에게
간(諫)하여 여지(荔枝) 바치는 것을 그만두게 한 당강(唐羌)을 가리킨다.
伯游는 그의 자(字). 天公(천공):천제(天帝). 赤子(적자):갓난아이. 여기서
는 일반 백성을 가리킨다. 尤物(우물):특출(特出)한 것. 여지(荔枝)나 용안
(龍眼) 같은 것을 가리킨다. 《春秋左氏傳》昭公 28년에 다음과 같은 말이
나온다. '대저 뛰어난 물건은 사람의 마음을 혹하게 하기에 충분하다. 덕
이 있고 마음이 바른 사람이 아니고선 반드시 화(禍)를 입게 된다(夫有尤
物 足以移人. 苟非德義 則必有禍).' 《左傳》에서 尤物은 미녀(美女). 瘡痏
(창유):상처. 전(轉)하여 백성의 질고(疾苦). 雨順風調(우순풍조):풍우(風

雨)가 순조로운 것을 가리킨다. 登(등):오곡이 잘 여무는 것. 上瑞(상서):
천자의 유덕(有德)함을 나타내는, 훌륭한 조짐.

君不見武夷溪邊粟粒芽
군 불 견 무 이 계 변 속 립 아

그대는 보지 못하였는가, 무이산
시냇가의 좁쌀 알 같은 차의 새싹을!

前丁後蔡相籠加
전 정 후 채 상 롱 가

처음에는 정위가, 후에는 채양이
차를 만들어 내었네.

爭新買寵各出意
쟁 신 매 총 각 출 의

새로운 차 만들어 바쳐
총애를 얻고자 마음들을 썼으니

今年鬪品充官茶
금 년 투 품 충 관 다

올해도 좋은 것들만 가려
조정에 헌상할 차로 준비하였네.

吾君所乏豈此物
오 군 소 핍 기 차 물

우리 임금께 부족한 것이
어찌 그런 것들이겠는가,

致養口體何陋邪
치 양 구 체 하 루 야

고작 입과 몸을 즐겁게 하는 데에만
힘을 쓰니, 이 얼마나 비천한 일인가?

洛陽相君忠孝家
낙 양 상 군 충 효 가

충효로 이름난 낙양의 재상
전유연의 집안에서도

可憐亦進姚黃花
가 련 역 진 요 황 화

가련하게도 요황이란 모란을 바친다네.

【語義】 武夷(무이):산 이름. 복건성(福建省) 숭안현(崇安縣)의 남쪽에 있
으며, 선하산맥(仙霞山脈)의 기점(起點)이다. 계류(溪流)가 많아 '청계
구곡(淸溪九曲)'이라고도 불리며, 이 산에서 나는 차(茶)는 천하의 절품
(絕品)이라고 한다. 粟粒芽(속립아):좁쌀 알 같은 눈. 차의 새싹을 형용
한 것. 前丁後蔡相籠加(전정후채상롱가):처음에는 丁晋公이, 후에는
蔡君謨가 茶를 만들어 냄. 여지(荔枝)의 경우와 마찬가지로, 차를 바치
도록 하여 민폐(民弊)가 심했던 사실을 가리킨다. 《事文類聚》續集 卷

十一에, "건주(建州)의 대소용단(大小龍團:茶名)은 丁晉公에게서 시작되어 蔡君謨에 의하여 완성되었다. 宋의 태평흥국(太平興國) 2년에 처음으로 용배(龍焙:茶를 말리는 기구)를 설치하고 용봉다(龍鳳茶)를 만들더니, 함평(咸平) 중에 丁晉公이 어다(御茶:天子 御用의 차)를 만들어 용봉단(龍鳳團)을 바쳤다. 경력(慶曆) 연간에는 채공(蔡公)이 처음으로 소룡단다(小龍團茶)를 만들었는데, 인종(仁宗)은 이를 매우 귀하게 여겼다. 그 후로는 품질이 매우 좋은 것을 용단승설(龍團勝雪)이라고 불렀다. 차를 따면 먼저 십여 일 동안 말린 다음, 비기(飛騎:잘 내닫는 말) 편에 경사(京師)로 보내 중춘(仲春)이 되기 전에 닿도록 했다. 구양영숙(歐陽永叔)은 君謨가 소룡단을 만들어 바쳤다는 소리를 듣고 놀라 말했다. '君謨는 선비로서 어찌 그런 일을 만들어 낼 수 있는가?'라고" 했다. 丁은 정위(丁謂)를 가리킨다. 자(字)는 공언(公言), 송(宋)나라 태종(太宗) 때에 등제(登第), 진종(眞宗) 때에 참지정사(參知政事)가 되었으며, 후에 재상(宰相)이 되었다. 丁令威의 후예임을 자처하고 학(鶴)을 좋아하여, 사람들이 학상(鶴相)이라고 불렀다(〈醉後答丁十八以詩譏予槌碎黃鶴樓〉참조). 蔡는 채양(蔡襄)을 가리킨다. 자(字)는 군모(君謨), 문장(文章)이 청수(淸粹)하고, 해서(楷書)와 초서(草書)에 뛰어났다. 籠加는 茶를 만들어 내는 것. 爭新買寵(쟁신매총):새로운 茶를 만들어 바쳐 아부한 것을 가리킨다. 出意(출의):마음을 씀. 鬪品(투품):품질의 우열(優劣)을 다툼. 茶의 등급(等級)을 비교하는 것을 가리킨다. 官茶(관다):조정(朝廷)에 헌상(獻上)하는 茶. 吾君所乏(오군소핍):우리 임금님께 부족한 것. 此物(차물):茶를 가리킨다. 致養口體(치양구체):입과 몸을 즐겁게 하는 데에 진력(盡力)함. 여지(荔枝)나 茶 따위를 즐기는 것을 가리킨다. 《孟子》離婁篇 上에, "맹자가 '남은 것이 있느냐?'고 물으면 '없습니다.'라고 말했으니, 이는 다시 차려 드리기 위해서였

다. 이것이 이른바 부모의 입과 몸만을 봉양하는 것이다. 증자 같은 분
은 부모의 마음을 봉양했다 할 수 있다(問有餘 曰亡矣. 將以復進也. 此
所謂養口體者也. 若曾子則可謂養志也)."라고 했다. 何陋邪(하루야):얼
마나 비천한 일인가? 邪는 耶와 同字로, 의문사(疑問辭). '간사하다'는
뜻으로 쓰일 때에는 사로 읽힌다. 洛陽相君(낙양상군):本書 注에, '전
유연(錢惟演)을 말한다.'라고 했다. 그의 자(字)는 사성(師聖), 준재(俊
才)가 있었고, 양억(楊億)·유균(劉筠) 등과 문명(文名)을 날렸다. 송(宋)
나라 함평(咸平) 연간에 지제고한림학사(知制誥翰林學士)가 되었고, 뒤
에 추밀(樞密)이 되었다.《東坡詩集》注에, '洛陽에서 꽃을 바치는 것은
錢惟演에게서 비롯되었다.'라고 했다. 姚黃(요황):모란(牡丹)의 한 종
류. 천 개의 노란색 꽃잎으로 이루어졌는데, 낙양(洛陽)의 요씨(姚氏)
집안에서 나는 것을 최고의 것으로 쳤으며, 일 년에 몇 송이밖에 피지
않았다고 한다.

【解說】《分類東坡詩》卷十에 실려 있는 9首의 과실시(果實詩) 가운데 하나
   이다. 本篇은 唐代에 여지(荔枝)를 바쳤던 것을 읊고, 아울러 宋代에 들
   어서는 차와 꽃을 헌상하여 군주의 사랑을 얻기 위해 백성들에게 말할
   수 없는 고통을 주었던 것을 비난한 詩이다. 상위자(上位者)가 자신의
   기호를 위해 백성들을 괴롭히는 것은 정치(政治)의 근본을 망각한 처사
   이며, 그러한 사실을 간(諫)하여 君을 바른길로 인도해야 할 조정(朝廷)
   의 대신들이 오히려 앞장서서 그런 일을 조장하는 것도 있을 수 없는 일
   이다. 입과 몸을 기르는 것은 비루한 짓이며 정신을 중히 여겨야 한다는
   것은 孟子의 사상인데, 本篇에는 그러한 유가적 사상이 잘 나타나 있다.
     本篇에 등장하는 여지(荔枝)에 관하여, '높이 5,6丈으로 계수(桂樹)
   와 비슷하며, 꽃은 푸르고 달걀만한 과실이 열리는데, 씨는 황흑색(黃

黑色)이고 과실에는 기름 같은 단물이 많다.'고 《南方草木狀》에 기록되어 있다. 漢代부터 제왕(帝王)들이 먼 남쪽에서 역마를 달려 여지를 장안으로 운반하게 하였는데, 특히 양귀비(楊貴妃)가 여지를 좋아하였다. 그녀가 玄宗과 함께 촉(蜀)으로 피난 가다 마외파(馬嵬坡)에서 죽음을 당한 날도, 그녀에게 바칠 여지가 그곳에 도착했다는 것은 유명한 이야기이다.

정혜원해당:소자첨(定惠院海棠:蘇子瞻)

江城地瘴蕃草木 강 성 지 장 번 초 목	무덥고 습기 많아 초목 무성한 황주 땅에
只有名花苦幽獨 지 유 명 화 고 유 독	이름 높은 해당화 한 그루 외롭게 서 있네.
嫣然一笑竹籬間 언 연 일 소 죽 리 간	대나무 사이에 방긋 웃듯 피어 있는 모습이
桃李漫山總麤俗 도 리 만 산 총 추 속	산 가득히 피어 있는 도리(桃李)를 속되다고 생각하게 하네.
也知造物有深意 야 지 조 물 유 심 의	알겠노라, 조물주가 깊은 뜻을 가지고 계셔
故遺佳人在空谷 고 견 가 인 재 공 곡	일부러 빼어난 미인 빈 골짜기에 보내셨음을.
自然富貴出天姿 자 연 부 귀 출 천 자	절로 갖춰진 부귀한 모습은 타고난 기품이니
不待金盤薦華屋 부 대 금 반 천 화 옥	금 쟁반에 담겨 궁전에 헌상되길 기다릴 것 없네.
朱唇得酒暈生臉 주 순 득 주 훈 생 검	붉은 입술 술을 머금고 뺨에 달무리가 진 듯,
翠袖卷紗紅映肉 취 수 권 사 홍 영 육	푸른 옷소매 말아 올려 붉은 살빛 비쳐 보이는 듯.
林深霧暗曉光遲 임 심 무 암 효 광 지	숲 우거지고 안개 짙어 새벽 빛 더디지만,
日暖風輕春睡足 일 난 풍 경 춘 수 족	따스한 햇볕 가벼운 바람 앞에 나설 때면 봄잠 실컷 자고 난 미인의 모습이네.
雨中有淚亦悽慘 우 중 유 루 역 처 참	빗속에서 눈물 흘릴 때면 슬프게 보이지만,

月下無人更淸淑　　달빛 아래 고요한 그 모습 맑고 깨끗하네.
월 하 무 인 경 청 숙

【語義】江城(강성):호북성(湖北省)의 황주(黃州)를 가리킨다. 동파(東坡)의
유적지(流謫地)로, 장강(長江) 연안(沿岸)의 성시(城市)였다. 瘴(장):고
온다습(高溫多濕)하여 걸리는 풍토병(風土病). 여기서는 고온다습한 것
을 가리킨다. 名花(명화):이름 있는 꽃. 해당화(海棠花)를 가리킨다. 苦
(고):심(甚)의 뜻으로, 매우 · 몹시. 幽獨(유독):깊은 곳에 홀로 있어 외
로움. 嫣然(언연):생긋 웃는 모습. 마음속으로부터 기뻐하는 모양. 漫
山(만산):산에 가득히 퍼져 있음. 산에 꽃이 난만하게 핀 것을 가리킨
다. 麤俗(추속):거칠고 속됨. 麤는 조(粗)의 뜻으로, 거친 것. 造物(조
물):만물(萬物)을 만든 조물주(造物主). 상제(上帝). 故(고):짐짓, 일부
러. 佳人(가인):해당화(海棠花)를 가리킨다. 空谷(공곡):사람이 없는
골짜기. 속세(俗世)에서 멀리 떨어진, 맑고 깨끗한 땅을 가리킨다. 出
天姿(출천자):태어나면서 하늘로부터 부여받은 소질(素質)이 나타남.
天姿는 '天資'와 같은 뜻. 타고난 기품, 즉 천품(天稟). 金盤(금반):황금
으로 만든 큰 쟁반에 담기는 것을 가리킨다. 薦華屋(천화옥):아름답게
장식된 화려한 궁전에 바쳐짐. 朱脣(주순):해당화 꽃잎을 미인(美人)의
입술에 비유한 것. 本書 注에, '이 二句는 꽃의 아름다움을 표현한 것으
로, 매우 기발하다.'라고 했다. 이하 六句는, 해당화를 미인으로 의인화
(擬人化)하여 그 아름다움 형용하고 있다. 暈生臉(훈생검):뺨에 달무
리가 생김. 뺨이 붉게 상기되는 것을 가리킨다. 暈은 햇무리, 또는 달무
리. 또는 등불이나 촛불의 둘레에 보이는 그리 밝지 않은 빛. 翠袖(취
수):비취색 옷소매. 翠는 물총새, 또는 물총새의 등빛과 같은 빛. 짙은
초록색. 霧暗(무암):안개가 짙은 것을 가리킨다. 春睡足(춘수족):봄잠

을 실컷 잠. 해당화의 모습을 잠을 실컷 자고 난 미인의 모습에 견준 것이다. 《唐書》楊妃傳에, "명황(明皇:玄宗을 가리킨다)이 일찍이 태진비(太眞妃:楊貴妃를 가리킨다)를 불렀다. ……귀비는 술에 몹시 취해 있다가 방금 일어나는 중이었다. 제(帝)는 '마치, 해당화가 잠을 충분히 자지 못한 것 같구나.'라고 말했다."고 했다. 양귀비의 전고(典故)를 이용한 표현이다.   悽慘(처참):슬프고 참혹함. 悽는 비통(悲痛)한 것. 慘은 근심·아픔.   淸淑(청숙):맑고 깨끗함.

先生食飽無一事
선 생 식 포 무 일 사

선생께선 배부르게 먹으면 할 일이 아무것도 없어

散步逍遙自捫腹
산 보 소 요 자 문 복

유유히 거닐며 자기 배를 문지른다네.

不問人家與僧舍
불 문 인 가 여 승 사

여염집이건 절이건 가리지 않고

拄杖敲門看脩竹
주 장 고 문 간 수 죽

지팡이로 문 두드리고 들어가
긴 대를 구경한다네.

忽逢絶艶照衰朽
홀 봉 절 염 조 쇠 후

비할 데 없이 아름다운 꽃이
자신에게 빛을 보냄을 문득 깨달은 선생,

歎息無言揩病目
탄 식 무 언 개 병 목

탄식하며 말없이 흐린 눈을 비비네.

陋邦何處得此花
누 방 하 처 득 차 화

이렇게 누추한 곳 어디에서 이 꽃을 얻었을까?

無乃好事移西蜀
무 내 호 사 이 서 촉

혹시 호사가(好事家)가 서촉 땅에서
옮겨다 놓은 것은 아닐까?

寸根千里不易到
촌 근 천 리 불 이 도

한 치의 나무뿌리라지만
천 리 밖까지 옮겨 오기 쉽지 않을 터,

銜子飛來定鴻鵠
함 자 비 래 정 홍 곡

큰기러기나 고니가
꽃씨를 물고 날아왔음에 틀림없으리.

天涯流落俱可念
천 애 유 락 구 가 념
하늘 끝 같은 촉 땅에서 이곳에 온 우리는
서로 동정할 만한 처지,

爲飮一樽歌此曲
위 음 일 준 가 차 곡
한 통의 술을 놓고 이 노래를 지어 부르네.

明朝酒醒還獨來
명 조 주 성 환 독 래
내일 아침 술 깨어 다시 혼자 올 때면

雪落紛紛那忍觸
설 락 분 분 나 인 촉
눈송이처럼 꽃잎 날릴 터이니
어찌 손이나 대 볼 수 있으리.

【語義】 先生(선생):동파(東坡) 자신을 객관적으로 표현한 것. 無一事(무일사):할 일이 아무것도 없는 것. 散步(산보):뜻 가는 대로 이리저리 거닒. 逍遙(소요):우유자적(優遊自適:悠悠自適과 같음)하는 것. 목적 없이 가벼운 마음으로 거니는 것. 自捫腹(자문복):자신의 배를 문지름. 拄杖敲門(주장고문):짚던 지팡이로 문을 두드림. 拄杖은 본디 행각승(行脚僧)이 짚고 다니는 지팡이. 敲는 치다·두드리다. 脩竹(수죽):긴 대나무. 脩는 짧지 아니한 것. 忽(홀):갑자기. 絕艶(절염):견줄 사람이 없을 만큼 아주 예쁨. 해당화를 가리킨다. 絕은 무엇과도 비교할 수 없이 뛰어난 것을 가리킨다. 衰朽(쇠후):낡아서 형태가 무너지든가 조직이 썩든가 함. 또는 노쇠(老衰)하여 쓸모없게 됨. 여기서는 늙은 자기 자신을 가리킨다. 揩病目(개병목):늙어 잘 보이지 않는 눈을 비빔. 아름다운 해당화가 피어 있는 것이 불가사의(不可思議)하게 생각되어 눈을 크게 뜨고 다시 쳐다본다는 뜻. 揩는 가볍게 쓰다듬다, 어루만지다. 陋邦(누방):더러운 고장. 해당화가 피기에는 적합하지 못한 누추한 시골. 유배당한 사람이나 오는 황주(黃州)를 가리킨다. 無乃(무내):‘어쩌면 ~한 것이 아닐까?’의 뜻. 好事(호사):호사자(好事者). 일을 벌이기를 좋아하는 사람.《孟子》萬章篇 上에, ‘아니다, 그렇지 않다. 호사자(好事

者)가 그런 소리를 한 것이다(否, 不然也. 好事者爲之也).'라고 했고 朱子注에, '好事는 말을 꾸며 내고 일을 만들기 좋아하는 사람을 말한다.'라고 했다. 移西蜀(이서촉):서쪽 촉(蜀) 땅에서 옮겨 옴. 촉(蜀) 땅에는 해당화가 많았다. 일반적으로 해당화는 빛깔은 곱지만 향기가 없다. 그런데 촉(蜀) 땅의 창주(昌州)에서 나는 해당화만은 향기가 있을 뿐만 아니라, 그 크기가 한 아름이나 된다고 한다. 銜子(함자):해당화 씨를 입에 무는 것을 가리킨다. 銜은 입에 무는 것, 또는 말의 입에 물리는 재갈. 定(정):틀림없이, 꼭. 鴻鵠(홍곡):큰기러기와 고니. 天涯流落(천애유락):하늘의 한쪽 끝에서 떨어짐. 해당화는 촉(蜀) 땅에서 나며, 蘇東坡는 촉(蜀) 출신(出身)이다. 俱可念(구가념):해당화와 蘇東坡가 서로 동정하는 것을 가리킨다. 俱는 함께·모두, 즉 작자인 東坡와 해당화. 雪落紛紛(설락분분):눈송이가 이리저리 날리며 떨어짐. 해당화의 꽃잎이 떨어지는 것을 형용한 것. 紛紛은 어지러운 모양. 那忍觸(나인촉):어찌 차마 손을 댈 수 있겠는가?

【解說】《分類東坡先生詩》에, '寓居하는 정혜원(定惠院)의 동쪽에 꽃들이 만발한 산이 있고, 그곳엔 해당화(海棠花) 한 그루가 있다. 그런데 이곳 사람들은 그 꽃의 貴함을 모른다.'고 자서(自序)되어 있고, 本書 題注에는 이 말이 그대로 인용되어 있다. 蘇東坡는 원풍(元豊) 3년(1080) 2월 초에, 사형(死刑)될 몸이었으나 감형(減刑)되어 황주(黃州:胡北省)로 유배되어 불사(佛寺) 정혜원(定惠院)에 잠시 거처를 정하고 있었다. 本篇은 그때 지어진 것으로 구성이 치밀할 뿐 아니라, 해당화의 아름다움이 더없이 훌륭하게 묘사되고 작자 자신의 우의(寓意)가 잘 반영되어 있어, 표현의 아름다움과 시상(詩想)의 훌륭함이 혼연일체를 이룬 걸작이다. 해당화가 일반 꽃들과 다른 청절(淸絶)한 풍모(風貌)인 것을 노래

하고, 해당화가 누추한 곳에서 잡풀들 틈에 섞여 있음을 黃州에 유배된
자신의 모습에 비김으로써 자신을 은연중에 부각시키고 있다.

도연명사진도:사유반(陶淵明寫眞圖:謝幼槃)

淵明歸去潯陽曲
연 명 귀 거 심 양 곡
도공(陶公), 심양의 고향 마을에 돌아가더니

杖藜蒲鞵巾一幅
장 려 포 혜 건 일 폭
명아주 지팡이 짚고 부들 신 신고
너비가 한 폭 되는 건을 쓰셨네.

陰陰老樹囀黃鸝
음 음 노 수 전 황 리
그늘 짙게 드리운 고목에선 꾀꼬리 울고

艷艷東籬粲霜菊
염 염 동 리 찬 상 국
아름다운 동쪽 울엔
서리 맞은 국화 빛깔도 선명했네.

世紛無盡過眼空
세 분 무 진 과 안 공
세상은 끝없이 어지러웠지만 마음 쓰지 않고

生事不豊隨意足
생 사 불 풍 수 의 족
살림살이 옹색했어도 뜻을 좇아
만족해하며 사셨네.

廟堂之姿老蓬篳
묘 당 지 자 노 봉 필
큰 벼슬 할 천품(天稟)을 지니고도
초라한 집에서 늙으셨고

環堵蕭條僅容膝
환 도 소 조 근 용 슬
누추한 집 쓸쓸한 채 겨우 무릎 하나 들일만 했네.

大兒頑鈍懶詩書
대 아 완 둔 나 시 서
큰놈은 우둔하여 글 읽기를 게을리 했고

小兒嬌癡愛梨栗
소 아 교 치 애 리 율
막내 놈은 분별력이 없어
그저 배와 밤만을 좋아했네.

老妻日暮荷鋤歸
노 처 일 모 하 서 귀
해 저물어 늙은 아내 호미 메고 돌아오면

欣然一笑共蝸室
흔 연 일 소 공 와 실
좁은 방에서였지만 모두 즐거이 웃었네.

哦詩未遣愁肝腎
아 시 미 견 수 간 신
시 읊조려도 가슴속 시름 다 풀리지 못했으니

醉裏呼兒供紙筆
취 리 호 아 공 지 필
취한 채 아이 불러 종이와 붓을 가져오라 하셨네.

時時得句輒寫之
시 시 득 구 첩 사 지
때때로 좋은 글귀 생각나면
그때마다 옮겨 적었는데,

五言平淡用一律
오 언 평 담 용 일 률
오언(五言)으로 이루어진
평온 담박(平溫淡泊)한 시들뿐이었네.

【語義】 淵明歸去(연명귀거):도연명은 405년에 팽택(彭澤)의 현령(縣令)
이 되었지만, 재임(在任) 80여일 만에 〈歸去來辭〉를 짓고 향리(鄕里)인
심양(潯陽)의 채상(柴桑)으로 돌아왔다. 독우(督郵:南北朝 시대의 지방
감찰관)가 오니 의관을 갖추고 맞이해야 한다는 하급 관리의 말을 들은
도연명은, '내 어찌 닷 말의 곡식 때문에 시골의 어린놈에게 허리를 굽
힐 수 있겠는가(吾安能爲五斗米折腰 向鄕里小兒耶)'라고 탄식하고, 그
날로 현령의 인수(印綬)를 풀어 던지고 직(職)에서 물러났다(後集 〈歸去
來辭〉 참조). 潯陽曲(심양곡):심양군(潯陽郡)의 외진 마을. 曲은 모퉁
이. 潯陽郡의 채상(柴桑)은 도연명의 고향(故鄕). 지금의 강서성(江西
省) 구강현(九江縣)에 있었다. 杖藜蒲鞵(장려포혜):명아주 지팡이를 짚
고, 부들의 잎으로 짠 신을 신음. 藜는 명아주. 명아줏과에 속하는 일년
초로, 잎은 먹으며 줄기로는 지팡이를 만든다. 蒲는 부들. 부들과에 속
하는 다년초로, 못·늪 같은 데에 자생하는데, 줄기와 잎은 자리를 만
드는 데에 쓰인다. 鞵는 鞋와 同字로 신발. 巾一幅(건일폭):두건(頭巾)
은 한 폭. 幅은 물건 옆의 한 끝에서 다른 한 끝까지의 거리. 너비. 도
연명이 관(冠)을 쓰지 않고, 대신 한 폭 되는 건(巾)을 두르고 다닌 것을
가리킨다. 陰陰(음음):나무가 우거져 그늘이 짙은 것을 가리킨다. 囀
(전):새가 지저귀는 것. 黃鸝(황리):꾀꼬리. 艷艷(염염):매우 아름다운
것을 형용한 말. 東籬(동리):동쪽 울타리. 도연명의 詩 〈飮酒〉(本書의

詩名은 〈雜詩〉)의 '동쪽 울타리 밑에서 국화를 따 드니, 유연히 남산이 눈에 들어온다(採菊東籬下 悠然見南山).'에서 취한 것이다. 粲(찬):선명하다·밝다·환하다의 뜻. 霜菊(상국):서리 맞은 국화. 서리 맞은 국화는 빛깔이 훨씬 또렷하다. 世紛(세분):세상의 혼잡하고 어지러운, 잡다한 일. 紛은 亂의 뜻. 過眼空(과안공):눈앞을 스쳐 지나가면 아무런 관계도 없는 것이 됨. 마음에 두고 염려할 것이 아무것도 없음을 가리킨다. 生事(생사):살아가는 일. 隨意足(수의족):자신의 뜻대로 행동하며 만족하게 생각함. 廟堂(묘당):조정(朝廷)을 가리킨다. 姿(자):타고난 용모·성질·능력 따위. 앞에 나온 〈定惠院海棠〉의 出天姿의 姿와 같다. 老蓬蓽(노봉필):가난하게 초라한 집에서 살며 늙어 가는 것을 가리킨다. 蓬蓽은 蓬戶蓽門의 뜻으로, 쑥대로 짠 문과 잡목 가지를 엮어 만든 문짝. 즉 가난한 집의 형용. 環堵(환도):빙 둘린 담. 전(轉)하여 작고 누추한 집. 本書 後集에 실려 있는 도연명의 〈五柳先生傳〉에, '선생의 좁은 집은 텅 비어 쓸쓸했으며, 바람과 햇빛을 제대로 막고 가릴 수 없을 만큼 허술했다(環堵蕭然 不蔽風日).'라고 했다. 蕭條(소조):쓸쓸한 모양. 한적한 모양. 僅容膝(근용슬):간신히 무릎을 들여놓을 만한 좁은 장소를 가리킨다. 이것은 〈歸去來辭〉에, '남창에 몸을 기대고 마냥 의기 양양해 하니, 무릎 하나 들일 만한 작은 집이지만 이 얼마나 편안한가 (倚南牕以寄傲 審容膝之易安).'라고 한 데에서 취했다. 大兒頑鈍(대아완둔):큰아들은 우둔함. 大兒는 도연명의 큰아들 엄(儼)을 가리킨다. 그의 유명(幼名)은 서(舒). 頑鈍은 융통성이 없이 완고하기만 하고 우둔한 것. 앞에 나온 도연명의 詩 〈責子〉에서, '서란 놈은 벌써 열여섯 살이건만, 둘도 없는 게으름뱅이이다(阿舒已二八 懶惰故無匹).'라고 한 데에 근거한 것이다. 懶(라):게으른 것. 詩書(시서):여기서는 공부하는 것을 가리킨다. 小兒嬌癡(소아교치):막내아들은 분별력이 없음. 小兒는 도연명의 막내아들 동(佟)을 가리킨다. 그의 유명(幼名)은 통(通). 嬌癡는 너무 어려 분별력이 없는 것. 〈責子〉에, '통이란 놈은 아홉 살이 가까웠건만, 그저 배와 밤만을 찾는다(通子垂九齡 但覓梨與栗).'라고 했다. 老妻(노처):도연명의 처(妻). 《南史》은일전(隱逸傳)에, '그의 아내 적(翟)氏의 뜻도 그의 뜻과 같아, 고절(苦節:곤란과 고통을 겪으면서도 마음을 변하지 않고 군군하게 지켜 나가는 절개)을 지키는 것을 만족하게 여겼다. 남편이 앞에서 밭을 일구면, 아내는 뒤에서 호미질을 했다고 한다.'라고 했다. 荷鋤歸(하서귀):호미를 메고 돌아옴. 〈歸園田居〉第三首에, '새벽부터 나가 잡초 우거진 밭을 매고, 달빛에 젖어 호미 메고 돌아온다(侵晨理荒穢 帶月荷鋤歸).'라고 한 데에서 취한 것. 欣然一笑(흔연일소):기뻐 한바탕 웃음. 蝸室(와실):달팽이 집같이 좁은 방. 일반적으로 자기 집을 겸손하게 이를 때에 쓴다. 蝸는 달팽이. 哦詩(아시):시(詩)를 읊조림. 哦는 吟과 같은 뜻. 未遣愁肝腎(미견수간신):뱃속 깊은 곳에 있는 근심을 풀지 못함. 遣은 좇아버리다, 풀어 없애다. 肝腎은 간장(肝臟)과 신장(腎臟). 여기서는 마음속을 뜻한다. 供紙筆(공지필):종이와 붓을 준비하게 함. 供은 갖추는 것. 도연명은 〈飮酒〉20首를 짓고 다음과 같이 서문(序文)을 지었다. '한가하게 사니 즐거움 적고, 게다가 밤이 길어졌다. 마침 좋은 술이 생겨 매일 밤 마셨다. 나의 그림자와 벗하며 홀로 한 방울도 남기지 않고 다 마시니, 홀연히 거듭 취하는 것이었다(余閑居寡歡 兼比夜已長. 偶有名酒 無夕不飮. 顧影獨盡 忽焉復醉). 술 취하자 붓 가는 대로 詩 몇 수 지어 스스로 즐겼는데, 어느덧 시를 적은 종이가 많아졌다. 그렇다고 이 글들이 서로 연관되어 있거나 순서를 갖는 것은 아니다. 다만 친구들로 하여금 이것들을 적게 하여 서로 즐거움을 나누고자 할 뿐이다(旣醉之後 輒題數句自娛 紙墨遂多. 辭無詮次. 聊命故人書之 以爲歡笑爾).' 輒(첩):여기서는 '번번이'의 뜻으로 쓰였다. '문

득·함부로·대수롭지 않게'의 뜻으로 쓰일 때가 많다. 寫(사):베껴 쓰거나 본떠 그리는 것. 五言平淡(오언평담):오언고시(五言古詩)는, 그 내용이 평온하고 표현이 담박함. 현란(絢爛)한 표현이 없고 깊은 맛을 지닌, 도연명의 시풍(詩風)과 일치한다. 一律(일률):동일한 가락. 변화가 없이 같음. 즉 도연명이 짓는 시는 언제나 평온 담박한 것뿐이었다는 뜻.

田家酒熟夜打門
전 가 주 숙 야 타 문
집에 술 익으면 밤중에라도 문 두드리고 들어왔고,

頭上自有漉酒巾
두 상 자 유 녹 주 건
머리 위엔 본디 술 거르는 건(巾)이 얹혀 있었네.

老農時間桑麻長
노 농 시 문 상 마 장
늙은 농부 때때로 뽕과 삼이
얼마나 자랐느냐고 물었으며,

提壺挈榼來相親
제 호 설 합 내 상 친
술병 들고 와 잔을 나누며
친밀히 이야기 나누었네.

一樽徑醉北窓臥
일 준 경 취 북 창 와
한 통 술에 바로 취하면 북창 아래 누워

蕭然自謂羲皇人
소 연 자 위 희 황 인
속세를 떠난 듯 스스로
희황(羲皇) 적 사람이라 했네.

此公聞道窮亦樂
차 공 문 도 궁 역 락
도공(陶公)께선 도(道)를 아셔
궁한 가운데서도 즐거워하셨으니

容貌不枯似丹渥
용 모 불 고 사 단 악
용모가 시드는 법 없이
항상 붉은 물을 들인 듯했네.

儒林紛紛隨溷濁
유 림 분 분 수 혼 탁
세상 선비들 줏대 없어 혼탁한 길을 쫓으니

山林高義久寂寞
산 림 고 의 구 적 막
출사를 거부하고 산속에 은거하던 분의
높은 뜻 보지도 듣지도 못하게 되었네.

假令九原今可作
가 령 구 원 금 가 작
구천(九泉)에 계신 도공을 다시 소생시킬 수 있다면

舉公籃輿也不惡　공의 수레를 멘다 해도 싫지 않으리.
거 공 남 여 야 불 오

【語義】　田家酒熟(전가주숙):농사짓는 집에 술이 익음. 田家는 농사짓는
집. 도연명의 집을 가리킨다. 도연명의 〈問來使〉에, '남산에 돌아가면,
술이 먹기 좋을 만큼 잘 익었을 테지(歸去來山中 山中酒應熟).'라고 했
다.　漉酒巾(녹주건):술을 거르는 건(巾). 漉은 술 따위를 거르는 것, 또
는 흙을 쳐내고 물을 모두 빼는 것. 도연명의 〈飮酒〉에, '유쾌하게 다시
술을 들이켜지 않는다면, 머리 위의 건(巾)은 공연히 쓴 게 되리(若復不
快飮 空負頭上巾).'라고 했다.《晉書》도잠전(陶潛傳)에는, '연명(淵明),
술이 익으면 항상 머리 위의 두건을 내려 술을 거르고, 술을 다 거르면
다시 두건을 머리에 썼다(淵明, 每酒熟 取頭上葛巾, 漉酒畢 復著之).'라
고 했다.　桑麻長(상마장):〈歸田園居〉에, '서로 만나 잡스런 말 나누지
않고, 오직 농사일 잘 되는가 물을 뿐(相見無雜言 但道桑麻長).'이라고
했다.　提壺挈榼(제호설합):提·挈 모두 끌어당기는 것. 壺는 술 항아
리, 榼은 술통. 本書 後集에 실려 있는, 유백륜(劉伯倫)의 〈酒德頌〉에,
'멈추어 앉으면 작은 잔, 큰 잔 할 것 없이 술잔을 기울이고, 어디를 가
도 술통, 술 단지를 끌어당겨 술 마시기에 힘을 쓴다(止則操卮執瓢 動
則挈榼提壺 唯酒是務).'고 한 데에서 취한 것.　徑醉(경취):곧바로 취
함. '徑'은 지름길. '빠르다·곧'의 뜻으로도 쓰인다.　蕭然(소연):본디는
'분주한 모양, 쓸쓸한 모양' 등을 뜻하는 말이나, 여기서는 속세(俗世)를
떠난 듯 마음이 가벼운 것을 가리킨다.　自謂羲皇人(자위희황인):스스
로 희황(羲皇) 때의 사람이라고 말함. 羲皇은 상고(上古)의 복희씨(伏羲
氏). 무위자연(無爲自然)의 도(道)가 행해지던 상고(上古)에는 모든 사
람이 순박했다고 한다.《晋書》은일전(隱逸傳)에, "도잠(陶潛)이 일찍이

이렇게 말했다. '여름 달 한가롭게 떠 있는데 북창 아래 팔베개 높이 하고 누우면, 시원한 바람 소슬하게 불어와, 스스로 희황(羲皇) 때 사람이라고 말할 만하다.'라고" 했다. 또 本書 注에는, "李白의 詩에, '맑은 바람 불어 들어오는 북창 아래에서, 스스로 복희씨 적 사람이라 했네(清風北窓下 自謂羲皇人).'라고 했다."고 했는데, 이는 李白의 〈戲贈鄭溧陽〉에 나오는 詩句이다. 此公(차공):도연명(陶淵明)을 가리킨다. 窮亦樂(궁역락):궁한 가운데서도 즐거워함. 도연명의 〈詠貧士〉에, '아침에 인의와 함께 할 수 있으면, 저녁에 죽더라도 다시 무엇을 구하리(朝與仁義生 夕死復何求).'라고 했다. 容貌不枯(용모불고):용모는 시들지 않음. 淵明의 〈의고(擬古)〉에, '괴로움이 이에 비할 것이 없지만, 항상 좋은 얼굴빛을 하고 있네(辛苦無此比 常有好容顔).'라고 했다. 似丹渥(사단악):붉은빛이 물든 듯함. 丹은 赤. 渥은 짙게 젖는 것.《詩經》진풍(秦風) 〈終南〉에, '우리 임이 오셨는데, 비단옷에 여우 갖옷. 물들인 듯 붉은 얼굴, 정말 우리 임금일세(君子至止 錦衣狐裘. 顔如渥丹 其君也哉).'라고 했다. 儒林(유림):유학자(儒學者)들의 무리. 紛紛(분분):어지러운 모양. 정신이 해이(解弛)한 것. 隨溷濁(수혼탁):더럽고 흐린 것을 좇음. 山林高義(산림고의):산림에 은거(隱居)하여 출사(出仕)하지 않고 고결한 도의(道義)를 지키는 사람을 가리킨다. 寂寞(적막):소리도 없고 모습도 없어 허전함. 假令(가령):만약. 九原今可作(구원금가작):도연명을 다시 살려내는 것을 가리킨다. 九原은 지금의 산서성(山西省) 강현(絳縣) 북쪽에 있는 땅이름으로, 춘추시대(春秋時代) 진(晋)나라의 경대부(卿大夫)들의 무덤이 있던 곳. 후세에는 九泉과 같은 뜻으로 쓰였다. 九泉은 땅속 깊은 곳, 즉 무덤을 가리킨다. 舉公籃輿(거공남여):도연명의 수레를 멤. 公은 도연명을 가리킨다. 籃輿는 대로 짜 만든 수레. 不惡(불오):불만스럽게 생각하지 않음. 惡는 싫어하는 것.

【解說】 晉의 陶淵明의 초상을 그린 그림에, 宋代 강서시파(江西詩派)의
한 사람인 謝幼槃이 淵明의 인물됨을 글로 지어 적어 넣은 詩이다. 寫
眞이란 그 사람의 모습을 그려 그의 정신까지도 엿보이도록 그려내는
것을 말한다.

　　淵明에 관한 전기(傳記)는 제사(諸史)의 은일전(隱逸傳)에 수록되어
있는데, 그는 결코 인생의 도의(道義)를 망각한 은둔 시인(隱遁詩人)은
아니었다. 도저히 道를 행할 수 없는 어지러운 세상에서도 홀로 道를
지키며 자신을 굽히지 않았다. 그래서 세상을 피하여 산속으로 숨지도
않았고, 세상일을 한탄하는 것으로 소일하지도 않았다. 은퇴하여 고향
에 돌아와 몸소 밭을 갈고 땀 흘려 일하며, 그런 속에서 삶의 보람을 찾
고자 했다. 바로 이 점이 淵明의 위대한 점이다. 후세의 詩人들은 무엇
보다 淵明의 이러한 정신을 존경했다. 淵明의 詩가 오늘날까지 생명을
갖고 있는 것은, 그의 작품 하나하나가 그의 이러한 정신이 승화(昇華)
된 결정체이기 때문이다.

　　本篇은 淵明의 작품에 나오는 명구(名句)들을 모아 한 편의 詩를 만
든 것으로, 淵明의 진솔(眞率)한 모습을 눈앞에 보듯 생생하게 그려내
고 있다. 다분히 淵明의 덕풍(德風)을 찬양한 글이라는 인상을 주는데,
그만큼 淵明이 후세 시인들에게 끼친 영향이 크다고 하겠다. 일반적으
로 후세의 詩人들은 淵明을 평(評)할 때, 孔門에서 백이(伯夷)를 보는
것만큼이나 높이 평가한다. 本篇의 마지막 句는 그러한 사실을 잘 말
해 준다. 篇中에 나오는 '五言平淡用一律'은 淵明의 시풍(詩風)을 정확
하게 지적한 것이다.

도원도:한퇴지(桃源圖:韓退之)

神仙有無何渺茫
신선유무하묘망

신선이 있는지 없는지 어찌 알 수 있으리?

桃源之說誠荒唐
도원지설성황당

도원의 이야기는 황당한 것일 뿐.

流水盤廻山百轉
유수반회산백전

흐르는 물 굽이돌아 백 가지 산 모양 드러내니

生絹數幅垂中堂
생견수폭수중당

길게 이은 비단 대청에 몇 폭 걸어 놓은 듯.

武陵太守好事者
무릉태수호사자

무릉의 태수는 호사가(好事家)여서

題封遠寄南宮下
제봉원기남궁하

도원도(桃源圖)를 멀리 상서성에 부쳤네.

南宮先生忻得之
남궁선생흔득지

상서성의 낭중, 이를 받고 기뻐서

波濤入筆驅文辭
파도입필구문사

그림 속 물결이 붓대에 오른 듯 시를 지었네.

文工畫妙各臻極
문공화묘각진극

글과 그림 모두 뛰어나 극치에 이르렀으니

異境恍惚移於斯
이경황홀이어사

도원향 그대로 옮겨놓은 듯 눈이 부시네.

架巖鑿谷開宮室
가암착곡개궁실

바위 위에 지붕 잇고 골짜기 뚫어 궁궐 지으니

接屋連墻千萬日
접옥연장천만일

잇닿은 지붕과 연이어진 담들 수만 일을
지나왔네.

嬴顚劉蹶了不聞
영전유궐요불문

진나라 엎어지고 한나라 뒤집어진 것
전혀 모르고,

地坼天分非所恤　후한 말 삼국의 다툼에도 근심 한 번 안했네.
지 탁 천 분 비 소 홀

種桃處處惟開花　곳곳에 심은 복숭아가 꽃을 활짝 피우니
종 도 처 처 유 개 화

川原遠近蒸紅霞　내와 들이 멀리서부터 가까이까지
천 원 원 근 증 홍 하　온통 놀에 싸인 듯.

初來猶自念鄕邑　처음 이곳에 온 사람들은 고향 생각을 했지만
초 래 유 자 염 향 읍

歲久此地還成家　세월이 흐르다 보니 이곳이 집이 되었네.
세 구 차 지 환 성 가

漁舟之子來何所　"고깃배의 어부는 어디서 오셨소?"
어 주 지 자 내 하 소

物色相猜更問語　눈여겨 살피며 의심스러워 다시 물었네.
물 색 상 시 갱 문 어

大蛇中斷喪前王　"큰 뱀 동강나더니 진왕조(秦王朝) 망했고,
대 사 중 단 상 전 왕

羣馬南渡開新主　오마(五馬)가 장강(長江)을 건너더니
군 마 남 도 개 신 주　새 나라를 세웠다오."

【語義】神仙有無(신선유무):'도원(桃源)에 관하여, 그곳은 신선경(神仙境)
　이라는 말이 전해오는데, 과연 신선이 있는지 없는지?'의 뜻. 渺茫(묘
　망):아득하여 잘 알 수 없음. 本集에는 眇茫으로 되어 있는데 뜻은 같
　다. 荒唐(황당):근거가 없는 허황된 말.《莊子》天下篇 第六 莊周論에,
　'莊周는 이 취지를 듣고 기뻐하였다. 그래서 그는, 멀고 먼 옛이야기와
　넓고 넓은 상상의 세계와 끝이 없는 서술(敍述)을, 때를 가리지 않고 누
　구에게나 마음껏 전개하였다(莊周聞其風而悅之. 以謬悠之說 荒唐之言
　無端崖之辭 時恣縱而不儻)'라고 했으며 注에, '荒唐은 광대(廣大)하여

끝이 없는 것.'이라 하였다. 또《說文解字》에는, '荒唐은 큰소리이다.'
라고 했다. 盤廻(반회):물이 굽이도는 것. 山百轉(산백전):산의 모양
이 백 가지로 이리저리 변하여 달라짐. 生絹(생견):本集에는 生綃라고
되어 있는데, 生綃라 함이 더 타당하다. 綃(초)는 표백하지 아니한 흰
명주나 합사로 짠 비단을 이어서 길게 한 것. 武陵太守(무릉태수):《韓
集點勘》에, '武陵의 太守는 바로 두 상(竇常)을 가리킨다.'라고 했다. 武
陵은 호남성(湖南省) 상덕부(常德府)에 있던 군명(郡名). 好事(호사):
진기한 것을 좋아함. 題封(제봉):그림에 제목을 넣어 봉(封)한 다음, 받
는 사람의 이름을 표기함. 南宮(남궁):상서성(尙書省)을 가리킨다.《漢
書》에, '漢, 상서 백관(尙書百官)의 府를 세우고 남궁(南宮)이라고 불렀
다.'고 했다. 南宮先生(남궁선생):《韓集點勘》에, '남궁 선생은 아마도
노우부정(盧虞部汀:尙書省의 虞部郞中 盧汀)을 가리키는 것일 것이다.'
라고 했다. 虞部는 산택(山澤)과 수렵(狩獵)에 관한 일을 맡아보던 곳.
本書 注에, '이때 韓愈는 禮部郞中이었다.'고 했는데, 타당하지 않은 것
같다. 忻(흔):기뻐하다. 波濤入筆(파도입필):도원도(桃源圖) 속에 있
는 시내의 물결이 시를 쓰는 붓에 들어옴. 驅文辭(구문사):글을 솜씨
있게 재빨리 써 내려감. 文工畵妙(문공화묘):글과 그림 모두가 뛰어난
것을 뜻한다. 工은 교묘한 것, 轉하여 매우 뛰어난 것. 妙는 정묘한 것,
아주 잘된 것. 臻極(진극):극치(極致)에 이름. 臻은 至의 뜻으로, 이르
다. 異境(이경):이 세상이 아닌 도원향(桃源鄕)을 가리킨다. 恍惚移
於斯(황홀이어사):황홀하게도 이곳으로 옮기어 옴. 恍惚은 怳惚·慌惚
등으로도 쓰며, ①광채가 어른어른하여 눈이 부심, ②사물(事物)에 마
음이 팔려 멍하니 서 있는 모양, ③미묘하여 헤아려 알기 어려움, ④흐
릿하며 분명하지 아니함 등의 뜻으로 쓰이는데, 여기서는 ①의 뜻으로
쓰였다. 架巖(가암):바위 위에 나무를 걸쳐 지붕을 만듦. 架는 가로질

러 놓는 것. 鑿谷(착곡):골짜기를 뚫음. 接屋連墻(접옥연장):지붕이 잇대어 있고 담이 연이어 있음을 가리킨다. 千萬日(천만일):오랜 세월을 지나옴을 가리킨다. 嬴顚(영전):진(秦)나라가 멸망한 것을 가리킨다. 嬴은 진(秦) 왕조(王朝)의 성(姓). 진시황(秦始皇)의 이름은 영정(嬴政). 顚은 엎어지는 것, 轉하여 멸망을 뜻한다. 劉蹶(유궐):한(漢)나라의 멸망을 가리킨다. 劉는 漢王朝의 성(姓). 한 고조(漢高祖)의 이름은 유방(劉邦). 蹶은 넘어지다·엎어지다. 了(료):드디어·결국. 뒤에 부정하는 말이 오면 끝끝내, 한 번도의 뜻으로도 쓰인다. 地坼天分(지탁천분):땅이 갈라지고 하늘이 찢어짐. 注에 '진위(晋魏)의 亂'이라고 했는데, 정확하게는 후한 말(後漢末) 3국(三國:魏·吳·蜀) 시대로부터 위진(魏晋)에 이르기까지 분열과 항쟁을 가리킨다. 坼은 터지다·갈라지다. 恤(휼):걱정하다·근심하다. 川原(천원):내와 들. 遠近(원근):멀리에서부터 가까이에까지. 本集에는 近遠으로 되어 있다. 蒸紅霞(증홍하):붉은 놀이 가득 끼어 있음. 복숭아꽃이 붉게 피어 내와 들을 덮고 있는 것을 형용한 것. 猶自念鄕邑(유자염향읍):아직도 전처럼 고향 생각을 함. 漁舟之子(어주지자):고깃배를 타고 도원(桃源)을 찾아온 사람. 來何所(내하소):어디에서 왔는가? 物色(물색):여기서는 상대방을 눈여겨 살펴본다는 뜻으로 쓰였는데 일반적으로, ①물건의 빛깔, ②생김새나 복색에 의하여 사람을 찾아 봄, ③어떠한 표준에 의거하여 쓸 만한 사람이나 물건을 찾아 고름 등의 뜻으로 쓰인다.《後漢書》嚴光傳에, '光, 어릴 적에 光武帝와 함께 배웠다. 광무제가 위(位)에 오르자, 光은 이름을 바꾸고 몸을 숨겼다. 광무제, 물색(物色)으로써 그를 찾아내도록 하였다.'고 했는데, 이 경우의 物色은 위 ②의 뜻. 猜(시):의심하다. 大蛇中斷(대사중단):큰 뱀이 두 토막으로 잘림. 漢나라가 일어날 것을 암시했던 상서로운 조짐을 가리킨다.《漢書》高帝紀에 실려 있는 이야기이다. "高祖, 술에 취하여 밤에 못가를 지나가게 되었는데, 한 사람을 앞서 가게 하였다. 앞서 가던 자가 돌아와, '앞에 큰 뱀이 길을 막고 있으니 되돌아가는 게 좋을 것 같습니다.'라고 아뢰었다. 高祖가 취하여 말하기를, '장사(壯士)가 가는데 무엇을 두려워하겠는가?'라고. 高祖는 앞으로 나아가 칼로 뱀을 내리쳐 두 동강이를 내었다. 高祖는 길을 내고 몇 리(里)를 더 나아갔는데, 취기를 이기지 못해 누웠다. 뒤따라오던 사람들이 뱀이 있었던 곳에 이르니, 한 노파가 밤에 곡(哭)을 하고 있었다. 사람들은 왜 곡을 하느냐고 노파에게 물었다. 노파는, '어떤 사람이 내 아들을 죽였기에 이렇게 哭을 하고 있다오.'라고 대답했다. 사람들이 '할멈의 아들은 무슨 일로 죽음을 당했소?' 하고 물으니 노파는, '내 아들은 백제(白帝)의 아들인데, 뱀으로 化하여 길을 막고 있었소. 그런데 조금 전에 적제(赤帝)의 아들이 그를 베었으니, 내가 이렇게 우는 것이라오.'라고 대답했다. 사람들은 노파가 허황된 말을 한다고 생각하여 매를 치려 했는데 노파가 갑자기 사라져 보이지 않았다. 사람들이 高祖 있는 곳에 이르자 그제서야 高祖가 깨어났다. 사람들이 高祖에게 조금 전에 있었던 일을 이야기하자, 高祖는 마음속으로 매우 기뻐하여 자부(自負)하였다." 진(秦)의 양공(襄公)은 서융(西戎)에 있으면서 소호(小昊)의 신, 즉 西方의 神인 백제(白帝)를 神으로 받들어 모셨다. 白帝의 아들을 베었다는 것은 진(秦)을 멸망시키게 된다는 전조(前兆). 漢은 적제(赤帝)의 자손이 세운 나라로, 화덕(火德)의 왕조라고 한다. 前王(전왕):진(秦) 왕조(王朝)를 가리킨다. 羣馬南渡(군마남도):많은 말들이 남쪽으로 건너옴. 사마씨(司馬氏)의 자식, 즉 진(晋)의 오왕(五王)이 장강(長江)을 건너 남쪽으로 온 사실을 가리킨다. 《晋書》帝紀 六에, "元帝, 건업(建業:金陵, 지금의 南京)에서 天子의 位에 올랐다. 동요(童謠)가 널리 퍼졌는데, '다섯 마리 말(五馬)이 강을 건너, 그중 한 마리가 변하여 용이 되네.'라는 것이었다."라고 했다. 五馬란 낭야왕(琅琊王)·서양왕(西陽王)·여남왕(汝南王)·남돈왕(南頓王)·팽성왕(彭城王)의 다섯 왕을 말하는데, 모두 사마씨(司馬氏)였으므로 五馬라 한 것이다. 그 가운데 한 마리 말, 즉 낭야왕(琅琊王) 사마예(司馬睿)가 마침내 천자가 되었다. 天子를 용(龍)에 비유한 것이다. 新主(신주):새로운 왕조(王朝)인 동진(東晉)의 천자(天子).

聽終辭絕共悽然 청 종 사 절 공 처 연	어부의 말이 끝나자 모두 슬픈 빛 띠우고 말을 잇더니,
自說經今六百年 자 설 경 금 육 백 년	자신들은 이곳에서 육백 년을 살아왔노라며,
當時萬事皆眼見 당 시 만 사 개 안 견	옛일들을 모두 눈으로 보았는데
不知幾許猶流傳 부 지 기 허 유 류 전	그것들이 그때까지 얼마나 전해 내려오는 것인지 알 수 없다고.
爭持牛酒來相饋 쟁 지 우 주 내 상 궤	서로들 앞 다퉈 고기와 술을 대접하는데,
禮數不同樽俎異 예 수 부 동 준 조 이	술상 차리는 예법이 지금과는 판이했네.
月明伴宿玉堂空 월 명 반 숙 옥 당 공	달 밝은 밤 그들 따라 잠자리에 들었으나 옥당(玉堂)이 썰렁하여
骨冷魂淸無夢寐 골 랭 혼 청 무 몽 매	온몸에 한기 스며들고 정신 맑아져 잠도 꿈도 이루지 못했네.
夜半金鷄啁哳鳴 야 반 금 계 조 찰 명	밤중에 금빛 닭이 '꼬끼오-' 하고 우니
火輪飛出客心驚 화 륜 비 출 객 심 경	불 바퀴 같은 해 떠올라 나그네의 마음 놀라게 했네.
人間有累不可住 인 간 유 루 불 가 주	세상에 두고 온 가족 때문에 오래 머물 수 없기에

依然離別難爲情
의 연 이 별 난 위 정
아쉬움 남긴 채 떠나려 하니
그 마음 견디기 어려웠네.

船開棹進一回顧
선 개 도 진 일 회 고
배 띄워 노 저으며 다시 뒤를 돌아보니

萬里蒼茫煙水暮
만 리 창 망 연 수 모
만 리 밖까지 아득하고 안개 피어오르는
물위에 어둠이 내렸네.

世俗寧知僞與眞
세 속 영 지 위 여 진
세상에서야 어찌 거짓인지
정말인지 알 수 있겠는가?

至今傳者武陵人
지 금 전 자 무 릉 인
이 이야기를 전하는 사람,
지금까지 무릉의 어부뿐인 것을.

【語義】辭絶(사절):감격하여 말도 못 하고 침묵함. 悽然(처연):슬퍼하는 모
양. 自說(자설):스스로 말함. 經今六百年(경금육백년):지금까지 600년이
경과됨. 진(秦)의 시황제(始皇帝) 때로부터 지금(晋의 太元 年間)까지 약
600년이 지난 것을 가리킨다. 幾許(기허):얼마나. 流傳(유전):세상에 전
해 내려옴. 相餽(상궤):사람에게 음식을 대접하는 것. 餽는 음식이나 물
건을 보내는 것. 또는 식사를 권하는 것. 보내 준 음식이나 물품을 뜻할
때도 있다. 禮數(예수):예의 법도(禮儀法度). 주객(主客)이 서로 만나 보
는 예절. 명성이나 지위에 합당한 예의와 대우.《春秋左氏傳》莊公 十八
年에, '천자께서 제후를 삼으심에는, 그 작위(爵位)를 내리심이 같지 않으
니, 하사하시는 예물의 수량 또한 다르다. 신분에 맞지 않게 예물을 내리
는 게 아니다(王命諸侯 名位不同 禮亦異數. 不以禮假人).'라고 했다. 樽
俎(준조):술그릇과 고기를 담아 놓는 그릇. 주연(酒宴)에 사용되는 기물
(器物)들. 俎는 도마, 또는 제향(祭享)이나 향연(饗宴) 때 음식을 담는 그
릇. 伴宿(반숙):함께 묵음. 玉堂(옥당):옥으로 장식한 집, 선인(仙人)이
기거하는 궁실(宮室). 空(공):사람의 그림자가 없음. 骨冷魂淸(골랭혼청):

실내가 썰렁하여, 한기가 뼈에 스미고 정신이 맑아지는 것을 가리킨다. 無夢寐(무몽매):잠을 이룰 수 없어 꿈도 꾸지 못함. 金鷄(금계):금빛이 나는 닭. 누런 빛깔의 닭. 啁哳(조찰):새가 우는 소리를 형용한 것. 곧 닭이 꼬꼬댁 하고 우는 소리. 啁는 새가 지저귀는 것, 또는 그 소리. 哳은 새가 계속 우는 모양. 火輪(화륜):해[日]를 가리킨다. 客心(객심):어부(漁夫)의 마음. 人間有累(인간유루):인간 세상에는 父子·夫婦·兄弟 등 가족 관계에 의한 속박이 있음을 가리킨다. 여기서 累는 家累를 뜻한다. 家累는 처자·노비 등 한 집안에 딸린 사람. 依然(의연):일반적으로 전과 다름이 없다는 뜻으로 쓰이나, 여기서는 마음이 끌려 미련이 남는 것을 가리킨다. 難爲情(난위정):정(情)을 참기 어려움. 船開(선개):배를 출발시킴. 棹進(도진):노를 저어 앞으로 나아감. 一回顧(일회고):다시 한 번 뒤를 돌아다봄. 蒼茫(창망):넓고 멀어서 아득함. 本集에는 蒼蒼으로 되어 있다. 世俗寧知僞與眞(세속영지위여진):세상에서야 어찌 거짓인지 정말인지 알 수 있겠는가? 起句의 神仙有無何渺茫에 응(應)하고 있다. 武陵人(무릉인):무릉(武陵)에 갔다 온 어부.

【解說】《韓昌黎先生集》卷三에 실려 있는 작품으로, 陶淵明의 〈桃花源記〉에 나오는 이상향(理想鄕) 桃源을 상상하여 두상(竇常)이 그린 그림에, 노정(盧汀)이 詩를 지어 넣은 것을, 한공(韓公)이 보고 그 감상을 읊은 것이다. 韓愈 외에 王介甫·蘇東坡 등도 桃源을 주제로 하여 詩를 지었는데, 王介甫의 작품 〈桃源行〉은 本書에 실려 있다. 참고로 이 작품의 모체(母體)라 할 수 있는 陶淵明의 〈桃花源記〉 全文을 소개하겠다.

晋太元中 武陵人捕魚業爲. 緣溪行 忘路之遠近 忽逢桃花林.

진(晉)나라 태원(太元:孝武帝의 年號, 376~396) 연간에 무릉 사람으로 고기잡이를 업(業)으로 삼는 사람이 있었다. 하루는 물길을 따라 나섰다가 얼마나 왔는지 모를 무렵, 갑자기 복숭아꽃이 만발한 桃花林이 눈앞에 나타났다.

夾岸數百步 中無雜樹 芳草鮮美 落英繽紛.

냇물을 끼고 양편 기슭 수백 보의 땅에, 다른 나무는 한 그루도 없고, 향기로운 풀들이 싱싱하고 아름답게 자라며, 복숭아 꽃잎이 바람에 어지러이 날릴 뿐이었다.

漁人甚異之 復前行 欲窮其林. 林盡水源 便得一山. 山有小口 髣髴若有光. 便捨船從口入.

어부는 이상하게 여겨, 계속 앞으로 나아가 복숭아 숲 끝에 무엇이 있는지 알고 싶었다. 숲은 냇물이 처음 시작되는 곳에서 끝났고, 그곳에는 산이 하나 있었다. 산에는 작은 동굴이 있었는데, 그곳에서 빛이 새어나오는 것 같았다. 어부는 배를 버리고 곧 동굴로 들어갔다.

初極狹 纔通人. 復行數十步 豁然開朗.

동굴이 시작되는 곳은 몹시 좁아 간신히 사람 하나가 지나갈 수 있었으나 수십 보를 나아가자 갑자기 앞이 탁 트이고 넓어졌다.

土地平曠 屋舍儼然 有良田美池桑竹之屬. 阡陌交通 鷄犬相聞. 其中往

來種作 男女衣著 悉如外人 黃髮垂髫 並怡然自樂.

 땅이 평평하니 넓고, 집들이 정연하게 섰으며, 기름진 전답과 아름다운 연못, 뽕밭과 대나무 밭이 있었다. 사방으로 길이 나 있었고, 닭 소리와 개 짖는 소리가 들려왔다. 그 마을에서 농사짓는 남녀의 옷차림은 다른 세상에서 온 사람들의 옷차림 같았고, 노인들과 아이들은 모두 즐거운 듯 안락하게 보였다.

 見漁人 乃大驚 問所從來. 具答之 便要還家 設酒殺鷄作食. 村中聞有此人 咸來問訊.

 그곳 사람들은 어부를 보자 크게 놀라며 어디서 왔느냐고 물었다. 어부가 자세히 이야기하자, 그들은 곧 어부를 집으로 데리고 가 술을 내고 닭을 잡아 대접했다. 마을 사람들은 어부가 왔다는 말을 듣고 모두 와서 저마다 이것저것 물었다.

 自云 先世避秦時亂 率妻子邑人 來此絶境 不復出焉 遂與外人間隔. 問今是何世 乃不知有漢 無論魏晋. 此人一一爲具言 所聞皆歎惋.

 집주인이 말했다.
 "우리 선조가 진(秦)나라 때 난(亂)을 피하여 처자와 마을 사람들을 이끌고 이 절경(絶境)에 와 다시 세상에 나가지 않았으므로, 결국 바깥 세상과는 떨어지게 되었습니다." 그리고 지금이 어느 때냐고 묻는 것을 보니, 그는 한(漢)나라가 있었다는 것은 물론 그뒤로 위(魏)·진(晋)이 있다는 것도 모르는 것임에 틀림없었다. 어부가 지난 일들을 하나하나

자세히 이야기하자, 그들은 모두 놀라며 슬퍼했다.

餘人各復延至其家 皆出酒食. 停數日 辭去. 此中人語云 不足爲外人
道也.

다른 사람들도 저마다 어부를 자기 집으로 데리고 가 술과 음식을 대
접했다. 어부는 며칠을 묵은 후 작별을 고하고 떠나려는데, 마을 사람
중에 한 사람이 이렇게 말했다. "바깥세상 사람들에게는 이곳이 있다는
것을 말하지 마십시오."

旣出 得其船 便扶向路 處處誌之. 乃郡下 詣太守 說如此.

어부는 그 마을을 나와 버려두었던 배를 타고 돌아오면서 곳곳에 표
를 해 두었다. 어부는 군(郡)에 이르자 태수를 찾아가 자신이 겪었던 일
을 이야기했다.

太守卽遣人隨其往 尋向所誌 遂迷不復得路.

태수는 즉시 사람을 보내어, 어부가 표를 해 놓은 곳을 따라가 그곳
을 찾게 했으나, 결국 길을 잃어 도화원으로 가는 길을 찾지 못하고 말
았다.

南陽劉子驥 高尚士也. 聞之 欣然親往. 未果 尋病終. 後遂無問津者.

남양(南陽)의 유자기(劉子驥)는 뜻이 높은 선비였다. 그는 그 이야기

를 듣고 도화원을 찾아 나섰다. 그러나 목적을 이루지 못하고 병들어 죽고 말았다. 그후로는 다시 뱃길을 찾는 사람이 없었다.

이상이 〈桃花源記〉의 序이며, 그 詩는 다음과 같다.

嬴氏亂天紀	진시황이 천도(天道)를 어지럽히자
賢者避其世	현자들이 세상에서 몸을 숨겼네.
黃綺之商山	네 사람의 은자가 상산으로 갔고
伊人亦云逝	이들은 이곳으로 피해 왔네.
往迹浸復湮	은신해 갔던 발자국은 묻혀 지워졌고
來逕遂蕪廢	도화원으로 오는 길은 황폐해졌다네.
相命肆農耕	서로 도와 농사에 힘쓰고
日入從所憩	해 지면 편하게 쉰다네.
桑竹垂餘蔭	뽕과 대나무가 무성하며 그늘이 짙고
菽稷隨時藝	콩과 기장을 때맞추어 심는다네.
春蠶收長絲	봄에 누에 쳐 실 뽑고
秋熟靡王稅	가을 되어 추수해도 세금 바칠 일 없네.
荒路曖交通	황폐한 길이 희미하게 트이고
鷄犬互鳴吠	닭과 개가 서로 울고 짖네.
俎豆有古法	제사는 여전히 옛 법도대로 치르며
衣裳無新製	옷 모양은 요즘 시대의 것이 아니네.
童孺縱行歌	어린아이들 길에서 노래하고
斑白歡遊詣	백발노인들은 즐겁게 서로를 찾네.
草榮識節和	풀 자라면 봄인 줄 알고
木衰知風厲	나무 시들면 바람 찬 겨울임을 알며
雖無紀曆誌	비록 월력은 없어도

四時自成歲   사시의 변화로 세월 감을 안다네.

怡然有餘樂   기쁜 낯으로 언제나 즐겁게 살고

於何勞智慧   애를 써 잔꾀 부릴 필요가 없다네.

奇蹤隱五百   도원으로 오는 길 가리워진 지 오백 년 만에

一朝敞神界   홀연히 신비한 세계가 드러나게 되었네.

淳薄旣異原   순박함과 조야함은 그 근원을 달리하니

旋復還幽蔽   도원의 순박함, 이내 그 모습을 감추었네.

借問游方士   속세에서 노는 사람들에게 묻겠노라,

焉測塵囂外   먼지와 소음 없는 세상을 아는가?

願言躡輕風   바라건대 사뿐히 바람을 타고

高擧尋吾契   높이 올라 나의 이상 찾으리.

【語義】 嬴氏(영씨):秦나라 황제의 성(姓). 黃綺(황기):秦의 폭정을 피해 商山으로 몸을 숨겼던 네 사람. 夏黃公·綺里季·東園公·角里先生. 상산사호(商山四皓). 伊人(이인):도화원(桃花源)에 사는 사람들. 淳薄 (순박):淳은 桃和源의 순박한 인심을, 薄은 세상의 야박한 인심을 가리킨다. 契(계):짝. 전(轉)하여 자신의 이상(理想)을 가리킨다.

서왕정국소장연강첩장도왕진경화:소자첨(書王定國所藏煙江疊嶂圖王晉卿畫:蘇子瞻)

江上愁心千疊山
강 상 수 심 천 첩 산

우수를 자아내게 하는 천겹 산이 강가에 솟아

浮空積翠如雲煙
부 공 적 취 여 운 연

그 모습,
하늘을 찌를 듯 푸르러 구름 안개 같네.

山耶雲耶遠莫知
산 야 운 야 원 막 지

산인지 구름인지 아득하여 알 수 없지만

煙空雲散山依然
연 공 운 산 산 의 연

안개 걷히고 구름 흩어져도 산 모습은
그대로일 터.

但見兩崖蒼蒼暗絕谷
단 견 양 애 창 창 암 절 곡

한눈에 들어오는 건,
짙푸른 두 절벽과 깎아내린 듯 가파른 골짜기,

中有百道飛來泉
중 유 백 도 비 래 천

그리고 그 사이를 날아 내리는 백 갈래 물줄기.

縈林絡石隱復見
영 림 낙 석 은 부 견

숲을 감돌고 바위 휘돌아 사라졌다
다시 나타난 물줄기,

下赴谷口爲奔川
하 부 곡 구 위 분 천

아래에 이르러 골짜기 입구에선 여울을 이루네.

川平山開林麓斷
천 평 산 개 임 록 단

냇물 잔잔하고 산이 열리는,
산기슭 끊인 평평한 곳,

小橋野店依山前
소 교 야 점 의 산 전

조그만 다리 옆에 주막 하나 산가에 붙어 있네.

行人稍度喬木外
행 인 초 도 교 목 외

행인 뜸하게 오가는 큰 나무 저쪽,

漁舟一葉江呑天
어 주 일 엽 강 탄 천

하늘빛 삼킨 강 위에
고깃배 한 척 외로이 떠 있네.

【語義】江上愁心(강상수심):강변의 산을 바라보면 알 수 없는 우수(憂愁)가 마음에서 솟음. 千疊山(천첩산):겹쳐져 있는 많은 산. 本集 舊本에는 三疊山으로 되어 있다. 積翠(적취):푸른빛을 쌓아 올린 듯한 산의 모습을 가리킨다. 耶(야):의문사(疑問辭)로, ~인지?의 뜻. 遠莫知(원막지):멀어서 알 수가 없음. 依然(의연):전과 다름이 없음. 산이 또렷하게 보이는 것을 가리킨다. 蒼蒼(창창):빛이 새파란 모양, 초목이 무성하게 자라 검푸른 빛을 띤 모양, 하늘이 개어 맑은 모양, 노쇠한 모양, 어둑어둑한 모양 등 여러 가지 뜻으로 쓰이는데, 여기서는 두 번째 뜻. 絶谷(절곡):깎아내린 듯이 가파른 골짜기. 百道(백도):여러 줄기. 飛來泉(비래천):날아 내리는 샘물. 縈林(영림):숲을 둘러쌈. 縈은 얽기설기 감기다, 둘러싸다. 絡石(낙석):바위를 둘러쌈. 絡은 두르다 · 얽히다. 赴(부):다다르다. 奔川(분천):물살이 빠른 내. 여울. 林麓(임록):숲이 무성한 산기슭. 野店(야점):시골 주막. 稍(초):작은 것, 또는 적은 것. 喬木(교목):높은 나무. 江吞天(강탄천):강이 하늘을 삼킴. 큰 강에 하늘빛이 고스란히 잠겨 있는 것을 형용한 것.

使君何從得此本 사 군 하 종 득 차 본	사군(使君)은 어디서 이 그림을 얻었을까?
點綴毫末分淸姸 점 철 호 말 분 청 연	붓끝에 먹을 묻혀, 점점이 점을 찍어 푸르고 아름다운 풍경 옮겨 놓았네.
不知人間何處有此境 부 지 인 간 하 처 유 차 경	인간 세상 어디에 이런 곳이 있을까?
徑欲往置二頃田 경 욕 왕 치 이 경 전	당장 달려가 두 경(頃)의 밭을 마련하고 숨으리.
君不見武昌樊口幽絶處 군 불 견 무 창 번 구 유 절 처	그대는 보지 못하였는가, 무창 번구의 조용하고 깊숙한 곳을!

東坡先生留五年
동 파 선 생 유 오 년

이 몸, 5년 동안이나 그곳에 머물렀다네.

春風搖江天漠漠
춘 풍 요 강 천 막 막

봄바람 강물을 어루만지고
엷은 안개 하늘가에 퍼지던 봄,

暮雲捲雨山娟娟
모 운 권 우 산 연 연

저녁 구름비를 거두니 산 빛 곱던 여름,

丹楓翻鴉伴水宿
단 풍 번 아 반 수 숙

가을이면 단풍나무 위를 나는
까마귀와 배에서 함께 잤고,

長松落雪驚醉眠
장 송 낙 설 경 취 면

겨울이면 키 큰 소나무 가지에서 떨어지는
눈 소리가 술에 취한 잠을 깨웠네.

桃花流水在人世
도 화 유 수 재 인 세

복숭아꽃 물위에 떨어져 흘러가는 곳이
이 세상에도 있으니,

武陵豈必皆神仙
무 릉 기 필 개 신 선

무릉도원을 어찌 신선들의 세상이라고만
할 수 있으리.

江山淸空我塵土
강 산 청 공 아 진 토

강산은 맑고 깨끗해도 이 몸이 속세에
더럽혀져,

雖有去路尋無緣
수 유 거 로 심 무 연

비록 가는 길은 있다 해도
그 길을 찾지 못할 뿐.

還君此畵三嘆息
환 군 차 화 삼 탄 식

그대에게 그림을 돌려보내며
세 번 탄식했노라,

山中故人應有招我歸來篇
산 중 고 인 응 유 초 아 귀 래 편

산속의 친구들, 나를 전원으로 돌아오라
부르는 글을 짓고 있으리.

【語義】使君(사군):왕정국(王定國)을 가리킨다. 使君은 자사(刺史)나 태수
(太守)를 이를 때에 쓰는 경칭(敬稱). 此本(차본):이 그림. 點綴毫末(점
철호말):붓끝에 먹을 묻혀, 점점이 찍어 나가 그림을 그림. 點綴은 점을
연이어 찍어 그림을 그리는 것. 毫末은 가느다란 털의 끝. 末은 先의 뜻.
分淸姸(분청연):푸르고 아름다운 풍경을 분명하게 그려 놓음. 二頃(이

경):頃은 넓이의 단위로, 일경은 백 묘(畝). 武昌(무창):蘇東坡가 귀양
가 있던 황주(黃州) 부근의 지명. 호북성(湖北省) 무창부(武昌府). 樊口
(번구):지금의 호남성(湖南省) 악성현(鄂城縣) 서북으로, 번수(樊水)가
장강(長江)으로 흘러 들어가는 어귀의 지명. 東坡의 작품 중에 〈樊山記〉
가 있다. 幽絕處(유절처):매우 조용하고 깊숙한 곳. 東坡先生(동파선
생):蘇東坡 자신을 가리킨다. 蘇軾은 황주(黃州)에 유배되어 그곳 동파
(東坡)라는 곳에 거처를 마련하고 자신의 호(號)를 동파(東坡)라고 했다.
留五年(유오년):蘇軾은 원풍(元豊) 3년 2월에 황주(黃州)에 도착하여, 4
년에 동파(東坡:地名으로, 湖南省 黃岡縣의 동쪽)에 집을 짓고 설당(雪
堂)을 만들었다. 7년 4월, 황주에서 여주(汝州)로 옮겼다. 天漠漠(천막
막):엷은 안개가 하늘에 넓게 퍼진 것을 가리킨다. 漠漠은 아주 넓어 끝
이 없는 모양, 펴서 늘어놓은 모양, 흩어져 퍼지는 모양, 어두운 모양.
暮雲捲雨(모운권우):저녁 구름이 비를 걷음. 여름날 저녁의 하늘 경치를
형용한 것. 娟娟(연연):아름다운 모양. 산의 푸르름이 아름답게 번성한
것을 가리킨다. 丹楓翻鴉(단풍번아):단풍나무 위로 까마귀가 낢. 가을
의 경치를 형용한 것. 翻은 높이 나는 것. 鴉는 큰부리까마귀. 성질이 고
약하여 반포(反哺)를 하지 않는다고 함. 水宿(수숙):물가에서 묵음. 東
坡가 자신의 배에서 묵는 것을 가리킨다. 長松落雪(장송낙설):높은 소
나무 가지에서 떨어지는 눈 소리. 驚醉眠(경취면):술에 취하여 잠이 든
것을 깨움. 桃花流水(도화유수):복숭아꽃이 물위에 떨어져 흘러감. 도
원향(桃源鄉)을 가리킨다. 陶淵明의 〈桃花源記〉에 나오는 고사(故事).
앞에 나온 李白의 〈山中答俗人〉에, '복숭아꽃 물 따라 변치 않고 흘러가
니, 인간세상 아닌 별천지로다(桃花流水宛然去 別有天地非人間).'라고
했다. 武陵(무릉):호남성(湖南省) 상덕현(常德縣)으로, 도원(桃源)의 전
설이 있는 곳. 흔히 무릉도원(武陵桃源)이라 한다. 淸空(청공):맑고 깨

끗하며 번거로움이 없음.　塵土(진토):속세의 일에 더럽혀진 것을 가리
킨다.　塵은 티끌, 먼지.　去路(거로):가는 길. 江山에 가는 길을 가리킨
다.　尋無緣(심무연):찾아도 연고(緣故)가 없음.　山中故人(산중고인):
산속의 친구들.　應有招我歸來篇:(응유초아귀래편):생각하건대 나를 전
원으로 돌아오라고 부르는 글을 짓고 있으리. 전원으로 돌아오라고 부
르는 글이란 陶淵明의 〈歸去來辭〉 따위를 가리킨다.

【解說】《分類東坡先生詩》卷十二에 실려 있다. 王定國이 가지고 있는 王
晉卿의 산수화(山水畵) 〈煙江疊嶂圖〉에 書한 詩이다. 王定國은 東坡와
친했던 인물로, 東坡와 수답 차운(酬答次韻)한 詩를 많이 남겼다.《宋
史》에, '왕공(王鞏:字는 定國), 蘇軾과 交遊했다. 軾이 罪를 짓자, 鞏은
빈주(賓州)로 몇 년 동안 귀양 갔다가 다시 돌아왔다.'라고 했으며, 또
《東坡詩》卷十九에 실린 〈和王晉卿〉의 序에, '원풍(元豊) 2년(1079), 나
는 罪를 얻어 황주(黃州)에 폄적(貶謫)되었다. 부마위(駙馬尉) 왕선(王
詵:字는 晉卿)도 연루(連累)되어 멀리 귀양 갔다. 서로의 소식을 모르
고 지내기 7년, 나는 부름을 받아 다시 돌아오게 되었고, 詵도 조정으
로 돌아왔다. 궁전 문밖에서 만나자, 각자 詩를 지었다.'라는 기록이 있
다. 王晉卿은 풍경화를 잘 그렸는데, 東坡의 詩集에는 그의 그림에 제
서(題書)한 詩가 많다.

　예로부터 그림을 보고 그 풍경의 아름다움과 자신의 현실을 결부시켜
감개(感慨)를 서술한 詩가 적지 않다. 東坡는 本篇에서 자신이 꿈꾸는
이상향 무릉도원(武陵桃源)을, 그림 속의 풍경을 객관적으로 묘사함으
로써 그려 내고 있으며, 또 그곳을 동경하는 자신의 마음을 감동적으로
읊고 있다. 陶淵明의 정신세계에 심취한 東坡의 심미안(審美眼)이 여실
히 반영된 수작(秀作)이다. 東坡는 의식적으로 李白・杜甫・張說・陶

淵明 등의 詩句를 사용하여 그것들이 조금도 어색하지 않고 좋은 조화
를 이루게 하고 있는데, 이는 문호(文豪)다운 東坡의 文才라 할 수 있
다. 또 本篇에 東坡詩 특유의 회화적(繪畵的) 아름다움이 유감없이 표
현되어 있는 것은, 東坡 자신이 그림을 잘 그렸을 뿐 아니라 그림을 감
상하는 식견(識見)이 뛰어났기 때문이다.

기노동:한퇴지(寄盧仝:韓退之)

玉川先生洛城裏
옥 천 선 생 낙 성 리

낙양성 안의 옥천 선생,

破屋數閒而已矣
파 옥 수 간 이 이 의

몇 칸 안 되는 허물어진 집에서 사네.

一奴長鬚不裹頭
일 노 장 수 불 과 두

하나 있는 하인 긴 수염 그대로에
머리도 동이지 않았고,

一婢赤脚老無齒
일 비 적 각 노 무 치

하나 있는 하녀 맨발에다가 다 늙어 이도 없다네.

辛勤奉養十餘人
신 근 봉 양 십 여 인

애써 십여 인을 봉양하는데,

上有慈親下妻子
상 유 자 친 하 처 자

위로는 자애로운 어버이요 아래로는 처자식이라네.

先生結髮憎俗徒
선 생 결 발 증 속 도

선생께선 어른이 되시자
세속에 물든 무리들을 미워하시어

閉門不出動一紀
폐 문 불 출 동 일 기

문 닫고 세상에 나아가지 않은 지 어느덧 십이 년.

至今鄰僧乞米送
지 금 인 승 걸 미 송

요즘엔 이웃집 중이 빌어 온 쌀을 보내 준다는데,

僕忝縣尹能不恥
복 첨 현 윤 능 불 치

분수에 넘치게 현윤(縣尹)에 앉은 이 몸
어찌 부끄럽지 않으리.

俸錢供給公私餘
봉 전 공 급 공 사 여

봉급을 쓸 곳에 쓰고 약간 남기어서

時致薄少助祭祀
시 치 박 소 조 제 사

때때로 제사 비용에 보태 쓰시라 보낼 뿐이네.

勸參留守謁大尹
권 참 유 수 알 대 윤

유수를 만나고 대윤을 찾아보라
권하는 소리가 들리면

言語纔及輒掩耳
언 어 재 급 첩 엄 이
그때마다 귀를 가리신다네.

水北山人得名聲
수 북 산 인 득 명 성
은자로서 명성이 자자하던 석홍(石洪)은

去年去作幕下士
거 년 거 작 막 하 사
작년에 장군 막하에 들어갔고,

水南山人又繼往
수 남 산 인 우 계 왕
온조(溫造)가 다시 그 뒤를 이어

鞍馬僕從塞閭里
안 마 복 종 색 려 리
따르는 말과 하인의 행렬이
마을 문을 막을 정도였네.

少室山人索價高
소 실 산 인 색 가 고
소실산의 은자 이발(李渤)은 몸값이 비싸

兩以諫官徵不起
양 이 간 관 징 불 기
두 번이나 간관을 내리며 불러도 응하지 않았네.

【語義】玉川先生(옥천선생):노동(盧仝)을 가리킨다. 本書 注에, '仝, 동도 (東都)에서 살며, 옥천자(玉川子)라고 호(號)했다.'라고 했다. 洛城(낙 성):낙양성(洛陽城). 破屋(파옥):허물어진 집. 一奴(일노):한 남자 하 인. 長鬚(장수):수염이 길게 난 것을 가리킨다. 裹頭(과두):옛날 중국 에서는 성인 남자가 되면, 머리를 묶고 비단으로 그것을 쌌다. 요즘에 와서는, 수의(壽衣)의 한가지로 염할 때에 시체의 머리를 싸는 베, 또는 중이 가사(袈裟)로 머리를 싸는 것을 일컫는 말로 쓰인다. 一婢(일비): 한 하녀(下女). 赤脚(적각):신발을 신지 않은 맨발. 赤은 벌거벗은 것 을 가리킨다. 辛勤(신근):고생하고 애씀. 奉養(봉양):일반적으로 부모 나 조부모를 받들어 모시는 것을 뜻하나, 여기서는 처자를 먹여 살리는 것까지 포함한다. 結髮(결발):머리를 묶음. 옛날에 남자들은 20세가 되면, 성인(成人)이 되었다는 표시로 머리를 묶어 매었다. 憎俗徒(증속

도):속된 무리들을 미워함. 不出(불출):나아가 벼슬하지 않고 은거(隱居)하는 것을 가리킨다. 動一紀(동일기):어느덧 12년이 흐름. 動은 부사어로, 아차 하는 순간에. 紀는 세성(歲星:木星)의 주기(周期)로, 1기(一紀)는 12년. 鄰僧(인승):이웃에 사는 중. 乞米送(걸미송):쌀을 구하여 보내 줌. 乞은 준다는 뜻. 僕(복):자신을 가리키는 겸칭(謙稱). 한유(韓愈) 자신을 가리킨다. 忝(첨):욕되게도. 분(分)에 넘치는 일이라고 겸양(謙讓)하여 하는 말. 縣尹(현윤):현(縣)의 우두머리. 이 詩를 지을 당시, 韓愈는 하남(河南)의 영(令)이었다. 能不恥(능불치):부끄럽지 않을 수 있겠는가? 이웃에 사는 중은 갸륵하게도 노동을 도와주는데, 자신은 그렇게 하지 못하므로 부끄럽게 생각한다는 뜻. 俸錢(봉전):봉급으로 받는 돈. 公私餘(공사여):봉급을 공무(公務)와 사적인 일에 쓰고 남기는 것을 가리킨다. 時致薄少(시치박소):조금이나마 때때로 재물을 보내 줌. 時는 때때로, 致는 보내는 것, 薄少는 얼마 되지 않는 것. 助祭祀(조제사):제사 지내는 데에 드는 비용의 일부를 대어 줌. 參留守(참유수):유수(留守)를 찾아뵘. 參은 군주 또는 장상(長上)을 찾아가서 뵙는 것. 留守는 천자가 출정(出征) 또는 행행(行幸)하여 경사(京師)를 비웠을 때 경사(京師)를 지키는 벼슬. 이때 동도(東都) 낙양(洛陽)의 유수(留守)는 정여경(鄭餘慶)이었다. 謁大尹(알대윤):대윤(大尹)을 뵘. 謁은 높은 이를 만나 뵙는 것. 이때는 이소(李素)가 소윤(少尹)으로서 대윤(大尹) 벼슬을 겸하고 있었다. 言語讒及(언어재급):말이 들리기가 무섭게. 言語는 盧仝에게 유수(留守)나 대윤(大尹)을 만나 보라고 권하는 말들. 讒는 겨우, 가까스로. 輒掩耳(첩엄이):그때마다 귀를 가림. 輒은 문득, 번번이. 掩은 안 보이게 하기 위하여 가리는 것. 水北山人(수북산인):석홍(石洪)을 가리킨다. 水北은 낙수(洛水)의 북쪽 물가를, 山人은 은자(隱者)를 뜻한다. 得名聲(득명성):명성이 자자함. 去

年(거년):지난해. 幕下士(막하사):장군(將軍:節度使를 가리킨다)의 본
진(本陣) 막하(幕下)에서 벼슬하는 사람. 원화(元和) 5년, 오중윤(烏重
胤)이 하양(河陽) 세 성(城)의 절도사(節度使)가 되어 석홍(石洪)을 불
렀는데, 석홍이 그의 휘하에 들어가 일한 사실을 가리킨다. 水南山人
(수남산인):낙수(洛水)의 남쪽 물가에서 은거하던 은자(隱者). 온조(溫
造)를 가리킨다. 鞍馬(안마):안장을 지운 말. 僕從(복종):높은 이가 행
차할 때에 따르는 하인과 종자(從者). 塞閭里(색려리):마을의 문을 막
을 정도로 행차가 거창했음을 뜻한다. 少室山人(소실산인):숭산(崇山)
의 서봉(西峯)인 소실산(少室山)에서 은거하던 이발(李渤)을 가리킨다.
《韓文》注에 의하면, '이발의 자(字)는 준지(濬之), 중형(仲兄:둘째 형)
섭(涉)과 함께 여산(廬山)에 숨어 살다가 소실산(少室山)으로 옮겼다.
원화(元和) 원년, 나라에서 좌습유(左拾遺)를 내려 그를 불렀지만 응하
지 않자, 원화 4년에는 하양(河陽)의 소윤(少尹) 두겸(杜兼)이 관리를
보내어 천자의 명을 받들도록 재촉했다. 그래도 그는 받지 않았다. 韓
愈가 하남령(河南令)이 되어 발(渤)에게 글을 보내어 설득하였다. 그는
한유의 말을 받아들여, 비로소 산을 내려와 동도(東都:洛陽)에서 살았
다.'고 한다. 索價高(색가고):높은 값을 찾음. 출사(出仕)함에 그 관위
(官位)를 높게 구하는 것. 즉 쉽게 벼슬하러 나아가지 않는다는 뜻. 諫
官(간관):천자의 잘못을 간(諫)하는 관리. 습유(拾遺)의 벼슬이 이에 해
당한다. 拾遺는 남은 것이나 떨어뜨린 것을 주움, 또는 빠진 것을 보충
한다는 뜻. 徵不起(징불기):불러도 응하지 않음.

彼皆剌口論世事　　그들은 모두 날카로운 변설로 세상일을 논하고
피 개 자 구 논 세 사

有力未免遭驅使　　벼슬하여 힘은 있지만 부림당함은 면하지 못하네.
유 력 미 면 조 구 사

先生事業不可量
선 생 사 업 불 가 량

선생께서 하시는 일은 헤아릴 수 없는 것,

惟用法律自繩己
유 용 법 률 자 승 기

오직 성인을 모범삼아 그 가르침으로
자신을 바로잡으시네.

春秋三傳束高閣
춘 추 삼 전 속 고 각

춘추 삼전 더 볼 필요 없어 시렁 높이 올려 두고,

獨抱遺經究終始
독 포 유 경 구 종 시

시종일관 성인이 남긴 경서를 연구하시네.

往年弄筆嘲同異
왕 년 농 필 조 동 이

옛날 장난삼아 글을 지어 마이(馬異)에게 보내고

怪辭驚衆謗不已
괴 사 경 중 방 불 이

〈月蝕〉을 지어 괴이한 문사로 사람들을
놀라게 하여 그치지 않는 비방을 받았네.

近來自說尋坦途
근 래 자 설 심 탄 도

근자엔 평탄한 삶을 찾는다 말씀하시더니

猶上虛空跨騄駬
유 상 허 공 고 록 이

용마 타고 하늘을 날 듯 거침없이 사시네.

去歲生兒名添丁
거 세 생 아 명 첨 정

지난해에 아들 낳아 첨정이라 이름 지으니

意令與國充耘耔
의 령 여 국 충 운 자

나라의 농사짓는 사람을 보태려는 뜻에서였네.

國家丁口連四海
국 가 정 구 연 사 해

나라의 백성이 사해에까지 연이어 있으니

豈無農夫親耒耜
기 무 농 부 친 뢰 사

어찌 농사지을 사람이 없겠는가?

先生抱才終大用
선 생 포 재 종 대 용

선생께선 재주 지니시어 크게 쓰일 것이나

宰相未許終不仕
재 상 미 허 종 불 사

재상 자리 주어지지 않으면
끝내 출사하지 않으시리.

假如不在陳力列
가 여 부 재 진 력 렬

힘을 다하여 나라일 하는 관위에는 계시지 않으나

立言垂範亦足恃　　바른말 하시고 본받을 행동하셔
입 언 수 범 역 족 시　　우리들이 믿고 의지하기에 족하네.

苗裔當蒙十世宥　　선생의 덕에 십 대 후손들까지
묘 예 당 몽 십 세 유　　죄를 지어도 용서받을 것이니

豈謂貽厥無基址　　자손들 위해 터전을 마련하지 않았다
기 위 이 궐 무 기 지　　어찌 말할 수 있으리.

故知忠孝出天性　　선생의 충효는 타고난 것임을
고 지 충 효 출 천 성　　예부터 잘 알고 있거늘,

潔身亂倫安足擬　　자기 한 몸 깨끗이 하려고 인륜을 어지럽히는
결 신 난 륜 안 족 의　　무리야 어찌 선생에게 비길 수 있으리.

【語義】 彼(피):수북(水北)·수남(水南)·소실산(少室山)의 세 은자.　刺口(자구):사람을 비방하는 변설(辯舌).　有力(유력):힘은 있지만. '은자의 생활을 버리고 출사(出仕)한 세 사람은, 굳세고 힘은 있지만'의 뜻.　遭驅使(조구사):부림 받음을 당함. 출사하여 벼슬은 얻었지만 자유를 잃은 것을 가리킨다. 遭는 어떤 일을 당하는 것. 驅使는 사람을 몰아쳐 부리는 것.　先生(선생):옥천 선생(玉川先生) 노동(盧仝)을 가리킨다.　法律(법률):성인(聖人)을 모범 삼아 그 가르침에 따르는 것을 가리킨다.　繩(승):먹줄, 법도. 전(轉)하여 그릇된 것을 바로잡는 것.　春秋三傳(춘추삼전):공자(孔子)가 노(魯)나라의 사기(史記)에 의거하여 지은《春秋》를 해설한, 좌구명(左丘明)의《左氏傳》, 공양고(公羊高)의《公羊傳》, 곡량적(穀梁赤)의《穀梁傳》을 가리킨다.　束高閣(속고각):더 이상 읽을 필요가 없다고 생각되는 책들을 묶어 높은 시렁에 올려 둠. 삼전(三傳)에 통달했음을 가리킨다.　遺經(유경):성인이 남겨 놓은 경서(經書).　弄筆嘲同異(농필조동이):장난삼아 글을 지어, 同異의 論을 세워 희롱함. 本書 注에, "仝, 마이(馬異)에게 詩를 지어 보내어, '같되 같지 않고, 다

르되 다르지 않다(同不同 異不異).'고 했다."라고 했다. 嘲同異는, 盧仝
(仝은 同과 같은 字)이 馬異와 교유(交遊)를 원하던 중, 馬異의 이름이
자신의 이름과 상대되는 異임을 알고 그것을 소재로 하여 詩를 지어 보
낸 것을 가리킨다.　怪辭驚衆(괴사경중):괴이한 글로 사람들을 놀라게
함. 盧仝이 〈月蝕〉이란 詩를 지었는데, 그 詩의 文句들이 괴이하여 사
람들이 놀랐던 것을 가리킨다.　謗不已(방불이):비방하는 소리가 끊이
지 않음. 《唐才子傳》에, '원화(元和) 연간에 월식(月蝕)이 있었다. 仝,
詩를 지었다. 역도(逆徒)들을 없애야 한다는 내용의 시였다. 愈, 매우
훌륭한 글이라고 했다. 그런데 다른 사람들은 그 글을 점점 원망했다.'
라고 했다(解說 참조).　坦途(탄도):평탄한 길. 평안(平安)한 생활을 함
으로써 위험을 피하는 것.　跨(고):걸터앉음, 또는 말을 탐. 넘다·사
타구니의 뜻으로 쓰일 때에는 과로 읽힌다.　騄駬(녹이):《列子》에는 綠
耳로 되어 있다. 주(周)나라 목왕(穆王)의 수레를 끌고 주유(周遊)했던
팔준마(八駿馬) 가운데 하나.　添丁(첨정):盧仝이 자신의 아이에게 지
어 준 이름. 丁에는 인구(人口)라는 뜻이 있다.　耘耔(운자):김을 매고
북돋움. 농사를 짓는 일.　丁口(정구):인구(人口). 남자를 丁, 여자를
口라 한다. 즉 백성을 가리킨다. 당대(唐代)에는 18세 이상의 정남(丁
男)에게 구분전(口分田) 80묘(畝)와 세업전(世業田:永業田으로 세습이
인정됨) 20묘를 지급하였다. 정남(丁男)은 당대(唐代)의 일반적인 일에
서는 21세 이상을 가리키지만, 전제(田制)에서는 18세 이상을 가리켰
다.　耒耜(뇌사):농기구를 가리킨다. 耒는쟁기와 자루, 耜는 보습.　終
大用(종대용):마침내 크게 쓰일 것임.　宰相未許終不仕(재상미허종불
사):재상 자리가 주어지지 않으면 끝내 출사(出仕)하지 않음.　假如(가
여):비록.　陳力列(진력렬):힘을 다하여 나라 일을 하는 관위(官位)의
열(列). 《論語》 季氏篇에, '능력을 펴서 벼슬자리에 나아가되, 감당할

수 없으면 물러난다(陳力就列 不能者止).'라고 했는데, 陳은 자신이 가지고 있는 능력 따위를 드러내는 것이며, 列은 벼슬자리를 가리킨다. 立言(입언):후세에까지 교훈이 될 만한 말을 하는 것. 垂範(수범):딴 사람들이 본받을 만한 행동을 하는 것. 恃(시):믿고 의지함. 苗裔(묘예):자손(子孫), 원손(遠孫). 裔는 末의 뜻. 蒙(몽):은혜를 입음. 十世宥(십세유):십 대(代) 후의 자손이 죄를 짓더라도, 그 선조가 이미 큰 덕(德)을 지었으므로 죄를 용서해 줌. 宥는 처벌하거나 힐책하지 아니하는 것.《左傳》양공(襄公) 21년에, '국가 사직을 튼튼하게 한 공로자가 있으면, 그의 십세손(十世孫)까지 죄를 짓더라도 용서하여, 모두에게 국가에 공을 짓도록 권장해야 한다(社稷之固也 猶將十世宥之 以勸能者).'라는 말이 있다. 貽厥(이궐):《詩經》大雅篇〈文王有聲〉에, '후손을 위해 일하시어 자손들을 편하게 하셨네(詒厥孫謀 以燕翼子).'라고 했다. 貽厥은 자손을 위하여 뭔가를 남기는 것. 貽는 詒와 通用. 基址(기지):터전. 基는 토대·기초. 址는 터. 潔身亂倫(결신난륜):자기 한 몸을 깨끗이 하기 위하여 인륜(人倫)을 어지럽힘.《論語》微子篇에 다음과 같은 子路의 말이 실려 있다. "세상에 나와 벼슬하지 않는 것은 의리가 없는 짓이다. 장유(長幼)의 예절도 버릴 수 없거늘 하물며 군신(君臣)의 의리를 어떻게 버릴 수 있으랴? 이는 내 한 몸을 깨끗이 하기 위하여 대의(大義)를 어지럽히는 것이다. 군자가 세상에 나아가 벼슬함은 그 대의를 지키기 위함이다. 정도(正道)가 행해지지 않음은 우리 선생님께서도 이미 아시는 바이다(不仕無義. 長幼之節 不可廢也 君臣之義 如之何其廢之. 欲潔其身 而亂大倫. 君子之仕也 行其義也. 道之不行 已知之矣)." 安足擬(안족의):어찌 비교할 수 있겠는가? 擬는 비기다·견주다.

昨夜長鬚來下狀
작 야 장 수 내 하 장

간밤에 긴 수염 난 하인을 시켜 글월을 보내셨는데,

隔墻惡少惡難似
격 장 악 소 악 난 사

이웃집 못된 놈의 악행이
이루 말할 수 없을 정도라네.

每騎屋山下窺瞰
매 기 옥 산 하 규 감

걸핏하면 지붕 대마루를 타고 앉아
아래를 내려다보니

渾舍驚怕走折趾
혼 사 경 파 주 절 지

온 집안이 놀라고 두려워 달아나다
발을 삐는 사람이 많고,

憑依婚媾欺官吏
빙 의 혼 구 기 관 리

인척 관계를 믿고 관리들을 속이며

不信令行能禁止
불 신 영 행 능 금 지

법도 자신의 악행을 막지 못하리라
생각하는 놈이라네.

先生受屈未曾語
선 생 수 굴 미 증 어

선생께서는 욕을 당하셔도
끝내 말씀을 안 하시는 분이니,

忽此來告良有以
홀 차 내 고 양 유 이

갑자기 이렇게 사정을 알려 오심에는
실로 까닭이 있을 터!

嗟我身爲赤縣尹
차 아 신 위 적 현 윤

아아, 이 몸 낙양의 현윤(縣尹)으로

操權不用欲何俟
조 권 불 용 욕 하 사

권력을 쥐고도 쓰지 않는다면
무엇을 하려는 것인가.

立召賊曹呼五百
입 소 적 조 호 오 백

즉시 형벌을 다스리는 관리들을 불러

盡取鼠輩尸諸市
진 취 서 배 시 제 시

쥐새끼 같은 무리들을 잡아다
저자에 효수(梟首)케 했네.

先生又遣長鬚來
선 생 우 견 장 수 래

선생께선 다시 긴 수염 난 하인을 보내시어

如此處置非所喜
여 차 처 치 비 소 희

그런 일은 당신께서 기뻐하는 일이 아니라고.

況又時當長養節
황 우 시 당 장 양 절

더욱이 때가 다름 아닌 봄이니

都邑未可猛政理　고을을 사나운 법으로만 다스려서는 안 된다고.
도 읍 미 가 맹 정 리

先生固是余所畏　선생은 본디 내가 두렵게 생각하는 분,
선 생 고 시 여 소 외

度量不敢窺涯涘　바다 끝 아득하여 보이지 않듯
도 량 불 감 규 애 사　선생의 도량은 넓기만 하네.

放縱是誰之過歟　죄인을 마음대로 처형함은 누구의 허물인가,
방 종 시 수 지 과 여

效尤戮僕愧前史　교화(敎化)의 덕을 베풀지 못하고 죄인들을
효 우 육 복 괴 전 사　처형했으니 옛날 사관(史官)에 부끄럽네.

買羊沽酒謝不敏　양 사고 술 받아 선생께 나의 어리석음
매 양 고 주 사 불 민　사과하고 싶은데

偶逢明月耀桃李　마침 밝은 달이 도리화(桃李花) 밝게 비추네.
우 봉 명 월 요 도 리

先生有意許降臨　제 뜻을 받아들여 선생께서 왕림하고자 하시면
선 생 유 의 허 강 림

更遣長鬚致雙鯉　다시 긴 수염 난 하인 시켜 글월을 보내 주십시오.
갱 견 장 수 치 쌍 리

【語義】 長鬚(장수):수염이 길게 난 하인(下人)을 가리킨다. 下狀(하장):
글월을 내림. 盧소이 편지를 내렸다는 것은, 韓愈가 자신을 낮추어 말
한 것. 狀은 문서나 편지. '모양·형용하다'의 뜻일 때에는 상으로 읽는
다. 隔墻(격장):담 너머. 이웃집. 惡少(악소):고약한 젊은이. 屋山(옥
산):지붕 위의 가장 높게 마루진 부분. 대마루. 窺(규):남이 모르게 가
만히 보는 것. 瞰(감):내려다봄, 또는 멀리 바라봄. 渾舍(혼사):온 집
안. 渾은 모두·전부. '흐리다·섞이다·크다'의 뜻도 가지고 있다. 驚
怕(경파):놀라고 두려워함. 折趾(절지):발가락을 삠. 趾는 복사뼈 이하
의 부분. 憑依(빙의):의지함. 婚媾(혼구):인척(姻戚) 관계를 가리킨다.

欺(기):속임. 受屈未曾語(수굴미증어):굴욕을 당하면서도 아무 말 하지 않음. 受屈은 굴욕을 받는 것. 未曾語는 지금까지 아직 한 번도 말한 적이 없음. 來告(내고):알려옴. 良(량):진실로, 참으로. 有以(유이):이유가 있음. 赤縣尹(적현윤):낙양(洛陽)의 현윤(縣尹). 尹은 우두머리. 당대(唐代)에는 현(縣)을 일곱 등급으로 나누었는데, 그 가운데는 적현(赤縣)이 있었다. 操權(조권):권력을 잡음. 欲何俟(욕하사):무엇을 하려는 것인가? 俟는 기다리는 것. 立(립):바로, 즉시. 賊曹(적조):형(刑)을 다스리는 관명(官名).《通典》職官典에 의하면, 水火 · 盜賊 · 詞訟 · 罪法에 관한 일을 담당한다고 했다. 五百(오백):형(刑)을 집행하는 관리를 가리킨다. 본디는 귀인의 행차 앞에서 길을 여는 사람을 가리켰는데, 당대(唐代)에는 태형(笞刑)을 행하는 사람도 五百이라 하였다. 鼠輩(서배):쥐새끼 같은 무리. 尸諸市(시제시):尸之於市와 같은 뜻. 죄인을 죽여 그 시체를 저잣거리에 내걸어 구경시키는 것. 諸는 之於의 뜻을 갖는 어조사로 쓰였다. 處置(처치):韓愈가 쥐새끼 같은 무리를 벌 주어 효수(梟首)케 한 사실을 가리킨다. 長養節(장양절):만물을 자라게 하고 길러 주는 계절, 즉 봄을 가리킨다.《禮記》月令篇에, '중춘(仲春)에는, 식물의 어린싹을 보호하고, 동물의 어린것을 기르며, 홀아비 · 과부 · 고아 등 의지할 데 없는 사람들을 보살핀다. 백성에게 좋은 날을 가려 후토신(后土神)께 제사지내게 하고, 유사(有司)에게 명하여 감옥에 있는 죄인의 형을 덜어 주며, 질고(桎梏)를 벗겨 주게 한다. 또 죄인을 죽여 저잣거리에 내걸거나 태형(笞刑)을 주는 일이 없도록 하고, 소송(訴訟)을 그치도록 한다(仲春之月 安萌牙 養幼少 存諸孤. 擇元日 命民社. 命有司 省囹圄 去桎梏 毋肆掠 止獄訟).'라고 했다. 猛政理(맹정리):정치를 매우 엄하게 함. 理는 治의 뜻. 度量(도량):마음의 넓이. 涯涘(애사):바다의 끝. 放縱(방종):멋대로 굶. 여기서는 집정자 마음대로 죄인을 처벌하는 것을 가리킨다. 效尤(효우):잘못을 본받음. 죄인을 교화시키지 못하고 처벌한 것은 죄인들의 소행과 다를 바 없다는 뜻.《春秋左氏傳》襄公 21년에, "난영(欒盈)이 죄를 짓고 주(周)나라 땅을 지나게 되었다. 그때 주나라 서쪽 변경의 사람들이 그를 습격하여 물건을 약탈해 갔다. 난영은 행인(行人:외교를 담당하는 관리)을 통하여 주왕(周王)에게 호소했다. '천자님을 받드는 신하 영(盈)은, 천자님의 지방국(地方國)을 다스리는 신하에게 죄를 지어, 이렇게 도망치게 되었습니다. 그런데 이곳 변방에서 다시 죄를 짓게 되어, 이제는 엎드려 숨을 곳도 없습니다. 그래서 감히 죽고자 합니다. 천자님의 어명을 기다릴 뿐입니다.' 이에 주왕(周王)은 다음과 같이 말했다. '잘못한 사람을 책망하는 데에 잘못한 사람의 본을 따르는 것은, 더 큰 잘못을 저지르는 게 된다(尤而效之 其又甚焉).'라고" 했다. 戮僕(육복):죄지은 사람을 죽이는 것을 가리킨다. 愧前史(괴전사):전대(前代)의 사관(史官)에게 부끄러움. 前史는《左傳》을 지은 좌구명(左丘明)을 가리킨다. 죄인들을 교화(敎化)하지 못하고 처형하는 것은, 韓愈 자신도 죄를 범하는 것과 다를 것이 없다는 뜻.《左傳》襄公 3년에 다음과 같은 기록이 있다. 진후(晉侯)의 아우 양간(楊干)의 병거(兵車)가 조종이 잘못되어 곡량(曲梁)에서 대오를 이탈했다. 위강(魏絳)은, 그 책임을 물어 양간의 마차를 모는 시종을 처형했다. 진후(晉侯)가 노하여 羊舌赤에게 말했다. "제후를 불러 회합시킴은 진(晉)의 명예를 높이기 위함인데, 내 아우 양간의 말몰이꾼이 처형당했으니, 이보다 더 큰 치욕이 있겠는가? 위강을 꼭 죽일 터이니 그를 놓치지 말라." 이에 적(赤)이 아뢰었다. "강(絳)에게는 두 마음이 없습니다. 군주를 섬김에 어려움을 피하지 않으려 하고, 죄를 지으면 형벌을 피하려 하지 않습니다. 그가 직접 와 사정을 아뢸 것입니다. 어찌 명을 받을 필요가 있겠습니까?" 그 말이 끝나자, 위강이 들어와 진후(晉侯)의 시종에게 글을 주더니 칼날 위에 엎어져 죽으려 했다. 주위에서 위강을 만류하였다.
진후(晋侯)가 위강의 글을 읽어 보니 다음과 같이 씌어 있었다. "……신
(臣)은 이렇게 들었습니다. '군대가 군법에 순종함이 무용의 근본이며,
군대의 일에는 목숨을 걸고 군법을 범하지 않는 것이 군인의 마음가짐
이다(師衆以順爲武, 軍事有死無犯爲敬).'라고.……그런데 신은 죽음을
두려워하여 주군의 아우님에게까지 누를 끼쳤으니, 죄에서 벗어날 수
없게 되었습니다. 신이 평소 군대를 잘 다스리지 못하여 끝내는 사람을
처형하게 되었으니, 실로 신의 죄가 큽니다(不能致訓 至於用鉞. 臣之罪
重).……" 위강의 글을 다 읽은 진후(晋侯)는 맨발로 위강에게 달려갔
다. "내가 赤에게 그렇게 말한 것은 楊干을 사랑하는 마음에서였지만,
그대가 楊干을 벌한 것은 군법에 의해서였다. 내가 아우를 잘 가르치지
못하여 오늘과 같은 일이 생겼으니, 이는 과인의 허물이다. 그러나 그
대가 죽어 나의 허물을 더 크게 하는 일은 하지 말라. 내 그대에게 부탁
하노라." 買羊沽酒(매양고주):양과 술을 준비하여 주연을 벌이는 것을
가리킨다. 沽는 '팔다·사다' 두 가지 뜻으로 쓰인다. 謝不敏(사불민):
한유가 자신의 어리석음을 盧仝에게 사죄하려고 하는 것을 가리킨다.
降臨(강림):신불(神佛)이나 그 덕(德)이 지상에 내림(來臨)하는 일. 여
기서는 盧仝이 직접 韓愈를 찾아오는 것을 가리킨다. 雙鯉(쌍리):편지
를 뜻한다. 앞에 나온 〈樂府上〉에, '나그네가 먼 곳에서 와, 잉어 한 쌍
을 주었습니다. 동자 불러 삶게 했더니, 뱃속에서 한 자 되는 비단 편시
가 나왔습니다(客從遠方來 遺我雙鯉魚. 呼童烹鯉魚 中有尺素書).'라고
했다. 잉어의 뱃속에 한 자 되는 흰 비단에 글을 적은 편지가 있었다는
데에서, 雙鯉는 편지를 뜻하는 말로 쓰이게 되었다.

【解說】《昌黎先生集》卷五에 실려 있다. 《唐詩紀事》에, '盧仝은 동도(東都)

에 살았고, 退之는 하남(河南)의 영(令)이었다. 退之는 盧仝의 詩를 매우 좋아하여 그를 후하게 예우(禮遇)하였다. 盧仝은 스스로 옥천자(玉川子)라 호(號)했으며, 일찍이 〈月蝕〉이란 詩를 지어 원화(元和)의 붕당(朋黨)을 비난했다.'고 했는데, 本篇을 보더라도, 韓愈가 盧仝을 얼마나 흠모(欽慕)했는지를 잘 알 수 있다. 자신의 학문에 대하여 절대적 자부심을 가졌을 뿐 아니라 성격이 강직(剛直)하여 원만한 인간관계를 갖지 못했던 韓愈가, 盧仝과 같은 동시대(同時代) 인물을 숭배했다는 것은 흥미 있는 일이 아닐 수 없다. 어쨌든 本篇은 韓愈의 盧仝에 대한 따뜻한 마음이 잘 표현된 작품이다.

권지 7(卷之七)

장단구(長短句)

한 편의 詩 중에 長句와 短句를 섞어 사용한 것을 말한다. 1字에서부터 9字, 10字에 이르기까지 長短句로 이루어진, 변화 있는 구조(句調)의 가곡류(歌曲類)의 사(詞)를 특히 長短句라고 한다. 《詩經》의 詩篇이나 《楚辭》에서도 長短句가 보이지만, 漢의 〈安世房中歌〉를 필두로 漢·魏·晋의 樂府類에 많이 사용되었으며, 六朝와 唐에 이르러서는 詩의 단조로움을 피하기 위해 의식적으로 長短句를 사용하게 되었다. 梁나라의 중〔僧〕 慧休은 1, 3, 5, 7, 9言의 句를 이용하여 詩를 짓기도 했으며, 唐나라의 李白은 뒤에 나오는 것과 같은 〈三五七言〉이라는 제목의 詩를 짓기도 했다. 劉長卿에게도 같은 형태의 詩가 있으며, 唐의 張南史와 淸의 査愼行 등에게는 1, 2, 3, 4, 5, 6, 7言의 詩가 있다. 또 唐의 鮑防·嚴維 등은 1言부터 9言에 이르는 연구(聯句)를 지었으며, 宋의 文同이 1言부터 9言까지 句로 竹을 노래한 것도 유명하다. 그러나 本書에서는 3, 5言 한 首와 3, 5, 7言 한 首 외에, 5, 7言에 6言을 섞거나 7言을 기조(基調)로 하여 5言 혹은 7言 이상의 句를 섞어 지은 詩를 모았다.

춘계문답:왕유(春桂問答:王維)

問春桂
문 춘 계
춘계(春桂)에게 물었네.

桃李正芳華
도 리 정 방 화
"도리화(桃李花) 향기롭고

年光隨處滿
연 광 수 처 만
가는 곳마다 봄빛 가득한데

何事獨無花
하 사 독 무 화
어찌하여 너 홀로 꽃이 없는가?"

春桂答
춘 계 답
춘계 대답했네.

春華詎幾久
춘 화 거 기 구
"봄꽃이 얼마나 오래가리,

風霜搖落時
풍 상 요 락 시
가을 되어 우수수 낙엽 질 때

獨秀君知不
독 수 군 지 부
나만이 꽃 피움을 그대는 모르시오?"

【語義】 春桂(춘계):봄의 계수나무. 계수나무는 사철 푸르며 가을에 꽃을
피운다. 껍질은 계피(桂皮)라 하여 약재(藥材)로 쓰인다. 芳華(방화):꽃
이 피어 향기로운 것. 年光(연광):春光과 같은 뜻. 봄빛. 詎幾(거기):
幾何와 같은 뜻. 얼마나. 搖落(요락):흔들리어 떨어짐. 獨秀(독수):
홀로 빼어남. 가을이 되어 계수나무 홀로 꽃을 피우는 것을 가리킨다.

【解說】《王右丞集》에는 이 詩가 보이지 않는다.《唐文粹》·《全唐詩》에는
이 詩가 실려 있으며, 왕적(王績)의 作으로 되어 있다. 王績(585~644)

은 唐代 초기의 시인으로, 王維보다 약 백 년 전 사람이다. 일설에는 천보(天寶)의 난(亂) 때, 唐의 많은 士大夫들이 安祿山 휘하에 들어가 그를 신봉하고 그의 신하가 되었는데, 王維는 불행하게도 그들에게 사로잡혔지만 끝까지 절의(節義)를 굽히지 않았으며, 약을 먹고 벙어리 흉내를 내어 安祿山이 그에게 벼슬 내려 주는 것을 받지 않고, 이 詩를 지어 자신을 달랬다고 한다. 그러나 이것도 이 詩의 作者를 王維라고 추론하는 것에 지나지 않는다. 어쨌든 이 詩는 봄의 계수나무와 문답을 통하여 本書 題下의 注에, '이 篇은 물(物)에 빗대어 사람의 일을 이야기한 것이다. 桃李가 봄빛에 아름다운 것은 小人이 때를 만나 부귀해지는 것과 같고, 계수나무가 홀로 낙엽이 우수수 떨어질 때 빼어난 것은 선비가 곤경에 처하여 절의(節義)를 보이는 것과 같다.'라고 한 것처럼, 선비의 높은 지조를 노래하고 있다.

　이 詩는 비유체의 詩로서, 問과 答이 詩形上으로도 대칭을 이루고 있다. 이 詩는 長短句이기는 하지만 일정한 律調를 가지고 있다. 표현이 담백(淡白)하며 특별한 정조(情調)는 없지만, 그것이 作者가 말하고자 하는 바를 단적으로 표현한 것이라고 할 수 있다.

장진주:이태백(將進酒:李太白)

君不見 군 불 견	그대는 보지 못하였는가,
黃河之水天上來 황 하 지 수 천 상 래	하늘에서 흘러내린 황하의 물이
奔流到海不復廻 분 류 도 해 불 부 회	거센 물결 이루어 바다에 이르면 다시 돌아오지 못함을.
又不見 우 불 견	또 못 보았는가,
高堂明鏡悲白髮 고 당 명 경 비 백 발	고당의 주인이 거울에 비친 백발을 슬퍼함을.
朝如靑絲暮如雪 조 여 청 사 모 여 설	아침에 청사 같던 머리, 저녁 되니 눈처럼 희어졌다네.
人生得意須盡懽 인 생 득 의 수 진 환	인간으로 태어나 뜻을 얻으면 모름지기 기쁨을 다 누려야 할지니,
莫使金樽空對月 막 사 금 준 공 대 월	황금 술잔 빈 채로 달 앞에 내놓지 말아야지.
天生我材必有用 천 생 아 재 필 유 용	하늘이 나를 내심엔 반드시 쓸 곳이 있기 때문이고
千金散盡還復來 천 금 산 진 환 부 래	재물이란, 천금을 탕진해도 다시 돌아오는 법.
烹羔宰牛且爲樂 팽 고 재 우 차 위 락	양 삶고 소 잡아 즐기려 하노니
會須一飮三百杯 회 수 일 음 삼 백 배	한번 마셨다면 당연히 삼백 잔은 마셔야지.
岑夫子 丹丘生 잠 부 자 단 구 생	잠(岑) 선생, 단구(丹丘)님!

進酒君莫停
진 주 군 막 정

술잔 올리니 거절하지 마십시오.

與君歌一曲
여 군 가 일 곡

두 분께 노래 한 곡 바치니

請君爲我側耳聽
청 군 위 아 측 이 청

저를 위해 귀 기울여 주십시오.

鐘鼎玉帛不足貴
종 정 옥 백 부 족 귀

"진수성찬과 재물도 귀하게 여기지 않고

但願長醉不願醒
단 원 장 취 불 원 성

다만 길이 취하여 깨지 않길 바랄 뿐이네.

古來賢達皆寂寞
고 래 현 달 개 적 막

예로부터 덕 높고 도리에 통달한 이들은
흔적조차 없이 사라지지만

惟有飮者留其名
유 유 음 자 유 기 명

술꾼만은 후세에까지 이름을 남긴다네."

陳王昔日宴平樂
진 왕 석 일 연 평 락

옛날 조식(曹植)이 평락관에서 잔치할 적엔

斗酒十千恣歡謔
두 주 십 천 자 환 학

한 말에 만금(萬金) 하는 술을 마시며
마음껏 즐겼다네.

主人何爲言少錢
주 인 하 위 언 소 전

주인에게 돈 없다 어찌 말할 수 있으리,

且須沽酒對君酌
차 수 고 주 대 군 작

곧 술 사다 그대와 대작하리.

五花馬 千金裘
오 화 마 천 금 구

오화마와 천금 나가는 갖옷을

呼兒將出換美酒
호 아 장 출 환 미 주

아이 불러 좋은 술과 바꿔 오게 하여

與爾同銷萬古愁
여 이 동 소 만 고 수

그대와 함께 술 마시고 만고의 시름을 삭이리.

【語義】 黃河(황하):통칭 하(河). 청해성(青海省) 파안객라 산맥(巴顏客喇山
脈) 북쪽 기슭에서 발원하여, 섬서(陝西)·산서(山西) 두 성(省)의 경계를
남류(南流)하고, 분수(汾水)·위수(渭水) 등의 큰 지류를 합하여 동쪽으
로 흘러, 하남(河南)·하북(河北) 두 성(省)을 지나 발해(渤海)로 흘러드
는 전장 4,845km의 중국 제2의 대하(大河). 물에 황토가 섞여 항상 누
른빛으로 흐려 있어 이 이름이 있음. 奔流(분류):거세게 흐름. 又不見
(우불견):本集에는 君不見으로 되어 있다. 高堂(고당):훌륭한 집. 青絲
(청사):푸른 실. 검은 머리를 青絲에 비유한 것이다. 如雪(여설):本集에
는 成雪로 되어 있다. 得意(득의):뜻을 성취한 것, 또는 마음이 편한 것
을 가리킨다. 須(수):모름지기. 盡懽(진환):즐거움을 다 누리는 것. 懽은
歡과 같은 字. 金樽(금준):황금으로 만든 술잔. 空對月(공대월):헛되이,
들지도 않을 술잔을 달 앞에 내놓음. 我材(아재):나의 재능, 또는 나 자
신. 材와 才는 통용(通用)된다. 千金(천금):많은 재물을 가리킨다. 烹羔
(팽고):烹은 물에 삶는 것, 羔는 양의 새끼. 本集에는 烹羊으로 되어 있
다. 宰牛(재우):소를 잡음. 소를 잡아 요리하는 것을 가리킨다. 宰는 '도
(屠:짐승을 잡아 죽이는 것)'의 뜻. 且(차):잠시, 장차. 會須(회수):응당,
모름지기. 會는 必, 須는 要(반드시). 一飮三百杯(일음삼백배):한 술자리
에서 삼백 잔의 술을 마심. 李白의 〈양양가(襄陽歌)〉에는, '인생 백년 3
만 6천 일, 하루에 삼백 잔씩은 기울여야지(百年三萬六千日 一日須傾三百
杯)'라는 구절이 있다. 岑夫子(잠부자):本書 注에는 잠훈(岑勛)이라 하였
으나, 杜甫와 자주 어울렸던 동대(同代)의 시인 잠삼(岑參)일 가능성이 크
다. 夫子는 先生 정도의 뜻. 丹丘生(단구생):원단구(元丹丘)를 가리킨다.
岑夫子와 함께 당시 李白과 회음(會飮)했던 인물. 生도 앞의 夫子처럼 先
生 정도의 뜻. 鐘鼎玉帛(종정옥백):종(鐘)을 울려 사람을 부르고 솥을 벌
여 놓고 식사해야 하는 큰 집안의 진수성찬과, 옥(玉)과 비단 등의 재물.

本集에는 鐘鼓饌玉으로 되어 있다. 賢達(현달):덕(德)이 있고 만물의 이
치에 달통(達通)한 사람. 本集에는 聖賢으로 되어 있다. 寂寞(적막):본디
의 뜻은 쓸쓸한 것. 여기서는 이름도 전해지지 않고 흔적도 없는 것을 가
리킨다. 陳王(진왕):위(魏)의 조식(曹植)을 가리킨다. 조조(曹操)의 셋째
아들로, 字는 자건(子建), 진왕(陳王)에 봉(封)해졌고, 글을 잘 지었다. 本
書에 실린 〈七步詩〉의 작자. 平樂(평락):관(觀:높이 지은 집)의 이름. 지금
의 하남성(河南省) 낙양현(洛陽縣)의 낙양성(洛陽城) 서쪽에 있었다. 斗
酒十千(두주십천):한 말에 일만 금이 나가는 술. 매우 좋은 술을 가리킨
다. 恣歡謔(자환학):마음껏 지껄이고 즐김. 謔은 농지거리하는 것. 主人
(주인):李白 자신을 가리킨다. 且須(차수):'곧, 반드시 ~하겠음'의 뜻. 本
集에는 徑須로 되어 있다. 五花馬(오화마):털빛이 오색(五色)으로 된 좋
은 말. 千金裘   (천금구):천금의 값이 나가는 털옷. 裘는 여우의 겨드랑
이 아래의 모피를 모아 만든 옷. 갖옷. 제(齊)나라 孟嘗君이 천하에 둘도
없는 갖옷을 가지고 있었다 한다(本書 後集에 실린 〈讀孟嘗君傳〉의 해설
참조). 銷(소):녹이다·삭이다. 消와 같은 뜻. 萬古愁(만고수):영원히 없
앨 수 없는 인생무상(人生無常)의 슬픔.

【解說】本集 卷三에 실려 있으며 그 題注에, '將進酒는 漢의 단소요가(短簫
鐃歌) 22곡 중의 하나이다. 魏代에는 平關中이라고 불렀으며, 吳代에
는 章洪德, 晋代에는 因時運, 梁代에는 石首篇, 北周 때에는 破侯景, 後
周 때에는 取巴蜀이라고 불렀다.'라고 되어 있다. 將進酒는 魏 이래 여
러 가지 이름으로 변했지만, 樂府의 운율(韻律)을 지니고 있다. 李白은
거기에 사구(詞句)를 넣어 原題名의 樂府로 한 것이다. 이 篇도 '將進酒
(인제 술을 마시려 함)'라는 제목이 나타내고 있듯이 飮酒歌이며, 그 사
상은 자유분방하고 낭만적인 것으로, 그 바탕에는 생명에 대한 작자의

깊은 사랑과 인생의 비애(悲哀)가 깔려 있으며, 그것을 잊기 위해 술을 마신다는 소위 낭만주의적인 飮酒歌라고 할 수 있다.

　이 詩는 詩想의 번득임이 黃河의 분류(奔流) 같은 웅대한 詩이다. 天馬가 하늘을 나는 듯한 詩風이다. 이 자유분방하고 종횡으로 구사되는 화려한 詩句 중에는 억제하기 어려운 인생의 비애가 넘치고 있다. 이 인생의 무상함을 슬퍼하여 그것을 잊기 위해 술을 마신다고 노래한 詩는 古詩 19首 이래 끊임없이 지어져 왔으며, 인생무상이야말로 萬古의 슬픔이며 인간이 존재하는 한 끊임이 없을 것이다. 도연명(陶淵明)의 詩에도 인생관과 술이 밀접하게 결부되어 있는데, 李白의 경우에도 그러한 낭만주의적 경향이 짙다. 李白의 〈春夜宴桃李園序〉(後集에 실려 있음)도 같은 사상에서 지어진 글이다.

관원단구좌무산병풍:이태백(觀元丹丘坐巫山屏風: 李太白)

昔遊三峽見巫山
석 유 삼 협 견 무 산

옛날 삼협에서 노닐며 무산을 보았는데

見畫巫山宛相似
견 화 무 산 완 상 사

오늘 무산의 그림을 보니 그때의 모습과
너무도 비슷하네.

疑是天邊十二峯
의 시 천 변 십 이 봉

하늘가에 솟아 있던 열두 봉우리가

飛入君家綵屏裏
비 입 군 가 채 병 리

그대 집 병풍 속으로 날아든 듯하네.

寒松蕭瑟如有聲
한 송 소 슬 여 유 성

늘푸른 소나무에선 바람소리 나는 듯하고

陽臺微茫如有情
양 대 미 망 여 유 정

흐릿하게 보이는 양대(陽臺),
옛이야기를 들려주는 듯.

錦衾瑤席何寂寂
금 금 요 석 하 적 적

비단 이불과 구슬 자리 얼마나 쓸쓸하리,

楚王神女徒盈盈
초 왕 신 녀 도 영 영

초왕(楚王)과 신녀(神女)의 아름다움도
헛되기만 하니.

高咫尺 如千里
고 지 척 여 천 리

한 자밖에 안 되는 그림 속의 산이
천 리 높이로 보이고

翠屏丹崖粲如綺
취 병 단 애 찬 여 기

푸른 병풍 속에 그려진 붉은 벼랑 비단처럼 곱네.

蒼蒼遠樹圍荊門
창 창 원 수 위 형 문

검푸르게 보이는 먼 곳의 나무들이
형문산을 둘러싸고

歷歷行舟汎巴水
역 력 행 주 범 파 수

파수(巴水) 위에 떠 있는 배의 모습 또렷하네.

水石潺湲萬壑分
수 석 잔 원 만 학 분

돌 사이를 흐르는 물이 만 골짜기로 갈리고

烟光草色俱氳氛
연 광 초 색 구 온 분
안갯빛과 풀빛이 한 덩어리로 어울렸네.

溪花笑日何時發
계 화 소 일 하 시 발
해를 향해 웃는 냇가의 꽃은
언제부터 피어 있는 것일까,

江客聽猿幾歲聞
강 객 청 원 기 세 문
강가의 나그네는 언제부터 원숭이의
애절한 울음소리를 듣고 있는 것일까?

使人對此心緬邈
사 인 대 차 심 면 막
그림을 바라보노라니 속세를 떠난 듯
마음이 아득해져

疑入嵩丘夢綵雲
의 입 숭 구 몽 채 운
숭산에 들어와 오색구름을 꿈꾸는 듯하네.

【語義】 三峽(삼협):구당협(瞿塘峽)·무협(巫峽)·서릉협(西陵峽)으로, 장
강(長江) 상류의 사천(四川)·호북(湖北) 두 성(省)에 걸친 700여 리(里)
사이에 있는데, 양안(兩岸)이 깎아 세운 듯 가파른 데에다 물길이 좁고
물살이 세어 주행(舟行)이 어렵기로 유명하다. 구당협은 사천성 봉절
현(奉節縣)의 동쪽에 있으며, 그 동쪽인 무산현(巫山縣)에 무협이 있으
며, 다시 그 동쪽, 호북성 의창현(宜昌縣)의 서북에 서릉협이 있다. 三
峽에 관해서는 이설(異說)이 구구하여, 무협·서릉협·귀협(歸峽), 또
는 서릉협·명월협(明月峽)·황우협(黃牛峽)을 삼협이라 주장하는 사
람도 있다. 巫山(무산):사천성 무산현 동남쪽에 있으며, 파산맥(巴山
脈)의 고봉(高峯)으로 무(巫)자 모양을 이루고 있어 巫山이라 불린다.
십이봉(十二峯)이 있으며, 그 가운데 하나인 비봉봉(飛鳳峯) 아래에는
신녀(神女)의 사당이 있다. 송옥(宋玉)의 〈高唐賦〉序에 다음과 같은 글
이 있다. "초(楚)나라의 양왕(襄王)이 송옥(宋玉)과 운몽(雲夢)에 놀러
갔었는데 玉이, '옛날, 先王께서 고당(高唐)에서 노신 적이 있었습니다.
꿈에 신녀(神女)가 나타나 잠자리를 함께 하고는 떠날 때 자신은 무산

의 남쪽 기슭에 산다고 하였습니다.'라고 했다." 전설(傳說)을 많이 지
닌 산이어서, 예부터 한문시가(漢文詩歌)에 자주 등장했다. 宛(완):완
연함. 十二峯(십이봉):무산에 있는 열두 봉우리. 망하(望霞)·취병(翠
屛)·조운(朝雲)·송만(松巒)·집선(集仙)·취학(聚鶴)·정단(淨壇)·
상승(上昇)·기운(起雲)·비봉(飛鳳)·등룡(登龍)·취천(聚泉)의 12봉
우리. 綵屛(채병):채색한 병풍(屛風). 寒松(한송):겨울에도 푸름을 잃
지 않는 소나무를 가리킨다. 蕭瑟(소슬):가을에 으스스하고 쓸쓸하게
바람이 부는 모양. 陽臺(양대):宋玉의 〈高唐賦〉序에, "옛날, 초나라
양왕(襄王)이 송옥(宋玉)과 운몽대(雲夢臺)에서 놀며 고당관(高堂觀)을
바라보았다. 고당관 위에 구름이 있었는데, 하늘 높이 올라가더니 모습
을 갑자기 바꾸었는데, 그 변화가 무궁하였다. 왕이 玉에게, '이게 무슨
氣인가?' 하고 물으니 玉이, '바로 조운(朝雲)이라고 하는 것이옵니다.'
고 대답했다. 왕이 다시, '어째서 조운이라고 이르는가?'고 묻자 玉이 대
답했다. '옛날, 선왕(先王)께서 고당(高堂)에서 노시다가 노곤하셔서 낮
잠을 주무셨습니다. 꿈에 한 부인이 나타나, '첩(妾)은 무산의 여자로,
고당(高堂)을 찾아온 객(客)입니다. 임금님께서 납신다는 소식을 듣고,
임금님의 잠자리를 시중들려고 왔습니다.'라고 말했습니다. 선왕께서는
그 부인과 잠자리를 함께 하셨는데 그 부인은 떠나면서, '첩(妾)은 무산
의 남쪽 기슭, 높은 언덕의 돌산에 있습니다. 아침엔 구름이 되고 저녁
엔 비가 됩니다. 아침이고 저녁이고 양대(陽臺) 아래에 있습니다.'라고
말했습니다. 아침이 되어 양대 아래를 바라보니 그 부인의 말과 같았습
니다. 선왕께서는 그곳에 사당을 세우시고 朝雲이라 부르셨습니다."라
고 했다. 무산현(巫山縣)의 북쪽에 양운대(陽雲臺)의 유지(遺址)가 있
다고 한다. 微茫(미망):어둡고 흐릿한 모양. 錦衾瑤席(금금요석):비단
이불과 구슬로 장식한 자리. 衾은 이불. 瑤는 옥돌. 徒(도):공연히, 헛

되이. 盈盈(영영):아름다운 모양. 咫尺(지척):아주 가까운 것. 여기서
는 그림 속의 산이 한 자 높이밖에 안 되는 것을 가리킨다. 丹崖(단애):
붉은 절벽. 粲(찬):고움, 아름다움. 荊門(형문):호북성(湖北省) 의도현
(宜都縣) 서북쪽에 있는 산 이름. 歷歷(역력):분명함. 汎(범):물위에
둥둥 떠 있는 것. 泛과 仝字. 巴水(파수):사천성(四川省) 파주(巴州)에
있는 강으로, 물줄기가 빙 돌아 巴자 모양을 이루므로 이런 이름이 붙
었다. 潺湲(잔원):물이 졸졸 흐르는 모양, 또는 그 소리. 萬壑(만학):
많은 골짜기. 烟光(연광):안개 빛. 烟은 煙과 仝字. 氳氛(온분):기운이
서로 합하여 어리어 있는 모양. 何時發(하시발):언제부터 피어 있는가?
本集에는 何年發로 되어 있다. 聽猿(청원):원숭이의 울음소리를 들음.
緬邈(면막):아득하고 멂. 長遠과 같은 뜻. 緬은 요원함, 邈은 아득한 것.
속세(俗世)를 멀리 떠난 듯한 기분에 잠기는 것을 뜻한다. 嵩丘(숭구):
숭산(嵩山). 하남성(河南省) 서남쪽에 있으며, 오악(五嶽)의 하나로 중
악(中嶽)에 해당한다. 도(道)를 구하려는 선인(仙人)이 오른다는 산으
로, 元丹丘도 이곳에서 놀았다. 綵雲(채운):아름다운 빛깔을 띤 구름.

【解說】 本集 卷二十四에 실려 있는 詩이다. 元丹丘는 앞의 詩에 나오는 丹
丘 선생이다. 李白의 〈元丹丘歌〉에, '元丹丘는 神仙을 사랑한다. 아침
에 영천(潁川)의 맑은 물을 마시고 저녁에는 붉은 산 기운에 젖어드는
숭산(嵩山)으로 돌아온다.'라고 되어 있다. 李白은 이 선풍(仙風)의 元
丹丘가 선녀가 살았다는 무산(巫山)을 그린 병풍 앞에 앉아 있는 것을
보고 이 詩를 지었다.
　　唐代에 들어 그림을 주제로 한 詩가 많이 지어졌다. 本書에 실려 있
는 작품으로는, 杜甫의 〈戱題王宰畵山水歌〉, 〈丹靑引〉, 〈韋諷錄事宅觀
曹將軍畵馬圖引〉, 한유(韓愈)의 〈桃源圖〉, 오융(吳融)의 〈畵山水歌〉 등

을 들 수 있다. 이런 詩들 중에는 그림의 아름다움을 詩句로 재현함과 동시에, 그 그림으로부터 나오는 미적 상상과 전설상의 낭만적인 공상의 세계를 아름답게 노래한 것이 많다. 本篇은 그 대표적인 작품으로, 앞에 나온 蘇東坡나 韓子蒼 등의 작품은 이것을 본뜬 것이라 할 수 있다. 이 篇에서 노래하고 있는 巫山의 그림은 풍경의 아름다움과 전설의 낭만성을 모두 갖춘 명산(名山)이므로, 李白은 그 그림을 보며 그곳에서 놀았던 옛날 일을 회고한 것이다. 李白의 〈宿巫山下〉라는 詩에,

昨夜巫山下	어젯밤 무산 아래서 묵는데
猿聲夢裏長	원숭이 소리가 꿈속에서 길게 들렸네.
桃花飛綠水	복숭아꽃 푸른 물에 날려 떨어지는데
三月下瞿塘	3월의 구당물을 내려가네.
雨色風吹去	비 올 기운 바람에 불려 가니
南行拂楚王	南行하여 초왕을 도우리.
高丘懷宋玉	높은 언덕에서 송옥을 생각하노니
訪古一霑裳	옛일이 생각나 눈물이 옷깃을 적시네.

라고 되어 있는 것은, 실로 이 詩의 근저를 이루고 있는 구상(構想)이다.

삼오칠언:이태백(三五七言:李太白)

秋風淸 秋月明
추 풍 청 추 월 명

바람 맑고 달 밝은데

落葉聚還散
낙 엽 취 환 산

낙엽 모였다가 흩어지고

寒鴉栖復驚
한 아 서 부 경

까마귀 깃들이었다가 푸드덕거리는 가을밤.

相思相見知何日
상 사 상 견 지 하 일

서로 그리는 우리, 다시 만날 날 언제이리?

此日此夜難爲情
차 일 차 야 난 위 정

오늘 이 밤, 이별의 정 어찌 가누리.

【語義】 落葉聚還散(낙엽취환산):낙엽이 모였다가 다시 흩어짐. 회자정리
(會者定離)의 운명에 비유한 것. 寒鴉(한아):가을날의 까마귀. 栖(서):
宿의 뜻. 깃들이다. 知何日(지하일):어느 날이 될지를 알지 못함. 여기
서 知는 글자의 뜻 그대로 안다라고 해석하는 것보다 '알 수 없다'의 뜻
으로 푸는 게, 앞의 落葉聚還散이 의미하는 것과 더 잘 어울린다. 難
爲情(난위정):마음이 애달파 견딜 수 없음. 이별의 정을 가눌 수 없음
을 뜻한다.

【解說】《李太白詩》卷二十五에 실려 있다. 이 詩의 제목은 詩體 명칭의 하
나로, 한 首 중에 三言·五言·七言의 모든 句를 갖춘 詩를 말한다. 本
集 注에, '옛날에는 이러한 詩體가 없었다. 이러한 詩體는 太白으로부
터 시작되었다.'라고 했다. 本書 題注에, '바람 맑고 달 밝은데, 낙엽이
떨어지고 새가 난다. 이런 풍경을 바라보며 친구를 생각하면 친구가 더

욱 그리워진다.'라고 했다.

'三五七言'이라는 형식은 李白으로부터 시작된 것이기는 하지만, 역시 六朝의 長短句가 발전된 것이다. 따라서 이 詩篇의 내용도 六朝詩의 그것을 계승한 것이라 할 수 있다.

등양왕서하산맹씨도원중:이태백(登梁王棲霞山孟氏桃園中:李太白)

碧草已滿地 벽 초 이 만 지	푸른 풀 땅 위에 가득하고
柳與梅爭春 유 여 매 쟁 춘	버들과 매화가 봄빛을 다투네.
謝公自有東山妓 사 공 자 유 동 산 기	사안, 동산에서 노닐 적엔 늘 기생들이 뒤를 따랐고
金屛笑坐如花人 금 병 소 좌 여 화 인	금 병풍 앞에 앉아 웃을 때면 꽃과 같았네.
今日非昨日 금 일 비 작 일	오늘은 어제가 아니며
明日還復來 명 일 환 부 래	내일은 곧 닥쳐온다네.
白髮對綠酒 백 발 대 록 주	백발 되어 푸른 술 대하니
强歌心已摧 강 가 심 이 최	노래 불러 보아도 서글픈 마음 금할 수 없네.
君不見梁王池上月 군 불 견 양 왕 지 상 월	그대는 보지 못하였는가, 효왕의 연못에 빛을 떨구던 달이
昔照梁王樽酒中 석 조 양 왕 준 주 중	그 옛날 효왕의 술잔 속을 비추어 주었음을.
梁王已去明月在 양 왕 이 거 명 월 재	효왕은 가고 밝은 달만 남았으니
黃鸝愁醉啼春風 황 리 수 취 제 춘 풍	꾀꼬리 시름에 젖어 봄바람 속에서 울고
分明感激眼前事 분 명 감 격 안 전 사	무상한 인생사에 내 마음 크게 움직이네.

莫惜醉臥桃園東　　그대들이여, 취하여 도원(桃園) 동쪽에 눕는
막 석 취 와 도 원 동　　나를 가엾게 여기지 말게나.

【語義】謝公(사공):진(晋)나라 때의 명사(名士)로, 이름은 안(安), 字는 안
석(安石). 벼슬하지 아니하고 동산(東山)에 들어가 은거하고 있다가 40
세에 이르러 처음으로 관계로 나아갔다. 태보(太保)에까지 올랐으며,
전진왕(前秦王) 부견(符堅)의 군을 비수(淝水) 싸움에서 막았다. 사후
(死後)에 태부(太傅)가 추증(追贈)되었으므로 사태부(謝太博)라 불린다.
시호(諡號)는 문정(文靖). 東山(동산):사안(謝安)과 관계있는 동산이 세
곳 있다. 하나는 절강성(浙江省) 상우현(上虞縣)의 서남쪽에 있던 곳으
로, 사안이 기생들을 데리고 놀았던 곳이라 한다. 또 하나는, 절강성 임
안현(臨安縣)의 서쪽에 있던 곳으로, 《晋書》에 의하면, 사안은 그곳 임
안산(臨安山)에서 은거하였다고 한다. 또 하나는 강소성(江蘇省) 강녕
현(江寧縣)에 있는 동산진(東山鎭)의 북쪽 경계로, 토산(土山)이라고 하
는 곳이다. 오늘날에는 산 정상에 사당이 있고, 그 안에는 사안의 화상
(畵像)이 있다. 또 謝墅遺址라는 현판이 걸려 있다. 이 詩에서 東山은
이곳을 가리키는 것 같다. 本書 注에, '謝安, 東山에 은거하며 뜻을 산
천에 두었다. 음악을 좋아했고, 유상(遊賞)할 때면 항상 기생으로 하여
금 따르게 했다.'라고 했다. 李白의 시 가운데에 〈東山吟〉이 있다. 金屛
(금병):황금 병풍. 누런 색 비단을 대어 만든 병풍을 가리킨다. 今日非
昨日(금일비작일):오늘은 어제가 아님. 시간이 빨리 흘러가는 것을 뜻
한다. 强歌(강가):억지로 노래를 부름. 心已摧(심이최):세월이 덧없이
흐르는 것에 느끼어 마음이 괴로운 것을 가리킨다. 摧는 부숴지는 것.
梁王池(양왕지):한(漢)나라 효문제(孝文帝)의 둘째아들인 효왕(孝王)의
연못. 黃鸝(황리):黃鶯과 같은 뜻. 꾀꼬리. 眼前事(안전사):눈앞의 일.

무상(無常)한 인생사(人生事)를 가리킨다.

【解說】《李太白詩》卷二十에 〈携妓登梁王棲霞山孟氏桃園中〉이라는 제목
으로 실려 있다. 梁王은 漢 文帝의 둘째 아들로, 梁의 孝王 武를 가리
킨다. 景帝와는 어머니가 같고, 어머니는 두태후(竇太后)였다. 그는 文
帝 12년에 梁王이 되었으며, 文帝 35년 6월에 죽었다. 시호(諡號)를 孝
王이라 한다. 서하산(棲霞山)은 산동성(山東省) 연주부(兗州府) 단현(單
縣)에 있는 곳으로, 梁의 孝王이 즐겨 이곳에서 놀았다고 한다. 孟氏의
이름은 未詳.

本篇 외에도 李白은 〈梁園吟〉에서, '梁王의 궁궐은 지금 어디에? 枚
乘과 相如는 이미 가고 없네. 춤 그림자 노랫소리 푸른 못에 흩어졌고,
남아 있는 변수(汴水)만 동쪽 바다로 흘러갈 뿐이네.'라고 읊어 양왕(梁
王)의 성시(盛時)를 그리워했으며 또 〈東山吟〉에서는, '옛날 謝安이 妓
女를 데리고 놀던 東山은 무덤과 잡초로 황폐해졌다.'고 개탄(慨歎)했
다. 모두 무상(無常)한 人生을 슬퍼한 내용의 詩들이다.

장진주:이장길(將進酒:李長吉)

琉璃鍾 琥珀濃 유 리 종 호 박 농	유리 술잔에 호박 빛 술,
小槽酒滴眞珠紅 소 조 주 적 진 주 홍	술통에서 굴러 떨어지는 술방울은 붉은 진주 알!
烹龍炮鳳玉脂泣 팽 룡 포 봉 옥 지 읍	용 삶고 봉새 구우니 옥 같은 기름 흘러 흐느끼고,
羅幃繡幕圍香風 나 위 수 막 위 향 풍	명주 휘장, 수놓은 장막 안엔 향기 품은 바람 감도네.
吹龍笛 擊鼉鼓 취 룡 적 격 타 고	용적 불고 타고 치니
皓齒歌 細腰舞 호 치 가 세 요 무	하얀 이 노래하고 가는 허리 춤추네.
況是靑春日將暮 황 시 청 춘 일 장 모	하물며 봄날은 저물려 하고
桃花亂落如紅雨 도 화 난 락 여 홍 우	어지러이 지는 복숭아꽃 붉은 빗발 같음에랴!
勸君終日酩酊醉 권 군 종 일 명 정 취	권하노니, 그대여! 종일토록 마시고 한껏 취하게.
酒不到劉伶墳上土 주 부 도 유 령 분 상 토	유영의 무덤에까지 술이 따라가 주지는 않았었네.

【語義】 琉璃鍾(유리종):琉璃로 만든 큰 술잔. 琉璃는 流離·瑠璃로도 쓰
며, 푸른빛을 띤 투명한 보옥(寶玉). 鍾은 술잔. 琥珀濃(호박농):琥
珀은 송지(松脂)의 화석(化石)으로, 송지가 땅속에서 천년을 묵어야 된
다고 한다. 濃은 술 빛이 황갈색(黃褐色)인 것. 小槽(소조):조그만 나
무 술통. 酒滴(주적):한 방울씩 떨어지는 술 방울. 烹龍炮鳳(팽룡포

봉):용을 삶고 봉새를 구움. 기름지고 맛있는 안주를 마련하는 것을 가리킨다. 玉脂泣(옥지읍):옥 같은 기름이 욺. 고기로 안주를 만드는데, 불 위에 올려놓은 고기에서 기름이 방울 지어 솟는 것을 가리킨다. 羅幃(나위):얇은 비단으로 만든 장막. 繡幕(수막):아름다운 수를 놓은 장막. 繡는 繍의 속자(俗字). 龍笛(용적):용의 소리를 내는 저. 鼉鼓(타고):악어가죽으로 만든 큰 북. 皓齒歌 細腰舞(호치가세요무):흰 이의 미인이 노래를 부르고, 허리 가는 미인이 춤을 춤. 酩酊(명정):정신을 차리지 못할 정도로 술에 취하는 것. 劉伶(유령):진(晉)나라 패국(沛國:江蘇)사람으로, 자(字)는 백륜(伯倫). 죽림칠현(竹林七賢)의 한 사람으로 술을 몹시 즐겼다. 평소 녹거(鹿車:작은 수레)를 타고 한 병의 술을 가지고 다녔는데, 삽을 멘 하인 한 사람을 따르게 하여 어느 곳에서든지 자신이 죽거든 그 자리에 묻어 달라고 했다 한다. 本書 後集에 실려 있는 〈酒德頌〉을 지었다.

【解說】 이 詩는《李賀歌詩編》卷四에 실려 있다. 題名에 관해서는 앞에 나온 李白의 〈將進酒〉의 해설 참조. 琉璃鍾, 琥珀濃, 小槽酒滴眞珠紅의 청신(淸新)한 표현과 玉脂泣, 圍香風 등의 표현은 귀재(鬼才) 李賀의 예민한 감각을 잘 나타내고 있다. 실로 주옥같은 名篇이다.《復齋漫錄》에, '長吉은 桃花亂落如紅雨라는 글귀로 세상에서 이름을 얻었다.'라고 되어 있다. 봄날이 저물어 갈 무렵, 복숭아꽃이 마치 붉은 비처럼 어지러이 떨어지는 모습은 실로 감동적인 정경이다. 이 구절에는 李白의 酒歌에서 볼 수 있는 인생의 흘러감을 애석해 하는 말은 없지만, 저물어 가는 봄을 애석해 하는 강한 감상(感傷)이 들어 있다. 劉伶의 고사(故事)로써 끝을 맺고 있는 마지막 구절은 깊고도 긴 여정(餘情)이 있다.

고헌과:이장길(高軒過:李長吉)

華裾織翠靑如葱
화 거 직 취 청 여 총

비췻빛 화려한 옷자락은
푸르기가 파와 같고

金環壓轡搖玲瓏
금 환 압 비 요 령 롱

고삐 밑에서 흔들리는
금재갈 옥 같은 소리를 내네.

馬蹄隱耳聲隆隆
마 제 은 이 성 륭 륭

말발굽 소리 우레처럼 귀를 울리고

入門下馬氣如虹
입 문 하 마 기 여 홍

문안에 들어와 말에서 내리는 분의
기상 무지개 같네.

云是東京才子文章鉅公
운 시 동 경 재 자 문 장 거 공

다름 아닌 낙양에서도
재주 높은 문장의 대가들이시네.

二十八宿羅心胸
이 십 팔 수 나 심 흉

하늘의 스물여덟 별이
가슴속에 늘어서 있고

元精炯炯貫當中
원 정 형 형 관 당 중

만물을 만드는 정기(精氣)가
빛을 내며 가슴 한복판을 꿰뚫고 있네.

殿前作賦聲摩空
전 전 작 부 성 마 공

천자 앞에서 글을 지었으니
명성이 하늘을 어루만지며

筆補造化天無功
필 보 조 화 천 무 공

글로써 하늘의 조화를 도우니
하늘에겐 공이 없는 듯하네.

厖眉書客感秋蓬
방 미 서 객 감 추 봉

눈썹 세진 서생, 가을 쑥대 같은
자신의 신세 느끼지만

誰知死草生華風
수 지 사 초 생 화 풍

마른풀이 봄바람에 다시 꽃을 피울지
누가 알리?

我今垂翅附冥鴻
아 금 수 시 부 명 홍

지금은 비록 날개 늘어뜨린 채
하늘 높이 나는 큰기러기 부러워하지만

他日不羞蛇作龍
타 일 불 수 사 작 룡

뒷날 크게 출세하더라도 그것을 부끄럽게
여기지 않을 만큼 재주 지니고 있다네.

【語義】華裾(화거):화려한 옷자락. 말 위에 있는 사람의 아름다운 의상을 가리킨다. 織翠(직취):비췻빛 옷감으로 짬. 靑如蔥(청여총):푸르기가 파와 같음. 蔥은 파, 또는 초목이 무성하여 푸릇푸릇한 모양. 金環(금환):금으로 만든 고리. 재갈을 가리킨다. 재갈은 말을 어거하기 위하여 입에 가로 물리는 쇠토막으로, 굴레에 달렸으며 한 끝에 고삐를 매게 되어 있다. 轡(비):고삐. 玲瓏(영롱):옥(玉)끼리 부딪쳐 내는 소리, 또는 빛나는 모양.《李賀歌詩編》에는 冬瓏으로 되어 있는데, 冬瓏은 작은 물건끼리 부딪치면서 내는 소리. 隱耳(은이):귀에 울리도록 크게 들려옴.《李賀歌詩編》에는 殷耳로 되어 있으며, 隱隱으로 되어 있는 판본도 있다. 聲隆隆(성륭륭):우레가 크게 울리는 소리의 형용(形容). 요란한 말발굽 소리를 가리킨다. 氣如虹(기여홍):뛰어난 기상(氣象)이 무지개처럼 높고 아름답게 보인다는 뜻. 東京才子(동경재자):낙양(洛陽)의 문재(文才)가 뛰어난 사람. 당시 韓退之는 洛陽의 令이었다. 東京은 洛陽의 이칭(異稱). 당(唐)의 수도로 일명 서경(西京)이라 불린 장안(長安)에 대하여 부도(副都)인 낙양을 일컫던 말. 文章鉅公(문장거공):문장의 대가(大家). 鉅는 巨와 통용. 二十八宿(이십팔수):옛날 인도·중국 등에서 해와 달과 여러 행성(行星)들의 소재(所在)를 밝히기 위하여 황도(黃道)에 따라서 천구(天球)를 스물여덟으로 구분한 것. 중국의 구분으로는, 東에 각(角)·항(亢)·저(氐)저·방(房)·심(心)·미(尾)·기(箕), 西에 규(奎)·누(婁)·위(胃)·묘(昴)·필(畢)·자(觜)·삼(參), 南에 정(井)·귀(鬼)·유(柳)·성(星)·장(張)·익(翼)·진(軫), 北에 두(斗)·우(牛)·여(女)·허(虛)·위(危)·실(室)·벽(壁). 星宿는 하늘의 文章을 뜻한다. 韓退之의 文章이 훌륭한 것은, 비유하자면 하늘의 28宿가 그의 가슴속에서 빛나는 것과 같다는 뜻. 羅心胸(나심흉):가슴속에 늘어서 있음. 羅는 늘어서다, 벌이어 놓다. 元精炯炯貫當中

(원정형형관당중):우주 만물의 근원이 되는 기운, 즉 순수(純粹)한 생명력이 찬란하게 빛을 내며 韓退之의 가슴 한복판을 꿰뚫고 있다는 뜻. 元精은 만물의 근원(根源)이 되는 정기(精氣). 炯炯은 찬란하게 빛나는 것. 當中은 正中의 뜻.   殿前作賦(전전작부):천자의 궁전 앞에서 글을 지음. 천자 앞에서 글을 짓는다는 것은 文人으로서 최고의 영예이다. 聲摩空(성마공):명성이 하늘을 어루만짐. 명성이 높다는 뜻. 摩는 어루만지다, 또는 가까이 가다.   筆補造化(필보조화):문장이 만물을 창조하고 조화시키는 하늘의 작용을 도움. 세상을 감화(感化)시키는 글을 짓는다는 뜻.   天無功(천무공):하늘은 공을 이룬 게 없는 듯함. 功은 만물을 창조하고 조화시키는 것. 韓退之의 문장이 훌륭하다는 것을 극찬한 것.   厖眉書客(방미서객):흑백(黑白)이 섞인 눈썹의 늙은 서생(書生). 李賀 자신을 가리킨다.《漢武故事》에, "안사(顏駟)의 출신지가 어디인지 알 수 없다. 문제(文帝) 때에 郎이 되었는데 무제(武帝) 때에 이르러, 무제가 수레를 타고 낭서(郎署)를 지나가다 안사의 방미 호발(厖眉皓髮)을 보고 물었다. '노인께서는 언제 郎이 되셨소? 어찌 그리도 늙으셨소?' 안사가 아뢰었다. '신(臣)은 문제(文帝) 때에 郎이 되었으나, 삼세(三世:文帝·景帝·武帝) 동안 때를 만나지 못하여, 이렇게 낭서(郎署)에서 늙게 되었습니다.' 무제는 그를 뽑아 회계 도위(會稽都尉)에 임명하였다.'라고" 했는데 李賀는 이 故事를 인용하여, 자신도 안사처럼 출세할 때가 있을 것임을 말한 것이다.   感秋蓬(감추봉):바싹 말라버린 가을날의 다북쑥처럼 된 자신의 신세를 느낌.   死草生華風(사초생화풍):말라죽었던 풀이 꽃을 피우는 봄바람에 다시 살아남. 불우(不遇)했던 안사가 회계 도위(會稽都尉)가 되는 영달(榮達)을 누린 것에 비유한 것.   垂翅(수시):날개를 축 늘어뜨림. 출세하지 못하여 하위(下位)에 있음을 뜻한다. 李賀 자신의 처지를 가리킨다.   附冥鴻(부명홍):검푸른

창공을 나는 큰기러기 아래에 있음. 冥은 天과 뜻이 같다. 本書 注에,
'冥鴻은 이공(二公:韓退之와 皇甫湜)을 말한다.'라고 했다. 《太平廣記》
에는 負天鴻으로 되어 있다. 負天鴻은 하늘 높이 나는 큰기러기에 부끄
럽다는 뜻. 不羞蛇作龍(불수사작룡):뱀이 용으로 변하여 승천(昇天)하
듯 자신이 크게 출세하더라도, 그것을 부끄러운 일로 여기지 않을 만큼
자신에게 재능이 있음을 가리킨다. 蛇作龍은 하위(下位)에 있던 사람이
귀현(貴顯)의 지위에 오르는 것.

【解說】《李賀歌詩編》卷四에 실려 있다. 高軒過란 훌륭한 사람이 수레를
타고 내방(來訪)했다는 뜻. 本篇은 韓愈와 皇甫湜이 李賀의 집에 들러
李賀의 문재(文才)를 시험해 보고자 그에게 글을 짓게 했을 때 李賀가
단숨에 지어 바쳤던 詩로, 韓愈와 皇甫湜을 경탄시킨 作品이다. 李賀의
字는 장길(長吉), 唐의 왕손(王孫)으로 일곱 살 때 장단가(長短歌)를 지
은 귀재(鬼才)이다.
　篇中의 '厖眉書客'을 李賀가 자신을 늙은 書生에 비유한 것으로 해석
하는 사람이 있는데, 당시 李賀의 나이와 本篇이 韓愈와 같은 높은 사
람에게 지어 올린 글이라는 점을 생각할 때 옳지 않다. 안사(顏駟)의 고
사(故事)를 인용하여, 李賀 자신이 언젠가는 크게 쓰일 날이 있을 것이
며, 또 자신에게 그럴 수 있는 재능이 있음을 표명(表明)한 것으로 봄이
자연스럽다. 문호(文豪) 韓愈의 면전(面前)에서 이런 글을 지은 李賀의
기상과 재주는 모든 사람의 칭찬을 사기에 충분하다 하겠다. 이 일이 있
은 후 韓愈는 李賀를 추천하여 진사(進士)에 오르도록 했는데, 당시 李
賀와 명예를 다투던 원진(元積)이 '휘법(諱法)'을 가지고 李賀가 進士에
오른 일을 비방했다. 이에 韓愈는 李賀를 변호하기 위해 글을 지었는
데, 本書 後集에 실려 있는 〈諱辯〉이 바로 그것이다.

유소사:노동(有所思:盧仝)

當時我醉美人家 <small>당 시 아 취 미 인 가</small>	옛날 나 그녀의 집에서 취했었고,
美人顔色嬌如花 <small>미 인 안 색 교 여 화</small>	그녀의 얼굴 곱기가 꽃과 같았지.
今日美人棄我去 <small>금 일 미 인 기 아 거</small>	이제 그녀 날 버리고 떠나니
靑樓珠箔天之涯 <small>청 루 주 박 천 지 애</small>	구슬 발 쳐진 그녀의 방 하늘 끝처럼 아득하네.
娟娟姮娥月 <small>연 연 항 아 월</small>	곱디고운 항아의 달이
三五二八盈又缺 <small>삼 오 이 팔 영 우 결</small>	찼다가는 이지러지기 거듭하는데,
翠眉蟬鬢生別離 <small>취 미 선 빈 생 별 리</small>	푸른 눈썹 예쁜 머리 그녀와 생이별을 했으니,
一望不見心斷絶 <small>일 망 불 견 심 단 절</small>	바라보아도 보이지 않아 애간장만 타네.
心斷絶 幾千里 <small>심 단 절 기 천 리</small>	저며지고 끊어지는 이 마음, 그녀는 몇천 리 밖에?
夢中醉臥巫山雲 <small>몽 중 취 와 무 산 운</small>	꿈속에 취해 누워 무산의 구름 만났다가
覺來淚滴湘江水 <small>각 래 누 적 상 강 수</small>	깨어나선 상강에 눈물 뿌리네
湘江兩岸花木深 <small>상 강 양 안 화 목 심</small>	상강 언덕에 꽃나무 무성해도
美人不見愁人心 <small>미 인 불 현 수 인 심</small>	그녀 보이지 않아 내 마음 슬퍼지네.

含愁更奏綠綺琴
함 수 갱 주 녹 기 금

시름 안고 다시 琴을 뜯어보지만

調高絃絕無知音
조 고 현 절 무 지 음

琴 줄 끊어질 듯 가락 높아져도
알아주는 이 없네.

美人兮美人
미 인 혜 미 인

그대, 그리운 사람이여!

不知爲暮雨兮爲行雲
부 지 위 모 우 혜 위 행 운

저녁엔 비 되고 아침엔 구름 되어
나를 생각하는가?

相思一夜梅花發
상 사 일 야 매 화 발

그리움으로 한 밤 밝히자 매화가 피어

忽到窓前疑是君
홀 도 창 전 의 시 군

갑자기 창 앞에 보이니 그대 아닌가 여겨지네.

【語義】 當時(당시):옛날, 예전. 嬌(교):어여쁨, 아리따움. 棄我去(기아거):나를 버리고 떠남. 靑樓(청루):푸른 칠을 한 높은 누각으로, 부인(婦人)의 거소(居所). 기생(妓生)들이 기거하는 곳을 가리키기도 한다. 珠箔(주박):구슬을 꿰어 만든 발〔簾〕. 箔은 薄과 같은 뜻으로, 무엇을 가리기 위하여 치는 발. 또 箔은 簿과 仝字. 天之涯(천지애):하늘 끝. 앞에 나온 〈古詩〉(十九首 首篇)에, '서로 만여 리나 떨어져, 각기 하늘 가에 있네(相去萬餘里 各在天一涯).'라고 했다. 娟娟(연연):예쁜 모양. 姮娥(항아):달 속에 있다는 선녀. 《淮南子》覽冥訓에, '예(羿), 불사약(不死藥)을 달라고 서왕모(西王母)에게 청(請)했다. 항아(姮娥), 그것을 훔쳐 월궁(月宮)으로 달아났다.' 라고 했다. 姮娥는 본디 羿의 아내. 한문제(漢文帝)의 이름이 恒이어서, 한나라 사람들은 姮을 嫦으로 바꾸어 썼다. 三五二八(삼오이팔):三五는 만월(滿月) 때인 음력 보름날을, 二八은 달이 기울기 시작하는 음력 16일을 뜻한다. 翠眉(취미):비취빛

으로 빛나는 아름다운 눈썹. 蟬鬢(선빈):매미의 날개 모양으로 머리를
묶은 것을 가리킨다. 心斷絕(심단절):매우 비통한 것을 뜻한다. 巫山
雲(무산운):巫山은 사천성(四川省) 무산현(巫山縣)에 있다. 송옥(宋玉)
의 〈고당부(高唐賦)〉序에 나오는 이야기를 인용한 것인데, 앞에 나온
李白의 詩 〈觀元丹丘坐巫山屛風〉을 참조할 것. 宋玉의 이 글이 세상에
나온 후부터, 巫山과 雲雨는 남녀 관계를 상징하는 말로 흔히 쓰이게 되
었다. 覺來(각래):잠에서 깨어남. 來는 어세(語勢)를 강하게 하기 위하
여 쓰이는 어조사. 湘江(상강):상수(湘水)라고도 한다. 호남성(湖南省)
에 있는 큰 강으로, 광서 흥안현(廣西興安縣)의 양해산(陽海山)에서 시
작하여 흥안현에서 갈라져, 동북쪽으로 흐른 물줄기는 호남성으로 들
어가고, 북쪽으로 흐른 물줄기는 장사(長沙)에 이르러 동정호(洞庭湖)
에 들어간다. 옛날 순(舜)임금이 창오(蒼梧)에서 붕(崩)했을 적에, 상수
를 건너려던 아황(娥皇)·여영(女英) 두 비(妃)가 눈물을 흘려, 소상(瀟
湘) 지방의 대나무에는 그 흔적으로 반점(班點)이 생겼다고 전해진다.
또 두 비(妃)는 상수에 몸을 던져 상군(湘君)·상부인(湘夫人)의 두 신
(神)이 되었다고 한다. 花木深(화목심):꽃이 만발하고 나무가 무성함.
綠綺琴(녹기금):사마상여(司馬相如)의 금(琴) 이름. 부현(傅玄)의 〈琴
賦〉序에 의하면, 古代 제환공(齊桓公)에게는 호종(號鍾)이라는 琴이,
초장(楚莊)에게는 요량(繞梁)이라는 琴이, 또 中世에 이르러 사마상여
(司馬相如)에게는 녹기(綠綺)가, 채옹(蔡邕)에게는 초미(燋尾)가 있었
는데, 모두 명금(名琴)이었다고 한다. 또 《史記》司馬相如列傳에 의하
면, 司馬相如는 자신의 뛰어난 琴 솜씨로 탁왕손(卓王孫)의 딸 문군(文
君)의 마음을 사로잡아, 과부인 그녀와 함께 밤에 도망쳤다고 한다. 相
如가 文君에 대한 애모(愛慕)의 마음을 琴에 부쳐 그녀의 마음을 사로
잡았던 고사(故事)를 인용한 것이다. 調高絃絕(조고현절):감정이 고조

되어 琴을 거세게 타, 琴의 줄이 끊어질 것 같음을 가리킨다. 知音(지음):음악의 곡조 소리를 잘 앎. 춘추 시대 琴의 명인 백아(伯牙)가, 자신의 琴 소리를 잘 들어주고 이해해 주던 친구 종자기(鐘子期)가 죽자, 자기의 琴 소리를 이해하는 사람을 잃었다고 슬퍼한 나머지 현(絃)을 끊고 일생 동안 琴을 타지 아니하였다는 고사(故事)에서 유래(由來)하여, 마음이 서로 통하는 친한 벗을 가리키게 되었다. 爲暮雨兮爲行雲(위모우혜위행운):저녁엔 비가 되고 아침엔 구름이 되어 떠돌아다님. 앞에 나온 李白의 〈觀元丹丘坐巫山屛風〉 참조. 疑是君(의시군):그리운 사람이 아닌가 하고 의심함. 창 앞에 핀 매화의 아름다운 모습과 높은 향기가 그리운 임을 더욱 그립게 한다는 뜻.

【解說】《玉川子詩集》卷二 외에 《樂府詩集》卷十七, 《唐文粹》卷十五 下의 〈懷寄〉 중에도 실려 있다. '有所思'는 본디 한대(漢代) 악부(樂府)인 요가(鐃歌) 18曲 가운데 하나로, 그리운 사람이 멀리 있음을 읊은 노래이다.

일반적으로 中國詩에서는 현인(賢人)이나 친한 벗을 美人·佳人 등에 비겨 표현하는 경우가 많다. 《詩經》·《楚辭》·〈古詩〉 19首 등에서도 그러한 예를 많이 볼 수 있다. 그래서 本篇을, 은둔(隱遁)한 현자(賢者)를 그리워하는 내용의 詩로 해석하는 경우가 많은데, 이것은 너무 도학적(道學的)인 해석이다. 《玉川子詩集》에 악부(樂府)의 제명(題名)을 빌어 그리움이나 정(情)을 노래한 작품이 적지 않다. 예를 들면 단시(短詩)로는 〈卓女怨〉, 장시(長詩)로는 〈小婦吟〉·〈樓上女兒曲〉·〈秋夢行〉·〈自君之出矣〉 등이 그것인데, 이것들은 결코 현인(賢人)을 그리워하는 내용의 詩가 아니다. 本篇은 옛 漢代의 악부(樂府)가 그러하듯 사랑하는 사람을 그리는 詩이다.

행로난:장곡(行路難:張轂)

湘東行人長歎息
상 동 행 인 장 탄 식
상수의 동쪽 길에서 길 가던 사람 길게 한숨 쉬네,

十年離家歸未得
십 년 이 가 귀 미 득
집 떠난 지 십 년이 되었어도
아직 돌아가지 못하고 있다고.

敝裘羸馬苦難行
폐 구 이 마 고 난 행
옷 해지고 말 여위어 길 가기 더욱 어렵고,

僮僕盡飢少筋力
동 복 진 기 소 근 력
하인들 굶주려 기운 없네.

君不見牀頭黃金盡
군 불 견 상 두 황 금 진
그대는 모르는가, 머리맡의 황금 다 없어지면

壯士無顏色
장 사 무 안 색
장사도 낯빛을 잃는다는 것을.

龍蟠泥中未有雲
용 반 이 중 미 유 운
진흙 속에 서려 있는 용도 구름 타지 못하면

不能生彼昇天翼
불 능 생 피 승 천 익
하늘에 오르게 할 날개 생기지 않는다네.

【語義】湘東(상동):상수(湘水)의 동쪽, 호남성(湖南省) 동쪽의 길을 가리킨 다. 湘水에 관해서는 앞의 詩 〈有所思〉의 語義 참조. 敝裘(폐구):해진 갖옷. 羸馬(이마):여윈 말. 苦(고):매우. 僮僕(동북):사내아이 종. 盡 飢(진기):먹을 것이 없어 굶주림. 筋力(근력):몸의 힘. 체력. 牀頭黃金 盡(상두황금진):머리맡의 황금이 없어짐. 牀頭는 침대 머리. 《戰國策》 卷三에 실려 있는 다음과 같은 이야기를 인용한 것이다. "蘇秦은 秦나 라 王을 설득하려고 글을 열 통이나 올렸으나, 아무것도 채택되지 않았 다. 담비 갖옷은 다 해지고, 가지고 간 백 근(斤)의 황금(黃金)은 탕진되

었으며, 생활비도 한 푼 남지 않아 결국 秦나라를 떠나 고향으로 돌아왔
다. 몸은 마른 나무처럼 수척했고 낯빛은 새카맣게 되어, 몰골이 말이
아니었다."無顔色(무안색):낯빛을 잃음. 龍蟠泥中(용반이중):용이 진
흙 속에서 몸을 서리고 있음. 뛰어난 재주를 가지고 때를 기다리고 있는
사람을 가리킨다. 未有雲(미유운):용이 구름을 타지 못한 것처럼, 재주
있는 사람이 때를 만나지 못한 것을 가리킨다. 昇天翼(승천익):하늘에
날아오를 수 있게 하는 날개.

【解說】 行路難도 본디 한대(漢代)의 가요(歌謠) 이름이다. 주로 세상살이
의 험난함과 이별의 슬픔을 노래한 것들이 많다. 本篇의 작자에 관해서
는 異見이 많다. 《古文大全》에는 장곡(張穀)의 作으로 되어 있으며, 《樂
府詩集》·《唐文粹》 등에는 장적(張籍)의 作으로 되어 있는데, 《張司業詩
集》 卷一에 本篇이 수록되어 있는 점으로 보아 張籍의 作으로 봄이 옳
을 것이다.
　　전반(前半)에서 상수(湘水)의 동쪽을 지나는 나그네의 한탄을 서술
하여 긴 여행의 괴로움을 말한 것은, 작자 자신의 불우함을 읊은 것
이다. 또 다음에 전국시대(戰國時代) 소진(蘇秦)의 예를 들어 인생살
이가 예로부터 험난(險難)했음을 이야기한 것은, 자신을 위로하기 위
한 말로 보아야 할 것이다. 긴 여행과 인생을 결부시켜 인생살이의 어
려움을 한탄하는 것은, 포조(鮑照)가 〈擬行路難〉을 지은 이래 즐겨 사
용돼 온 수법(手法)인데, 특히 本篇에 사용된 手法은 교묘하다. 그리고
本篇은 인생살이의 어려움을 한탄하는 데에 그치지 않고, 龍蟠이란 말
을 사용함으로써 역경을 헤쳐 나가겠다는 작자 자신의 강한 결의를 보
여 주고 있다.

요월정:마자재(邀月亭:馬子才)

亭上十分綠醑酒
정 상 십 분 녹 서 주

정자 위엔 푸른 미주(美酒) 가득 있고

盤中一筋黃金雞
반 중 일 근 황 금 계

쟁반에는 한 덩어리 황금 닭고기 있네.

滄溟東角邀姮娥
창 명 동 각 요 항 아

푸른 바다 동쪽 모퉁이에서 달을 맞으니

氷輪碾上靑琉璃
빙 륜 연 상 청 유 리

얼음 바퀴 빙빙 돌며 파란 유리 위로 올라오는 듯.

天風灑掃浮雲沒
천 풍 쇄 소 부 운 몰

천공(天空)에 바람 부니 구름들 사라지고

千岩萬壑瓊瑤窟
천 암 만 학 경 요 굴

천산(千山)의 골짜기들 옥동굴처럼 보이네.

桂花飛影入盞來
계 화 비 영 입 잔 래

달빛 쏟아져 술잔 속에 날아 들어오니

傾下胸中照淸骨
경 하 흉 중 조 청 골

잔 기울이면 가슴속에서 달빛이
뼈까지 맑게 비추는 듯.

【語義】 十分(십분):충분함. 가득함. 綠醑酒(녹서주):푸른빛을 띤 좋은 술.
醑는 맑고 푸른 미주(美酒). 一筋(일근):한 덩어리의 고기. 黃金雞(황
금계):누런 닭. 滄溟(창명):푸르고 깊은 바다. 姮娥(항아):달의 이명
(異名). 太古의 명궁(名弓) 예(羿)의 아내 항아(姮娥)가 불사약을 훔쳐
달로 달아나 두꺼비가 되었다고 한다. 氷輪碾上靑琉璃(빙륜연상청유
리):얼음을 깎아 만든 바퀴 모양의 달이, 푸른 유리 같은 하늘로 빙빙
돌면서 올라옴. 碾은 輾의 뜻으로, 돌다. 灑掃(쇄소):물을 뿌리고 먼지
를 쓺. 瓊瑤(경요):아름다운 옥(玉). 桂花(계화):달 가운데에 계수나무

가 있다는 전설이 있다. 여기서는 달빛을 가리킨다. 飛影(비영):그림
자를 날림. 달빛이 쏟아지는 것을 가리킨다. 照淸骨(조청골):맑은 달빛
이 뼈까지 맑게 비춤.

玉兎擣藥與誰餐
옥 토 도 약 여 수 찬

옥토끼는 약을 찧어 누굴 먹이려는고?

且與豪客留朱顔
차 여 호 객 유 주 안

호객들에게 준다면 붉은 얼굴 그대로
간직할 수 있고

朱顔如可留
주 안 여 가 류

젊음을 그대로 간직할 수 있어,

恩重如丘山
은 중 여 구 산

그 은혜 산언덕 같겠지.

爲君殺卻蝦蟆精
위 군 살 각 하 마 정

그대 위해 월식 일으키는 두꺼비 요괴
죽여 버릴까,

腰閒老劍光芒寒
요 간 노 검 광 망 한

허리에 찬 노검(老劍) 칼 빛도 싸늘하네.

擧酒勸明月
거 주 권 명 월

잔 들어 밝은 달에게 권하노니,

聽我歌聲發
청 아 가 성 발

노래 부를 터이니 귀를 기울여 다오.

照見古人多少愁
조 견 고 인 다 소 수

옛사람들의 하고많은 시름들 비추어 보더니

更與今人照離別
갱 여 금 인 조 리 별

이젠 다시 지금 사람들의 이별 자리 비추고 있네.

我曹自是高陽徒
아 조 자 시 고 양 도

우리들은 고양(高陽)의 술꾼이라 자처하거늘

肯學群兒嘆圓缺
긍 학 군 아 탄 원 결

어찌 아이들처럼, 달이 찼다 기운다고
한탄하겠는가.

【語義】玉兎擣藥(옥토도약):옥토끼가 약을 빻음. 且(차):만약. 留朱顔(유주안):붉은 얼굴을 그대로 유지함. 殺卻(살각):죽여 버림. 卻은 딴 동사 밑에 첨가하여 쓰이는 조자(助字)로, 了와 뜻이 같음. 蝦蟆精(하마정):달을 갉아먹어 월식(月蝕)을 일으킨다는 두꺼비 신령. 蝦蟆는 두꺼비. 精은 신령·요괴. 光芒寒(광망한):칼날에서 내뿜는 빛이 싸늘함. 多少愁(다소수):온갖 시름. 多少는 정도가 심하거나 수량이 많은 것. 我曹(아조):우리들. 曹는 무리·떼. 高陽徒(고양도):고양의 무리. 술꾼들을 가리킨다. 高陽은 하남성(河南省)의 옛 고을 이름으로, 그곳에는 호방한 술꾼들이 많았다. 《史記》역이기(酈食其)傳에, "역생(酈生)은 눈을 부릅뜨고 검을 어루만지며 심부름하는 자에게 '빨리 들어가서 패공(沛公:劉邦)께 여쭈어라. 나는 고양(高陽)의 술꾼이지 선비가 아니라고 말이다.'라고 꾸짖었다."라고 한 데에서 취한 것이다. 肯學(긍학):어찌 배우려 하겠는가? 嘆圓缺(탄원결):달이 찼다가 다시 기우는 것을 탄식함.

【解說】邀月亭이 어디에 있었는지는 확실하지 않으나, 달을 보기 위해 세운 정자(亭子)였던 것 같다. 邀는 迎(맞다)·招(부르다)의 뜻. 李白의 〈月下獨酌〉에 나오는 擧盃邀明月, 對影成三人이란 句에서 취하여 그런 이름을 지은 것이라 생각된다. 馬子才는 앞에 나온〈燕思亭〉에서도 알 수 있듯이 李白을 매우 흠모하였다. 本篇에서도 李白이 썼던 말들을 도처에 사용하고 있는데, 이는 그가 얼마나 李白에 경도(傾倒)되어 있었는지를 잘 말해 준다.

本篇은 李白의 〈把酒問月〉, 그외에 杜甫·韓愈·盧仝 등의 詩에서 볼 수 있는 시상(詩想)이 두루 반영된 작품인데, 특히 李白의 詩에서 많은 영향을 받은 작품이다. 그렇지만 호협(豪俠)한 무리들의 격조(格調) 높은 기백(氣魄)이 넘쳐흘러, 馬子才 독자(獨自)의 경지(境地)를 이루고 있다. 용어(用語)가 하나같이 화려 청신(華麗淸新)하며 정감(情感)이 풍부한 것은 馬子才 詩의 특징이다. 또 전설(傳說)과 고시(古詩), 선인(先人)들의 시구(詩句)를 완전히 자기 것으로 소화하여 한 篇의 작품을 만든 것은 本篇이 지니는 특색이라 할 수 있다.

장회요:마자재(長淮謠:馬子才)

長淮之水靑如苔
장 회 지 수 청 여 태

길고 긴 회수의 물빛 푸르기 이끼 같아

行人但覺心眼開
행 인 단 각 심 안 개

나그네의 마음과 눈이 활짝 열리네.

湘江豈無水
상 강 기 무 수

상강에 어찌하여 물이 없었겠는가?

魚腹忠魂埋
어 복 충 혼 매

그 옛날 굴원의 충성스런 혼이
고기 뱃속에 장사 지내져

但見愁雲結雨猿聲哀
단 견 수 운 결 우 원 성 애

시름에 잠긴 구름이 비 되어 내리고
원숭이 울음소리 애절했다네.

浙江豈無水
절 강 기 무 수

절강에 어찌 물이 없었겠는가?

鴟革漂胥骸
치 혁 표 서 해

자서의 시체 말가죽 부대에 담겨 떠다녔고

但見潮頭怒氣如山來
단 견 조 두 노 기 여 산 래

그의 노여움을 실은 파도 산처럼 밀려왔다네.

孤臣詞客到江上
고 신 사 객 도 강 상

모함받아 쫓겨난 충신들과 문인들,
이 강가에 이르러

何以寬心懷
하 이 관 심 회

무엇으로 그들의 심회를 풀었으리.

長淮之水遶楚流
장 회 지 수 요 초 류

긴 회수의 물줄기
옛 초나라 땅을 감돌아 흐르고,

先生家住淮上頭
선 생 가 주 회 상 두

내 집은 바로 이곳 회수가에 있네.

黃金萬斛浴明月
황 금 만 곡 욕 명 월

출렁이는 황금빛 물결에 밝은 달 목욕하고

碧玉一片含淸秋　　푸른 옥빛 하늘엔 맑은 가을빛 담겨 있네.
벽 옥 일 편 함 청 추

酒花入面歌一聲　　술기운 얼굴을 붉게 물들일 때 한 곡조 뽑으면
주 화 입 면 가 일 성

淮上百物無閑愁　　회수가의 온갖 것들이 헛된 시름 없애 준다네.
회 상 백 물 무 한 수

【語義】苔(태):이끼. 心眼開(심안개):마음도 눈도 열림. 湘江(상강):앞에
나온 盧仝의 〈有所思〉참조. 魚腹忠魂埋(어복충혼매):물고기의 뱃속에
충성스런 혼이 묻힘. 전국시대(戰國時代) 초(楚)의 굴원(屈原)이 모함을
받아 강남(江南)에 추방당했다가, 나라가 망해 가는 것을 볼 수 없어,
상수(湘水)의 하류에 있는 멱라(汨羅)에 몸을 던져 자살한 사실은 가리
킨다(後集에 실려 있는, 賈誼의 〈弔屈原賦〉참조). 浙江(절강):점강(漸
江)이라고도 했지만, 물줄기가 굽어 之 字 모양을 이루어, 之江 또는 曲
江이라고도 했다. 북원(北源)은 신안강(新安江)이며, 남원(南源)은 난
계(蘭溪)이다. 이 두 물줄기가 건덕현(建德縣) 동쪽에서 합쳐져서 북쪽
으로 흐르는 것이 절강(浙江)이다. 동려현(桐廬縣)을 지나 동계(桐溪)
와 합류할 때에는 동강(桐江), 부양현(富陽縣)을 지날 때에는 富春江이
라고도 한다. 항주(杭州)에 이르면 전당강(錢塘江)이라 불리는데, 그곳
에서 다시 동북으로 흘러 바다에 들어가며, 그곳의 해조(海潮)는 장관
(壯觀)으로 유명하다. 절강성(浙江省)이란 성명(省名)은 이 강 이름에서
연유한 것이다. 鴟革漂胥骸(치혁표서해):오자서(伍子胥)의 시체가 말
가죽 부대에 담겨 떠다님. 鴟革은 鴟夷를 가리키는 말로, 술을 담는 데
에 쓰기 위해 말가죽으로 만든 부대.《史記》伍子胥傳에 나와 있는 이야
기이다. "吳의 태재(太宰) 백희(伯嚭)는 일찍부터 子胥와 사이가 나빠
오왕(吳王)에게 중상했다. 그러자 吳王은 맞장구를 치며 좋아했다. 吳

王은 子胥에게 사람을 보내 촉루(屬鏤)란 검을 내리고, 그 칼로 자살하도록 했다. 子胥는 하늘을 보며 탄식하더니 자신의 사인(舍人)들에게 일렀다. '반드시 나의 무덤 위에는 가래나무를 심어 그릇을 만들 수 있게끔 하라(그릇은 吳王의 棺을 暗示한다). 그리고 나의 눈알을 뽑아 吳의 東門 위에 걸어 놓아라. 越軍이 쳐들어와 吳를 멸망시키는 것을 똑똑히 보리라.' 그리고 子胥는 스스로 목을 쳐 죽었다. 吳王은 子胥가 남긴 말을 전해 듣고 크게 노하여, 子胥의 시체를 끌어내다가 말가죽으로 만든 자루에 넣어 강물에 던져 버렸다. 吳나라 사람들은 子胥를 동정하여 江기슭에 사당을 세우고, 그 산 이름을 胥山이라 불렀다." 孤臣詞客(고신사객):중상을 받아 억울하게 추방당한 신하들과 다감(多感)한 문인(文人)들을 가리킨다. 本書 後集에 실린, 范希文의〈岳陽樓記〉에 遷客騷人이라 하여, 죄를 입어 유배된 사람과 천고의 시름을 안은 사람, 시인, 묵객 등을 가리킨 것과 같다. 遠楚(요초):물줄기가 전국 말(戰國末) 楚의 수도였던 회남(淮南)을 감돌아 흐르는 것을 가리킨다. 先生(선생):馬子才 자신을 가리킨다. 淮上頭(회상두):회수(淮水)의 물가. 黃金萬斛(황금만곡):달빛에 빛나는 강물을 형용한 것. 斛은 휘. 열 말(斗)의 용량, 또 그 용량을 되는 연모. 浴明月(욕명월):맑은 달을 목욕시킴. 맑은 강물에 비친 달을 형용한 것. 碧玉一片(벽옥일편):한 조각의 푸른 옥. 티없이 파란 천공(天空)을 가리킨다. 酒花入面(주화입면):취기(醉氣)가 꽃처럼 붉게 얼굴에 오르는 것을 가리킨다. 閑愁(한수):쓸데없는 근심. 상강(湘江)·절강(浙江)에서 느끼는 헛된 슬픔. 閑은 無用의 뜻.

【解說】 長淮란 회수(淮水:淮河라고도 한다)의 긴 흐름이란 뜻. 淮水는 본디 하남성(河南省) 동백산(桐柏山)에서 발원(發源)하여, 汝·穎·肥·渦 등 여러 물과 합쳐져, 안휘(安徽)·강소(江蘇) 두 성(省)의 북쪽을 지

나, 그 본류(本流)가 동쪽으로 흘러 바다로 들어갔다. 宋代 이후 600년 동안엔, 황하(黃河)의 물줄기가 남쪽으로 옮겨져, 동쪽으로 흘러 바다로 들어가는 물길이 없어졌고, 청(淸) 함풍(咸豊) 初年에는 黃河의 물줄기가 북쪽으로 옮겨져 淮河의 물은 홍택호(洪澤湖)에 흘러 들어가 운하(運河)를 거쳐 장강(長江:揚子江)에 들어가게 되었다. 현재는 강소성(江蘇省) 회음현(淮陰縣)에서 시작하여 동쪽 바다로 흘러들고 있다. 이곳 주변에는 예로부터 아름다운 궁전 · 누각 · 연못 · 화원 등이 많이 지어졌으며, 절경(絶景)을 이루고 있는 곳이 많다.

　本篇은 淮水의 아름다운 풍물(風物)과 그곳에서 맛보는 즐거움을 노래한 작품이다. 먼저 상수(湘水)와 절강(浙江)에서 있었던 역사적 일들을 들어 人生의 슬픔을 서술하고, 마지막에선 淮水에는 그러한 슬픈 역사가 없고 오직 아름다운 풍경과 즐거움만이 있음을 찬미(讚美)했는데, 실로 구상(構想)이 치밀할 뿐 아니라 詞句 하나하나가 광채를 뿜어내듯 아름답다. 篇中의 '碧玉一片'을, '淮水가 한 조각의 푸른 옥처럼 맑다'고 해석하여 가을날의 淮水를 형용한 것으로 보는 사람이 있는데, 그것보다는 앞 句 '黃金萬斛'과 對를 이루는 것으로 보아 '한 조각의 푸른 옥 같은 하늘'로 해석하는 것이 더 좋다.

증사진하수재:소자첨(贈寫眞何秀才:蘇子瞻)

君不見
군 불 견
그대는 보지 못했는가,

潞州別駕眼如電
노 주 별 가 안 여 전
노주 별가 당 현종(玄宗)이
눈을 번갯불처럼 빛내며

左手挂弓橫撚箭
좌 수 괘 궁 횡 연 전
왼손에 활 걸고 화살 비스듬히 잡고 있는
초상화를?

又不見
우 불 견
또 보지 못했는가,

雪中騎驢孟浩然
설 중 기 려 맹 호 연
눈 속에서 나귀에 앉아 있는 맹호연이

皺眉吟詩肩聳山
추 미 음 시 견 용 산
눈썹 찌푸리고 두 어깨 산처럼 솟아 있는 꼴로
시 읊조리는 초상화를?

饑寒富貴兩安在
기 한 부 귀 양 안 재
굶주리고 헐벗었던 사람, 부귀영화를 누렸던
사람, 지금 모두 어디에 있는가?

空有遺像留人閒
공 유 유 상 유 인 간
공연히 세상에 초상화만 남겼을 뿐이네.

此身常擬同外物
차 신 상 의 동 외 물
이 몸, 늘 만물과 동화(同化)하여

浮雲變化無蹤跡
부 운 변 화 무 종 적
뜬구름 변화하듯 흔적을 남기지 않고자 하네.

問君何苦寫我眞
문 군 하 고 사 아 진
어찌하여 내 모습 그리도 애써 그리려느냐고
그대에게 물으니

君言好之聊自適
군 언 호 지 요 자 적
좋아하는 일이라 잠시 즐겨 보는 것이라고.

黃冠野服山家容
황 관 야 복 산 가 용
황관 야복이 산가에 은거하는 사람의 모습이니

意欲置我山岩中
의 욕 치 아 산 암 중

나를 산속에 넣어 숨어 살게 하려는 뜻인 듯.

勳名將相今何限
훈 명 장 상 금 하 한

이름 날리는 장상(將相)이 어찌 한둘이겠는가,

往寫褒公與鄂公
왕 사 포 공 여 악 공

어서 가서, 포공·악공 같은 이들의 초상이나
그릴 것이지.

【語義】潞州別駕(노주별가):唐 玄宗을 가리킨다. 潞州는 지금의 산서성(山
西省) 장치현(長治縣). 別駕는 주(州) 자사(刺史)의 부관(副官)으로, 刺
史를 좇을 때 다른 수레를 탔기 때문에 이런 이름이 붙었다. 玄宗은 시호
(諡號:제왕·공경·儒賢 등의 功德을 기리어 죽은 뒤에 주는 이름)를 지
도대성대명황제(至道大聖大明皇帝)라 했기 때문에, 명황(明皇)이라 불
린다. 휘(諱:本名)는 융기(隆其), 성정(性情)이 영민하고 용맹스러워 기
사(騎射:말을 타고서 활을 쏘는 것)를 잘 했다. 처음에 초왕(楚王)에 봉
(封)해졌다가 후에 임치(臨淄)의 군왕(郡王)이 되었으며, 다시 위위소경
노주별가(衛尉少卿潞州別駕)의 자리로 옮겼다. 위씨(韋氏)의 亂 때에 병
(兵)을 일으켜 난을 평정하고 예종(睿宗)을 복위(復位)시켰는데, 예종이
양위(讓位)하여 그 뒤를 이어 천자가 되었다. 이러한 사실로 미루어 보
아, 이 詩에서 潞州別駕, 즉 明皇의 초상화란 明皇이 수렵(狩獵)하는 것
을 그린 그림을 말한다. 挂(괘):掛와 소字로, 물건을 건다는 뜻. 橫撚
箭(횡연전):비스듬히 화살을 잡음. 撚은 執의 뜻으로, 손가락으로 물건
을 집는 것. 雪中騎驢孟浩然(설중기려맹호연):나귀를 타고 눈 속에 있
는 맹호연. 孟浩然의 詩〈赴命途中逢雪〉을 주제로 하여 그린 맹호연의
초상화가 있었던 것 같은데, 여기서는 그 그림을 가리킨다. 孟浩然은 왕
유(王維)와 쌍벽을 이룬 성당(盛唐)의 대표적인 시인. 양양(襄陽) 사람
으로, 세상에 뜻이 없어 일찍부터 녹문산(鹿門山)에서 은거하다가, 나이

40에 비로소 경사(京師)에 나와 王維 등과 교유를 맺었다. 불우하고 고독한 생활 속에서 속정(俗情)을 떠난 한적한 자연의 정취(情趣)를 사랑했는데, 그의 詩는 이러한 자연에 접근하여 이를 주관적(主觀的)·동적(動的)으로 읊어, 비감하고 처량한 느낌을 준다.　皺眉(추미):눈썹을 찌푸림. 괴로워하거나 근심하는 모양. 皺는 주름이 잡히는 것.　肩聳山(견용산):여위어 두 어깨가 산처럼 우뚝 솟아 보이는 것을 가리킨다. 聳은 높이 솟아 있는 모양.　饑寒(기한):굶주리고 헐벗었던 孟浩然을 가리킨다. 饑는 飢와 通用.　富貴(부귀):부귀영화를 누렸던 玄宗皇帝를 가리킨다.　兩安在(양안재):두 사람 다 어디에 있는가? 부귀를 누렸던 玄宗이나 빈한했던 孟浩然이나 지금은 다 죽고 없다는 뜻.　常擬(상의):항상 ~하고자 함. 擬는 꾀하다·도모하다.　同外物(동외물):자신을 버리고 만물(萬物)과 동화(同化)함.　無蹤跡(무종적):흔적이 없음.　苦(고):여기서는 애쓰다, 힘을 들이다의 뜻.　寫我眞(사아진):東坡의 초상화를 그린 것을 가리킨다.　聊自適(요자적):잠시, 자신의 뜻이 가는 대로 즐김.　黃冠野服(황관야복):《禮記》郊特牲篇에, '농부는 황관(黃冠)을 쓴다. 황관은 풀로 만든 의관(衣冠)이다(野夫黃冠. 黃冠草服也).'라고 했다. 野服은 전야(田野)에 묻혀 사는 庶民의 복장.　山家容(산가용):산가(山家)에 은거하여 사는 사람의 모습.　勳名將相(훈명장상):나라에 큰 공을 세워 이름을 날린 장수와 재상.　今何限(금하한):지금 세상에 어찌 한둘이겠는가? 무수히 많다는 뜻.　寫褒公與鄂公(사포공여악공):뒤에 나오는 杜甫의 〈丹靑引〉에, 능연각(凌烟閣)에 그려 있던 功臣들의 화상(畵像)을 조장군(曹將軍) 패(霸)가 개원(開元) 연간에 다시 생생하게 그려 놓은 것을 노래하여, '褒公鄂公毛髮動 英姿颯爽來酣戰'이라 했는데 그것을 인용한 것이다. 당(唐) 정관(貞觀) 17년, 태종(太宗)은 장손무기(長孫無忌)·두여회(杜如晦)·위징(魏徵)·방현령(房玄齡) 등 24명의 功臣의 초상화를 凌烟閣에 그리게 했다. 太宗이 몸소 찬(贊)을 지었고, 저수량(褚遂良)이 제자(題字)를 썼으며, 염입본(閻立本)이 그림을 그렸다. 褒公 단지현(段志玄)과 鄂公 위지경덕(尉遲敬德)도 그 가운데에 들어 있었다.

【解說】《分類東坡詩》卷十一 書畫上에는 〈贈寫眞何充秀才〉라고 제목 되어 있다. 何秀才는 고소(姑蘇) 사람으로 이름은 충(充), 초상화의 명인(名人)이었다.

東坡는 本篇 모두(冒頭)에서 玄宗과 孟浩然의 화상(畫像)에 관하여 언급하고, 生前에는 빈부(貧富)와 귀천(貴賤)의 차가 있어도 인간은 결국 죽어 없어지는 존재임을 이야기하고 있다. 다음에는, 東坡 자신은 자연의 추이(推移)에 따라 사라지길 원하여 세상에 자신의 행적(行迹)을 남기려고 생각하지 않으므로, 초상화 따위에는 별로 마음 쓰지 않았는데 고맙게도 何秀才가 자신의 초상화를 그려 주었음을 이야기하고 있다. 그리고 자신과 같은 누추한 인물보다는 고관대작(高官大爵)의 초상을 그리는 것이 후세에까지 이름을 남길 수 있는 일임을 말했는데, 이는 자신의 초상화를 자진하여 그려 준 何秀才의 예인(藝人)으로서 참마음을 칭찬한 것이다. 東坡는 杜甫의 〈丹靑引〉 가운데 나오는 語句를 인용함으로써 은연중에 何秀才의 솜씨를 조패(曹覇)의 화재(畫才)에 비겼고, 또 置我山岩中과 같은 표현으로 진대(晋代)의 천재 화가 顧愷之와, 능연각(凌烟閣)에 역대 공신들의 화상을 그린 閻立本에 何秀才를 비겼다. 顧愷之와 閻立本은 중국 화단(畫壇)에서 초일류의 名人들이다. 東坡가 何秀才를 그들에 비겨 찬미한 것은 자신의 초상화를 그려 준 데에 대한 감사의 뜻을 표한 것이다. 단편(短篇)이나 많은 뜻을 함축(含蓄)한 작품이다.

박박주 : 소자첨(薄薄酒 : 蘇子瞻)

薄薄酒 勝茶湯
박박주 승다탕
맑은 술일망정 차보다는 낫고

麤麤布 勝無裳
추추포 승무상
거친 옷일망정 옷 없는 것보다는 나으며

醜妻惡妾勝空房
추처악첩승공방
못생긴 아내와 성질 못된 첩일망정
없는 것보다는 낫네.

五更待漏靴滿霜
오경대루화만상
오경에 대루원에서 신발 가득히
서리 맞아야 하는 벼슬살이는

不如三伏日高
불여삼복일고
삼복에 해가 높이 솟을 때까지

睡足北窓涼
수족북창량
늘어지게 자고 북창 아래에서 시원한 바람 쐬는
야인의 생활보다 못하네.

珠襦玉匣
주유옥갑
구슬로 장식한 수의 입고
옥으로 만든 관에 넣어져

萬人祖送歸北邙
만인조송귀북망
만인의 장송(葬送)받으며
북망산에 돌아가는 것은,

不如懸鶉百結
불여현순백결
누덕누덕 꿰맨 남루한 옷 입고

獨坐負朝陽
독좌부조양
홀로 앉아 아침 햇볕 받으며 살아가는 것만 못하네.

生前富貴死後文章
생전부귀사후문장
살아서는 부귀 누리고 죽으면
문장이 남겨지길 원하나

百年瞬息萬世忙
백년순식만세망
백년도 한 순간이오 만세도 바삐 지나갈 뿐.

夷齊盜跖俱亡羊
이제도척구망양
백이·숙제이건 도척이건
죽어 없어지긴 마찬가지이니,

不如眼前一醉　　지금 당장 취하여
불 여 안 전 일 취

是非憂樂都兩忘　　옳고 그름과 근심 즐거움을 모두 잊는 것만 못하리.
시 비 우 락 도 양 망

【語義】 薄薄酒(박박주):묽은 술.　茶湯(다탕):차〔茶〕.　麤麤布(추추포):거친 마포(麻布). 麤는 粗의 뜻. 布는 麻布. 천자 서민(賤者庶民)의 복장이다.　裳(상):아랫도리에 입는 치마나 바지 따위. 衣는 윗도리에 입는 옷.　醜妻惡妾(추처악첩):못생긴 아내와 성질이 못된 첩. 醜妻는 자기 아내의 겸칭(謙稱)으로도 쓰인다.　空房(공방):빈 방. 시중드는 여자가 없는 방.　五更(오경):하룻밤을 초경(初更)·이경(二更)·삼경(三更)·사경(四更)·오경(五更)의 다섯으로 나눈 그 마지막 시간으로, 오전 3시에서 5시의 시간에 해당함.　待漏(대루):대신(大臣)들이 조회(朝會)에 참석하기 위하여 새벽부터 대궐에 나와 기다리던 것을 가리킨다. 《國史補》에, '元和(唐 憲宗 때의 年號) 初에 대루원(待漏院)을 두어, 조회(朝會)에 참석하고자 새벽에 나온 신하들이 모여 기다릴 수 있게 했다.'고 했다. 송(宋)나라 初期에는 단봉문(丹鳳門) 오른쪽에 待漏院을 세웠다. 本書 後集에 실려 있는 王元之의 〈待漏院記〉 참조. 待漏란 시각을 기다린다는 뜻. 漏는 누각(漏刻)이란 물시계를 가리킨다.　靴滿霜(화만상):궁문 밖에서 기다리는 동안 서리가 신발에 가득 내림.　三伏(삼복):한여름 염서(炎暑)의 때를 말한다. 초복(初伏)·중복(中伏)·말복(末伏). 《陰陽書候》에, '하지(夏至) 후 세 번째 庚日이 初伏, 네 번째 庚日이 中伏, 입추(立秋) 후 첫 번째 庚日이 終伏(末伏)이라고 한다.'고 했다.　北窻涼(북창량):《晉書》隱逸傳에 나와 있는 陶淵明의 이야기를 인용한 것. '여름 달 한가롭게 떠 있고, 북창 아래 누우면 청풍(淸風)이

시원하게 불어오니, 희황(羲皇) 적 사람이라 할 만하네(夏月虛閑 高臥 北窓下 淸風颯至 自謂羲皇上人).' 珠襦玉匣(주유옥갑):구슬로 장식한 속옷과 옥으로 만든 상자. 화려한 수의(壽衣)를 입혀 좋은 관(棺)에 넣 는다는 뜻으로, 사람이 죽어 장사 지내는 것을 가리킨다. 祖送(조송): 관(棺)을 묘지(墓地)에 보냄. 祖는 먼 길을 떠날 때에 행로신(行路神)에 게 제사 지내는 일. 歸北邙(귀북망):북망산으로 돌아감. 죽는 것을 뜻 한다. 北邙山은 하남성(河南省) 낙양(洛陽) 땅의 북쪽에 있는 작은 산 으로, 漢 이후의 역대 제왕과 귀인(貴人)·명사(名士)의 무덤이 많아, 후세에 이르러 사람이 죽어서 가는 곳을 대표하게 되었다. 懸鶉百結 (현순백결):가난한 사람의 남루한 옷을 가리킨다. 懸鶉은 달아맨 메추 라기라는 뜻으로, 메추라기는 꼬리가 짧아 깡똥한 옷을 입고 있는 사 람의 모습을 연상시킨다. 따라서 옷소매가 짧은 것을 가리킨다.《荀子》 大略篇에, '子夏(孔子의 제자)는 가난하여, 옷을 입은 것이 메추라기 같 았다(子夏貧 衣若縣鶉).'라는 말이 있다. 百結은 옷이 해져 너덜너덜해 진 것을 일일이 꿰맨 것. 獨坐負朝陽(독좌부조양):홀로 앉아 아침 햇 볕을 받음. 瞬息(순식):눈 깜짝하거나 숨 한 번 쉴 사이와 같이, 극히 짧은 동안. 忙(망):매우 빠름, 또는 매우 급함. 夷齊(이제):백이(伯夷) 와 숙제(叔齊). 은(殷:商)나라의 義士로 청렴결백한 현인·군자를 대표 하며, 역성(易姓) 혁명에 반대하는 사상(思想)을 투영한 인물들이다. 伯夷는 姓은 묵태(墨胎), 字는 공신(公信), 叔齊의 형으로 고죽군(孤竹 君)의 장남. 伯夷와 叔齊는 은(殷)나라를 치려는 무왕(武王)을 말렸으 나 듣지 않으므로, 주(周)나라의 곡식 먹기를 부끄럽게 여겨 수양산(首 陽山)에 들어가 고사리를 캐어 먹으며 숨어 살다가 굶어 죽었다. 盜跖 (도척):춘추시대(春秋時代) 秦나라의 유명한 도적. 楚나라의 대도적인 장교(莊蹻)와 함께 악인을 대표하는 인물로, 졸개 수천 명을 이끌고 천하를 횡행(橫行)하며 포악(暴惡)한 짓을 했다고 하며,《莊子》에 의하면 현인(賢人) 유하혜(柳下惠)의 아우라고 한다. 俱亡羊(구망양):모두가 양을 잃음. 현자(賢者)·우자(愚者) 모두 죽고 없다는 뜻으로 쓰였다. 《莊子》騈拇篇에 나오는 이야기이다. '장(臧)과 곡(穀) 두 사람이 양을 치다가, 두 사람 모두 양을 잃어버리고 말았다. 무엇을 하다가 양을 잃었느냐고 물으니, 臧은 책을 읽고 있었다고 대답했고, 穀은 놀이를 하고 있었다고 대답했다. 두 사람, 한 짓은 같지 않아도 양을 잃었다는 점에서는 같다. 백이(伯夷)는 이름을 위하여 수양산(首陽山)에서 굶어 죽었고, 도척(盜跖)은 이욕 때문에 동릉산(東陵山)에서 죽었다. 두 사람, 죽은 곳은 달라도 목숨을 해치고 본성을 상하게 했다는 점에서는 같다. 어찌 꼭 백이가 옳고 도척이 그릇되었다고 말할 수 있겠는가?' 都兩忘 (도양망):시비 우락(是非憂樂)을 모두 잊는 것을 가리킨다.

【解說】《分類東坡詩》卷十三에 실려 있는 〈薄薄酒〉2首 가운데 전편(前篇)이다. 그 서(序)에, "山東省에 사는 조명숙(趙明叔) 先生은, 가난하지만 술을 워낙 좋아하여 술이라면 청탁(淸濁)을 가리지 않는다. 게다가 취하면, '붉은 술일망정 차보다는 낫고, 못생긴 마누라일망정 없는 것보다는 낫다(薄薄酒勝茶湯, 醜醜婦勝空房).'라고 입버릇처럼 왼다. 비속(俾俗)한 말인 듯하나 진리를 터득한 말이다. 이제 그 뜻을 넓게 새겨, 선생의 노래를 보충한다."라고 했다. 本篇은 篇首의 세 字를 제명(題名)으로 한 악부체(樂府體)의 詩로, 明叔의 마음을 대신 읊은 것이라 할 수 있다.

　　제목에서 알 수 있듯 本篇은 주가(酒歌)이다. 쉽지 않은 세상살이, 그나마 눈 깜박할 사이에 지나가는 인생이다. 이 겨를 없는 인생에서, 시비선악(是非善惡)과 근심과 즐거움 때문에 마음을 괴롭히지 않고 성명(性命)을 기르기 위해서는, 비록 묽은 술일망정 마셔 대어 마음의 근심을 잊어야 한다고 읊고 있다. 이러한 사상(思想)은 《莊子》·《列子》에서 볼 수 있는 인생관(人生觀)이며, 도연명(陶淵明)의 시정(詩情)을 계승한 것이다.

陶淵明의 〈和劉柴桑〉에, '弱女는 비록 사내는 아니지만, 마음을 위로해 주기 때문에 없는 것보다는 낫네(弱女雖非男, 慰情良勝無).'라고 했는데, 弱女는 本篇에 나오는 薄酒를, 男은 진한 술을 의미하여, 결국 本篇의 '薄薄酒勝茶湯'은 淵明의 이 詩句와 뜻이 같다. 또 本篇의 '獨坐負朝陽'은 淵明의 〈詠貧士〉에 '처려(凄厲:쓸쓸하고 맑은 기운이 감도는 분위기를 형용하는 말)한 가운데 한 해가 저무는데, 갈옷 끼고 앞마루에서 볕을 쬐네(凄厲歲云暮, 擁褐曝前軒).'라 한 것과 같은 뜻이며, '懸鶉百結'은 〈五柳先生傳〉에 나오는 '短褐穿結'과 같은 뜻이다. 이외에도 淵明의 〈擬古〉에 나오는 '모두 북망으로 돌아갔네(相與還北邙).'라든가, 〈陶潛傳〉에 나오는 '북창 아래 눕네(高臥北窓下).' 등의 句를 본뜬 詩句가 눈에 띈다. 이것들은 모두 淵明을 추모(追慕)하는 東坡의 마음이 얼마나 깊었는가를 말해 주는 것이다.

어잠령조동년야옹정:소자첨(於潛令刁同年野翁亭: 蘇子瞻)

山翁不出山
산 옹 불 출 산

山翁은 산에서 나오지 않고

溪翁長在溪
계 옹 장 재 계

溪翁은 늘 시냇가에 있어,

不如野翁來往溪山閒
불 여 야 옹 내 왕 계 산 간

시내와 산 사이를 오가며

上友麋鹿下鳧鷖
상 우 미 록 하 부 예

위로는 산짐승 벗하고 아래로는 물새 벗하는
野翁보다는 못하네.

問翁何所樂
문 옹 하 소 락

野翁에게, 즐기는 게 무엇이기에

三年不去煩推擠
삼 년 불 거 번 추 체

삼 년토록 이곳 떠나지 않고 전임시키기가
그리도 힘드냐고 물으니,

翁言此閒亦有樂
옹 언 차 간 역 유 락

이곳에도 즐길 만한 것이 있으니,

非絲非竹非蛾眉
비 사 비 죽 비 아 미

음악도 아니며 예쁜 여자도 아니며

山人醉後鐵冠落
산 인 취 후 철 관 락

술 취한 산 도사가 철관 떨어뜨리고

溪女笑時銀櫛低
계 녀 소 시 은 즐 저

시냇가의 여인들 웃을 때면 머리에서
은빗 흘러내리는 것 보는 것이라고.

我來觀政問風謠
아 래 관 정 문 풍 요

내가 이곳에 와 정적(政績)을 살피려고
민요에 관해 물었더니,

皆云吠犬足生氂
개 운 폐 견 족 생 리

입을 모아 말하기를 짖는 개의 발바닥에
긴 털이 돋았다고.

但恐此翁一旦捨此去
단 공 차 옹 일 단 사 차 거

오직 두려운 것은 野翁이 갑자기 이곳을 떠나

長使山人索寞溪女啼 오랫동안 산 도사 쓸쓸해지고
장 사 산 인 삭 막 계 녀 제 어잠의 여인들 슬피 울게 되는 것이라고.

【語義】 山翁(산옹):산에 사는 영감. 溪翁(계옹):시냇가에 사는 영감. 野翁
來往溪山間(야옹내왕계산간):들에 사는 늙은이가 시내와 산 사이를 왔
다갔다함. 野翁은 산과 들 어느 쪽에서도 놀 수 있어, 즐거움을 더 누릴
수 있다는 뜻. 麋鹿(미록):고라니와 사슴. 鳧鷖(부예):물오리와 갈매
기. 煩推擠(번추체):밀어 옮기려는데 너무 힘이 듦. 전임(轉任)시키려
는데, 도무지 움직이려고 하지 않는 것을 뜻한다. 非絲非竹非蛾眉(비
사비죽비아미):絲는 絃·琴 등의 현악기를, 竹은 笛과 같은 관악기를 가
리킨다. 따라서 絲竹은 음악을 뜻한다. 蛾眉는 나방의 눈썹〔觸角〕. 轉하
여 나방의 촉각처럼 예쁜 눈썹을 가진 미인을 뜻한다. 鐵冠(철관):법관
(法冠). 철로 관주(冠柱)를 만들었기 때문에 그렇게 부르며, 주후관(柱
後冠)·혜문관(惠文冠)이라고도 했다. 높이 5치, 法을 행하는 者가 썼
다. 本集 注에 따르면, 도사(道士)가 쓰던 冠이라고 한다. 銀櫛(은즐):
은으로 만든 빗. 本書 注에, '어잠(於潛) 지방의 여자들은 모두 길이 한
자 되는 큰 빗을 머리에 꽂았다.'고 했다. 觀政(관정):정치의 선악(善
惡)을 조사함. 風謠(풍요):한 지방의 풍속을 읊은 노래. 민요(民謠)에는
그 지방의 인심(人心)이 어떠한지가 잘 나타나 있다. 吠犬足生氂(폐견
족생리):짖는 개의 발에 긴 털이 자람. 정치가 잘 행해져 마을이 평화로
운 것을 뜻한다. 개가 도둑을 쫓아다니는 일이 없어, 개의 발바닥에 털
이 돋을 정도임. 吠는 짖다, 氂는 긴 털. 捨此(사차):어잠(於潛)의 현령
직(縣令職)을 물러나는 것을 가리킨다. 索寞(삭막):외롭고 쓸쓸한 것.
溪女啼(계녀제):어잠(於潛)의 여자들이 슬퍼하여 욺. 야옹(野翁)을 사모
하는 사람들을 실망시키는 것을 뜻한다.

【解說】《分類東坡詩》卷九에 실려 있다. 절강성(浙江省) 항주부(杭州府) 어
잠현(於潛縣)의 현령(縣令) 조(刁) 모(某)가 지은 야옹정(野翁亭)을 읊었
다는 제목이나, 亭子 이야기는 별로 없고 그것을 세운 縣令의 사람됨을
칭송하는 글이다. 野翁은 於潛의 縣令 刁氏의 호(號)이다. 刁氏는 조약
(刁約:字는 景純)일 것이라는 說이 있으나, 景純은 분명 東坡의 선배(先
輩)인 데다, 題名의 同年이 같은 해에 과거에 급제한 사람, 또는 같은 해
에 태어난 사람을 뜻하는 말이므로 믿을 수 없다.

　　東坡는 39세 때, 항주(杭州) 통판(通判:副知事)으로 있다가 밀주(密州)
지사(知事)로 옮기며 於潛에 들러, 本篇과 함께 〈綠筠軒〉(前出)·〈於潛
女〉 등을 지어 모국화(毛國華)에게 주었다. 東坡는 於潛에 대하여 대단한
호의 (好意)를 가졌던 것 같다. 於潛 지방에 전해 내려오는 옛날 풍속을
이 詩의 배경으로 썼을 뿐 아니라, 읽는 이로 하여금 於潛의 流風과 遺
俗에 깊은 감명을 받게 한다. 선정(善政)이 베풀어지는 평화로운 한 시골
마을의 풍경을 저절로 눈앞에 떠올리게 하는 수작(秀作)이다.

태행로:백낙천(太行路:白樂天)

太行之路能摧車
태 행 지 로 능 최 거

태행산에 오르는 길
수레를 부술 만큼 험난하다 해도

若比君心是坦途
약 비 군 심 시 탄 도

그래도 임의 마음보다는 평탄하다오.

巫峽之水能覆舟
무 협 지 수 능 복 주

무협의 뱃물길 배를 뒤집을 만큼 사납다 해도

若比君心是安流
약 비 군 심 시 안 류

그래도 임의 마음보다는 고요하다오.

君心好惡苦不常
군 심 호 오 고 불 상

임의 마음 너무도 변덕이 심해

好生毛髮惡生瘡
호 생 모 발 오 생 창

좋으면 감싸 주고 싫으면 이 몸 내친다오.

與君結髮未五載
여 군 결 발 미 오 재

임과 결혼한 지 오 년도 못 되어

豈期牛女爲參商
기 기 우 녀 위 삼 상

견우와 직녀 같던 우리 사이
삼성과 상성처럼 될 줄 어이 알았으리.

古稱色衰相棄背
고 칭 색 쇠 상 기 배

옛말에 얼굴빛 시들면 서로 버리고 등진다 했는데도

當時美人猶怨悔
당 시 미 인 유 원 회

그때의 여인들은 원망하고 후회했거늘,

何況如今鸞鏡中
하 황 여 금 난 경 중

하물며 거울에 비친 내 모습

妾顏未改君心改
첩 안 미 개 군 심 개

아직 변치 않았거늘 임의 마음 옮겨졌으니!

爲君熏衣裳
위 군 훈 의 상

임 위해 옷에 향내 배게 해도

君聞蘭麝不馨香 군 문 난 사 불 형 향	난향(蘭香)과 사향도 임께선 향기롭다 하지 않고,
爲君盛容飾 위 군 성 용 식	임 위해 얼굴 곱게 매만져도
君看珠翠無顔色 군 간 주 취 무 안 색	임은 내 고운 모습 보고도 눈썹 한 번 움직이지 않네.

【語義】 摧(최):꺾다, 부러뜨리다.　若比(약비):비교하면.　坦途(탄도):평
탄한 길.　巫峽(무협):장강(長江) 상류, 사천성(四川省)에 급류(急流)로
유명한 삼협(三峽)이 있는데, 巫峽도 그 가운데 하나. 本書 注에, '협주
(峽州:湖北省 宜昌縣)에 三峽이 있는데, 明月峽·巫峽·廣澤峽이다. 물
길이 매우 사납다.'라고 했는데, 보통 三峽이라고 하면 瞿唐峽·巫峽·
西陵峽을 가리킨다.　覆(복):전복시킴.　安流(안류):물의 흐름이 잔잔한
것.　好惡(호오):좋아함과 싫어함.　苦不常(고불상):매우 일정하지 않
음. 자주 변한다는 뜻.　好生毛髮(호생모발):정확한 뜻은 알 수 없으며,
本集에는 毛羽로 되어 있다. 좋아할 때에는 좋은 말을 하고 잘 보살펴
준다는 뜻 정도로 해석할 수 있겠다. 다음에 나오는 惡生瘡은 그 반대
의 경우를 가리키는 말로 해석할 수 있다.　結髮(결발):머리를 맺음. 상
투를 틀거나 쪽을 찌거나 머리를 얹음. 옛날 중국에서는 남자는 20세,
여자는 15세가 되면 결발(結髮)하여 성인(成人)이 되었음을 나타냈다.
또 성인이 되었다는 뜻에서, 결혼했다는 뜻으로 쓰이게 되었다.　牛女
(우녀):견우(牽牛)와 직녀(織女). 사이가 좋은 부부에 비유된다.　參商
(삼상):삼성(參星)과 상성(商星). 이 두 별은 서로 하늘 반대쪽에서 떠,
만나는 일이 없다. 부부가 반목(反目)하는 것에 비유된다(앞에 나온 杜
子美의 〈贈衛八處士〉 참조).　色衰(색쇠):얼굴빛이 쇠함. 늙어 아름다
움을 잃는 것을 가리킨다.　相棄背(상기배):서로 버리고 등짐.　鸞鏡(난

경):뒷면에 난새를 조각한 거울. 유경숙(劉敬叔)의 《異苑》에, '계빈(罽賓:西域에 있던 國名) 왕에게 한 마리 난(鸞:鳳凰의 일종)이 있었는데, 3년 동안 울지 않았다. 부인이 鸞 자신의 모습을 보여 주면 울 것이라고 하여, 거울을 새 앞에 걸어 새의 모습이 비쳐 보이도록 했다. 난은 자신의 모습을 보고 슬피 울기 시작하더니, 한밤중에 크게 한 번 울더니 죽었다.'고 했는데, 이 故事에 연유하여 거울의 뒷면에 鸞의 모습을 새기게 되었다.　顔未改(안미개):얼굴빛이 아직 시들지 않음.　心改(심개):마음이 변함.　熏(훈):향을 피워 옷에 향내가 배게 함.　蘭麝(난사):훈향(薰香)의 이름. 또는 난꽃과 사향(麝香).　馨香(형향):향기로운 냄새.　容飾(용식):곱게 화장하고 치장하는 것.　珠翠(주취):아름다운 구슬과 비취(翡翠:물총새)의 깃털로 장식한 것. 여기서 翠는 물총새의 깃털. 唐代의 詩에는, 珠翠가 보옥(寶玉)의 종류인 珍珠 및 취옥(翠玉)의 뜻으로 쓰인 예도 있다.

行路難 難重陳
행 로 난　난 중 진

세상살이의 어려움, 거듭 이야기하기 어렵네.

人生莫作婦人身
인 생 막 작 부 인 신

사람으로 태어나더라도
부디 여자의 몸은 되지 마시오.

百年苦樂由他人
백 년 고 락 유 타 인

평생의 고락이 남에게 매여 있다오.

行路難
행 로 난

세상살이의 어려움,

難於山險於水
난 어 산 험 어 수

산길보다 험하고 물길보다 사납네.

不獨人間夫與婦
부 독 인 간 부 여 부

세상 부부 사이만 그런 게 아니라

近代君臣亦如此
근 대 군 신 역 여 차

근래엔 군신 사이도 그러하다네.

君不見 군 불 견	그대는 보지 못하였는가,
左納言右納史 좌 납 언 우 납 사	납언(納言)·내사(內史) 같은 고관대작들이
朝承恩暮賜死 조 승 은 모 사 사	아침엔 은총 받다가 저녁엔 죽음을 받는 것을.
行路難 행 로 난	세상살이의 험난함은
不在水不在山 부 재 수 부 재 산	산 때문도 아니요 물 때문도 아니며,
秖在人情反覆閒 기 재 인 정 반 복 간	오직 사람의 마음이 이리저리 변하기 때문이라오.

【語義】行路難(행로난):가는 길이 험함. 세상살이의 어려움을 뜻한다. 難重陳(난중진):거듭 이야기하기 괴로움. 人生(인생):사람으로 태어나면, 또는 인생에는. 莫作(막작):되지 말라. 婦人身(부인신):여자의 신세. 百年(백년):한평생을 가리킨다. 由他人(유타인):남에게 달려 있음. 難於山(난어산):산에 오르기보다 어려움. 納言(납언):순(舜)임금 때의 벼슬 이름으로, 천자의 뜻을 백성에게 알리고 백성의 뜻을 천자에게 상주(上奏)했다. 周代의 내사(內史), 漢代의 상서(尙書), 위진(魏晋) 이래의 중서문하(中書門下) 등은 모두 이에 해당한다. 納史(납사):《周禮》에內史·外史·左史·右史는 있으나, 納史는 보이지 않는다. 內史의 오기(誤記)인 듯하다. 內史는 정치상의 사건과 칙유(勅諭)를 기록하던 宮中의 書記官. 賜死(사사):군주의 명에 의해 죽음을 받음. 秖(지):祇의俗字. 다만, 오직.

【解說】《白氏長慶集》卷三에 실린 〈新樂府〉50首 가운데 열 번째 작품으로 그 序에, '〈太行路〉, 부부(夫婦)의 일을 빌려 군신(君臣)의 일을 풍간(諷諫)하고 있다.'고 했다. 앞에 나온 〈行路難〉과 거의 같은 뜻의 제목이다. 태행산맥(太行山脈)은 산서성(山西省) 진성현(晉城縣) 남쪽에 있는 太行山을 주봉(主峰)으로 하고, 서로는 분수(汾水), 동으로는 갈석(碣石)에 이르는 산맥으로, 특히 主峰인 太行山은 험난하기로 이름 높다.

　〈新樂府〉는 원화(元和) 4년(809)에 白樂天이 좌습유(左拾遺)로 있으면서 천자(天子)를 간(諫)하기 위해 지은 것이다. 白樂天의 작품 중에는 뒤에 나오는 〈長恨歌〉나 〈琵琶行〉처럼 낭만적인 것도 있으나, 이 〈新樂府〉는 두시(杜詩:杜甫의 詩)에서 영향을 받아 사회를 풍자(諷刺)하기 위해 지은 것이다. 白樂天은 항시 정치와 도덕을 위한 문학생활을 자신의 본령(本領)으로 삼았다. 그래서 그 누구보다도 사회의 비리(非理)를 지적하고 상위자(上位者)의 부덕(不德)을 고발하는 詩를 많이 남겼으며, 그것들은 하나같이 누구나 읽을 수 있게 평범한 서민적 언어로 지었다. 그가 후세에 廣大敎化主라 불리는 까닭이 여기에 있다.

칠덕무:백낙천(七德舞:白樂天)

七德舞 七德歌
칠 덕 무 칠 덕 가

칠덕무와 칠덕가,

傳自武德至元和
전 자 무 덕 지 원 화

武德 때부터 전하여져
지금의 元和 연간에까지 이르렀네.

元和小臣白居易
원 화 소 신 백 거 이

元和 연간의 작은 신하 백거이는

觀舞聽歌知樂意
관 무 청 가 지 악 의

춤을 보고 노래 들어 그 음악의 뜻을 알게 되어

曲終稽首陳其事
곡 종 계 수 진 기 사

곡이 끝나자 머리 조아리고
太宗 황제의 성대한 업적을 진술합니다.

太宗十八舉義兵
태 종 십 팔 거 의 병

태종께서는 18세 때에 父王과 함께
의병을 일으키시어

白旄黃鉞定兩京
백 모 황 월 정 양 경

흰 쇠꼬리 깃발과 황금 도끼 들고
낙양과 장안을 평정하셨네.

擒充戮竇四海淸
금 충 육 두 사 해 청

왕세충 사로잡고 두건덕 잡아 죽여
사해를 깨끗이 하셨으며

二十有四功業成
이 십 유 사 공 업 성

24세 때에는 나라를 평정하셨고

二十有九卽帝位
이 십 유 구 즉 제 위

29세 때에는 제위에 오르셨으며

三十有五致太平
삼 십 유 오 치 태 평

35세 때에는 태평성대 이룩하셨네.

功成理定何神速
공 성 이 정 하 신 속

공업의 완성과 정치의 안정이
얼마나 신속하게 이루어졌던가,

速在推心置人腹
속 재 추 심 치 인 복

그것은 다른 사람의 가슴속에
당신의 진심을 심어 놓았기 때문이었네.

亡卒遺骸散帛收
망 졸 유 해 산 백 수

죽은 병사들의 시체 비단을 나눠 주어
거두어들이게 하셨고,

飢人賣子分金贖
기 인 매 자 분 금 속

굶주려 아이를 판 자들에겐 금을 나눠 주어
자식을 되찾게 하셨네.

魏徵夢見天子泣
위 징 몽 견 천 자 읍

위징을 꿈에서 보고 천자의 몸으로
눈물 흘리셨고

張謹哀聞辰日哭
장 근 애 문 진 일 곡

장공근이 죽자 辰日임에도 통곡하셨네.

怨女三千放出宮
원 녀 삼 천 방 출 궁

궁녀 삼천여 명을 모두 돌려보내시고

死囚四百來歸獄
사 수 사 백 내 귀 옥

사형수 사백 명을 풀어 주었더니 형기가 되매
모두들 옥으로 돌아왔다네.

剪鬚燒藥賜功臣
전 수 소 약 사 공 신

약으로 쓰라고 몸소 당신의 수염을 잘라
이적에게 내려 주시니

李勣嗚咽思殺身
이 적 오 열 사 살 신

이적은 흐느껴 울며 몸 바쳐
은혜에 보답할 것을 맹세했네.

含血吮瘡撫戰士
함 혈 연 창 무 전 사

화살에 맞은 이사마의 상처를 빨아
사졸들을 격려하니

思摩奮呼乞效死
사 마 분 호 걸 효 사

이사마는 크게 감동하여 죽음으로써
보은할 기회를 달라고 간청했다네.

則知不獨善戰善乘時
즉 지 부 독 선 전 선 승 시

이로써 알 수 있듯이,
싸움만을 잘 한 것이 아니라 때를 얻었으며,

以心感人人心歸
이 심 감 인 인 심 귀

진심으로 사람들을 감동시켜
그들의 마음이 태종께 귀의했던 것이네.

爾來一百九十載
이 래 일 백 구 십 재

당나라가 세워진 지 190년,

天下至今歌舞之
천 하 지 금 가 무 지

온 천하는 지금까지도
그때의 일을 노래하고 춤추네.

歌七德 舞七德
가 칠 덕 무 칠 덕

칠덕을 노래하고 칠덕을 춤추는 것은

聖人有作垂無極
성 인 유 작 수 무 극
　
聖人께서 지으신 것이라
영원히 전하기 위해서이네.

豈徒耀神武
기 도 요 신 무
　
어찌 귀신도 놀랄 무위만을 빛내며

豈徒誇聖文
기 도 과 성 문
　
어찌 성스러운 문덕만을 과시하려 함이겠는가.

太宗意在陳王業
태 종 의 재 진 왕 업
　
태종 황제의 뜻은 왕업을 널리 알려

王業艱難示子孫
왕 업 간 난 시 자 손
　
왕업의 어려움을
자손들에게 보여 주시려는 것이네.

【語義】 七德舞 七德歌(칠덕무 칠덕가):解說 참조. 오늘날엔 전해지지 않
고 있다.　武德(무덕):唐 高祖 李淵은 618년에 즉위하여 연호(年號)를
武德이라 하고, 武德 9년(626)에 죽었다.　元和(원화):唐 헌종(憲宗) 때
의 연호(806~820). 白居易가 살던 시기.　小臣(소신):天子 太宗의 일
을 서술하는 글이므로, 白居易가 자신을 낮추어 小臣이라 한 것이다.
稽首(계수):머리가 땅에 닿도록 공손히 절을 함. 최고의 예의를 표시하
는 것.　陳其事(진기사):太宗의 업적에 관하여 글을 짓는 것을 가리킨
다.　太宗十八擧義兵(태종십팔거의병):唐 高祖 李淵은, 隋 恭帝의 義寧
원년(617) 5월, 李世民이 18세 때에 帝라 칭하고 군사를 일으켰다.　白
旄黃鉞(백모황월):하얀 소의 꼬리로 장식한 깃발과 황금 도끼.《書經》
牧誓篇에, "임금은, 왼손으로는 황금 도끼를 짚고 오른손에는 흰 쇠꼬
리 깃발을 들고 지휘하면서 말했다. '멀리 왔도다, 서쪽 땅의 사람들이
여!'라고" 했다. 周 武王이 殷나라 紂王을 칠 때의 故事를 인용하여, 唐
高祖가 隋를 친 것을 가리킨다. 白旄는 軍의 지휘권을 상징한다.　兩京
(양경):東京인 낙양(洛陽)과 서경(西京)인 장안(長安).　擒充(금충):왕

세충(王世充)을 사로잡은 것을 가리킨다. 《唐書》列傳에 의하면, 王世充의 字는 행만(行滿), 그는 隋의 장수로 功을 세웠으나 후에 모반하여, 恭帝를 잡아가두고 王位를 찬탈(簒奪)했으며, 鄭나라를 세우고 연호를 開明이라 했다. 高祖가 秦王(李世民)에게 명하여 그를 치게 하자, 그는 부하들을 이끌고 항복했다. 戮竇(육두):두건덕(竇建德)을 잡아 죽임. 竇建德은 大業 3년(607), 요동 정벌의 장수가 되더니 夏王이라 자칭했다. 武德 2년(619), 王世充으로부터 원병을 요청받아 30만 대군을 이끌고 출전했으나 秦王에게 크게 패하여, 결국 長安에 끌려와 죽음을 당했다. 四海(사해):天下. 二十有四(이십유사):24세(歲). 致太平(치태평):태평성대(太平聖代)를 이룩함. 理定(이정):정치가 안정됨. 理는 治의 뜻. 唐 高宗의 휘(諱:本名)가 治였으므로, 이것을 피해 理 字를 대신 쓴 것이다. 神速(신속):신이 도운 듯 일이 신속하게 이루어짐. 推心置人腹(추심치인복):다른 사람의 뱃속에 자신의 마음을 옮겨 놓음. 사람들을 감동시켜 진심으로 따르게 하는 것을 가리킨다. 후한(後漢)의 광무(光武) 황제가 진(陣)을 순시할 때 항복한 사람들이, '광무 황제는 적심(赤心:誠心·眞心)을 사람의 뱃속에 넣어 주고 사람을 신뢰하는 분이니, 어찌 그분을 위해 목숨을 버리려 하지 않겠는가.' 하고 이야기한 것(《資治通鑑》)에 의한다. 亡卒遺骸(망졸유해):죽은 병사들의 유해. 散帛收(산백수):비단을 나누어 주고, 시체를 거두어 장사 지내게 함. 飢人賣子分金贖(기인매자분금속):황금을 나누어 주어, 굶주려 자식을 팔았던 사람들로 하여금 다시 자식을 찾게 함. 魏徵(위징):唐 太宗 때의 名臣으로, 字는 현성(玄成). 수 말(隋末)에 이적(李勣) 등과 이밀(李密)을 좇아 唐에 귀항(歸降)하였다. 처음에는 태자 건성(建成)을 섬겼으나, 626년 현무문(玄武門)의 變 후 太宗의 눈에 들어 간의대부(諫議大夫)로 발탁되었고, 이어서 비서감(秘書監)에 임명되었다. 唐代 간관

(諫官)의 대표적인 인물로, 소릉(昭陵:太宗의 陵)에 배장(陪葬)되었다.
夢見天子泣(몽견천자읍):本書 注에 의하면, 위징의 병세가 깊어지자 太
宗이 몸소 문병했고, 그날 밤 태종은 꿈속에서 평소의 모습과 다름없는
위징을 보았는데, 다음날 아침 위징이 죽어 太宗이 통곡했다고 한다.
張謹哀聞辰日哭(장근애문진일곡):장공근(張公謹)이 죽었다는 슬픈 소
식에, 辰日인데도 곡(哭)을 함. 張公謹, 字는 홍신(弘愼), 위주 번수(魏
州繁水) 사람으로 太宗에게 발탁되어, 定遠郡公에 封해졌다가 다시 추
국후(鄒國侯)에 封해졌으며, 양주(襄州)의 도독(都督)이 되어 곧은 정
치로 이름을 날렸다. 49세의 나이로 그가 죽자, 太宗은 辰日에는 哭하
지 않는 법이니 哭하지 말라는 주위의 만류를 뿌리치고, 임금과 신하
사이는 부자지간과 같다며 哭했다 한다. 怨女三千放出宮(원녀삼천방
출궁):궁녀 삼천 명을 돌려보냄. 궁녀는 외로이 궁중에 갇혀 사는 것을
원망하는 일이 많다. 그래서 怨女라 한 것이다. 太宗은 즉위한 그 해 8
월, 궁녀 삼천여 명을 집으로 돌려보내도록 명을 내렸다. 死囚四百來
歸獄(사수사백내귀옥):사형수 사백 명이 옥으로 다시 돌아옴.《資治通
鑑》에 의하면, 貞觀 7년(633) 9월, 太宗은 사형수 삼백구십 명을 풀어
주었다고 한다. 그 전(貞觀 6년)에, 태종은 곧 죽게 될 사형수들을 딱
하게 여겨 1년 후에 돌아오라고 하고 그들을 집으로 돌려보냈는데 다
음 해 가을, 그들은 한 사람도 숨거나 한 자가 없이 京師로 돌아왔다.
太宗은 그들의 信義를 가상히 여겨 그들을 모두 놓아 주도록 했다. 剪
鬚燒藥(전수소약):수염을 잘라 태워 약으로 쓰게 함.《新唐書》列傳에
의하면, 功臣 李勣이 갑자기 병을 얻어 누웠는데, 의원이 사람의 수염
을 태워 그 재를 약으로 써야 낫는다고 처방을 내리자, 태종은 즉시 자
신의 수염을 잘라 약을 만들라고 했다 한다. 李勣嗚咽思殺身(이적오열
사살신):이적(李勣)은 흐느껴 울며 목숨을 바쳐 충성할 것을 생각함. 李

勣, 山東 사람으로 字는 무공(懋功), 본성(本姓)은 서(徐), 이름은 세적
(世勣). 太宗의 諱를 피하여 世 字를 생략했다. 수 말(隋末)의 혼란기에
위징(魏徵) 등과 함께 이밀(李密)을 섬기다가 619년 唐에 귀순, 太宗으
로부터 李씨 姓을 하사받았다. 이후 太宗을 따라 隋 末의 군웅(群雄) 두
건덕(竇建德) · 왕세충(王世充)을 항복시키고, 정관(貞觀) 초년에는 돌
궐 · 설연타(薛延陀)를 격파하고, 645년 고구려 정벌에도 종군하였다.
高宗이 즉위한 후 상서좌복야(尙書左僕射)가 되어 사공(司空)으로 승진
하였으며, 86세로 세상을 떠났다. 含血吮瘡(함혈연창):피를 입에 물고
상처를 빪. 唐 太宗이 몸소 고구려 정벌에 나섰을 때에 있었던 故事. 貞
觀 19년(645), 太宗은 고구려를 정벌하기 위하여 軍을 白岩城에 진군시
켰다. 그때 대장군 이사마(李思摩)가 화살에 맞았다. 太宗은 몸소 이사
마의 상처에 입을 대고 피를 빨아 내었다. 그에 감동한 사졸들은 크게 용
기를 냈다고 한다. 장수가 사졸을 극진히 사랑함을 가리키는 것으로, 이
와 비슷한 예로 연저지인(吮疽之仁)이란 故事가 있다. 撫戰士(무전사):
병사들을 위로함. 思摩奮呼乞效死(사마분호걸효사):이사마(李思摩)는
태종이 자신의 상처를 빨아 준 데에 크게 감동하여 죽음으로써 보답할
수 있게 해달라고 간청했던 것을 가리킨다.《唐書》돌궐전(突厥傳)에
의하면, 思摩는 본디 돌궐 사람으로 武德 初에 唐에 歸順하여 高祖로
부터 和順郡王에 封해졌고, 太宗에게 忠誠을 다하여 州의 도독(都督)
이 되었다 한다. 奮呼는 크게 감동하여 외치는 것. 乞效死는 힘써 죽을
수 있도록 해달라고 구걸함. 즉 죽음으로 보답할 것을 맹세함. 乘時(승
시):때를 타다. 爾來一百九十載(이래일백구십재):高祖가 즉위한 武德
元年(618)부터 제11대 天子 헌종(憲宗)의 元和 2년(807)까지 190년간.
연수는 어림하여 계산한 것. 聖人有作(성인유작):성인이 만든 것. 太
宗이 七德舞를 지은 것을 가리킨다.《中庸》제28장에, '天子가 아니면

禮를 논하지 못하며, 법도를 제정하지 못하며, 글자를 考定하지 못하느
니라. 또 비록 천자로서 德이 있더라도 그러한 지위가 없으면, 감히 예
악(禮樂)을 만들지 못하느니라(非天子 不議禮 不制度不考文. 雖有其德
苟無其位 亦不敢作禮樂焉).'라고 했다. 垂無極(수무극):영원히 전하여
지게 함. 神武(신무):귀신 같은 무위(武威). 誇聖文(과성문):성인 같
은 문덕(文德)을 자랑함. 陳王業(진왕업):왕도(王道)로써 천하를 다스
리는 사업을 널리 사람들에게 알림. 陳은 布의 뜻.

【解說】《白氏長慶集》卷三에 실린 〈新樂府〉50首 가운데 第一篇으로, 앞
의 〈太行路〉가 지어진 시기에 만들어졌다. 本集에는 '〈七德舞〉는 난(亂)
을 진압하고 왕업(王業)을 편 것을 찬미했다.'고 서(序)의 제하(題下)에
자주(自注)되어 있다.
  七德이란 武에 다음에 열거하는 일곱 가지 德이 있다는 뜻에서 명명
된 무곡(舞曲)이다. 武의 七德에 관하여《春秋左氏傳》宣公 12년에, '대
저 武는 포악을 누르고 兵을 거두며, 큰 나라를 보유하고 功을 세우며,
백성들을 안정시키고 만민을 화합하게 하며, 財를 풍부하게 하는 것이
다(夫武, 禁暴 戢兵 保大 定功 安民 和衆 豊財者也).'라고 기록되어 있
다. 唐 太宗 이세민(李世民)이 진왕(秦王)이었을 때, 劉武周를 격파하고
군중(軍中)에서 〈秦王破陣樂〉을 지어 연회(宴會) 때마다 이를 연주하게
했는데, 정관(貞觀) 7년(633) 春正月에 신하들로 하여금 가사를 다시
짓게 하고 七德舞라 불렀다.
  本篇은 七德舞에 감동한 白樂天이 太宗의 위업(偉業)을 찬양하고, 조
국 唐나라의 무궁한 발전을 기리기 위해 지은 것이다. 앞의 解說에서
언급했듯이 〈新樂府〉에 실린 작품들은 천자를 간(諫)하는 내용들이다.
〈新樂府〉 첫篇이 本篇인 것은, 先代의 위업을 찬양함으로써 당대의 天

子로 하여금 경각심을 갖게 하려는 白樂天의 깊은 배려가 작용했기 때문일 것이다.

마애비후:장문잠(磨崖碑後:張文潛)

玉環妖血無人掃
옥 환 요 혈 무 인 소

양귀비의 요사스런 피 아무도 쓸지 않고

漁陽馬厭長安草
어 양 마 염 장 안 초

안녹산의 말들 장안의 풀을 싫도록 먹었네.

潼關戰骨高於山
동 관 전 골 고 어 산

동관에는 싸우다 죽은 사람들의 뼈가
산보다 높이 쌓였고

萬里君王蜀中老
만 리 군 왕 촉 중 로

만 리 밖으로 피난 간 천자는 蜀 땅에서 늙었네.

金戈鐵馬從西來
금 과 철 마 종 서 래

황금 창 들고 철갑 두른 말 탄 병사들
서쪽에서 왔으니,

郭公凜凜英雄才
곽 공 늠 름 영 웅 재

늠름한 영웅 곽자의 장군의 군대였네.

擧旗爲風偃爲雨
거 기 위 풍 언 위 우

깃발 들어 바람 일으키고 깃발 뉘어
비 내리듯 군대를 움직여,

灑掃九廟無塵埃
쇄 소 구 묘 무 진 애

물 뿌리고 쓸어 티끌까지 없애듯
종묘사직을 안정시켰네.

元功高名誰與紀
원 공 고 명 수 여 기

그 높은 功을 누가 다 기록하리,

風雅不繼騷人死
풍 아 불 계 소 인 사

《詩經》을 지은 사람도 《楚辭》를 지은 사람도
다 죽어 사라졌으니.

水部胷中星斗文
수 부 흉 중 성 두 문

원결에겐 가슴속에 별들을 품은 듯
빛나는 글재주 있었고,

太師筆下龍蛇字
태 사 필 하 용 사 자

안진경의 붓 아래엔, 살아 움직이는
용과 뱀 같은 글씨 있었네.

天遣二子傳將來
천 견 이 자 전 장 래

하늘은 그 두 사람을 보내어
그 일을 길이 전하도록 하셨으니

高山十丈磨蒼崖　　높은 산 열 길 높이의 절벽에
고 산 십 장 마 창 애　　그 일을 새기게 되었네.

誰能此碑入我室　　누가 〈大唐中興頌〉의 탁본을 가지고 왔는가,
수 능 차 비 입 아 실

使我一見昏眸開　　나로 하여금 한 번 보고 어둡던 눈 열리게 하네.
사 아 일 견 혼 모 개

百年廢興增歎慨　　그후로 거듭됐던 왕업의 흥망이
백 년 폐 흥 증 탄 개　　탄식을 토하게 하니,

當時數子今安在　　그때 그분들은 지금 어디에 있는가?
당 시 수 자 금 안 재

君不見　　그대는 보지 못하였는가,
군 불 견

荒涼浯水棄不收　　황량한 오계의 물이 버려진 채 그대로인 것을.
황 량 오 수 기 불 수

時有游人打碑賣　　가끔 놀러 다니는 사람 중에
시 유 유 인 타 비 매　　비문을 탁본해다 파는 자가 있을 뿐이라네.

【語義】 玉環(옥환):양귀비(楊貴妃)의 어렸을 적 이름. 妖血(요혈):나라를 어지럽히고 임금을 미혹시킨 양귀비가 흘린 피이기 때문에, 요사스런 피라 한 것임. 無人掃(무인소):양귀비는 安祿山의 亂 때에 마외(馬嵬)에서 죽음을 당하였는데, 그녀의 시체를 아무도 거두지 않았다. 漁陽馬(어양마):安祿山 부하들의 기마(騎馬). 漁陽은 하북성(河北省) 계현(薊縣)·평곡현(平谷縣) 일대의 땅. 安祿山은 평로(平盧)·범양(范陽)·하동(河東)의 절도사(節度使)였는데, 천보(天寶) 14년에 3郡의 병력 십여만을 이끌고 반란을 일으켜 장안을 함락시켰다. 漁陽은 范陽郡에 속하는 땅이었으므로, '어양의 말들이 장안의 풀을 실컷 먹었다.'라고 한 것이다. 潼關(동관):섬서성(陝西省) 화음현(華陰縣)에 있던 관소(關所).

哥舒翰이 20만 대군으로 安祿山을 맞아 싸우다 大敗했다. 萬里君王(만리군왕):만리 밖으로 피난 가는 천자. 玄宗을 가리킨다. 蜀中老(촉중로):蜀 땅에서 늙음. 金戈鐵馬(금과철마):황금 창과 철갑을 두른 말. 곽자의(郭子儀) 장군의 용맹스런 군대를 가리킨다. 郭公(곽공):곽자의(郭子儀) 장군. 앞에 나온 梅聖俞의 詩〈採石月贈郭功甫〉에 자세히 설명되어 있음. 玄宗부터 德宗에 이르기까지 四代에 歷仕했으며, 安史의 亂을 평정한 功으로 분양왕(汾陽王)에 封해졌다. 凜凜(늠름):위풍(威風)이 있는 모양. 英雄(영웅):훌륭한 인물. 魏 유소(劉邵)의《人物志》에 의하면 매우 총명한 것을 英이라 하며, 보통 사람들보다 담력이 강한 것을 雄이라 한다. 擧旗爲風偃爲雨(거기위풍언위우):깃발을 들면 바람이 일고 깃발을 누이면 비가 내림. 곽자의 장군의 지휘에 일사불란(一絲不亂)하게 움직이는 군의 모습을 천후 풍우(天候風雨)의 변화에 견준 것임. 灑掃(쇄소):물을 뿌리고 깨끗이 쓸어 냄. 九廟(구묘):종묘사직(宗廟社稷)을 가리킨다. 앞에 나온〈題磨崖碑〉語義 참조. 元功(원공):큰 공. 元은 大의 뜻. 곽자의의 功을 가리킨다. 誰與紀(수여기):누가 기록하겠는가? 與는 歟의 뜻. 風雅(풍아):《詩經》을 가리킨다. 騷人(소인):《楚辭》의〈離騷〉를 지은 屈原 같은 사람을 가리킨다. 水部(수부):원결(元結)을 가리킨다. 水部는 官名. 진량(津梁:나루와 다리)·구혁(溝洫:전답 사이의 용수로)·주즙(舟楫:水運)·조운(漕運:배로 화물을 운반하는 것)의 일을 관장했다. 胷中星斗文(흉중성두문):가슴속에 별자리와 같은 문조(文藻)가 있음. 後集에 실려 있는〈大唐中興頌〉은 元結의 작품이다. 太師(태사):唐나라 때의 명필(名筆) 안진경(顔眞卿)을 가리킨다. 그는 太子太師의 벼슬에 있었다. 오계(浯溪)의 마애(磨崖)에 새긴 원결의〈大唐中興頌〉은 안진경이 글씨를 쓴 것이라 한다. 龍蛇字(용사자):용이나 뱀처럼 살아 움직이는 듯한 글씨. 二子(이자):원결(元結)과 안진경(顏眞卿). 磨蒼崖(마창애):푸른 절벽을 갈아 냄. 〈大唐中興頌〉을 새긴 것을 가리킨다. 廢興(폐흥):왕조(王朝) 흥망의 역사. 數子(수자): 郭子儀·元結·顏眞卿 등을 가리킨다. 浯水(오수):오계(浯溪)의 물. 浯溪는 호남성(湖南省)의 영주(永州) 기양현(祁陽縣)의 남쪽 5里 되는 곳에 있는 강으로, 이곳 절벽에 〈大唐中興頌〉이 새겨져 있다. 打碑(타비):비문(碑文)을 탁본(拓本)하는 것을 가리킨다.

【解說】《張右史文集》卷八에는 〈讀中興頌碑〉라는 제목으로 실려 있다. 磨崖碑에 관해서는 앞에 나온 黃山谷의 詩 〈題磨崖碑〉에서 자세히 언급했으며, 원결(元結:字는 次山)의 〈大唐中興頌〉은 本書 後集에 수록되어 있다.

本篇은 천보(天寶)의 난(亂)과 중흥(中興)의 사업을 기록한 문장과 필적(筆跡)은 남아 있으나 황폐해진 오계(浯溪)의 물가를 보면, 누를 수 없는 회고(懷古)의 정이 일어남을 영탄(詠歎)한 詩이다. 元結은 〈大唐中興頌〉 말미(末尾)에서,

"상강으로 흘러드는 東西의 두 물줄기가 합쳐지는 곳이 浯溪인데, 그 곳에는 깎아 세운 듯한 돌벼랑이 하늘을 찌를 듯 우뚝 솟아 있다. 이 글을 넉넉히 새길 만한 돌벼랑이어서, 이제 이 頌을 새기노니, 어찌 천만 년만 전하겠는가(湘江東西 中直浯溪 石崖天齊. 可磨可鐫 刊此頌焉 何千萬年)."

라고 하여 마애비(磨崖碑)가 영원히 전해지리라 확신했다. 그러나 張文潛의 때에 이르러서는 本篇에, '荒涼浯水棄不收 時有游人打碑賣'라고 한 것처럼, 방치된 채 풍상(風霜)에 마모되고 있었으며, 겨우 탁본(拓本)이나 뜰 수 있을 정도였다. 곽자의(郭子儀) 장군의 무공(武功)도, 唐의 中興을 노래한 원결(元結)의 명문(名文)도, 이를 돌에 새긴 천하 명필(名筆)

안진경(顏眞卿)의 글씨도 시간(時間)의 흐름에는 어쩔 수 없었던 것이다. 전대(前代)의 성덕(盛德)이 세월이 흐름에 따라 잊혀지고 바래지는 것을 영탄하면서, 나라를 위해 힘썼던 충신들을 추모하는 정이 짙게 깔려 있는 작품이다.

권주석별:장괴애(勸酒惜別:張乖崖)

春日遲遲輾空碧
춘 일 지 지 전 공 벽

봄 해 느릿느릿 푸르른 하늘을 굴러가고

綠楊紅杏描春色
녹 양 홍 행 묘 춘 색

파란 버들 붉은 살구가 봄 경치 그려 내네.

人生年少不再來
인 생 연 소 부 재 래

인생의 젊은 때 다시 오지 않으니

莫把靑春枉抛擲
막 파 청 춘 왕 포 척

봄을 맞으면 헛되이 보내지 말지어다.

思之不可令人驚
사 지 불 가 영 인 경

이를 생각하여 사람의 마음
놀라게 해서는 안 되느니

中有萬恨千愁幷
중 유 만 한 천 수 병

가슴속에 만 가지 한과 천 가지 시름 있노라.

今日就花始暢飮
금 일 취 화 시 창 음

오늘, 꽃 찾아와 마음껏 술 마시는데

坐中行客酸離情
좌 중 행 객 산 리 정

좌중에 길 떠날 손님 있어 이별의 정으로
마음 슬퍼지네.

我欲爲君舞長劍
아 욕 위 군 무 장 검

그대 위해 칼춤 추려 하나

劍歌苦悲人苦厭
검 가 고 비 인 고 염

칼 노래 매우 슬퍼 다들 괴롭게 생각할 것 같고,

我欲爲君彈瑤琴
아 욕 위 군 탄 요 금

그대 위해 琴을 타려 하나

淳風死去無回心
순 풍 사 거 무 회 심

순박한 풍속 사라진 세상이어서
마음 내키지 않으니,

不如轉海爲飮花爲幄
불 여 전 해 위 음 화 위 악

바다를 술 삼고 꽃을 장막 삼아

贏取靑春片時樂 영 취 청 춘 편 시 락	봄 허리 한 손에 잡고 잠시 즐기는 것만 못하리.
明朝疋馬嘶春風 명 조 필 마 시 춘 풍	내일 아침 봄바람 속을 말 타고 내달릴 때면,
洛陽花發臙脂紅 낙 양 화 발 연 지 홍	낙양의 꽃들 미인의 볼처럼 붉게 피어 있고
車馳馬走狂似沸 거 치 마 주 광 사 비	달리는 수레와 뛰는 말소리 물 끓듯 소란하며
家家帳幕臨晴空 가 가 장 막 임 청 공	집집마다 맑은 하늘 향해 장막이 쳐져 있으리.
天子聖明君正少 천 자 성 명 군 정 소	천자께선 성인답게 명철하시고 그대는 마침 젊으니
勿恨功名苦不早 물 한 공 명 고 부 조	공명을 빨리 이루지 못함을 한하지 말게.
富貴有時來 부 귀 유 시 래	부귀란 오는 때가 따로 있는 법이네.
偸閒强歡笑 투 한 강 환 소	바쁜 중에도 틈을 내어 즐겁게 웃을 수 있도록 힘써
莫與離憂買生老 막 여 이 우 매 생 로	이별의 시름 따위로 헛되이 늙는 일이 없도록 할지어다.

【語義】 遲遲(지지):더디게 움직이는 모양. 輾空碧(전공벽):푸른 하늘 가운데를 바퀴가 굴러가듯 지나감. 描春色(묘춘색):봄의 아름다운 경치를 만들어 냄. 莫把靑春枉抛擲(막파청춘왕포척):봄을 헛되이 버리지 말라. 靑春은 봄을 가리킨다. 枉은 헛되이. 抛·擲 모두 내던진다는 뜻. 思之(사지):젊은 때가 다시 돌아오지 않고 시간이 쉬이 지나감을 생각하는 것. 不可令人驚(불가영인경):사람을 놀라게 하는 것은 옳지 않음. 여기서 사람이란 작자 자신을 가리킨다. 中有萬恨千愁并(중유만한천수

병):가슴속에 만 가지 한과 천 가지 시름이 함께 있음. 就花(취화):꽃을
찾아감. 暢飮(창음):흡족하게 술을 마시는 것. 坐中行客(좌중행객):같
이 앉아 있는 사람 가운데에 길 떠날 사람이 있음. 酸離情(산리정):이
별의 정으로 말미암아 슬퍼짐. 酸은 가슴 아픈 것. 苦(고):매우. 瑤琴
(요금):아름다운 보석으로 장식한 금(琴). 淳風(순풍):이 句의 뜻은 확
실하지 않다. 淳風을 唐나라 太宗 때의 사람으로 보아 해석하는 說도 있
지만, 여기서는 '순박한 풍속'으로 해석하는 說을 좇는다. 轉海爲飮(전
해위음):바닷물을 술로 바꿈. 花爲幄(화위악):꽃나무를 장막 삼음. 贏
取(영취):손에 넣는 것. 片時(편시):짧은 시간. 疋馬(필마):한 필의 말.
匹馬와 같은 뜻. 嘶春風(시춘풍):봄바람을 향하여 욺. 말을 타고 길 떠
나는 것을 가리킨다. 狂似沸(광사비):물 끓듯 소란스러움. 富貴有時
來(부귀유시래):부귀는 그 오는 때가 있는 것임.《論語》顔淵篇에, '죽
고 삶은 명에 달려 있고, 부귀는 하늘의 뜻에 달려 있다(死生有命 富貴
在天).'라고 한 것과 같은 뜻. 偸閒(투한):바쁜 가운데 틈을 탐. 强歡笑
(강환소):웃고 즐길 수 있도록 노력함. 여기서 强은 노력한다는 뜻. 離
憂(이우):이별의 근심. 買生老(매생로):사서 늙는 짓을 함.

【解說】제명(題名)이 '이별을 아쉬워하여 술을 권한다'는 뜻이어서 이별과
관계있는 작품인 듯하나, 실상 내용은 그렇지 않다. 세상의 걱정 근심
이나 입신(立身) 따위에 너무 마음 쓰지 말고 젊음을 향락(享樂)하라고
권하는 詩이다.《宋詩鈔》乖崖詩鈔에 실려 있다.
　　篇中의 淳風을 唐 太宗 때 人物인 이순풍(李淳風)으로 보는 해석이 있
는데, 글자 뜻 그대로 순박한 풍속을 뜻하는 것으로 보아, '고대의 순박
한 마음을 잃어버린 지금 사람들은 나의 琴 소리를 이해할 수 없으므로,
나는 琴을 타고 싶지 않다.'고 해석하는 게 더 자연스럽다.

고의:석관휴(古意:釋貫休)

常思李太白
상 사 이 태 백

늘 생각하건대 이태백은

仙筆驅造化
선 필 구 조 화

신선 같은 필치로 온갖 조화를 부렸네.

玄宗致之七寶牀
현 종 치 지 칠 보 상

현종께서 칠보 의자에 앉기를 권했을 정도였으니

虎殿龍樓無不可
호 전 용 루 무 불 가

그의 재주와 풍채는 어떤 자리에서도 빛났네.

一朝力士脫靴後
일 조 역 사 탈 화 후

어느 날 고역사에게 신발을 벗기게 한 뒤로

玉上靑蠅生一箇
옥 상 청 승 생 일 개

구슬 위에 올라앉은 한 마리 쉬파리 꼴이 되었네.

紫皇案前五色麟
자 황 안 전 오 색 린

천제의 책상 앞에 있던 오색의 기린이

忽然掣斷黃金鎖
홀 연 체 단 황 금 쇄

갑자기 황금 쇠사슬 끊고 달아나듯 조정을 떠났고,

五湖大浪如銀山
오 호 대 랑 여 은 산

오호의 큰 물결 은산처럼 사나운데

滿船載酒搗鼓過
만 선 재 주 과 고 과

배 가득히 술 싣고 북 두드리며 지나갔다네.

賀老成異物
하 로 성 이 물

그의 지음(知音) 하지장이 죽었으니

顚狂誰敢和
전 광 수 감 화

광기 어린 그와 누가 벗할까?

寧知江邊墳
영 지 강 변 분

어찌 알리요, 강변의 그의 무덤

不是猶醉臥　혹 그가 취하여 누운 것이나 아닌지.
불 시 유 취 와

【語義】 常思(상사):항상 생각함.　仙筆(선필):신선 같은 필치(筆致). 李
白은 시선(詩仙)이라 불린 인물. 하지장(賀知章)은 그를 보자마자 적선
인(謫仙人)이라 불렀다.　驅造化(구조화):천제(天帝)가 만물을 창조하
고 변화시키는 것처럼, 李白이 뛰어난 문장으로 아름다운 글을 많이 남
긴 것을 가리킨다.　致之七寶牀(치지칠보상):칠보로 장식한 긴 의자에 앉
도록 권함. 七寶란 金·銀·유리(瑠璃)·거거(硨磲)·마노(瑪瑙)·진주
(眞珠)·매괴(玫瑰)의 일곱 가지 보배.　虎殿龍樓(호전용루):궁중에 있는
여러 궁전과 누대(樓臺)를 가리킨다.　無不可(무불가):虎殿·龍樓 어떤 좌
석에도 어울리지 못할 것이 없다는 뜻. 풍채도 좋았고 재능도 뛰어났음을
가리킨다.　力士(역사):환관(宦官)으로, 玄宗의 총애를 받던 고역사(高
力士). 술에 취한 李白이 그에게 자신의 신발을 벗기게 한 적이 있었는
데, 이에 원한을 품은 高力士는 楊貴妃에게 모함하여 李白을 조정에서
몰아냈다. 李白이 楊貴妃를 위해〈淸平調詞〉3首를 지었는데, 그 두 번
째 시의 可憐飛燕倚新粧이란 句가, 천한 출신이자 끝내는 다시 평민의
몸으로 쫓겨나 스스로 목숨을 끊었던 漢의 조비연(趙飛燕)에 貴妃를 비
한 것이라고 모함했던 것이다.　玉上靑蠅(옥상청승):구슬 위에 앉은 쉬파
리.　紫皇(자황):천제(天帝), 천황(天皇).　五色麟(오색린):오색의 털을 지
닌 기린. 李白을 가리킨다.　掣斷(체단):끌어당겨 끊음.　鎖(쇄):쇠사슬.
五湖(오호):태호(太湖)를 가리킨다는 說, 또 태호와 그 주변의 네 호수
를 가리킨다는 說 등이 있는데, 여기서는 남쪽에 있는 다섯 개의 큰 호
수를 가리킨다.　撾鼓過(과고과):북을 치면서 지나감. 撾는 북을 치는
것.　賀老(하로):하지장(賀知章)을 가리킨다.　成異物(성이물):죽은 것

을 뜻한다. 顚狂(전광):미침. 언행(言行)이 일반 사람들과는 판이한 것.
和(화):서로 응하여 조화를 이루는 것. 江邊墳(강변분):강가에 있는 무
덤. 本書 注에, '白, 물에 빠져 죽어 채석강변(采石江邊)에 장사 지내어
졌다.'고 했다. 앞서 나온 〈採石月贈郭功甫〉 참조.

【解說】 관휴(貫休)의 《禪月集》 卷二에 〈古意〉 9首가 실려 있는데 本篇은
그 가운데 第八首로, 《禪月集》에서는 篇首의 '常思李太白'이란 句를 제
목으로 삼고 있다. 《唐文粹》에는 〈古意九首〉라고만 제목 되어 있다. 참
고로 貫休의 〈古意〉 9首 가운데 일곱 번째 것은 〈常思謝靈運〉이라 제
목 되어 있으며, 本篇과 같이 貫休가 숭경 애모(崇敬愛慕)한 고대(古代)
시인(詩人)을 읊은 작품이다. 李白은 詩仙이라 불리는 성당(盛唐) 제일
의 詩人이며, 사영운(謝靈運)은 진(晋)·송(宋) 최대의 산수 시인(山水
詩人)이다. 李白이 謝靈運을 흠모했음은 널리 알려진 사실이다. 貫休가
이 두 詩人을 늘 사모(思慕)한 것은, 그들의 시풍(詩風)을 잇고 싶었기
때문이었을 것이다.

　　篇末의 '猶醉臥'는 李白이 죽어 무덤 속에 있는 것을, 참으로 주선(酒
仙)에 걸맞게 표현한 것이라 할 수 있다. 또 생사(生死)를 여일(如一)하
게 보는 중[僧] 아니고서는 도저히 생각할 수 없는 표현이다.

촉도난:이태백(蜀道難:李太白)

噫吁戲危乎高哉
희 우 희 위 호 고 재

으악! 참으로 위태롭고도 높구나.

蜀道之難難於上靑天
촉 도 지 난 난 어 상 청 천

촉으로 가는 길의 험난함이여,
푸른 하늘에 오르기보다 어렵네.

蠶叢及魚鳧
잠 총 급 어 부

잠총과 어부가

開國何茫然
개 국 하 망 연

촉나라를 연 지 그 얼마인가?

爾來四萬八千歲
이 래 사 만 팔 천 세

그로부터 4만 8천 년 동안

不與秦塞通人煙
불 여 진 새 통 인 연

진나라 변방과도 사람의 왕래가 없었네.

西當太白有鳥道
서 당 태 백 유 조 도

서쪽 태백산을 향해
새나 다닐 만한 길이 있어

可以橫絕峨嵋巓
가 이 횡 절 아 미 전

간신히 아미산 꼭대기까지
가로질러 갈 수 있네.

地崩山摧壯士死
지 붕 산 최 장 사 사

땅이 무너지고 산이 꺾여
장사들 죽은 뒤로

然後天梯石棧相勾連
연 후 천 제 석 잔 상 구 련

하늘에 건 사다리와 절벽에 놓은
잔도를 고리처럼 이어 길을 냈다네.

上有橫河斷海之浮雲
상 유 횡 하 단 해 지 부 운

위에는 황하를 가로질러 동해에까지
길게 뻗은 구름 있고

下有衝波逆折之回川
하 유 충 파 역 절 지 회 천

아래에는 암석 절벽에 부딪쳐 굽이도는
세찬 물줄기 있네.

黃鶴之飛尚不能過
황 학 지 비 상 불 능 과

신선을 태웠던 황학도 날아 넘을 수 없고

猿猱欲度愁攀緣 <small>원 노 욕 도 수 반 연</small>	원숭이조차도 건너려면 기어오르고 매달릴 것을 걱정하네.
青泥何盤盤 <small>청 니 하 반 반</small>	청니령은 몇 굽이인가?
百步九折縈岩巒 <small>백 보 구 절 영 암 만</small>	백 발짝 떼는 동안 아홉 번이나 꺾어, 돌산 봉우리 돌아야 하네.
捫參歷井仰脅息 <small>문 삼 역 정 앙 협 식</small>	삼성이 만져지고 정성이 스쳐 지나가니 올려다보면 그대로 숨이 멈출 듯!
以手拊膺坐長歎 <small>이 수 부 응 좌 장 탄</small>	손으로 가슴 쓸어내리며 길게 한숨 내쉬네.
問君西遊何當還 <small>문 군 서 유 하 당 환</small>	그대에게 묻노니, 蜀 땅에 갔다가 언제 돌아오려나?
畏途巉岩不可攀 <small>외 도 참 암 불 가 반</small>	험한 길 깎아지른 돌산 오를 수 없네.
但見悲鳥號古木 <small>단 견 비 조 호 고 목</small>	고목에서 우는 슬픈 새들,
雄飛呼雌遶林間 <small>웅 비 호 자 요 림 간</small>	수컷 날아올라 암컷 불러 숲을 맴돌고
又聞子規啼夜月愁空山 <small>우 문 자 규 제 야 월 수 공 산</small>	밤마다 빈 산을 슬퍼하는 두견의 울음소리 들릴 뿐이네.
蜀道之難難於上青天 <small>촉 도 지 난 난 어 상 청 천</small>	촉으로 가는 길의 험난함이여, 푸른 하늘에 오르기보다 어려우니,
使人聽此凋朱顏 <small>사 인 청 차 조 주 안</small>	피를 토하는 두견이 소리까지 듣게 되면 젊은이의 붉은 얼굴도 시들고 만다네.

【語義】噫(희):아아. 탄성(嘆聲). 吁戲(우희):놀랐을 때 지르는 소리. 특히 蜀 지방에서 자주 쓰는 사투리라고 한다. 危乎(위호):위태로움. 乎는 감탄의 어조사. 高哉(고재):높음. 哉도 감탄의 어조사. 難於上青天(난

어상청천):푸른 하늘에 오르는 것보다 힘듦. 於는 ~보다의 뜻을 나타
내는 어조사로 쓰였다. 蠶叢及魚鳧(잠총급어부):蠶叢과 魚鳧. 두 사람
모두 蜀나라를 開國했다고 하는 전설상의 임금이다. 何茫然(하망연):
얼마나 먼 옛일이던가! 何는 감탄의 뜻으로 쓰였다. 茫然은 넓고 멀어
아득한 모양, 또는 오랜 세월이 지난 것. 爾來(이래):그후로. 秦塞(진
새):秦나라 변방의 요새(要塞). 지금의 섬서성(陝西省) 남쪽. 人煙(인
연):인가(人家)에서 피어오르는 연기. 人家를 가리킨다. 太白(태백):산
이름. 태백산(太白山). 봉상부(鳳翔府) 미현(郿縣)의 동남쪽 40리 되는
곳에 있으며, 일년 내내 산 정상에 흰 눈이 덮여 있어 '太白'이라 불리게
되었다. 鳥道(조도):새나 간신히 다닐 수 있을 만큼 높고 험난한 곳에
있는 길. 峨嵋(아미):사천성(四川省)에 있는 아미산(峨嵋山). 앞에 나온
〈峨嵋山月歌〉참조. 巓(전):산꼭대기. 산정(山頂). 地崩山摧壯士死(지
붕산최장사사):땅과 산이 무너지고 장사들이 죽음.《蜀王本紀》에, '天,
蜀을 위해 산을 옮길 만한 5명의 장사를 냈다. 秦王이 蜀王에게 미녀들
을 바치려 하자, 蜀王은 장사들에게 미녀들을 맞아 오도록 했다. 장사들
은 미녀들과 함께 오다가 큰 뱀을 만났다. 뱀이 동굴 속으로 들어가자,
다섯 장사는 뱀의 꼬리를 잡고 잡아당겼는데, 결국에는 산이 무너져 내
려 장사와 미녀들이 모두 깔려 죽고 말았다.'고 했으며 本書 注에는, '옛
날, 蜀나라에는 秦나라로 가는 길이 없었다. 秦나라의 惠王은 쇠로 소를
만들어 그 소가 금똥〔金糞〕을 눈다고 거짓 소문을 퍼뜨렸다. 蜀王은 다
섯 장사에게, 산에 길을 만들어 그 소를 가져오라고 명령했다. 후에 다
섯 장사가 죽자, 蜀은 秦에 의해 멸망하였다.'라고 했다. 天梯石棧(천제
석잔):하늘에 걸린 사다리와 암석 절벽에 만들어 놓은 잔도(棧道). 勾
連(구련):걸려 이어져 있는 것. 橫河斷海之浮雲(횡하단해지부운):황하
(黃河)를 가로질러 동해에까지 길게 뻗어 있는 구름. 本集에는 '六龍回

日之高標(여섯 마리 용이 끄는 해수레(日車)조차 되돌아서는 고표산)'로 되어 있는데, 이는 《淮南子》에, '희화(羲和)가 해를 수레에 싣고 여섯 마리 용으로 하여금 끌게 했다.'라고 한 데에 의거한 것. 또 〈蜀都賦〉에는, '해도 고표에서 되돌아간다(陽烏回翼乎高標).'라는 말이 있다. 高標山은 蜀에서 가장 높아 高望이라고도 한다.　衝波逆折(충파역절):바위나 절벽에 부딪친 물결이 반대쪽으로 꺾여 흐름. 험한 계곡의 물 흐름을 형용한 것이다.　猿猱(원노):원숭이. 猱는 긴팔원숭이.　愁攀緣(수반연):기어오르고 매달릴 것을 걱정함. 즉 원숭이조차 오르지 못할 만큼 가파르다는 뜻.　靑泥(청니):면주(沔州) 장거현(長擧縣)에서 서북쪽으로 50里 떨어진 곳에 있는 고개로, 높은 절벽을 끼고 있고 비와 구름이 많아 길이 미끄러워, 길 가는 사람들이 애를 먹는다고 한다.　盤盤(반반):구불구불 돌아서 오르는 모양.　百步九折(백보구절):백 발짝 떼는 동안 아홉 번이나 돌아야 함.　岩巒(암만):바위로 된 산봉우리.　押參歷井(문삼역정):삼성(參星)을 어루만지고 정성(井星)을 스쳐 지나감. 參과 井은 모두 별자리로, 蜀을 관장하는 별들이라고 한다.　脅息(협식):두려워 숨을 죽이는 것.　拊膺(부응):가슴을 쓸어내림. 놀란 마음을 진정시키려는 것임.　畏途(외도):겁나는 길, 험한 길.　巉岩(참암):깎아지른 듯이 가파른 돌산.　號(호):새가 우짖는 것.　呼雌(호자):암컷을 부름. 本集에는 '從雌(암컷을 좇음)'로 되어 있다.　遶(요):맴돎.　子規(자규):두견이. 여름에 밤낮으로 처량하게 우는데, 蜀나라 망제(望帝)의 죽은 넋이 붙어 있다는 전설이 있다. 귀촉도(歸蜀道)·두견(杜鵑)·두백(杜魄)·망제(望帝)·불여귀(不如歸)·소쩍새·촉백(蜀魄) 등 여러 가지 이름을 가지고 있다.　啼夜月(제야월):밤에 달을 보고 욺.　愁空山(수공산):험하고 외져 인적 없는 산을 슬퍼함.　凋朱顔(조주안):붉은 얼굴이 시듦. 자규의 애절한 울음소리와 피로한 여로(旅路)에 젊은이도 늙은이가 된다는 뜻.

連峯去天不盈尺
연 봉 거 천 불 영 척

연이은 봉우리들 하늘과 한 자 거리도 안 되고,

枯松倒掛倚絕壁
고 송 도 괘 의 절 벽

말라 죽은 소나무 절벽에 거꾸로 매달려 있네.

飛湍瀑流爭喧豗
비 단 폭 류 쟁 훤 회

날아 떨어지는 여울물과 세찬 폭포수의
물소리 소란하고,

砯崖轉石萬壑雷
빙 애 전 석 만 학 뢰

급류가 절벽에 부딪쳐 돌을 굴리니
골짜기마다 우레 소리 가득하네.

其險也如此
기 험 야 여 차

험난함이 이와 같거늘

嗟爾遠道之人
차 이 원 도 지 인

아아, 그대! 먼 길을 온 사람이여,

胡爲乎來哉
호 위 호 래 재

어이하여 이곳에 왔는가?

劍閣崢嶸而崔嵬
검 각 쟁 영 이 최 외

하늘을 찌를 듯 우뚝 솟은 검각!

一夫當關
일 부 당 관

한 사람이 관문을 막으면

萬夫莫開
만 부 막 개

만 명으로도 뚫을 수 없네.

所守或匪親
소 수 혹 비 친

지키는 사람이 일가 친족이 아니면

化爲狼與豺
화 위 낭 여 시

그들 언제 이리나 승냥이로 돌변할지 모르네.

朝避猛虎
조 피 맹 호

아침에 무서운 호랑이 피하고

夕避長蛇
석 피 장 사

저녁에 큰 뱀 피해도

磨牙吮血
마 아 연 혈

이를 갈고 피를 빨아

殺人如麻
살 인 여 마

미친 마귀처럼 사람 죽이네.

錦城雖云樂
금 성 수 운 락

금관성(錦官城)이 비록 좋다 하나

不如早還家
불 여 조 환 가

일찍 집에 돌아감만 못하리.

蜀道之難難於上靑天
촉 도 지 난 난 어 상 청 천

촉으로 가는 길의 험난함이여,
하늘에 오르기보다 어려워,

側身西望長咨嗟
측 신 서 망 장 자 차

몸 기울이고 서쪽 바라보며 길게 탄식할 뿐이네.

【語義】去天不盈尺(거천불영척):하늘과 사이가 한 자도 못 됨. 倒掛倚絶
壁(도괘의절벽):절벽에 거꾸로 매달려 있음. 飛湍(비단):날아 떨어지
는 여울물. 湍은 여울, 또는 소용돌이. 瀑流(폭류):폭포와 세차게 흐
르는 여울물. 喧豗(훤회):시끄럽게 서로 부딪침. 喧은 소란스러운 것.
豗는 맞부딪치는 것, 또는 떠들썩한 것. 砯崖轉石(빙애전석):세찬 계
곡의 물이 절벽에 부딪쳐 돌을 굴림. 砯은 물이 산암(山岩)에 부딪쳐
나는 소리. 萬壑雷(만학뢰):모든 계곡이 우레 소리를 냄. 嗟爾(차이):
아아, 그대여! 또는 爾를 어조사로 보아, 아아라는 감탄의 말로도 볼
수 있다. 胡爲乎(호위호):어찌하여 ~했는가? 劍閣(검각):사천성(四
川省) 검각현(劍閣縣) 북쪽, 대검산(大劍山)과 소검산(小劍山) 사이에
있는 잔도(棧道)로 검문관(劍門關)이라고도 하며,《華陽國志》에 의하면
蜀의 제갈공명(諸葛孔明)이 재상으로 있을 때에 만들었다 한다. 閣은
산의 급경사면에 나무를 엮어 만든 길. 崢嶸(쟁영):산이 높고 험준한
것. 崔嵬(최외):뾰족한 산이 우뚝 솟은 모양. 一夫當關(일부당관):한
사람이 관문을 막으면. 左思의 〈蜀都賦〉에, '한 사람이 지키면, 만 명

으로도 뚫을 수 없다(一夫守隘 萬夫莫開).'고 한 것과 같은 뜻. 所守 或匪親(소수혹비친):검문관(劍門關)을 지키는 사람이 일가친척이 아니면. 所守는 지키는 사람. 匪는 非. 化爲狼與豺(화위낭여시):이리나 승냥이로 변함. 磨牙吮血(마아연혈):어금니를 갈고 피를 빨아먹음. 殺人如麻(살인여마):마구 사람을 죽임. 錦城(금성):사천성(四川省) 성도(省都)인 성도(成都)의 옛 이름. 강산(江山)이 비단같이 미려(美麗)하여 금관성(錦官城)이라고도 했다. 側身西望(측신서망):몸을 기울이고 서쪽을 바라봄. 側身은 몸을 바르게 세우지 못하고 한쪽에 기댄 상태로, 불안해하는 모양. 長咨嗟(장자차):길게 한숨을 내쉼.

【解說】《李太白詩》卷三에 실린 악부(樂府) 중에 들어 있다. 本篇의 주제(主題)에 관해서는 예부터 학자들의 의견이 여러 가지였다. 촉군(蜀郡)의 절도사(節度使) 엄무(嚴武)가 횡포하여 李白이 그곳에 있는 방관(房琯)·杜甫 등이 해를 입을까 두려워하여 지었다는 설(《新唐書》), 천보(天寶)의 난(亂)에 현종(玄宗)이 촉(蜀)으로 피난 가는 것을 그르다고 간(諫)하기 위해 지었다는 설(《唐詩解》및 本集 蕭士贇注) 등이 있는데, 李白이 天寶 初에 처음으로 장안(長安)에 들어와 本篇을 하지장(賀知章)에게 보여 주었다는《太平廣記》의 說이 가장 믿을 만한 것임을 생각할 때, 모두 타당하지 않다. 本書 題注에, '蜀道의 험난함을 논하여, 세상살이의 어려움과 人心의 험함을 풍자했다.'고 한 것처럼, 李白 특유의 웅장한 필치로 人生 行路의 어려움을 읊은 작품으로 보는 게 옳을 것이다. 《唐文粹》卷十二〈難危〉에 本篇을 필두로 하여 장적(張籍:本書에는 張籟으로 되어 있다)의〈行路難〉, 李白의〈行路難〉3首, 왕창령(王昌齡)의〈變行路難〉, 백거이(白居易)의〈太行路〉등이 실려 있는데, 이는 편자(編者)가 本篇〈蜀道難〉을 그것들과 同類의 내용으로 보았기 때문일 것

이다. 여하튼 本篇은 李白의 낭만주의적 (浪漫主義的) 시풍(詩風)이 유감없이 발휘된 작품으로, 李白으로 하여금 하지장(賀知章)으로부터 적선(謫仙)이란 영광스런 칭호를 받게 한 명편(名篇)이다.

여산고:구양영숙(廬山高:歐陽永叔)

廬山高哉幾千仞兮
여 산 고 재 기 천 인 혜

여산의 높음이여, 몇천 길이나 되는가?

根盤幾百里
근 반 기 백 리

굽이돈 산기슭 몇백 리에 이르는가?

巉然屹立乎長江
찰 연 흘 립 호 장 강

장강 옆에 깎아 세운 듯 우뚝 솟아 있네.

長江西來走其下
장 강 서 래 주 기 하

장강이 서쪽으로부터 흘러와 그 밑을 지나

是爲揚瀾左里兮
시 유 양 란 좌 리 혜

양란 · 좌리 두 못을 이루고,

洪濤巨浪
홍 도 거 랑

큰 파도와 거센 물결이

日夕相舂撞
일 석 상 용 당

밤낮으로 서로 부딪친다네.

雲消風止水鏡淨
운 소 풍 지 수 경 정

또 구름 걷히고 바람 멈추면
거울처럼 물이 잔잔해지네.

泊舟登岸而遠望兮
박 주 등 안 이 원 망 혜

배를 대고 언덕에 올라 멀리 여산을 바라보노라.

上摩靑霄之晻靄
상 마 청 소 지 엄 애

위로는 푸른 하늘 아득한 곳을 어루만지고

下壓后土之鴻龐
하 압 후 토 지 홍 방

아래로는 천지의 기운을 담은
광활한 대지를 누르고 있네.

試往造乎其閒兮
시 왕 조 호 기 간 혜

여산에 이르러

攀緣石磴窺空谾
반 연 석 등 규 공 홍

바위 비탈길 기어올라 텅 빈 골짜기 내려다보니,

千巖萬壑響松檜
천 암 만 학 향 송 회

천 산 만 골짜기에서 소나무와 노송나무를
스쳐 지나가는 바람소리 들려오고

懸崖巨石飛流淙
현 애 거 석 비 류 종

높은 절벽과 큰 바위에서
날아 떨어지는 물소리 들려오네.

水聲聒聒亂人耳
수 성 괄 괄 난 인 이

물소리 요란하게 사람 귀 어지럽히고

六月飛雪灑石矼
유 월 비 설 쇄 석 강

눈처럼 날려 흩어지는 유월의 물보라가
징검다리 위에 흩뿌려지네.

仙翁釋子亦往往而逢兮
선 옹 석 자 역 왕 왕 이 봉 혜

늙은 도사와 중들을 가끔 만나게 되는데

吾嘗惡其學幻而言哤
오 상 오 기 학 환 이 언 방

나는 일찍부터 그들의 허무하며
잡된 학설을 싫어했네.

但見丹霞翠壁遠近映樓閣
단 견 단 하 취 벽 원 근 영 누 각

붉은 노을과 푸른 절벽, 멀리서 가까이서
빛나는 사원의 탑들을 볼 뿐이네.

晨鐘暮鼓杳靄羅旛幢
신 종 모 고 묘 애 나 번 당

아침엔 종소리, 저녁엔 북소리가 울리고,
엷은 안개 속에 사원의 깃발이 줄지어 있네.

幽花野草不知其名兮
유 화 야 초 부 지 기 명 혜

산 깊은 곳에 핀 꽃과 들에 난 풀들,
그 이름은 알 수 없지만

風吹霧濕香澗谷
풍 취 무 습 향 간 곡

바람에 불리고 안개에 젖어
향기를 골짜기에 풍기고,

時有白鶴飛來雙
시 유 백 학 비 래 쌍

때때로 흰 학이 짝지어 날아오네.

幽尋遠去不可極
유 심 원 거 불 가 극

깊고 조용한 곳을 찾아 멀리 가도
이를 수 없으니

便欲絕世遺紛厖
변 욕 절 세 유 분 방

곧 뜬 세상과 관계 끊어
잡다한 것을 잊으려 하네.

【語義】 仞(인):길이의 단위. 古代 周의 尺度에서는 8尺, 또는 7尺을 仞이라 했
다. 根盤(근반):굽이돈 산기슭. 根은 산기슭. 巉然(참연):산이 깎아 세운

듯이 높고 험준한 것. 巀은 巀의 俗字. '절'로도 읽는다. 屹立(흘립):산이 우뚝 솟은 모양. 長江(장강):양자강(揚子江). 揚瀾左里(양란좌리):파양호(鄱陽湖) 북쪽에 있는 두 심연(深淵)의 이름. 洪濤(홍도):큰 물결. 日夕(일석):낮과 밤으로. 즉 밤낮을 가리지 않고. 혹은 날이 저물면의 뜻으로 해석할 수도 있다. 舂撞(용당):찧고 부딪침. 水鏡淨(수경정):물이 거울처럼 맑고 고요함. 泊舟(박주):배를 물가에 대어 정지시킴. 摩青霄之晻靄(마청소지엄애):푸른 하늘 아득한 곳을 어루만짐. 霄는 하늘, 晻은 햇빛이 닿지 않아 침침한 것, 靄는 공중의 수증기에 해가 비치어 붉게 보이는 기운. 后土(후토):토지(土地). 황천(皇天)에 대하여 후토(后土)라 한다. 后·皇은 地와 天을 높여 말할 때 쓰는 말. 鴻龐(홍방):크고 넓은 것. 여기서는 天地의 기운이 아직 나누어지지 않고 혼돈된 상태로 있는 것을 가리킨다. 造(조):이르다, 도착하다. 其間(기간):廬山을 가리킨다. 攀緣(반연):바위나 나무 따위를 잡고 기어오르는 것. 石磴(석등):바위 비탈길. 磴은 돌이 많은 비탈길. 窺(규):엿보다. 空谾(공홍):텅 빈 골짜기. 谾은 골짜기가 텅 비어 휑뎅그렁한 모양. 響松檜(향송회):소나무와 노송나무를 스쳐 지나가는 바람의 소리가 울림. 懸崖(현애):높이 서 있는 절벽. 淙(종):물이 흐르는 소리, 또는 물이 흐르는 모양. 聒聒(괄괄):떠들썩한 모양. 灑石矼(쇄석강):돌 징검다리 위에 뿌려짐. 矼은 징검다리. 灑는 물이 흩어져 떨어지는 것. 仙翁釋子(선옹석자):늙은 도사(道士)와 중. 여산에는 도사와 중이 많아, 도관(道觀)과 절이 있었다. 學幻而言哤(학환이언방):학문이 현실을 떠나 환상적이며 허무한 것이며, 그 言說은 잡되고 어지러워 순수하지 않음. 哤은 하는 말이 난잡한 것. 丹霞翠壁(단하취벽):붉은 노을과 이끼가 파릇파릇하게 낀 절벽. 樓閣(누각):여기서는 사원의 당(堂)과 탑(塔)을 가리킨다. 杳靄(묘애):엷은 안개가 끼어 희미한 것. 旛幢(번당):旛은 幡으로 쓰는 게 옳으며, 깃발을 가로 길게 하여 늘어뜨린 기. 轉하여 기의 총칭. 幢은 의장(儀仗) 또는 지휘하는 데에 쓰는 기. 澗谷(간곡):산골짜기, 澗은 산골에 있는 시내. 幽深遠去(유심원거):깊고 조용한 산속을 찾아, 속세를 떠나 멀리 감. 便(변):곧, 즉시. 絶世遺紛厖(절세유분방):뜬 세상과의 관계를 끊어 번거롭고 잡다한 것을 잊음. 紛은 亂, 厖은 雜, 遺는 忘의 뜻.

羨君買田築室老其下
선 군 매 전 축 실 노 기 하

부러우이, 밭 사고 집 지어
그대가 여산 아래에서 은거함이.

揷秧盈疇兮釀酒盈缸
삽 앙 영 주 혜 양 주 영 항

심어 놓은 벼가 밭에 가득하고
빚어 놓은 술이 항아리에 그득하리.

欲令浮嵐曖翠千萬狀
욕 령 부 람 애 취 천 만 상

그대는 떠다니는 산 기운과 희미한
푸른빛이 만들어 내는 갖가지 모양을

坐臥常對乎軒窓
좌 와 상 대 호 헌 창

창을 통하여 언제나 대하려는 것이리.

君懷磊砢有至寶
군 회 뢰 가 유 지 보

그대의 뜻은 참으로 비범하여
지보(至寶)와도 같은데,

世俗不辨珉與玒
세 속 불 변 민 여 강

세상에선 옥과 돌을 구별하지 못하여,

策名爲吏二十載
책 명 위 리 이 십 재

그대는 관리가 된 지 이십 년이 넘었는데

靑衫白首困一邦
청 삼 백 수 곤 일 방

흰머리 되도록 푸른 옷 걸치고
벽촌에서 곤궁히 지내고 있네.

寵榮聲利不可以苟屈兮
총 영 성 리 불 가 이 구 굴 혜

총애와 명예와 이익에도
구차스럽게 굽히지 않는 그대여,

自非靑雲白石有深趣
자 비 청 운 백 석 유 심 취

푸른 구름과 흰 구름에 대한
깊은 취미가 없다면

其意兀硉何由降
기 의 올 률 하 유 강

자네의 뜻이 빼어남은
어디에서 내려온 것이겠는가?

丈夫壯節似君少
장 부 장 절 사 군 소

嗟我欲說安得巨筆如長杠
차 아 욕 설 안 득 거 필 여 장 강

자네와 같은
높은 절조 지키는 사람이 적으니,

아아, 그대 위해 붓을 들려 하나 어찌
그것을 쓸 만한 큰 붓을 구할 수 있으리.

【語義】 羨(선):부러워하다. 君(군):유환(劉渙)을 가리킨다. 老其下(노기
하):여산의 산기슭에 물러나 은거(隱居)하는 것을 가리킨다. 여기서 老
는 老衰의 뜻이 아니라, 벼슬에서 물러나 은거한다는 뜻. 揷秧盈疇(삽
앙영주):벼를 심어 놓은 것이 밭에 그득함. 秧은 벼의 모. 疇는 전지(田
地). 釀酒(양주):자신의 손으로 술을 빚은 것을 뜻한다. 缸(항):항아리.
여기서는 술독. 浮嵐(부람):떠다니는 산 기운. 嵐은 이내. 해질 무렵 멀
리 보이는 푸르스름하고 흐릿한 기운. 曖翠(애취):희미한 푸른 빛. 坐
臥(좌와):앉거나 눕거나. 평소의 생활을 가리킨다. 軒窓(헌창):복도의
창(窓). 磊砢(뇌가):본디는 돌이 쌓여 있는 모양을 가리키나, 여기서는
성정(性情)이 비범 (非凡)한 것을 가리킨다. 至寶(지보):그 이상의 것
이 없을 큰 보물. 劉渙의 가슴속에 있는 道德과 思想을 가리킨다. 不
辨珉與玒(불변민여강):아름다운 돌과 옥을 구별하지 못함. 珉은 옥 비
슷한 일종의 아름다운 돌. 玒은 옥의 이름. 君子는 玉을 좋아하고 珉을
싫어하는데, 그것은 珉이 玉이 아니면서도 玉과 비슷하게 보이기 때문
이다. 策名(책명):벼슬에 오르는 것을 가리킨다. 옛날 신하가 되면 대
쪽에 그 이름이 기록되었다. 靑衫白首(청삼백수):늙도록 때를 만나지
못하여 불우하게 지내는 것을 가리킨다. 靑衫은 천한 사람들이 입는 푸
른 빛 짧은 저고리. 困一邦(곤일방):한 고장에서 곤궁하게 지냄. 寵榮
聲利(총영성리):천자로부터 은총을 입어 영달(榮達)하는 것과 세상으로
부터 좋은 평판을 얻는 것과 이익. 苟屈(구굴):구차하게 굽힘. 靑雲白

石(청운백석):푸른 구름과 흰 돌. 여산의 풍경을 말한다. 兀硉(올률):
본디는 돌 절벽이 매우 위태롭게 보이는 모양을 가리키는 말인데, 여기
서는 비범하다·빼어나다의 뜻으로 쓰였다. 丈夫壯節(장부장절):대장
부 유중윤(劉中允)의 훌륭한 절조(節操). 似君少(사군소):그대와 같은
경우는 드묾. 巨筆如長杠(거필여장강):긴 깃대같이 큰 붓. 뛰어난 文
筆力을 뜻한다.

【解說】《歐陽文忠公集》卷五에는 〈廬山高贈同年劉中允歸南康〉으로 제목
되어 있는데 題名을 풀면, '동년(同年:같은 해 進士가 된 사람) 劉中允
(中允은 中舍人)이 남강(南康)으로 돌아감에 〈廬山高〉를 지어 준다.'는
뜻이다. 廬山은 강서성(江西省) 구강현(九江縣) 남쪽에 있는 山으로, 옛
날 광속(匡俗)이라는 사람이 오두막집(廬)을 짓고 살았다 하여 廬山이란
이름을 얻게 되었다. 광산(匡山), 여부(廬阜) 등으로도 불리며, 두 이름
을 합친 광려(匡廬)라는 이름으로도 불린다. 산의 삼면은 물에 맞닿아
있고, 서쪽은 육지와 맞닿아 있다. 만학 천암(萬壑千巖)에 항상 구름과
안개가 끼어 있어 산의 실제 모습을 알 수 없어, '여산진면목(廬山眞面
目:여산 실제의 모양. 알기 어려운 사물의 眞相을 가리킨다)'이라는 말
이 생겼을 정도이다. 백록동(白鹿洞)·흑지(黑池)·옥연(玉淵) 등 명승
(名勝)이 많으며, 예로부터 선인(仙人)·승려(僧侶) 등이 입산하여 수업
(修業)을 쌓았다. 劉同年의 이름은 환(渙), 字는 응지(凝之), 고안(高安)
사람이다. 뜻이 고결하고 사학(史學)에 정통했다. 천성(天聖) 중에 진사
(進士)가 되었는데 천성이 강직(剛直)하여 아부를 몰랐다. 결국 벼슬을
버리고 廬山에서 살았다.

　　本篇은 황우(皇祐) 3년(1051), 歐陽修가 그의 나이 45세 때 지은 것
으로, 宋代의 名詩 중에서도 걸작에 든다. 廬山의 웅장함을 실감 나게

표현하며, 벼슬을 그만두고 그곳에 숨어 사는 친구 劉渙의 고절(高節)을 廬山에 비겼다. 〈採石月贈郭功甫〉를 지은 매성유(梅聖俞)는 本篇을 격찬하여, '나로 하여금 앞으로 30년 동안 시를 짓게 하더라도, 本篇의 단 한 句에도 미칠 만한 글은 짓지 못할 것이다.'라고 했으며, 歐陽修 자신도 本篇에 대단한 자부심을 가져, '〈廬山高〉는 오늘날 그 누구도 지을 수 없는 작품이다. 오직 李太白만이 지을 수 있을 것이다.'라고 했다.

권지 8(卷之八)

가류(歌類)

《毛詩序》에, '歌는 말을 길게 한다.'라고 한 것처럼, 사구(辭句)를 길게 늘여서 읊는 것을 말한다. 고저(高低)의 절조(節調)가 있고, 이것을 읊는 사람의 마음을 흥기(興起)시키기도 하고 한가롭고 명랑(明朗)한 기분에 젖게도 한다. 《文體明辯》에는, '歌謠는 조야 영가(朝野詠歌)의 辭이다.'라고 했다.

대풍가:한 고조(大風歌:漢 高祖)

大風起兮雲飛揚   큰 바람 이니 구름이 날리도다.
대 풍 기 혜 운 비 양

威加海內兮歸故鄕   천하에 위력을 떨치고 고향에 돌아왔노라!
위 가 해 내 혜 귀 고 향

安得猛士兮守四方   어찌하면 용맹스런 인물 얻어
안 득 맹 사 혜 수 사 방   천하를 지킬 수 있을까.

【語義】大風(대풍):큰 바람. 《文選》李善 注에, '바람이 이니 구름이 날린
다고 한 것은, 군웅(群雄)이 다투던 어지러운 세상을 말하는 것이다.'라
고 했지만, '바람은 작자 자신을, 구름은 천하를 어지럽히는 다른 사람
들을 가리킨다.'고 한 李周翰의 注를 좇는 게 옳다. 海內(해내):천하(天
下). 安(안):어떻게 하면.

【解說】《文選》에는 〈漢高祖歌〉로 제목 되어 있다. 漢 高祖 유방(劉邦)이
천하를 평정하고 고향인 패(沛)에 돌아와, 고향 사람들을 모아 놓고 술
을 마시면서, 沛의 젊은이 120人에게 이 노래를 부르게 하고 자신은 축
(筑:樂器의 이름)을 타면서 이 노래를 불렀다 한다.

　항우(項羽)를 꺾고 천하 통일의 위업을 이룬 영웅다운 기개가 잘 표
명(表明)된 작품이다. 첫句에는 호장(豪壯)한 기백이, 두 번째 句에는
금의환향(錦衣還鄕)하여 득의(得意)한 마음이, 末句에는 천하를 다스
려야 할 제왕으로서 결의(決意)가 힘차게 드러나 있다. 제왕의 글에는
인재(人才)를 생각하는 言辭가 자주 보이는 게 특징인데, 劉邦이야말로
人才 등용에 성공했던 위인(偉人)이다. 그런데 本篇이 지어진 후, 漢 王

朝는 정치적 안정을 도모하기 위해 열후 억멸책(列侯抑滅策)을 써, 건국 공신인 한신(韓信)·팽월(彭越)·경포(黥布)를 비롯하여 제장(諸將)을 주살(誅殺)했으니, 劉邦이 本篇에서 '安得猛士兮守四方'이라고 읊은 것과는 전연 다른 방향으로 상황이 전개되었다. 本篇을 이런 역사적 사실과 결부시켜 감상하는 것도 묘미가 있을 것이다.

양양가:이태백(襄陽歌:李太白)

落日欲沒峴山西
낙 일 욕 몰 현 산 서
저녁 해 현산 서쪽으로 넘어가려 하는데

倒著接䍦花下迷
도 착 접 리 화 하 미
진나라 산간처럼 두건 거꾸로 쓰고
꽃나무 아래에서 비틀거리네.

襄陽小兒齊拍手
양 양 소 아 제 박 수
양양의 아이들 손뼉 치며

攔街爭唱白銅鍉
난 가 쟁 창 백 동 시
길 막고 다투듯 백동제 노래하네.

傍人借問笑何事
방 인 차 문 소 하 사
길가의 사람 무엇 때문에 웃느냐
아이들에게 물으니,

笑殺山翁醉似泥
소 살 산 옹 취 사 니
산간처럼 곤드레만드레 취한 것이 우스워 죽겠다고.

鸕鶿杓　鸚鵡杯
노 자 작　 앵 무 배
鸕鶿의 술 국자, 앵무의 술잔!

百年三萬六千日
백 년 삼 만 육 천 일
인생 백 년 치고 삼만 육천 일,

一日須傾三百杯
일 일 수 경 삼 백 배
모름지기 하루에 삼백 잔은 기울여야지.

遙看漢水鴨頭綠
요 간 한 수 압 두 록
멀리 푸르른 한수(漢水) 내려다보니

恰似葡萄初醱醅
흡 사 포 도 초 발 배
물빛이 마치 이제 막 포도주 걸러 낸 듯.

此江若變作春酒
차 강 약 변 작 춘 주
저 강물이 몽땅 봄 술로 변한다면

壘麴便築糟丘臺
누 국 변 축 조 구 대
쌓이는 누룩으로 술지게미의 누대를
만들 수 있으리.

金鞍駿馬換小妾 금 안 준 마 환 소 첩	첩과 바꾼 금 안장의 준마 타고
笑坐金鞍歌落梅 소 좌 금 안 가 락 매	웃으며 말 위에서 落花梅 부르네.
車傍倒掛一壺酒 거 방 도 괘 일 호 주	수레 옆엔 비스듬히 한 병 술이 매달려 있고
鳳笙龍管行相催 봉 생 용 관 행 상 최	생황 소리 피리 소리가 술 마시기 재촉하네.
咸陽市上嘆黃犬 함 양 시 상 탄 황 견	함양의 장바닥에서 누런 개 끌고 사냥할 수 없음을 한탄한 이사를 보라,
何如月下傾金罍 하 여 월 하 경 금 뢰	차라리 달빛 아래에서 술잔을 기울임이 어떨까?
君不見 군 불 견	그대는 보지 못하였는가,
晉朝羊公一片石 진 조 양 공 일 편 석	진나라 양공(羊公)의 타루비(墮淚碑)를.
龜龍剝落生莓苔 귀 룡 박 락 생 매 태	거북 머리 깨지고 푸른 이끼 돋았으니
淚亦不能爲之墮 누 역 불 능 위 지 타	눈물도 흘릴 길 없고
心亦不能爲之哀 심 역 불 능 위 지 애	슬퍼할 일도 없게 되었네.
淸風明月不用一錢買 청 풍 명 월 불 용 일 전 매	청풍명월만은 한 푼 들이지 않고도 가질 수 있는 것!
玉山自倒非人推 옥 산 자 도 비 인 추	혜강이 옥산 무너지듯 쓰러진 것은 사람들이 밀었기 때문이 아니니,
舒州杓 力士鐺 서 주 작 역 사 쟁	舒州의 술 국자와 力士가 새겨진 술 솥이여,
李白與爾同死生 이 백 여 이 동 사 생	나 李白은 너희들과 함께 죽고 살리라.

襄王雲雨今安在
양 왕 운 우 금 안 재

양왕과 놀던 무산의 선녀는 지금 어디에?

江水東流猿夜聲
강 수 동 류 원 야 성

강물 동으로 흐르고
원숭이 밤마다 슬피 울 뿐이네.

【語義】峴山(현산):호북성(湖北省) 양양현(襄陽縣) 남쪽에 있으며, 한수(漢水)를 내려다보고 있다. 晉나라 때 양양의 도독(都督) 羊祜는 늘 이 산에 올라 주연을 벌였다 한다.   倒著接羅(도착접리):두건을 거꾸로 씀. 接羅는 두건(頭巾). 옛날 양양을 다스렸던 山簡의 일화를 빌어 작자 자신을 표현한 것이다. 山簡(字는 季倫)은 세상이 어지러운 때에 양양을 다스리며, 그 지방의 호족(豪族) 習氏네 못가에 가서 대취(大醉)하여 두건을 거꾸로 쓰고 돌아다녔다 한다.   攔街(난가):길을 가로막음.   白銅鞮(백동시):양(梁) 무제(武帝:464~549)가 옹주(雍州:襄陽)의 우두머리로 있을 때에 거리에 퍼졌던 노래. 白銅鞮는 白銅蹄가 잘못 전해진 것이다. 白銅蹄는 은빛 말이라는 뜻.   笑殺(소살):매우 우스움. 여기서 殺은 어세(語勢)를 강하게 하는 조사(助辭).   山翁(산옹):앞에 나온 서진(西晉) 사람 산간(山簡)을 가리킨다.   醉似泥(취사니):취하여 몰골이 진흙처럼 엉망이 된 것을 가리킨다.《名義考》에, "요즘 사람들은 몹시 취한 것을 가리켜 '진흙 같다'고 말한다. 남해(南海)에 뼈가 없는 벌레가 있는데, 물속에 있을 때에는 활발하다가 물이 없어지면 정신을 차리지 못하여 진흙덩어리 같아진다. 이에 '니(泥)'라고 부른다. 사람이 취하면 흐느적거리게 되는 게 바로 이 벌레와 같은 모습이다."라고 했다. '취하여 진흙 같다.'라는 말은 이에서 연유한 것이다.   鸕鶿杓(노자작):鸕鶿는 바다가마우지로, 목이 길며 물고기를 잘 잡는다. 그 새 모양으로 만든 술 국자.   鸚鵡杯(앵무배):앵무새 모양으로 조각하여 만든 술잔.《山海經》에 의하면

鸚鵡는 黃山에 살며 생김새는 솔개 같은데, 푸른 날개에 붉은 부리를 하고, 사람과 같은 혀를 가지고 있어 말을 할 줄 안다고 한다. 漢水(한수): 양양의 동쪽을 흘러 장강(長江)에 흘러드는 물로, 長江의 가장 큰 지류(支流)임. 鴨頭綠(압두록):오리의 머리처럼 푸름. 鴨은 오리. 恰似(흡사):마치. 아주 비슷함. 醱醅(발배):술을 거듭 빚어 진하게 함. 壘麴(누국):누룩을 쌓아 올림. 糟丘臺(조구대):술지게미를 언덕처럼 높이 쌓아 만든 누대(樓臺). 金鞍駿馬(금안준마):금 안장을 얹은 준마. 本集에는 '千金駿馬'로 되어 있다. 換小妾(환소첩):첩(妾)과 바꿈. 후위(後魏)의 조창(曹彰)은 남의 준마(駿馬)를 탐내어, 자신의 애첩(愛妾)을 말 주인에게 주고 대신 그 말을 얻었다고 한다. 金鞍(금안):금으로 장식한 안장. 本集에는 '雕鞍(조안:조각을 하여 장식한 안장)'으로 되어 있다. 落梅(낙매):피리의 곡명(曲名)인 〈落梅花〉·〈梅花落〉 등을 가리킨다. 이별을 슬퍼하는 내용의 것이 많았다. 倒掛(도괘):本集에는 側掛라 되어 있는데, 側掛라 함이 옳다. 비스듬히 매달려 있는 것. 鳳笙龍管(봉생용관):봉황의 모습을 새겨 넣은 생황(笙簧)과 용의 모습을 새겨 넣은 피리. 行相催(행상최):길을 가면서 생(笙)과 적(笛)을 불어 술 마실 것을 권함. 催는 재촉하다. 咸陽市上嘆黃犬(함양시상탄황견):함양의 길거리에서 누런 개를 탄식함.《史記》李斯列傳에 나오는 이야기이다. "二世 2년 7월에 李斯를 함양의 장바닥에서 五刑을 갖춘 요참형(腰斬刑)에 처한다는 판결을 내렸다. 李斯가 옥에서 나오자 같이 감옥에 있던 둘째 아들도 함께 묶였다. 李斯는 둘째아들을 돌아다보며 말했다. '너와 다시 누런 개를 데리고 고향 상채(上蔡)의 東門 밖에서 토끼 사냥을 하고 싶었는데, 인제는 이룰 수 없게 되었구나.' 李斯 부자(父子)는 통곡했다. 마침내 그의 삼족(三族)까지도 죽음을 당했다." 金罍(금뢰):금 술잔. 罍는 주기(酒器)로, 구름과 번개의 모양을 새기고 황금으로 장식한 것이라 한다. 晉朝羊公一片石(진조양공일편석):진(晉)나라 羊公의 한 조각 비석. 《晉書》列傳에 의하면, 羊公은 양고(羊祜)로, 字는 숙자(叔子). 태산(泰山) 南城 사람으로, 그의 집안은 대대로 2천 석의 祿을 받는 관리, 즉 太守였다. 祜는 박학한 데에다 문장을 잘 지어, 魏의 高貴卿公 曹髦가 그를 불러 中書侍郎의 벼슬을 주었다. 그는 후에 형주(荊州)의 여러 군대를 통솔하는 도독(都督)이 되어 남하(南夏)에 주둔하였다. 거듭 남쪽을 정벌하여 大將軍南城侯에 올랐으며, 죽은 다음에는 태부(太傅)가 추증되었다. 그는 산수(山水)의 풍경을 매우 좋아하여, 현산(峴山)에서 즐겨 놀았다. 그가 죽은 다음, 양양의 백성들은 그가 놀던 곳에 비(碑)와 사당을 세우고, 때가 되면 제사 지내는 것을 잊지 않았다. 또 그가 생전에 베풀었던 선정을 생각하여, 양양의 백성들은 羊祜의 비(碑)를 볼 적마다 눈물을 흘려, 두예(杜預:晉의 학자이자 장군)는 그 碑를 '타루비(墮淚碑)'라 이름 지었다. 荊州의 백성들은 羊祜를 기리는 뜻에서 祜 字를 휘(諱)했다 한다. 여기서 一片石은 墮淚碑를 가리킨다. 龜龍(귀룡):本集에는 龜頭로 되어 있다. 거북 모양으로 조각한 비석 받침돌의 거북 머리. 莓苔(매태):이끼. 玉山自倒(옥산자도):옥산이 넘어짐. 죽림칠현(竹林七賢)의 한 사람인 晉의 혜강(嵇康)에 관한 일화(逸話). 《世說新語》에 의하면, 혜강은 평소에는 고송(孤松)같이 엄숙하지만, 술에 취하면 옥산(玉山)이 무너져 내리듯 쓰러졌다고 한다. 舒州杓(서주작):서주(舒州) 동안군(同安郡)에서 나는 술을 푸는 국자. 《唐書》地理志에 의하면, 舒州에서는 좋은 주기(酒器)와 철기(鐵器)가 생산되었다고 한다. 力士鐺(역사쟁):역사를 조각한 솥으로, 주기(酒器)이다. 鐺은 세 발 달린 솥. 襄王雲雨(양왕운우):앞에 나온 李白의 〈觀元丹丘坐巫山屏風〉語義 참조. 楚나라 襄王이 宋玉에게서 들은 巫山 神女의 이야기를 가리킨다.

【解說】《李太白詩》卷七에 실려 있다. 동요(童謠)를 모체(母體)로 한 악부 (樂府) 〈襄陽曲〉의 민요조(民謠調) 맛을 살린 주가(酒歌)로, 李白의 낭 만적 사상과 삭일 수 없는 인생의 비애가 용솟음치듯 분출된 작품이다. 회고(懷古)와 탄미(嘆美) 속에, 생명이 꺼져가는 것을 안타깝게 생각하 는 마음이 노래되어 있다. 宋의 구양수(歐陽修)는 "本篇을 평하여, '落 日欲沒峴山西, 倒著接䍦花下迷. 襄陽小兒齊拍手, 大家(本集, 本書의 攔 街가 옳다)爭唱白銅鞮'는 자주 쓰이는 말이었다. 淸風明月不用一錢買 玉山自倒非人推의 句, 太白의 횡방(橫放:常道에 얽매이지 않는 自由)함 을 말해 준다. 本篇이 천고(千古)를 경동(驚動)시킴은 이 때문이 아니겠 는가."라고 했다. 後에 東坡가 〈赤壁賦〉에서, '오직 강 위를 미끄러지는 시원한 바람과 산 사이에서 빛을 던지는 밝은 달만은, 누구든지 그 바 람 소리를 즐기고, 누구든지 그 달빛의 아름다움을 볼 수 있다. 이것만 은 아무리 가져도 말리는 이가 없고, 또 아무리 즐겨도 없어지지 않는 다. 이야말로 써도써도 다함이 없는 조물주의 곳집과 같은 것. 이것은 또 그대와 내가 좋아하는 것이 아닌가(惟江上之淸風 與山閒之明月 耳 得之而爲聲 目遇之而成色. 取之無禁 用之不竭. 是造物者之無藏也. 而 吾與子之所共適).'라고 한 것은, 李白의 이 句에서 많은 영향을 받았음 에 틀림없다.

李白에게는 또 五言으로 된 〈襄陽曲〉 4首가 있는데, 주제는 本篇과 같다.

음중팔선가:두자미(飮中八僊歌:杜子美)

知章騎馬似乘船 지 장 기 마 사 승 선	술 취한 하지장의 말 탄 모습 배를 탄 품인데
眼花落井水底眠 안 화 낙 정 수 저 면	눈앞이 몽롱하여 우물 속에 떨어지면 바닥에서 잔다네.
汝陽三斗始朝天 여 양 삼 두 시 조 천	여양왕은 서 말 술을 마시고야 조정에 들고,
道逢麯車口流涎 도 봉 국 거 구 류 연	길에서 누룩 실은 수레 보면 침을 흘리며
恨不移封向酒泉 한 불 이 봉 향 주 천	주천으로 봉지(封地)가 옮겨지지 않음을 한탄한다네.
左相日興費萬錢 좌 상 일 흥 비 만 전	좌상 이적지는 하루 술잔치에 만 전이나 탕진하고
飮如長鯨吸百川 음 여 장 경 흡 백 천	마치 큰 고래가 강물을 들이키듯 술을 마시며
銜盃樂聖稱世賢 함 배 낙 성 칭 세 현	청주만 가까이하고 성인의 도를 즐기며 세상의 현인이라 자칭한다네.
宗之瀟灑美少年 종 지 소 쇄 미 소 년	최종지는 참으로 말쑥한 미남자,
擧觴白眼望靑天 거 상 백 안 망 청 천	잔 들고 속된 세상 백안시하여 푸른 하늘 쳐다볼 때면
皎如玉樹臨風前 교 여 옥 수 임 풍 전	그 희고 맑은 모습 옥수(玉樹)가 바람 앞에 선 듯 하다네.

【語義】 知章(지장):하지장(賀知章). 앞에 나온 李白의 詩〈對酒憶賀監〉에
서 말하는 賀監. 李白의 知己이자 酒友. 騎馬似乘船(기마사승선):말을
타고 가는 모습이 배를 타고 가는 것 같음. 술에 취하여 말 등에서 흔들

리는 모습을 묘사한 것이다. 하지장은 강남(江南) 사람이어서 배 타는 데에 익숙했다 한다. 眼花落井水底眠(안화낙정수저면):술에 취해 눈이 흐릿해지면 우물 속에 떨어져 그 바닥에서 잠. 眼花는 술에 취하여 눈 앞에 무엇이 어른어른하는 것. 汝陽(여양):여양왕(汝陽王) 이진(李璡). 현종(玄宗)의 형 이헌(李憲)의 아들로, 여양군왕(汝陽郡王)에 封해졌으며, 賀知章·褚庭晦 등과 詩와 술로써 사귀었다. 三斗始朝天(삼두시조천):술 서 말을 마시고 조정에 천자를 뵈러 감. 朝天은 천자를 뵈러 조정에 가는 것. 麴車(국거):누룩을 실은 수레. 口流涎(구류연):입에서 침이 흐름. 恨不移封向酒泉(한불이봉향주천):주천(酒泉)의 王으로 封해지지 않음을 한탄함. 酒泉은 현 감숙성(甘肅省) 주천현(酒泉縣). 이곳에는 술이 솟는 샘이 있다고 한다. 左相(좌상):좌승상(左丞相) 이적지(李適之). 그는 손님 대접하기를 좋아하고 한 말 술을 마시고도 흐트러지는 법이 없었다고 한다. 천보(天寶) 元年에 좌승상(左丞相)이 되고 5년에 물러났는데, 다음과 같은 시를 지었다고 한다. '賢(左丞相 벼슬과 濁酒를 함께 뜻한다)을 피하여 승상직을 그만두었으니, 聖(淸酒를 뜻한다)을 즐기며 술잔이나 입에 물리라. 묻노니, 오늘 아침에는 객이 몇 사람이나 왔는고?(避賢初罷相 樂聖且銜盃. 爲問門前客 今朝幾箇來)' 日興費萬錢(일흥비만전):하루의 주연(酒宴)에 만 전을 소비함. 飮如長鯨吸百川(음여장경흡백천):큰 고래가 많은 강물을 마시는 것 같음. 長鯨은 큰 고래. 銜盃樂聖稱世賢(함배낙성칭세현):술잔 물고 청주를 즐기며 세상의 현인이라 일컬음. 이 句의 世는 避의 잘못이라는 說이 있다. 앞 左相의 語義에 나와 있는 詩를 생각할 때, '청주를 즐기며 탁주를 피할 것을 선언함(銜盃樂聖稱避賢).'이라고 하는 것이 역사적인 사실에 부합되며 뜻하는 바가 깊다는 것이다. 樂聖이란 청주(淸酒)를 즐긴다는 뜻뿐만 아니라 聖人의 道를 즐긴다는 뜻도 가지고 있으며, 避

賢이란 탁주(濁酒)를 마시지 않는다는 뜻도 되지만 李適之가 재상직에서 물러난 것도 뜻한다. 淸酒를 聖이라 하며 濁酒를 賢이라 하는 것은, 《魏志》에 기록되어 있는, 선우보(鮮于輔)가 손님들에게 술을 권하며 그런 말을 한 데에 근거한 것이다. 宗之(종지):제국공(齊國公) 최일용(崔日用)의 아들로, 시어사(侍御史)를 지냈으며, 李白·杜甫와 교유(交遊)가 깊었다. 瀟灑(소쇄):맑고 깨끗함. 인품(人品)이 맑아 속기(俗氣)가 없는 것. 白眼(백안):하얀 눈. 눈동자가 숨고 흰자위만 드러난 것으로, 멸시(蔑視)하는 것. 《晋書》阮籍傳에 의하면, 완적은 속물(俗物)을 대할 때에는 백안(白眼)으로 보았고 뜻이 고결한 인물을 볼 때에는 청안(靑眼)으로 대했다고 한다. 望靑天(망청천):세속(世俗)을 백안시(白眼視)하고 푸른 하늘을 우러러보는 것. 本書 注에, '崔宗之는 자질(資質)이 결백(潔白)하여 깨끗하기가 옥수(玉樹)와 같으며, 술을 마시고 청천(靑天)을 보며 호쾌하게 웃었다.'라고 했다. 皎(교):달처럼 희게 빛나는 것. 玉樹臨風前(옥수임풍전):백옥(白玉)의 나무가 바람 앞에 서 있음. 예로부터 王樹는 고귀한 사람에 비유되었다.

蘇晉長齋繡佛前 <small>소 진 장 재 수 불 전</small>	소진은 수놓은 불상 앞에서 오랫동안 재계하면서
醉中往往愛逃禪 <small>취 중 왕 왕 애 도 선</small>	걸핏하면 술을 먹고 사바세계 피하여 선(禪)에 들었네.
李白一斗詩百篇 <small>이 백 일 두 시 백 편</small>	이백은 한 말 술에 시 백 편을 짓고
長安市上酒家眠 <small>장 안 시 상 주 가 면</small>	장안 거리 술집에서 잠을 잤으며,
天子呼來不上船 <small>천 자 호 래 불 상 선</small>	천자가 불러도 배에 오르지 않고

自稱臣是酒中仙 자 칭 신 시 주 중 선	자신은 술의 신선이라 말했네.
張旭三盃草聖傳 장 욱 삼 배 초 성 전	장욱은 큰 잔으로 석 잔 술을 마셔야 붓을 든 초서의 성인이라 전해지는데,
脫帽露頂王公前 탈 모 노 정 왕 공 전	술에 취하면 왕공 앞에서도 맨머리를 보였고
揮毫落紙如雲煙 휘 호 낙 지 여 운 연	휘갈기는 붓이 종이에 닿으면 구름 연기 같은 글씨가 쓰였다네.
焦遂五斗方卓然 초 수 오 두 방 탁 연	초수는 닷 말 술을 마셔야 말소리 또렷해지고
高談雄辯驚四筵 고 담 웅 변 경 사 연	고담웅변으로 좌중을 놀라게 한다네.

【語義】蘇晉(소진):蘇珦(소향)의 아들로, 賀知章과 함께 진사에 올랐고, 벼슬은 태자좌서자(太子左庶子)까지 올랐다. 글을 잘 지었으며, 불교를 믿어 수를 놓은 불도(佛圖)를 가지고 있었다. 長齋(장재):오랫동안 재계(齋戒)함. 繡佛(수불):수놓은 불상(佛像). 本書 注에 의하면, 蘇晉은 胡僧 慧澄에게서 수놓은 미륵불(彌勒佛) 하나를 얻어 그것을 보배로 여겼다. 그리고 '이 부처는 미즙(米汁:술을 뜻한다)을 좋아하는 게 나의 마음에 꼭 든다. 나는 이 부처를 섬기겠다. 다른 부처는 좋아할 수 없다.' 고 했다. 그가 다른 부처를 좋아하지 않은 이유는, 불교에서는 음주를 금했기 때문일 것이다. 醉中(취중):蘇晉은 佛道에 精進하여 채식 재계(菜食齋戒)하면서도 술을 즐겨 마셨다. 往往(왕왕):흔히, 걸핏하면. 愛逃禪(애도선):속세(俗世)를 도망하여 선(禪)에 들기를 좋아함. 李白一斗詩百篇(이백일두시백편):李白은 한 말 술을 마시고 詩 百 篇을 지음. 李白이 술을 좋아한 것과 그의 文才가 뛰어난 것을 아울러 이야기한 것임.《新唐書》李白傳에 의하면, 천보 초(天寶初)에 李白은 장안(長安)에

가 賀知章을 만났는데, 知章은 李白의 글(앞에 나온 〈蜀道難〉)을 보고 대뜸, '그대는 적선인(謫仙人)이다.'고 경탄했다 한다. 현종(玄宗)이 李白을 금란전(金鑾殿)으로 부르자 李白은 頌 한 편을 지어 바쳤고, 이에 玄宗은 음식을 내리고 몸소 국의 간을 맞추어 주었으며, 명을 내려 한림원(翰林院)에서 근무하도록 했다. 長安市上酒家眠(장안시상주가면): 장안 거리의 술집에서 잠을 잠. 李白은 장안에 있을 때에 노상 술에 취해 있었다. 하루는 玄宗이 沈香亭에 앉아 있다가 李白에게 樂章을 짓게 하고 싶어 그를 불렀다. 불려온 李白은 정신을 차리지 못할 만큼 취해 있었다. 물을 떠다 세수를 시켜 술기운을 가시게 했더니, 붓을 쥐고 글을 지었는데, 참으로 빼어난 글이었다. 玄宗은 그의 재주를 사랑하여 자주 잔치를 벌였고, 李白은 항상 玄宗 옆에 대기하고 있었다 한다. 天子呼來不上船(천자호래불상선):천자가 불러도 배에 오르지 않음. 범전정(范傳正)의 〈唐左拾遺翰林學士李公新墓碑〉에, '玄宗이 백련지(白蓮池)에서 물놀이를 하다 흥이 고조되어 서(序)를 짓고자 하여 李白을 찾았는데, 마침 李白은 술에 취한 채 한림원(翰林院)에 있었다. 玄宗은 고장군(高將軍:高力士를 가리킨다)에게 명하여 李白을 부축하여 배에 오르도록 했다.'라고 했다. 張旭(장욱):소주(蘇州) 사람으로 술을 몹시 좋아했다. 늘 대취(大醉)하여 소리를 지르고 미친 듯 뛰어다니다가 글씨를 썼는데, 어떤 때에는 머리털에 먹물을 흠뻑 묻혀 글씨를 쓰기도 하여, 세상에선 그를 장전(張顚:顚은 狂의 뜻)이라 불렀다. 이기(李頎)는 〈贈張旭〉이란 詩에서 張旭을 두고, '맨머리로 의자에 기대어 앉아 길게 소리치고, 흥이 오르면 흰 벽을 적시며 유성같이 붓을 날린다(露頂據胡床 長叫三五聲 興來酒素壁 揮筆如流星).'라고 읊었다. 草聖傳(초성전):초서(草書)의 성인(聖人)으로 전해짐. 張旭은 唐代 草書의 名人이다. 脫帽露頂(탈모노정):모자를 벗어 이마를 드러냄. 술에 취하여 방일(放逸)

한 태도를 취하는 것을 가리킨다. 옛날에는 관리는 관(冠)을 썼고 평민은 모(帽)를 썼는데, 아무데서나 관을 벗는 것은 예의에 어긋나는 일이었다. 揮毫(휘호):붓을 휘두름. 글씨 쓰는 것을 가리킨다. 落紙如雲煙(낙지여운연):붓이 종이에 닿아 글씨가 쓰이면 구름과 연기가 꿈틀거리는 것 같음. 약동(躍動)하는 필세(筆勢)를 가리킨다. 焦遂(초수):《唐書》에 傳이 없어 누군지 잘 알 수 없다.《唐史拾遺》에 기록된 바에 의하면, 보통 때에는 말더듬이어서 손님과 한마디도 나누지 않다가, 술에 취하면 거침없이 말이 흘러나왔다 한다. 五斗方卓然(오두방탁연):술을 다섯 말쯤 먹고 나야 말을 똑똑하게 하는 것을 가리킨다. 卓然은 매우 뛰어난 모양을 가리키는데, 여기서는 말을 분명하게 하는 것을 뜻한다. 方은 비로소. 高談(고담):큰 소리로 하는 담론(談論), 또는 고상(高尙)한 의론(議論). 雄辯(웅변):힘차고 거침없는 변설(辯舌). 驚四筵(경사연):사방 자리에 앉은 손님들을 놀라게 함. 筵은 술좌석. 연석(宴席).

【解說】《杜少陵集》卷二에 실려 있다.《唐書》李白傳에, '白, 賀知章, 李適之, 汝陽王 璡, 崔宗之, 蘇晋, 張旭, 焦遂의 여덟 사람을 주중팔선(酒中八仙)이라 한다.'라고 했다. 本篇은 이들 여덟 명의 유명한 주호(酒豪)를 읊은 작품이다. 이들은 개원(開元)·천보(天寶) 연간에 활동했던 사람들로, 여덟 사람이 함께 교유(交遊)했던 것은 아니다. 僊은 仙과 같은 字로, 인간으로서는 최고의 경지에 이른 사람을 가리킨다.

　酒仙 여덟 사람의 개성이 두 句나 세 句에 단적으로 서술되어 있는데, 유독 李白에 관해서는 네 句나 할애되어 있다. 술과 관계되는 일화가 李白에게 많은 탓도 있겠지만, 李白이 杜甫와 남다른 교유(交遊)를 가졌기 때문일 것이다. 本篇에 서술된 여덟 사람의 기행(奇行)은 모두 사실에 근거한 것이다. 상도(常道)에 얽매이지 않고 방약무인(傍若

無人)하게 행동한 이들 주호(酒豪)는, 명리(名利)를 초월한 개성미 넘치는 독특한 행동으로 자신의 절조(節操)를 지켰다. 위진 시대(魏晋時代)의 죽림칠현(竹林七賢)의 풍류(風流)를 고스란히 계승한 것이라 할 수 있다. 또 杜甫는 죽림칠현의 일화(逸話)를 본뜬 표현으로 이들의 주태(酒態)를 해학미(諧謔味) 넘치게 묘사해 냈다. 本篇을 陶淵明이나 劉伶이 술에 관해 읊은 시문(詩文)과 비교해 보면 재미있을 것이다. 篇中의 '李白一斗詩百篇'의 한 句는 詩仙 李白의 진면목을 오늘날까지 전해 주는 名句이다.

취시가:두자미(醉時歌:杜子美)

| 諸公袞袞登臺省 | 고관들 줄지어 관청에 오르는데 |
| 제 공 곤 곤 등 대 성 | |

| 廣文先生官獨冷 | 광문 선생의 벼슬자리 홀로 싸늘하네. |
| 광 문 선 생 관 독 랭 | |

| 甲第紛紛厭梁肉 | 훌륭한 저택 즐비하고, |
| 갑 제 분 분 염 양 육 | 고관들 기름진 음식에 물리지만 |

| 廣文先生飯不足 | 선생은 끼니 이을 밥을 걱정하네. |
| 광 문 선 생 반 부 족 | |

| 先生有道出羲皇 | 선생은 희황씨 때의 道를 이어받았고 |
| 선 생 유 도 출 희 황 | |

| 先生有才過屈宋 | 재주는 굴원·송옥보다도 훌륭하네. |
| 선 생 유 재 과 굴 송 | |

| 德尊一代常坎軻 | 덕망이 높아도 늘 불우하니 |
| 덕 존 일 대 상 감 가 | |

| 名垂萬古知何用 | 이름을 만고에 남긴들 무슨 소용이 있으리. |
| 명 수 만 고 지 하 용 | |

| 杜陵野老人更嗤 | 두릉의 촌 늙은이 너 나 할 것 없이 비웃는데 |
| 두 릉 야 로 인 경 치 | |

| 被褐短窄鬢如絲 | 베잠방이는 짧고 귀밑머리 하얗게 셌네. |
| 피 갈 단 착 빈 여 사 | |

| 日糴大倉五升米 | 대창의 닷 되 쌀을 사 먹으며 하루하루 보내면서 |
| 일 적 대 창 오 승 미 | |

| 時赴鄭老同襟期 | 때때로 정 노인 찾아가 흉금을 털어놓네. |
| 시 부 정 로 동 금 기 | |

| 得錢卽相覓 | 몇 푼 생기면 이내 찾아가 |
| 득 전 즉 상 멱 | |

沽酒不復疑
고 주 불 복 의

술 마시기 주저하지 않네.

忘形到爾汝
망 형 도 이 여

세속의 모든 형식 잊고 너 나 하며

痛飮眞吾師
통 음 진 오 사

통음하는 품이 참으로 훌륭하네.

淸夜沈沈動春酌
청 야 침 침 동 춘 작

고요히 깊어 가는 봄밤에 술잔을 기울이니,

燈前細雨簷花落
등 전 세 우 첨 화 락

등불 앞엔 가는 비 처마 끝엔 지는 꽃.

但覺高歌有鬼神
단 각 고 가 유 귀 신

다만 뜻 높은 노래에 귀신이 깃들인다면

焉知餓死塡溝壑
언 지 아 사 전 구 학

굶어 죽어 도랑에 버려진다 해도 좋으리.

相如逸才親滌器
상 여 일 재 친 척 기

사마상여는 뛰어난 재주가 있었음에도
그릇을 닦았고

子雲識字終投閣
자 운 식 자 종 투 각

양웅은 글을 안 덕에 天祿閣에서 몸을 던졌네.

先生早賦歸去來
선 생 조 부 귀 거 래

선생께서도 일찌감치 〈歸去來辭〉나 지으시오,

石田茅屋荒蒼苔
석 전 모 옥 황 창 태

돌밭과 띠풀로 이은 집 황폐해지고
푸른 이끼 돋았다오.

儒術於我何有哉
유 술 어 아 하 유 재

유학의 가르침이 내게 무슨 소용이 있으리?

孔丘盜跖俱塵埃
공 구 도 척 구 진 애

공자도 도척도 모두 죽어 티끌이 되었다네.

不須聞此意慘愴
불 수 문 차 의 참 창

그렇다고 이 소리에 너무 슬퍼하지 마시오,

生前相遇且銜盃
생 전 상 우 차 함 배

살아 있을 때 이렇게 만나 술이나 듭시다.

【語義】 諸公(제공):조정(朝廷)에 입조(入朝)하는 사람들을 가리킨다. 袞
袞(곤곤):계속 이어져 끊이지 않음. 현우(賢愚)의 구별이 없다는 뜻.
袞은 衮의 俗字. 登臺省(등대성):臺는 어사대(御史臺)·난대(蘭臺) 등
을 가리키고, 省은 尙書省·中書省·門下省 등을 가리킨다. 廣文先生
(광문선생):광문관(廣文館) 박사(博士) 정건(鄭虔)을 가리킨다. 官獨冷
(관독랭):鄭虔만이 한직(閑職)의 벼슬에 있다는 뜻. 甲第(갑제):일급의
훌륭한 저택을 가리킨다. 甲은 십간(十干:甲乙丙丁戊己庚辛壬癸)의 처
음. 第는 등급(等級). 관료의 저택은 벼슬의 고하에 따라 등급이 매겨져
있었다. 紛紛(분분):어지러울 정도로 많음. 厭梁肉(염양육):좋은 쌀과
기름진 고기로 만든 좋은 음식에 싫증이 남. 梁은 본디 조〔粟〕의 일종
으로, 알이 굵고 까끄라기가 억세며 향기가 나는 곡물인데, 중국에서는
조를 귀히 여겼으므로 轉하여, 좋은 곡식 또는 좋은 쌀의 뜻으로도 쓰
인다. 先生有道出羲皇(선생유도출희황):선생의 道德은 상고(上古) 복
희씨(伏羲氏) 때의 도를 이어받은 것임. 鄭虔이 순직(淳直)한 인심을 지
니고 소박(素朴)하게 생활하는 것을 가리킨다. 有才(유재):재능(才能).
특히 문재(文才). 屈宋(굴송):초(楚)나라의 굴원(屈原)과 송옥(宋玉).
屈原은〈離騷〉·〈九章〉등의 사부(辭賦)를 지었고, 宋玉은〈九辯〉·〈招
魂〉등의 사부(辭賦)를 지었다. 杜甫는 항상 屈原이나 宋玉에 필적하기
를 원했었다. 德尊一代(덕존일대):그 시대에 가장 덕이 높음. 坎軻(감
가):불운(不運)함, 때를 만나지 못함. 본디 뜻은, 길이 험하여 나아가기
가 힘듦. 名垂萬古(명수만고):이름을 만고에 남김. 萬古는 영원한 시
간. 知何用(지하용):무슨 소용이 있는지 알겠는가? 즉 소용없다는 뜻.
杜陵野老(두릉야로):杜甫 자신을 가리킨다. 杜陵은 옛 지명으로, 섬서
성(陝西省) 장안현(長安縣) 동남에 있으며, 한(漢)나라 선제(宣帝)의 무
덤이 있어 杜陵이라 했으며, 그 남쪽에 있는 허황후(許皇后)의 무덤을

少陵이라 했다. 杜甫는 少陵 서쪽에 살며, 자신을 杜陵布衣・少陵野老라 호(號)했다. 그래서 세상에서는 그를 杜少陵이라 불렀다. 野老는 초야에 묻혀 사는 늙은이.(前出〈哀江頭〉참조) 人更嗤(인경치):사람들이 모두 비웃음. 更은 번갈아 가며, 또는 함께의 뜻. 嗤는 조소(嘲笑)하는 것. 被褐短窄(피갈단착):천한 사람들이 입는 옷을 입었는데, 그나마 짧아 몸에 맞지 않음. 褐은 굵은 베로 짠 옷. 短窄은 옷이 짧고 좁은 것. 鬢如絲(빈여사):귀밑머리가 명주실처럼 하얗게 셈. 糴大倉五升米(적대창오승미):정부에서 직영하는 쌀 창고에서 닷 되의 쌀을 삼. 糴은 쌀 또는 곡식을 사들이는 것. 大倉은 나라에서 직영하는 쌀 창고로, 이곳의 쌀은 값이 쌌다. 本書 注에 의하면, 천보(天寶) 12년 8월에 큰 장마가 들어 쌀이 귀하고 쌀값이 뛰자, 나라에서는 대창(大倉)의 쌀 십만 석을 풀어, 쌀값을 안정시키고 빈민에게 쌀을 싸게 팔았다고 한다. 時赴(시부):때때로 찾아감. 鄭老(정로):정씨 노인. 鄭虔을 가리킨다. 同襟期(동금기):흉금을 털어놓는 것을 가리킨다. 襟은 마음, 期는 약속(約束). 覓(멱):찾다, 구하다. 상대방을 찾아간다는 뜻. 沽酒不復疑(고주불복의):술을 사는 데에 망설이지 않음. 疑는 결정하지 못하고 망설이는 것. 忘形(망형):육신(肉身), 외형적 생활(外形的生活), 예의(禮儀) 등을 잊음. 마음의 사귐을 뜻한다.《莊子》讓王篇에, '뜻을 키우는 사람은 형식을 잊는다(養志者忘形).'라는 말이 있다. 到爾汝(도이여):너 나 하는 사이가 됨. 허물없는 사이가 되는 것을 가리킨다. 痛飮(통음):술을 많이 마심. 眞吾師(진오사):참으로 나의 스승임. 鄭虔의 통음하는 품이 참으로 훌륭하다는 뜻. 淸夜沈沈(청야침침):맑은 봄밤이 조용히 깊어 감. 沈沈은 밤이 깊어 조용한 모양. 動春酌(동춘작):봄 술의 잔을 들지 않을 수 없음. 燈前細雨簷花落(등전세우첨화락):등불 앞에 가는 비 내리고 처마 끝에서는 꽃잎이 떨어짐. 簷前細雨燈花落으로 된 판본도 있다.

高歌有鬼神:(고가유귀신):높은 뜻을 담은 노래에 귀신이 깃들임. 귀신이 깃들인다는 것은 귀신도 감동한다는 뜻. 이 글은《詩經》序에, '천지를 움직이고, 귀신을 감동시킨다(動天地 感鬼神).'라고 한 말에 근거한 구절인 듯하다. 杜甫는〈江上値水〉에서, '본성이 좋은 글을 짓고자 했으며, 남을 감동시키는 글을 짓지 못하면 안심하고 죽을 수 없노라(爲人性僻耽佳句 語不驚人死不體).'라고 했다. 焉知(언지):조금도 개의치 않겠다는 뜻. 餓死塡溝壑(아사전구학):굶어 죽어 그 시체가 도랑에 버려짐. 塡은 메우다. 溝壑은 도랑과 골짜기. 塡溝壑은 예로부터 자신이 목숨을 잃게 되는 것을 겸손하게 표현하는 말로 많이 쓰여 왔다. 相如逸才親滌器(상여일재친척기):사마상여(司馬相如)는 뛰어난 재주를 지니고 있었음에도 몸소 그릇을 닦은 적이 있음.《漢書》司馬相如傳에 의하면, 卓文君은 相如에게 반해 그와 함께 임공(臨邛)으로 달아나, 수레와 말을 팔아 술집을 차려 직접 목로에서 일했고, 相如는 잠방이 차림으로 직접 그릇을 닦았다고 한다. 相如는 후에 武帝에게 기용되어 크게 공을 세웠다. 그는 사부(辭賦)에 능하여 한위육조(漢魏六朝)에서 文人의 모범으로 손꼽힌다. 子雲識字終投閣(자운식자종투각):양웅(揚雄)은 글자를 안 덕에 천록각(天祿閣)에서 몸을 던지게 됨. 子雲은 前漢 末의 대유(大儒)이며 대문장가(大文章家)인 양웅(揚雄)의 字. 그는 賦文學에 뛰어나〈甘泉賦〉·〈河東賦〉·〈長楊賦〉등의 名文을 지었으며,《太玄經》·《揚子法言》·《揚子方言》등의 名著를 남겼는데, 관료로서는 매우 불우하였다. 그는 왕망(王莽)의 때에 진풍(甄豊)의 上公이 되었는데, 莽이 스스로 王이 된 뒤 豊 父子를 죽이고 유분(劉棻)을 멀리 추방시킨 다음, 그들과 관계되는 자들을 모두 잡아들이려 했다. 그때 揚雄은 天祿閣에서 책을 정리하고 있었는데, 옥리(獄吏)가 그를 잡으러 오자 그는 두려워한 나머지 天祿閣에서 뛰어내려 중상을 입었다. 본디 王莽은 揚雄을 무고한 사람이라 생각하고 있었는데, 揚雄은 劉棻에게 글을 가르친 일이 있어 지레 겁을 먹고 투신(投身)했던 것이다. 早賦歸去來(조부귀거래):일찌감치〈歸去來辭〉를 지으시오. 陶淵明이〈歸去來辭〉를 짓고 팽택령(彭澤令)을 물러나 고향으로 돌아간 것처럼, 鄭虔도 향리로 돌아가는 것이 좋을 것이라는 뜻. 石田茅屋(석전모옥):돌밭과 띠풀로 이은 집. 荒蒼苔(황창태):황폐해져 푸른 이끼가 돋아남. 儒術(유술):유학(儒學). 공자(孔子)의 학문. 於我何有哉(어아하유재):나에게 무슨 이익을 주겠는가? 孔丘盜跖俱塵埃(공구도척구진애):孔子도 도척(盜跖)도 모두 죽어 티끌이 됨. 盜跖은 고대의 대도적으로, 악한(惡漢)의 대명사처럼 알려진 인물. 孔子와 盜跖은 혼돈하는 현실의 부조리한 가치관에 대한 杜甫의 울분이 표현된 것이라 할 수 있다.《詳注》에는, 孔丘는 尼父라 쓰는 것이 옳으며, 또 유문표(俞文豹)의 說을 引用하여, '孔子는 만세(萬世)의 스승, 그 이름을 도척의 이름과 함께 부르는 것은 인륜의 가르침을 어지럽히는 짓이다. 李白·韓愈의 詩에도 성휘(聖諱:孔子의 本名인 丘)를 직서(直書)한 것이 있는데, 모두 실언(失言)이다.'라고 했는데, 杜甫·李白·韓愈 등이 孔丘라는 휘명(諱名)을 피하지 않은 점으로 보아, 唐代에는 孔子에 대해서는 諱하지 않는 것이 관례였던 것 같다. 不須(불수):~할 필요가 없음. 聞此(문차):앞의 孔丘盜跖俱塵埃의 句를 가리킨다. 意慘愴(의참창):마음이 처참해지고 슬퍼짐. 銜盃(함배):술잔을 묾. 술을 마시는 것을 가리킨다.

【解說】《杜少陵集》卷三에 실려 있고, '廣文館 博士 鄭虔에게 드림(贈廣文館博士鄭虔)'이란 자주(自注)가 붙어 있다. 鄭虔은 가난하여 글을 쓸 종이를 구할 수 없어 감나무 잎을 대용했다. 玄宗은 그의 재주를 아껴, 廣文館을 설치하고 그를 博士에 임명했다. 그래서 세상에선 그를 鄭廣文이라 불렀다. 詩를 잘 지었고, 글씨에 뛰어났으며 그림에도 능했다.

本篇은 재주가 높음에도 늘 불우하기만 한 鄭虔을 동정하여 杜甫가 지은 것이다.

杜甫는 鄭虔의 불우함과 아울러 자신의 身上을 한탄하면서, 평소의 불만을 솔직하게 本篇을 통해 표명(表明)하였다. 杜甫나 鄭虔과 같은 文人이 관료 생활에 적합하지 않음은, 陶淵明의 때나 唐代에서나 똑같았다. 杜甫가 篇中에서 예로 들었듯이, 司馬相如나 揚雄 같은 저명(著名)한 文人도 불우함을 면하지 못했다. 동병상련(同病相憐)하는 杜甫와 鄭虔은 '忘形到爾汝'의 사귐으로 취가 망우(醉歌忘憂)하며 잠시만이라도 실의(失意)의 고통을 잊으려 했다. '被褐短窄鬢如絲 日糴大倉五升米'의 兩句는, 그들이 현실에서 겪던 궁핍한 생활을 여실히 말해 준다. 그러나 그들은 文人 본연의 낭만적 감정을 잃지 않았다. '淸夜沈沈動春酌 燈前細雨簷花落'의 야연(夜宴)의 정경(情景)은 문인들만이 느끼고 그려 낼 수 있는 낭만의 극치이다. 또 그러한 낭만은 '但覺高歌有鬼神 焉知餓死塡溝壑'의 이상(理想)으로 승화되어 있다. 진실로 우정(友情)과 문학에 대한 정열만이 人生의 슬픔을 위로해 줄 수 있다는 것이다. 〈醉時歌〉의 제의(題意)가 유감없이 표현된 작품으로, 문학에 대한 杜甫의 뜨거운 정열과 불우한 벗을 안타깝게 생각하는 인간애가 잘 표현된 수작(秀作)이다. 앞에 나온 〈戲簡鄭廣文兼呈蘇司業〉에서도 杜甫의 鄭虔에 대한 이러한 마음을 엿볼 수 있었다.

서경이자가:두자미(徐卿二子歌:杜子美)

君不見
군 불 견

그대는 보지 못했는가,

徐卿二子生絕奇
서 경 이 자 생 절 기

徐卿의 두 아들이 빼어나게 잘난 것을.

感應吉夢相追隨
감 응 길 몽 상 추 수

길한 꿈에 감응하여 연이어 태어났다네.

孔子釋氏親抱送
공 자 석 씨 친 포 송

공자와 석가께서 몸소 안아다 주셨다니

竝是天上麒麟兒
병 시 천 상 기 린 아

두 아이 모두 천상의 기린아일세.

大兒九齡色清徹
대 아 구 령 색 청 철

큰아들은 아홉 살로 속이 비쳐 보일 듯
피부가 투명하고

秋水爲神玉爲骨
추 수 위 신 옥 위 골

가을 물같이 맑은 정신에
옥 같은 뼈 지녔네.

小兒五歲氣食牛
소 아 오 세 기 식 우

작은아이는 다섯 살이지만
소를 잡아먹는 범처럼 기개가 높아

滿堂賓客皆回頭
만 당 빈 객 개 회 두

집안 가득한 손님들
고개 돌려 보며 감탄하네.

吾知徐公百不憂
오 지 서 공 백 불 우

徐公은 어떤 일에도 걱정하지 않음을
내가 잘 아노니,

積善袞袞生公侯
적 선 곤 곤 생 공 후

선행을 많이 쌓아 귀히 될 자식을
낳았기 때문이네.

丈夫生兒有如此二雛者
장 부 생 아 유 여 차 이 추 자

장부가 아이를 낳되 이 두 아이만 같다면야

名位豈肯卑微休
명 위 기 긍 비 미 휴

명성과 지위가 어찌 낮고
천한 데에서 그치겠는가?

【語義】 生絶奇(생절기):태어나면서부터 매우 뛰어남. 뛰어나게 잘났다는 뜻. 相追隨(상추수):두 아이가 연이어 태어난 것을 가리킨다. 孔子釋氏親抱送(공자석씨친포송):공자와 석가가 몸소 그 아이를 안아 徐氏에게 보내 주었다는 뜻. 釋氏는 석가모니. 麒麟兒(기린아):용모와 재주가 썩 빼어난 아이. 《陳書》에, "徐陵의 母 臧氏는, 늘 오색(五色) 구름이 봉(鳳)으로 변하여 왼쪽 어깨 위에 머무르는 꿈을 꾸었다. 그후 얼마 안 되어 陵이 태어났다. 陵이 걸음마를 할 즈음, 가인(家人:집안에서 일하는 사람)이 陵을 상인(上人:法眼에 다음가는 중의 위치) 寶誌에게 보였다. 寶誌는 陵의 이마를 어루만지며, '天上의 石麒麟(기린의 일종으로, 대단히 총명한 어린아이를 일컫는 말)이다.'고 했다."라고 기록되어 있는데, 徐卿의 姓이 《玉臺新詠》의 編者인 徐陵과 同姓이므로, 杜甫가 徐陵의 어렸을 적 일을 인용하여 이렇게 표현한 것이다. 大兒(대아):장남(長男). 色淸徹(색청철):피부색이 투명하게 맑은 것. 秋水爲神玉爲骨(추수위신옥위골):정신은 가을 물처럼 맑고, 뼈는 옥으로 만들어져 있음. 맑은 정신과 결백한 인품을 지닌 것을 뜻한다. 氣食牛(기식우):소를 잡아먹을 기개. 기개가 높은 것을 가리킨다. 《尸子》에, '호랑이나 표범의 새끼는, 몸에 무늬가 채 이루어지기 전부터, 소를 잡아먹을 기개를 지닌다.'라고 했다. 皆回頭(개회두):모두 머리를 돌려 주목(注目)함. 吾知徐公百不憂(오지서공백불우):나는, 서공(徐公)이 좋은 자식을 두어 아무 걱정을 하지 않아도 된다는 것을 잘 앎. 百은 모든 일. 積善(적선):많은 선행(善行)을 쌓음. 《易經》坤爲地卦 文言傳에, '善을 쌓는 집에는 반드시 자손에게 福이 있고, 不善을 쌓는 집에는 반드시 자손에게 禍가 있다(積善之家 必有餘慶, 積不善之家 必有餘殃).'라고 했다. 袞袞(곤곤):계속 이어져 많음. 生公侯(생공후):서씨의 집안에 공작(公爵)·후작(侯爵)과 같은 제후(諸侯)가 생겨남. 雛(추):병아리, 轉하여 어린

아이.　名位(명위):명예와 지위.　卑微休(비미휴):낮고 천한 데에서 끝남. 출세(出世)하지 못하는 것을 가리킨다.

【解說】《杜少陵集》卷十에 실려 있는 작품으로, 杜甫가 徐氏 집안 두 아들의 자질(資質)이 훌륭함을 칭찬한 작품이다. 徐氏 집안의 잔치에 초대받아 그곳에 가 지은 작품인 듯한데, 杜甫의 작품으로는 그리 빼어난 것이 못된다. 徐氏가 누구인지는 확실하지 않다.

　本篇은 내용에서, 四句씩을 한 단(段)으로 하여 세 부분으로 확연히 구분되는 작품이다. 그런데 두 번째 단의 앞부분인 5, 6句와 뒷부분인 7, 8句는 대(對)를 이루는 내용인데도 운(韻)을 달리하고 있다. 운(韻)이 바뀌면 내용도 일전(一轉)하는 것이 가(歌)나 행(行)의 일반적인 예이다. 내용은 물론 형식에서도 완벽을 추구하는 杜甫에게 이런 작품이 있음은 특기할 만한 사실이다.

희제왕재화산수가:두자미(戲題王宰畵山水歌:杜子美)

十日畵一水
십 일 화 일 수
열흘에 강물 하나 그리고

五日畵一石
오 일 화 일 석
닷새 걸려 바위 하나 그리니,

能事不受相促迫
능 사 불 수 상 촉 박
일에 능란한 사람은 재촉받는 걸
허락하지 않기 때문이네.

王宰始肯留眞跡
왕 재 시 긍 유 진 적
왕재가 드디어 훌륭한 작품을 남겼으니

壯哉崑崙方壺圖
장 재 곤 륜 방 호 도
장엄하도다, 곤륜방호도여!

挂君高堂之素壁
계 군 고 당 지 소 벽
그대 집 넓은 대청의 흰 벽에 걸리게 되었네.

巴陵洞庭日本東
파 릉 동 정 일 본 동
동정호 물가에서부터
멀리 일본 동쪽까지 그려져 있는데,

赤岸水與銀河通
적 안 수 여 은 하 통
적안에 부딪친 파도 은하수까지
통할 것처럼 보이고

中有雲氣隨飛龍
중 유 운 기 수 비 룡
그림 가운데에는 용이 숨어 있을 듯한
구름 그려져 있네.

舟人漁子入浦漵
주 인 어 자 입 포 서
뱃사람과 어부가 포구에 배를 대고 있고

山木盡亞洪濤風
산 목 진 아 홍 도 풍
산의 나무들은 큰 물결 일으키는 바람 앞에
모두 가로놓여 있네.

尤工遠勢古莫比
우 공 원 세 고 막 비
더욱이 훌륭한 것은 먼 곳의 풍경을 그린 것으로,
그 솜씨 옛사람 중에서도 견줄 이 없으니

咫尺應須論萬里
지 척 응 수 논 만 리
좁은 화폭 속에서 만리 밖 풍경까지 논해야 하네.

焉得幷州快剪刀　어찌하면 병주에서 나는
언 득 병 주 쾌 전 도　잘 드는 가위를 구할 수 있을까.

剪取吳松半江水　오송강을 그린 부분 반쪽만이라도
전 취 오 송 반 강 수　오려 내어 가지고 싶네.

【語義】能事不受相促迫(능사불수상촉박): 일에 능란한 사람은 재촉받는 것
을 허락하지 않음. 재촉하여 일을 하지 않기 때문에 훌륭한 작품을 기대
할 수 있다는 뜻. 肯留眞跡(긍류진적): 참된 필적(筆蹟)을 세상에 남기는
것을 허락함. 眞跡은 훌륭한 작품을 가리킨다. 壯哉(장재): 감탄사. 훌륭
하도다, 또는 장하도다! 崑崙(곤륜): 중국 서쪽 변방에 있는 곤륜산(崑崙
山). 《拾遺記》에 의하면, 곤륜산은 곤릉(崑陵) 땅에 있으며 산의 정상이
일월(日月) 위에 있다 한다. 산은 아홉 층으로 되어 있으며, 각 층은 만
리(里)씩이나 떨어져 있고 오색구름에 쌓여 있는데, 사면에서 바람이 불
어오고, 많은 신선들이 용과 학을 타고 노는 것을 항상 볼 수 있는 곳이
라 한다. 方壺(방호): 동해(東海)에 있다는 전설상의 삼산(三山) 가운데
하나. 三山은 방장(方丈)·봉래(蓬萊)·영주(瀛洲)의 세 산을 말하는데,
모두 항아리 모양으로 생겼기 때문에 '方壺·蓬壺·瀛壺'라고 하기도 한
다. 方壺는 東海의 가운데 있으며, 사방이 오천 리이고, 정상은 용들만
이 모이는 곳이며, 하늘에 오르고자 하는 신선들은 모두 이 산에 온다
고 한다. 巴陵洞庭日本東(파릉동정일본동): 동정호(洞庭湖) 물가에서부
터 멀리 일본(日本)의 동쪽까지 그림. 巴陵은 군(郡), 또는 현명(縣名)으
로, 악양(岳陽)을 가리킨다. 호남성(湖南省) 악주부(岳州府)에 속한다.
洞庭은 중국에서 가장 큰 호수. 호남성(湖南省)에 있으며, 길이 이백 리
(里), 너비 백 리(里)나 되며, 못 가운데에 군산(君山)이 있다. 宋나라 范
希文의 〈岳陽樓記〉(本書 後集에 수록되어 있음)에, '악양루에 올라 巴陵

郡의 훌륭한 경치를 보건대, 이곳은 바로 그 유명한 洞庭湖 안이다. 마치 바다를 옮겨다 놓은 것 같은 동정호, 호수의 큰 입에 물린 듯 수평선 끝에 산들이 점점이 이어져 있고, 長江을 한입에 삼킨 큰 물줄기는, 넘실거리며 길게 뻗어 하늘과 맞닿아, 그 끝이 보이지 않는다(予觀夫巴陵勝狀 在洞庭一湖. 銜遠山 呑長江. 浩浩蕩蕩 橫無際涯).'라고 했다.   赤岸水與銀河通(적안수여은하통):적안(赤岸)에 밀어닥친 파도는 은하수에까지 통할 것처럼 보임. 赤岸은 산 이름으로, 그 남쪽이 강에 접해 있으며, 파도가 거슬러 올라와 이곳에 부딪치면 그 힘이 약해지기 시작한다고 한다. 또 이 赤岸에 밀어닥친 파도는 동해의 끝에서 하늘의 은하수로 흘러간다는 전설이 있다.《博物志》에, "은하수는 바다와 통한다. 근세에, 바닷가에 사는 사람 하나가 해마다 8월이면 바다에 뗏목을 띄운 적이 있었는데, 뗏목이 바닷물을 타고 사라졌다가 다시 돌아오는 기간이 늘 일정했다. 그는 비상한 각오로, 뗏목에 비각(飛閣)을 세우고 많은 식량을 실은 다음, 뗏목을 타고 떠났다. 한 곳에 이르니, 성곽이 있고 집들이 매우 장엄하며, 멀리 바라보니 궁중에는 베를 짜는 여자들이 많았다. 그때 한 건장한 남자가 소를 끌고 와 물가에서 물을 먹이기에, '이곳이 어디냐?'고 물어보았다. 그 사람은, '돌아가 촉(蜀) 땅의 嚴君平을 만나 보면 알 수 있을 것이오.'라고 대답했다. 그는 돌아와 蜀의 嚴君平을 찾아가 물어보았더니, '모년 모월 모일에, 客星이 견우(牽牛)의 星座를 침범한 적이 있다.'고 대답했다. 연월을 따져 보니, 바로 자기가 은하수에 도착했던 때였다."라고 했는데, 이 句節은 이 고사를 암시하고 있다. 漁子(어자):어부. 浦漵(포서):포구(浦口). 浦 · 漵 모두 개펄. 山木盡亞洪濤風(산목진아홍도풍):산의 나무들이 모두 큰 파도를 밀고 오는 바람의 힘에 옆으로 가로 누움. 亞는 그림 속의 나무가 옆으로 누운 상태로 그려진 것을 가리킨다. 洪濤는 큰 파도. 尤工(우공):매우 훌륭함. 遠勢

(원세):원경(遠景). 勢는 산수(山水)의 상태. 古莫比(고막비):옛사람 중
에서도 견줄 만한 사람이 없음. 咫尺應須論萬里(지척응수논만리):얼마
되지 않는 좁은 화폭에 그려진 만 리 밖의 원경(遠景)까지 논해야 되는
것을 가리킨다. 앞에 나온 李白의 詩〈觀元丹丘坐巫山屛風〉에 나오는
咫尺如千里와 같은 표현. 咫는 여덟 치, 尺은 한 자. 轉하여 매우 짧은
거리. 應須는 반드시 ~해야만 한다는 뜻. 幷州快剪刀(병주쾌전도):병
주(幷州)에서 나는 잘 드는 가위. 幷州는 지금의 산서성(山西省) 태원현
(太原縣). 剪取吳松半江水(전취오송반강수):오송강(吳松江)을 그린 부
분의 반쪽만이라도 오려 내어 가지고 싶음. 吳松은 吳나라, 즉 지금의
강소성(江蘇省)에 있는 송강(松江). 松江의 농어는 유명하다. 蘇東坡의
〈後赤壁賦〉에, '입이 크고 비늘이 작은 것이 마치 松江의 농어 같음(巨
口細鱗 狀如松江之鱸)'이라는 말이 나온다. 옛날 삭정(索靖)이 고개지
(顧愷之)의 그림을 보고 좋아하여, '幷州의 잘 드는 가위를 가지고 오지
않은 것이 恨이로다. 松江을 그린 그림 반쪽만 오려 가고 싶다.'라고 했
다는 고사를 인용한 것이다.

【解說】왕재(王宰)가 그린 산수화〈崑崙方壺圖〉에 제(題)한 詩로,《杜少陵
集》卷九에 실려 있다. 王宰는 촉(蜀:四川省) 사람으로 그림에 능했는
데, 특히 산수화(山水畵)를 잘 그렸다.

　　杜甫의 작품 중에는 그림에 제(題)한 詩가 많다. 本篇도 그 가운데 하
나인데, 그림을 눈앞에 보듯 사실감을 느끼기에는 약간 미흡한 감이 없
지 않다. '巴陵洞庭日本東'과 같은 표현에서 알 수 있듯, 王宰의 그림이
규모는 크나 너무 과장이 심했기 때문에, 그 그림을 보고 생동감 넘치
는 글을 짓는다는 것은 어려웠을 것이다. 그래도 '赤岸水與銀河通, 幷
州快剪刀'와 같은 고사를 연상하게 했다는 점만으로도, 王宰의 그림이

얼마나 뛰어난 것이었는지를 쉬이 인정하게 된다. 篇末의 '吳松半江水'
에 관하여, 진(晋)의 장한(張翰)이 송강의 농어 회(膾)가 생각나 벼슬을
버리고 고향으로 돌아갔던 고사(故事)와 관련지어, 杜甫가 王宰의 그림
을 보고 고향으로 돌아갈 마음이 생겼음을 암시한 것이라고 하는 해석
도 있으나, 本書에서처럼 王宰의 그림을 고개지(顧愷之)의 그림에 비겨
칭찬한 것으로 봄이 자연스럽다.

모옥위추풍소파가:두자미(茅屋爲秋風所破歌:杜子美)

八月秋高風怒號
팔 월 추 고 풍 노 호

팔월, 높은 하늘에서 바람 울부짖더니

卷我屋上三重茅
권 아 옥 상 삼 중 모

세 겹 띳집 지붕을 말아 올려 날려 버리네.

茅飛度江灑江郊
모 비 도 강 쇄 강 교

띳집 지붕 멀리 강 건너 기슭에 흩어져,

高者挂罥長林梢
고 자 괘 견 장 림 초

높게는 숲의 나무 끝에 걸리고

下者飄轉沈塘坳
하 자 표 전 침 당 요

낮게는 바람에 구르다 제방의 진창에 빠지네.

南村羣童欺我老無力
남 촌 군 동 기 아 노 무 력

남촌의 아이들은 내가 늙어 힘없음을 업신여겨

忍能對面爲盜賊
인 능 대 면 위 도 적

뻔뻔스럽게 눈앞에서 도둑질을 하네.

公然抱茅入竹去
공 연 포 모 입 죽 거

서슴지 않고 띳집 지붕 거두어
대나무 숲 속으로 사라져 버리니

脣燋口燥呼不得
순 초 구 조 호 부 득

고함을 너무 질러 입술이 타고 입 안이 말라
더 이상 말소리가 나오지 않네.

【語義】秋高(추고):가을 하늘이 높음. 가을이 한창인 것을 가리킨다. 灑江郊(쇄강교):강가의 들판에 뿌려짐. 灑는 散의 뜻. 江郊는 杜甫가 草堂을 짓고 살았던 완화계(浣花溪) 가의 들판. 挂罥(괘견):두 자 모두 걸린다는 뜻. 梢(초):나무의 꼭대기. 막대기, 작은 잡목 등을 가리킬 때에는 소로 읽는다. 飄轉(표전):바람에 날려 구름. 塘坳(당요):제방의 움푹 파인 땅. 진창을 가리킨다. 欺(기):업신여기다, 깔보다. 忍能(인능):예

삿일인 것처럼 뻔뻔스럽게 ~함. 對面(대면):면전(面前)에서. 公然(공연):까놓고 서슴지 않는 모양. 공공연한 모양. 入竹去(입죽거):대나무 숲 속으로 사라짐. 脣燋口燥(순초구조):입술이 타고 입 안이 마름. 큰 소리로 여러 차례 사람을 부른 다음임을 가리킨다.

歸來倚杖自歎息
귀 래 의 장 자 탄 식

돌아와 지팡이에 기대어 한숨 쉴 뿐인데,

俄頃風定雲黑色
아 경 풍 정 운 흑 색

얼마 안 되어 바람 멎고
하늘의 구름 검게 변하네.

秋天漠漠向昏黑
추 천 막 막 향 혼 흑

가을 하늘엔 구름 끼고 날 저물려 하는데

布衾多年冷似鐵
포 금 다 년 냉 사 철

베로 만든 오래된 이불 차갑기 쇠와 같고,

嬌兒惡臥踏裏裂
교 아 악 와 답 리 렬

그나마 잠버릇 나쁜 아들 녀석이 걷어차
속은 찢겨 있네.

牀牀屋漏無乾處
상 상 옥 루 무 건 처

잠자리마다 비가 새어 마른 곳이 없고

雨脚如麻未斷絕
우 각 여 마 미 단 절

삼대 같은 빗발은 멎을 줄을 모르네.

自經喪亂少睡眠
자 경 상 란 소 수 면

난리를 겪은 뒤로는 잠마저 적어졌으니,

長夜沾濕何由徹
장 야 첨 습 하 유 철

이 가을 긴긴 밤을 비에 젖은 채
어이 지새운단 말인가.

安得廣廈千萬閒
안 득 광 하 천 만 간

어이하면 천만 칸짜리 큰 집을 구하여

大庇天下寒士俱歡顏
대 비 천 하 한 사 구 환 안

천하의 궁핍한 선비들 모두 보살펴 주어
함께 웃는 낯 지을 수 있을까.

風雨不動安如山　　비바람에도 산처럼 끄떡없을 테니
풍 우 부 동 안 여 산

嗚呼　　　　　　　아아,
오 호

何時眼前突兀見此屋　하늘을 뚫을 듯한 그런 집이
하 시 안 전 돌 올 현 차 옥　언제 눈앞에 나타날까.

吾廬獨破受凍死亦足　그렇게만 된다면 내 움막 부서져
오 려 독 파 수 동 사 역 족　얼어 죽어도 좋으리.

【語義】倚杖(의장):지팡이에 몸을 의지함. 俄頃(아경):얼마 안 되어. 俄는
잠시. 雲黑色(운흑색):구름이 어두운 색으로 변함. 漠漠(막막):구름
이 잔뜩 모인 모양. 向昏黑(향혼흑):저녁이 가까워져 하늘이 어두워짐.
布衾(포금):베로 만든 이불. 嬌兒(교아):장난꾸러기 아이들. 惡臥(악
와):잠버릇이 나쁜 것. 踏裏裂(답리렬):발길질에 이불이 찢겨진 것을
가리킨다. 牀牀(상상):침대마다. 잠자리마다. 屋漏(옥루):지붕이 허술
하여 비가 샘. 無乾處(무건처):방바닥에 마른 곳이라고는 없음. 雨脚
如麻(우각여마):빗발이 삼대 같음. 굵은 빗줄기가 쏟아져 내리는 것을
가리킨다. 雨脚은 빗발. 自經喪亂(자경상란):난리를 겪은 다음부터는.
喪亂은 道가 상실되어 세상이 어지러운 것. 여기서는 안녹산(安祿山)의
亂을 가리킨다. 少睡眠(소수면):잠이 적어짐. 沾濕(첨습):비에 젖어 축
축한 것. 何由徹(하유철):어떻게 밤을 밝힐까? 徹은 通의 뜻으로, 밤을
새우는 것. 安得(안득):어떻게 하면 ~할 수 있을까? 廣廈千萬閒(광하
천만간):방이 무수히 많은 넓고 큰 건물을 가리킨다. 閒은 기둥과 기둥
사이를 말하는데, 轉하여 집이나 방의 수효를 가리키는 말로도 쓰인다.
大庇(대비):크게 보살펴 줌. 庇는 덮다 · 감싸다. 寒士(한사):궁핍한 선
비. 신분이 낮은 사람. 突兀(돌올):하늘 위로 우뚝 솟은 모양. 此屋(차

옥):杜甫가 꿈꾸는 廣廈千萬閒을 가리킨다.

【解說】《杜少陵舊》卷十에 실려 있다. 杜甫는 건원(乾元) 2년(759) 성도 (成都)에 도착하여, 다음해 봄 완화계(浣花溪) 부근에 초가집, 완화초당 (浣花草堂)을 짓고 살았는데, 그리 편안한 생활은 아니었다. 앞 七言古 風短篇에 나와 있는 〈柟木爲風雨所拔歎〉은 완화초당을 지은 이듬해 봄 에 폭풍이 불어 녹나무가 쓰러진 것을 애석히 여겨 지은 것이고, 本篇은 그 해 가을 큰 바람이 불어 띳집 지붕이 날아가 버린 것을 읊은 것이다.

　本書 注 및 本集 注에 의하면, 本篇은 당시 안녹산(安祿山)의 난(亂) 때문에 어지러워진 사회 현상을 풍자한 작품이라고 하는데, 이는 견강 부회(牽強附會)한 해설이다. 杜甫는 사실을 서술함으로써 자신의 가슴 속에 맺힌 슬픔과 울분을 토로(吐露)했을 뿐이지, 결코 당시의 악인을 비방하려고 本篇을 짓지는 않았다. 杜甫는 本篇에서, 자신의 슬픔을 노 래하면서도 篇末에 이르러서는 자신보다도 천하의 한사(寒士)를 걱정 하고 있다. 그리고 그들이 행복하게만 된다면 자신은 얼어 죽게 되더라 도 결코 후회하지 않겠다고 잘라 말하고 있다. 절박한 상황 속에서도 선 비의 덕(德)을 잃지 않고 있는 것이다. 이것이 바로 杜詩에서 볼 수 있 는 뜨거운 인류애(人類愛)이다. 이처럼 위대한 정신(精神)이 완벽한 형 식미로 표현된 것이 杜甫의 詩文學이다.

관성상친시공사가:왕원지(觀聖上親試貢士歌:王元之)

天王出震寰宇清
천 왕 출 진 환 우 청
성상(聖上)께서 천제처럼 동쪽에서 일어나시니
천하가 맑아지고

奎星燦燦昭文明
규 성 찬 찬 소 문 명
규성(奎星) 찬란히 빛나
문명(文明)을 밝혀 주었네.

詔令郡國貢多士
조 령 군 국 공 다 사
여러 군국(郡國)에 명을 내려
많은 재사(才士) 뽑아 올리게 하시니

大張一網羅羣英
대 장 일 망 나 군 영
천하에 그물을 쳐 인재들을
남김없이 등용하시려는 것이네.

聖情孜孜終不倦
성 정 자 자 종 불 권
성상께선 성품이 부지런하셔
끝내 싫증내지 않으시고

日斜猶御金鑾殿
일 사 유 어 금 란 전
해가 저물려 하는데도 금란전에 납시어
정무에 힘쓰시네.

宮柳低垂三月烟
궁 류 저 수 삼 월 연
궁전의 버들가지 낮게 드리우고
만춘의 놀빛 가득한데,

爐香飛入千人硯
노 향 비 입 천 인 연
향로에서 피어오르는 향기
여러 선비들의 벼루에 날아드네.

麻衣皎皎光如雪
마 의 교 교 광 여 설
선비들의 베옷 새하얀 눈처럼 빛나는데

一一重瞳親鑒別
일 일 중 동 친 감 별
성상께선 두 겹 눈동자로
그들의 숨은 재주 분별하시네.

孤寒得路荷君恩
고 한 득 로 하 군 은
외롭고 빈한했던 선비들
성상의 은혜에 힘입어 길을 찾았으니,

聚首皆言盡臣節
취 수 개 언 진 신 절
모두들 머리를 모아 신하로서
절의를 다하겠다 말하네.

小臣蹤迹本塵泥
소 신 종 적 본 진 니
소신 원지(元之)는 본디
그 경력이 하찮은 자였는데,

登科曾賦御前題 등 과 증 부 어 전 제	과거에 급제하여 일찍이 어전에서 과제를 받아 글을 지었네.
屈指方經五六載 굴 지 방 경 오 륙 재	손꼽아 헤아려 보니 이제 막 5,6년이 지났을 뿐인데,
如今已上靑雲梯 여 금 이 상 청 운 제	지금은 푸른 구름 위에 오르는 사닥다리에 올라 있다네.
位列諫官無一語 위 열 간 관 무 일 어	간관(諫官)의 자리에 있으면서도 한마디도 바른말을 아뢰지 못했으니
自愧將何報明主 자 괴 장 하 보 명 주	성상의 은혜에 어떻게 보답해야 할지 부끄럽네.
應制非才但淚垂 응 제 비 재 단 루 수	명을 받았으나 글을 지을 만한 재주 없어 눈물만 흘리며
强作狂歌歌舜禹 강 작 광 가 가 순 우	억지로 변변찮은 글 지어 舜·禹 같은 성상을 노래하네.

【語義】 天王出震(천왕출진):천제(天帝)가 震의 方角, 즉 東쪽에서 나옴. 《易經》說卦傳 5章의, '天帝, 즉 조물주는 震의 때에 만물을 發動시키며, 巽의 때에 만물이 정돈된다(帝 出乎震, 齊乎巽).'는 말을 인용한 것으로, 宋의 太祖가 동방에서 나와 천하를 통일했던 것을 가리킨다. 宋의 太祖 조광윤(趙匡胤)은 탁군(涿郡:河北) 사람으로, 후주(後周) 세종(世宗) 때에 귀덕(歸德:河南)의 절도사가 되었으며, 현덕(顯德) 7년(960), 거란(契丹)의 침입을 막아 위망(威望)을 얻어 後周로부터 선양(禪讓)받아 天子가 되었다. 太宗은 太祖의 아우로, 처음 이름은 광의(匡義)였으나 후에 광의(光義)라는 이름을 하사받았다. 심모 영단(深謀英斷)하여 치세(治世)에 뛰어났으며, 太祖의 창업(創業)을 이어받아, 太祖가 죽자(976) 제위(帝位)에 올라 천하를 통일하였다. 재위(在位) 22년, 지도(至道) 3년(997)에 붕(崩)했다. 寰宇(환우):우주(宇宙), 천하(天下). 寰은

본디 천자(天子) 직할(直轄)의 영지(領地). 전(轉)하여 천하 또는 세계의
뜻으로 쓰인다. 奎星燦燦昭文明(규성찬찬소문명):규성(奎星)이 찬란하
게 문명(文明)을 밝혀 줌. 天下太平과 文化의 발전을 뜻한다. 奎는 28수
(宿)의 하나로, 문장(文章)을 주관한다고 한다. 燦燦은 별이 반짝이는 모
양. 昭文明은《易經》乾爲天卦의 文言傳에 나오는 말. '나타난 용이 밭
에 있다. 천하가 文明해졌다(見龍在田, 天下文明).'고 했으며,《程傳》에,
'龍의 德이 지상에 나타나면, 천하는 그 밝음의 감화(感化)를 본다.'고
했다. 貢多士(공다사):많은 재사(才士)를 조정(朝廷)에 바침. 大張一網
羅羣英(대장일망나군영):그물은 크게 쳐 많은 훌륭한 인물을 휘몰아 들
임. 훌륭한 인물은 모두 등용(登用)하는 것을 가리킨다. 羅는 그물을 쳐
새 따위를 잡는 것. 聖情(성정):천자의 훌륭한 마음. 孜孜(자자):쉬지
않고 힘쓰는 모양. 金鑾殿(금란전):장안(長安)에 금란전이 있었고, 玄
宗은 그곳에서 李白을 불렀다. 宋代에도 금란전이 있었는데, 변도(汴都)
에 있었으며, 한림학사(翰林學士)들이 일하는 곳이었다. 三月烟(삼월
연):춘삼월, 즉 봄 경치가 가장 좋은 철의 놀. 千人硯(천인연):전시(殿
試)를 보기 위하여 모인 많은 선비들의 벼루. 重瞳(중동):겹으로 된 눈
동자. 天子의 눈을 뜻한다. 옛날 舜임금의 눈이 重瞳이었고, 項羽의 눈
도 重瞳이었다 한다. 여기서는 舜임금의 눈과 같은 훌륭한 눈으로 재사
(才士)를 분별한다는 뜻. 孤寒得路(고한득로):외롭고 빈한한 선비들이
길을 얻음. 荷君恩(하군은):천자의 은혜를 입음. 臣節(신절):신하로서
지켜야 할 절의. 蹤迹(종적):발자취. 경력(經歷). 本塵泥(본진니):본디
흙이나 진흙처럼 천하고 낮음. 曾(증):일찍이. 賦御前題(부어전제):천
자의 어전(御前)에 나아가 과제(課題)에 응하여 詩文을 지음. 如今(여
금):지금. 현재(現在). 上靑雲梯(상청운제):푸른 구름 위에 오르는 사닥
다리를 타고 있음. 靑雲은 궁중(宮中)의 높은 관위(官位). 位列諫官無

一語(위열간관무일어):천자를 간(諫)하는 벼슬에 있으면서도 한마디도
바른말을 아뢰지 못함. 작자 王元之는 이때 左司諫知制誥의 자리에 있
었다. 自愧(자괴):스스로 부끄러움을 느낌. 將何報明主(장하보명주):
밝은 덕을 지닌 천자에게 그 은혜를 장차 어떻게 갚을 것인가? 應制(응
제):천자의 命에 좇음. 천자의 命을 받아 글을 짓는 것을 가리킨다. 但
淚垂(단루수):다만 눈물이 흐를 뿐임.

【解說】王禹偁의《小畜集》卷十二에는〈應制皇帝親試貢士詩〉라는 제목으
로 실려 있다.《禮記》射義에, '제후들은 해마다 천자에게 공사(貢士:
뛰어난 인물을 뽑아 바치는 것)했다(諸侯歲獻, 貢士於天子).'고 했는데,
후세 과거에서도 그 뜻을 살려 貢士라는 말을 그대로 썼으며, 또 그렇
게 인재를 등용하기도 했다.

　本篇은 宋의 太宗이 몸소 貢士들을 시험하면서 王元之에게 명(命)을
내려 짓게 한 詩이다. 따라서 本篇은 천자에게 올리는 글답게 그 내용
이 엄정 경신(嚴正敬愼)하다. 本篇의 作者 王元之는 宋初의 文人으로,
성품이 곧고 바른말을 잘 했다. 그는 간관(諫官)으로서 자신의 직책(職
責)이 얼마나 중한 것인가를 잘 알았다. 本篇에서도 그러한 사실을 엿
볼 수 있는데, 특히 本書 後集에 실린 그의〈待漏院記〉는 규계(規戒)의
글로 이름이 높다.

화산수가:오융(畫山水歌:吳融)

良工善得丹靑理
양 공 선 득 단 청 리
화법(畫法)의 묘리(妙理)를 터득한 화공이

輒向茅茨畫山水
첩 향 모 자 화 산 수
항상 초가지붕 밑에서 산수를 그리네.

地角移來方寸閒
지 각 이 래 방 촌 간
땅 한 모퉁이가 사방 한 치의 좁은 곳에 옮겨지고

天涯寫在筆鋒裏
천 애 사 재 필 봉 리
하늘 끝 먼 풍경이 붓끝 아래에서 그려지네.

日不落兮月長生
일 불 락 혜 월 장 생
해는 질 줄 모르고 달을 항상 떠 있으며

雲片片兮水泠泠
운 편 편 혜 수 령 령
구름은 조각조각 날고 맑은 물소리 내며 흐르네.

經年蝴蝶飛不去
경 년 호 접 비 불 거
해가 지나도 호랑나비 날아가지 않고

累歲桃花結不成
누 세 도 화 결 불 성
여러 해가 되어도 복숭아꽃만 피어 있을 뿐
열매 볼 수 없네.

一片石 數株松
일 편 석 수 주 송
바위 한 조각 소나무 몇 그루

遠又淡 近又濃
원 우 담 근 우 농
먼 것은 흐리고 가까운 것은 짙게 보이네.

不出門庭三五步
불 출 문 정 삼 오 보
굳이 몇 발짝 문 앞으로 나가지 않아도

觀盡江山千萬重
관 진 강 산 천 만 중
천만 겹 산수를 남김없이 볼 수 있네.

【語義】 良工(양공):뛰어난 화공(畵工). 丹靑理(단청리):붉은 색과 푸른
색의 이치. 그림을 그리는 묘리(妙理)를 가리킨다. 輒(첩):문득, 번번
이, 대수롭지 않게 등 여러 가지 뜻으로 쓰이는데, 여기서는 번번이·
항상의 뜻. 茅茨(모자):띠로 이은 지붕. 茅는 포아풀과의 다년초인 띠.
茨는 풀 또는 띠로 지붕을 이음. 地角(지각):산천(山川)이 있는 땅의 한
구석. 移來方寸間(이래방촌간):사방 한 치의 좁은 곳에 옮겨 놓음. 方
寸이란 좁은 화폭을 말한다. 天涯(천애):하늘 끝의 풍경을 가리킨다.
涯는 끝. 寫在筆鋒裏(사재필봉리):그려져 붓끝 사이에 있음. 붓이 가
는 대로 그림이 그려지는 것을 가리킨다. 日不落兮月長生(일불락혜월
장생):해는 지지 않고 달은 계속 떠 있음. 泠泠(영령):물이 흐르면서
내는 맑은 소리. 結不成(결불성):열매를 맺지 않음. 遠又淡 近又濃(원
우담 근우농):먼 것은 흐리고, 가까운 것은 진함. 사물의 원근(遠近)을
먹빛의 농담(濃淡)으로 교묘하게 표현한 것을 가리킨다. 觀盡(관진):
모두 구경함. 江山千萬重(강산천만중):산천(山川)이 천만 겹으로 겹쳐
져 있는 것을 가리킨다.

【解說】 산수화(山水畵)를 보고 그림의 훌륭함을 노래한 詩이다. 本篇에만
국한시켜 평(評)한다면 자연을 사랑하는 작자의 마음이 잘 나타난 작품
이라 할 수 있으나, 시정(詩情)이 풍부하고 시상(詩想)이 비동(飛動)하
며 묘사가 유원 우미(幽遠優美)한, 동류(同類)의 杜甫·李白·蘇東坡의
작품에 비하면 격(格)이 많이 떨어진다. 本篇의 作者 吳融의 本集에는
〈松江晩泊〉·〈紅樹〉 등 주옥같은 단편 시(短篇詩)가 수록되어 있는데,
本篇은 실려 있지 않다.

단경가:한퇴지(短檠歌:韓退之)

長檠八尺空自長
장 경 팔 척 공 자 장
여덟 자짜리 등경걸이는 공연히 길기만 하나

短檠二尺便且光
단 경 이 척 편 차 광
두 자 길이 짧은 등경걸이는 편하고도 밝네.

黃簾綠幕朱戶閉
황 렴 녹 막 주 호 폐
노란 발 푸른 장막 쳐진 붉은 문 닫혀 있는데

風露氣入秋堂涼
풍 로 기 입 추 당 량
이슬 머금은 바람 들어와 가을 방안 싸늘하네.

裁衣寄遠淚眼暗
재 의 기 원 누 안 암
옷을 지어 멀리 계신 임께 부치려 하니
눈물이 눈앞을 가리고

搔頭頻挑移近床
소 두 빈 도 이 근 상
근심에 가슴 죄며, 침상 가까이로 옮겨
온 등불의 심지를 돋우네.

大學儒生東魯客
대 학 유 생 동 로 객
대학에서 유학을 배우는 선비 동로에서 왔는데

二十辭家來射策
이 십 사 가 내 사 책
나이 스물에 집을 떠나 과거 보러 온 것이라네.

夜書細字綴語言
야 서 세 자 철 어 언
밤마다 깨알만하게 글씨 쓰며 글을 짓느라

兩目眵昏頭雪白
양 목 치 혼 두 설 백
두 눈은 흐려지고 머리는 눈처럼 희어졌네.

此時提挈當案前
차 시 제 설 당 안 전
이 시간에도 책상 앞에 앉아
책을 손에서 놓지 않고 있으니

看書到曉那能眠
간 서 도 효 나 능 면
새벽이 되도록 공부하고 나면 잠은 언제 잘까?

一朝富貴還自恣
일 조 부 귀 환 자 자
그러다가 하루아침에 부귀한 몸 되면
옛일 까맣게 잊고

長檠高張照珠翠 장 경 고 장 조 주 취	긴 등경걸이 구해 심지 높이 올리고 미인들의 얼굴을 비추게 될 테지.
吁嗟世事無不然 우 차 세 사 무 불 연	아아, 세상일 이와 같지 않은 게 없으니,
墻角君看短檠棄 장 각 군 간 단 경 기	그대는 담 모퉁이에 버려진 짧은 등경걸이를 보게 될 걸세.

【語義】 空自長(공자장):쓸데없이 공연히 길기만 함. 便且光(편차광):편하고도 밝음. 黃簾綠幕朱戶閉(황렴녹막주호폐):노란 발과 푸른 장막이 쳐진 붉은 문이 닫혀 있음. 黃簾·綠幕·朱戶 등은, 모두 집을 지키고 있는 아내의 거소를 가리키는 것들이다. 風露氣(풍로기):바람과 이슬의 서늘한 기운. 裁衣寄遠(재의기원):옷을 지어 멀리 있는 남편에게 보냄. 寄는 부친다는 뜻. 淚眼暗(누안암):고독(孤獨) 사모(思慕)의 눈물이 눈에 흘러넘쳐, 앞이 잘 보이지 않음. 搔頭(소두):머리를 긁음. 근심이 있어 가슴을 죌 때에 하는 몸짓.《詩經》邶風篇〈靜女〉에, '사랑하는데도 볼 수 없으니, 머리 긁으며 서성거리네(愛而不見 搔首踟躕).'라 하였다. 頻挑(빈도):자꾸 심지를 돋움. 등불을 더 밝게 하려는 것이다. 儒生東魯客(유생동로객):동쪽 魯나라에서 온 유생(儒生) 나그네. 여기서는 학문을 하는 서생(書生)을 가리킨다. 魯는 유학(儒學)의 聖人인 공자의 나라. 射策(사책):지방에서 뽑혀 올라온 선비들이 조정에서 등용 시험(登用試驗)을 볼 때, 경서(經書)의 의의(疑義) 또는 시무책(時務策)에 관한 문제를 적어 놓은 여러 대쪽〔策〕 가운데 하나를 뽑아 그에 대한 답안을 썼는데, 그것을 射策이라 했다. 여기서는 과거 시험을 보는 것을 가리킨다. 夜書細字綴語言(야서세자철어언):밤이면 가는 글자를 보면서 글을 지음. 시험 준비하는 것을 가리킨다. 綴은 어휘를 연결시켜 글을 짓는 것. 眵昏(치혼):눈곱이 끼어 눈이 흐려짐. 열심히 공부하여

눈이 피로해진 것을 가리킨다. 眵는 눈곱. 提挈(제설):손에 듦. 本集에
는 提携로 되어 있다. 當案前(당안전):책상 앞 정면에 놓음. 還自恣(환
자자):다시 자기 편한 대로 함. 공부하지 않는 것을 가리킨다. 珠翠(주
취):보석으로 아름답게 장식한 여인들을 가리킨다. 墻角(장각):담 모퉁
이. 短檠棄(단경기):공부할 때 요긴하게 쓰이던 짧은 등잔대가 버려진
채 아무에게도 관심을 끌지 못하는 것을 가리킨다.

【解說】本集 卷五에는 〈短燈檠歌〉라는 제목으로 실려 있다.

두 자 길이 짧은 등경걸이의 운명을 노래하여, 인심(人心)의 야속함
을 읊은 작품이다. 희미한 빛을 던지는 짧은 등경걸이, 멀리 글공부 하
러 떠난 임의 옷을 짓는 부인, 밤 도와 등불 밑에서 공부하는 선비. 어
느 날 크게 출세한 선비, 옛일 까맣게 잊고, 여덟 자짜리 호화로운 등경
걸이에 불 밝히고 꽃 같은 여자들과 어울린다. 시름에 잠겨 눈물짓는 부
인과 담 모퉁이에 버려진 볼품없는 등경걸이. 마치 한편의 연극을 보는
듯하다. 本篇을 富貴하기 전에는 열심히 공부하던 사람도 영달(榮達)하
면 학문을 게을리 하게 됨을 한탄한 작품으로 해석하거나, 어려웠을 때
고생한 아내가 남편이 출세하자 버림받게 됨을 원망한 내용의 작품으
로 해석하는 경우가 있는데, 찬성할 수 없다. 앞서 밝혔듯이 人生의 무
상(無常)함이나 人心의 경박함을 한탄한 작품이다.

호호가 : 마자재(浩浩歌 : 馬子才)

浩浩歌
호 호 가

넓고 큰 마음으로 노래하자,

天地萬物如吾何
천 지 만 물 여 오 하

천지 만물 무엇인들 나를 어찌할 수 있으리!

用之解帶食大倉
용 지 해 대 식 대 창

써 주면 헛옷 벗어던지고 녹을 먹을 것이고

不用拂枕歸山阿
불 용 불 침 귀 산 아

써 주지 않으면 베개 밀쳐내고 산으로 돌아가리.

君不見
군 불 견

그대는 보지 못하였는가,

渭川漁父一竿竹
위 천 어 부 일 간 죽

태공망이 渭水에 낚시 드리우고 때를 기다리고

莘野耕叟數畝禾
신 야 경 수 수 묘 화

유신(有莘)의 들에서 이윤이 밭 매며
때를 기다리던 일을.

喜來起作商家霖
희 래 기 작 상 가 림

이윤은 결국 상나라의 단비가 되었고

怒後便把周王戈
노 후 변 파 주 왕 과

태공망은 주나라 武王을 도와
폭군 주(紂)를 멸하였다네.

又不見
우 불 견

또 보지 못하였는가,

子陵橫足加帝腹
자 릉 횡 족 가 제 복

엄광이 황제의 배 위에 발을 올려놓았는데도

帝不敢動豈敢訶
제 불 감 동 기 감 가

황제가 눈 하나 깜짝하지 않아,
그래서 대신들은 감히 꾸짖을 수가 없어

皇天爲忙逼
황 천 위 망 핍

이에 깜짝 놀란 하늘이

星宿相擊摩
성 수 상 격 마

객성으로 하여금 제성의 자리를
침범하게 했던 것을.

可憐相府癡
가 련 상 부 치

가련하게도 재상 후패는 멍청해서

邀請先經過
요 청 선 경 과

엄광을 몰라보고 먼저 찾아와 달라고
부탁했다네.

浩浩歌
호 호 가

넓고 큰마음으로 노래하자,

天地萬物如吾何
천 지 만 물 여 오 하

천지 만물 무엇인들 나를 어찌할 수 있으리!

屈原枉死汨羅水
굴 원 왕 사 멱 라 수

굴원은 억울하게도 멱라에 몸을 던졌고

夷齊空餓西山坡
이 제 공 아 서 산 파

백이 · 숙제는 수양산에서 공연히 굶어 죽었네.

丈夫犖犖不可羈
장 부 낙 락 불 가 기

대장부는 뜻이 높고 무엇에도 매여서는 안 되니

有身何用自滅磨
유 신 하 용 자 멸 마

자신의 몸을 어찌 자신을 망치는 데에 쓸까?

吾觀聖賢心
오 관 성 현 심

성현들의 마음을 살펴보건대,

自樂豈有他
자 락 기 유 타

자신을 닦으며 道를 닦는 것을 즐거워했으니
어찌 다른 즐거움이 필요했으리.

蒼生如命窮
창 생 여 명 궁

창생들은 궁한 처지에 몰리게 되면

吾道成蹉跎
오 도 성 차 타

바른길이 있어도 따르지 못한다네.

直須爲弔天下人
직 수 위 조 천 하 인

그런 천하의 사람들을 마땅히 동정해야 하리,

何必嫌恨傷丘軻
하 필 혐 한 상 구 가

어찌 그들을 미워하고 공맹(孔孟)을
욕할 수 있으리.

浩浩歌 호 호 가	넓고 큰마음으로 노래하자,
天地萬物如吾下 천 지 만 물 여 오 하	천지 만물 무엇인들 나를 어찌할 수 있으리!
玉堂金馬在何處 옥 당 금 마 재 하 처	玉堂과 金馬門이 내게 무슨 소용이 있으리,
雲山石室高嵯峨 운 산 석 실 고 차 아	구름 낀 산의 동굴, 높고도 우뚝한 곳에 있네.
低頭欲耕地雖少 저 두 욕 경 지 수 소	머리 숙여 밭 갈려 하니 땅 비록 적지만
仰面長嘯天何多 앙 면 장 소 천 하 다	얼굴 들어 크게 소리치니 하늘은 높고도 넓네.
請君醉我一斗酒 청 군 취 아 일 두 주	그대에게 청하노니, 한 말 술로 나를 취하게 하라!
紅光入面春風和 홍 광 입 면 춘 풍 화	술기운 얼굴에 붉게 오르면 봄바람이 나를 감싸리.

【語義】如吾何(여오하):나를 어찌할 수 있으랴? 부귀도 위무(威武)도 나를 굴복시킬 수 없다는 뜻.《論語》子罕篇에, '하늘이 아직 文化를 없애지 아니하셨으니, 匡人들이 나를 어찌할 수 있으랴(天之未喪斯文也 匡人其 如予何)'라고 했다.　用之解帶食大倉(용지해대식대창):군주가 써 주면, 천한 사람이 입는 옷을 벗어던지고 출사하여 나라의 祿을 먹음. 用은 任 用, 解帶는 平民의 옷을 벗고 관복으로 갈아입는 것, 大倉은 나라의 쌀 창고로, 나라에서 내리는 祿을 가리킨다.　不用(불용):사람들이 써 주지 않는 것을 가리킨다.　拂枕歸山阿(불침귀산아):베개를 밀쳐내고 힘차게 일어나 고향의 산속으로 돌아감. 은거(隱居)하겠다는 뜻. 山阿는 산의 구석지고 으슥한 곳. 阿는 본디 언덕이나 산기슭.　渭川漁父(위천어부):

태공망(太公望) 여상(呂尙)을 가리킨다. 《史記》의 기록에 의하면, 그는
동해(東海) 사람으로 본디 성(姓)은 강(姜)이라고 한다. 그는 늘 위수(渭
水)에 나가 곧은 낚시 바늘을 단 낚시로 낚시질을 하여 세상의 비웃음
을 샀다. 어느 날 주(周)의 서백(西伯:後에 文王이라 불림)이 사냥을 나
가기에 앞서 점을 쳤더니, 포획할 것은 용도 아니고 호랑이도 아니고 범
도 아니며 패왕(霸王)을 보좌할 인물이라는 답이 나왔다. 西伯은 사냥
을 나와 위수(渭水)의 북쪽에서 그를 만났다. 西伯은 그와 몇 마디 나누
어 보고 크게 기뻐하여 말했다. "우리의 선군(先君) 태공(太公)께서, '성
인이 周에 오셔, 周는 크게 흥(興)할 것이다.'라고 하셨습니다. 선생께
서 바로 太公이 말씀하신 聖人이십니다. 우리가 선생을 기다린 지 오래
되었습니다." 西伯은 그 자리에서 그를 '태공망(太公望:太公 때부터 기
다리던 사람)'이라 하고, 그와 함께 돌아와 그를 스승으로 삼았다. 一竿
竹(일간죽):한 개의 대나무 막대기. 呂尙이 渭水에서 낚시질을 하며 때
를 기다렸던 것을 가리킨다. 莘野耕叟(신야경수):유신(有莘)이라고 하
는 들에서 김매던 늙은이. 은(殷)나라 탕왕(湯王)의 재상(宰相) 이윤(伊
尹)을 가리킨다. 《孟子》萬章篇 上에, "伊尹이 有莘의 들에서 농사지으
면서 堯·舜의 道를 즐겨, 義로운 것이 아니고 법도에 어긋나는 것이라
면, 天下를 祿으로 준다 해도 돌아보지 않고, 말 4천 마리를 매어 놓아
도 거들떠보지 않았으며, 義로운 것이 아니고 법도에 어긋나는 것이라
면, 지푸라기 하나라도 남에게 주지 않고 지푸라기 하나라도 남에게서
받지 않았다. 湯임금이 사람을 보내어 불렀지만 응하지 않았다. 湯임금
이 세 차례 사람을 보내어 초빙하자, 그제야 마음을 고쳐먹고 이렇게 말
했다. '내가 이 밭 가운데서 살면서 이처럼 堯·舜의 道를 즐기는 것이,
어찌 내가 이 임금으로 하여금 堯·舜 같은 임금이 되게 하는 것보다 나
을 수 있으며, 어찌 이 백성들로 하여금 堯·舜의 백성이 되게 하는 것

보다 나을 수 있으며, 어찌 나 자신이 이런 것들을 직접 보는 것보다 나을 수 있으리. 하늘이 이 백성들을 만드신 것은, 먼저 안 사람으로 하여금 뒤에 아는 사람들을 깨우치게 하고, 먼저 깨우친 사람으로 하여금 뒤늦게 깨우치는 사람들을 깨우치게 하려는 것이다(與我處畎畝之中 由是以樂堯舜之道 吾豈若使是君 爲堯舜之君哉 吾豈若使是民 爲堯舜之民哉 吾豈若於吾身 親見之哉. 天之生此民也 使先知覺後知 使先覺覺後覺也). 나는 하늘이 낸 백성 가운데에 먼저 깨달은 사람이니, 내 이 堯·舜의 道로써 이 백성들을 깨우쳐 주리라. 내가 그들을 깨우쳐 주지 않는다면 누가 깨우쳐 주리오?'라고" 하였다.　數畎禾(수묘화):얼마 아니 되는 땅에서 농사짓는 것을 가리킨다. 畝는 지적(地積)의 단위로, 육척 사방(六尺四方)을 一步라 하고, 百步를 一畝라 한다.　喜來起作商家霖(희래기작상가림):기쁘게 와 떨치고 일어나 상(商)나라의 비가 됨. 伊尹이 은(殷)나라의 재상(宰相)이 되었던 것을 가리킨다. 商家는 은(殷)나라를 가리킨다. 霖은 오래 내리는 비, 장마. 《書經》열명편(說命篇)에 나오는 이야기에 근거한 것이다. 殷나라 무정(武丁:高宗)은 신하들의 간언에 글을 지어 다음과 같이 고하였다. '꿈에 천제께서 내게 훌륭한 보조자를 보내 주셨으니, 그가 나를 대신하여 말하게 될 것이오.' 武丁은 자신이 꿈속에서 본 사람의 형상을 그려, 그 사람을 두루 찾게 하였다. 열(說)이 부암(傅巖)의 들에서 흙을 다지고 있었는데, 武丁이 꿈속에서 본 사람과 비슷하였다. 이에 武丁은 그를 세워 재상으로 삼고 자신의 곁에 있게 하였다. 武丁은 傅說에게 命하였다. '朝夕으로 가르침을 올려 나의 덕을 보충하여 주오. 내가 쇠가 된다면 그대를 숫돌로 삼겠으며, 큰 냇물을 건너게 된다면 그대를 배와 노로 삼겠으며, 큰 가뭄이 드는 해가 되면 그대를 단비로 삼겠소. 그대는 마음을 열어 나의 마음을 윤택하게 해주오(朝夕納誨 以輔台德. 若金 用汝作礪, 若濟巨川 用汝作舟楫, 若歲

大旱 用汝作霖雨. 啓乃心 沃朕心).' 怒後便把周王戈(노후변파주왕과):
노하여 주(周)나라 王의 창을 잡음. 太公望이 周의 武王을 도와 殷나라
의 폭군 주(紂)를 친 일을 가리킨다. 子陵橫足加帝腹(자릉횡족가제복):
자릉이 황제의 배에 발을 올려놓음. 子陵은 후한(後漢) 光武皇帝와 동문
수학(同門修學)했던 엄광(嚴光)의 字. 本書 注에《後漢書》本傳의 내용
을 인용하여, "嚴光, 어렸을 적에 光武와 함께 유학(遊學)했다. 光武가
즉위하자, 이름을 바꾸고 양피로 만든 옷을 걸치며 못에서 낚시질하는
것으로 소일했다. 光武는 사람을 시켜 그를 찾게 했다. 결국 엄광은 光
武에게 불려갔다. 그날 밤, 光武와 함께 자던 엄광은 황제의 배 위에 발
을 올려놓았다. 다음날 태사(太史:天文을 관장하는 관리)가, '객성(客
星)이 제좌(帝座)를 매우 급하게 범했사온 바, 아무 일 없으셨습니까?'
하고 아뢰었다. 황제는 웃으며 '친구 엄광과 함께 잤을 뿐이다.'고 대답
했다."라고 되어 있다. 本書 後集에 실려 있는〈嚴先生祠堂記〉의 解說
참조. 帝不敢動(제불감동):엄광이 光武皇帝의 배 위에 발을 올려놓은
것에 대하여 光武皇帝가 조금도 놀라지 않았던 것을 가리킨다. 豈敢訶
(기감가):어찌 꾸짖겠는가? 訶는 呵와 같은 뜻으로, 꾸짖는 것. 皇天爲
忙逼(황천위망핍):하늘이 그 사건에 매우 놀람. 皇은 미칭(美稱). 忙도
逼도 모두 마음이 매우 초조해진다는 뜻. 星宿相擊摩(성수상격마):별
들이 서로 맞닿음. 객성(客星:不定軌道를 운행하는 별)이 제좌성(帝座
星:天子의 상징)의 자리를 범한 것을 가리킨다. 엄광이 光武皇帝의 배
위에 발을 올려놓은 사실에 하늘이 놀란 증거이다. 相府癡(상부치):
재상(宰相)은 어리석었음. 相府는 본디 재상의 관사(官舍). 당시 재상
은 후패(侯覇)였다. 邀請先經過(요청선경과):먼저 찾아와 달라고 요청
함. 당시 사도(司徒)였던 侯覇는 嚴光과 전부터 잘 아는 사이였는데, 사
람을 보내 자기는 바쁘니 찾아와 달라고 부탁하였다. 이에 嚴光은, 仁

義로 천자를 보필하면 천하가 기뻐할 것이지만, 아첨으로 천자의 비위나 맞추려 하면 허리와 목이 떨어지게 될 것이라고 했다. 侯霸는 전해 들은 대로 光武皇帝에게 아뢰었는데 光武皇帝는 웃으며, '다른 사람에게서는 찾아볼 수 없는, 예부터 있었던 엄광 녀석 특유의 버릇이다.'라고 했다 한다. 두 사람의 막역한 사귐을 말해 주는 한 예이다. 屈原枉死汨羅水(굴원왕사멱라수):굴원은 멱라수에 몸을 던져 억울하게 죽음. 枉死는 억울한 죄로 죽는 것. 屈原은〈離騷〉·〈九章〉등의 楚辭를 남긴 천재 시인. 本書 後集에 실린〈漁父辭〉의 작자이며, 賈誼가 그의 죽음을 애도(哀悼)하여〈弔屈原賦〉를 지었다. 夷齊空餓西山坡(이제공아서산파):백이(伯夷)와 숙제(叔齊)는 공연히 서산 언덕에서 굶어 죽었음.《史記》列傳에, "伯夷·叔齊는 商나라 孤竹君의 아들이었다. 孤竹君은 叔齊에게 王位를 물려주려 했다. 孤竹君이 죽자, 叔齊는 형인 伯夷에게 王位를 양보했다. 伯夷는 父王의 명에 따라야 한다며 거절하고 멀리 떠났다. 叔齊도 王位에 오르지 않고 도망쳐 버려, 나라 사람들은 할 수 없이 孤竹君의 다른 아들을 王으로 세웠다. 伯夷와 叔齊는 서백(西伯:西方의 諸侯) 창(昌:周의 文王)이 노인을 공경한다는 말을 듣고 '어찌 그곳으로 가지 않겠는가?' 하고 周나라로 갔다. 그들이 周나라에 이르니, 昌이 죽고 그의 아들 武王이 昌의 위패(位牌)에 文王이라 써 수레에 모시고, 동쪽에 있는 은(殷)나라의 주(紂)를 정벌하려고 나서는 참이었다. 伯夷와 叔齊는 武王의 말고삐를 잡고 간(諫)하였다. '아버지가 돌아가셨는데, 장사를 채 끝내기도 전에 전쟁을 일으키려 하니, 어찌 이를 孝라 할 수 있습니까? 신하의 신분으로 君王을 죽이려 하니, 어찌 이를 仁이라 할 수 있습니까?' 그러자 武王의 좌우에 있던 자들이 伯夷와 叔齊를 죽이려 했다. 그때 太公望이 나서서, '이들은 의(義)로운 사람들이다.'라고 말하고는, 伯夷와 叔齊로 하여금 그 자리를 피하게 했다. 그후

武王은 殷나라를 平定하여, 天下는 周나라를 섬기게 되었다. 이에 伯
夷와 叔齊는 그러한 사실을 부끄럽게 여겨, 信義를 지켜 周의 곡식을 먹
지 않고(周에 出仕하여 俸祿을 받는 일을 하지 않았다는 뜻), 수양산(首
陽山)에 숨어 고사리로 연명(延命)했다. 그러다 결국에는 굶어 죽게 되
었는데, 그때 노래를 지었으니 다음과 같다. '서산에 올라 고사리를 꺾
노라. 포악함으로써 포악함을 다스리는 잘못을 알지 못하는 세상! 신농
(神農)·순(舜)·우(禹)임금이 모두 사라졌으니, 나는 어디로 돌아가야
하리? 아아, 돌아갈지어다! 명(命)이 다하려 하누나(登彼西山兮 采其
薇矣. 以暴易暴兮 不知其非矣, 神農虞夏忽焉沒兮 我安適歸矣. 于嗟徂
兮 命之衰矣).' 그들은 마침내 수양산에서 굶어 죽었다."라고 했다. 西
山은 首陽山으로, 그 위치에 대해서는 이설(異說)이 많다. 하북성(河北
省) 노룡현(盧龍縣)의 동남, 하남성(河南省) 언사현(偃師縣)의 서북, 감
숙성(甘肅省) 용서현(龍西縣)의 서남에 있는 산 등을 꼽고 있는데, 산서
성(山西省) 영제현(永濟縣) 남쪽에 있는 뇌수산(雷首山)이 아닌가 한다.
犖犖(낙락):분명한 모양, 또는 뛰어난 모양. 不可羈(불가기):구속을 받
아서는 아니 됨. 羈는 굴레, 마소의 얼굴을 얽는 줄. 轉하여 자유를 속
박한다는 뜻. 自滅磨(자멸마):자기 스스로를 망치는 것. 自樂豈有他
(자락기유타):스스로 즐거워하니 어찌 다른 것을 구하겠는가? 聖人은
道를 수행하는 것을 즐거움으로 삼는다는 것을 뜻한다. 蒼生(창생):일
반 백성. 蒼은 초목이 우거진 것을 형용한 말. 초목이 우거지듯 백성이
많다는 뜻에서, 백성을 蒼生이라 한다. 命窮(명궁):운명이 궁지에 몰
림. 成蹉跎(성차타):발을 헛딛게 됨. 어긋나거나 실패하는 것을 뜻한
다. 須爲弔天下人(수위조천하인):모름지기 천하의 사람들을 딱하게 여
겨야 함. 嫌恨(혐한):세상에 道가 행해지지 않아 그것을 미워하고 한탄
하는 것을 가리킨다. 傷丘軻(상구가):孔子와 孟子를 욕함. 傷은 해치는

것, 욕하는 것. 丘는 孔子의 이름, 軻는 孟子의 이름. 玉堂金馬(옥당금마):玉堂은 한림원(翰林院)의 별칭(別稱). 金馬는 환관(宦官)들이 왕명을 출납(出納)하던 곳으로, 漢 武帝 때 대완(大宛)의 말을 銅으로 만들어 門 옆에 세워 놓아 그렇게 불렸으며, 金馬門이라고도 했다. 玉堂·金馬 모두 황제를 가까이에서 모시는 요직이다. 在何處(재하처):어디에 있는가? 어디에 있든 자신과는 아무런 관계도 없다는 뜻. 雲山石室(운산석실):구름 낀 산의 바위 동굴. 속세를 떠나 선도(仙道)를 닦으며 은거(隱居)하는 장소. 嵯峨(차아):산이 우뚝 솟은 모양. 仰面(앙면):얼굴을 들어 하늘을 바라봄. 長嘯(장소):길게 휘파람을 붊. 여기서는 가슴속이 후련해질 만큼 크게 소리치는 것을 가리킨다. 天何多(천하다):하늘이 끝없이 넓고 높은 것을 가리킨다. 紅光入面(홍광입면):술을 마셔 술기운이 붉게 얼굴에 오르는 것을 가리킨다. 春風和(춘풍화):온화한 봄바람이 술기운에 화답(和答)이라도 하듯 작자를 감싸는 것을 가리킨다.

【解說】浩浩는 浩然之氣에서 취한 말로, 세상의 작은 이익에 구애받지 않는 천도(天道)와 정의(正義)에 뿌리박은 공명정대(公明正大)한 기운을 말한다. 《孟子》 공손추편(公孫丑篇) 上에, '호연지기란 몹시 크고 굳센 기운으로, 곧은 마음으로 잘 키워서 아무것에도 방해받지 않게 하면, 하늘과 땅 사이에 가득 차게 된다(其爲氣也至大至剛 以則養而無害 則塞于天地之間).'라고 했다.

　本篇은 외물(外物)에 구애받지 않고 호연(浩然)히 살아가려는 작자의 높은 기상을 감동적으로 노래한 작품으로, 유가(儒家)의 처세훈(處世訓)이 잘 표명(表明)되어 있다. '用之解帶食大倉 不用拂枕歸山阿'는 《論語》 술이편(述而篇)에 나오는 孔子의 말, '등용되면 나아가 道를 행하고, 버려지면 들어앉아 道를 즐긴다(用之則行, 舍之則藏).'에 근거한 것으로, 유가에서 지향하는 군자(君子)의 바른 처세(處世) 방법이다. 篇末에 술 마시는 이야기가 나오는데, 이는 다분히 陶淵明이나 李白의 낭만을 흉내 낸 것이라 할 수 있다.

칠석가:장문잠(七夕歌:張文潛)

人閒一葉梧桐飄
인간일엽오동표
인간 세상에 가을 되어 오동잎 떨어지면

蓐收行秋回斗杓
욕수행추회두표
욕수는 가을임을 알리려고 북두칠성을 돌려놓고,

神官召集役靈鵲
신관소집역영작
천상의 관리들은 신령스런 까치들 모아

直渡銀河橫作橋
직도은하횡작교
은하수 가로지르는 오작교(烏鵲橋) 만든다네.

河東美人天帝子
하동미인천제자
옛날 은하수 동쪽에 천제의 어여쁜 딸 있었는데

機杼年年勞玉指
기저연년노옥지
해마다 베틀 위에서 옥 같은 손가락 수고롭히며,

織成雲霧紫綃衣
직성운무자초의
구름과 안개 무늬 새겨진 자줏빛 비단으로
옷을 짓느라

辛苦無歡容不理
신고무환용불리
괴롭기만 하고 즐거움 없어
얼굴도 매만지지 않았네.

帝憐獨居無與娛
제련독거무여오
홀로 지내며 짝할 이 없는 그녀를
천제께선 가엾게 여기시어

河西嫁與牽牛夫
하서가여견우부
은하수 서쪽의 농부에게 그녀를 시집보냈네.

自從嫁後廢織紝
자종가후폐직임
그녀는 시집간 후로 베 짜는 일 그만두고

綠鬢雲鬟朝暮梳
녹빈운환조모소
아침저녁으로 푸른 귀밑머리 구름 같은
머리만 빗질했네.

貪歡不歸天帝怒
탐환불귀천제노
즐거움에 빠져 친정에 인사 오는 것조차 잊어
천제께선 노하시어

責歸卻踏來時路
책 귀 각 답 내 시 로
그 죄를 물어 왔던 길을 따라
다시 돌아가게 하셨네.

但令一歲一相見
단 령 일 세 일 상 견
그리고 일 년에 한 번만 만나도록 명을 내리시어

七月七日橋邊渡
칠 월 칠 일 교 변 도
두 사람 매년 칠석에 은하수를 건너게 되었네.

別多會少知奈何
별 다 회 소 지 내 하
헤어져 있는 날은 많고 만나 보는 날은 적으니
이를 어이할까,

卻憶從前歡愛多
각 억 종 전 환 애 다
사랑의 즐거움이 많던 지난날이 생각나리.

勿勿萬事說不盡
물 물 만 사 설 부 진
마음만 바쁘고 하고픈 만 가지 말
나누지 못하는데,

玉龍已駕隨羲和
옥 룡 이 가 수 희 화
희화가 모는 대로 옥룡이 끄는 수레가
해를 싣고 나타나고

河邊靈官催曉發
하 변 영 관 최 효 발
은하수를 지키는 관원은 새벽이 왔다며
떠나라고 불같이 재촉하네.

令嚴不肯輕離別
영 엄 불 긍 경 리 별
두 사람, 명령이 지엄한데도
쉬이 헤어지려 하지 않고

便將淚作雨滂沱
변 장 누 작 우 방 타
큰 비가 쏟아지듯 눈물만 흘리네.

淚痕有盡愁無歇
누 흔 유 진 수 무 헐
눈물 자국은 지워질 날 있어도
이별의 한은 가실 날이 없으리······.

我言織女君莫歎
아 언 직 녀 군 막 탄
내 직녀에게 말하노니, "너무 한탄하지 마시오,

天地無窮會相見
천 지 무 궁 회 상 견
천지가 무궁하여 꼭 만나게 될 테니.

猶勝嫦娥不嫁人
유 승 항 아 불 가 인
그래도 남편을 버리고 달로 도망가

夜夜孤眠廣寒殿
야 야 고 면 광 한 전
밤마다 광한전에서 홀로 자는 항아보다는
낫지 않겠소."

【語義】人間(인간):인간 세계. 天上에 대하여 地上의 계절을 말한다. 一葉
(일엽):가을이 된 것을 가리킨다. '오동나무 잎이 하나 떨어지는 것을 보
고 가을이 다가오는 것을 안다(一葉知秋).'는 말이 있다. 飄(표):바람에
떨어짐. 蓐收行秋(욕수행추):《禮記》月令에, '孟秋의 帝는 소호(少皥)이
며, 그를 보좌하는 신은 욕수(蓐收)이다.'고 했으며 그 注에, '蓐收는 金
官의 臣으로, 少皥의 자식이다.'라고 했다. 金官이란 가을을 주재(主宰)
하는 神이란 뜻이다. 回斗杓(회두표):북두칠성(北斗七星)의 자루를 돌
려놓음. 국자 모양으로 생긴 일곱 개의 별 가운데 앞의 네 별을 괴(魁)라
이르고 뒤의 세 별을 표(杓)라 하며, 魁와 杓를 합하여 두(斗)라고 한다.
사시(四時)의 운행(運行)에 따라, 북두칠성은 북극성(北極星)을 중심으
로 하여 회전하는데, 正月에는 杓가 인방(寅方, 東北에서 남쪽으로 15
도 기운 방위를 중심으로 한 좌우 15도의 각도 안)을 가리키며, 二月에
는 卯方, ……섣달에는 축방(丑方, 正北으로부터 동으로 30도째의 방위
를 중심으로 한 좌우 15도의 방위)을 가리킨다. 孟秋인 七月에는 申方을
가리키게 된다. 神官(신관):천제(天帝)의 命을 수행하는 천상(天上)의
관리(官吏)들. 召集(소집):불러 모음. 役靈鵲(역영작):신령스런 까치
를 부림. 橫作橋(횡작교):本集에는 雲作橋로 되어 있다. 은하수를 가로
지르는 다리를 만듦.《風俗通》에, '직녀(織女), 七夕에 은하수를 건넘에
즈음하여 까치로 하여금 다리를 만들게 한다.'라고 했다. 河東(하동):
은하수의 동쪽. 美人(미인):직녀성(織女星)을 가리킨다. 天帝子(천제
자):天帝의 딸. 직녀(織女)를 가리킨다. 機杼(기저):베틀과 북. 베틀에
앉아 옷감을 짜는 것을 가리킨다. 勞玉指(노옥지):옥 같은 손가락을 수
고롭힘. 열심히 베틀질하는 것을 가리킨다. 紫綃衣(자초의):자줏빛 비
단 옷감. 綃는 본디 삶아서 익히지 아니한 명주실. 容不理(용불리):얼
굴을 다듬지 않음. 고생만 하고 즐거움이 없어 치장도 하지 않는다는

뜻. 憐(련):가엾게 여김. 獨居無與娛(독거무여오):홀로 지내며 같이 즐
거워할 사람이 없는 것. 河西(하서):은하수의 서쪽. 嫁與(가여):시집
을 보냄. 牽牛夫(견우부):소를 끄는 남자. 農夫. 견우성(牽牛星)을 가
리킨다. 廢織紝(폐직임):베 짜는 것을 그만둠. 綠鬢雲鬟(녹빈운환):녹
색 귀밑머리와 구름 같은 틀어 올린 머리. 朝暮梳(조모소):아침저녁으
로 빗질함. 梳는 빗. 貪歡不歸(탐환불귀):즐거움에 젖어 귀녕(歸寧)하
지 않음. 歸寧은 시집간 여자가 친정(親庭) 부모를 찾아뵙는 것. 責歸
卻踏來時路(책귀각답내시로):죄를 물어 왔던 길을 따라 다시 돌아가게
함. 卻은 다시. 직녀를 은하수 동쪽으로 돌려보낸 것을 가리킨다. 但令
一歲一相見(단령일세일상견):일 년에 한 번만 만나도록 명을 내림. 橋
邊渡(교변도):은하수에 놓인 오작교(烏鵲橋)를 건너는 것을 가리킨다.
別多(별다):이별이 많음. 本集에는 別長으로 되어 있다. 知奈何(지내
하):어떻게 하면 좋을지 알 수가 없음. 知는 反語的인 의미로 쓰여, 알
수 없다는 뜻. 卻憶(각억):괴롭게도 자꾸만 생각나는 것. 勿勿(물물):
마음이 바쁜 것. 本集에는 홀홀(忽忽)로 되어 있다. 玉龍(옥룡):백옥(白
玉) 같은 용. 羲和(희화):해의 운행을 관장하는 자로, 여섯 마리 용이 끄
는 수레에 해를 싣고, 하늘에서 그 수레를 몰고 다닌다고 한다(《淮南子》
天文訓). 催曉發(최효발):새벽이 되었다며 출발을 재촉함. 催는 재촉하
는 것. 令嚴不肯輕離別(영엄불긍경리별):명령이 엄한데도 쉬이 이별하
려 하지 않음. 將淚作雨滂沱(장누작우방타):큰 비가 쏟아져 내리는 것
처럼 눈물을 흘림. 滂沱는 비가 죽죽 내리는 모양, 또는 눈물이 뚝뚝 떨
어지는 모양. 淚痕有盡愁無歇(누흔유진수무헐):눈물 자국은 지워질 날
있어도 근심은 멈추지 않을 것임. 歇은 멈추는 것. 天地無窮會相見(천
지무궁회상견):천지는 끝이 없으므로 반드시 만나게 될 것임. 會는 반
드시 · 꼭. 猶勝(유승):~보다는 오히려 나음. 嫦娥(항아):항아(姮娥)라

고도 한다. 본디 예(羿:古代 활의 名人)의 처였는데, 남편이 서왕모(西王母)에게서 얻은 불사약(不死藥)을 훔쳐 달로 달아났다고 한다. 한(漢)나라 文帝의 이름이 항(恒)이었기 때문에, 한나라 사람들은 그와 음(音)이 같은 姮娥의 姮을 嫦으로 고쳐 썼다. 嫦의 본디 음은 상. 廣寒殿(광한전):달에 있다고 하는 궁전 이름.

【解說】견우(牽牛)와 직녀(織女)의 전설(傳說)을 읊은 작품으로,《張右史文集》卷五 고악부가사(古樂府歌詞) 가운데에 실려 있다.

예로부터 음력(陰曆) 7월 7일을 칠석(七夕)이라 했는데, 전설에 의하면 이날 밤 견우와 직녀가 만난다고 한다. 직녀가 베 짜기에 능했으므로, 세상의 부녀들이 길쌈과 바느질 솜씨가 늘기를 바라 과일을 차려 놓고 이 두 별을 맞는 풍습이 예부터 있었는데, 이 제사를 걸교(乞巧)라 한다. 七夕의 전설은 그 역사가 참으로 깊어, 〈古詩〉19首 가운데에도 이를 주제로 한 작품이 있고,《詩經》에서도 시료(詩料)로 사용되었다. 本篇은 견우와 직녀의 사랑을 읊은 작품 중에서 수작(秀作)으로 꼽힌다. 특히 남편을 버리고 달아난 항아(姮娥)가 영영 남편을 만나지 못하는 사실로 직녀를 위로하는 대목이 퍽 감동적이다. 항아를 끌어들임으로써 직녀에 대한 연민의 정을 한층 강하게 느끼게 하는 張文潛의 文才야말로 참으로 놀랍다 하겠다.

다가 : 노동 (茶歌 : 盧仝)

日高丈五睡正濃
일 고 장 오 수 정 농

아침 해 높이 떴어도 잠에 빠져 있는데

軍將扣門驚周公
군 장 구 문 경 주 공

군의 장교가 문 두드려 周公의 꿈을 깨게 하네.

口傳諫議送書信
구 전 간 의 송 서 신

간의대부가 보내는 글월이라 말하는데

白絹斜封三道印
백 견 사 봉 삼 도 인

하얀 비단으로 비스듬히 봉한 곳에
세 개의 도장이 찍혀 있네.

開緘宛見諫議面
개 함 완 현 간 의 면

봉함 여니 간의대부의 얼굴 마주 대하는 듯하고

首閱月團三百片
수 열 월 단 삼 백 편

달처럼 둥글게 뭉쳐 놓은
차 삼백 개가 첫눈에 띄네.

聞說新年入山裏
문 설 신 년 입 산 리

듣건대 새해 되어 봄기운이 산속에 들어와

蟄蟲驚動春風起
칩 충 경 동 춘 풍 기

동면하던 벌레들 놀라 깨고
봄바람 인다는 말 들리면

天子須嘗陽羨茶
천 자 수 상 양 선 다

천자께선 양선에서 나는 차부터 맛보신다네.

百草不敢先開花
백 초 불 감 선 개 화

어떤 풀도 차보다 먼저 꽃을 피우지 못하는 법,

仁風暗結珠蓓蕾
인 풍 암 결 주 배 뢰

만물을 기르는 바람이 남몰래
차의 꽃봉오리 맺게 하면

先春抽出黃金芽
선 춘 추 출 황 금 아

봄에 앞서 황금빛 차 싹이 고개를 내민다네.

摘鮮焙芳旋封裹
적 선 배 방 선 봉 과

신선한 잎을 따 향기롭게 구워 말려
정성스레 싸서 천자께 올리니

至精至好且不奢
지 정 지 호 차 불 사
더없이 정성스럽고 맛이 뛰어나며
또 사치스럽지 않네.

至尊之餘合王公
지 존 지 여 합 왕 공
천자께서 쓰시고 남긴 차는
왕공들에게 내려져야 합당한데

何事便到山人家
하 사 변 도 산 인 가
어찌하여 이런 산속의 내게까지 왔을까?

柴門反關無俗客
시 문 반 관 무 속 객
더욱이 이곳은, 사립문 닫혀 있어
속세의 손님들 발걸음을 않는 곳인데.

紗帽籠頭自煎喫
사 모 농 두 자 전 끽
엷은 비단 모자 쓰고 차를 끓여 마시노라,

碧雲引風吹不斷
벽 운 인 풍 취 부 단
푸른 구름 같은 김이 바람에 끌려
끊임없이 피어오르고

白花浮光凝碗面
백 화 부 광 응 완 면
백화 같은 거품이 빛을 내며 찻잔가에 모이네.

一碗喉吻潤
일 완 후 문 윤
첫 잔째엔 목구멍과 입술이 적셔지고

二碗破孤悶
이 완 파 고 민
두 잔째엔 외로운 시름 사라지며

三碗搜枯腸
삼 완 수 고 장
석 잔째엔 차의 향기 창자에까지 미치어

惟有文字五千卷
유 유 문 자 오 천 권
가슴속엔 오직 오천 권의 문자만이 남게 되며

四碗發輕汗
사 완 발 경 한
넉 잔째엔 가벼운 땀이 솟아

平生不平事
평 생 불 평 사
평소의 불만,

盡向毛孔散
진 향 모 공 산
땀구멍 통해 모두 사라져 없어진다네.

五碗肌骨清
오 완 기 골 청
닷 잔째엔 살과 뼈가 맑아지며

六碗通仙靈 육 완 통 선 령	엿 잔째엔 신선의 경지에 이르니
七碗喫不得也 칠 완 끽 부 득 야	일곱 잔까지 마실 것도 없이
唯覺兩腋習習淸風生 유 각 양 액 습 습 청 풍 생	두 겨드랑이에 맑은 바람 이는 것을 느끼게 된다네.
蓬萊山在何處 봉 래 산 재 하 처	신선이 논다는 봉래산은 어디에 있느뇨?
玉川子乘此風欲歸去 옥 천 자 승 차 풍 욕 귀 거	이 몸도 맑은 바람 타고 그곳에 가고자 하네.
山上羣仙司下土 산 상 군 선 사 하 토	봉래산 위의 신선들은 인간 세상을 다스린다고 하는데,
地位淸高隔風雨 지 위 청 고 격 풍 우	그곳은 맑고도 높아 속세의 비바람 닿지 않는 곳이어서
安得知百萬億蒼生 안 득 지 백 만 억 창 생	그곳 분들, 억조창생 무리들이
命墮顚崖受辛苦 명 타 전 애 수 신 고	높은 벼랑에서 곤두박질한 운명 안고 신고함을 어이 알리?
便從諫議問蒼生 변 종 간 의 문 창 생	그래서 간의대부께 신고하는 백성들에 관해 묻는데,
到頭合得蘇息否 도 두 합 득 소 식 부	꼭 죽어가는 백성들을 소생시켜 주실지 어떨지?

【語義】 日高丈五(일고장오):아침 해가 하늘 한 장(丈) 다섯 척(尺)의 높이
에 떠올라 있음. 睡正濃(수정농):잠에 푹 빠져 있음. 盧仝은 山人, 즉
은거(隱居)하던 선비였으므로 늘 한가하여 아침잠을 즐길 수 있었다.
軍將(군장):간의대부(諫議大夫) 맹간(孟簡)이 보낸 軍의 한 장교. 驚周
公(경주공):盧仝이 잠들어 꿈에서 周公을 뵙다가 문 두드리는 소리에 놀

라 잠을 깬 것을 가리킨다.《論語》述而篇에, '심하도다, 나의 노쇠함이.
오래되었도다, 꿈속에서 周公을 뵌 지도!(甚矣 吾衰也. 久矣 吾不復夢
見周公)'라 했는데, 이를 인용하여 盧수도 꿈속에서 周公을 뵈었다고 한
것은, 盧수이 꿈속에서 이상국(理想國)을 보는 즐거움을 누리고 있었음
을 말한다. 周公은 周나라 武王의 아우로, 조카인 成王을 훌륭하게 보
필하여, 孔子가 경모(敬慕)했던 인물이다. 현인(賢人)을 높이 대우하여
'토포악발(吐哺握髮)'의 고사를 남긴 것은 유명하다. 口傳(구전):입으로
전함. 本集에는 口云으로 되어 있다. 諫議(간의):諫議大夫. 天子를 간
(諫)하고 정치의 득실(得失)을 論하는 관원. 당시의 諫議大夫는 맹간(孟
簡)이었다. 白絹斜封(백견사봉):하얀 비단으로 비스듬히 봉(封)함. 三
道印(삼도인):정확히 알 수는 없으나 봉한 것을 나타내기 위해 세 개의
도장을 찍은 듯하다. 開緘(개함):편지의 봉함(封緘)을 열고 읽음. 宛
見(완현):흡사 나타난 것 같음. 또는 見을 본다는 뜻으로 해석하여, 마
치 보는 것 같음. 面(면):얼굴. 首閱(수열):맨 처음 눈에 띔. 首는 初의
뜻. 月團三百片(월단삼백편):달처럼 둥글게 뭉쳐 놓은 차 삼백 개. 月
團은 둥글게 뭉쳐 놓은 차의 이름. 또 유명한 먹〔墨〕의 이름으로도 쓰인
다. 聞說(문설):聞道'라 되어 있는 本集을 따르는 것이 좋다. 듣건대의
뜻. 新年入山裏(신년입산리):새해의 봄기운이 산속에 들어옴. 蟄蟲(칩
충):겨울에 땅속에서 동면하는 벌레. 須嘗(수상):본디의 뜻은 꼭 맛볼
필요가 있다는 뜻인데, 여기서는 틀림없이 맛본다는 뜻. 陽羨茶(양선
다):陽羨에서 나는 차. 陽羨은 강소성(江蘇省) 의흥현(宜興縣)의 남쪽에
있던 옛 현(縣)으로, 그곳에선 좋은 차가 났다고 한다. 百草不敢先開
花(백초불감선개화):모든 풀은 차보다 앞서 꽃을 피우지 않음. 차 꽃은
겨울에 핀다. 仁風暗結(인풍암결):만물을 기르는 바람이 남몰래 살며
시 꽃봉오리를 맺게 함. 珠蓓蕾(주배뢰):구슬 같은 꽃봉오리. 蓓蕾는

꽃봉오리. 抽出黃金芽(추출황금아):황금빛 싹을 내밂. 摘鮮焙芳(적선배방):신선한 잎을 따서 향기롭게 구워 말림. 旋封裹(선봉과):바로 싸서 봉함. 旋은 곧·금세. 裹는 포장하는 것. 至精至好(지정지호):그 이상의 것이 없을 만큼 훌륭하고 맛이 뛰어남. 至尊之餘(지존지여):천자가 쓰고 남긴 것. 至尊은 더없이 존귀하다는 뜻으로, 天子를 가리킨다. 合王公(합왕공):왕이나 공경(公卿)에게 합당함. 천자가 마시는 차는 신분이 높은 사람에게 내려지는 것이 경우에 맞는다는 뜻. 山人家(산인가):산속에서 은거하는 사람의 집. 山人이란 속세를 떠나 은거하는 사람으로, 여기서는 盧仝을 가리킨다. 紗帽籠頭(사모농두):엷은 비단 모자로 머리를 감쌈. 煎喫(전끽):끓여서 마심. 碧雲(벽운):차에서 피어오르는 김을 가리킨다. 白花(백화):차의 거품을 하얀 꽃에 비유한 것이다. 凝碗面(응완면):찻잔 표면에 엉김. 碗은 椀과 수字로, 음식 따위를 담는 작은 식기. 喉吻潤(후문윤):목구멍과 입술을 적셔 줌. 搜枯腸(수고장):메마른 창자를 더듬어 찾음. 차의 향기가 창자에까지 미치는 것을 가리킨다. 惟有文字五千卷(유유문자오천권):오직 오천 권의 문자만이 남게 됨. 모든 근심이 사라지는 것을 가리킨다. 發輕汗(발경한):가벼운 땀을 나게 함. 平生(평생):평소(平素). 盡向毛孔散(진향모공산):털구멍을 통해 밖으로 발산시켜 모두 없애 버림. 通仙靈(통선령):신령의 경지에 이름. 喫不得(끽부득):마실 필요도 없음. 마셔서는 안 된다는 뜻이 아니다. 習習(습습):바람이 부는 소리를 형용한 것. 날개를 쳐 날 때에 나는 소리. 선인(仙人)이 되어 하늘을 난다는 뜻. 蓬萊山在何處(봉래산재하처):봉래산이 어디에 있는가? 蓬萊山은 東海 가운데에 있다는 전설의 산으로, 산 위에 신선이 산다고 한다. 자신도 신선이 되었으므로 '봉래산이 어디에 있느냐?'고 물은 것이다. 玉川子(옥천자):盧仝의 號. 欲歸去(욕귀거):돌아가고자 함. 蓬萊山으로 가겠다는 뜻. 山

上羣仙司下土(산상군선사하토):산 위의 여러 신선은 아래 땅의 여러 사람을 다스림. 山은 봉래산을 가리키고, 下土는 인간 세상을 가리킨다. 地位淸高(지위청고):신선들이 있는 곳은 속세로부터 멀리 떨어져 있어 맑고 높음. 隔風雨(격풍우):비바람으로부터 떨어져 있음. 蒼生(창생):많은 사람들을 가리킨다. 命墮顚崖(명타전애):운명이 높은 절벽으로부터 떨어짐. 顚崖는 절벽 꼭대기. 本集에는 嶺崖로 되어 있다. 便從諫議問蒼生(변종간의문창생):그래서 간의대부에게 창생들에 관한 일을 물음. 到頭(도두):마침내. 合得蘇息否(합득소식부):꼭 소생하게 될지 어떨지? 合은 반드시, 蘇息은 蘇生, 否는 의문사로 '~될지 어떨지?'의 뜻. 간의대부인 孟簡이야말로 天子에게 諫하여 백성을 구해야 한다는 뜻.

【解說】《玉川子詩集》 卷二에 〈走筆謝孟諫議新茶(붓을 달려 간의대부 孟簡이 새로 난 차를 보내 준 데에 대해 감사함)〉라는 제목으로 실려 있다. 本篇의 작자 盧仝은 博學하고 문재(文才)가 뛰어났으나, 명리(名利)를 싫어하여 은거(隱居) 생활을 했다. 차(茶)에 관하여 일가견(一家見)이 있었으며, 唐代의 문호(文豪) 한유(韓愈)로부터 남다른 존경을 받았다.

　　本篇은 茶에 관해 읊은 詩로, 범희문(范希文)이 지은 〈鬪茶歌〉와 함께 다가(茶家)의 가작(佳作)으로 꼽힌다. 盧仝의 詩는 앞의 〈有所思〉에서도 보았듯이 평이(平易)하여 이해하기 쉽다. 유독 本篇만은 시법(詩法)이 기기 괴괴(奇奇怪怪)하며, 차에 관한 이야기로 시작되어 '乘此風欲歸去'로 발전되더니 급변하여 차를 보내 준 간의대부에게 백성 구제 잘 하라는 부탁의 말로 篇을 맺고 있어, 내용 역시 상식을 벗어난 감이 없지 않다. 그러나 구성과 형식면에서는 나무랄 데 없으며, 한 잔씩 차를 더해 감에 따라 느낄 수 있는 끽다(喫茶)의 즐거움이 잘 묘사되어 있는 명편(名篇)이다.

창포가:사첩산(菖蒲歌:謝疊山)

有石奇峭天琢成
유 석 기 초 천 탁 성

하늘이 쪼아 놓은 듯한 기이한 돌이 있고

有草夭夭冬夏靑
유 초 요 요 동 하 청

그 곁에 풀이 있어 겨울·여름 할 것 없이
늘 푸르네.

人言菖蒲非一種
인 언 창 포 비 일 종

사람들이 말하기를,
창포의 종류는 한 가지가 아니며

上品九節通仙靈
상 품 구 절 통 선 령

한 치 뿌리에 아홉 마디가 있는 것을 먹으면
신선에 통한다고.

異根不帶塵埃氣
이 근 부 대 진 애 기

뿌리에 속세의 먼지와 티끌 묻히지 않고

孤操愛結泉石盟
고 조 애 결 천 석 맹

높은 지조 지키며 샘과 돌 곁에서
자랄 것을 맹세한 石菖蒲!

明窓淨几有宿契
명 창 정 궤 유 숙 계

밝은 창 앞의 깨끗한 책상을 지키는 것이
예부터의 약속이니

花林草砌無交情
화 림 초 체 무 교 정

꽃밭과 잡풀 우거진 섬돌 밑엔 설 뜻이 없다네.

夜深不嫌淸露重
야 심 불 혐 청 로 중

깊은 밤 맑은 이슬 맞는 것 싫어하지 않고

晨光疑有白雲生
신 광 의 유 백 운 생

아침 햇살 받으며 선경(仙境)의 흰 구름
피워 오르네.

嫩如秦時童女登蓬瀛
눈 여 진 시 동 녀 등 봉 영

아름다운 모습, 진시황 때에
童女들이 봉래·영주에 오르며

手携綠玉杖徐行
수 휴 녹 옥 장 서 행

푸른 옥 지팡이 짚고 천천히 걷던 것 같고,

瘦如天台山上賢聖僧
수 여 천 태 산 상 현 성 승

여윈 모습, 마치 천태산 위의 고승이

休糧絕粒孤鶴形 휴 량 절 립 고 학 형	곡기(穀氣) 끊어 학처럼 보이던 것 같네.
勁如五百義士從田橫 경 여 오 백 의 사 종 전 횡	굳세기가 오백의 義士가 전횡을 따를 적에
英氣凜凜摩靑冥 영 기 능 름 마 청 명	늠름한 영기(英氣)가 하늘을 어루만지던 것 같고,
淸如三千弟子立孔庭 청 여 삼 천 제 자 입 공 정	맑기가 孔子의 뜰에 삼천 제자 모여 공부할 적에
回琴點瑟天機鳴 회 금 점 슬 천 기 명	안회의 琴과 증석의 瑟이 천리(天理)를 좇아 소리를 냈던 것 같네.
堂前不入紅粉意 당 전 불 입 홍 분 의	창포 핀 당(堂) 앞엔 요염한 여인들의 발걸음 허락되지 않고
席上嘗聽詩書聲 석 상 상 청 시 서 성	창포 핀 자리에선 늘 詩 · 書를 읊조리는 소리만이 들렸다네.
怪石篠簜皆充貢 괴 석 소 탕 개 충 공	怪石 · 篠 · 簜이 모두 공물(貢物)의 한 자리를 차지했었으니
此物舜廊當共登 차 물 순 랑 당 공 등	石菖蒲도 마땅히 舜임금의 어전에 바쳐졌으리.
神農知己入本草 신 농 지 기 입 본 초	神農은 菖蒲를 알아보고 《本草》에 넣었으나
靈均蔽賢遺騷經 영 균 폐 현 유 소 경	屈原은 현명함이 가리워져 〈離騷〉에서 읊는 것을 잊었네.
幽人耽翫發仙興 유 인 탐 완 발 선 홍	은거하는 사람이 이를 좋아하면 神仙만이 맛보는 흥취를 일으키게 되고
方士服餌延脩齡 방 사 복 이 연 수 령	선도(仙道)를 닦는 사람이 이를 먹으면 수명이 길어진다네.
綵鸞紫鳳琪花苑 채 란 자 봉 기 화 원	綵鸞 · 紫鳳 같은 石菖蒲를 보니 선경(仙境)의 꽃밭을 보는 듯하고
赤虯玉麟芙蓉城 적 규 옥 린 부 용 성	赤虯 · 玉麟이 노니는 부용성을 보는 듯하네.

上界眞人好淸淨	천상의 선인들 맑고 깨끗함을 좋아한다고 하니
상 계 진 인 호 청 정	
見此靈苗當大驚	石菖蒲의 신령스런 싹을 보면 크게 놀라리.
견 차 영 묘 당 대 경	
我欲携之朝太淸	내 이를 가지고 太淸宮에 가려 하노니,
아 욕 휴 지 조 태 청	
瑤草不敢專芳馨	石菖蒲의 영묘한 향기
요 초 불 감 전 방 형	혼자 차지할 수 없기 때문이네.
玉皇一笑留香案	옥황께선 웃으시며 香을 올리는
옥 황 일 소 유 향 안	책상 위에 이를 두셨다가
錫與有道者長生	道 닦는 이에게 내리시어 長生케 할 것이네.
석 여 유 도 자 장 생	
人閒千花萬草儘榮艶	인간 세상의 千色·萬草가
인 간 천 화 만 초 진 영 염	그 아름다움을 다한다 해도
未必敢與此草爭高名	石菖蒲와는 감히 그 고귀한 이름을
미 필 감 여 차 초 쟁 고 명	다투지 못하리.

【語義】 有石奇峭(유석기초):기이하게 솟아 있는 돌이 있음. 석창포(石菖
蒲)가 자라나 있는 곳 옆에 있는 돌을 가리킨다. 天琢成(천탁성):자연이
모양을 깎아 이루어 놓음. 琢成은 玉이나 돌 등을 깎아 모양을 만드는
것. 특히 琢은 학문을 닦는 것을 가리키는 말로 많이 쓰인다. 《大學》傳
文 第三章에, '자르는 듯 다듬는 듯하며, 쪼는 듯 가는 듯하도다(如切如
磋 如琢如磨.《詩經》).'라고 했는데, 이는 玉石을 갈고 다듬고 닦아 빛나
는 寶玉을 이루듯이 學問이나 德을 닦아 人格을 도야(陶冶)하는 과정을
비유적(比喩的)으로 표현한 것으로, 切磋琢磨라는 말로 많이 표현된다.
夭夭(요요):《詩經》國風篇 周南의 〈桃夭〉에, '싱싱한 복숭아나무에 화사
한 꽃이 피었네(桃之夭夭 灼灼其華).'라고 했고, 朱子가 注하길, '夭夭는

젊고 아름다운 모습을 가리킨다.'고 했다. 夭는 재앙, 또는 일찍 죽는 것을 뜻하기도 한다. 冬夏靑(동하청):겨울 여름 할 것 없이 푸름. 上品九節(상품구절):상급의 품종은 한 치의 뿌리에 아홉 마디가 있는 것임. 品은 등급의 구별. 通仙靈(통선령):신선이 되는 것을 가리킨다. 《神仙傳》卷三〈王興〉에 다음과 같은 이야기가 실려 있다. 漢 武帝가 숭산(嵩山)에 올라 한 仙人을 만났는데, 그 선인은 키가 두 장(丈)이나 되었으며, 머리보다도 높게 솟은 귀가 아래로는 어깨에까지 늘어져 있었다. 武帝가 그에게 禮를 갖추고 물었더니 그 선인은, "나는 구의산(九嶷山)의 神인데, '중악(中岳)의 돌 위에 나는 창포는 한 치의 뿌리에 아홉 마디가 있는 것으로, 그것을 먹으면 장생(長生)을 얻는다.'고 들었기에 그것을 캐러 왔을 뿐이다."라고 말하고는 홀연히 사라져 버렸다. 武帝는 시신(侍臣)들에게, '中岳의 神이 짐(朕)에게 중요한 것을 가르쳐 주려는 것임에 틀림없다.'고 말하고, 그때부터 창포를 복용했다. 2년이 지나도록 효험이 없자 먹는 것을 그만두었다. 당시 선도(仙道)를 닦던 왕흥(王興)이란 자가 있었는데, 그는 仙人이 武帝에게 창포를 먹으라고 가르쳤다는 소리를 듣고, 하루도 거르지 않고 꾸준히 창포를 먹어 결국 장생(長生)을 얻었다고 한다. 異根(이근):다른 풀들보다 훌륭한 뿌리. 한 치의 길이에 아홉 개의 마디가 있는 뿌리를 가리킨다. 孤操(고조):외로이 지키는 절조(節操). 고고(孤高)한 지조(志操). 愛結泉石盟(애결천석맹):샘과 돌 곁에 있음을 사랑할 것을 맹세함. 石菖蒲는 언제나 돌이나 샘 곁에 자라기 때문에 이렇게 말한 것이다. 明窓淨几(명창정궤):밝은 창 앞의 깨끗한 책상. 송대(宋代)의 사람들이 즐겨 쓰던 말이다. 宿契(숙계):옛날부터의 약속. 花林草砌(화림초체):꽃이 있는 숲과 풀이 있는 섬돌 아래. 砌는 섬돌 아래로, 대체로 화초가 많이 심어져 있는 곳이다. 無交情(무교정):친하게 사귀지 않음. 인연이 없음. 疑有白雲生(의유백운

생):石菖蒲 곁에 있는 바위 주변에서 아침의 흰 구름이 생기는 것처럼 생각됨. 白雲은 깊은 산속에서 피어오르는 것이어서, 선경(仙境)을 묘사하는 데에 흔히 쓰인다. 嫩(눈):여리고 싱싱한 것. 轉하여 아름다운 것. 앞에 나온 夭夭와 같다. 秦時童女(진시동녀):진나라 때의 동정녀(童貞女). 始皇 26년, 秦始皇은 제(齊)나라 사람 서불(徐市)의 '바다 가운데에 신선이 산다는 三神山이 있다.'는 상서(上書)를 믿고, 그로 하여금 동남동녀(童男童女) 수천 명을 데리고 가 불로초(不老草)를 구해 오도록 했다(《史記》 始皇本紀). 蓬瀛(봉영):봉래산(蓬萊山)과 영주산(瀛州山). 방장산(方丈山)과 함께 두 산 모두 동해 가운데 있다는 三神山의 하나로, 불로장생(不老長生)의 약과 신선이 있다고 한다. 杖徐行(장서행):지팡이를 짚고 천천히 걸음. 瘦(수):몸이 야윈 것. 菖蒲가 바싹 말라 보이는 것을 가리킨다. 天台山(천태산):절강성(浙江省) 천태현(天台縣) 북쪽에 있는, 높고 험준한 명산(名山). 漢代에 유신(劉晨)·완조(阮肇)가 이 산에 들어와 약초를 캐다 선인(仙人)을 만났다는 고사(故事)가 있으며, 수(隋)의 지자 대사(智者大師)는 이곳에 들어와 한 종파(宗派)를 열었는데 바로 천태종(天台宗)이다. 산 아래에 방광사(方廣寺)가 있다. 休糧絶粒(휴량절립):양식을 멀리하고 곡식을 끊음. 단식(斷食)하여 죽으려 하는 것을 뜻하는 게 아니라, 수도(修道)하는 사람이 열매나 채소 따위로 간신히 목숨만 부지하는 것을 가리킨다. 勁(경):굳셈. 창포의 뿌리가 강인한 것을 가리킨다. 五百義士從田橫(오백의사종전횡):전횡(田橫)을 따르던 오백 명의 의사(義士). 田橫은 제(齊)나라 왕이었던 田氏의 일족으로, 項羽와 劉邦을 상대로 싸웠다. 漢이 楚를 멸하자, 그는 자신의 도당(徒黨) 오백여 명을 데리고 섬으로 도망가 끝까지 항전하였으며, 그가 스스로 자신의 목을 쳐 죽자 그를 따르던 자들도 모두 자살했다. 凜凜(늠름):위엄 있는 모양. 摩靑冥(마청명):푸른 하늘

을 어루만짐. 淸(청):菖蒲의 청결(淸潔)함을 가리킨다. 三千弟子(삼천
제자):《史記》孔子世家에, '孔子, 제자들에게 詩·書·禮·樂을 가르쳤
다. 제자들이 삼천 명이나 되었다. 그 가운데에 육예(六藝)에 달통한 자
가 72명이나 되었다.'고 했다. 立孔庭(입공정):제자들이 孔子의 집 뜰
에 모여 교육받던 것을 가리킨다. 回琴(회금):顔回가 타는 琴.《莊子》
에, '琴을 타 스스로 즐길 수 있으며 부자(夫子:孔子를 가리킨다)의 道를
배울 수 있어 나는 항상 즐겁다. 굳이 벼슬살이하고 싶지는 않다.'라고
한 안연(顔淵)의 말에 근거한 것인데,《論語》나《史記》에는 이러한 기
록이 없다. 顔回는 孔子의 수제자로, 字는 자연(子淵). 가난하고 불우하
였으나 그것을 괴로워하지 않았으며, 학력(學力)이 가장 뛰어나 스승의
총애를 받았다. 십철(十哲)의 한 사람으로, 아성(亞聖)으로 추앙(推仰)
받았다. 默瑟(점슬):증석(曾晳)의 瑟.《論語》先進篇에 나오는 이야기
에서 취한 것이다. 子路, 冉求, 公西華가 孔子와 書案을 마주하고 있고,
曾晳이 그들과 조금 떨어진 방 한쪽에서 나직하게 瑟을 타고 있었다. 孔
子가 書案을 물리고, '登用된다면 어떻게 할 것인지 平素의 포부(抱負)를
소신껏 말하라.'고 하여 각자가 자신의 뜻을 말하게 되었는데, 曾晳의 차
례가 되자, 그는 瑟을 타던 것을 멈추고 일어나서 다음과 같이 말했다.
'늦은 봄철에 새로 지은 봄옷을 꺼내 입고, 친구 몇이서 젊은이 몇을 데
리고 기수(沂水)에 나아가 맑은 물에 목욕한 다음, 무우(舞雩)에 올라가
바람이나 쐬며 한가하게 거닐다가《詩經》의 구절이나 읊으면서 돌아왔
으면 합니다(莫春者 春服旣成 冠者五六人 童子六七人 浴乎沂 風乎舞雩
詠而歸).' 本篇에서, '顔回의 琴과 曾晳의 瑟이 하늘의 이치에 따라 소리
를 내는 것 같다.'고 한 것은, 菖蒲가 더없이 온화하고 아름다운 분위기
를 자아내는 것을 가리키는 말이다. 天機鳴(천기명):하늘의 이치가 자
연스럽게 소리를 냄. 琴과 瑟이 조금도 흐트러지지 않은 아름답고 우아

한 소리를 낸다는 뜻으로, 菖蒲의 고상한 자태를 가리키는 말이다. 紅
粉意(홍분의):요염하게 꾸미고 싶은 여인의 기분. 紅은 붉은 연지, 粉은
하얀 분. 詩書(시서):《詩經》과 《書經》.《詩經》은 五經의 하나로, 은대
(殷代)부터 춘추시대(春秋時代)까지 詩 311篇을 모아 孔子가 편찬한 책.
기원전 10~6세기의 고시(古詩)들이 수록되어 있으며, 국풍(國風)·아
(雅)·송(頌)의 세 부분으로 크게 나뉘어 있고, 사언(四言)의 시형(詩型)
을 중심으로 반복된 것이 많다. 한(漢)나라 모형(毛亨)이 전한 것이 유
일한 완본(完本)이므로 모시(毛詩)라고도 한다.《書經》은 요순(堯舜) 때
부터 주(周)나라 때까지 정사(政事)에 관한 문서(文書)를 孔子가 수집·
편찬한 책으로, 뒤에 송(宋)의 채침(蔡沈)이 注解한 것을《書傳》이라 한
다. 구칭(舊稱)은 '상서(尙書).' 怪石篠簜(괴석소탕):本書 注에, '靑州에
서는 怪石을 바쳤고, 揚州에서는 篠簜을 바쳤다.'고 했다. 모두《書經》
禹貢篇에 기록되어 있는 제국(諸國)의 공물(貢物)이다. 靑州에서는 怪
石, 옥(玉) 비슷한 특이한 돌을, 揚州에서는 소(篠:조릿대. 대나무의 일
종으로, 줄기가 가늘어 화살대를 만들기에 적합함)와 탕(簜:큰 대나무)
을 바쳤다고 한다. 充貢(충공):공물(貢物)에 충당됨. 貢物은 각 지방에
서 조정에 바치던 그곳의 특산물. 此物(차물):石菖蒲를 가리킨다. 舜
廊(순랑):古代의 성제(聖帝) 순(舜)임금의 조정(朝廷). 廊은 몸채 곁에
딸린 곁채. 登(등):공물(貢物)로서 바쳐지는 것을 가리킨다. 神農(신
농):고대(古代) 삼황(三皇) 가운데 한 사람.《史記》三皇本紀에, '염제
(炎帝) 신농씨(神農氏)는, 사람의 몸에 소의 머리(人身牛首)를 한 화덕
(火德)의 王. 따라서 炎帝라 불린다. 처음으로 농경(農耕)을 가르쳐 신
농(神農)이라 불리며, 백초(百草)의 맛을 보아 약초(藥草)를 가려냈다.'
고 했다. 農業·醫藥의 神이다. 知己(지기):자신을 진정으로 인정해
주는 사람. 여기서는 神農氏가 菖蒲를 인정해 준 것을 가리킨다. 入本

草(입본초):菖蒲가《神農本草經》에 기록되어 있는 것을 가리킨다. 本草는 神農이 지었다는《本草經》세 권을 가리킨다. 藥材에 관한 가장 오래된 책으로, 365종의 약물(藥物)이 기재되어 있다 한다(李時珍《本草綱目》). 靈均(영균):굴원(屈原)의 字. 屈原의〈離騷經〉에, '아버님께서 나의 태어난 때를 헤아리시어 내게 아름다운 이름 내려 주시니, 이름은 정칙(正則), 字는 영균(靈均)이네(皇覽揆余于初度兮 肇錫余以嘉名. 名余曰正則兮 字余曰靈均).'라고 했다. 蔽賢(폐현):현명함이 가리워지다. 屈原이〈離騷經〉에서 모든 향초(香草)를 동원하여 聖人·君子에 비유했는데, 유독 菖蒲에 대해서는 언급하지 않았다. 그래서 '蔽賢遺騷經', 즉 '현명함이 가리워져, 菖蒲가〈離騷〉에서 누락됨'이라 한 것이다. 騷經은 屈原이 楚의 회왕(懷王)에게서 추방당하였을 때, 君을 사모하고 나라를 걱정하여 지은 초사(楚辭)〈이소경(離騷經)〉을 略한 것이다. 屈原이 지은 楚辭 25篇을〈離騷經〉이라 부르기도 하는데, 후세 사람들이 그 글을 높여서 부르기 위하여 經 字를 넣었다. 幽人(유인):고요하고 깊은 곳에 은서(隱栖)하는 사람. 耽翫(탐완):지나치게 좋아하며 즐김. 耽은 지나치게 즐기는 것. 翫은 즐기다, 또는 탐내다. 發仙興(발선흥):선인(仙人)만이 가지는 감흥(感興)이 높아짐. 方士(방사):선도(仙道)를 닦는 사람. 服餌(복이):약(藥)으로 마시고 먹음. 延脩齡(연수령):길게 수명을 연장시킴. 綵鸞紫鳳(채란자봉):화려하고 아름다운 난(鸞:鳳의 한 종류)과 자줏빛 봉황(鳳凰). 菖蒲花의 아름다움을 형용한 것이다. 琪花苑(기화원):기화요초(琪花瑤草)가 가득한 선경(仙境)의 화원(花苑). 琪는 玉의 이름. 赤虬玉麟(적규옥린):뿔이 없는 붉은 용과 백옥(白玉)의 기린(麒麟). 용과 기린의 아름다운 모습으로 菖蒲 뿌리와 줄기의 아름다움을 형용한 것이다. 芙蓉城(부용성):신선이 산다는 성의 이름. 上界眞人(상계진인):천상(天上)의 선인(仙人). 眞人은 선도(仙道)를 터득한 사람.

또 道와 一體가 된 사람. 靈苗(영묘):신령스런 싹. 菖蒲의 싹을 가리킨
다.   朝太淸(조태청):태청궁(太淸宮)에 나아감. 朝는 신하가 조정에 나
아가 임금을 배알하는 것. 太淸은 道家에서 말하는 三淸境 가운데 하나
인 太淸宮. 道家의 書에 의하면, 玉淸ㆍ太淸ㆍ上淸을 三淸天이라 하는
데, 聖人은 玉淸에 오르고, 眞人은 上淸에 오르며, 仙人은 太淸에 오른
다고 한다.   瑤草(요초):영초(靈草).   玉皇(옥황):여러 신선을 다스리는
천제(天帝). 옥제(玉帝)라고도 한다.   香案(향안):향(香)을 올리는 책상.
錫(석):사(賜)와 같은 뜻으로, 윗사람이 아랫사람에게 주는 것.   儘榮艶
(진영염):아름다움과 고움을 다함. 꽃이 매우 아름다운 것을 가리킨다.

【解說】 석창포(石菖蒲)의 빼어난 모습과 공효(功効)를 기린 서정적(敍情
的) 영물시(詠物詩)이다. 本篇은 시 자체로서도 훌륭하지만,《古文眞
寶》를 편집한 황견(黃堅)의 활동 연대를 추정할 수 있게 해 준다는 점에
서 더 큰 가치를 갖는다.

  本篇에서 謝疊山은 '靈均蔽賢遺騷經'이라 하여, 충절(忠節)의 고사(高
士)가 菖蒲의 훌륭함을 자신의 글에서 논하지 못했음을 은근히 비난하
는 듯한 투로 말했는데, 本書에서는 이에 관해 이견(異見)을 말하고자
한다. 물론 屈原의 〈離騷經〉에 菖蒲나 石蒲라는 말은 보이지 않는다. 그
러나 '荃과 같은 나의 忠情을 살피지 않으시고, 도리어 참소만 믿고 화
를 내시네(荃不揆余之中情兮, 反信讒而齋怒).'라고 한 글에서, 전(荃:
香草 이름)은 손(蓀:창포과에 속하는 다년초로, 못가나 습지에 나며 향
기가 좋다)이라 불리는 식물을 가리키므로, 〈離騷經〉에 菖蒲에 관한 언
급이 없다는 것은 옳은 의견이 아니다. 오히려 屈原은 창포를 가장 귀
하게 여겨 자신의 마음을 창포에 비겼던 것이다.

석고가:한퇴지(石鼓歌:韓退之)

張生手持石鼓文
장 생 수 지 석 고 문
장생이 석고문을 들고 와

勸我試作石鼓歌
권 아 시 작 석 고 가
내게 석고가를 지으라 권하네.

少陵無人謫仙死
소 릉 무 인 적 선 사
杜甫도 가고 李白도 갔으니

才薄將奈石鼓何
재 박 장 내 석 고 하
재주 없는 내가 어이 석고를 노래할 수 있을까.

周綱陵遲四海沸
주 강 능 지 사 해 비
周나라의 기강이 무너져 사해가 어지러워지자,

宣王憤起揮天戈
선 왕 분 기 휘 천 과
宣王이 떨쳐 일어나 하늘을 대신하여 창을 휘둘러
천하를 평정하고

大開明堂受朝賀
대 개 명 당 수 조 하
明堂을 활짝 열어 朝賀를 받게 되니,

諸侯劍珮鳴相磨
제 후 검 패 명 상 마
늘어선 제후들의 칼과 패옥이 서로 부딪쳐
소리를 냈네.

蒐于岐陽騁雄俊
수 우 기 양 빙 웅 준
岐山 남쪽에 사냥을 나가 영웅 준걸들로 하여금
말 달리게 하니

萬里禽獸皆遮羅
만 리 금 수 개 차 라
만 리 사방의 금수까지 그물에 걸렸네.

鐫功勒成告萬世
전 공 늑 성 고 만 세
공과 업적을 새겨 만세에 고하고자

鑿石作鼓隳嵯峨
착 석 작 고 휴 차 아
돌을 쪼아 북처럼 만들려고
치솟은 바위산 무너뜨렸네.

從臣才藝咸第一
종 신 재 예 함 제 일
따르던 신하들의 재주와 학문은 모두 천하제일,

簡選譔刻留山阿
간 선 찬 각 유 산 아

그 가운데 뛰어난 사람을 골라 글을 짓고
석고에 새겨 산언덕에 두도록 했네.

雨淋日炙野火燒
우 림 일 자 야 화 소

오랜 세월, 비에 젖고 햇볕에 타고
들불에 그을렸어도

鬼物守護煩撝訶
귀 물 수 호 번 휘 가

귀신들이 석고를 해하려는 자들을 물리쳐 지켰네.

公從何處得紙本
공 종 하 처 득 지 본

장생은 어디서 이 탁본을 얻었을까,

毫髮盡備無差訛
호 발 진 비 무 차 와

터럭 같은 가는 자획까지 남김없이 갖추고 있네.

辭嚴義密讀難曉
사 엄 의 밀 독 난 효

문장이 준엄하고 뜻이 치밀하여
쉬이 해독할 수 없고

字體不類隸與蝌
자 체 불 류 예 여 과

글씨는 예서도 아니고 과두 문자도 아니네.

年深豈免有缺劃
연 심 기 면 유 결 획

오랜 세월이 지나는 동안 어찌 자획이
지워지지 않겠는가,

快劍斫斷生蛟鼉
쾌 검 작 단 생 교 타

그런데도 잘 드는 칼에 베인 용과 악어처럼
남은 자획이 약동하네.

鸞翔鳳翥衆仙下
난 상 봉 저 중 선 하

난새와 봉황이 날아올라 신선을 태우고
내려오는 듯,

珊瑚碧樹交枝柯
산 호 벽 수 교 지 가

산호수와 벽옥수의 무성한 나뭇가지
엉켜 있는 듯 아름답고,

金繩鐵索鏁紐壯
금 승 철 삭 쇄 뉴 장

금줄과 쇠사슬을 얽어매어 놓은 듯 힘차며,

古鼎躍水龍騰梭
고 정 약 수 용 등 사

오래된 솥이 물속에 뛰어들고 용이 베틀 위에서
북처럼 뛰듯 필세가 격렬하네.

陋儒編詩不收入
누 유 편 시 불 수 입

周代의 선비들 식견이 낮아
이 글을 《詩經》에 넣지 못하여

二雅褊迫無委蛇
이 아 편 박 무 위 이

大雅 · 小雅마저 옹졸하고 여유가 없는 듯
여겨지네.

孔子西行不到秦
공 자 서 행 부 도 진
공자께서는 서쪽으로 갔으되
秦에까지는 이르지 못하시어

掎摭星宿遺羲娥
기 척 성 수 유 희 아
잔별 들만 모으시고 해와 달을 잃으셨네.

嗟余好古生苦晚
차 여 호 고 생 고 만
아, 나는 옛것을 좋아하나 태어남이 너무 늦어

對此涕淚雙滂沱
대 차 체 루 쌍 방 타
석고문 대하며 비 오듯 눈물만 흘리네.

【語義】 張生(장생):韓愈 문하(門下)의 장적(張籍)을 가리킨다. 少陵無人
(소릉무인):소릉에 사람 그림자가 없음. 詩聖 杜甫는 죽고 없다는 뜻.
少陵은 杜甫가 살던 곳. 謫仙死(적선사):李白이 죽고 없다는 뜻. 謫
仙은 귀양 온 神仙이란 뜻으로, 賀知章이 李白을 長安에서 처음 보고 했
던 말. 作者 韓愈가 〈石鼓歌〉를 짓기에 앞서, 겸손하게 李·杜 양인(兩
人)을 말한 것이다. 才薄(재박):재주가 없어 도저히 石鼓歌를 짓기에
적합한 사람이 아니라는 것은, 韓愈가 겸손의 태도를 보인 것. 將奈石
鼓何(장내석고하):'세상의 지보(至寶)인 石鼓를 찬양하는 노래를 어떻
게 하면 지을 수 있을까?'의 뜻. 周綱陵遲(주강능지):주(周)나라의 기
강이 무너짐. 周綱은 周王朝의 강기(綱紀)로, 국가를 다스리는 기본인
법제(法制)와 예악(禮樂)을 말한다. 陵遲는 언덕이 무너져 내려 平地가
되었다는 뜻으로, 점점 쇠약해지는 것을 가리킨다. 遲는 夷와 異音同義
字. 四海沸(사해비):天下가 난리 때문에 솥 안에서 물이 끓듯 소란스
러움. 周나라 여왕(厲王) 때의 난리를 가리킨다. 宣王(선왕):周나라 때
의 임금으로, 여왕(厲王)의 아들. 揮天戈(휘천과):하늘을 대신하여 창
을 휘두름. 宣王 때에, 秦仲이 西戎을, 尹吉甫가 험윤(玁允)을, 方叔이
형만(荊蠻)을, 召虎가 회이(淮夷)를 정벌하고, 王이 몸소 서융(徐戎)을

쳐 周를 중흥(中興)시켰던 것을 가리킨다.　明堂(명당):옛날 제후(諸侯)들이 내조(來朝)하면 天子가 맞던 곳.　劍珮(검패):허리에 찬 칼과 패옥(佩玉). 珮는 佩와 仝字.　相磨(상마):참하(參賀)한 제후들이 많아, 그들 허리에 있는 칼과 패옥이 서로 스칠 듯했던 것을 가리킨다.　蒐(수):수렵(狩獵). 특히 봄에 나가는 사냥을 가리킨다.　岐陽(기양):기산(岐山)의 남쪽, 섬서성(陝西省) 부풍현(扶風縣).　騁雄俊(빙웅준):영웅준걸(英雄俊傑)로 하여금 마음껏 내달리며 사냥하게 함.　萬里(만리):百里로 되어 있는 판본(版本)도 있으며, 수렵장(狩獵場)을 가리킨다.　遮羅(차라):길을 막아 그물에 걸리게 함. 遮는 가로막는 것, 羅는 새나 짐승 등을 잡는 그물.　鐫功勒成(전공늑성):공(功)을 돌에 새기고 성과를 기록하여 새김.　鑿石作鼓(착석작고):돌을 뚫어 북을 만듦. 石鼓를 만든 것을 가리킨다.　隳嵯峨(휴차아):높은 벼랑의 돌산을 무너뜨림. 隳는 깨뜨려 무너뜨림. 嵯峨는 산이 높은 모양.　才藝(재예):재주와 학문.　咸第一(함제일):모두 천하제일임.　簡選譔刻(간선찬각):재주 있는 사람을 골라 뽑아 글을 짓고 새기게 함. '簡도 選도 뽑는다는 뜻. 譔은 撰과 仝字로, 글을 짓는다는 뜻. 本集에는 撰으로 되어 있다. 譔은 '이야기하다, 기리다'의 뜻으로 쓰이기도 하는데, 그런 경우에는 선으로 읽는다.　山阿(산아):산언덕.　雨淋(우림):비에 젖음.　日炙(일자):햇볕에 구워짐.　野火燒(야화소):들불에 탐.　鬼物(귀물):영물(靈物), 신령(神靈).　煩撝訶(번휘가):번거로이 손을 휘두르고 꾸짖음. 石鼓를 해하려는 자가 있으면 꾸짖고 쫓아 버렸다는 뜻. 撝는 가리키다, 휘두르다. 訶는 꾸짖는 것.　公(공):장적(張籍)을 가리킨다.　紙本(지본):탁본(拓本).　毫髮(호발):가는 털끝 같은 자획까지도.　差訛(차와):어긋나고 그릇됨.　讀難曉(독난효):읽어도 뜻을 알기 어려움. 曉는 깨닫는 것.　隸與蝌(예여과):예서(隸書)와 과두 문자(蝌蚪文字). 本集에는 蝌가 科로 되어 있다. 隸書는 노예(隸), 즉 천역자(賤

役者)에게도 이해되기 쉽도록 만든 글자라는 뜻으로, 秦나라 때에 정막(程邈)이 전서(篆書)의 번잡함을 생략하여 만든 글자이다. 蝌蚪文字는 黃帝 때에 창힐(蒼頡)이 새 발자국에서 암시를 얻어 만들었다고 하는 글자로, 글자의 모양이 올챙이처럼 글자 획 머리는 굵고 끝이 가늘다. 古代에는 칠(漆:옻나무의 津)로 글씨를 썼기 때문에, 처음 붓끝이 닿는 부분은 굵고 글씨의 끝 부분은 칠이 말라 가늘어, 글씨의 모양이 마치 올챙이 같았다. 蝌蚪는 올챙이. 年深(연심):오랜 세월이 지난 것을 가리킨다. 缺劃(결획):자획(字劃)이 마멸(磨滅)된 것. 快劍(쾌검):잘 드는 칼. 斫斷(작단):쳐서 끊음. 斫은 찍다, 또는 치다. 生蛟鼉(생교타):살아 있는 교룡(蛟龍)과 악어. 蛟는 뿔 없는 용. 마멸(磨滅)되고 남은 글자의 획이, 마치 용과 악어가 살아 꿈틀대는 것처럼 힘차다는 뜻. 鸞翔鳳翥(난상봉저):난조(鸞鳥)가 날고 봉황(鳳凰)이 높이 날아오름. 翥는 높이 날아오르는 것. 珊瑚碧樹(산호벽수):산호수(珊瑚樹)와 벽옥수(碧玉樹). 아름다운 가지들이 엉켜 있는 것 같은 글자의 모양을 말한 것. 金繩鐵索(금승철삭):금으로 된 줄과 쇠사슬. 索은 노끈이나 새끼 따위의 굵은 것. 鏁紐壯(쇄뉴장):갇혀 묶여 있는 것이 웅장함. 글씨의 모양이 위엄 있고 훌륭하다는 뜻. 鏁는 鎖의 뜻, 紐는 結의 뜻. 古鼎躍水龍騰梭(고정약수용등사):옛날 솥이 물에 뛰어들고, 용이 북처럼 뜀. 자획(字畫)의 기세가 격렬함을 형용한 말로, '漢나라 때의 鼎을 분음(汾陰:山西省)에서 얻고, 도간(陶侃:晋의 大將軍)이 뇌택(雷澤:山東省)에서 고기를 잡다 한 개의 북(梭)을 건졌는데, 북이 용으로 변하여 날아갔다.'(本書注)고 한 고사를 인용한 것. 梭는 베틀에 딸린 제구인 북. 陋儒(누유):주(周)나라 때에 《詩經》을 編輯한 견식이 낮은 선비들. 石鼓文을 《詩經》에 넣지 않았기 때문에 식견이 좁은 유학자라고 한 것이다. 陋는 견문이 좁고 도량이 작은 것. 詩(시):《詩經》을 가리킨다. 二雅(이아):《詩經》

의 大雅·小雅 양편(兩篇). 궁중(宮中)의 아악(雅樂)의 가사(歌詞)를 모은 篇으로, 石鼓文은 그것들과 성격이 다른 까닭에 二雅에 들어가지 못했다. 褊迫(편박):마음이 좁아 옹색한 것. 鼓文이 들어 있지 않아 그렇다는 것이다. 委蛇(위이):마음이 여유 있고 침착한 모양. 孔子西行不到秦(공자서행부도진):孔子가 천하를 주유(周遊)하느라 서쪽으로 갔으나, 秦나라에까지는 가지 못하여 기양(岐陽)에 있는 石鼓를 보지 못했다는 뜻. 掎摭(기척):끌어 모음. 星宿(성수):28宿의 별. 《詩經》의 평범한 詩들을 가리키는 것으로, 하찮은 것에 대한 비유. 羲娥(희아):해와 달이란 뜻으로, 石鼓文을 가리킨다. 羲는 해의 神 羲和를 가리키며, 娥는 달 속에 산다는 姮娥를 가리킨다. 好古(호고):옛날의 순수(純粹)한 道를 좋아함. 生苦晚(생고만):태어남이 매우 늦음. 《詩經》을 만들 당시에 태어나지 못하여 石鼓文을 《詩經》에 넣지 못했다는 뜻. 此(차):石鼓文의 탁본(拓本). 雙滂沱(쌍방타):비가 쏟아지듯 두 눈에서 눈물이 쏟아짐. 滂은 비가 세차게 퍼붓는 모양. 沱는 눈물이 흐르는 모양.

憶昔初蒙博士徵
억 석 초 몽 박 사 징
생각건대 내가 옛날 국자학 박사로 부름 받은 것은

其年始改稱元和
기 년 시 개 칭 원 화
그 해 처음으로 연호를 元和라 고친 때였네.

故人從軍在右輔
고 인 종 군 재 우 보
친구가 종군차 부풍현에 있으면서

爲我量度掘臼科
위 아 양 탁 굴 구 과
나를 위해 재고 헤아리어 절구 같은
구덩이를 팠다네.

濯冠沐浴告祭酒
탁 관 목 욕 고 좨 주
나는 목욕하고 관 빨아 쓴 뒤 좨주께 고했네.

如此至寶存豈多
여 차 지 보 존 기 다
"이런 至寶가 어찌 흔하리이까,

氈包席裹可立致
전 포 석 과 가 립 치

담요를 둘러 자리에 싹 곧 가져올 수 있으니

十鼓只載數駱駝
십 고 지 재 수 락 타

열 개의 석고, 몇 마리 낙타에 실으면 됩니다.

薦諸太廟比郜鼎
천 제 태 묘 비 고 정

조정의 태묘에 올려 郜나라의 솥과 비교한대도

光價豈止百倍過
광 가 기 지 백 배 과

그 빛과 값이 어찌 백 배에 그치겠습니까!

聖恩若許留大學
성 은 약 허 유 대 학

성은이 내려져 대학에 보관하는 것이 허락된다면

諸生講解得切瑳
제 생 강 해 득 절 차

여러 사람이 연구하며 열심히 학문을 닦게 됩니다.

觀經洪都尙塡咽
관 경 홍 도 상 전 열

東漢 때에 홍도의 석경(石經)을 보고도 감격하여
숨들이 막혔다고 하니,

坐見擧國來奔波
좌 견 거 국 내 분 파

온 나라 사람들이 이를 보려고 물밀듯
올 것임을 앉아서 알 수 있습니다.

剜苔剔蘚露節角
완 태 척 선 노 절 각

석고에 낀 이끼를 거두어 내어 글자의 마디와
모난 구석 드러나게 하고

安置妥帖平不頗
안 치 타 첩 평 불 파

반반한 장소에 잘 놓아 기울어지지 않게
해야 합니다.

大廈深簷與蓋覆
대 하 심 첨 여 개 복

또 큰 집을 세워 깊은 처마로 석고를 가려 놓으면

經歷久遠期無他
경 력 구 원 기 무 타

오랜 세월이 지나도 아무 탈이 없을 것입니다."

中朝大官老於事
중 조 대 관 노 어 사

조정의 대관들 매사에 노련할 터인데

詎肯感激徒嫙婀
거 긍 감 격 도 암 아

감격만 했지 어이하여 우물쭈물하는가.

牧童敲火牛礪角
목 동 고 화 우 려 각

목동들은 석고에 돌을 쳐 불을 일으키고
소들은 석고에 뿔을 비비고 있으니

誰復著手爲摩挲
수 부 착 수 위 마 사
누가 다시 석고를 돌보고 어루만질까.

日銷月鑠就埋沒
일 소 월 삭 취 매 몰
날로 자획이 지워지고 잡초 속에
묻혀 가고 있으니

六年西顧空吟哦
육 년 서 고 공 음 아
좨주께 고한 이래 6년 동안 한숨만 쉬고 있네.

羲之俗書趁姿媚
희 지 속 서 진 자 미
세상에선 왕희지의 속된 글씨의
아름다움조차 좋아하여

數紙尙可博白鵝
수 지 상 가 박 백 아
그의 글씨 몇 장이면 흰 거위와 바꿀 수가 있거늘,

繼周八代爭戰罷
계 주 팔 대 쟁 전 파
周나라를 이은 8代의 왕조 동안 전쟁이
그칠 적이 많았는데도

無人收拾理則那
무 인 수 습 이 즉 나
아무도 석고를 돌보지 않았으니
그 까닭이 무엇일까?

方今太平日無事
방 금 태 평 일 무 사
지금은 태평 성세로 하루하루가 평화로워

柄用儒術崇丘軻
병 용 유 술 숭 구 가
유가의 道가 높이 쓰이고 孔孟이 추앙받는 때.

安能以此上論列
안 능 이 차 상 논 렬
어떻게 하면 이 일을 조정에 올려
논의케 할 수 있을까,

願借辯口如懸河
원 차 변 구 여 현 하
현하의 변을 빌어 나의 애타는 마음을
토하고 싶네.

石鼓之歌止於此
석 고 지 가 지 어 차
석고의 노래 여기서 끝마치며

嗚呼吾意其蹉跎
오 호 오 의 기 차 타
오오, 나의 뜻 이루어지지 않음을 슬퍼하노라!

【語義】博士徵(박사징):博士가 되라는 부름을 받음. 韓愈는 元和 元年(806),
　　國子學의 博士가 되었다. 國子學은 唐代의 大學의 하나. 唐나라 때에는 국자감(國子監)에 國子學·太學·四門學·律學·算學·書學을 설치하고, 선생으로 박사(博士)를 두었다. 元和(원화):唐나라 헌종(憲宗) 때의 연호(年號). 806~820. 故人(고인):韓愈의 지인(知人). 右輔(우보):우부풍(右扶風)의 우두머리. 기양(岐陽), 즉 봉상(鳳翔)의 장관(長官). 경조(京兆)·좌빙익(左馮翊)·우부풍(右扶風)의 세 郡을 삼보(三輔)라 했다. 量度(양탁):측량(測量)함. 掘臼科(굴구과):절구 같은 구덩이를 팜. 石鼓를 안치(安置)하기 위한 구덩이임. 祭酒(좨주):대학(大學)의 장로(長老). 《事文類聚》에 의하면, 東漢 때에 박사(博士:敎授) 가운데에 가장 총명하고 위엄이 있는 사람을 좨주(祭酒)로 삼아 그를 박사좨주(博士祭酒)라 했으며, 唐代에는 좨주를 대사성(大司成)이라 불렀다 한다. 그후 淸末까지는 國子監의 長老가 祭酒가 되었다. 祭酒는 본디, 옛날에 회동향연(會同饗醼)에 존장자(尊長者)가 먼저 술로 땅에 제사지내던 일을 가리키는데, 전(轉)하여 학정(學政)의 장관을 가리키게 되었다. 氈包(전포):담요로 쌈. 席裹(석과):자리로 쌈. 裹는 포장하는 것. 可立致(가립치):즉시 가져올 수 있음. 立은 곧. 數駱駝(수락타):몇 마리의 낙타. 당시 중국 북쪽에서는 운송 수단으로 낙타를 이용했다. 薦諸太廟(천제태묘):태묘에 바침. 太廟는 선조를 제사지내는 廟堂. 郜鼎(고정):郜나라의 솥. 魯의 환공(桓公)이 魯나라 周公의 太廟에 들여놓았던 郜나라의 솥을 가리킨다. 光價(광가):빛나는 성가(聲價). 豈止百倍過(기지백배과):어찌 백 배를 지나는 데에 멈추겠는가? 백 배 이상의 성가(聲價)를 지녔다는 뜻. 講解(강해):연구하여 해명(解明)함. 得切瑳(득절차):절차탁마(切磋琢磨)할 수 있게 됨. 열심히 공부하게 되는 것을 가리킨다. 觀經洪都(관경홍도):洪都는 後漢 때 大學의 門 이름.《後漢書》靈帝紀에 의하면, 靈帝는 희평(熹平) 4年(175) 봄에 여러 유학자들을 불러 오경(五經)의 文字를 바로잡아 그것을 돌에 새겨 大學의 門 밖에 세워 놓도록 했다. 洪都는 그때 五經을 새긴 돌을 세워

놓았던 門 이름. 觀經은 돌에 새겨진 五經을 보기 위하여 사람들이 모였
던 것을 가리킨다.　尙塡咽(상전열):감탄하여 숨이 막힘. 咽은 목이 메어
소리가 막히는 것.　來奔波(내분파):사람들이 물밀듯이 밀려오는 것을 가
리킨다.　剜(완):깎아 냄.　剔(척):살을 가르고 뼈를 발라 냄. 제거하는 것.
苔·蘚(태·선):모두 이끼의 한 종류.　露(노):드러나게 함.　節角(절각):글자
획(畫)의 마디와 모난 구석.　妥帖(타첩):안정되어 바르게 자리 잡고 있음.
不頗(불파):기울어짐이 없는 것.　大廈(대하):큰 건물.　深簷(심첨):깊은 처
마.　與蓋覆(여개복):石鼓를 風雨로부터 보호하기 위해 덮개를 하는 것을
가리킨다.　期無他(기무타):아무 탈이 없기를 바람.　中朝(중조):朝中과 같
은 뜻. 조정(朝廷)의 가운데. 즉 많은 신하 중에.　老於事(노어사):일에 경
험이 많은 것.　詎(거):어찌하여.　嫦娿(암아):우물쭈물할 뿐 결단을 내리
지 못함. 嫦, 娿 모두 머뭇거린다는 뜻.　敲火(고화):石鼓에 돌 등을 쳐 불
을 일으키는 것을 가리킨다.　牛礪角(우려각):소가 石鼓에 뿔을 비벼 댐.
摩挲(마사):소중히 여겨 어루만지는 것.　日銷月鑠(일소월삭):날이 갈수록
石鼓의 글자가 지워지는 것을 가리킨다. 銷는 녹거나 사라지는 것, 鑠은
쇠를 용해하는 것.　就埋沒(취매몰):잡초 우거진 땅속에 묻히게 됨.　六年
(육년):韓愈가 祭酒에게 石鼓에 관해 고한 이래 6년 동안을 가리킨다.　吟
哦(음아):크게 한숨을 쉼. 石鼓가 방치되어 있는 것을 슬퍼하는 것이다.
義之(희지):晉의 왕희지(王羲之). 書道의 天才로, 〈蘭亭集序〉의 필적(筆跡)
은 천하제일의 글씨라 한다. 本書 後集에 실린 〈蘭亭記〉의 해설 참조.　俗
書(속서):속된 글씨. 왕희지의 글씨를 헐뜯는 게 아니라, 石鼓의 古風스런
글씨와 비교했기 때문에 이렇게 표현한 것이다.　趁姿媚(진자미):글자의
아름다운 모양을 좇음.　數紙(수지):글씨를 쓴 몇 장의 종이.　博白鵝(박
백아):하얀 거위와 바꿈. 博은 貿易. 거위를 무척 좋아한 王羲之가, 회계
산(會稽山) 북쪽에서 거위를 기르는 한 도사를 만나, 老子의 《道德經》을

써 주고 대신 거위를 받았던 사실을 가리킨다. 앞서 나온 李白의〈王右軍〉 참조. 繼周八代(계주팔대):周의 뒤를 이은 秦·漢·晋·宋·齊·梁·陳·隋를 가리킨다. 爭戰罷(쟁전파):전쟁이 없던 평화로운 때를 가리킨다. 理則那(이즉나):그 까닭은 무엇일까? 那는 何의 뜻. 柄用儒術(병용유술):孔子가 집대성(集大成)한 유학(儒學)을 중요하게 씀. 柄用은 매우 중요하게 쓰는 것. 崇丘軻(숭구가):孔子와 孟子를 숭상함. 丘는 孔子의 이름. 軻는 孟子의 이름. 安能(안능):어떻게 하면 ~할 수 있을까? 上論列(상논렬):조정에 올려 논의케 함. 辯口(변구):변설(辯舌). 如懸河(여현하):급한 경사를 세차게 흐르는 강물. 훌륭한 웅변을 가리키는 말이다. 蹉跎(차타):글자의 본디 뜻은 넘어지다, 실족(失足)하다. 여기서는 뜻이 이루어지지 않아 슬퍼한다는 뜻.

【解說】《昌黎先生集》卷五에 실려 있고, 그 題注에 구양문충공(歐陽文忠公)의《集古錄》에 기록된 것을 인용하여, '石鼓는 오랫동안 기양(岐陽: 陝西省 扶風縣의 서북, 岐山의 남쪽)에 있었다. 처음에는 세상에 알려지지 않았다. 唐代에 와서야 사람들이 그것을 알아보고 칭송했다. 위응물(韋應物:唐의 詩人)은 주(周) 문왕(文王) 때의 것인데 선왕(宣王) 때에 이르러 詩를 새긴 것으로 보았고, 韓退之는 宣王 때의 것으로 생각했다. 지금은 봉상(鳳翔:陝西省 鳳翔縣)에 있는 공자(孔子)의 묘(廟)에 있다. 石鼓는 10개이다. 들에 버려진 채 흩어져 있던 것을 정여경(鄭餘慶)이 처음으로 묘당(廟堂)에 옮겨 놓았는데 하나가 없어졌다. 宋의 황우(皇祐) 4년(1052)에 민간에서 그것을 찾아 열 개를 채웠다. 많은 글자가 새겨져 있는데 알아볼 수 있는 것은 465字, 마멸되어 알아볼 수 없는 것이 반을 넘는다.'라고 했다.
　本篇은 韓愈가 石鼓를 周代의 것으로 믿고 그것이 방치된 채 버려져

있는 것을 안타깝게 여겨 읊은 작품으로, 옛것을 아끼는 韓愈의 마음이
잘 나타나 있다. 石鼓에 대해서는 이견이 분분한데, 周代의 것이 아니라
후세에 만들어졌을 가능성이 높다. 참고로 韓愈의 本集 題下 注에 소개
되어 있는 石鼓文 중 식별이 가능한 文句들을 소개하겠다.

我車旣攻 我馬旣同
我車旣好 我馬旣騯
君子員獵 員獵員游
麋鹿速速 君子之求
左驂幡幡 石驂騝騝
秀弓時射 麋豕孔庶
其魚維何 維鱮維鯉
何以槖之 維楊及柳

후석고가:소자첨(後石鼓歌:蘇子瞻)

冬十二月歲辛丑 동 십 이 월 세 신 축	신축년 겨울 섣달
我初從政見魯叟 아 초 종 정 현 노 수	나는 처음으로 出仕하여 孔子廟에 참배하게 되었다.
舊聞石鼓今見之 구 문 석 고 금 견 지	말로만 듣던 石鼓를 직접 보게 되었는데
文字鬱律蛟蛇走 문 자 울 률 교 사 주	글자의 모양이 매우 꼬불꼬불하여 마치 내달리는 용과 뱀을 보는 듯.
細觀初以指畫肚 세 관 초 이 지 화 두	자세히 보며 손가락으로 배 위에 자획 따라 쓰면서
欲讀嗟如箝在口 욕 독 차 여 겸 재 구	글의 뜻을 헤아리려 하나 입에 재갈이 물린 듯.
韓公好古生已遲 한 공 호 고 생 이 지	韓公은 옛것을 좋아하는 자신이 늦게 태어났음을 한탄했다는데
我今況又百年後 아 금 황 우 백 년 후	하물며 나는 그보다 백 년이나 뒤에 태어났음에랴!
强尋偏傍推點畫 강 심 편 방 추 점 획	희미해진 邊과 旁을 생각하고 점획을 살펴 본디 글자를 알려 해도
時得一二遺八九 시 득 일 이 유 팔 구	열 자 가운데 두 자나 알까 나머지는 풀 수 없다.
我車旣攻馬亦同 아 거 기 공 마 역 동	'내 수레 튼튼하고 말도 갖추어졌다.'와
其魚維鱮貫之柳 기 어 유 서 관 지 류	'고기는 서어로, 버들가지에 꿴다.'는 말만 겨우 알 수 있으니,
古器縱橫猶識鼎 고 기 종 횡 유 식 정	옛날 그릇 섞여 있는 속에서 솥만은 알아보고

衆星錯落僅名斗
중 성 착 락 근 명 두

뒤섞여 있는 뭇별 가운데 북두칠성만을
알아보는 셈이라 할까.

糢糊半已似瘢胝
모 호 반 이 사 반 지

태반의 글자는 자획이 뭉개져
마치 흉터나 딱지 같고,

詰曲猶能辨跟肘
힐 곡 유 능 변 근 주

그나마 몹시 굽어져, 사람 몸에서
발꿈치와 팔꿈치만을 알아볼 수 있는 것 같다.

娟娟缺月隱雲霧
연 연 결 월 은 운 무

그래도 구름 안개에 가리워진 달처럼 아름답고

濯濯嘉禾秀稂莠
탁 탁 가 화 수 랑 유

잡초 사이에 솟아 있는 곡식의 싹처럼 산뜻하다.

漂流百戰偶然存
표 류 백 전 우 연 존

무수한 전란 속을 떠다녔으면서
지금까지 남아 있으니

獨立千載誰與友
독 립 천 재 수 여 우

천 년 세월을 홀로 서서 누구와 벗했을까.

上追軒頡相唯諾
상 추 헌 힐 상 유 낙

위로 軒轅氏와 蒼頡을 벗했을 터이니

下挹冰斯同嗀鵓
하 읍 빙 사 동 구 발

秦의 李斯나 唐의 李陽冰쯤은 젖먹이와 같다네.

【語義】 歲辛丑(세신축):가우(嘉佑:宋나라 仁宗 때의 年號) 6년(1061)을 가
리킨다. 我初從政(아초종정):東坡는 嘉佑 6년(1061), 그의 나이 26세
되던 해에 과거에 합격하여 大理評事簽書란 벼슬을 받고, 그해 겨울 鳳
翔縣으로 부임했다. 見魯叟(현노수):노(魯)나라의 노인을 뵙다. 叟는
노인에 대한 존칭. 孔子의 廟에 참배한 것을 가리킨다. 당시 石鼓는 鳳
翔에 있는 孔子의 廟에 있었다. 鬱律(울률):연기가 올라가는 모양. 여기
서는 글자의 모양이 몹시 굽어 있는 것을 가리킨다. 蛟(교):뿔 없는 용
(龍). 蛇(사):뱀. 以指畫肚(이지화두):손가락으로 배 위에 글씨를 씀.
肚는 복부(腹部), 또는 위(胃). 箝在口(겸재구):입에 재갈이 물림. 말을

할 수 없다는 뜻으로, 石鼓文을 해독(解讀)하지 못함을 가리킨다. 韓公(한공):앞의 〈石鼓歌〉를 지은 韓愈. 偏傍(편방):偏은 한자(漢字)의 왼쪽 획인 변(邊). 傍은 한자의 오른쪽 획인 방(旁). 모두 마멸(磨滅)되어 자획(字畫)이 분명하지 않은 부분들이다. 我車旣攻(아거기공):수레가 견고함. 周나라 宣王을 칭송한 말로, 이 句는 石鼓文의 첫句이자 《詩經》小雅篇 〈車攻〉의 첫句이다. 馬亦同(마역동):말도 튼튼함. 石鼓文에는 我馬亦同으로 되어 있다. 其魚維鱮(기어유서):물고기는 서어임. 鱮는 붕어 비슷한 민물고기. 貫之柳(관지류):버들로 뀀. 東坡의 注에 의하면, 石鼓文의 글귀 가운데 '我車旣攻 我馬亦同'의 두 句와, '其魚維何 維鱮維鯉. 何以貫之 維楊與柳(잡히는 고기는 무엇인가? 서어와 잉어네. 무엇으로 꿰었나? 버들로 꿰었네.)'의 네 句는 해독할 수 있으나 나머지는 해독할 수 없다고 한다. 古器縱橫(고기종횡):옛날 그릇들이 이리저리 어지럽게 놓여 있음. 猶識鼎(유식정):솥은 알아볼 수 있음. 猶는 可의 뜻. 鼎은 금속으로 만든 발이 셋, 귀가 둘 달린 솥으로, 음식을 익히는 데에 쓰였을 뿐만 아니라 죄인을 삶아 죽이는 데에도 사용되었다. 錯落(착락):뒤섞여 있는 것. 술그릇을 가리키는 말로도 쓰인다. 僅(근):겨우. 斗(두):북두칠성. 糢糊(모호):뚜렷하지 않고 흐림. 瘢胝(반지):상처 자국. 瘢은 다친 데가 아물면 남는 흉터. 胝는 피부가 단단하게 굳은 것. 詰曲(힐곡):굽음. 굴곡(屈曲). 詰도 曲의 뜻. 跟肘(근주):발꿈치와 팔꿈치. 娟娟(연연):곱고 아름다운 모양. 缺月(결월):이지러진 달. 濯濯(탁탁):반짝반짝 빛나는 모양, 또는 살이 올라 반지르르한 모양. 嘉禾(가화):좋은 곡물(穀物)을 가리킨다. 秀稂莠(수랑유):가라지 사이로 벼가 솟아 있다는 뜻으로, 石鼓가 매우 뛰어난 것을 가리킨다. 稂莠는 가라지로, 논에 자생(自生)하여 벼에 해가 되는 잡초. 轉하여 성인이나 양민을 해치는 자, 천한 놈, 보기 싫은 놈 등을 가리킨다. 漂流

(표류):떠서 흘러 다님. 百戰(백전):周나라 때부터 宋에 이르기까지 무
수히 있었던 전쟁을 가리킨다. 獨立千載(독립천재):石鼓만은 천년 동
안이나 없어지지 않고, 다른 것들과는 달리 홀로 서 있었음. 다른 것은
남아 있지 않다는 뜻으로, 그래서 다음에 誰與友라고 한 것이다. 上
追軒頡(상추헌힐):위로 헌원씨(軒轅氏)와 창힐(蒼頡)을 좇음. 石鼓文의
文字가 古代의 文字임을 암시한다. 軒轅氏는 古代의 黃帝. 蒼頡은 黃帝
때에 새 발자국에서 암시를 얻어 과두 문자(蝌蚪文字)를 만든 사람. 相
唯諾(상유낙):서로 대등하게 사귐. 唯는 예라고 대답하는 것으로, 諾보
다는 조금 공손한 말. 諾은 그렇소 하고 대답하는 것. 下挹冰斯(하읍
빙사):아래로 이양빙(李陽冰)과 이사(李斯)를 들어 봄. 挹은 액체를 떠
낸다는 뜻. 轉하여 취(取)하다·주워들다. 여기서는 비교한다는 뜻으로
쓰였다. 李斯는 秦始皇 때의 재상(宰相)으로, 周나라 宣王 때에 太史 주
(籒)가 만든 대전(大篆)을 간략하게 변형하여 소전(小篆)을 만들었다.
李陽冰은 唐代 사람으로, 小篆의 명가(名家)였다. 同鷇鶵(동구발):石
鼓에 비하면 어린 새 새끼같이 유치하게 보인다는 뜻. 鷇는 새 새끼. 특
히 연작류(燕雀類)처럼 어미새가 먹이를 가져다 먹여 주는 새끼. 스스로
먹이를 찾아 먹는 계치류(鷄雉類)의 새 새끼는 雛라 한다.

憶昔周宣歌鴻雁 억 석 주 선 가 홍 안	옛날 주나라 宣王을 〈鴻雁〉으로 기린 것을 생각하니
當時籒史變蝌蚪 당 시 주 사 변 과 두	당시 籒史가 과두 문자를 변화시켜 대전을 만들었다네.
厭亂人方思聖賢 염 란 인 방 사 성 현	혼란이 지겨워 모두가 성현의 출현을 생각할 때,
中興天爲生耆耈 중 흥 천 위 생 기 구	천하를 중흥시키고자 하늘이 선왕을 보필할 현신들을 내었네.

東征徐虜闞虓虎
동 정 서 로 함 효 호

포효하는 범처럼 무서운 기세로
동쪽 서나라 오랑캐를 정벌하고

北伐犬戎隨指嗾
북 벌 견 융 수 지 주

북쪽 오랑캐를 쳐 손가락질 하나로 그들을 부렸네.

象胥雜遝貢狼麈
상 서 잡 답 공 랑 록

사방 오랑캐들 상서에게 모여들어 이리와
사슴을 공물로 바쳤고,

方召聯翩賜圭卣
방 소 연 편 사 규 유

날렵하고 위풍 넘친 방숙과 소호는
천자께서 내리신 백옥과 술통을 받았네.

遂因擊鼓思將帥
수 인 비 고 사 장 수

장수들의 공을 생각하여 큰 북 모양의
石鼓를 만들었으나

豈爲考擊煩矇瞍
기 위 고 격 번 몽 수

어찌 번거롭게 치고 두드리게 하여
악공들을 괴롭히려는 것이었겠는가.

何人作頌比崧高
하 인 작 송 비 숭 고

누가 〈崧高〉에 비길 石鼓文을 지었는가,

萬古斯文齊岣嶁
만 고 사 문 제 구 루

만고에 전해질 石鼓文,
구루산의 우왕비(禹王碑) 같네.

勳勞至大不矜伐
훈 로 지 대 불 긍 벌

宣王의 공적 지극히 큰데도
뽐내는 글이 아닌 것은

文武未遠猶忠厚
문 무 미 원 유 충 후

文王·武王으로부터 그리 멀지 않은 시대라
忠厚한 기풍이 남아 있었기 때문이리.

欲尋年歲無甲乙
욕 심 연 세 무 갑 을

만들어진 때를 알려 해도
간지(干支)의 기록이 없으니

豈有文字記誰某
기 유 문 자 기 수 모

石鼓文을 지은 이의 이름인들
어찌 기록되어 있으리?

自從周衰更七國
자 종 주 쇠 경 칠 국

周나라가 쇠하고 전국 七雄이 일어나 다투더니

竟使秦人有九有
경 사 진 인 유 구 유

마침내 秦나라 사람들이 중국 九州를 차지하였네.

掃除詩書誦法律
소 제 시 서 송 법 률

始皇은 詩·書를 싹 쓸어 없애
법률만을 외게 하고

投棄俎豆陳鞭杻
투 기 조 두 진 편 축

禮·樂을 버리고 채찍과 수갑만으로
백성들을 다스렸다네.

當年何人佐祖龍
당 년 하 인 좌 조 룡

그때 누가 始皇을 보좌했던가,

上蔡公子牽黃狗
상 채 공 자 견 황 구

누런 개를 끌고 싶다던 상채의 공자 李斯였네.

登山刻石頌功烈
등 산 각 석 송 공 렬

始皇은 여러 산에 올라
바위에 자신의 공을 새겼는데,

後者無繼前無偶
후 자 무 계 전 무 우

앞으로 秦을 이을 나라 없을 테고
전대에도 자신의 공과 맞먹을 일은 없다고.

皆云皇帝巡四國
개 운 황 제 순 사 국

또 바위에 새겨져 있길,
황제께서 사방 제후국을 순수하시어

烹滅彊暴救黔首
팽 멸 강 포 구 검 수

강포한 무리 삶아 죽이고 백성들은 구제한다고.

六經旣已委灰塵
육 경 기 이 위 회 진

육경이 재와 먼지 속에 던져지던 때였으니

此鼓亦當隨擊掊
차 고 역 당 수 격 부

石鼓는 부수어졌어야 마땅했으리.

傳聞九鼎淪泗上
전 문 구 정 윤 사 상

始皇, 아홉 솥이 泗水에 빠졌다는 소리 전해 듣고

欲使萬夫沈水取
욕 사 만 부 침 수 취

일만 장정 풀어 물속에 들어가 찾게 했다네.

暴君縱欲窮人力
폭 군 종 욕 궁 인 력

그처럼 폭군이 사람들의 힘을 다 써 찾으려 했으나

神物義不汙秦垢
신 물 의 불 오 진 구

神物은 도리를 지켜 秦의 때에
더럽혀지지 않았다네.

是時石鼓何處避
시 시 석 고 하 처 피

그때 石鼓는 어디에 피해 있었던가,

無乃天工令鬼守
무 내 천 공 영 귀 수

하늘이 조화를 부려 귀신으로 하여금
지키게 했다네.

興亡百變物自閑
흥 망 백 변 물 자 한
나라는 흥망을 거듭하며 백 번 변했으되
石鼓만은 변치 않고 한가로움을 지켰으니

富貴一朝名不朽
부 귀 일 조 명 불 후
부귀는 하루아침이나 명예는 썩지 않는 것이네.

細思物理坐歎息
세 사 물 리 좌 탄 식
만물의 이치 생각하며 앉아서 탄식하노니,

人生安得如汝壽
인 생 안 득 여 여 수
사람으로 태어나 어찌하면 너처럼
영원히 살 수 있을까?

【語義】周宣歌鴻雁(주선가홍안):주(周)나라 선왕(宣王) 때에 백성들이 〈鴻雁〉을 지어 宣王의 공덕을 기렸던 것을 가리킨다. 〈鴻雁〉은 《詩經》小雅篇에 나오는 詩.　籀史(주사):《書苑菁華》에, '周나라 宣王의 때에, 史籀가 처음으로 대전(大篆) 15篇을 지었다. 세상에서는 그것을 籀書라 하였다.'고 했다. 지금까지 史籀는 周나라 宣王의 太史였던 史籀가 만든 문자를 가리키는 말로 쓰였다. 또 籀史라고 하면 그를 가리켰다. 本篇에서는 사람을 가리키는 말로 쓰였다. 그런데 근래 王國維가, 籀는 誦讀의 뜻으로 해석해야 한다고 주장했다. 즉 왕실(王室)의 太史官이 소지하는 독본(讀本)으로, 史籀는 서체(書體)를 가리킨다는 주장인데, 매우 유력하다. 籀文과 대전(大篆)은 다같이 秦代에 만들어진 소전(小篆)의 바탕이 되었으므로 둘 다 大篆이라는 주장과, 양자는 별개의 것이라는 주장이 있다. 漢代에는 史籀를 史篇이라고도 했다.　蝌蚪(과두):古代의 文字였던 과두 문자(蝌蚪文字). 글자의 모양이 올챙이처럼 생겼다 하여 붙여진 이름. 黃帝 때에 蒼頡이 새 발자국에서 암시를 얻어 만들었다 한다.　耆耇(기구):노인. 여기서는 天子를 보필할 현신(賢臣)을 가리킨다.《禮記》曲禮에, '나이 육십을 耆라 한다.'고 했다. 耇는 老와 같다.　徐虜(서로):서(徐)나라의 오랑캐. 徐는 지금의 강소성(江蘇省) 서

북부와 산동성(山東省) 서남부 및 안휘성(安徽省) 일부에 걸쳐 있던 땅. 虜는 敵, 또는 남을 욕하여 이르는 말. 鬫虓虎(함효호):포효하는 호랑이처럼 성을 냄. 軍의 위력(威力)을 형용한 것. 鬫은 성내는 것. 虓는 哮와 같은 뜻. 짐승이 성내어 큰 소리로 우는 것. 北伐犬戎(북벌견융):북방의 견융족(犬戎族)을 침. 指嗾(지주):손가락질하며 사주(使嗾)함. 嗾는 개 등을 덤벼들게 하려고 부추기는 소리. 앞에 犬 字가 들어 있는 犬戎이 있어 이런 표현을 쓴 것이다. 象胥(상서):통역관(通譯官)으로, 사방 오랑캐들의 사신을 관장하여, 임금의 말을 설명하여 전해 주며, 그들이 入朝하면 예법을 가르쳐 주었다. 雜遝(잡답):많은 사람들이 한데 어우러져 몰려오는 것. 遝은 한데 모여 혼잡한 것. 貢狼麀(공랑록):이리와 사슴을 바침. 方召(방소):방숙(方叔)과 소호(召虎). 周나라 宣王 때에, 方叔은 남만(南蠻)을 정벌한 현신이며, 召虎는 회이(淮夷)를 정벌한 명신(名臣)이다. 聯翩(연편):새가 나는 모양. 여기서는 말을 타고 위풍 있으면서도 날렵하게 움직이는 모양. 圭卣(규유):백옥(白玉)과 술통. 《詩經》大雅篇〈江漢〉에, "왕께서 召虎에게 명하셨네. '그대에게 구슬 잔과 검은 기장 술 한 통을 내리노니, 선조들께 고하라(釐爾圭瓚 秬鬯一卣 告于文人).'고" 한 데서 따온 말. 因鼙鼓(인비고):마상(馬上)에서 쳐 공격을 알리는 큰북 모양으로 석고(石鼓)를 만든 것을 가리킨다. 鼙는 기병(騎兵)이 말 위에서 치는 북. 考擊(고격):북을 쳐 울림. 煩矇瞍(번몽수):악관(樂官)을 괴롭히기 위해 노래를 부르게 함. 宣王은 궁중의 주악(奏樂)을 위해 石鼓를 만든 것이 아니라는 뜻. 矇瞍는 장님. 옛날에는 주로 장님이 음악을 전공했다. 여기서는 악관(樂官)을 가리킨다. 頌(송):石鼓文을 가리킨다. 宣王을 찬양하는 노래. 比崧高(비숭고):《詩經》大雅篇〈崧高〉에 비김. 萬古斯文(만고사문):만고의 石鼓文. 齊岣嶁(제구루):구루산(岣嶁山)에 있는 夏나라 禹王의 비(碑)와 같음.

岣嶁는 호남성(湖南省) 형산현(衡山縣) 북쪽에 있는 형산(衡山)의 주봉
(主峯). 夏의 禹王이 治水할 적에 글을 새겼다고 전해지는 비(碑)가 있
다. 70여 字가 새겨져 있는데, 전자(篆字)도 아니고 과두 문자(蝌蚪文
字)도 아니다. 원석(原石)은 형산현(衡山縣) 운밀봉(雲密峯)에 있고, 雲
南·四川·長沙·紹興 등에 모각(摹刻)이 있다. 勳勞(훈로):업적과 공
(功). 不矜伐(불긍벌):뽐내고 자랑하는 文句가 아닌 것을 가리킨다. 文
武(문무):주(周)나라 文王과 武王. 甲乙(갑을):甲乙丙丁……와 십간(十
干)으로 해를 기록한 것. 曆年은 十干과 十二支를 조합하여 기록한다.
文字記誰某(문자기수모):글을 쓴 사람이 누구라는 것을 기록한 것. 自
從(자종):두 字 모두 '~로부터'의 뜻. 更七國(경칠국):전국칠웅(戰國七
雄)인 秦·楚·韓·趙·燕·魏·齊가 대립하던 때를 지남. 更은 歷·
經과 같은 뜻. 竟(경):마침내. 秦人(진인):진시황(秦始皇) 영정(嬴政)
을 가리킨다. 有九有(유구유):구주(九州), 즉 天下를 차지함. 掃除詩書
(소제시서):《詩經》·《書經》 등을 쓸어 없앰. 秦始皇이 승상 이사(李斯)
의 진언(進言)을 받아들여, 의약(醫藥)·종수(種樹)·복서(卜筮)를 제외
한 나머지 서적들을 모아 불살라 버린 것을 가리킨다. 誦法律(송법률):
法家의 說을 좇아 유학(儒學)을 배척하고 오직 法律의 조문(條文)만을
외움. 俎豆(조두):제사 지낼 때에 쓰는 기물들이다. 俎는 고기를 담는
그릇. 豆는 소금에 절인 고기를 담는, 굽이 달린 그릇. 俎豆를 버렸다는
것은, 예악(禮樂)으로 백성을 교화(敎化)시키는 법책(法策)을 쓰지 않았
다는 뜻. 陳鞭杻(진편축):채찍과 수갑을 늘어놓음. 형벌로 백성을 다스
린다는 뜻. 鞭은 채찍. 杻은 수갑. 佐(좌):보필(輔弼)하는 것. 祖龍(조
룡):秦始皇을 가리킨다. 《史記》秦本紀에, '올해 조룡이 죽는다(今歲祖
龍死).'라는 말이 나오는데, 注에 '祖는 始이고, 龍은 人君을 상징한다.
始皇을 이른다.'고 했다. 上蔡公子牽黃狗(상채공자견황구):秦 때의 丞

相이었던 이사(李斯)가 처형당할 때의 일을 가리킨다. 李斯는 楚의 上
蔡 사람으로, 二世 2년에 함양(咸陽)에서 그의 아들과 함께 처형당했는
데 죽기 전 아들을 돌아보며, '고향에 돌아가 다시 누런 개를 끌고 토
끼 사냥을 하고 싶으나, 어찌 그렇게 될 수 있겠느냐?'고 했다(《史記》
李斯傳). 登山刻石(등산각석):秦始皇이 여러 산에 비(碑)를 세운 것을
가리킨다. 《史記》始皇本紀에, '28년, 동쪽 郡縣을 돌아보고 추역산(鄒
嶧山)에 올라 돌을 세우고 秦의 德을 새겼다. 또 남쪽 낭야(琅琊:山東
省 諸城縣 東南쪽 바닷가에 있는 山)에 올라 낭야대(琅琊臺)를 만들어
돌을 세우고, 글을 새겨 秦의 德을 기렸다.'라고 했다. 功烈(공렬):공
업(功業)과 업적(業績). 後者無繼(후자무계):秦의 세상이 무궁하게 계
속되어 秦王朝를 대신할 王朝가 없을 것이라는 뜻. 《論語》爲政篇에 있
는, '殷나라는 夏나라의 禮를 따랐으니 그 빼고 더한 바를 알 수 있으며,
周나라는 殷나라의 禮를 따랐으니 그 빼고 더한 바를 알 수 있다. 그러
므로 어느 나라든 周나라의 禮를 계승한다고 하면, 百代 이후의 일이라
도 알 수 있다(殷因於夏禮 所損益 可知也, 周因於殷禮 所損益 可知也,
其或繼周者 雖百世 可知也).'라는 말을 염두에 둔 말이다. 前無偶(전무
우):秦 以前에는 始皇의 天下統一의 공(功)과 짝할 만한 것이 없음. 前
代의 聖王들도 하지 못했던 일을 秦始皇이 했다는 뜻. 皆云(개운):각처
에 새겨져 있는 송문(頌文)의 내용을 가리킨다. 皇帝巡四國(황제순사
국):秦始皇이 천하를 순수(巡狩:天子가 諸侯의 나라를 巡廻하며 시찰
함)한 것을 가리킨다. 皇帝는 天子의 존호(尊號)로, 秦王 政이 처음으
로 皇帝라 자칭하여 자신을 始皇帝라 하였다. 烹滅彊暴(팽멸강포):강
포한 賊을 삶아 죽여 없앰. 烹은 열탕(熱湯)에 던져 죽이는 것. 始皇이
지부(之罘:山東省 福山縣 북쪽 경계에 있는 산 이름)에 올라 돌에 새긴
글의 한 句節이다. 黔首(검수):만민(萬民)을 가리킨다. 六經(육경):유

가(儒家)의 경서(經書)인 易·書·詩·春秋·禮·樂을 가리킨다. 오늘
날 악경(樂經)은 전해지지 않아 五經이란 말을 많이 쓰게 되었다. 委灰
塵(위회진):재와 먼지 속에 버려짐. 秦始皇 때에 있었던 분서(焚書)의 災
禍를 가리킨다. 委는 棄의 뜻. 隨擊捬(수격부):부수어지게 됨. 本集에는
遭擊捬로 되어 있다. 九鼎淪泗上(구정윤사상):아홉 개의 솥이 泗水에 빠
짐. 淪은 침몰하는 것. 夏의 禹王이 만든 아홉 개의 솥은 王位를 상징하
는 것이었는데, 周가 망할 때 사수(泗水:山東省에 있는 강 이름)에 빠져
행방을 알 수 없게 되었다.《漢書》郊祀志에, '禹, 구목(九牧:九州의 長官)
의 쇠를 모아 九鼎을 만들어 구주(九州:중국 천지)를 상징했다.'고 했는데,
禹는 형산(荊山) 아래에서 이를 만들어 국도(國都:山西省 夏縣)에 두었고,
周代에는 낙양(洛陽)에 두었다. 주(周)나라 현왕(顯王) 때에 周의 德이 크
게 쇠(衰)하여 鼎이 泗水에 빠졌다. 秦 始皇은 처음에 팽성(彭城:江蘇省
銅山縣)에 나타났다는 말을 듣고 찾게 했지만 솥을 얻지 못했다고 전하
는데,《史記》秦本紀에 의하면, 始皇 26년에 秦始皇은 천여 명을 동원하
여 泗水에 빠진 솥을 찾게 하여 솥을 건져 냈다고 한다. 暴君(폭군):秦의
始皇帝를 가리킨다. 縱欲(종욕):비록 ~하려 했지만. 神物(신물):구정(九
鼎)을 가리킨다. 義不汙秦垢(의불오진구):도리를 지켜 진(秦)의 때에 더럽
혀지지 않음. 神器인 九鼎이 秦의 무도(無道)한 손에 더럽혀지지 않은 것
을 가리킨다. 無乃(무내):~했음에 틀림없음. 無寧과 같이 차라리의 뜻으
로 쓰일 때가 많다. 天工(천공):눈에 보이지 않는 천제(天帝)의 일. 令鬼
守(영귀수):보이지 않는 영력(靈力)으로 하여금 石鼓를 수호(守護)하게 함.
汝(여):石鼓를 人格化하여 너라고 부른 것이다.

【解說】《分類東坡詩》卷二. 고적류(古跡類)에〈鳳翔八觀拜叙〉라 제목하여
봉상(鳳翔)의 명물(名物) 여덟 가지를 읊은 것이 있는데, 그 첫 번째가

本篇이다. 원래 제목은 〈石鼓歌〉인데, 《古文眞寶》에서는 本篇 바로 앞
에 실린 韓愈의 〈石鼓歌〉와 구별하기 위해서 제목에 後 字를 넣은 것
같다.

石鼓에 관하여 논(論)하고 감회(感懷)를 읊는다는 것부터가 여간한
학식(學識)과 문재(文才) 없이는 생각할 수도 없는 일이다. 그런데 東
坡는 그의 나이 26세 때 처음으로 벼슬길에 올라 本篇과 같은 당당한
글을 지었다.

石鼓에 관한 언급이 기록에 보이기 시작한 것은 초당(初唐) 때부터여
서, 石鼓는 初唐 때에 발견되었으리라 추측된다. 북 모양의 열 개의 돌
로 그 크기가 조금씩 다른데, 대체로 높이 90cm, 직경 60cm이며, 고
동(鼓胴)에 새겨진 글자의 크기는 한 치 두 푼에서 세 푼 정도이다. 본
디는 700字 이상 새겨져 있었는데, 마멸(磨滅)되어 현재 남아 있는 것
은 272字밖에 안 된다. 더구나 第八鼓에 새겨진 문자는 단 한 자도 알
아볼 수가 없다. 발견 당시에 진창(陳倉:陝西省 寶鷄縣)의 들에 방치(
放置)되어 있던 것을, 唐 정원(貞元) 연간에 정여경(鄭餘慶)이 처음으로
봉상(鳳翔)의 공자묘(孔子廟)에 옮겨 놓은 것은 앞의 韓愈의 〈石鼓歌〉
해설에서 말한 바 있다. 唐 이후 오대(五代)의 때에 그 소재(所在)가 불
명(不明)해졌다. 후에 다시 찾아내었는데, 第六鼓는 민가에서 절구로
쓰여 상부 일단이 훼손되어 있었다. 宋代에 들어 수도 변경(汴京:開封)
의 궁중에 보관했는데, 금(金)이 宋을 침공하여 다시 들에다 버렸다. 원
대(元代)에 다시 북경(北京)의 성내(城內)에 옮겨 놓고 우집(虞集) 등이
그 보관에 힘썼으며, 宋의 정초(鄭樵), 元의 반적(潘迪) 등의 설에 근거
하여 석고음훈비(石鼓音訓碑)를 세웠다. 그후로는 역대의 왕조들이 모
두 石鼓를 귀히 여겨 지금에 이르고 있다. 石鼓가 어느 시대 것인지에
관해서는 이견이 많으며, 石鼓文의 작성 연대 및 그 글의 해석에도 고

래(古來)로 이설(異說)이 많다. 石鼓가 위작(僞作)일 가능성이 높다는 것은, 唐代 이전에는 石鼓에 관한 기록이 전연 보이지 않기 때문이다. 단 石鼓에 관한 여러 기록들을 종합하여, 秦의 문공(文公)경에 만들어진 것으로 보는 것이 근래(近來)의 정설(定說)이다.

장한가:백낙천(長恨歌:白樂天)

漢皇重色思傾國 한 황 중 색 사 경 국	女色을 중히 여긴 천자께서 나라를 기울일 만한 미인을 그리워하셔
御宇多年求不得 어 우 다 년 구 부 득	천하를 다스리며 오랜 세월 찾았으나 구할 수가 없었네.
楊家有女初長成 양 가 유 녀 초 장 성	마침 楊氏 집안에 갓 성장한 여식이 있어
養在深閨人未識 양 재 심 규 인 미 식	깊은 규중에서 자라 아무도 그녀의 아름다움을 몰랐네.
天生麗質難自棄 천 생 여 질 난 자 기	타고난 아름다움 그대로 묻힐 리 없어
一朝選在君王側 일 조 선 재 군 왕 측	어느 날 갑자기 뽑혀 천자를 모시게 되었네.
回頭一笑百媚生 회 두 일 소 백 미 생	머리 돌려 한 번 웃으매 백 가지 교태가 생겨나
六宮粉黛無顔色 육 궁 분 대 무 안 색	육궁의 화장한 미녀들 낯빛을 잃고 말았네.

【語義】 漢皇(한황):漢의 武帝를 뜻하는 말인데, 여기서는 唐 玄宗을 가리
키고 있다. 傾國(경국):절세(絕世)의 미인을 가리킨다. 漢 武帝 때에
이연년(李延年)이 武帝에게 자기의 누이를 추천하여, '북방에 아름다운
사람 있는데, 세상에 다시 없이 빼어나네. 한 번 돌아보매 성이 기울
고, 두 번째 돌아보매 나라가 기우네(北方有佳人 絕世而獨立. 一顧傾
人城 再顧傾人國).'라고 한 데에서 나온 말이다. 傾國의 본디 뜻은 나라
를 위태롭게 하는 것. 御宇(어우):천하를 다스림. 御는 支配한다는 뜻.
宇는 天下. 楊家(양가):楊氏 집안. 楊貴妃는 본디 蜀州 사호(司戶:호적

계)였던 양현염(楊玄琰)의 딸로, 어렸을 적 이름은 옥환(玉環)이었다.
人未識(인미식):사람들이 아직 그녀가 미인임을 알지 못함. 당시 楊貴
妃는 처녀의 몸이 아니었다. 玄宗의 열여덟 번째의 황자(皇子)인 수왕
(壽王)의 妃였다. 따라서 玄宗은 며느리를 자신의 아내로 삼은 셈인데,
이 詩는 이러한 비위(非違)에 관해서는 일절 언급하지 않고 있다. 이처
럼 존귀한 분의 비행(非行)에 관해서는 일부러 붓을 굽혀 사설을 감추
는 것은, 羅大經이 '이는 尊者를 위하여 諱한 것이다.'라고 한 것처럼,
중국에서 記載의 전통이라 할 수 있다. 天生麗質(천생여질):타고난 아
름다움. 難自棄(난자기):그대로 버려두기 어려움. 一朝選在君王側(일
조선재군왕측):어느 날 갑자기 뽑혀 천자를 모시게 됨. 貴妃는 원래 玄
宗의 아들 수왕(壽王:李瑁)의 妃였는데, 武惠妃를 잃은 玄宗이 그녀에
게 반하여, 그녀를 출가(出家)시켜 도사(道士)로 만들어 태진(太眞)으
로 改名하게 한 후, 천보(天寶) 4년(745) 그녀를 貴妃로 삼았다. 당시
그녀의 나이 27세. 回頭一笑(회두일소):고개를 돌리고 한 번 웃음. 本
集에는 回頭 대신 廻眸로 되어 있다. 百媚生(백미생):백 가지 아리따움
이 생겨 남. 六宮(육궁):궁중의 내전(內殿). 천자에게는 여섯 개의 後
宮이 있었다. 여기서는 天子가 거느리는 모든 여자들을 가리킨다. 粉
黛(분대):흰 분과 검은 눈썹먹. 미인들을 가리킨다. 黛는 눈썹을 그리
는 청흑색의 먹. 無顔色(무안색):예쁜 얼굴이 없음. 貴妃의 아름다움
에 비하면 후비(后妃)나 궁녀들은 모두 미인이 아닌 것처럼 여겨진다는
뜻. 顔色은 안면(顔面)의 용색(容色).

春寒賜浴華淸池   봄추위 안 가셔 화청지에서 목욕하길
춘 한 사 욕 화 청 지   천자께서 허락하니

溫泉水滑洗凝脂   기름처럼 매끄러운 그녀의 살 온천물에 씻겼네.
온 천 수 활 세 응 지

侍兒扶起嬌無力
시 아 부 기 교 무 력
시녀들에게 부축받은 그녀의 모습,
아리따움이 지나쳐 바로 설 힘마저 없는 듯했으니

始是新承恩澤時
시 시 신 승 은 택 시
그때가 바로 천자의 새로운 은총이 내려진 때였네.

雲鬢花顔金步搖
운 빈 화 안 금 보 요
구름 같은 머리, 꽃 같은 얼굴,
걸을 때마다 한들거리는 금 머리 장식,

芙蓉帳暖度春宵
부 용 장 난 도 춘 소
연꽃 수놓은 휘장 안은 따뜻하고 봄밤은 깊어갔네.

春宵苦短日高起
춘 소 고 단 일 고 기
봄밤의 짧음을 한탄하여 해가 높이 뜬 뒤에야
천자께서 일어나셨으니

從此君王不早朝
종 차 군 왕 부 조 조
그때부터 천자께선 朝會를 거르셨네.

承歡侍宴無閒暇
승 환 시 연 무 간 가
천자의 총애 입은 그녀 한가할 틈이 없었으니

春從春遊夜專夜
춘 종 춘 유 야 전 야
봄 따라 봄에 놀고 밤마다 천자를 독차지했네.

【語義】 華清池(화청지):화청궁(華清宮)의 온천지(溫泉池).《大明一統志》
에 의하면 섬서성(陝西省)의 華清宮은 여산(驪山) 아래에 있으며, 唐
太宗이 세운 것이라 한다. 溫泉이 있는 곳을 처음에 溫泉宮이라 했는
데, 玄宗 때에 '華清宮'으로 改名했으며 산을 둘러 궁실을 지었다. 해
마다 천자가 거둥하는 곳으로, 그곳에는 飛霜·九龍·長生·明珠 등의
전(殿)이 있었는데, 지금은 모두 폐허가 되고 온천만이 남아 있다. 앞
서 나온 東坡의 詩 〈驪山〉 참조. 賜浴(사욕):천자의 은총으로 온천에서
목욕함. 凝脂(응지):엉긴 지방(脂肪). 미인의 희고 부드러운 피부를 형
용한 것. 侍兒(시아):하녀. 扶起(부기):부축하여 일으킴. 嬌無力(교무
력):아리따워 힘이 없는 듯함. 유연한 몸짓을 가리킨다. 恩澤(은택):天

子의 사랑. 金步搖(금보요):황금으로 만든 머리 장식. 제비·꽃·짐승
등의 형태로 만들어져 있으며 구슬이 늘어져 있어, 걸을 때마다 흔들리
며 소리를 냈다. 芙蓉帳(부용장):연꽃 모양을 수놓은 침실 휘장. 度春
宵(도춘소):봄날의 하룻밤을 보냄. 苦短(고단):너무 짧음. 早朝(조조):
아침 일찍부터 조정(朝廷)에 나아가 정사(政事)를 돌봄. 承歡(승환):천
자의 총애를 받음. 宴(연):잔치. 여기서는 사적인 시간 전체를 가리킨
다. 無閒暇(무간가):한가한 틈이 없음. 천자를 모시느라 천자 곁을 떠
나는 때가 없다는 뜻.

後宮佳麗三千人
후 궁 가 려 삼 천 인

후궁에 미녀가 삼천 명이나 있었지만

三千寵愛在一身
삼 천 총 애 재 일 신

삼천 명에게 내려질 사랑 그녀 혼자 받았네.

金屋粧成嬌侍夜
금 옥 장 성 교 시 야

金屋에서 곱게 치장하고 천자의 밤 시중들고

玉樓宴罷醉和春
옥 루 연 파 취 화 춘

玉樓에서 잔치 끝나면 취한 마음 봄기운에
녹아들었네.

姊妹弟兄皆列土
자 매 제 형 개 열 토

그녀의 자매 형제들 그녀 덕에 봉지를 나눠 받아

可憐光彩生門戶
가 련 광 채 생 문 호

아아, 그들의 집 문에서 광채가 빛나게 되어,

遂令天下父母心
수 령 천 하 부 모 심

마침내 천하의 부모들 마음은

不重生男重生女
부 중 생 남 중 생 녀

아들보다 딸 낳기를 중하게 여기게 되었네.

【語義】 後宮(후궁):궁녀(宮女)들의 거소(居所). 佳麗(가려):미인(美人).

三千人(삼천인):《唐書》에, '태종(太宗)은 즉위하자 궁녀 삼천여 명을 모두 돌려보냈다.'라고 했다. 金屋(금옥):貴妃가 기거하는 궁전을 가리킨다. 앞서 나온 〈眞宗皇帝勸學〉의 黃金屋 語義 참조. 玉樓(옥루):아름답고 훌륭한 누각(樓閣). 玉은 미칭(美稱). 醉和春(취화춘):취하여 봄의 화락한 기운에 융합(融合)함. 姉妹弟兄(자매제형):貴妃의 세 언니와 楊錡 · 楊國忠 등을 가리킨다. 列土(열토):땅이 줄지어 있음. 楊貴妃가 玄宗의 총애를 입은 뒤로, 그녀의 언니들은 韓國夫人 · 虢國夫人 · 秦國夫人으로 封해졌고, 그녀의 아버지 楊玄琰에게는 태위(太尉)로서 齊國公이, 叔父인 楊玄珪에게는 光祿卿이, 오빠인 양섬(楊銛)에게는 鴻臚卿, 楊錡에게는 侍御史가, 사촌오빠인 양쇠(楊釗:玄宗으로부터 國忠이란 이름을 下賜받았다)에게는 右丞相이 내려졌다. 貴妃의 일가(一家)가 권세를 누리게 된 것을 가리킨다. 可憐(가련):본디는 불쌍하다는 뜻인데, 여기서는 크게 놀랐음을 뜻하는 말이다. 놀랍게도, 또는 아아! 정도로 번역할 수 있다. 光彩生門戶(광채생문호):집 문에서 광채가 남. 영화(榮華)를 누리게 됨을 뜻한다. 遂令(수령):마침내 ~하게 됨. 不重生男重生女(부중생남중생녀):아들을 낳는 것보다 딸을 낳는 것을 중하게 여김. 楊貴妃 일가의 영화로 말미암아, 당시에 이런 동요가 유행했다. '계집아이를 낳았다고 슬퍼하지 말고, 아들을 낳았다고 기뻐하지 말라(生女勿悲酸 生男勿喜歡).' 또 이런 노래도 있었다. '사내는 제후에 봉해지지 못해도 여자가 妃가 된다네. 보게나, 여자가 집안을 빛내게 되는 것을(男不封侯女作妃 君看女卻爲門楣).' 이에 관해서는 本篇의 해설 참조. 本書 注에는 杜甫의 〈兵車行〉을 인용하여, '딸 낳으면 이웃집에 시집보낼 수 있으나, 아들은 낳아도 들에 묻혀 잡초와 함께 썩는다네(生女猶得嫁比鄰 生男埋沒隨百草).'라고 했는데, 이 詩에서 杜甫가 말하고자 하는 것은 本篇 이 句의 뜻과는 전연 다르다.

驪宮高處入靑雲	여산의 화청궁은 구름 위로 솟았고
여 궁 고 처 입 청 운	
仙樂風飄處處聞	仙界의 음악이 바람에 실려와 곳곳에서 들렸네.
선 악 풍 표 처 처 문	
緩歌慢舞凝絲竹	느린 가락의 노래와 고요한 춤이 음악과 어우러지니
완 가 만 무 응 사 죽	
盡日君王看不足	천자는 하루 종일 넋 잃고 바라보았네.
진 일 군 왕 간 부 족	
漁陽鼙鼓動地來	느닷없이 땅을 흔드는 전고(戰鼓) 소리 어양에서 들려오더니
어 양 비 고 동 지 래	
驚破霓裳羽衣曲	연주되던 예상우의곡 멎게 하였네.
경 파 예 상 우 의 곡	

【語義】驪宮(여궁):여산궁(驪山宮), 즉 화청궁(華淸宮). 長安의 동쪽에 있던 이궁(離宮). 앞에 나온 華淸池의 語義 참조. 仙樂(선악):신선(神仙)들이 듣는 훌륭한 음악. 緩歌(완가):느릿느릿한 가락의 노래. 慢舞(만무):느릿하고 조용한 춤. 絲竹(사죽):絲는 거문고나 비파 같은 현악기(絃樂器), 竹은 피리나 퉁소 같은 관악기(管樂器). 盡日(진일):종일(終日). 看不足(간부족):보고 또 봐도 부족하게 여김. 즉 싫증이 나지 않음. 漁陽(어양):하북성(河北省) 포현(蒲縣) 땅으로, 군명(郡名). 本書 注에, '天寶 14년, 安祿山이 번병(藩兵:국경을 지키는 병사) 십여 만을 이끌고 漁陽에서 일어났다.'고 했는데, 안녹산이 兵을 일으킨 곳은 범양(范陽)이지 漁陽이 아니다. 안녹산은 평로(平盧)·범양(范陽)·하동(河東)의 절도사(節度使)를 겸했고, 漁陽은 그의 治下의 郡이었다. 鼙鼓(비고):말 위에서 치는 큰북. 天寶 14년(755) 11월에 안녹산이 난을 일으킨 것을 가리킨다. 動地來(동지래):북소리가 땅을 흔들며 들려옴.

驚破(경파):놀라게 하여 연주되던 음악을 도중에서 멎게 함. 이 경우 破는 깨뜨리다의 뜻. 破가 동사(動詞) 아래에 붙을 때에는 강조의 뜻을 나타내는데, 讀破·踏破 등이 그 예이다. 霓裳羽衣曲(예상우의곡):서역(西域)에서 전래된 무곡(舞曲). 玄宗이 月世界 天人들의 음악을 듣고 지은 무곡(舞曲)이라고 한다.

九重城闕煙塵生 구 중 성 궐 연 진 생	천자의 궁에도 전화의 연기와 먼지가 피어올랐으니
千乘萬騎西南行 천 승 만 기 서 남 행	천자 일행은 蜀으로 피난길에 올랐네.
翠華搖搖行復止 취 화 요 요 행 부 지	천자의 깃발 흔들흔들 나아가단 멎고, 멎었다간 다시 나아가다
西出都門百餘里 서 출 도 문 백 여 리	장안 서쪽 백여 리 되는 마외파에 이르렀네.
六軍不發無奈何 육 군 불 발 무 나 하	호위병들 하나같이 발걸음 떼지 않아 어쩔 수 없이
宛轉蛾眉馬前死 완 전 아 미 마 전 사	갸름한 눈썹의 미인 병사들의 말 앞에서 자결하고 말았네.
花鈿委地無人收 화 전 위 지 무 인 수	꽃 비녀 떨어져도 아무도 주워 들지 않았고
翠翹金雀玉搔頭 취 교 금 작 옥 소 두	취교·금작·옥소두 모두 땅에 흩어졌네.
君王掩面救不得 군 왕 엄 면 구 부 득	천자는 얼굴 가린 채, 그녀를 구하지 못하여
回首血淚相和流 회 수 혈 루 상 화 류	머리 돌려 피눈물을 비 오듯 흘렸네.

【語義】九重城闕(구중성궐):장안(長安)의 궁성(宮城)을 가리킨다. 송옥(宋

玉)의 작품으로 전해지는 《楚辭》九辯篇에, '임금의 문은 구중(九重:아홉 겹)으로 한다.'고 했다. 煙塵生(연진생):연기와 먼지가 일어남. 天寶15년 6월, 안녹산은 동관(潼關)을 함락시키고 장안에 침입하였다. 千乘萬騎(천승만기):많은 수레와 말을 가리키는 말로, 天子의 거둥을 뜻한다. 乘은 수레, 騎는 마필(馬匹), 또는 기병(騎兵). 玄宗의 피난 행렬을 千乘萬騎라고 표현한 것은 과장이다. 당시 玄宗을 수행한 군대는 별로 많지 않았다. 西南行(서남행):玄宗이 난을 피해 촉(蜀)으로 떠난 것을 가리킨다. 《通鑑綱目》玄宗紀에 다음과 같이 기록되어 있다. '哥舒翰의 군대가 潼關에서 敗했다. 上(天子를 가리킨다), 재상을 불러 대책을 세우도록 했다. 楊國忠을 필두로, 蜀으로 옮길 것을 주장했다. 上, 그에 따르기로 했다. 龍武大將軍 陳玄禮에게 命하여, 六軍을 정비하게 했다. 上, 여명(黎明)에 貴妃와 그 姉妹, 皇子, 皇孫 및 친근의 宦官, 宮人과 함께 연추문(延秋門)을 나섰다.' 翠華(취화):물총새의 깃털로 장식한 天子의 깃발. 搖搖(요요):바람에 가볍게 흔들리는 것. 不安한 마음을 나타낸 것이다. 行復止(행부지):피난길에 오른 玄宗 일행의 걸음이 순조롭지 못한 것. 西出都門百餘里(서출도문백여리):마외(馬嵬)에 도착한 것을 가리킨다. 都門은 玄宗 일행이 나온 연추문(延秋門). 六軍不發(육군불발):병사 12,500명을 一軍이라 하며, 天子는 六軍을 상비군으로 두었다. 玄宗 일행은 天寶 15년(756) 6월 13일 여명(黎明)에 궁을 탈출하여, 다음날 장안 서쪽 백여 리에 있는 마외역(馬嵬驛)에 도착하였는데, 그곳에서 갑자기 호위 병사들이 반항의 기세를 보였다. 《通鑑綱目》의 기록에 따르면 다음과 같다. "玄宗, 蜀으로 거둥했다. 軍, 마외역(馬嵬驛)에 머물게 되었다. 모두들 주리고 피로했으며 분노와 불평을 말했다. '이러한 禍는 楊國忠에게서 비롯된 것이다. 그를 죽여야 한다!' 병사들은 楊國忠을 죽여 그의 머리를 역문에 매달았다. 아울러 秦國·

韓國·虢國 세 夫人도 죽였다. 上, 소요가 일고 있다는 말을 듣고 직접 나와 병사들을 달랬으나, 병사들은 듣지 않았다. 上, 高力士를 보내어 까닭을 알아보도록 했다. 陳玄禮가 병사들을 대신하여 말했다. '禍를 일으킨 장본인은 아직도 살아 있습니다. 陛下께서는 貴妃에게 내리는 은총을 거두시어 法을 바르게 하시기 바랍니다.' 上이 말했다. '貴妃는 항상 깊은 궁중에 있었다. 어찌 國忠의 反謀를 알았겠는가?' 力士가 말했다. '貴妃에게는 정말 罪가 없습니다. 하오나 병사들이 이미 國忠을 죽였으며, 그의 동생 貴妃는 아직도 폐하 곁에 있습니다. 어찌 안심할 수 있겠습니까. 이 점을 깊이 헤아리소서. 병사들이 진정되어야만 폐하께서 안전하실 수 있기 때문입니다.' 上, 마침내 力士에게 命하여, 貴妃를 念佛堂에 데리고 가 의살(縊殺:목을 옭아 죽임)하도록 했다. 貴妃의 시체를 가마에 실어 驛의 뜰에 내놓아 玄禮 등으로 하여금 확인하도록 했다. 玄禮 등은 마침내 투구를 벗어 자신들의 罪를 용서해 달라고 호소하고, 천자의 만수무강을 빌었다." 그때 玄宗은 72세였고, 貴妃는 38세였다. 無奈何(무나하):어찌할 도리가 없음. 楊貴妃를 죽이지 않을 수 없었다는 뜻. 奈는 내로도 읽는다. 宛轉(완전):미인의 아름다운 모습을 형용한 말. 蛾眉(아미):나방의 촉각처럼 길고 둥근 눈썹. 美人의 아름다움을 형용하는 대표적인 말 중 하나이다. 여기서는 貴妃를 가리킨다. 馬前死(마전사):貴妃의 죽음을 좀더 극적으로 표현하기 위해 '병사들의 말 앞에서 살해당했다.'고 한 것이다. 花鈿(화전):머리를 장식하는 비녀 비슷한 물건. 꽃비녀. 委地(위지):땅에 버려짐. 翠翹(취교):물총새의 긴 깃털 모양으로 만든 머리 장식. 金雀(금작):금으로 만든, 봉황(鳳凰) 모양의 머리 장식. 鳳凰은 孔雀과 비슷하므로, 金雀이라 한 것이다. 玉搔頭(옥소두):백옥(白玉)으로 만든 머리 장식. 掩面(엄면):얼굴을 가림. 血淚相和(혈루상화):피와 눈물이 뒤섞여 범벅이 된 것. 극도의 슬픔을 가리킨다.

黃埃散漫風蕭索
황 애 산 만 풍 소 삭
누런 먼지 흩어지고 바람 쓸쓸히 부는데

雲棧縈紆登劍閣
운 잔 영 우 등 검 각
구름에 걸린 잔도 따라 구불구불 검산에 올랐네.

峨嵋山下少人行
아 미 산 하 소 인 행
아미산 아래엔 오가는 사람마저 없었고

旌旗無光日色薄
정 기 무 광 일 색 박
천자의 깃발은 빛을 잃고 해마저 저물었네.

蜀江水碧蜀山靑
촉 강 수 벽 촉 산 청
蜀江도 푸르고 蜀山도 푸르건만

聖主朝朝暮暮情
성 주 조 조 모 모 정
천자의 마음은 자나 깨나
貴妃를 그리는 情으로 가득 찼네.

行宮見月傷心色
행 궁 견 월 상 심 색
行宮에서 달을 보니 저절로 마음 상했고

夜雨聞鈴腸斷聲
야 우 문 령 장 단 성
밤비 속에 들려오는 말방울 소리는
천자의 애를 도려냈네.

【語義】 黃埃(황애):누런 먼지. 蕭索(소삭):쓸쓸하게 부는 바람 소리. 雲棧(운잔):산 높은 곳에 설치하여, 마치 구름에 걸려 있는 듯한 잔도(棧道)를 가리킨다. 棧道는 閣道와 같으며, 山이 높아 산의 허리에 나무다리를 놓아 길을 만든 것. 棧閣이라고도 한다. 앞서 나온 〈蜀道難〉 참조. 縈紆(영우):구불구불함. 登劍閣(등검각):잔도(棧道)로 검산(劍山)을 오름. 劍山은 蜀 제일의 난소(難所). 大·小 두 劍山이 있으며, 험난하고 가파른 것이 양날 검에 비유되어 劍山이란 이름을 얻었다. 그곳의 棧道는 유명하다. 峨嵋山(아미산):蛾眉山으로도 쓰며, 蜀의 名山으로,

두 산이 마주하여 나방의 촉각처럼 서 있다 하여 이런 이름이 붙여졌다.
旌旗(정기):천자의 거처에 세우는 깃발. 行宮(행궁):天子가 거둥할 때
에 머무는 궁전. 夜雨聞鈴(야우문령):밤비 속에서 말방울 소리를 들음.
貴妃는 방울 소리를 좋아했다. 피난길에 오른 玄宗 일행은 蜀으로 가는
도중 장마를 만났고, 劍山의 棧道를 오를 때엔 말방울 소리가 메아리쳐
들려왔다. 玄宗은 貴妃를 애도해 〈우림령곡(雨霖鈴曲)〉을 지었다(《明
皇別錄》). 腸斷(장단):창자가 끊어짐. 극심한 비애(悲哀)를 가리킨다.

天旋地轉回龍馭   천하의 정세가 바뀌어 천자께서
천 선 지 전 회 룡 어   돌아오시게 되었는데

到此躊躇不能去   마외역에 이르렀을 때엔 차마 발걸음
도 차 주 저 불 능 거   뗄 수가 없었네.

馬嵬坡下泥土中   貴妃가 쓰러졌던 흙더미 속에는
마 외 파 하 이 토 중

不見玉顏空死處   옥 같은 貴妃의 얼굴 보이지 않고
불 견 옥 안 공 사 처   죽은 곳만 남아 있었네.

君臣相顧盡沾衣   군신(君臣)이 서로 돌아보며 눈물만 흘리며
군 신 상 고 진 첨 의

東望都門信馬歸   동쪽 장안 향해 말이 걷는 대로 몸을 맡겼네.
동 망 도 문 신 마 귀

【語義】 天旋地轉(천선지전):천하의 정세가 바뀐 것을 가리킨다. 곽자의(郭
子儀)·이광필(李光弼) 등이 난을 평정하여 唐朝를 회복시켰다. 回龍
馭(회룡어):玄宗이 다시 장안으로 돌아오게 된 것을 가리킨다. 玄宗은
至德 2년(757) 12월에 장안으로 돌아왔다. 龍馭는 천자의 수레. 여기
서 龍은 八尺 이상의 말로, 천자의 수레를 끄는 준마(駿馬). 此(차):貴
妃가 살해당한 마외(馬嵬)를 가리킨다. 躊躇(주저):앞으로 나아가지 못

하고 머뭇거림. 玉顔(옥안):楊貴妃의 꽃 같은 얼굴. 空死處(공사처):오
직 楊貴妃가 살해당한 곳만 남아 있음. 東望都門(동망도문):앞의 西出
都門과 대응되는 句이다. 信馬歸(신마귀):말의 발걸음에 맡겨 돌아옴.

歸來池苑皆依舊 귀 래 지 원 개 의 구	궁중에 돌아오니 못도 뜰도 옛 모습 그대로였고
太液芙蓉未央柳 태 액 부 용 미 앙 류	태액의 연꽃도 미앙궁의 버들도 옛 모습 그대로였네.
芙蓉如面柳如眉 부 용 여 면 유 여 미	연꽃은 貴妃의 얼굴 같고 버들은 그녀의 눈썹 같았으니,
對此如何不淚垂 대 차 여 하 불 루 수	그것들을 마주 대하고 어찌 눈물 흘리지 않을 수 있었으리.
春風桃李花開夜 춘 풍 도 리 화 개 야	봄바람에 복숭아꽃 살구꽃 흐드러지게 피는 밤,
秋雨梧桐葉落時 추 우 오 동 엽 락 시	가을비에 오동잎 소리 없이 떨어질 때면 그리움 더욱 사무쳤네.
西宮南苑多秋草 서 궁 남 원 다 추 초	서궁과 남원에 가을 풀 무성하고
宮葉滿階紅不掃 궁 엽 만 계 홍 불 소	어전 섬돌에 낙엽 쌓여도 쓸어 낼 사람 없었네.
梨園弟子白髮新 이 원 제 자 백 발 신	梨園의 학생들 백발이 성성해졌고
椒房阿監青娥老 초 방 아 감 청 아 로	貴妃를 모시던 궁녀들도 모두 늙었네.

【語義】 歸來(귀래):돌아옴. 來는 조자(助字). 池苑(지원):궁중의 못과 정
원. 依舊(의구):옛날과 다름이 없음. 太液(태액):본디는 漢의 宮中에
있던 연못. 唐의 대명궁(大明宮) 함량전(含凉殿) 뒤에도 太液池가 있었

고, 못 가운데에 太液亭이 있었다. 芙蓉(부용):연꽃. 未央(미앙):漢의
궁전 이름. 唐의 宮中에도 있었다. 春風桃李花開夜(춘풍도리화개야)·
秋雨梧桐葉落時(추우오동엽락시):봄바람에 복숭아꽃 살구꽃 흐드러지
게 피는 밤, 가을비에 오동잎 소리 없이 떨어질 때. 白居易의 감상(感傷)
이 유감없이 표현된 이 두 句는, 인구(人口)에 회자(膾炙)되는 名句이
다. 西宮南苑(서궁남원):글자의 뜻으로는 서쪽 궁전과 남쪽 정원이나,
서내(西內:內는 황제의 거처인 大內를 略한 것)인 태극궁(太極宮)과 南
內인 흥경궁(興慶宮)을 가리킨다. 玄宗이 숙종(肅宗)에게 天子의 자리
를 물려주고 자신은 上皇이 된 다음부터 기거하게 된 궁전들. 多秋草
(다추초):가을 풀만 무성한. 당시 玄宗은 정치 일선에서 완전히 물러났
을 뿐만 아니라, 연금 상태에 있었다. 宮葉(궁엽):어전(御殿) 앞에 떨
어지는 낙엽. 紅不掃(홍불소):낙엽이 떨어져 붉은 색을 깔아 놓은 것
처럼 되어도 그것을 쓸어 내는 사람이 없음. 찾아오거나 시중드는 사람
이 없이 쓸쓸히 지내는 것을 가리킨다. 梨園弟子(이원제자):梨園은 玄
宗이 악인(樂人)을 양성하던 곳.《唐書》禮樂志에 기록된 바에 의하면,
玄宗은 일찍이 음악에 정통했으며, 道敎의 음악에 심취했다. 좌부기(坐
部伎:唐 玄宗 때 音樂을 둘로 나누어, 堂下에서 立奏하는 사람을 立部
伎라 하고, 堂上에서 坐奏하는 사람을 坐部伎라 하였다. 坐部는 높고,
立部는 천했음.)의 子弟 삼백 명을 뽑아 梨園에서 음악을 가르치고, 그
들을 梨園弟子라 불렀다. 梨園弟子는 후세에 배우를 가리키는 말로 쓰
이게 되었다. 白髮新(백발신):백발이 성성함. 玄宗이 蜀으로 피난길을
떠났다가 다시 돌아오기까지 3년밖에 지나지 않았지만, 그동안 변한 것
이 너무 많음을 이렇게 표현한 것이다. 椒房(초방):황후(皇后)의 어전
(御殿). 황후의 어전은 산초(山椒)의 열매를 가루로 만들어 흙과 섞어
그것으로 벽을 발랐다. 몸을 따뜻하게 하고, 향기(香氣)가 강하여 사기

(邪氣)를 물리친다고 믿었기 때문이다. 또 皇后에게서 많은 자식이 태어나길 바라는 뜻에서 그렇게 만들었다고도 한다.　阿監(아감):宮女들의 우두머리. 阿는 阿兄·阿母 등의 예에서 알 수 있듯이, 접두 조자(接頭助字).　靑娥老(청아로):아름답던 청춘이 늙음. 앞 白髮新의 對이다. 靑은 봄, 또는 젊음을 가리킨다. 娥는 예쁜 것. 轉하여 美人. 난을 만났던 젊은 女官들이 다 늙어 보인다고 한 것도, 玄宗의 측근들이 많은 고통을 받는 세상이 되었음을 표현한 것이다.

夕殿螢飛思悄然 석 전 형 비 사 초 연	밤의 어전에 반딧불 날아들 때면 더욱 처량해지고
孤燈挑盡未成眠 고 등 조 진 미 성 면	외로이 등불 심지 돋우며 잠 못 이루니,
遲遲鐘鼓初長夜 지 지 종 고 초 장 야	종소리와 북소리가 느리게만 느껴지고 밤이 깊다는 것 비로소 알게 되었네.
耿耿星河欲曙天 경 경 성 하 욕 서 천	은하수 희미해지며 새벽 다가오는데,
鴛鴦瓦冷霜華重 원 앙 와 랭 상 화 중	원앙 기와에 꽃 같은 서리 무겁게 내리고
翡翠衾寒誰與共 비 취 금 한 수 여 공	비취 이불 싸늘한 채 함께 덮을 사람 없었네.
悠悠生死別經年 유 유 생 사 별 경 년	아득하여라, 생사를 달리한 지 몇 년이나 지났나,
魂魄不曾來入夢 혼 백 부 증 내 입 몽	貴妃의 혼백 꿈속에마저 한 번도 나타나지 않았네.

【語義】 夕殿(석전):밤의 어전(御殿).　悄然(초연):고요하고 쓸쓸한 모양. 또는 낙심하여 근심하는 모양.　挑盡(조진):등잔 심지를 다 돋움. 挑는

심지를 끌어올리는 것. 뛴다는 뜻일 때에는 '도'로 읽는다. 遲遲鐘鼓
(지지종고):시각을 알리는 종소리와 북소리가 매우 느린 것처럼 느껴
짐. 독숙공방(獨宿空房)의 괴로움을 표현한 것. 本集에는 鍾鼓로 되어
있다. 初長夜(초장야):비로소 밤이 길다는 것을 알게 됨. 耿耿(경경):
작게 빛나는 모양. 星河(성하):하늘의 江, 즉 은하(銀河). 欲曙天(욕서
천):하늘이 밝아지려 함. 새벽이 됨을 가리킨다. 曙는 새벽, 또는 날이
새는 것. 鴛鴦瓦(원앙와):원앙새를 본떠 만든 기와. 霜華(상화):서리
가 원앙와에 내려 꽃처럼 보임. 翡翠衾(비취금):물총새의 깃털을 넣어
만든 이부자리. 翡는 물총새의 수컷, 翠는 암컷. 부부의 의가 좋기로 유
명하다. 悠悠(유유):아주 멀리 떨어져 있는 것. 살아 있는 玄宗과 죽은
楊貴妃가 幽明의 경계를 달리하고 멀리 떨어져 있는 것을 가리킨다. 魂
魄(혼백):楊貴妃의 넋을 가리킨다. 사람이 죽으면, 魂은 하늘로 올라가
고 魄은 지상에 남는다고 한다. 不曾(부증):일찍이 ~한 일조차 없음.

臨邛道士鴻都客
임 공 도 사 홍 도 객

임공의 도사는 仙界에서 내려온 사람으로

能以精神致魂魄
능 이 정 신 치 혼 백

정신을 집중하여 죽은 이의 혼백을 불러낸다고.

爲感君王展轉思
위 감 군 왕 전 전 사

그는 천자께서 貴妃를 그려
잠 못 이룬다는 말에 감동하여

遂教方士殷勤覓
수 교 방 사 은 근 멱

마침내 方士로 하여금 貴妃의 혼을 찾게 했네.

排風馭氣奔如電
배 풍 어 기 분 여 전

바람을 가르고 구름을 타 번개처럼 달려가

升天入地求之徧
승 천 입 지 구 지 편

하늘 끝 땅속까지 남김없이 살펴

上窮碧落下黃泉
상 궁 벽 락 하 황 천

위로는 벽락, 아래로는 황천까지 뒤졌으나

兩處茫茫皆不見
양 처 망 망 개 불 견
두 곳 모두 망망할 뿐 貴妃의 혼백 찾지 못했네.

忽聞海上有仙山
홀 문 해 상 유 선 산
그때 갑자기 들려온 말이 있었으니
"바다 가운데에 仙山이 있어

山在虛無縹緲間
산 재 허 무 표 묘 간
아득한 허공 먼 곳에 있고,

樓殿玲瓏五雲起
누 전 영 롱 오 운 기
누각은 옥처럼 빛나고
오색구름 피어오르는 곳으로,

其中綽約多仙子
기 중 작 약 다 선 자
그곳에는 아름다운 선녀들 모여 사는데

中有一人字玉眞
중 유 일 인 자 옥 진
그중 한 선녀의 이름이 玉眞으로,

雪膚花貌參差是
설 부 화 모 참 치 시
눈 같은 살결 꽃 같은 얼굴이 貴妃인 것 같다."고.

【語義】 臨邛(임공):蜀의 지명(地名). 사천성(四川省) 공래현(邛郲縣). 道士(도사):선도(仙道)를 배워 방술(方術:神仙術)을 行하는 사람. 도교(道敎)의 수행자(修行者). 本書 注에 의하면, 그때 道士의 이름은 양통유(楊通幽)였다고 한다. 鴻都客(홍도객):漢나라 때부터 있던 鴻都門 안에 道士가 머문 것을 가리킨다. 또 일설(一說)에는 鴻都는 仙都와 같은 뜻이어서, 신선들이 사는 곳에서 세상에 온 손님이라는 뜻이라고 한다. 致魂魄(치혼백):죽은 사람의 혼을 불러냄. 展轉(전전):輾轉과 같은 뜻으로, 잠을 이루지 못하고 뒤척거리는 것. 思(사):貴妃를 그리워하는 마음. 方士(방사):道士와 같다. 慇懃(은근):정성을 다해. 殷勤으로도 쓰며, 남녀의 사랑을 뜻하는 말로도 쓰인다. 覓(멱):찾음. 排風馭氣(배풍어기):바람을 밀어 열고 구름을 탐. 奔如電(분여전):번개처럼 달려감. 求之偏(구지편):빠짐없이 찾아보는 것. 碧落(벽락):푸른 하늘. 道家에

서 말하는 東方의 첫 번째 하늘로, 푸른 안개가 가득 차 있다고 한다.
落은 區域의 뜻. 黃泉(황천):저승. 땅 밑 깊은 곳에서 누런 샘물이 솟는
다 하여 黃泉이라 한다. 兩處(양처):碧落과 黃泉. 茫茫(망망):끝없이
넓은 모양. 忽聞(홀문):갑자기 들려오는 말. 仙山(선산):신선(神仙)이
사는 산. 虛無(허무):아무것도 없는 곳. 속세가 아닌 곳. 縹緲(표묘):높
고 멀어 아득한 모양. 玲瓏(영롱):옥처럼 빛나며 반짝임. 五雲(오운):
오색(五色) 구름. 綽約(작약):얌전하고 아름다움. 仙子(선자):선녀(仙
女). 玉眞(옥진):楊貴妃의 도호(道號) 태진(太眞)을 가리킨다. 太眞으로
된 版本도 있다. 貴妃는 원래 玄宗의 아들 수왕(壽王)의 妃였다. 玄宗은
세상의 耳目을 생각하여, 우선 貴妃를 출가(出家)시켜 도사(道士)가 되
게 한 다음 다시 환속(還俗)케 하여 맞아들였다. 太眞은 貴妃가 도사였
을 때의 이름이다. 參差(참치):본디는 가지런하지 않다는 뜻이나, 轉하
여 대충 비슷하다는 뜻으로 쓰인다. 是(시):楊貴妃.

金闕西廂叩玉扃
금 궐 서 상 고 옥 경
仙山의 황금 대궐 서쪽 방에 이르러
玉門을 두드리고

轉教小玉報雙成
전 교 소 옥 보 쌍 성
소옥으로 하여금 쌍성에게 알리도록 말 전했네.

聞道漢家天子使
문 도 한 가 천 자 사
천자의 사자가 한나라에서 왔다는 말 전해 듣고

九華帳裏夢魂驚
구 화 장 리 몽 혼 경
화려한 장막 안에서 잠들어 꿈을 꾸던
玉眞의 혼이 놀라 깨었네.

攬衣推枕起徘徊
남 의 추 침 기 배 회
옷을 들고 베개 밀치며 일어나
잠시 서성이는 것 같더니

珠箔銀屏邐迤開
주 박 은 병 이 이 개
구슬 발 은 병풍 차례로 열리고
그녀의 모습 나타났네.

雲鬢半偏新睡覺
운 빈 반 편 신 수 각
구름 같은 머리 반쯤 흐트러진 채
이제 막 깨어난 모습으로

花冠不整下堂來
화 관 부 정 하 당 래
머리 장식 매만지지도 않고 堂에서 내려왔네.

風吹仙袂飄飄擧
풍 취 선 몌 표 표 거
바람 부는 대로 소맷자락 나부끼니

猶似霓裳羽衣舞
유 사 예 상 우 의 무
옛날 예상우의무를 추던 그녀를 보는 듯했고,

玉容寂寞淚欄干
옥 용 적 막 누 난 간
옥 같은 얼굴 수심에 젖어 비 오듯 눈물 흘리니

梨花一枝春帶雨
이 화 일 지 춘 대 우
활짝 핀 배꽃 한 가지가 비에 젖는 듯했네.

【語義】 金闕(금궐):황금으로 만든 궁궐(宮闕). 西廂(서상):서쪽에 위치한
방. 廂은 몸채의 東西에 있는 딴 채, 또는 사랑방 등의 동서에 있는 방.
叩玉扃(고옥경):옥으로 만든 문을 두드림. 扃은 빗장, 또는 출입구. 轉
敎小玉報雙成(전교소옥보쌍성):소옥(小玉)으로 하여금 쌍성(雙成)에게
알리도록 말을 전함. 轉은 말을 전하여 알리는 것. 敎는 '~로 하여금 ~
하게 함'의 뜻. 小玉은 오왕(吳王) 부차(夫差)의 딸 이름인데, 여기서는
侍女의 이름으로 쓰였다. 報는 알리다, 또는 윗사람에게 여쭙다. 雙成은
본디 서왕모(西王母)의 侍女 이름인데, 여기서는 貴妃의 侍女 이름으로
쓰였다. 聞道(문도):듣다. 道는 助字. 漢家天子使(한가천자사):漢나라
에서 온 천자의 사자(使者). 唐 玄宗이 보낸 道士를 가리킨다. 九華帳
(구화장):여러 가지 꽃무늬가 수놓아져 있는 휘장. 古代에서는 기물(器
物)이나 궁실(宮室)을 화려하게 꾸민 것을 九華라고 했다. 九는 그 이
상이 없을 만큼 많다는 뜻을 나타내는 數. 夢魂驚(몽혼경):잠들어 꿈
을 꾸던 玉眞의 혼이 놀라 깸. 攬衣(남의):저고리를 손에 듦. 衣는 裳의

對로 저고리. 珠箔(주박):구슬로 장식한 발. 銀屛(은병):은지(銀紙)로
장식한 병풍(屛風). 邐迤(이이):옆으로 연하여 이어져 있는 모양. 雲
鬢半偏(운빈반편):구름 같은 머리카락이 반쯤 기울어져 있음. 머리 모
양이 흐트러진 것을 가리킨다. 新睡覺(신수각):이제 막 잠에서 깸. 花
冠(화관):꽃 장식이 달려 있는 머리 장식. 袂(메):소매. 飄飄(표표):바
람에 펄럭이는 모양. 玉容(옥용):백옥같이 희고 아름다운 얼굴. 寂寞
(적막):쓸쓸한 모양. 淚欄干(누난간):하염없이 눈물을 흘림. 梨花一枝
春帶雨(이화일지춘대우):배꽃 한 가지가 봄이 되어 활짝 핀 채 비에 젖
고 있음. 玉眞의 눈물 흘리는 모습을 형용한 것.

含情凝睇謝君王
함 정 응 제 사 군 왕
그녀는 그윽한 눈빛으로 먼 곳을 바라보더니
天子께 전할 감사의 말 했네.

一別音容兩渺茫
일 별 음 용 양 묘 망
"헤어진 뒤 玉音·龍顔 듣고 뵙지 못하여

昭陽殿裏恩愛絶
소 양 전 리 은 애 절
소양전에서 받던 은총과 사랑 모두 잃은 채

蓬萊宮中日月長
봉 래 궁 중 일 월 장
이곳 봉래 궁에서 긴 세월 보내고 있습니다.

回頭下望人寰處
회 두 하 망 인 환 처
머리 돌려 저 아래 세상 바라보아도

不見長安見塵霧
불 견 장 안 견 진 무
장안은 보이지 않고 먼지와 안개만이
보일 뿐입니다.

唯將舊物表深情
유 장 구 물 표 심 정
간직하고 있는 물건으로 저의 깊은 정
나타내고자 하니

鈿合金釵寄將去
전 합 금 차 기 장 거
여기 자개 상자와 금비녀 가져다
천자께 보여드리십시오.

釵留一股合一扇
차 류 일 고 합 일 선
비녀는 반쪽씩, 상자는 한 쪽씩 간직하고자

釵擘黃金合分鈿　　황금 비녀 토막 내고 자개 상자 둘로 나누었습니다.
차 벽 황 금 합 분 전

但令心似金鈿堅　　우리의 마음 이것들처럼 굳고 변하지 않는다면,
단 령 심 사 금 전 견

天上人閒會相見　　천상에서건 인간 세상에서건 꼭 다시
천 상 인 간 회 상 견　　만나게 될 것입니다."

【語義】含情凝睇(함정응제):정이 담긴 눈빛으로 뚫어질 듯 바라봄. 凝睇는
한 곳을 뚫어지게 보는 것. 謝君王(사군왕):玄宗의 호의에 감사함. 音
容(음용):목소리와 모습. 渺茫(묘망):까마득한 모양. 멀고 희미한 모
양. 昭陽殿(소양전):본디는 漢나라 성제(成帝) 때에 趙飛燕의 동생 소
의(昭儀)가 기거하던 宮殿인데, 趙飛燕의 궁전이라고 잘못 전해졌다.
여기서는 貴妃가 살아 있을 때에 기거하던 궁전을 가리킨다. 앞에 나온
杜甫의 〈哀江頭〉 참조. 蓬萊(봉래):동해 가운데에 있으며 신선들이 산
다고 하는 전설의 산. 人寰(인환):인간 세계. 寰은 서울 부근의 땅으
로, 天子가 직할(直轄)하는 영지(領地). 轉하여 天下 또는 세계의 뜻으
로 쓰임. 塵霧(진무):인간 세상의 먼지와 안개. 將舊物表深情(장구물
표심정):옛날에 받았던 물건으로 깊은 정을 표시함. 將은 以의 뜻. 진
홍(陳鴻)의 〈長恨歌傳〉에 의하면, 貴妃는 玄宗을 만난 첫날밤에 사랑의
證票로 금차(金釵:황금 비녀)와 전합(鈿合:나전으로 수공한 작은 상자)
을 받았다고 한다. 鈿合(전합):나전(螺鈿) 세공을 한 작은 상자. 鈿은
광채 나는 자개 조각을 박는 세공. 合은 상자. 金釵(금차):황금으로 만
든 비녀. 釵는 두 갈래로 된 비녀. 寄將去(기장거):'드리오니 가져가십
시오.' 寄는 주다. 一股(일고):한쪽 다리. 둘로 나눈 비녀의 한쪽. 一扇
(일선):둘로 나눈 상자의 한쪽. 扇은 문짝. 부채의 뜻으로 더 많이 쓰인
다. 擘(벽):쪼개다, 가르다. 但令心似金鈿堅(단령심사금전견):우리의

마음이 비녀와 나전처럼 굳다면. 즉 사랑하는 서로의 마음이 변치 않았다면. 金은 金釵를, 鈿은 鈿合을 가리킨다.　人間(인간):인간 세상.　會(회):必의 뜻으로, 꼭·반드시.

臨別殷勤重寄詞　　헤어질 무렵, 간곡히 다시금 전할 말 부탁했는데
임 별 은 근 중 기 사

詞中有誓兩心知　　그 말에는 두 사람만이 아는 맹세의 말 있었네
사 중 유 서 양 심 지

七月七日長生殿　　七夕날 장생전에서
칠 월 칠 일 장 생 전

夜半無人私語時　　밤 깊어 사람 없자 은밀히 속삭였던 말.
야 반 무 인 사 어 시

在天願作比翼鳥　　"하늘에선 比翼鳥가 되고
재 천 원 작 비 익 조

在地願爲連理枝　　땅에선 連理枝가 될지어다."
재 지 원 위 연 리 지

天長地久有時盡　　영원하다는 천지도 다할 때가 있을 것이나
천 장 지 구 유 시 진

此恨綿綿無絶期　　이들의 슬픈 사랑의 恨만은 길이길이
차 한 면 면 무 절 기　　다함이 없으리.

【語義】殷勤(은근):간곡하게.　寄詞(기사):말을 전해 달라고 부탁함.　兩心知(양심지):아무도 모르고 오직 두 사람만이 앎. 여기서 두 사람이란 玄宗과 貴妃를 가리킨다.　七月七日(칠월칠일):칠석(七夕). 이날 밤 견우(牽牛)·직녀(織女) 두 별이 일 년에 한 번 은하(銀河)를 건너 만난다는 전설이 있다. 앞에 나온 張文潛의 〈七夕歌〉 참조. 여기서는 천보(天寶) 10년 7월 7일을 가리킨다.　長生殿(장생전):화청궁(華淸宮) 안에 있던 궁

전 이름. 천보(天寶) 원년(元年) 10월에 세워졌고, 집령대(集靈臺)라고도
하여 神을 제사지내는 곳이었다.   私語(사어):은밀한 속삭임. 玄宗과 貴
妃가 사랑의 말을 은밀하게 주고받았던 것을 가리킨다. 本書 注에, "天
寶 10년, 明皇(玄宗)은 貴妃의 어깨에 기대어 하늘을 바라보며, 견우·
직녀의 전설에 크게 감동했다. 두 사람은 은밀히 서로 마음속으로 맹세
했다. '어떤 세상에서도 우리는 부부로 맺어질지이다.'라고" 했는데, 이
것은 허구(虛構)일 가능성이 높다. 역사적으로 玄宗이 여산(驪山)의 이
궁(離宮)에 행차한 것은 항상 시월이었으며, 단 한 번도 그곳에서 여름
을 보낸 적이 없다.   比翼鳥(비익조):한 새가 눈 하나와 날개 하나만 있
어, 두 마리가 하나로 합쳐져야만 비로소 두 날개를 이루어 날 수 있다
고 하는 전설의 새. 夫婦의 의가 대단히 좋거나 남녀 간의 애정이 썩 깊
음을 뜻하는 말이다.   連理枝(연리지):뿌리가 다른 두 그루 나무의 가
지가 맞닿아 나뭇결이 통하여 서로 떨어지지 않는 가지. 夫婦의 사랑이
깊은 것에 비유됨.   天長地久(천장지구):《老子》第七章에 나오는 말인
데, 여기서는 '天地는 長久하다고들 하지만' 정도의 의미.   有時盡(유시
진):다할 때가 있음.   此恨(차한):사랑하는 두 사람이 떨어져 있어 느끼
는 슬픔과 한.   綿綿(면면):실이 길게 이어져 있는 것처럼 끊어지지 않
고 계속되는 것.   無絕期(무절기):다할 날이 없음.

【解說】《白氏長慶集》卷十二에 실려 있다. 원화(元和) 원년(806), 樂天은
주질현(盩庢縣)의 위(尉:典獄警察의 官)가 되었다. 같은 고을에 있던 樂
天·陳鴻·王質夫 세 사람은 선유사(仙遊寺)에서 놀면서 玄宗과 楊貴
妃의 이야기를 나누게 되었는데 質夫가, '세상에서도 희귀(稀貴)한 이
이야기를 후세에 전하기 위해서는 詩에 능하고 다감(多感)한 樂天이 재
필(才筆)을 휘둘러야 되지 않을까?' 하고 樂天에게 글을 짓도록 권했다.

이에 樂天이 歌를 짓고, 陳鴻이 전(傳:玄宗과 貴妃에 관한 이야기)을 썼다. 그리고 노래 끝에 '天長地久有時盡 此恨綿綿無絶期'라 한 데에서 취하여 歌名을 〈長恨歌〉라 했다. 本篇이 세상에 전해지자 이내 천하에 유행하였으며, 사람들이 모두 樂天을 長恨歌主라 불렀다. 우선 本篇의 역사적 배경인 玄宗과 楊貴妃의 사랑에 관해 살펴보도록 하자.

玄宗(685~762)은 唐의 여섯 번째 천자로, 이름은 융기(隆基), 학문이 깊고 文才가 뛰어났으며 정치에 힘써 '開元의 治'를 구가(謳歌)케 한 명군(名君)이었다. 712년부터 45년 동안 재위(在位)하였는데, 만년(晩年)에는 정치에 싫증을 내고 사치(奢侈)와 애욕(愛欲)을 마음 내키는 대로 했을 뿐만 아니라 간신들을 가까이했다. 736년, 마침내 현상(賢相) 장구령(張九齡)을 내쫓고 이임보(李林甫)를 등용했다. 李林甫는 교활한 인물이었다. 그는 玄宗의 총비(寵妃)인 무씨(武氏)와 환관(宦官)들과 결탁하여 玄宗의 뜻이라면 무조건 영합(迎合)하였으므로, 국정(國政)이 어지러워지기 시작했다. 얼마 후 무비(武妃)가 죽자, 玄宗은 그의 아들 수왕(壽王) 모(瑁)의 비(妃)인 양씨(楊氏:幼名은 玉環, 女道士가 되어 太眞이라 號했다)를 맞아 귀비(貴妃)로 삼았다(745). 총애(寵愛)가 대단하였고, 그녀의 일족이 모두 영달(榮達)하여, 그녀의 사촌 오빠인 양쇠(楊釗)는 국충(國忠)이란 이름을 하사받고 후에 李林甫의 뒤를 이어 재상(宰相)이 되었다. 민간(民間)에서는 '사내는 제후에 봉해지지 못해도 여자는 妃가 된다네. 보게나, 여자가 門楣가 되는 것을(男不封侯女作妃, 君看女卻爲門楣).'라고 말할 정도였다. 문미(門楣)는 가문의 명예를 나타내기 위해 문 위에 걸어 놓은 널빤지이다. 즉 가문을 빛내는 것은 여자라는 뜻이다. 玄宗은 楊貴妃를 가까이하면서부터 유연(遊宴)을 일삼아 국비(國費)가 남용(濫用)되었으며, 백성들은 무거운 세금에 시달려야 했다. 杜甫가 〈自京赴奉先縣詠懷〉에서, '대궐 문에선 술과 고기

냄새 풍겨 오는데, 길에는 얼어 죽은 시체가 뒹굴고 있네(朱門酒肉臭,
路有凍死骨).'라고 읊은 것은, 그때의 생활상을 잘 말해 주는 것이다.
문(文)을 숭상하고 무(武)를 천하게 여겼기 때문에, 절도사(節度使)의
대부분을 호인(胡人)에서 기용했다. 그래서 병마(兵馬)의 실권(實權)이
조정(朝廷)에 있지 않았다. 그러던 차에 안녹산(安祿山)의 난(亂)이 일
어나, 당조(唐朝)는 멸망(滅亡)의 위기에 직면하게 되었다.

安祿山은 영주(營州)의 유성(柳城:河北省)에 살던 호인(胡人)으로,
효웅(梟雄)다운 기개(氣槪)를 지녔으면서도 사람들의 뜻에 영합(迎合)
할 줄 알아, 환관(宦官)들에게 뇌물을 주어 玄宗의 신임을 얻고, 평로
(平廬)의 절도사에서 범양(范陽:幽州), 다음에는 하동(河東)의 절도사
까지 겸했다. 그는 李林甫와 楊貴妃에게도 귀염을 받아 동평군왕(東平
郡王)이 되었다. 양국충(楊國忠)이 재상(宰相)이 되자, 그는 國忠과 의
견 대립이 잦아져 마침내 범양(范陽)에서 병(兵)을 일으켰다(755). 천
보(天寶) 14년 11월, 15만의 兵으로 하북(河北)을 장악하더니, 다음해에
는 장안(長安)을 함락시키고 국호(國號)를 대연(大燕), 연호(年號)를 성
무(聖武)라 하고 황제를 참칭(僭稱)했다. 玄宗은 촉(蜀:四川省)으로 피
난길에 올랐다. 성문을 나와 백여 리(里), 마외파(馬嵬坡)에 이르렀을
때, 玄宗을 호위하던 병사들이 반란을 야기시킨 장본인인 楊國忠과 楊
貴妃를 처형할 것을 요구하며 움직이려 하지 않았다. 玄宗은 할 수 없
이 두 사람을 사사(賜死)했다. 貴妃는 마외파의 절에서 高力士에 의하
여 의살(縊殺)되었다고 전한다. 玄宗은 太子 이형(李亨)에게 반군을 진
압하게 했는데, 太子는 756년 영무(靈武:寧夏省)에서 스스로 제위(帝
位)에 올랐으므로, 玄宗은 상황(上皇)이 되었다. 곽자의(郭子儀)가 장안
을 수복하자, 숙종(肅宗)은 上皇이 된 玄宗과 함께 장안으로 돌아왔다.
그후 玄宗은 즐거움 없이 적적한 나날을 보내다 보응(寶應) 원년, 78세

를 일기로 세상을 떠났다. 安祿山은 그의 아들 경서(慶緖)에게 살해되었고, 慶緖는 부장(部將:부하 장수) 사사명(史思明)에게 살해되었다. 또 史思明은 그의 아들 조의(朝儀)에게 살해되었고, 朝儀는 적장(賊將) 이회선(李懷僊)에게 살해되었으며, 李懷僊이 항복하여 763년에 亂은 완전히 진압되었다.

楊貴妃는 촉주(蜀州)의 사호(司戶) 양현염(楊玄琰)의 딸로, 어려서 고아가 되어 숙부(叔父)인 양현교(楊玄璬)의 집에서 양육되었다. 후에 태자 수왕(壽王)의 妃가 되었는데, 玄宗은 그녀를 일단 도사(道士)로 만들어 속세와 인연을 끊게 한 다음, 자신의 궁(宮)으로 불러들였다. 그녀는 가무(歌舞)와 음악(音樂)에 능통한 데에다 영민(英敏)하여, 玄宗의 두터운 총애(寵愛)를 입었다. 당시 그녀의 나이 27세, 玄宗의 나이 61세였다.

이상이 玄宗과 楊貴妃에 관한 역사적인 사실인데, 本篇에서는 이들의 불륜(不倫) 사실을 언급하지 않고 아름다운 사랑 이야기로 시종일관하고 있다.

《白氏長慶集》에 실린 陳鴻의 〈長恨歌傳〉의 내용도 本篇과 대동소이하다. 本篇은 다분히 서정적(抒情的)인 서사시(叙事詩)이다. 크게 세 단(段)으로 나눌 수 있는데, 第一段에서는 객관적(客觀的) 서술이 주(主)를 이루고, 第二段에서는 玄宗이 楊貴妃에게 쏟은 애정을 주관적 독백(獨白)에 가까운 형식으로 읊고 있으며, 第三段에는 신비적(神秘的)인 영계(靈界) 방문의 이야기와 옥진(玉眞)의 말 등이 있어, 本篇은 한마디로 극적(劇的)인 요소(要素)를 풍부하게 지닌 作品이다. 本篇이 지어진 후, 玄宗과 楊貴妃의 사랑을 주제로 하여 많은 작품이 만들어졌지만, 시구(詩句)가 유창 화려(流暢華麗)한 本篇의 문학성에는 도저히 미치지 못한다. 특히 도사(道士)의 초혼(招魂), 영계(靈界)의 옥진(玉眞)

의 이야기 등은 당시 사람들의 마음을 지배하고 있던 신비의 세계를 묘사한 것으로, 本篇의 내용을 더욱 극적인 것으로 만들고 있다. 또 이 신비성(神秘性)이 전기(傳奇)와 당시(唐詩)가 지닌 낭만적 사상의 현저한 특색이기도 하다.

앞에 나온 杜甫의 〈哀江頭〉는, 安祿山 점령하의 장안에서 봄빛에 젖은 곡강(曲江)을 남몰래 걸으며 玄宗과 貴妃의 화려했던 옛 모습을 그리며 전화(戰禍)에 휩싸인 산하를 슬퍼하는 내용의 비장미(悲壯味) 넘치는 걸작이고, 本篇은 그로부터 50년 후 玄宗과 貴妃의 사랑이 하나의 이야기로 여러 사람의 입에 오르내리는 것을 완전한 작품으로 완성한 걸작이다. 樂天이 本篇을 지을 당시 그의 뇌리에는 杜甫의 〈哀江頭〉가 자리 잡고 있었을 것이다.

요컨대 本篇은 중당(中唐)의 천재 白樂天이 풍류(風流) 남아 玄宗과 절세(絕世) 미인 楊貴妃의 사랑과, 경천동지(驚天動地)의 전란(戰亂)에 의해 비극적 종말을 맞는 그들의 운명에 대해 무한한 동정을 느껴 읊은 작품으로, 중국에서도 그 예를 찾아볼 수 없는 감미로운 詩이다. 또 작자 白樂天의 玄宗과 貴妃에 대한 애틋한 동정이, 本篇으로 하여금 영원한 문학성을 지니게 하고 있다.

권지 9 (卷之九)

행류(行類)

　가요(歌謠)의 한 체(體)로, 악부(樂府)에서 전화(轉化)한 것이다. 노래의 가락이 유창(流暢)하고 속도감이 있는데, 그 형태에서는 引, 歌, 曲 등과 별로 다르지 않다. 白樂天의 〈琵琶引〉을 그 서문(序文)이나 詩篇 중에서 琵琶行이라 했고, 또 일반적으로 〈琵琶行〉으로 부르고 있는데, 이는 引과 行이 실체(實體)에 별 차이가 없음을 증명하는 것이다.

빈교행:두자미(貧交行:杜子美)

翻手作雲覆手雨 손 뒤집으면 구름 되고 다시 엎으면 비가 되니,
번 수 작 운 복 수 우

紛紛輕薄何須數 어지럽고 경박한 세상인심 헤아릴 길 없어라.
분 분 경 박 하 수 수

君不見管鮑貧時交 그대는 못 보았는가, 관중과 포숙의
군 불 견 관 포 빈 시 교 어려웠을 적 사귐을!

此道今人棄如土 요즘 사람들, 우정을 저버리기 흙 버리듯 하네.
차 도 금 인 기 여 토

【語義】 翻手作雲覆手雨(번수작운복수우):손을 뒤집으면 구름이 일고, 다시 제자리로 하면 비가 내림. 세상인심이 가볍게 움직이는 것을 가리킨다. '번운복우(翻雲覆雨:갑자기 구름이 끼고 비가 옴. 인정이 변하기 쉬움을 가리킴)'는 이 句에서 나온 말이다. 紛紛(분분):많고 어지러운 것. 輕薄(경박):가벼움. 성실하지 못한 것. 何須數(하수수):어찌 꼭 헤아려야 할까? 따질 필요도 없다는 뜻. 管鮑貧時交(관포빈시교):管仲과 鮑叔의 가난할 적의 사귐. 춘추시대(春秋時代) 제(齊)나라의 관중(管仲)과 포숙아(鮑叔牙)가 빈한할 때부터 사귀어 부귀한 다음에도 우정이 변하지 않았던 것을 가리킨다. 이 두 사람의 사귐은, '관포지교(管鮑之交)'라 하여 우정의 귀감(龜鑑)이 되고 있다. 《史記》管晏列傳에 다음과 같은 기록이 있다. "管仲 夷吾(字는 仲, 名은 夷吾)는 젊었을 때에 항상 鮑叔牙와 어울렸다. 鮑叔은 管仲의 현명함을 잘 알았다. 管仲은 빈곤하여 늘 鮑叔을 속였는데, 鮑叔은 그것을 탓하지 않고 잘 대해 주었다. (中略) 管仲이 말했다. '일찍이 곤궁했을 때 鮑叔과 함께 장사를 했는데, 이익을 분배할 때마다 내가 더 많이 가졌다. 鮑叔은 내가 곤궁하다는 것

을 알고 있었기 때문에 나를 욕심쟁이라 하지 않았다. 일찍이 나는 사업을 하다 실패하여 다시 곤궁하게 되었는데, 일이란 시운(時運)에 따라 좌우되는 것이므로, 鮑叔은 나를 어리석다 하지 않았다. 일찍이 나는 세 번 출사(出仕)했다가 세 번 다 쫓겨났는데, 鮑叔은 나를 무능하다고 하지 않았다. 내가 때를 만나지 못했다는 것을 알았기 때문이다. 일찍이 나는 세 번 전쟁에 나갔다가 세 번 다 도망쳐 돌아왔다. 나에게 늙으신 어머니가 있다는 것을 아는 鮑叔은 나를 겁쟁이라 하지 않았다. 공자(公子) 규(糾)가 敗했을 때, 동료인 소홀(召忽)은 죽고 나는 사로잡히는 몸이 되어 욕(辱)을 당했다. 그런데도 鮑叔은 나를 부끄러움을 모르는 자라고 하지 않았다. 그는 내가 작은 일보다는 오직 天下에 공명(功名)을 드러내지 못하는 데에 부끄러움을 느낀다는 것을 알고 있었기 때문이다. 나를 낳아 주신 분은 부모이지만, 나를 알아준 사람은 鮑叔이다(生我者父母 知我者鮑叔也).'고" 했다. 鮑叔은 管仲을 환공(桓公)에게 천거하여 재상(宰相)이 되게 했고, 자신은 管仲 밑에서 일했다. 齊나라가 패업(霸業)을 이룩할 수 있었던 것은 管仲의 탁월한 정치 때문이었다. 此道(차도):管仲과 鮑叔의 사귐. 참된 우정(友情)을 가리킨다. 棄如土(기여토):흙을 버리는 것처럼 대수롭지 않게 여김.

【解說】《杜少陵集》卷二에 실려 있다. 세간(世間)의 교우(交友)가 경박(輕薄)하여, 옛날 管仲과 鮑叔이 어려웠을 적에 보여 주었던 사귐은 볼 수 없고 오로지 이해(利害)만을 따지는 교제(交際)가 성행함을 개탄(慨歎)한 작품이다. 악부(樂府)로서는 매우 짧은 작품이나, 고시(古詩)의 온유돈후(溫柔敦厚)한 風을 잃지 않고 있다. 杜甫의 많은 걸작 중에서도 수작(秀作)에 든다.

취가행:두자미(醉歌行:杜子美)

陸機二十作文賦
육 기 이 십 작 문 부

陸機는 나이 스물에 글을 지었다 하는데

汝更小年能綴文
여 경 소 년 능 철 문

너는 훨씬 어린 나이인데도 글을 잘 짓는다.

總角草書又神速
총 각 초 서 우 신 속

총각의 몸으로 글을 지어 草書로 씀이 매우 빠르니

世上兒子徒紛紛
세 상 아 자 도 분 분

세상의 젊은이들 공연히 머릿수만 채우는 듯하다.

驊騮作駒已汗血
화 류 작 구 이 한 혈

준마의 망아지는 피 같은 땀을 흘려
天馬의 종자임을 나타내며

鷙鳥擧翮連靑雲
지 조 거 핵 연 청 운

猛鳥는 창공의 구름에까지 날아오르는 법이다.

詞源倒流三峽水
사 원 도 류 삼 협 수

글을 지음에 삼협의 물이 거꾸로 쏟아지듯
거침없이 문장이 떠오르고

筆陣獨掃千人軍
필 진 독 소 천 인 군

붓을 들면 홀로 천 명의 적군을 쓸어 낼 듯
힘차게 글을 써 내려간다.

【語義】陸機(육기):진대(晋代)의 문인(文人). 아우 雲과 함께 문명(文名)을
날렸으며, 《文選》에 실린 그의 작품 〈文賦〉는, 文論을 읊은 代表作이
다. 《晋書》列傳의 기록에 의하면, 사람들은 보통 글을 지을 때 재주가
부족함을 恨하지만, 그는 도리어 재주가 넘쳐 그것을 걱정했다고 한다.
생몰 연대는 261~303. 總角(총각):어린아이의 머리. 머리를 양쪽으로
묶어 뿔처럼 만든 것. 冠을 쓰기 전 아이들의 머리 모양. 후세에는 결혼
하기 전의 젊은 사람을 가리켰다. 草書又神速(초서우신속):글을 지어
그것을 草書로 쓰는 것이 믿을 수 없을 만큼 빠름. 草書는 서체(書體)

의 하나로, 전례(篆隷:篆字와 隷字)를 간략하게 한 것. 흔히 행서(行書)를
더 풀어 점획(點畫)을 줄여 흘려쓴 글씨. 紛紛(분분):어지러울 정도로 많
음. 驊騮(화류):준마(駿馬)의 이름. 털빛이 꽃처럼 붉었다고 한다.《穆天
子傳》卷一에, '天子에겐 팔준마(八駿馬)가 있는데, 적기(赤驥)·도려(盜
驪)·백의(白義)·유륜(踰輪)·산자(山子)·거황(渠黃)·화류(華騮)·
녹이(綠耳)이다.'라고 했다. 駒(구):망아지. 汗血(한혈):피 같은 땀. 천리
마만이 汗血을 흘린다 한다.《漢書》西域傳에, '대완국(大宛國)은 장안(長
安)으로부터 일만 이천오백오십 리 떨어진 서쪽에 있는데, 좋은 말이 많
이 나며, 그것들은 피 같은 땀을 흘린다. 그 말들의 선조는 천마(天馬)의
자손이라고 한다.'고 했다. 鷙鳥(지조):맹조(猛鳥). 매나 독수리 같은 새.
翮(핵):깃촉. 여기서는 날개를 가리킨다. 連靑雲(연청운):높은 하늘의 푸
른 구름에까지 다다름. 재능이 썩 훌륭하다는 뜻. 詞源到流三峽水(사원
도류삼협수):글을 지음에, 삼협(三峽)의 물이 거꾸로 쏟아지듯 막힘없이
문장이 떠오르는 것을 가리킨다. 三峽에 관해서는 〈峨眉山月歌〉의 語義
참조. 筆陣(필진):글씨를 쓰려고 붓과 벼루를 준비하는 것을 軍陣에 비긴
것이다. 진(晉)나라 王羲之의 〈筆陣圖〉에 '종이는 陣, 붓은 창칼, 먹은 투
구, 벼루는 장군이며, 마음은 부장(副將)이다.'라고 했다. 掃千人(소천인):
천 명의 적도 그 붓으로 쓸어 없앨 수 있을 만큼 필력(筆力)이 강하다는 뜻
으로, 많은 글자를 신속하게 써 내려가는 것을 형용한 것이다.

只今年纔十六七 이제 겨우 16,7세의 나이에
지 금 연 재 십 륙 칠

射策君門期第一 수석으로 과거에 합격하려 했지.
사 책 군 문 기 제 일

舊穿楊葉眞自知 옛날 養由基가 백 보 밖에서 버들잎을
구 천 양 엽 진 자 지 쏘아 맞추듯 자신의 실력을 잘 아니

暫蹶霜蹄未爲失
잠 궐 상 제 미 위 실

이번 너의 낙방은 준마가 서리를 밟아
실족한 것과 같다.

偶然擢秀非難取
우 연 탁 수 비 난 취

머지않아 빼어난 재주 꼭 드러낼 터이니

會是排風有毛質
회 시 배 풍 유 모 질

그것은 猛鳥가 바람을 가르며 높이 날아오르려는
본성을 지닌 것과 같다.

汝身已見唾成珠
여 신 이 현 타 성 주

너는 벌써 훌륭한 문장을 짓는
재주 드러내고 있으니

汝伯何由髮如漆
여 백 하 유 발 여 칠

네 아저씨, 어찌해야 오래 살며 너의 성공
볼 수 있을까?

春光淡沱秦東亭
춘 광 담 타 진 동 정

지금 봄빛은 長安 東亭의 물결 따라 움직이고

渚蒲牙白水荇靑
저 포 아 백 수 행 청

물가엔 창포의 싹이 하얗고 물풀 파랗다.

風吹客衣日杲杲
풍 취 객 의 일 고 고

바람이 나그네의 옷자락 날리고 햇살 눈부신데

樹攬離思花冥冥
수 교 이 사 화 명 명

나무들이 이별의 마음 어지럽히는 것 같아
꽃빛마저 어둡게 보인다.

酒盡沙頭雙玉瓶
주 진 사 두 쌍 옥 병

물가에서 술 마시기 두 옥병(玉瓶)

衆賓皆醉我獨星
중 빈 개 취 아 독 성

모두 취하고 나만 깨어 있다.

乃知貧賤別更苦
내 지 빈 천 별 갱 고

빈한한 사람들의 이별이 얼마나 괴로운지
알겠으니

吞聲躑躅涕淚零
탄 성 척 촉 체 루 령

소리 삼켜 울며 발걸음 떼지 못한 채
비 오듯 눈물 흘린다.

【語義】 纔(재):겨우. 射策(사책):관리를 등용(登用)할 때에, 경서(經書) 또
는 정치의 의의(疑義)를 댓조각, 즉 책(策)에 써서 문제는 보이지 않게

하여 여러 개를 늘어놓고 수험자(受驗者)에게 하나씩 갖게 하여, 문제를 해석하게 하고 우열(優劣)을 가리는 시험 방법. 이 경우 射는 활을 쏘아 적중시키듯 策問의 답을 써야 한다는 뜻에서 석으로 읽어야 옳은데, 일반적으로 사로 읽고 있다. 期第一(기제일):수석(首席)으로 합격되길 기대함. 穿楊葉(천양엽):버들잎을 꿰뚫음. 초(楚)나라 양유기(養由基)가 활을 썩 잘 쏘아, 백 보(百步) 밖에서 버들잎을 쏘아도 백발백중(百發百中)했던 고사를 가리키는 것으로, 과거(科擧)에 틀림없이 급제하는 것을 뜻한다. 蹶霜蹄(궐상제):서리를 밟아 미끄러짐. 두근(杜勤)의 낙방을 준마(駿馬)가 실족(失足)한 것에 비유한 것이다. 偶然(우연):힘들이지 않고, 또는 머지않아. 擢秀(탁수):재능이 매우 뛰어남. 과거에 좋은 성적으로 합격하는 것을 가리킨다. 회(會):틀림없이. 排風(배풍):바람을 밀어 열고 하늘에 오름. 크게 입신출세(立身出世)하는 것을, 맹조(猛鳥)가 높은 하늘에 오르는 모습에 비유한 것이다. 毛質(모질):맹조(猛鳥)의 깃털이 지닌 성질. 바람을 타고 높이 날아오르려고 하는 새의 성질. 唾成珠(타성주):침이 진주가 됨. 입에서 나오는 말이 진주처럼 아름답다는 뜻으로, 글을 짓는 대로 모두 아름다운 문장이 이루어지는 것을 뜻한다. 汝伯(여백):너의 백부(伯父). 杜甫를 가리킨다. 何由髮如漆(하유발여칠):어떻게 하면 머리가 옻처럼 검어질 수 있을까? 오래오래 살면서 조카 杜勤의 성공을 보고 싶다는 뜻. 淡沱(담타):물결 따라 움직임. 秦東亭(진동정):진(秦), 즉 장안성(長安城)의 동쪽에 있는 정(亭). 亭은 역정(驛亭)으로, 잠자는 곳. 장안성 문밖의, 杜甫가 조카 勤과 이별한 장소를 가리킨다. 渚蒲牙白(저포아백):물가에 핀 창포의 새싹이 하얀 이빨 같음. 水荇(수행):물위에 떠다니는 수초(水草). 杲杲(고고):눈이 부실 정도로 밝은 것. 樹攪離思(수교이사):나무가 이별의 마음을 어지럽힘. 조카와 이별하게 되어, 아름다운 나무조차도 이별의 마음을 더욱 슬프게 하는 것 같다는 뜻. 花冥冥(화명명):아름다운 꽃이 어둡게 보임. 雙玉瓶(쌍옥병):백옥(白玉)으로 만든 두 개의 술병. 衆賓(중빈):杜勤을 송별(送別)하러 나온 손님들. 貧賤別更苦(빈천별갱고): 빈천한 사람들의 이별은 더욱 괴로움. 呑聲(탄성):슬픔이 복받쳐 울음이 나오려는 것을 참는 것. 躑躅(척촉):앞으로 나아가지 못하고 머뭇거림. 涕淚零(체루령):눈물을 비 오듯 흘림.

【解說】《杜少陵集》卷三에 실려 있다. 杜甫가 조카인 杜勤이 비범한 재주를 지니고 있으면서도 과거(科擧)에 낙방한 것을 안타깝게 여겨, 권토중래(捲土重來)를 기대하면서 조카를 위로한 詩이다. 운(韻)이 세 번 바뀌며, 그에 따라 내용도 세 단락으로 구분된다. 첫 단락에서는 杜勤의 재능을 극찬하고, 두 번째 단락에서는 과거에 낙방한 조카의 마음을 위로하고, 마지막 단락에서는 이별을 아쉬워하는 정(情)을 읊었다. 조카에 대한 깊은 사랑과 조카의 실패를 슬퍼하는 아저씨의 마음이 독자로 하여금 슬픔을 자아내게 하며, 노경(老境)의 몸으로 조카의 성공을 볼 날까지 살아 있을지 그것을 근심하며 조카를 보내는 이별의 정(情)이 절실(切實)하다. 또 봄빛에 젖은 장안(長安)의 동정(東亭)에서, 이별의 슬픔을 삼킨 채 떨어지지 않는 발걸음을 떼야 하는 작자의 마음이 잘 표현되어 있다. 두시(杜詩)에는 침울한 기분과 청신 화려(淸新華麗)한 감각의 아름다움이 교묘히 조합된 작품이 많은데, 本篇도 그 가운데 하나라 할 수 있다.

여인행:두자미(麗人行:杜子美)

三月三日天氣新
삼 월 삼 일 천 기 신

삼월 삼일 상사절(上巳節), 하늘 더없이 맑고

長安水邊多麗人
장 안 수 변 다 여 인

장안의 물가에 고운사람 많네.

態濃意遠淑且眞
태 농 의 원 숙 차 진

단정한 모습에 고상한 뜻 맑고도 참되며

肌理細膩骨肉勻
기 리 세 이 골 육 윤

살결 매끄럽고 몸매 곱기만 하네.

繡羅衣裳照暮春
수 라 의 상 조 모 춘

수놓은 비단옷 늦봄에 눈부시게 빛나니

蹙金孔雀銀麒麟
축 금 공 작 은 기 린

금실로 공작을 수놓고 은실로 기린을
수놓은 것일세.

頭上何所有
두 상 하 소 유

머리 위엔 무엇이 있나,

翠爲匌葉垂鬢脣
취 위 압 엽 수 빈 순

물총새 깃으로 만든 머리 장식
귀밑머리까지 늘어져 있고,

背後何所見
배 후 하 소 견

등 뒤엔 무엇이 보이나,

珠壓腰衱穩稱身
주 압 요 겁 온 칭 신

치마허리 구슬로 눌러놓아 몸매와 잘 어울리네.

就中雲幕椒房親
취 중 운 막 초 방 친

그 가운데 구름 같은 장막 속에 있는
楊貴妃의 일가,

賜名大國虢與秦
사 명 대 국 괵 여 진

큰 나라 괵국(虢國)·진국(秦國)부인을
하사받은 사람들이네.

紫駝之峰出翠釜
자 타 지 봉 출 취 부

낙타 등으로 만든 요리 푸른 솥에서 건져지고

水精之盤行素鱗
수 정 지 반 행 소 린
수정 쟁반엔 생선 요리 담겨 있네.

犀箸厭飫久未下
서 저 염 어 구 미 하
무소 뿔 젓가락 음식을 건드리지도 않는데

鸞刀縷切空紛綸
난 도 누 절 공 분 륜
요리사는 방울 소리 울리며 칼질하여
부산하게 고기 저미네.

黃門飛鞚不動塵
황 문 비 공 부 동 진
내시들이 먼지 하나 일으키지 않고
나는 듯 말 몰아오고

御廚絡繹送八珍
어 주 낙 역 송 팔 진
어전의 주방에선 쉬지 않고 팔진미 보내오네.

簫鼓哀吟感鬼神
소 고 애 음 감 귀 신
피리소리 북소리 애절하여 귀신마저
감동할 지경인데

賓從雜遝實要津
빈 종 잡 답 실 요 진
빈객과 종자들 어지러이 섞여 나루에 가득 찼네.

後來鞍馬何逡巡
후 래 안 마 하 준 순
말 타고 저 뒤에서 오는 자 웬 거드름이
저리도 심한가,

當軒下馬入錦茵
당 헌 하 마 입 금 인
귀부인의 장막 앞에서 내리더니 비단 방에 드네.

楊花雪落覆白蘋
양 화 설 락 복 백 빈
버들 꽃이 눈처럼 날려 개구리밥을 덮고

靑鳥飛去銜紅巾
청 조 비 거 함 홍 건
푸른 새가 붉은 수건 물고 날아가네.

炙手可熱勢絕倫
자 수 가 열 세 절 륜
손을 대면 댈 만큼 혁혁한 권세이니,

愼莫近前丞相嗔
신 막 근 전 승 상 진
가까이 가지 않도록 삼가여
승상의 노여움을 피하라.

【語義】 三月三日(삼월삼일):상사절(上巳節)을 가리킨다. 음력 삼월의 첫
번째 사일(巳日)로, 이날 계제사(禊祭祀)를 지내어 상서롭지 못한 기운

을 떨쳐 버리는 풍습이 있었고, 또 곡수연(曲水宴:이리 꺾이고 저리 구부러진 냇물에 여러 사람이 벌여 앉아, 물에 떠서 흘러 내려오는 술잔을 차례로 받으며 詩를 짓는 풍류로운 놀이로, 유상(流觴)이라고도 한다)도 베풀었다. 후세에 와서 3월 3일, 즉 삼짇날 또는 중삼(重三)이라 불렀다. 長安水邊(장안수변):장안(長安)의 남쪽, 곡강(曲江) 부근을 가리킨다. 麗人(여인):아름다운 부인(婦人). 態濃(태농):행동이 분명하고 자신 있게 보이는 것. 意遠(의원):마음이 속세(俗世)로부터 멀리 떨어져 고상함. 淑且眞(숙차진):맑고 참됨. 眞·淑은 예로부터 여자들의 미덕(美德)으로 알려져 왔다. 肌理(기리):살결. 細膩(세이):곱고 매끄러움. 膩는 기름기가 있어 살결이 매끄러운 것. 匀(윤):가지런함. 균형이 잡힘. 繡羅衣裳(수라의상):아름답게 수를 놓은 비단옷. 暮春(모춘):만춘(晚春). 蹙金(축금):金을 가늘게 비틀어 뽑은 수실. 이것으로 공작이나 기린의 모양을 수놓았다. 翠爲匌葉(취위압엽):물총새 깃으로 만든 나뭇잎 모양의 머리 장식. 匌은 부인의 머리 장식. 鬢脣(빈순):귀밑 머리의 끝. 여기서 脣은 가장자리·테두리의 뜻. 何所見(하소견):무엇이 보이는가? 珠壓腰衱(주압요겁):바람에 날리지 않게 치마허리를 구슬로 눌러 놓은 것을 가리킨다. 衱은 옷깃. 穩稱身(온칭신):몸에 잘 어울림. 稱은 적합한 것. 就中(취중):그중에서도. 많은 여인(麗人)들 중에서도 椒房親(초방친):양귀비(楊貴妃)의 육친. 椒房은 산초(山椒)나무의 열매를 빻아 만든 가루를 바른 방으로, 황후(皇后)의 서소를 기리킨다. 여기서는 玄宗의 총애를 독점했던 楊貴妃를 뜻한다. 앞서 나온〈長恨歌〉의 椒房의 語義 참조. 賜名(사명):天子가 작위 칭호(爵位稱號)를 내리는 것. 大國虢與秦(대국괵여진):대국(大國)인 괵(虢)과 진(秦)의 夫人에 봉(封)해짐. 楊貴妃의 형제자매들이 楊貴妃 때문에 영달(榮達)하게 된 것을 가리킨다.《舊唐書》에, '태진(太眞:楊貴妃가 玄宗을 모시기

전 道士가 되었을 적의 이름)의 언니 셋은 모두 재주가 있고 예뻤다. 모두 국부인(國夫人)에 封해졌다. 큰언니는 한국(韓國)부인에, 셋째언니는 괵국(虢國)부인에, 여덟 번째 언니는 진국(秦國)부인에 封해졌다.'고 했고 《通鑑》에는, '최(崔)씨에게 시집간 자는 韓國夫人이 되고, 배(裵)씨에게 시집간 자는 虢國夫人이 되고, 유(柳)씨에게 시집간 자는 秦國夫人이 되었다.'라고 했다. 紫駝之峰(자타지봉):붉은 털을 가진 낙타의 등(혹). 이것으로 고급 요리를 만들었으며, 唐代의 귀족들은 타봉적(駝峯炙)을 즐겨 먹었다 한다. 駞는 駝와 仝字. 翠釜(취부):푸른 솥. 水精之盤(수정지반):수정(水晶)으로 만든 큰 쟁반. 素鱗(소린):하얀 비늘의 생선 요리. 犀筯(서저):무소의 뿔로 만든 젓가락. 厭飫(염어):물리도록 배불리 먹음. 飫는 먹기 싫도록 많이 먹는 것, 또는 서서 먹는 연회(宴會). 久未下(구미하):오랫동안 젓가락을 음식에 대지 않음. 항상 좋은 음식을 배불리 먹기 때문에, 진미(珍味)에도 젓가락을 대지 않는다는 뜻. 鸞刀縷切(난도누절):방울 달린 칼로 잘게 썲. 鸞刀는 난새의 울음소리를 내는 방울이 달린 주방용 칼. 縷는 잘게 써는 것. 空紛綸(공분륜):공연히 부산하고 시끄러움. 즉 손님들은 항상 기름진 음식을 배불리 먹어 요리에 손도 대지 않는데, 요리사가 방울 달린 칼로 고기를 잘게 썰며 부산하게 요리를 만들고 있다는 뜻. 黃門(황문):대궐의 문, 즉 금문(禁門)을 뜻하는데, 여기서는 환관(宦官)을 가리킨다. 後漢 때 환관이 금문을 지켰으므로, 환관을 뜻하게 되었다. 飛鞚(비공):나는 듯이 말을 몲. 鞚은 재갈. 御廚(어주):궁중(宮中)의 주방(廚房). 絡繹(낙역):계속하여, 쉬지 않고. 八珍(팔진):갖가지 진귀한 음식을 가리킨다. 八珍은 본디 요리법으로서 《禮記》 內則篇에 의하면, 순오(淳熬)·순모(淳母)·포(炮)·도진(擣珍)·지(漬)·오(熬)·삼(糝)·간료(肝膋)를 가리켰는데, 이것이 후세에 와서 사치스러워져 용간(龍肝)·봉수(鳳髓)·토태(兎胎)·이미(鯉

尾) · 효적(鴞炙) · 성순(猩脣) · 웅장(熊掌) · 수락선(酥酪蟬)의 여덟 가지 요리를 뜻하게 되었다. 本書 後集〈大寶箴〉의 八珍의 語義 참조. 簫鼓(소고):피리와 북. 음악 소리. 哀吟(애음):애절한 소리. 애조(哀調)를 띤 음악을 연주하는 것을 가리킨다. 感鬼神(감귀신):음악과 노래 소리가 영묘(靈妙)하여 신령(神靈)을 감동시킬 정도임. 賓從(빈종):빈객(賓客)과 종자(從者). 특히 괵국(虢國)부인을 따르던 자들을 가리킨다. 雜遝(잡답):많이 모임. 實要津(실요진):중요한 나루에 가득 참. 實은 가득 차다. 要津은 요직(要職), 즉 권력자 양국충(楊國忠)의 휘하를 암시한다. 당시 楊貴妃의 측근 가운데에 楊國忠과 虢國夫人은, 불륜(不倫)의 관계에 있었을 뿐만 아니라 권력을 마음대로 휘둘렀다. 後來鞍馬(후래안마):뒤에서 오는 안장 지운 말. 양국충(楊國忠)을 가리킨다. 鞍馬는 안장을 얹은 말. 여기서는 말을 타고 오는 사람을 뜻한다. 逡巡(준순):망설이고 나아가지 아니함. 여기서는 몹시 거름을 피우며 여유 있게 행동하는 것을 가리킨다. 逡은 뒷걸음질치다 · 머뭇거리다. 巡은 빙 돌다. 當軒(당헌):장막을 친 방 앞에 다다름. 錦茵(금인):비단으로 만든 자리. 茵은 주로 수레 안에 까는 자리. 楊花(양화):버들 꽃. 雪落(설락):눈처럼 떨어짐. 覆白蘋(복백빈):하얀 개구리밥을 덮음. 蘋은 얕은 물가에 자생하는 개구리밥. 靑鳥(청조):서왕모(西王母)의 사자(使者)였던 푸른 새. 여기서는 봄철에 날아다니는 보통 새를 그 새에 비겨 말한 것이다. 靑鳥는《漢武故事》의 다음과 같은 기록에서 인용한 것. "7월 7일, 上(漢武帝)이 承華殿에 납시었다. 갑자기 靑鳥들이 사방에서 날아들어 殿 앞에 모였다. 동방삭(東方朔)이, '이것은 서왕모(西王母)가 나타나려는 것입니다.'라고 아뢰었다. 이윽고 서왕모가 나타났는데, 두 마리의 청조가 서왕모 옆에서 시중을 들었다." 銜紅巾(함홍건):붉은 수건을 입에 물고 놂. 물새들이 부인들의 붉은 수건을 물고 갈 만큼, 화려한 치장을 한

부인들이 물가에 많이 나왔다는 뜻. 炙手可熱(자수가열):손을 델 만큼
뜨거움. 楊貴妃 일가의 권세(權勢)가 그 정도로 대단했다는 뜻. 勢絕倫
(세절륜):달리 비할 데가 없이 권세(權勢)가 강한 것. 倫은 동류(同類),
絕倫은 비길 곳이 없는 것. 愼莫近前(신막근전):삼가여, 가까이 나아
가지 말라. 丞相嗔(승상진):우승상(右丞相) 양국충(楊國忠)이 화를 냄.
양국충(楊國忠)과 괵국부인(虢國夫人)이 근친상간(近親相姦)의 불륜(不
倫)을 저지르고 있기 때문이라고 보는 사람도 있다.

【解說】《杜少陵集》卷二에 실려 있다. 삼월 삼짇날 물가에 나와 노니는 귀
족들의 화려한 물놀이를 읊은 詩인데, 전반적인 어세(語勢)로 보아, 단
순히 경관(景觀)의 아름다움과 호사스러운 물놀이를 말하고자 하는 게
아니라 강한 풍자(諷刺)의 뜻을 담고 있다. 語義에서 밝혔듯이 당시 양
씨(楊氏) 일가는 玄宗의 총애를 입은 楊貴妃 덕분에 천하에 두려울 것
이 없었다. 그들은 온갖 사치와 패륜(悖倫)을 자행했다. 결국 당조(唐
朝)는 이들 귀족과 외척(外戚)들의 사치와 황음(荒淫) 때문에 서서히 패
망의 길에 접어들게 된다. 겉으로는 화려해 보여도 속으로는 병들어 가
는 唐朝의 실상(實狀)을 직시한 杜甫는 상위자(上位者)의 부도덕한 생
활을 고발하기 위해 本篇을 지었다. 楊花雪落, 靑鳥銜巾 등은 楊國忠과
그의 사촌누이 괵국부인(虢國夫人)의 불륜(不倫)을 암시한 것인데, 표
현이 더없이 아름다워, 本篇으로 하여금 풍자시(諷刺詩)이면서도 고아
한 맛을 잃지 않게 한다.

고백행:두자미(古柏行:杜子美)

孔明廟前有老柏
공명묘전유로백

공명의 사당 앞 늙은 측백나무,

柯如靑銅根如石
가여청동근여석

가지는 청동 같고 뿌리는 돌 같네.

霜皮溜雨四十圍
상피유우사십위

서리 맞은 껍질 빗물에 젖었고 둘레가 마흔 아름,

黛色參天二千尺
대색참천이천척

짙푸른 하늘 높이 솟길 이천 척.

君臣已與時際會
군신이여시제회

명군과 현신이 세상일 걱정하여 만났었으니

樹木猶爲人愛惜
수목유위인애석

사당 앞 나무가 사람들로부터 아낌 받는 것이네.

雲來氣接巫峽長
운래기접무협장

가지 끝에 구름 걸리면 멀리 무협에까지
그 기운 이어지고

月出寒通雪山白
월출한통설산백

달 뜨면 싸늘한 달빛 설산의 흰 눈과 통하네.

憶昨路繞錦亭東
억작노요금정동

생각건대 옛날 錦亭의 동쪽으로
길이 뻗어 있을 때에는

先主武侯同閟宮
선주무후동비궁

蜀漢의 先主 劉備와 武侯가
같은 사당에 모셔져 있었네.

崔嵬枝幹郊原古
최외지간교원고

우뚝 솟은 측백나무의 가지와 줄기
성밖 들녘에서 늙고

窈窕丹靑戸牖空
요조단청호유공

사당의 단청 남아 있어도 사람 그림자 없네.

落落盤踞雖得地
낙락반거수득지

나뭇가지 퍼지고 굳게 뿌리 내려
좋은 땅 얻고 있으나

冥冥孤高多烈風
명 명 고 고 다 열 풍

잎 새 무성한 채 홀로 높이 솟아
사나운 바람에 시달리네.

扶持自是神明力
부 지 자 시 신 명 력

지금까지 버텨 옴은
천지신명이 도와주었기 때문이고

正直元因造化功
정 직 원 인 조 화 공

바르고 곧게 자란 것은 천제의 조화 덕이리.

大廈如傾要梁棟
대 하 여 경 요 양 동

큰 집 기울어져 들보와 기둥 필요해도

萬牛回首丘山重
만 우 회 수 구 산 중

이 나무 산처럼 무거우니 만 마리 소도
고개를 돌리리.

不露文章世已驚
불 로 문 장 세 이 경

아름다운 나무 무늬 드러내지 않았어도
세상에선 이미 재목임을 알았는데,

未辭剪伐誰能送
미 사 전 벌 수 능 송

베어 가길 막지 않는다 해도 누가 이를 옮겨갈까.

苦心未免容螻蟻
고 심 미 면 용 누 의

나무속은 땅강아지와 개미에게 먹히는 걸
면치 못하고 있으나

香葉終經宿鸞鳳
향 엽 종 경 숙 난 봉

향기로운 잎에는 언젠가 난새와 봉황이
깃들일 것이네.

志士幽人莫怨嗟
지 사 유 인 막 원 차

그대, 志士와 幽人들! 세상을 원망하여
탄식하지 말라,

古來材大難爲用
고 래 재 대 난 위 용

예로부터 재주가 너무 크면 쓰이기 어려웠나니.

【語義】 孔明(공명):촉(蜀)의 승상(丞相) 제갈양(諸葛亮). 孔明은 그의 字.
作者小傳 및 本書 後集에 실린 〈前·後出師表〉참조. 老柏(노백):오래
묵은 측백나무. 霜皮(상피):서리 맞은 나무껍질. 여러 해 동안 풍상(風
霜)에 시달린 것을 가리킨다. 溜雨(유우):비에 젖어 있음. 四十圍(사십
위):나무 둘레가 사십 아름이나 됨. 黛色(대색):검푸른 빛깔. 參天(참

천):하늘에 높이 퍼져 있음. 君臣(군신):蜀漢의 유비(劉備)와 제갈공명 (諸葛孔明). 與時(여시):시세(時世:그때의 세상)를 위하여, 즉 세상을 걱정하여. 際會(제회):어진 신하가 명군(名君)을 만남. 樹木猶爲人愛 惜(수목유위인애석):廟 앞의 나무가 廟堂에 모셔진 분을 사모하는 사람 들로부터 사랑받는 것을 가리킨다. 氣接巫峽長(기접무협장):기운이 무 협(巫峽)에 까지 길게 이어짐. 巫峽은 삼협(三峽)의 하나로, 사천성(四 川省) 무산현(巫山縣)의 東쪽, 호북성(湖北省) 파동현(巴東縣)의 西쪽 에 있는데, 巫山 아래를 지나 이런 이름이 붙었다. 양안(兩岸)이 가파 른 절벽일 뿐 아니라 물살이 세어, 주행(舟行)이 어렵기로 이름난 곳이 다. 寒通雪山白(한통설산백):한기(寒氣)가 설산(雪山)의 흰 눈에 통함. 廟 앞의 측백나무가 크고 높은 것을 형용한 것. 雪山은 사천성(四川省) 성도(成都)의 서쪽에 있다. 昨(작):昔과 같은 뜻. 옛날. 路繞錦亭東(노 요금정동):길이 금정(錦亭)의 동쪽을 돌아 뻗어 있음. 錦亭은 사천성(四 川省) 성도(成都)에 있던 금강정(錦江亭)을 가리킨다. 先主(선주):촉한 (蜀漢)의 소열황제(昭烈皇帝) 유비(劉備)를 가리킨다. 字는 현덕(玄德). 武侯(무후):공명(孔明)은 무향후(武鄕侯)에 봉(封)해졌었다. 武鄕은 섬 서성(陝西省) 포성현(褒城縣)의 옛이름. 閟宮(비궁):조용히 닫혀져 있 는 宮. 묘당(廟堂)을 뜻한다. 閟는 닫혀져 있음. 또는 깊다, 으슥하다 의 뜻. 崔嵬(최외):산이 높이 솟은 모양. 측백나무가 높고 큰 것을 가 리킨다. 郊原古(교원고):城밖의 들판에서 늙음. 窈窕丹靑(요조단청): 廟堂의 채색(彩色)을 가리킨다. 窈窕는 정숙한 모양, 예쁜 모양, 골짜기 가 깊은 모양, 궁궐이 그윽한 모양 등 여러 가지 뜻을 가지고 있다. 여 기서는 廟堂이 깊고 으슥한 것을 가리키는 말로 쓰였다. 戶牖空(호유 공):입구의 문과 창에 사람의 그림자도 보이지 않는 것을 가리킨다. 落 落(낙락):서로 융합하지 아니하는 모양, 뜻이 큰 모양, 쓸쓸한 모양, 우뚝 솟은 모양, 드문드문하여 성긴 모양 등 여러 가지 뜻이 있는데, 여기서는 나뭇가지가 성글게 펴져 있는 것을 가리킨다. 盤踞(반거):뿌리가 굳게 박혀 서려 있음. 得地(득지):좋은 땅에 자라 있는 것. 冥冥(명명):나무가 높고 가지와 잎이 무성하여 어둡게 보이는 것. 扶持(부지):지탱하다. 바람에 넘어지지 않고 버티다. 神明(신명):천지신명(天地神明). 正直(정직):측백나무가 곧고 바르게 자라 있는 것. 造化功(조화공):만물(萬物)을 조화 변화(造化變化)시키는 천제(天帝)가 힘쓴 결과임. 大廈(대하):큰 집. 如(여):만일. 梁棟(양동):들보와 기둥. 萬牛回首(만우회수):만 마리의 소가 머리를 돌림. 만 마리의 소도 끌기를 단념할 만큼 나무가 크고 무겁다는 뜻. 不露(불로):드러내지 않음. 文章(문장):나무의 아름다운 무늬. 未辭剪伐(미사전벌):벌목(伐木)당하는 것을 사양하지 않음. 즉 측백나무를 벤다 하더라도의 뜻. 苦心(고심):괴로워하는 마음. 그런데 여기서는 측백나무의 중심 부분을 가리킨다. 未免容螻蟻(미면용누의):땅강아지와 개미에게 먹히는 것을 면하지 못함. 인재(人材)가 마음을 써도 소인(小人)에게서 핍박받는 일이 흔한 것을 암시한 것이다. 志士(지사):세상에 도(道)를 행하려는 뜻을 가진 사람. 幽人(유인):홀로 도(道)를 지켜 세속(世俗)을 떠나 숨어 사는 사람. 莫怨嗟(막원차):원망하고 탄식하지 말라. 古來(고래):예로부터. 材大難爲用(재대난위용):재목이 크면 쓰이기 어려움.《莊子》逍遙遊〈無何有鄕寓話〉에 惠子가 莊子에게 이와 비슷한 말을 한 것이 있다. "나에게 큰 나무가 있는데, 사람들은 그것을 북나무라 말하오. 그 큰 줄기는 혹투성이여서 먹줄을 칠 수가 없고, 작은 가지들은 뒤틀리고 굽어서 그림쇠에 맞지 않소. 길가에 있어도 목수가 돌아보지 않소. 그대의 말은 이 북나무처럼 크기만 했지 쓸모가 없으니(大而無用), 모든 사람들이 들으려 하지 않소."

【解說】《杜少陵集》卷十五에 실려 있다. 柏을 栢으로 많이 쓰고 있는데,
이것은 속자(俗字)이다.

　　기주(夔州:四川省 奉節縣)의 제갈공명(諸葛孔明)의 묘당(廟堂) 앞에
있는 늙은 측백나무를 노래한 작품으로, 대력(大曆) 元年(766), 杜甫의
나이 55세 때에 지어졌다. 本書 題注에 성도(成都)의 孔明廟 앞 측백나
무를 노래한 것이라 한 것은 잘못이다.

　　本篇에 묘사되어 있는 측백나무의 위용은 가히 상상을 불허할 만큼
과장이 심하다. 그러나 杜甫는 큰 인물을 묘사하기 위해 그처럼 표현했
을 것이고, 또 자신을 측백나무에 견주고 싶었을 것이다. 따라서 후세
의 사람들이 孔明廟 앞의 측백나무의 실제 크기를 들어 本篇의 표현을
비판한 것은, 作者의 의도를 전연 살피지 않은 처사로 무가치하다. 篇
末의 '古來材大難爲用'은 널리 알려진 명언(名言)이다.

병거행:두자미(兵車行:杜子美)

車轔轔馬蕭蕭
거 린 린 마 소 소
수레 소리 땅을 울리고 말 울음소리 애처로운데,

行人弓箭各在腰
행 인 궁 전 각 재 요
출정하는 병사들 허리에 활과 살을 찼네.

耶孃妻子走相送
야 양 처 자 주 상 송
부모처자 달려 나와 전송하니

塵埃不見咸陽橋
진 애 불 견 함 양 교
먼지 자욱하여 咸陽橋가 안 보일 지경이네.

牽衣頓足攔道哭
견 의 둔 족 난 도 곡
옷 잡고 발 구르며 길을 막고 통곡하니

哭聲直上干雲霄
곡 성 직 상 간 운 소
울음소리 하늘 끝에 사무치네.

【語義】 轔轔(인린):많은 병거(兵車)가 지나가는 소리. 蕭蕭(소소):말 울음
소리를 형용한 것. 行人(행인):출정(出征)하는 사람들. 弓箭(궁전):활
과 화살. 耶孃(야양):부모(父母). 耶는 爺와 仝字로, 아버지. 孃은 어미.
咸陽橋(함양교):함양현(咸陽縣) 서남쪽 10里 되는 곳에 있던 다리로, 서
위교(西渭橋)라고도 했다. 牽衣(견의):이별을 아쉬워하여 옷을 잡아당
김. 衣는 상의. 頓足(둔족):발을 구름. 攔道哭(난도곡):길을 가로막고
욺. 干雲霄(간운소):구름 뜬 하늘에까지 올라가 닿음.

道傍過者問行人
도 방 과 자 문 행 인
길 가는 사람이 병사에게 물으니

行人但云點行頻
행 인 단 운 점 행 빈
병사 말하길, "징집이 너무 잦다."고.

或從十五北防河
혹 종 십 오 북 방 하
어떤 이는 열다섯 살에 북쪽을 지키러 나갔다가

便至四十西營田
변 지 사 십 서 영 전
마흔 살이 된 지금까지 서쪽의 屯田兵으로 있고,

去時里正與裹頭
거 시 이 정 여 과 두
떠날 때 촌장이 관례 앞당겨 치러 준 사람

歸來頭白還戍邊
귀 래 두 백 환 수 변
백발 되어 돌아왔다가 다시 변방으로 출정하네.

邊庭流血成海水
변 정 유 혈 성 해 수
변경에 괸 피가 바다를 이루는데

武皇開邊意未已
무 황 개 변 의 미 이
우리 천자 漢 武帝인가, 변경을 넓히려는 욕심
가시지 않네.

君不聞
군 불 문
그대는 듣지 못하였는가,

漢家山東二百州
한 가 산 동 이 백 주
漢나라의 山東 이백 주가

千村萬落生荊杞
천 촌 만 락 생 형 기
모든 촌락 황폐해져 가시덤불에 덮였다는 것을.

縱有健婦把鋤犁
종 유 건 부 파 서 려
건장한 아낙들 호미 잡고 일어섰지만

禾生隴畝無東西
화 생 농 묘 무 동 서
곡식 마구 자라 동서도 가릴 수 없게 되었다네.

況復秦兵耐苦戰
황 복 진 병 내 고 전
하물며 秦 땅의 병사들 싸움에 잘 견디어

被驅不異犬與雞
피 구 불 이 견 여 계
개와 닭 몰듯 우리 병사 마구 몰아침에랴!

【語義】 點行(점행):장정(壯丁)의 명적(名籍)을 조사하여, 장정들을 징발
하여 교대로 원정(遠征) 보내는 것. 點은 점검(點檢). 行은 행역(行役:

징용당하여 공사를 하거나 국경을 수비하는 부역)하러 가는 것. 從十
五(종십오):15살 때부터.《新唐書》食貨志에 보면, 21세를 정(丁)이라
하고 18세부터 일경(一頃)의 토지를 받으며 조세와 병역의 의무를 지
게 되어 있다. 15세면 너무 이르다.《論語》爲政篇에, '나는 열다섯 살
때에 학문에 뜻을 두었다(吾十有五而志于學).'라는 말이 나오는데, 杜
甫는 이 말을 생각하고 이 句를 지은 것 같다. 北防河(북방하):북쪽에
서 황하(黃河)를 지킴. 즉 토번(吐藩)의 침입을 막는 것을 가리킨다. 本
書 注에는, '防河란 제방을 쌓아 물이 범람하는 것을 막는 것을 말한다.'
고 했는데, 옳은 해석이 아니다. 西營田(서영전):서쪽에서 둔전병(屯田
兵)이 됨. 屯田兵이란 변경 지대에 배치되었다가, 평시에는 농사를 짓고
전란이 일어나면 전투에 참가하는 병사를 말한다. 去時(거시):출정(出
征)하기 위해 고향을 떠날 때. 里正(이정):촌장(村長). 唐代에는 百戶를
一里라 했다. 與(여):위하여. 裹頭(과두):머리를 쌈. 관례(冠禮)는 본디
스무 살이 되면 성인(成人)이 되었다는 표시로 행하던 의식(儀式). 어린
나이이지만 출정하게 되었으므로 앞당겨 관례(冠禮)를 행한 것이다. 還
戍邊(환수변):다시 국경을 수비하러 출정(出征)함. 邊庭(변정):국경(國
境) 지방. 흉노(匈奴)에 북정(北庭)·남정(南庭)이 있어 이런 말을 쓴 것
이다. 武皇(무황):漢의 무제(武帝). 그는 서역(西域)으로 확장 정책을 썼
다. 여기서는 唐 玄宗을 암시한다. 開邊(개변):국토를 확장함. 意未已
(의미이):욕심이 아직 가시지 않음. 漢家(한가):漢나라. 山東二百州(산
동이백주):전국시대(戰國時代)의 육국(六國:楚·燕·齊·韓·魏·趙)을
가리킨다. 효산(崤山)·함곡관(函谷關)의 동쪽에 있었기 때문에 山東이
라 한 것이며, 그곳에는 七道 200여 주(州)가 있었다. 千村萬落(천촌
만락):많은 촌락(村落)을 가리킨다. 落은 사람이 모여 사는 지역. 生荊
杞(생형기):병란(兵亂)으로 땅이 황폐해져, 가시나무·구기자 따위의

잡목이 생겨난 것을 가리킨다. 縱(종):설사. 健婦(건부):몸이 튼튼하고 일 잘하는 여자. 把鋤犁(파서려):호미와 쟁기를 손에 잡음. 경작하는 것을 가리킨다. 鋤는 호미, 犁는 보습. 禾生隴畝(화생농묘):곡식이 밭두둑이나 밭이랑에 마구 자람. 禾는 벼나 보리 등의 모든 곡식. 隴은 밭두둑. 畝는 이랑. 畝의 本音은 무. 無東西(무동서):동서를 구별할 수 없음. 농사를 지었어도 제대로 관리하지 못하여 황폐하게 된 것을 뜻한다. 況復(황복):하물며, 더욱. 秦兵(진병):장안(長安)을 중심으로 한 섬서성(陝西省) 일대에서 자란 병사들. 耐苦戰(내고전):고통스런 싸움을 잘 참음. 옛날 秦나라 지방 출신의 병사들은 사납고 인내심이 강하여, 어려운 싸움에도 잘 견디는 강병(强兵)들이었다고 한다. 被驅(피구):쫓기어 몰림. 不異犬與雞(불이견여계):개나 닭과 다를 바가 없음. 일방적으로 공격당하여, 개나 닭이 죽듯 가치 없이 사람들이 죽는다는 뜻.

長者雖有問 장 자 수 유 문	윗분이 병사들의 고초 묻는다 해도
役夫敢伸恨 역 부 감 신 한	천한 잡병이 한스러움 어찌 말할 수 있으리.
且如今年冬 차 여 금 년 동	올 겨울에도
未休關西卒 미 휴 관 서 졸	관서를 지키기 위해 징집이 그치지 않았다네.
縣官急索租 현 관 급 색 조	현의 관리들 세금 내라 성화인데
租稅從何出 조 세 종 하 출	조세를 어디서 만들어 내리.
信知生男惡 신 지 생 남 악	진실로 알겠노라, 사내 낳으면 나쁘고

反是生女好 반 시 생 녀 호	딸 낳아야 좋다는 것을.
生女猶得嫁比鄰 생 녀 유 득 가 비 린	딸을 낳으면 이웃집에 시집이라도 보내지만
生男埋沒隨百草 생 남 매 몰 수 백 초	아들 낳으면 전쟁터에 내보내 잡초 속에 버려야 하네.
君不見靑海頭 군 불 견 청 해 두	그대는 보지 못하였는가, 청해 부근에
古來白骨無人收 고 래 백 골 무 인 수	옛날부터 흰 뼈 널려 있어도 아무도 거두지 않았음을.
新鬼煩冤舊鬼哭 신 귀 번 원 구 귀 곡	새 망령들 원통하여 몸부림치고 옛 망령들 통곡하니,
天陰雨濕聲啾啾 천 음 우 습 성 추 추	하늘 흐려 비 오는 날이면 망령들의 울음소리 더욱 처량하다네.

【語義】長者(장자):윗사람. 여기서는 지위가 높은 군인을 가리킨다. 役夫(역부):행역(行役)나간 병사. 출정병(出征兵). 敢伸恨(감신한):감히 한(恨)스러움을 이야기하겠는가? 未休關西卒(미휴관서졸):관서(關西) 지방으로 수자리 나갈 병사를 뽑는 일이 멈추지 않음. 關西는 함곡관(函谷關)의 서쪽 땅인 섬서(陝西)·감숙(甘肅)의 두 성(省)을 지키는 병(兵). 卒은 병사를 징발(徵發)하는 것. 縣官(현관):지방 현(縣)의 관리. 직접 天子를 가리키지 않고, 縣의 官吏라고 말한 것이다. 急索租(급색조):조세(租稅)를 받으려고 다그침. 租稅(조세):唐代의 세제(稅制)는 조(租)·용(庸)·조(調)의 셋이다. 租는 곡물세(穀物稅), 庸은 병역(兵役)이나 노동(勞動) 복무(服務), 調는 필목과 비단을 바치는 것. 信知(신지):분명히 깨달음. 生男惡(생남악):아들을 낳는 것은 나쁨. 反是(반시):오히려. 猶得(유득):그런대로 ~할 수 있음. 嫁比鄰(가비린):이웃에 시집감. 生男埋沒隨百草(생남

매몰수백초):아들은 낳으면 전쟁에 나가 죽어, 흙에 묻혀 잡초와 함께 썩
어 버린다는 뜻. 靑海(청해):몽고어(蒙古語)로 '코코노루'라 불리는 호수
(湖水)를 漢字로 표기(表記)한 것. 토번(吐藩)이 이곳을 침략했을 때에 가
서한(哥舒翰)이 큰 공을 세웠다. 白骨(백골):전사한 병사들의 해골. 新鬼
(신귀):새로 죽은 병사들의 망령(亡靈). 煩冤(번원):번민하고 원통하게 여
김. 舊鬼(구귀):앞서 죽은 병사들의 망령(亡靈). 啾啾(추추):여러 사람이
모여 흐느껴 우는 소리를 형용한 것.

【解說】《杜少陵集》卷二에 실려 있다. 玄宗이 토번(吐藩)에 출병(出兵)했
기 때문에 백성들이 원정(遠征)에 시달려 고통 받는 것을, 漢 武帝가 흉
노(匈奴)를 정벌하기 위해 백성들을 전쟁터로 내몬 사실에 비겨, 당시
의 실정(失政)을 풍자(諷刺)한 작품이다.
　　七言句가 主를 이루는 古詩인데, 五言句가 8句, 君不聞의 句는 10言,
君不見의 句와 모두(冒頭)의 한 句는 6言으로 되어 있어, 변화 있는 시
형(詩形)을 갖추어, 가요(歌謠)와 악부(樂府)의 묘미를 두루 맛볼 수 있
다. 〈석호리(石濠吏)〉와 함께 本篇은, 내외(內外)의 전쟁에 시달리는 백
성들의 고통을 읊은, 유명한 시사시(時事詩)이자 사회시(社會詩)이다.
前者는 객관적(客觀的)으로, 本篇은 행인(行人:兵士)을 대신하여 백성
의 입장에서 그 고충(苦衷)을 호소한 작품이다. 출정하는 병사는 '징집
이 너무 잦다(點行頻).'고만 말한다. 그 뒤부터 末句에 이르기까지 병사
들의 비참한 실상을 서술했다. 杜甫는 도덕과 정치를 위하여, 백성과 국
가를 걱정하여 詩를 지었다. 이는《詩經》이래의 문학정신(文學精神)에
의한 것이기도 하지만, 杜甫의 독특한 시풍(詩風)이기도 하다. 유가적(儒
家的) 도의(道義)를 발양(發揚)하기 위한 문학, 사회를 위한 詩, 이것들
은 시성(詩聖)으로 추앙받는 杜甫의 숭고한 인간 정신의 산물(産物)이

다. 篇末의 鬼哭啾啾는 전쟁터에서 희생된 많은 망령(亡靈)들의 슬픔을 표현한 것으로, 동시대 성당(盛唐)의 詩人인 이화(李華)의 〈弔古戰場文〉(《古文眞寶》後集에 收錄)에,

"이곳은 옛 싸움터인데, 일찍이 三軍의 대군이 전멸당한 곳이라오. 이곳에서 죽은 사람들의 망령이, 하늘이 흐려지기만 하면 곳곳에서 슬피 우는 것을 요즘도 들을 수 있다오. 이 얼마나 처참한 일이냐!(此古戰場也. 常覆三軍. 往往鬼哭 天陰則聞. 傷心哉.)"

라고 한 것과, 또 뒤에 나오는 왕한(王翰)의 〈古長城吟〉에,

"해 저무는 변방엔 인적도 없는데, 망령들의 곡소리 하늘에 닿네. 죄 없이 벌 받고 공을 세우고도 보상받지 못한 채, 외로운 넋 되어 장성의 주변을 떠돌아다닌다네(黃昏塞北無人煙 鬼哭啾啾聲沸天. 無罪見誅功不賞 孤魂流落此城邊)."

라고 한 것과 그 취지(趣旨)가 같다.

세병마행:두자미(洗兵馬行:杜子美)

中興諸將收山東 중 흥 제 장 수 산 동	나라를 중흥시킨 여러 장수들이 산동을 수복하니
捷書夜報清晝同 첩 서 야 보 청 주 동	승전보가 밝은 낮처럼 밤에도 전해졌네.
河廣傳聞一葦過 하 광 전 문 일 위 과	넓은 황하를 갈잎 하나로 건넌다는 소리 들렸으니
胡兒命在破竹中 호 아 명 재 파 죽 중	오랑캐 아이의 운명, 쪼개지는 대쪽 같았네.
祇殘鄴城不日得 지 잔 업 성 불 일 득	업성에 남은 잔당들 얼마 견디지 못했으니
獨任朔方無限功 독 임 삭 방 무 한 공	반군 토벌의 대임 맡은 곽 장군, 무한한 공 세웠네.
京師皆騎汗血馬 경 사 개 기 한 혈 마	장안에선 모두 서역의 천리마 탔고,
回紇餧肉葡萄宮 회 흘 위 육 포 도 궁	포도궁에 잔치 벌여 회흘에게 고기 먹였네.
已喜皇威清海岱 이 희 황 위 청 해 대	천자의 위세가 천하를 맑게 한 건 기쁘나
常思仙仗過崆峒 상 사 선 장 과 공 동	천자께서 공동산 지나 피난 간 일 늘 생각나네.
三年笛裏關山月 삼 년 적 리 관 산 월	삼 년 동안이나 망향의 노래인 '관산월' 들려왔고
萬國兵前草木風 만 국 병 전 초 목 풍	만국의 군진 앞엔 초목을 흔드는 바람 몰아쳤네.
成王功大心轉小 성 왕 공 대 심 전 소	성왕께선 큰 공을 세우고도 매사에 신중하시고

郭相謀深古來小　곽 재상은 옛사람 중에서도 찾기 어려울 만큼
곽 상 모 심 고 래 소　계략이 깊으며

司徒淸鑒懸明鏡　사도 李光弼의 인재를 가려내는 눈은
사 도 청 감 현 명 경　거울을 달아 놓은 듯 밝으며

尙書氣與秋天杳　상서 王思禮의 기개는 가을 하늘처럼 높고
상 서 기 여 추 천 묘　아득하네.

二三豪俊爲時出　이들 호걸은 세상을 위해 하늘이 낸 사람들로,
이 삼 호 준 위 시 출

整頓乾坤濟時了　천하를 바로잡고 세상을 구했네.
정 돈 건 곤 제 시 료

東走無復憶鱸魚　농어회 생각하여 동쪽으로
동 주 무 복 억 노 어　달아나려는 사람 없어졌고

南飛各有安巢鳥　남쪽으로 날아가는 새들도 둥지에 깃들이게 되었네.
남 비 각 유 안 소 조

靑春復隨冠冕入　봄기운 다시 천자 따라 장안에 돌아오니
청 춘 복 수 관 면 입

紫禁正耐煙花繞　궁성은 아름다운 연기와 꽃에 둘러싸이게 되었네.
자 금 정 내 연 화 요

鶴駕通宵鳳輦備　태자의 수레와 천자의 수레 늘 대기하고 있다가
학 가 통 소 봉 련 비

鷄鳴問寢龍樓曉　첫닭 울면 상황(上皇)께 문안드리려 용루문 나섰네.
계 명 문 침 용 루 효

【語義】中興諸將(중흥제장):安祿山의 亂에 무너질 뻔했던 唐 王朝를, 賊을
討伐하여 중흥(中興)시킨 여러 장수(將帥). 곽자의(郭子儀) 이하 本篇에
나오는 여러 장수들을 가리킨다. 收山東(수산동):산동(山東)을 수복(收
復)함. 여기서 山東은 하북(河北) 지방을 가리킨다. 太行山 東쪽을 山
東이라 하는데, 함곡관(函谷關) 東쪽을 가리킬 때도 있다(앞의 〈兵車

行〉의 山東二百州의 語義 참조). 捷書(첩서):승리를 알리는 보고서(報告書). 捷은 승전(勝戰). 河廣(하광):《詩經》國風篇 衛風〈河廣〉에, '누가 黃河를 넓다고 했나? 갈잎 하나로도 건널 수 있는 것을(誰謂河廣 一葦杭之).'라고 한 데에서 取한 말. 本篇에서 河廣은 安祿山의 무리들이 점령하고 있던 위주(衛州)를 가리킨다. 一葦過(일위과):갈잎 하나를 타고 건넘. 中興諸將이 황하를 건너, 위주(衛州)에 있는 安祿山의 도당(徒黨)을 신속하게 공격한 것을 가리킨다. 胡兒命(호아명):安祿山 무리의 운명(運命). 本集에는 胡危命으로 되어 있다. 在破竹中(재파죽중):쪼개지는 대나무 가운데에 있음. 쉽게 멸망할 상태에 있음을 가리킨다. 祇(지):다만, 오직. 鄴城(업성):安祿山의 아들 경서(慶緒)가 그의 도당(徒黨)을 거느리고 도망가 있던 곳. 不日得(불일득):곧 손에 넣음. 朔方(삭방):삭방 절도사(朔方節度使) 곽자의(郭子儀)를 가리킨다. 영주(靈州:寧夏省 靈武縣)에 주둔하던 군대를 삭방군(朔方軍)이라 했는데, 安祿山의 亂이 일어나자 조정에선 郭子儀를 靈武의 태수(太守)에 임명하여 삭방 절도사(朔方節度使)가 되게 했다. 京師(경사):장안(長安)을 가리킨다. 京은 大의 뜻, 師는 衆의 뜻. 따라서 땅이 넓고 사람이 많이 모여 있는 곳. 즉 수도(首都). 汗血馬(한혈마):피 같은 땀을 흘리는 말이라는 뜻으로, 대완(大宛)에서 나는 名馬. 〈醉歌行〉의 汗血의 語義 참조. 回紇(회흘):本書 注에, '回紇은 이민족의 이름. 병사 5천을 보내 唐을 도와 賊을 토벌했다. 唐의 朝廷에선 포도궁(葡萄宮) 동원(東園)에다 연회(宴會)를 베풀어 그들의 노고를 치하했다.'고 했다. 回紇은 '위구르'를 漢字로 표기한 것. 흉노(匈奴)의 자손으로, 돌궐(突厥)을 좇다가 唐代에 돌궐로부터 떨어져 나와 回紇이라고 했다. 郭子儀를 도와 安史의 亂을 평정하여, 회골(回鶻)이라는 이름을 받았으며, 內外蒙古의 땅을 갖게 되었다. 餧肉(위육):고기를 먹게 함. 葡萄宮(포도궁):본디는 漢代에 상림원(上林苑)

에 있던 궁전 이름으로, 원제(元帝) 원수(元壽) 2년에 선우(單于:흉노의 王)가 내조(來朝)하여 묵었던 곳. 이 故事를 인용하여 回紇 군대에게 잔치를 베풀어 준 곳을 葡萄宮이라 한 것이다. 皇威(황위):天子의 위세(威勢). 淸海岱(청해대):東海와 泰山 지방을 맑게 함. 山東·河北 지방을 평정한 것을 가리킨다. 仙杖(선장):天子의 행렬(行列) 앞에서 길을 안내하는 의장(儀仗). 仙 字를 쓴 것은 天子를 신성시(神聖視)했기 때문이다. 崆峒(공동):감숙성(甘肅省) 평량부(平涼府) 고원주(固原州)의 서쪽에 있는 공동산(崆峒山)을 가리킨다. 安祿山의 난 때에, 天子 일행은 이곳 부근에서 밑으로 남하하여 蜀으로 피난갔다. 三年(삼년):지덕(至德) 元年(756)부터 건원(乾元) 2년(759)까지를 가리킨다. 笛裏關山月(적리관산월):望鄕의 曲인 關山月을 들음. 關山月은 피리의 곡명(曲名)으로, 관소(關所)에 있는 山, 즉 장성(長城)에서 바라보는 달이라는 뜻. 이 曲에는 진중(陣中)에서 고향을 그리는 병사들의 마음을 노래한 부분이 많다. 萬國兵前(만국병전):여러 나라에서 온 군대들이 진(陣)을 치고 있는 앞. 草木風(초목풍):초목을 흔드는 바람. 전장(戰場)의 처참한 분위기를 나타낸 것이다. 成王(성왕):숙종(肅宗)의 아들 광평왕(廣平王) 숙(俶)을 가리킨다. 처음에는 초왕(楚王)이었는데, 건원(乾元) 원년(758) 2월에 成王에 封해졌고, 그해 四月에 太子가 되었다. 장안(長安)·낙양(洛陽)을 수복할 때 큰 공을 세웠다. 功大心轉小(공대심전소):큰 功을 세우고도, 겸허한 마음으로 功을 자랑하지 않고 매사에 신중한 것. 郭相(곽상):중서령(中書令) 곽자의(郭子儀). 相은 재상(宰相). 司徒(사도):이광필(李光弼)을 가리킨다. 司徒는 교육을 관장하던 벼슬로, 삼공(三公)의 하나. 淸鑒(청감):맑은 감식력(鑑識力). 인물의 능력을 꿰뚫어 보는 힘. 尙書(상서):兵部尙書 왕사례(王思禮). 그는 李光弼과 함께 安祿山의 아들 경서(慶緖)를 토벌하는 데에 참가했다. 氣與秋天杳(기여추

천묘):기상(氣象)이 가을 하늘처럼 높고 아득함. 二三豪俊(이삼호준):
앞에서 든 郭子儀·李光弼·王思禮 등의 뛰어난 인물들을 가리킨다. 豪
俊은 재주와 지혜가 뛰어남, 또는 그런 사람.《할관자(鶡冠子)》에, '만
인(萬人) 중에 가장 훌륭한 德을 지닌 자를 俊이라 하고, 천인(千人) 중
에 가장 훌륭한 德을 지닌 자를 豪라 한다.'고 했다. 爲時出(위시출):세
상을 위하여 나타남. 整頓乾坤(정돈건곤):天下를 바로잡음. 濟時了(제
시료):세상을 구제함. 東走無復憶鱸魚(동주무복억노어):진(晋)의 장한
(張翰)이, 가을바람이 일자 고향인 오(吳) 땅의 순채(蓴菜)국과 농어회
가 생각나, 관직을 사퇴하고 고향으로 돌아갔다. 농어회를 생각하여 동
쪽으로 가려는 사람이 없다고 한 것은 이 고사(故事)를 인용하여, 세상
을 피하려는 사람이 없을 만큼 천하가 태평해졌음을 뜻한 것이다. 南
飛(남비):남쪽으로 날아감. 위(魏) 武帝 조조(曹操)가 지은 〈短歌行〉에,
'달이 밝으니 별이 드물고, 까치 남쪽으로 날아간다. 나무를 세 번 돌아
도, 의지할 만한 가지가 없다(月明星稀 烏鵲南飛. 繞樹三匝 無枝可依).'
라는 句가 있는데, 이에서 인용한 것이다. 南飛는 군웅(群雄)들이 의지
할 곳을 잃고 멀리 달아나는 것을 상징한 표현. 本篇에서는, '남쪽으로
날아가는 까치와 같은 새도'의 뜻. 各有安巢鳥(각유안소조):모두 둥지
에 편안하게 깃들임. 君臣뿐만 아니라 천하의 사람들도 안주(安住)하게
되었음을 뜻한다. 靑春(청춘):봄. 오행설(五行說)에 의하면, 봄은 빛깔
로는 푸른빛이다. 隨冠冕入(수관면입):천자의 관(冠)을 따라 들어옴.
安祿山의 난이 평정되어, 天子가 수도 長安의 궁성으로 환궁(還宮)하게
된 것을 가리킨다. 紫禁(자금):天子의 궁성(宮城)을 하늘의 자미궁(紫
微宮)에 비겨 자신(紫宸), 또는 자금(紫禁)이라 한다. 禁은 보통 사람의
출입이 금지된 데에서 붙여진 것. 正耐(정내):~하게 되다. 耐는 能의
뜻. 煙花繞(연화요):연기와 꽃에 둘러싸임. 鶴駕(학가):황태자(皇太

子)의 수레. 本書 注에, "유향(劉向)의 《列仙傳》에, '王子喬는, 주(周)나라 영왕(靈王)의 태자(太子)인 晉이다. 생(笙)을 잘 불어 봉황의 울음소리를 흉내 내었다. 7월 7일, 구씨산(緱氏山:河南省 偃師縣에 있음) 꼭대기에서 흰 학을 타고, 손을 들어 사람들에게 인사하며 사라졌다.'라고. 이 일로 인해 후세 사람들은 태자의 수레를 '鶴駕'라 부르게 되었다."고 했다. 通宵(통소):밤새도록 줄곧. 鳳輦(봉련):봉황의 모양을 장식한 천자의 수레. 이 句에 대한 해석은 여러 가지인데, 황태자와 천자가 함께 상황(上皇)을 문안하려는 것을 나타낸 것 같다. 鷄鳴(계명):닭이 욺. 새벽이 된 것을 뜻한다. 問寢(문침):상황(上皇)의 침소에 문안드림. 龍樓曉(용루효):용루문(龍樓門)을 나올 때에도 아직 새벽임. 《文選》에 실린 王元長의 〈曲水詩序〉에 五臣이 注한 것에 의하면, 龍樓는 漢의 태자궁(太子宮)의 문 이름. 《禮記》第八 文王世子에, "周나라 文王이 世子였을 때, 하루에 세 번씩 父王 왕계(王季:姓은 姬, 名은 季歷)에게 문안드렸다. 새벽닭이 울면 의복을 입고 부왕의 침소 밖에 이르러, 당직자(堂直者)에게, '부왕의 안부는 어떠한가?' 하고 물었다. 당직자가 '편안하십니다.' 하고 답하면, 기뻐하였다. 점심때가 되면 다시 부왕의 처소에 가 아침처럼 했다. 그리고 저녁때에도 그렇게 하였다(文王之爲世子 朝於王季日三. 鷄初鳴衣服 至於寢門外 問內豎之御者日 今日安否何如. 內豎日 安. 文王乃喜. 及日中又至 亦如之. 及莫又至 亦如之)."라고 한 것에 근거하여 이 句가 지어진 것 같다.

攀龍附鳳勢莫當
반 룡 부 봉 세 막 당

英主 좇아 전장을 달려 얻은 위세 크기만 하니

天下盡化爲侯王
천 하 진 화 위 후 왕

온 천하 사람들 모두 제후와 왕이 된 듯하네.

汝等豈知蒙帝力
여 등 기 지 몽 제 력
그대들 어찌 천자의 은혜를 입었음을 알겠는가,

時來不得誇身强
시 래 부 득 과 신 강
운을 탔다고 자신의 강함을 뽐내서는 안 되네.

關中旣留蕭丞相
관 중 기 류 소 승 상
장안에는 蕭何 같은 명재상 杜鴻漸이 있고

幕下復用張子房
막 하 부 용 장 자 방
군진에는 장양 같은 지장 張鎬가 쓰이고 있는데,

張公一生江海客
장 공 일 생 강 해 객
장공은 큰 뜻을 품고 평생 강호를 유력한 인물로

身張九尺鬚眉蒼
신 장 구 척 수 미 창
아홉 척 키에 눈썹이 검푸른 호걸이네.

徵起適遇風雲會
징 기 적 우 풍 운 회
그가 천자의 부름 받아 쓰인 것은
범이 바람을 만나고 용이 구름을 본 것으로,

扶顚始知籌策良
부 전 시 지 주 책 량
기울어지던 나라 일어서니 비로소
그의 계책 훌륭함을 알게 되었네.

靑袍白馬更何有
청 포 백 마 갱 하 유
푸른 옷에 흰 말 탄 반란군이 다시 있을 수
있겠는가,

後漢今周喜再昌
후 한 금 주 희 재 창
후한 광무제나 주나라 선왕 때 같은 나라의
중흥 이루게 되어 기쁘기만 하네.

寸地尺天皆入貢
촌 지 척 천 개 입 공
천하의 모든 나라가 조공(朝貢)을 하게 되고

奇祥異瑞爭來送
기 상 이 서 쟁 내 송
기이한 상서(祥瑞)들을 다투어 보내오네.

不知何國致白環
부 지 하 국 치 백 환
어느 나라인지 알 수 없으나 흰 옥으로 만든
고리를 보내왔고,

復道諸山得銀甕
부 도 제 산 득 은 옹
여러 산에서 은 항아리가 나왔다 하네.

隱士休歌紫芝曲
은 사 휴 가 자 지 곡
은사들은 '紫芝曲' 부르지 않게 되고

詞人解撰河淸頌 사 인 해 찬 하 청 송	문인들은 '河淸頌' 짓게 되었네.
田家望望惜雨乾 전 가 망 망 석 우 건	농가에선 농사지으려 빗물 마르는 것 애석히 여기고
布穀處處催春種 포 곡 처 처 최 춘 종	뻐꾸기 곳곳에서 울어 씨 뿌리기 재촉하네.
淇上健兒歸莫懶 기 상 건 아 귀 막 란	淇水가의 병사들이여, 집으로 돌아가기 게을리 말게,
城南思婦愁多夢 성 남 사 부 수 다 몽	남편 그리는 성남의 부인들 밤마다 수심 어린 꿈을 꾼다네.
安得壯士挽天河 안 득 장 사 만 천 하	어찌하면 장사를 구하여 은하수 끌어다
淨洗甲兵長不用 정 세 갑 병 장 불 용	갑옷과 무기 깨끗이 씻어 영원히 쓰지 않게 할 수 있을까.

【語義】 攀龍附鳳(반룡부봉):용에 매달리고 봉황에 붙음. 영주(英主)를 좇아 공업(功業)을 이루는 것을 뜻한다. 龍과 鳳은 天子를 가리키는 말로, 여기서는 숙종(肅宗)을 가리킨다.　勢(세):위세(威勢).　盡化爲侯王(진화위후왕):모두 제후(諸侯)나 왕에 封해짐. 《杜臆》에, '당시 작위를 내리는 일이 너무 빈번했다. 심할 때는 벼슬로 功을 칭찬하는 일 있어, 빈이름만 내려지는 때도 있었다. 그래서 亂 중에 官軍에 응모(應募)했던 자들은, 모두 금자(金紫:金印과 紫綬란 뜻으로 高官을 가리킨다)가 되었다. 公(杜甫)은 그것을 걱정했다.'라는 기록이 보인다.　汝等豈知蒙帝力(여등기지몽제력):그대들이 어찌 황제로부터 은혜를 입었다는 것을 알리. 蒙은 은혜를 입는 것. 《帝王世記》에 나오는 다음과 같은 이야기를 인용한 것이다. "요(堯)임금의 세상, 天下가 태평하여 백성들이 편안했다. 한 노인이 길에서 땅을 두드리며 노래 불렀다. '해 돋으면 밭 갈고,

해 지면 들어가 쉰다. 우물 파서 물마시고 밭 갈아 밥 먹으니, 임금의 덕이 나와 무슨 상관이랴(吾日出作 日入而息. 鑿井飮 耕田而食. 帝力何 有於我哉).'고." 時來(시래):시운(時運)이 닥침. 不得誇身强(부득과신강):자신의 힘이 강한 것을 과시해서는 안 됨.《史記》晉世家에 나오는 개자추(介子推)의 말, '사람의 재물을 훔쳐도 도둑이란 말을 듣는다. 하물며 하늘의 공(功)을 탐내어 자기 것으로 하려 함에랴(竊人之財 猶是曰 盜. 況貪天功以爲己力).'를 암시하고 있다. 關中(관중):함곡관(函谷關) 안쪽, 즉 장안(長安). 蕭丞相(소승상):한(漢) 고조(高祖)의 승상 소하(蕭 何)처럼 군수품 보급에 공이 큰 사람을 가리키는 말인데, 누구인지는 확실하지 않다. 채몽필(蔡夢弼)은 肅宗이 두홍점(杜鴻漸)에게, '영무(靈武) 는 우리의 관중(關中)이고, 경(卿)은 우리의 소하(蕭何)로다.'라고 한《唐 書》의 기록에 의거하여, 杜鴻漸을 가리킨다고 했다. 幕下(막하):대장의 휘하(麾下). 幕은 장군이 군무(軍務)를 보는 군막(軍幕). 이는 옛날 중국에서는 장군을 상치(常置)하지 아니하고 유사시(有事時)에 특별히 임명하였다가 일이 끝나면 해직(解職)하여, 장군에겐 청사(廳舍)가 없이 장막이 집무소였던 데에서 유래한 말. 張子房(장자방):漢 고조(高祖)의 지장(智將)이었던 장양(張良)을 가리킨다. 子房은 그의 字. 그는 본디 韓의 세족(世族)으로 韓이 秦에 의해 멸망하자, 가재(家財)를 털어 원수를 갚으려 했다. 역사(力士)를 구하여 진황(秦皇)을 박랑사(博浪沙)에서 저격하게 하였지만 실패하였다. 후에 몸을 피해 黃石公에게 병법을 배워, 한(漢)의 고조(高祖)를 도와 항우(項羽)를 멸(滅)하고 천하를 평정, 유후(留侯)에 封해졌다. 蕭何·韓信과 함께 漢나라 창업(創業)의 삼걸 (三傑)로 꼽힌다. 여기서는 장호(張鎬)를 가리키는 말로 쓰였다. 그는 지덕(至德) 2년(757) 5월, 방관(房琯)의 뒤를 이어 재상이 되었다. 張 公(장공):장호(張鎬)를 가리킨다. 江海客(강해객):출사(出仕)하지 않고 강과 바다를 돌아다니며 자유롭게 사는 사람. 강호(江湖)에서 큰 뜻을 품고 자유롭게 사는 사람을 뜻한다. 鬚眉蒼(수미창):수염과 눈썹이 검푸름. 풍채(風采)가 좋은 것을 뜻한다. 徵起(징기):임금에게 불려 임용(任用)됨. 風雲會(풍운회):호랑이가 바람을, 용이 구름을 만나듯, 훌륭한 군주와 뛰어난 신하가 만나는 것을 가리킨다. 《易經》乾爲天卦 文言傳의, '같은 소리끼리 응하고, 같은 기운끼리 서로 짝한다. 물은 습한 곳으로 흐르고, 불은 마른 곳으로 번진다. 구름은 용을 좇고, 바람은 범을 좇는다. 성인이 나면 만물이 우러러본다(同聲相應 同氣相求. 水流濕火就燥. 雲從龍 風從虎. 聖人作而萬物覩).'라는 말에 근거한 것. 扶顚(부전):나라가 전복되는 것을 일으켜 세움. 扶는 돕다·부축하다, 顚은 엎어지다. 始知(시지):비로소 앎. 籌策(주책):계책(計策), 책략(策略). 籌는 꾀. 靑袍白馬(청포백마):푸른 옷을 입고 흰 말을 탄 자. 安祿山의 반란군을 가리킨다. 양(梁)나라 무제(武帝) 때 후경(侯景)이 반란을 일으키며, 자신은 흰 말에 타고 병사들에겐 푸른 옷을 입게 한 데에서, 반란군을 가리키는 말로 쓰이게 되었다. 更何有(갱하유):다시 무엇이 있겠는가? 아무 문제도 없다는 뜻. 後漢今周(후한금주):예부터 중흥(中興)의 명군(名君)이라 칭송받는 후한(後漢)의 광무 황제(光武皇帝)와 주(周)의 선왕(宣王)이 후세인 지금 세상에 나타난 것 같다는 뜻. 숙종(肅宗)의 공덕(功德)을 光武帝와 宣王의 업적에 견준 것. 喜再昌(희재창):나라가 다시 창성(昌盛)케 되어 기쁨. 寸地尺天(촌지척천):한 치의 땅과 한 척의 하늘. 조그만 나라를 가리킨다. 入貢(입공):공물(貢物)을 바치기 위해 입조(入朝)함. 奇祥異瑞(기상이서):기이한 조짐을 나타내는 이상한 증거물. 天子의 德을 칭송하는 상서로운 물건들을 가리킨다. 祥은 하늘이 화복(禍福)을 내리기 전에 나타내 보이는 조짐. 瑞는 玉으로 만든 증거 물품. 致白環(치백환):흰 옥으로 만든 고리를 보내옴. 白

環도 祥瑞의 하나임.《竹書紀年》에 의하면, 순(舜)임금 9년에 서왕모(西王母)가 내조(來朝)하여 백환(白環)과 옥결(玉玦)을 바쳤다 한다. 復道(부도):또 말함. 道는 言의 뜻. 銀甕(은옹):은 항아리. 명군(明君)의 때에 나타난다고 한다.《禮記》禮運篇에, '山은 기(器)와 거(車)를 낸다.'고 했고 注에, '器는 은옹(銀甕)·단증(丹甑:붉은 시루) 등을 말한다.'라고 했다. 隱士(은사):조정(朝廷)에 출사(出仕)하지 않고 산야에 숨어 道를 지키는 사람. 休歌紫芝曲(휴가자지곡):紫芝曲을 부르지 않게 됨. 천하가 태평해져 은거하려는 사람이 없음을 뜻한다. 紫芝曲은 秦末의 어지러운 세상을 피하여 상산(商山)에 숨어 살던 상산사호(商山四皓:東園公·綺里季·夏黃公·角里先生)가 불렀다는 노래로, 다음과 같다. "끝없이 높은 산, 깊은 골짜기 구불구불. 번성한 영지(靈芝), 주린 배 채울 만하네. 요순(堯舜)의 세상 멀기만 하니, 내 어떻게 돌아가야 하리? 수레의 덮개 높을수록, 근심 또한 크다네. 부귀하여 사람을 두려워하는 것은, 빈천하더라도 뜻을 펴는 것만 못하네(莫莫高山 深谷逶迤. 曄曄紫芝 可以療飢. 唐虞世遠 吾將何歸. 駟馬高蓋 其憂甚大. 富貴之畏人兮 不若貧賤之肆志)." 詞人解撰河淸頌(사인해찬하청송):문인(文人)들은 河淸頌을 지을 줄 알게 됨. 태평한 세상이 되었음을 뜻한다. 河淸頌은 황하(黃河)의 물이 천 년에 한 번 맑아지는 것에 비유하여 태평성세가 되었음을 찬미하는 노래로, 송(宋:420∼478)나라 때 포조(鮑照)가 지었다 한다. 望望(망망):일반적으로 뜻을 잃은 모양, 부끄러워하는 모양을 나타내는 말로 많이 쓰이나, 여기서는 몹시 바라는 것을 가리킨다. 惜雨乾(석우건):빗물이 마르는 것을 안타깝게 여김. 布穀(포곡):뻐꾸기의 울음소리를 형용한 것으로, 뻐꾸기를 뜻한다. 봄이 되면 뻐꾸기가 우는데, 마치 '오곡의 씨를 널리 뿌려라〔布穀〕'라고 말하는 것 같아 이런 이름을 얻은 것이다. 催春種(최춘종):봄에 씨 뿌리는 것을 재촉함. 淇上健兒(기상건아):기수(淇水) 가의 건장한 병사들. 淇水는 하남성(河南省) 임현(林縣)의 동남쪽 기진(淇鎭)의 동쪽에서 시작하여, 기현(淇縣)에 이르러 위하 (衛河)에 들어가는 강. 安祿山의 잔당(殘黨)이 최후까지 남아 있던 업성(鄴城)은 이곳 부근에 있었다. 歸莫嬾(귀막란):돌아가는 것을 게을리하지 말라. 城南思婦(성남사부):장안성(長安城) 남쪽에서, 남편이 돌아오기를 기다리는 부인들. 挽天河(만천하):은하수를 끌어 옴. 淨洗甲兵(정세갑병):갑옷과 병기를 깨끗이 씻음.

【解說】《杜少陵集》卷六에는 〈洗兵行(무기를 씻는 노래)〉으로 제목 되어 있는데, 詩의 내용과 더욱 부합된다. 안녹산(安祿山)의 난(亂)이 평정되어 가고 중흥(中興)의 조짐이 보임을 기뻐하여, 무기와 군마(軍馬)가 다시는 쓰이는 일이 없기를 바라는 간절한 소망을 읊은 작품이다. 내용상 12句씩 한 단락을 이루며 다른 운(韻)이 쓰이고 있어, 各各의 단락이 한 배율(排律)을 이루는 독특한 형태를 취하고 있다. 예로부터 本篇을, 안녹산의 난을 당하여 숙종(肅宗)이 부왕(父王)인 현종(玄宗)을 밀어내고 天子에 오른 사실을 풍자(諷刺)한 내용의 작품으로 해석하는 설이 있는데, 이는 개인보다는 국가의 일을 걱정했던 杜甫의 깊은 마음을 전연 살피지 못한 견해이다. 杜甫는 사회의 비리(非理)를 고발한 詩를 많이 지었으나, 그 가운데에 자신이 불우하게 된 사실에 대해 남을 원망한 글귀는 단 한 句도 보이지 않는다. 杜甫는 국가의 안녕(安寧)과 백성의 안태(安泰)를 위하여 붓을 드는 것이 詩人의 사명으로 생각했다. 후에 왕안석(王安石)은 杜詩를 정리하며, 本篇을 杜詩 중에서도 압권(壓卷)으로 쳤다. 杜詩 특유의 전고(典故)를 인용한 句가 많고 함축(含蓄)이 깊으며, 위대한 사상이 완벽한 형식미 속에 배어 있는 걸작이다.

입주행:두자미(入奏行:杜子美)

寶侍御驥之子鳳之雛
두 시 어 기 지 자 봉 지 추

두시어는 뛰어난 인물, 천리마의 새끼요 봉황의 새끼로다.

年未三十忠義俱
연 미 삼 십 충 의 구

서른도 안 된 나이에 충과 의를 갖추어

骨鯁絕代無
골 경 절 대 무

강직하기가 세상에 다시없을 정도이네.

烱如一段清水出萬壑
경 여 일 단 청 수 출 만 학

맑기가 깊은 골짜기 굽이돈 물 같고

置在迎風寒露之玉壺
치 재 영 풍 한 로 지 옥 호

영풍관·한로관에 놓아 둔 옥항아리 같네.

蔗漿歸廚金盌凍
자 장 귀 주 금 완 동

사탕수수즙 부엌에 가져가 금 대접에 담아 얼린 것 같으니,

洗滌煩熱足以寧君軀
세 척 번 열 족 이 영 군 구

무더위 씻게 하여 천자를 편안하게 하기에 족하네.

政用疎通合典則
정 용 소 통 합 전 칙

일에 통달하여 행하는 정치가 법도에 부합(符合)되고,

戚聯豪貴耽文儒
척 련 호 귀 탐 문 유

호문 귀족(豪門貴族) 출신으로 학문과 유학을 좋아하네.

兵革未息人未蘇
병 혁 미 식 인 미 소

병란 그치지 않아 백성들 아직 고통에서 벗어나지 못해

天子亦念西南隅
천 자 역 념 서 남 우

천자께선 서남의 국경 일 염려하시네.

吐蕃憑陵氣頗麤
토 번 빙 릉 기 파 추

토번이 힘을 믿고 사나운 기세 떨칠 때

寶氏檢察應時須
두 씨 검 찰 응 시 수

두시어가 그곳 검찰 직을 맡은 것은 시국의 요청에 따른 일.

運粮繩橋壯士喜 운 량 승 교 장 사 희	승교까지 군량 옮기니 장병들 기뻐했고
斬木火井窮猿呼 참 목 화 정 궁 원 호	화정의 나무 베어 賊들의 은신처 없애자 원숭이들 울부짖었네.
八州刺史思一戰 팔 주 자 사 사 일 전	八州의 자사들은 오랑캐와 싸울 마음을 갖게 되었고
三城守邊卻可圖 삼 성 수 변 각 가 도	세 성을 지키는 일도 꾀할 수 있게 되었네.
此行入奏計未小 차 행 입 주 계 미 소	이번 행차에 천자께 아뢸 계책이 적지 않은 터,
密奉聖旨恩宜殊 밀 봉 성 지 은 의 수	천자의 뜻 받들게 되어 은총 또한 각별할 것이네.
繡衣春當霄漢立 수 의 춘 당 소 한 립	侍御史의 복장 갖추어 봄날의 조정에 설 것이고
綵服日向庭闈趨 채 복 일 향 정 위 추	고운 옷 입고 매일 부모님께 문안드릴 것이네.
省郎京尹必俯拾 성 랑 경 윤 필 부 습	낭중이나 경조윤의 자리쯤은 물건 줍듯 쉽게 얻을 것이고
江花未落還成都 강 화 미 락 환 성 도	강 꽃 지기 전에 성도에 돌아올 것이네.
肯訪浣花老翁無 긍 방 완 화 노 옹 무	그때에 완화계가의 이 늙은이 찾아 줄는지?
爲君酤酒滿眼酤 위 군 고 주 만 안 고	그대 위해 술 받아 한 잔 가득 부어 올리고
與奴白飯馬青蒭 여 노 백 반 마 청 추	종자에겐 밥 먹이고 말에겐 푸른 꼴 먹여 주리.

【語義】竇侍御(두시어):侍御는 시어사(侍御史), 또는 어사(御史)를 뜻하는
말로, 관직명(官職名). 官吏들을 단속(團束)하는 자리였다. 竇는 姓으

로, 누구를 가리키는지는 알 수 없다. 本篇의 내용으로 보아, 사천성(四川省) 지방의 군량(軍糧)을 조사하고 관리들의 검찰(檢察)을 맡았던 侍御史였던 것 같다.　驥之子(기지자):천리마(千里馬)인 기(驥)의 새끼. 뛰어난 재주를 지닌 사람을 가리키는 말로 많이 쓰인다.　鳳之雛(봉지추):봉황(鳳凰)의 새끼. 앞의 驥之子와 같이, 뛰어난 재주를 지닌 사람을 가리킨다. 雛는 새 새끼. 특히 계치류(鷄雉類)와 같이 스스로 먹이를 찾아먹는 새. 연작류(燕雀類)처럼 어미 새가 먹이를 갖다 먹여 주는 새 새끼는 '구(鷇)'라 한다.　忠義俱(충의구):忠과 義를 갖춤. 忠은 君主에 대한 진심. 義는 君命을 받들어 행하는 것.　骨鯁(골경):骨은 뼈, 鯁은 물고기의 뼈. 뜻이 곧고 강한 것을 뜻한다. 鯁은 骾으로도 쓰며, 먹은 가시가 목구멍에 걸린다는 뜻으로, 남이 하기 어려운 직언(直言)을 하는 것을 뜻한다.　絕代無(절대무):세상에서 찾아볼 수 없는 인물임을 뜻한다. 烱(경):마음이 맑게 빛나는 모양.　一段(일단):한 줄기.　淸水(청수):맑은 물. 本集에는 淸冰으로 되어 있다. 다음 句에 玉壺가 나오는데, 일반적으로 玉壺에 대해서는 冰 字가 많이 쓰였다.　萬壑(만학):첩첩이 겹쳐진 깊고 큰 산골짜기.　迎風寒露(영풍한로):漢代에 지은 두 관(館).　蔗漿(자장):사탕수수의 즙을 냉수에 섞어 만든 음료(飮料).　廚(주):부엌.　金盌(금완):금으로 만든 주발. 盌은 椀과 仝字.　洗滌煩熱(세척번열):여름철의 무더위를 씻어 냄.　足以寧君軀(족이영군구):임금의 몸을 편안하게 해 주기에 족함.　政(정):정치(政治). 竇侍御의 정치하는 방법.　疎通(소통):막힘이 없이 잘 아는 것. 통달(通達). 疎는 疏와 仝字로, 通의 뜻.　合典則(합전칙):법칙(法則)에 부합(符合)함. 典은 法典, 則은 규칙(規則).　戚(척):친척 관계(親戚關係).　聯豪貴(연호귀):호족 귀가(豪族貴家)에 연결됨. 당시 태종(太宗)의 황후(皇后)가 두(竇)氏였는데, 竇侍御는 皇后의 집안사람이었던 것 같다.　耽文儒(탐문유):학문과 유학(儒

學)을 좋아함. 耽은 매우 좋아한다는 뜻. 兵革(병혁):반란, 또는 전쟁. 未息(미식):끝나지 않음. 人未蘇(인미소):사람들은 아직 깨어날 생각을 하지 않음. 백성들이 어려움으로부터 구제되지 않은 것을 가리킨다. 《孟子》梁惠王篇 下에, '《書經》에 이르기를, 우리 임금님 기다렸더니, 임금님 오시니 살아나겠네(書曰 徯我后 后來其蘇).'라고 한 것을 암시한다. 西南隅(서남우):중국의 서남쪽 국경을 침범하던 토번(吐蕃)을 가리킨다. 吐蕃(토번):지금의 서장(西藏:티베트의 漢名). 憑陵(빙릉):힘을 믿고 남을 업신여기는 것. 또는 세력을 믿고 침범함. 氣頗麤(기파추):기세가 매우 거칠고 난폭함. 頗는 甚의 뜻, 麤는 거친 것. 檢察(검찰):군사와 정치의 잘못을 살피는 것. 應時須(응시수):시국(時局)의 필요에 응한 것임. 運粮(운량):군량(軍粮)을 운반함. 粮은 糧과 같은 뜻. 繩橋(승교):줄로 매단 다리. 성도(成都)에 있었고, 작교(筰橋)라고도 했다. 斬木(참목):적(賊)의 은신처(隱身處)를 없애기 위해 산의 나무를 벰. 火井(화정):本書 注에, '火井은 봉주(蓬州)에 있다. 물이 마른 때 그 우물 속에 불을 던지면 화염(火焰)이 치솟는다.'라고 한 것으로 미루어 보아, 천연 가스가 나오는 우물이었던 것 같다. 窮猿呼(궁원호):살 곳이 없어진 원숭이들이 울부짖음. 八州刺史(팔주자사):서쪽의 토번(吐蕃)과 남쪽의 만로(蠻獠)를 막는 임무를 띤 검남 절도사(劍南節度使)가 관할하는 여덟 개 주의 태수(太守). 唐의 지덕(至德) 2년에 郡을 없애고 州라 하고, 또 太守를 자사(刺史)라 했다. 八州는 송(松)·유(維)·공(恭)·봉(蓬)·아(雅)·려(黎)·요(姚)·실(悉)의 여덟 주. 三城(삼성):광덕(廣德) 초기에 토번(吐蕃)에게 함락된 송주(松州)·유주(維州)·보주(保州)의 세 州를 가리킨다. 本書 注에, '三城은 청해(靑海)에 있는 세 성이다.'라고 한 것은 잘못인 듯하다. 守邊(수변):국경을 지키는 것. 卻可圖(각가도):꾀할 수 있게 됨. 此行(차행):竇侍御가 행차하는 것. 入奏(입주):

조정(朝廷)에 들어가 천자께 의견을 아룀. 未小(미소):작지 않음, 또는 적지 않음. 密奉聖旨(밀봉성지):천자의 뜻을 남몰래 받듦. 恩宜殊(은의수):은혜(恩惠)가 매우 각별함. 繡衣(수의):수 놓은 옷. 侍御史의 복장. 春當霄漢立(춘당소한립):봄날 궁정 안에 서 있음. 霄漢은 은하수. 君主를 북극성(北極星)에 비하여, 君主의 측근(側近)을 은하(銀河)라 한 것이다. 綵服(채복):색동옷. 옛날 老萊子가 나이 칠십에 색동옷을 입고 재롱을 떨어 부모님을 기쁘게 해 준 고사(故事)를 인용한 것으로, 竇侍御가 天子를 기쁘게 하는 사람임을 암시한 것이다. 日向(일향):날마다. 庭闈趍(정위추):부모님이 계신 집을 찾아감. 庭闈는 부모가 거처하는 방. 轉하여 부모. 闈는 내실(內室). 趍는 趨의 속자(俗字). 省郞京尹(성랑경윤):中書省이나 尙書省 등에서 근무하는 고관(高官)과 경도(京都)의 장관(長官)인 경조윤(京兆尹). 郞은 낭중(郞中)·시랑(侍郞) 등의 벼슬. 尹은 장관(長官). 俯拾(부습):몸을 숙여, 땅에 떨어진 물건을 주움. 어떤 일을 쉽게 처리하는 것을 가리킨다. 肯訪浣花老翁無(긍방완화노옹무):완화계(浣花溪) 가의 늙은이를 찾아 줄 것인지, 아닌지? 浣花老翁은 浣花溪 가에 사는 노인, 즉 杜甫를 가리킨다. 酤酒(고주):술을 삼. 滿眼酤(만안고):술잔에 술을 그득 부어 권함. 與奴白飯馬靑蒭(여노백반마청추):하인에겐 밥을 주고 말에겐 푸른 꼴을 줌. 杜甫의 竇侍御에 대한 親愛의 情이 잘 나타나 있는 句이다

【解說】 보응(寶應) 원년(762)에 지어진 것으로, 《杜少陵集》卷十에 실려 있다. 竇侍御가 누구인지는 알 수 없으나, 本篇의 내용으로 보아 성품이 곧고 일도 잘 했던 인물이었던 것 같다.
　구성과 표현에는 훌륭한 작품이나, 杜甫 특유의 웅대한 사상이 결여되어 있어 내용면에서는 그리 높이 평가받지 못하는 작품이다.

고도호총마행:두자미(高都護驄馬行:杜子美)

安西都護胡靑驄
안 서 도 호 호 청 총

안서도호 高仙芝의 서역에서 난 푸른 말이

聲價欻然來向東
성 가 홀 연 내 향 동

높은 명성 지닌 채 홀연히 장안에 왔네.

此馬臨陣久無敵
차 마 임 진 구 무 적

전쟁에 나선 동안 적이 없었고

與人一心成大功
여 인 일 심 성 대 공

주인과 한마음 되어 큰 공 세웠네.

功成惠養隨所致
공 성 혜 양 수 소 치

공을 이룬 후엔 각별한 사랑받으며
주인이 이끄는 대로

飄飄遠自流沙至
표 표 원 자 유 사 지

바람에 날리듯 멀리 流沙로부터 왔네.

雄姿未受伏櫪恩
웅 자 미 수 복 력 은

용맹스런 모습이여, 마판에 엎드려
편히 사육되길 거부하네.

猛氣猶思戰場利
맹 기 유 사 전 장 리

용맹스런 기개여, 항상 전쟁에서 승리 생각하네.

腕促蹄高如踣鐵
완 촉 제 고 여 부 철

발목 관절 가늘고 굽 높아 쇳덩이
엎어 놓은 듯한 발로

交河幾蹴層氷裂
교 하 기 축 층 빙 렬

교하의 두꺼운 얼음 몇 번이나 깨뜨렸던가?

五花散作雲滿身
오 화 산 작 운 만 신

오색 털이 온몸에 구름처럼 흩어져 있고

萬里方看汗流血
만 리 방 간 한 류 혈

만 리를 달려야만 피 같은 땀 흘린다네.

長安壯兒不敢騎
장 안 장 아 불 감 기

장안의 장정들도 감히 올라탈 생각 못 하는 건

走過掣電傾城知
주 과 철 전 경 성 지

번개보다 빠르다는 것을 온 성안이 알기 때문이네.

靑絲絡頭爲君老
청 사 낙 두 위 군 로

머리에 푸른 비단 맨 채 주인 위해 늙으려 하니

何由卻出橫門道
하 유 각 출 횡 문 도

어찌하면 다시 횡문을 나서 서역 땅에서
내달려 볼까.

【語義】安西都護(안서도호):안서부도호(安西副都護) 고선지(高仙芝)를 가리킨다. 唐은 정관(貞觀) 24년에 고창(高昌)을 평정하고 안서도호부(安西都護府)를 두었는데, 高麗 출신의 장군 고선지(高仙芝)는 그때 큰 공을 세워 안서부도호(安西副都護)가 되었다. 胡靑驄(호청총):호지(胡地), 서역(西域)에서 나는 푸른 말. 聲價(성가):평판(評判)과 가치. 평판이 높고 값이 비쌈. 欻然(홀연):忽然과 같은 뜻. 갑자기. 欻은 炛로도 쓰며, 忽의 뜻. 來向東(내향동):동쪽으로 옴. 여기서 동쪽은 장안(長安). 惠養(혜양):정성스럽게 길러짐. 隨所致(수소치):데리고 가는 대로 따름. 飄飄(표표):바람에 나부끼는 것처럼 가볍게 달림. 뛰어오르는 모양, 방랑하는 모양 등을 뜻하는 말로도 쓰인다. 流沙(유사):사막(沙漠). 古代에 流沙라는 말은, 서북의 사막 지대를 가리키는 말인 듯하다. 雄姿(웅자):용맹스런 모습. 伏櫪恩(복력은):마판에 엎드려 주는 대로 먹으며 편안하게 사육되는 것을 가리킨다. 이 句는 위(魏) 武帝가 지은 악부(樂府) 〈步出東西門行〉龜雖壽篇에, '노기(老驥:驥는 천리마)는 마판에 엎드려도 뜻은 천리 밖에 있으며, 열사는 늙어도 웅대한 마음을 버리지 않는다(老驥伏櫪 志在千里, 烈士暮年 壯心未已).'라고 한 것에 근거한 것으로, 高仙芝의 말은 여는 말과는 달리, 마구간에 들어 편안하게 여물이나 받아먹는 생활을 거부할 만큼 천리마로서 웅지(雄志)를 지녔음을 뜻한다. 猛氣(맹기):용맹스런 기개(氣槪). 戰場利(전장리):전장(戰場)

에서의 승리(勝利). 腕促(완촉):말발굽 위의 관절이 짧고 가는 것. 잘 뛰는 말의 특징이다. 蹄高(제고):말발굽이 두터운 것. 이것도 잘 뛰는 말의 특징이다. 如踏鐵(여부철):쇳덩이를 엎어 놓은 것 같음. 말발굽이 튼튼하고 안정되어 보이는 것을 가리킨다. 交河(교하):강 이름. 지금의 신강성(新疆省) 토로번현(吐魯番縣)에 있다. 層氷(층빙):두꺼운 얼음. 五花(오화):푸르고 흰 바탕에 얼룩얼룩한 무늬가 있는 것. 雲滿身(운만신):구름처럼 온몸에 퍼져 있음. 萬里方看汗流血(만리방간한류혈):만리를 달려야 비로소 피 같은 땀을 흘리는 것을 볼 수 있음. 萬里는 유사(流沙)에서 장안(長安)까지. 壯兒(장아):원기(元氣) 넘치는 젊은이. 掣電(철전):번쩍이는 번개. 傾城(경성):성안 사람 모두. 靑絲(청사):푸른 비단으로 짠 끈. 爲君(위군):高仙芝를 위해. 卻(각):다시. 橫門(횡문):장안성(長安城) 북서쪽에 있던 문 가운데 가장 컸던 문. 이 문을 나선다는 것은 서역(西域)으로 원정(遠征)하는 것을 뜻한다.

【解說】《杜少陵集》卷二에 실려 있다. 고려(高麗) 출신의 장수로, 개원(開元) 말에 안서부도호(安西副都護)가 된 고선지(高仙芝)의 말을 찬양한 詩이다.

　대작(大作)은 아니나 杜甫의 높은 기상과 얼을 느낄 수 있는 좋은 작품이다. '雄姿未受伏櫪恩 猛氣猶思戰場利'와 '靑絲絡頭爲君老 何由卻出橫門道', 참으로 약동하는 듯한 기상을 담은 句로, 杜甫의 인품(人品)이 그대로 반영되어 있다. 高仙芝의 말을 빌어, 자신의 재질(才質)을 발휘하고 싶은 소망을 표현한 것이라 생각된다.

거의행:두자미(去矣行:杜子美)

君不見韝上鷹 군 불 견 구 상 응	그대는 보지 못하였는가, 가죽 토시 위의 매가
一飽則飛掣 일 포 즉 비 철	배불리 먹으면 자신의 본성 따라 하늘 높이 날아오르는 것을.
焉能作堂上燕 언 능 작 당 상 연	어찌, 큰 집에 깃들이는 제비처럼 되어
啣泥附炎熱 함 니 부 염 열	진흙 물어다 집 짓고 권세가에게 아부하려 하겠는가.
野人曠蕩無覥顏 야 인 광 탕 무 전 안	나는 예를 모르는 야인, 마음 크고 작은 일에 구애받지 않으며 부끄러움도 모르니
豈可久在王侯閒 기 가 구 재 왕 후 간	어찌 고귀한 사람들 틈에 오래 있으려 하겠는가.
未試囊中飡玉法 미 시 낭 중 손 옥 법	아직 주머니 속의 옥을 먹는 법 시험해 보지 않았지만,
明朝且入藍田山 명 조 차 입 남 전 산	내일 아침엔, 벼슬 버리고 남전산에 들어가리.

【語義】 韝上鷹(구상응):가죽 토시 위의 매. 韝는 본디 활을 쏠 때에 활을 쥐는 소매를 걷어 매는 가죽으로 만든 띠. 팔찌. 飛掣(비철):날아오름. 堂上燕(당상연):큰 집 처마에 깃들인 제비. 부귀한 사람을 붙좇는 사람을 가리킨다. 啣泥(함니):진흙을 물고 옴. 炎熱(염열):위세(威勢)가 마치 타오르는 불같이 대단한 사람을 가리킨다. 〈麗人行〉의 炎手可熱勢絕倫과 같은 뜻. 野人(야인):예(禮)를 배우지 못한 사람, 군자(君子)의 반대. 杜甫가 자신을 겸손하게 표현한 것. 曠蕩(광탕):마음이 크고 넓은 것. 覥顏(전안):부끄러워하는 얼굴. 覥은 부끄러워하는 것. 在王侯閒(

재왕후간):王이나 제후와 같이 고귀한 사람을 좇아 은혜를 받는 것을 가리킨다. 飡玉法(손옥법):옥(玉)을 먹는 법. 불로장생(不老長生)하려고 玉을 먹는 도가(道家)의 법을 가리킨다. 飡은 飱의 속자(俗字). 且(차):將과 같은 뜻. 장차 ~하려고 함. 藍田山(남전산):섬서성(陝西省) 장안현(長安縣)의 동남쪽 30里에 있으며, 복거산(覆車山)이라고도 한다. 또 아름다운 玉이 많이 나 명옥산(名玉山)이라고도 한다.

【解說】《杜少陵集》卷三에 실려 있다. 去矣란 사직(辭職)하고자 하는 결의(決意)를 말한다. 천보(天寶) 14년(755), 杜甫는 우위 율부주조참군(右衛率府冑曹參軍)이란 벼슬에 있으면서 사직할 것을 결심하고 本篇을 지었다.

높은 이상을 지닌 杜甫는 병든 사회에 영합(迎合)할 수 없었다. 매가 어찌 제비가 될 수 있겠는가. 本篇에 당시의 부패한 상황을 묘사한 대목은 한 구절도 없지만, 그러한 현실을 고발한 여느 詩보다도 읽는 이의 마음에 감동을 준다. 자신을 창공에 날아오르는 매에 비긴 杜甫의 기상이 오히려 애처롭게 느껴진다.

고열행:왕곡(苦熱行:王轂)

祝融南來鞭火龍
축 융 남 래 편 화 룡

축융이 남쪽에서 화룡을 몰고 오니

火旗焰焰燒天紅
화 기 염 염 소 천 홍

불꽃 깃발 타오르고 하늘이 벌겋게 불붙네.

日輪當午凝不去
일 륜 당 오 응 불 거

태양이 하늘 한가운데에 멈추어 움직일 줄 모르니

萬國如在紅爐中
만 국 여 재 홍 로 중

천하가 모두 벌겋게 달아오른 난로 속에 들어간 듯.

五嶽翠乾雲彩滅
오 악 취 건 운 채 멸

오악의 푸르름 마르고 구름 빛조차 없어지니

陽侯海底愁波竭
양 후 해 저 수 파 갈

양후는 바다 밑에서 물이 마를까 근심하네.

何當一夕金風發
하 당 일 석 금 풍 발

어느 저녁에 가을바람 불어와

爲我掃除天下熱
위 아 소 제 천 하 열

나를 위해 천하의 열기 쓸어 버려 주려나.

【語義】祝融(축융):남방(南方)의 神으로, 불의 신.《禮記》月令에, '孟夏의 달, 그 帝는 炎帝이고 그 神은 祝融이다(孟夏之月 其帝炎帝 其神祝融).' 고 했다. 炎帝는 오제(五帝)의 하나로, 신농씨(神農氏). 염덕(炎德)의 王으로, 여름의 사신(司神)이다. 祝融은 그를 보좌하는 神으로,《山海經》에 의하면, 수신 인면(獸身人面)에 두 용을 타고 다닌다고 한다. 鞭火龍(편화룡):화룡(火龍)을 채찍질함. 여름이 되어 몹시 뜨거워진 것을, 祝融이 火龍을 타고 다니며 熱氣를 뿌린다고 표현한 것이다. 火旗焰焰(화기염염):火龍이 끄는 마차에 꽂아 놓은 깃발이 기세 있게 타오름.

日輪當午(일륜당오):태양이 하늘 한가운데에 있는 것을 가리킨다. 午는 오전 11시부터 오후 1시까지의 시간. 凝不去(응불거):엉겨 붙어 떠나지 않음. 한곳에 멈춘 채 움직이려 하지 않는다는 뜻. 紅爐(홍로):벌겋게 달아오른 난로. 五嶽(오악):중국의 다섯 명산(名山). 東岳인 태산(泰山), 南岳인 형산(衡山), 西岳인 화산(華山), 北岳인 항산(恒山), 中岳인 숭산(嵩山). 翠乾(취건):푸르름이 말라 버림. 무더위에 초목이 마르는 것을 가리킨다. 陽侯(양후):바다의 신(神) 이름. 金風(금풍):가을바람. 오행설(五行說)에 따르면, 火는 방위로는 남쪽, 계절로는 여름, 빛깔로는 赤色을 뜻하며, 金은 서쪽, 가을, 白色을 뜻한다. 그래서 秋風을 金風이라 한 것이다.

【解說】《唐文粹》卷十三에 실린 여섯 首의 〈愁苦〉 가운데 하나이다. 여름날의 더위에 고통 받는 것을 읊은 작품으로, 많은 전고(典故)를 활용하여 상상력을 맘껏 발휘한 가작(佳作)이다. 七言 八句의 詩이나 율시(律詩)는 아니며, 前半과 後半에서 다른 운(韻)을 사용한 고시(古詩)이다. 前半에선 火 字와 紅 字를 두 번씩 사용하여 화관(火官)이 염열(炎熱)을 마음대로 휘둘러 맹위(猛威)를 떨치는 것을 묘사했고, 後半에선 오악(五岳)의 푸르름마저 마르고 바다 밑에 있는 수신(水神) 양후(陽侯)가 물이 마를 것을 걱정할 만큼 더위가 지나치다고 부연한 다음, 음양오행(陰陽五行)의 순환 추이(循環推移)에 따라 火官이 지배하는 여름이 金官이 지배하는 가을로 바뀌면 더위로 인한 고통을 면할 것이라고 맺고 있다. 중국 고대의 전형적인 자연관(自然觀)을 엿볼 수 있는 재미있는 작품이다.

비파행:백거이(琵琶行:白居易)

元和十年 予左遷九江郡司馬. 明年秋 送客溢浦口 聞舟中夜
彈琵琶者. 聽其音 錚錚然有京都聲. 問其人 本長安倡女 嘗學
琵琶於穆曹二善才 年長色衰 委身爲賈人婦. 遂命酒使快彈數
曲. 曲罷憫然 自敍少小時歡樂事 今漂淪憔悴 轉徙於江湖閒.
予出官二年 恬然自安. 感斯人言 是夕始覺有遷謫意. 因爲長
句歌以贈之. 凡六百一十六言 命曰琵琶行.

　　원화(元和) 10년, 나는 구강군(九江郡)의 사마(馬司)로 좌천(左遷)되었
다. 다음해 가을, 분수(溢水)에서 나그네를 전송하면서, 밤중에 배 안에서
비파(琵琶) 소리를 들었다. 그 소리 높고도 맑아, 장안(長安)에서나 들을
수 있는 가락이었다. 그를 찾아 사연을 물었더니, 본디는 장안의 기녀(妓
女)로, 음악의 명인인 穆·曹 두 사람에게서 일찍이 비파를 배웠었는데, 나
이 먹고 미모마저 시들어 장사꾼에게 몸을 맡기고 있는 처지라 했다. 술자
리를 다시 준비시키고 몇 곡 더 타게 하였다. 곡이 끝나자 그녀는 한동안
말없이 있더니, 이윽고 젊었을 적의 즐겁던 일, 그리고 영락하여 유랑하는
신세가 되어 몸과 마음이 지칠 대로 지친 채 물결 따라 강호를 떠돌아다니
게 된 일 등을 이야기했다. 조정(朝廷)에서 물러나 지방관(地方官)으로 생
활하기 2년, 나는 생활이 늘 평온하여 스스로 만족하고 있었다. 그녀의 말
에, 그날 밤에야 나는 비로소 내가 폄적(貶謫)된 슬픈 신세라는 것을 깨닫
게 되었다. 그래서 칠언(七言)의 장시(長詩)를 지어 그녀에게 주었다. 모두
616字, 이름하여 비파행(琵琶行)이다.

【語義】 元和十年(원화십년):815년. 元和는 唐 헌종(憲宗) 때의 연호(年號).

左遷(좌천):봉록(俸祿)과 관위(官位)가 깎여 전임(轉任)되는 것. 左官이라고도 한다. 元和 10년 정월, 오원제(吳元濟)가 모반(謀叛)했다. 그때 白居易는 宰相 무원형(武元衡)을 찌른 賊을 잡아야 한다고 상소(上疏)했는데, 그것이 월권(越權)이라 하여 강주사마(江州司馬)로 폄적(貶謫)되었다. 司馬(사마):주(州)의 우두머리인 자사(刺史)를 보좌하는 벼슬로, 隋·唐代에는 郡官을 겸했다. 溢浦口(분포구):강서성(江西省) 구강현(九江縣)의 서쪽으로, 溢水가 심양강(潯陽江:揚子江)과 합쳐지는 곳. 錚錚(쟁쟁):높고 맑은 쇳소리. 여기서는 뛰어나게 훌륭한 것을 가리킨다. 倡女(창녀):가희(歌姬), 기녀(妓女). 穆曹(목조):둘 다 사람의 姓氏를 가리키는 말. 정확하게 누구인지는 알 수 없다. 善才(선재):音樂에 뛰어난 사람. 賈人(고인):상인(商人). 行商坐賈라고 하는 것처럼, 점포를 가진 큰 상인을 특히 賈라 한다. 漂淪(표륜):영락하여 유랑함. 憔悴(초췌):마음과 몸이 쇠약해지고 여윔. 轉徙(전사):여기저기 옮겨 다님. 江湖(강호):세상. 또는 서울에서 멀리 떨어진 곳. 出官(출관):조정(朝廷)에서 나와 지방관(地方官)이 됨. 恬然(염연):평온(平穩)한 것. 始覺(시각):비로소 깨달음. 遷謫(천적):죄를 입어 유배(流配)됨. 長句(장구):칠언(七言)의 詩. 六百一十六言(육백일십육언):612字, 또는 622字로 되어 있는 本版도 있으나, 本篇은 616字로 되어 있다.

潯陽江頭夜送客   심양강 가에서 밤늦게 나그네를 전송할 제
심 양 강 두 야 송 객

楓葉荻花秋瑟瑟   단풍잎 붉고 갈꽃 흰데 가을바람 쓸쓸히
풍 엽 적 화 추 슬 슬   불어왔다.

主人下馬客在船   주인은 말에서 내려 배에 오른 객과 더불어
주 인 하 마 객 재 선

舉酒欲飮無管絃   풍악 한가락 없이 이별의 잔을 나누었다.
거 주 욕 음 무 관 현

醉不成歡慘將別
취 불 성 환 참 장 별

감흥 없는 취기 속에 이별의 슬픔만 처절하고

別時茫茫江浸月
별 시 망 망 강 침 월

망망한 강물에는 달빛만이 창백하게 어렸다.

忽聞水上琵琶聲
홀 문 수 상 비 파 성

그때 홀연히 들려온 비파 소리에

主人忘歸客不發
주 인 망 귀 객 불 발

주인은 돌아갈 것을 잊고 나그네는
떠날 것을 잊었다.

【語義】 潯陽江(심양강):강서성(江西省) 구강현(九江縣) 북쪽을 흐르는 양
자강(揚子江)의 별명(別名). 楓葉(풍엽):가을이 되어 붉게 물든 단풍잎.
荻花(적화):물 억새 꽃. 荻은 물가에 나는 풀로 억새와 비슷하며, 가을
에 하얀 꽃이 핀다. 秋瑟瑟(추슬슬):가을이 되어 바람이 쓸쓸하게 부는
것을 가리킨다. 瑟瑟은 바람이 쓸쓸하게 부는 것을 나타내는 의성어.
《白氏長慶集》에는 索索으로 되어 있는데, 앞 句의 客과 韻을 맞추기 위
해서는 索索으로 함이 옳다. 索索도 瑟瑟과 같은 뜻으로 쓰인다. 主人
(주인):白居易 자신을 가리킨다. 管絃(관현):피리와 같은 관악기(管樂
器)와 琴과 같은 현악기(絃樂器). 음악을 뜻한다. 慘(참):마음이 침통
하고 쓸쓸함. 江浸月(강침월):달이 강물 속에 빠져 있음. 수면 위로 떠
오르는 달을 형용한 것이라고도 한다.

尋聲暗問彈者誰
심 성 암 문 탄 자 수

소리 찾아, 비파 타는 이 누구냐고
나직이 물었으나

琵琶聲停欲語遲
비 파 성 정 욕 어 지

비파 소리만 그치고 대답의 말은 쉬이
들려오지 않았다.

移船相近邀相見
이 선 상 근 요 상 견

배를 옮기어 가까이 가서, 그를 맞아

添酒回燈重開宴
첨 주 회 등 중 개 연

술을 더하고 등불 돌려 술자리 다시 열고자

千呼萬喚始出來
천 호 만 환 시 출 래

천번 만번 부르니 그제야 나타났는데,

猶抱琵琶半遮面
유 포 비 파 반 차 면

여전히 품에 안은 비파로 낯을 반쯤
가리고 있었다.

轉軸撥絃三兩聲
전 축 발 현 삼 량 성

축을 만져 絃을 죄고 두세 번 줄을 튀겨
소리를 내니

未成曲調先有情
미 성 곡 조 선 유 정

曲을 탄 것도 아닌데 벌써 정취를 느낄 수 있었다.

絃絃掩抑聲聲思
현 현 엄 억 성 성 사

네 가닥 줄 따라 손가락 옮겨지니 소리마다
슬픈 정을 담고 있어

似訴平生不得志
사 소 평 생 부 득 지

평소의 한스러움 호소하는 듯했고,

低眉信手續續彈
저 미 신 수 속 속 탄

눈썹 떨구고 손길 가는 대로 비파 줄을 튀겨

說盡心中無限事
설 진 심 중 무 한 사

마음속 애절한 사연을 남김없이 털어놓는 듯했다.

【語義】暗問(암문):나직한 목소리로 물음. 欲語遲(욕어지):말할 듯 말 듯
하다가 머뭇거리는 것. 添酒重開宴(첨주중개연):술을 더 준비하여 술
자리를 다시 마련하는 것을 가리킨다. 千呼萬喚(천호만환):여러 차례
되풀이하여 부름. 遮面(차면):부끄러워 얼굴을 가림. 轉軸(전축):비파
의 머리 부분에 있는, 絃을 감아 놓은 축(軸)을 만져 소리를 고름. 撥絃
(발현):비파 줄을 튕겨 소리를 내어 봄. 三兩聲(삼량성):시험 삼아 내어
보는 소리. 未成曲調先有情(미성곡조선유정):아직 곡(曲)을 타지 않았
는데도 벌써 정취를 느끼게 됨. 掩抑(엄억):손가락으로 현을 누름. 聲

聲思(성성사):소리 하나하나에 생각이 스며 있음. 似訴(사소):호소하는 듯함. 平生不得志(평생부득지):평소의 불우함. 信手(신수):손이 움직이는 데에 맡김. 비파를 능숙하게 연주하는 것을 가리킨다. 心中無限事(심중무한사):가슴속에 맺혀 있는 여러 가지 일들.

輕攏慢撚撥復挑
경 롱 만 연 발 부 조

비파줄 가볍게 눌러 천천히 어루만지듯 튀기고 살짝 잡아당겨

初爲霓裳後六幺
초 위 예 상 후 육 요

처음엔 예상우의곡을 다음엔 육요를 연주했는데,

大絃嘈嘈如急雨
대 현 조 조 여 급 우

굵은 현은 큰 비가 쏟아지듯 거센 소리를 내고

小絃切切如私語
소 현 절 절 여 사 어

가는 줄은 속삭이듯 애절한 소리를 냈다.

嘈嘈切切錯雜彈
조 조 절 절 착 잡 탄

거센 소리 가냘픈 소리 이리저리 섞여,

大珠小珠落玉盤
대 주 소 주 낙 옥 반

큰 구슬 작은 구슬이 옥쟁반에 떨어지는 듯

閒關鶯語花底滑
간 관 앵 어 화 저 활

꽃나무 밑에서 맑은 소리로 꾀꼬리 우짖는 듯

幽咽泉流水下灘
유 열 천 류 수 하 탄

샘물이 여울을 지나며 흐느끼는 듯, 변화무쌍한 소리를 내더니,

水泉冷澁絃凝絕
수 천 냉 삽 현 응 절

흐르던 물 얼어붙듯 비파줄 엉켜

凝絕不通聲暫歇
응 절 불 통 성 잠 헐

그대로 풀리지 않는 듯 비파 소리 잠시 멈추니,

別有幽愁暗恨生
별 유 유 수 암 한 생

새삼 마음속 근심과 남모르는 한이 복받쳐 오르는 듯하여

此時無聲勝有聲 차 시 무 성 승 유 성	소리 멈춘 그 순간이 비파 소리 울릴 때보다 더 좋았다.
銀瓶乍破水漿迸 은 병 사 파 수 장 병	다시 은 항아리 깨져 물이 쏟아져 내리듯,
鐵騎突出刀鎗鳴 철 기 돌 출 도 창 명	철갑 두른 기마병 돌진하여 창칼을 울리듯 거세게 비파 소리 내더니,
曲終抽撥當心劃 곡 종 추 발 당 심 획	曲 끝내고 비파를 가슴에 안은 채 발목으로 비파 줄을 긁으니
四絃一聲如裂帛 사 현 일 성 여 열 백	넉 줄 비파 줄이 한꺼번에 울리며 비단 찢는 소리를 내었다.
東船西舫悄無言 동 선 서 방 초 무 언	하나처럼 이어진 두 배에선 아무 말 없고
唯見江心秋月白 유 견 강 심 추 월 백	오직 강바닥까지 가을 달이 밝게 비추고 있었다.

【語義】 攏(롱):비파 줄을 누름. 慢撚(만연):비파 줄을 천천히 비빔. 비파를 연주하는 하나의 기법이다. 撥復挑(발부조):비파 줄을 튕겼다가 다시 위로 살짝 잡아당김. 앞의 攏·撚과 같이, 모두 비파를 연주하는 기법. 霓裳(예상):霓裳羽衣曲을 가리킨다. 앞에 나온 〈長恨歌〉 참조. 六幺(육요):곡명(曲名). 大絃(대현):비파의 큰 줄, 즉 가장 굵은 줄로, 저음현(低音絃). 嘈嘈(조조):거세고 빠른 가락의 소리를 형용한 것. 小絃(소현):비파의 가는 줄로, 고음현(高音絃). 切切(절절):소리가 가늘고 슬프게 들리는 것. 私語(사어):속삭임. 錯雜(착잡):함께 뒤섞임. 玉盤(옥반):옥(玉)으로 만든 쟁반. 閒關(간관):맑게 울리는 새 소리를 형용한 것. 花底滑(화저활):꽃나무 아래에서 즐겁게 지저귀는 것. 幽咽(유열):조용히 흐느낌. 水下灘(수하탄):물이 여울을 흘러 내려감. 灘은 물이 얕고 돌이 많으며 급류(急流)를 이룬 곳. 水下難으로 되어 있는 版

本도 있고, 《全唐詩》에는 冰下難으로 되어 있다. 앞의 句가 花底滑이
므로 冰下難으로 받아 對句를 이루어 놓은 것 같다. 다음에 나오는 水
泉도, 《白氏長慶集》에는 氷泉으로 되어 있고, 원진(元稹)의 〈琵琶歌〉에
는 氷泉鳴咽流鶯澁으로 되어 있는데, 氷泉으로 해석하는 쪽이 좋을 듯
하다. 冷澁(냉삽):물이 얼어 잘 흐르지 못하는 것. 凝絕(응절):물이 얼
어붙어 흐르지 못하는 것처럼, 비파의 소리가 나지 않는 것을 가리킨다.
聲暫歇(성잠헐):소리가 잠시 동안 멎음. 幽愁暗恨(유수암한):마음속 깊
은 곳에 있는 슬픔과 남들이 모르는 한(恨). 乍(사):갑자기. 漿(장):마
실 수 있는 것의 총칭(總稱). 鐵騎(철기):철갑옷을 두른 기병(騎兵). 용
감하고 강한 병사. 刀鎗(도창):칼과 창. 鎗은 술그릇을 나타내거나 금
석 소리를 가리킬 때에는 쟁으로 읽힌다. 여기서처럼 槍의 뜻으로 쓰일
때에는 창으로 읽힌다. 抽撥(추발):발목(撥木:비파를 타는 데에 쓰는,
나무로 만든 물건)을 비파 줄로부터 뗌. 연주를 끝내어 발목(撥木)을 거
두는 것을 가리킨다. 當心劃(당심획):비파를 안고 가슴 앞에서, 발목
(撥木)으로 비파 줄을 크게 한 번 긁는 것을 가리킨다. 四絃一聲(사현
일성):비파의 네 줄이 한꺼번에 소리를 냄. 如裂帛(여열백):비단을 찢
는 것 같음. 소리가 매우 날카로운 것을 가리킨다. 舫(방):본디는 두 배
를 묶어 나란히 가게 한 배. 悄(초):소리 없이 고요한 것.

沈吟收撥挿絃中　　　그녀는 침울한 표정으로 발목을 거두어
침 음 수 발 삽 현 중　비파줄 사이에 꽂더니

整頓衣裳起斂容　　　옷 매무새를 바로잡고 얼굴빛을 단정히 했다.
정 돈 의 상 기 염 용

自言本是京城女　　　자신은 본디 장안의 여자로
자 언 본 시 경 성 녀

家在蝦蟆陵下住　　　집은 下馬陵 근처에 있었으며,
가 재 하 마 릉 하 주

十三學得琵琶成 십 삼 학 득 비 파 성	나이 열셋에 비파를 배워 익혔고
名屬教坊第一部 명 속 교 방 제 일 부	교방에서도 가장 우수한 연기자로 꼽혔다고.
曲罷常教善才服 곡 파 상 교 선 재 복	비파를 탈 때마다 스승들을 탄복시켰고
妝成每被秋娘妬 장 성 매 피 추 랑 투	곱게 화장하면 秋娘에게서 시새움을 받을 정도였으니,
五陵年少爭纏頭 오 릉 연 소 쟁 전 두	오릉의 젊은이들 그녀를 보기 위해 꽃값을 아끼지 않았고
一曲紅綃不知數 일 곡 홍 초 부 지 수	비파 한 곡에 붉은 비단 셀 수 없을 만큼 받았으며,
鈿頭銀篦擊節碎 전 두 은 비 격 절 쇄	모두들 그녀의 비파 소리에 장단을 맞추느라 은비녀를 꺾었다고.
血色羅裙翻酒污 혈 색 나 군 번 주 오	붉은 비단 치마는 엎질러진 술에 자주 얼룩졌고
今年歡笑復明年 금 년 환 소 부 명 년	금년 내년 가릴 것 없이 즐거운 웃음 속에 지내며
秋月春風等閒度 추 월 춘 풍 등 한 도	가을 달 봄바람 따라 철없이 세월을 보냈다고.

【語義】沈吟(침음):생각에 잠기는 것. 收撥(수발):발목(撥木)을 거둠. 斂容(염용):용모를 단정히 함. 京城(경성):수도. 장안(長安)을 가리킨다. 蝦蟇陵(하마릉):漢나라 동중서(董仲舒)의 墓인 하마릉(下馬陵)을 가리킨다. 그는 대학자(大學者)로 중신(重臣)이었기 때문에, 武帝도 그의 墓 앞을 지날 때에는 말에서 내렸다 한다. 長安의 동쪽에 있다. 名屬教坊第一部(명속교방제일부):교방에서 가장 우수한 연기자로 꼽힘. 名屬은 이름이 오르는 것. 教坊은 唐代에 가무(歌舞)를 가르치던 기녀(妓女) 양

성소. 第一部는 기예가 가장 뛰어난 사람들이 모여 있는 곳. 常敎善才服(상교선재복):늘 비파의 명수들을 감복시킴. 敎는 '~로 하여금 ~하게 함'의 뜻. 善才는 훌륭한 재능을 지닌 사람이란 뜻으로, 여기서는 琵琶의 名人을 가리킨다. 服은 감복(感服)하는 것. 妝成(장성):화장(化粧)하여 예쁘게 꾸밈. 被秋娘妬(피추랑투):추랑과 같은 명기(名妓)로부터 질투를 받음. 대단히 아름다웠다는 뜻. 秋娘은 杜秋娘을 가리킨 것이라는 說이 있는데, 杜秋娘은 만당(晚唐)의 두목(杜牧)이 활약하던 때의 사람이다. 여기서 秋娘은 姓氏를 알 수 없는 당시의 名妓일 것이다. 五陵(오릉):장안에 있던, 漢代 다섯 황제의 陵인 장릉(長陵:高祖)·안릉(安陵:惠帝)·양릉(陽陵:景帝)·무릉(茂陵:武帝)·평릉(平陵:昭帝)으로, 그 부근에는 호족(豪族)과 부가(富家)가 많았다. 年少(연소):젊은이들. 고관 부호(高官富豪)들의 자제를 가리킨다. 纏頭(전두):악공(樂工)이나 기녀(妓女)에게 주는 예물(禮物). 紅綃(홍초):주홍빛 비단. 鈿頭銀箆(전두은비):자개를 박은 은비녀. 擊節碎(격절쇄):장단을 맞추느라 금·은비녀를 뽑아 두드렸기 때문에 그것들이 부수어진 것을 가리킨다. 血色羅裙(혈색나군):핏빛처럼 붉은 비단 치마. 翻酒汚(번주오):술잔이 엎어져 옷이 더러워지는 것을 가리킨다. 等閒度(등한도):별로 마음 쓰지 않고 보냄. '等閒'은 대수롭게 여기지 않는 것.

弟走從軍阿姨死 제 주 종 군 아 이 사	그러던 중 동생은 군에 가고 양어머니 죽었으며
暮去朝來顔色故 모 거 조 래 안 색 고	세월 가는 대로 젊음마저 시드니
門前冷落鞍馬稀 문 전 냉 락 안 마 희	문 앞은 쓸쓸해지고 찾아오는 이 없었다고.
老大嫁作商人婦 노 대 가 작 상 인 부	마침내 늙은 몸 되어 장사꾼의 아내 되었는데,

商人重利輕別離 상 인 중 리 경 별 리	남편은 돈벌이만 중히 여기지 남녀의 이별은 가벼이 여기는지라
前月浮梁買茶去 전 월 부 량 매 다 거	지난달 부량으로 차를 사러 가
去來江口守空船 거 래 강 구 수 공 선	그 뒤론 그녀가 강가에서 빈 배를 지키고 있다고.
遶船明月江水寒 요 선 명 월 강 수 한	배를 에워싼 달빛도 강물도 싸늘할 뿐이어서
夜深忽夢少年事 야 심 홀 몽 소 년 사	한밤이면 홀연히 젊었을 적 일들을 꿈속에서 그리며
夢啼粧淚紅闌干 몽 제 장 루 홍 난 간	화장 지우는 눈물 빗물처럼 흘린다고.

【語義】 阿姨(아이):본디는 어머니의 자매, 즉 이모(姨母)나 아내의 자매를 뜻하는데, 여기서는 화류사회(花柳社會)에 있는 妓女들의 양어머니를 가리킨다. 顔色故(안색고):용모가 시들어지는 것. 冷落(냉락):쓸쓸함. 鞍馬(안마):화려한 안장을 얹은 말. 귀인 부호(貴人富豪)의 방문을 뜻한다. 老大(노대):나이를 먹음. 浮梁(부량):강서성(江西省) 부량현(浮梁縣)으로, 당시 차〔茶〕의 집산지였다. 買茶去(매다거):차를 사러 떠남. 去來(거래):남편이 떠난 다음. 여기서 來는 조자(助字). 守空船(수공선):남편이 장사를 떠나고 없어 혼자 남아 배를 지키는 것을 가리킨다. 少年事(소년사):젊었을 적의 일. 粧淚(장루):화장한 얼굴을 타고 흘러내리는 눈물. 紅闌干(홍난간):붉은 눈물을 줄줄 흘림. 闌干은 어지럽게 흩어지는 모양.

我聞琵琶已歎息
아 문 비 파 이 탄 식
나, 이미 그대의 비파 소리에 감탄했거니와

又聞此語重唧唧
우 문 차 어 중 즉 즉
그대의 이야기에 거듭 한숨 쉴 뿐이네.

同是天涯淪落人
동 시 천 애 윤 락 인
우리는 다 같이 하늘가에 있는 윤락한 신세,

相逢何必曾相識
상 봉 하 필 증 상 식
이런 자리에서 굳이 면식(面識)을 논할
필요가 있겠는가.

我從去年辭帝京
아 종 거 년 사 제 경
나는 지난해 장안을 하직하고

謫居臥病潯陽城
적 거 와 병 심 양 성
이곳 심양에 귀양 와 병 들어 누워 있다오.

潯陽地僻無音樂
심 양 지 벽 무 음 악
이곳은 궁벽한 곳이라 음악다운 음악 없어

終歲不聞絲竹聲
종 세 불 문 사 죽 성
지금까지 음악 소리 한 번 들어보지 못했네.

住近湓江地低濕
주 근 분 강 지 저 습
또 분강 부근 낮고 습한 곳에 살고 있어

黃蘆苦竹遶宅生
황 로 고 죽 요 택 생
누런 갈대 억센 대나무만이 집 주위에 우거졌을 뿐

其閒旦暮聞何物
기 간 단 모 문 하 물
아침저녁으로 무슨 소리를 듣겠는가?

杜鵑啼血猿哀鳴
두 견 제 혈 원 애 명
피를 토해 내는 듯한 두견 소리 아니면
원숭이의 애절한 울음소리뿐이네.

春江花朝秋月夜
춘 강 화 조 추 월 야
강변에 꽃 피는 봄날 아침이나 달 밝은 가을밤에

往往取酒還獨傾
왕 왕 취 주 환 독 경
가끔 술을 가져와 술잔을 기울일 뿐이네.

豈無山歌與村笛
기 무 산 가 여 촌 적
山歌나 피리 소리가 없는 건 아니지만

嘔啞嘲哳難爲聽
구 아 조 찰 난 위 청

조잡하여 듣기 거북하다네.

今夜聞君琵琶語
금 야 문 군 비 파 어

오늘 밤 그대의 비파 소리 들으니

如聽仙樂耳暫明
여 청 선 악 이 잠 명

마치 선계(仙界)의 음악을 들은 듯 귀가 맑아지네.

莫辭更坐彈一曲
막 사 갱 좌 탄 일 곡

사양 말고 다시 한 곡 타 주게,

爲君翻作琵琶行
위 군 번 작 비 파 행

나, 그대 위해 비파의 노래를 짓겠네.

感我此言良久立
감 아 차 언 양 구 립

그녀는 내 말에 느껴 한참 서 있더니

卻坐促絃絃轉急
각 좌 촉 현 현 전 급

다시 자리를 잡고 줄을 골라 급히 비파를 탔다.

凄凄不似向前聲
처 처 불 사 향 전 성

전보다 비파 소리 훨씬 처절하여

滿座聞之皆掩泣
만 좌 문 지 개 엄 읍

모두들 얼굴을 가리고 들었다.

就中泣下誰最多
취 중 읍 하 수 최 다

그중에서 가장 많이 운 자 누구였는가,

江州司馬靑衫濕
강 주 사 마 청 삼 습

강주 사마로, 청삼(靑衫)을 흠뻑 적셨네.

【語義】 唧唧(즉즉):계속하여 탄식(嘆息)하는 모양.   天涯(천애):하늘 끝.
고향에서 멀리 떨어진 곳.   淪落人(윤락인):영락(零落)하여 떠돌아다니
는 사람.   何必曾相識(하필증상식):구면(舊面)이어야 할 필요가 있겠는
가? 曾相識은 전부터 안면이 있는 것.   去年辭帝京(거년사제경):지난해
에 서울을 하직함. 白居易가 江州 司馬로 쫓겨난 것을 가리킨다. 元和 5

년, 樂天은 경조부 호조 참군(京兆府戶曹參軍)이 되었다. 그 이듬해 어머니께서 돌아가시자 그는 3년 동안 상복(喪服)을 입었다. 그 후 태자 좌찬 대부(太子左贊大夫)가 되었는데, 그때 자객(刺客)이 재상(宰相)인 무원형(武元衡)을 살해한 사건이 일어났다. 樂天은 적(賊)을 잡아 조정(朝廷)의 치욕을 씻어야 한다고 주장했는데, 당시의 재상(宰相)은 그를 미워하였다. 또 樂天을 모함하는 자가 있어, '낙천의 어머니는 꽃을 보다 우물에 빠져 죽었다. 그런데도 그가 〈賞花〉·〈新井〉과 같은 詩를 지은 것은 인륜(人倫)을 어기는 짓이다.'라고 그를 헐뜯었다. 그러한 일들로 하여, 樂天은 元和 10년에 강주사마(江州司馬)로 좌천(左遷)되었다. 地僻(지벽):경사(京師)로부터 동떨어진 곳. 絲竹聲(사죽성):음악 소리. 住(주):살고 있는 곳. 黃蘆(황로):누런 갈대. 습지나 얕은 물가에 자생한다. 苦竹(고죽):높이가 5,6丈 되는 큰 대나무. 杜鵑啼血(두견제혈):두견새가 피를 토하며 슬피 우는 소리. 두견새의 울음소리는 매우 애절하여, 후세 詩人들은 슬픈 일과 관련지어 詩歌에 자주 등장시킨다. 두견새는 입 안이 빨갛기 때문에, 울 때면 마치 피를 흘리는 것처럼 보인다. 往往(왕왕):가끔, 때때로. 獨傾(독경):홀로 술잔을 기울임. 山歌(산가):나무꾼이 산에서 부르는 노래, 또는 농촌의 민요. 村笛(촌적):마을 사람들이 부는 피리 소리. 嘔啞嘲哳(구아조찰):조잡하여 듣기 거북한 소리. 嘔啞는 어린아이의 잘 알아들을 수 없는 소리, 또는 가락에 맞지 않는 거친 소리, 또는 수레가 달리는 요란한 소리. 嘲哳은 새가 요란하게 자꾸 지저귀거나 우는 것. 難爲聽(난위청):듣기 괴로운 것. 莫辭(막사):사양하지 말라, 거절하지 말라. 翻作(번작):옮겨 지음. 비파 곡조(曲調)의 뜻을 글로 옮겨 쓰는 것. 良久(양구):오랫동안. 卻坐(각좌):본디의 자리에 다시 앉음. 促絃(촉현):비파 줄을 팽팽하게 죔. 轉(전):점점 더. 凄凄(처처):쓸쓸하고 비통한 모습. 向前(향전):먼저의.

掩泣(엄읍):얼굴을 가리고 욺. 또는 눈물을 닦음.　就中(취중):그중에서
도. 座中으로 되어 있는 版本도 있다.　江州司馬(강주사마):白居易 자신
을 가리킨다.　靑衫(청삼):푸른 상의. 사인(士人)의 복장.

【解說】《白氏長慶集》卷十二에 〈琵琶引並序〉라는 제목으로 실려 있는데,
序에서는 '命曰琵琶行'이라 하여, 本篇의 제목을 분명히 〈琵琶行〉이라
했다. 사실 行이나 引은 그 명칭만 다를 뿐, 내용이나 구성에서 별 차이
가 없다. 본디《古文眞寶》에는 序가 실려 있지 않지만, 本書에서는 篇
頭에 序를 실었다.

　　本篇은 앞에 나온 〈長恨歌〉와 함께 白樂天의 대표작으로, 그의 신변
에 있었던 일을 주제(主題)로 한 작품인 만큼, 주관적(主觀的)이면서 서
정적(抒情的)인 詩이다. 원화(元和) 11년(816) 가을 그의 나이 45세 때,
그는 구강군(九江郡)의 사마(司馬)로 좌천(左遷)되어 있으면서 심양강
(潯陽江)에서 친구를 전별(餞別)하다가 마침 그곳에서 비파 타는 여인
을 만났다. 그는 비파의 슬픈 가락과 그녀의 딱한 처지에 느끼는 바 있
어, 자신의 쓸쓸한 처지를 새삼 느끼게 되어 本篇을 지었다. 이러한 배
경에 관해서는 작자 자신이 序에서 밝히고 있다.

　　本篇은 크게 세 단락으로 구분된다. 첫 번째 단락에는 주로 琵琶의
음조(音調)가 詩句로 옮겨져 있어, 독자는 평면적인 言語로써 청각적
인 아름다움을 느껴야 되는데, 本書의 번역만으로는 사성(四聲)을 갖춘
고저장단의 음악적 아름다움을 맛볼 수 없어 유감이다. 두 번째 단락에
서는 비파를 타는 여인의 신상에 관한 이야기를 독백체로 묘사하여, 변
전 무상(變轉無常)한 人生의 슬픔을 그렸다. 또 세 번째 단락에서는 樂
天 자신의 신상에 관한 일과 불우한 두 사람의 공통된 슬픔을 서술하
고, 폄적(貶謫)되어 쓸쓸히 지내던 중 우연히 비파의 명인을 만나게 된

감회를 서술하고, 그녀를 위해 本篇을 짓게 된 심정을 토로했다. 서술적 · 객관적 요소를 담은 本篇은, 단순한 서정시가 아니라 題名과 같이 비파의 노래이다. 전편을 통하여 아름다운 비파의 소리는 물론 비파를 연주하는 기법에 관해서도 치밀하게 묘사되어 비파를 사랑하는 詩人의 예술적 감각을 느낄 수 있는 작품이다. 비파의 명인과 중당(中唐) 제일의 詩人이 서로의 예술을 깊이 이해하고 또 그러한 사실에 감격하여 새로운 명작 〈琵琶行〉을 만들어 냈다는, 실로 낭만적(浪漫的)이며 전기적(傳奇的)인 감정이 흘러넘치는 작품이다.

내전행:당자서(內前行:唐子西)

內前車馬撥不開	내전 앞에 사람 다닐 길도 없을 만큼
내 전 거 마 발 불 개	수레와 말이 붐비고
文德殿下宣麻回	문덕전 아래에 선마 들고 돌아가는 이 있네.
문 덕 전 하 선 마 회	
紫微舍人拜右相	張天覺이 우승상에 임명되는 것으로,
자 미 사 인 배 우 상	
中使押赴文昌臺	궁중의 사자가 천자의 사령 들고
중 사 압 부 문 창 대	문창대로 가는 것이네.
旄頭昨夜光照牖	그 전날 밤엔 혜성이 창에 빛을 던졌는데
모 두 작 야 광 조 유	
是夕鋒芒如禿箒	그날 밤부터 혜성의 꼬리 몽당비처럼 되었고
시 석 봉 망 여 독 추	
明朝化作甘雨來	다음날 아침엔 단비로 변해 내리니
명 조 화 작 감 우 래	
官家喜得調元手	천자께선 만물의 기운 조화시킬 인물 얻어
관 가 희 득 조 원 수	기뻐하게 되셨네.
周公禮樂未制作	주공이 예악을 정한 데에까지는 미치지 못하나
주 공 예 악 미 제 작	
致身姚宋亦不惡	요숭·송경처럼 몸 바쳐 일하니 훌륭하네.
치 신 요 송 역 불 악	
我聞二公拜相年	듣건대 위의 두 분이 재상으로 있을 적엔
아 문 이 공 배 상 년	
民間斗米三四錢	민간에서 쌀 한 말 값이 3,4전밖에 안 되었었네.
민 간 두 미 삼 사 전	

【語義】內前車馬(내전거마):대내(大內) 앞에 수레와 말이 많이 모여 있음.

大內는 임금이 거처하는 곳. 撥不開(발불개):밀쳐 내도 길이 열리지 않음. 사람이 지나다닐 수 없음. 文德殿(문덕전):송(宋)나라 때의 궁전 이름. 宣麻回(선마회):사령서(辭令書)를 받고 돌아감. 宣麻는 당송(唐宋)때 대신(大臣)을 임명함에 황백색(黃白色)의 마지(麻紙)에 天子의 命을 적어 궁정(宮庭)에서 여러 사람에게 알리던 것. 여기서는 장천각(張天覺)이 천자로부터 재상(宰相)에 임명된 것을 가리킨다. 紫微舍人(사미사인):중서사인(中書舍人). 張天覺은 中書侍郞이었다. 拜(배):벼슬을 받음. 특히 大臣이 될 경우에 拜 字를 쓰며, 일반 벼슬에는 除 字를 쓴다. 右相(우상):상서성(尙書省) 우복야(右僕射). 唐 현종(玄宗)의 개원(開元)元年 12월에, 尙書左右僕射를 左右丞相으로 그 이름을 바꾸었다. 中使(중사):궁중(宮中)의 사자(使者). 押赴(압부):天子가 서명한 사령(辭令)을 들고 감. 押은 도장 따위를 찍어 서명하는 것. 赴는 가다·알리다. 文昌臺(문창대):唐代 상서성(尙書省)의 별칭(別稱). 旄頭(모두):혜성(彗星)의 별칭(別稱).《爾雅》에 혜성(彗星)을 참창(欃槍)이라 했는데, 槍 끝에는 쇠꼬리를 달았다. 그래서 彗星을 旄頭라 한 것이다. 彗星은 병란(兵亂)을 상징하는 흉성(凶星)으로 인식되었다. 是夕(시석):張天覺이 右相에 임명된 날 밤. 鋒芒(봉망):날이 있는 무기의 끝. 여기서는 날카로운 빛을 내는 혜성의 꼬리를 가리킨다. 禿箒(독추):몽당비. 禿은 끝이 다 닳아서 없어지는 것. 또는 대머리처럼 민둥민둥한 것. 官家(관가):天子를 가리킨다. 調元手(조원수):天子를 도와 세상을 다스리고, 道德으로 天下를 화육(化育)하며, 陰陽의 원기(元氣:萬物을 生成시키는 기운)를 조화(調和)시키는 인물을 가리킨다. 周公禮樂未制作(주공예악미제작):주공이 예악을 정하여 천하를 평화롭게 한 데에까지는 미치지 못함. 당시 채경(蔡京)이 정치를 어지럽혔기 때문에 천하의 기강(紀綱)이 문란했던 것을 가리킨다. 致身姚宋(치신요송):요송처럼 천자를 위

해 몸 바쳐 일함. 姚宋은 唐 玄宗 때의 名宰相이었던 요숭(姚崇)과 송경
(宋璟). 二公(이공):姚崇과 宋璟을 가리킨다. 拜相(배상):재상에 임명
됨. 斗米三四錢(두미삼사전):쌀 한 말 값이 3,4전(錢)임. 물가가 안정
되어 살기 좋았다는 뜻.

【解說】本書 題注에, '大觀 4年(1110), 장천각(張天覺:名은 商英)이 재상(宰
相)에 임명되었다. 그날 밤 혜성(彗星)이 없어지고, 오랜 가뭄이 끝나
고 비가 내렸다.'라고 했다. 本篇은 張天覺이 상서우복야(尙書右僕射)
에 배임(拜任)된 것을 기뻐하여 唐庚이 지은 것이다. 本篇의 제목은 首
句 '內前車馬撥不開'에서 취한 것으로, 內는 궁정(宮廷)을 뜻한다. 대내
(大內)의 전전(殿前)에서 張天覺이 대신(大臣)에 임명되는 광경을 묘사
한 작품으로, 어진 재상을 흠모하는 백성의 마음이 잘 노래되어 있다.
篇末의 '民間斗米三四錢'은《自治通鑑》에 기록된 太宗 때의 사실을 가
리킨 것이다. 太宗의 정관(貞觀) 4년, 대풍(大豊)이 들어 민간에선 쌀
한 말 값이 3,4錢밖에 되지 않았으며 선정(善政)이 베풀어져, 한 해 동
안 사형에 처해진 자가 겨우 29명밖에 안 되었다 한다. 그뿐 아니라 사
람들은 문단속을 하지 않고 외출했으며, 여행을 떠나면서도 양식을 준
비하지 않아도 되었다 한다.

속여인행:소자첨(續麗人行:蘇子瞻)

深宮無人春日長
심 궁 무 인 춘 일 장

인적 없는 깊은 궁에 긴 봄날 찾아와

沈香亭北百花香
침 향 정 북 백 화 향

침향정 북쪽엔 백화만발해 있네.

美人睡起薄梳洗
미 인 수 기 박 소 세

미인, 이제 막 일어나 가볍게 얼굴 단장하는데

燕舞鶯啼空斷腸
연 무 앵 제 공 단 장

제비 춤추고 꾀꼬리 울어대어 애간장 저며지네.

畫工欲畫無窮意
화 공 욕 화 무 궁 의

화공이 미인의 수심까지 화폭에 옮겨 놓으려
한 것이리.

背立春風初破睡
배 립 춘 풍 초 파 수

봄바람 등에 지고 기지개 켜는 저 미인,

若敎回首卻嫣然
약 교 회 수 각 언 연

머리 돌려 예쁘게 한 번만 웃어도

陽城下蔡俱風靡
양 성 하 채 구 풍 미

양성과 하채의 사내들 모두 넋을 잃으리.

杜陵飢客眼長寒
두 릉 기 객 안 장 한

두릉의 배고픈 나그네, 오랫동안 눈빛 흐린 채

蹇驢破帽隨金鞍
건 려 파 모 수 금 안

절름발이 노새 타고 해진 모자 쓰며
부호들 뒤를 따르다가

隔花臨水時一見
격 화 임 수 시 일 견

꽃가지 너머 저쪽의 물가 풍경 보게 되었네.

只許腰肢背後看
지 허 요 지 배 후 간

등 뒤에서 허리와 팔다리를 본 것뿐인데도

心醉歸來茅屋裏
심 취 귀 래 모 옥 리

마음 취하여 집으로 돌아와선

方信人間有西子 _{방 신 인 간 유 서 자}	비로소 인간 세상에 서시 같은 미인 있음을 알게 되었네.
君不見 _{군 불 견}	그대는 보지 못하였는가,
孟光擧案與眉齊 _{맹 광 거 안 여 미 제}	양홍의 처 맹광이 늘 눈썹 높이까지 밥상 들었던 것을.
何曾背面傷春啼 _{하 증 배 면 상 춘 제}	어찌 그런 여인이 봄빛에 마음 상해 눈물 흘렸겠는가.

【語義】沈香亭(침향정):唐나라 궁전 안에 있던 정자 이름. 흥경지(興慶池) 동쪽에 있었으며, 玄宗이 紅·紫·淺紅·通白(純白)의 네 종류의 牡丹을 들여와 沈香亭 앞에 심어, 꽃이 피면 楊貴妃와 함께 유상(遊賞)했다. 李白이 이곳에 불려가 〈清平調詞〉 3首를 지은 것은 유명하다. 睡起(수기):잠에서 깨어남. 薄梳洗(박소세):머리를 가볍게 다듬고 얼굴을 씻는 것. 無窮意(무궁의):다하지 않는 외로운 마음. 무한한 근심. 初破睡(초파수):막 잠을 깨다. 깨어나 기지개를 켜는 것을 가리킨다. 若敎(약교):만약~하게 한다면. 嫣然(언연):상긋 웃는 모양. 陽城下蔡(양성하채):楚나라의 두 현(縣) 이름. 송옥(宋玉)의 〈好色賦〉에, '싱긋 한 번 웃어, 양성을 미혹시키고 하채를 어지럽게 하네(嫣然一笑 惑陽城迷下蔡).'라 한 데에서 인용한 말. 風靡(풍미):바람에 초목이 한쪽으로 쏠리듯, 어떤 일에 정신을 빼앗김. 杜陵飢客(두릉기객):두릉(杜陵)의 굶주린 나그네. 杜甫를 가리킨다. 杜陵은 漢나라 선제(宣帝)의 陵으로, 杜甫는 그 부근에서 살았다. 眼長寒(안장한):오랫동안 눈빛이 흐리고 생기가 없음. 아름다운 것을 보지 못한 것을 가리킨다. 蹇驢(건려):절름발이 노새. 앞서 나온 杜甫의 〈贈韋左丞〉의 '騎驢三十載 旅食京華春. 朝扣富兒門 暮隨肥馬塵'에서 인용한 것. 金鞍(금안):금으로 장식한 안장.

앞 語義에 인용된 詩句에 나오는 富兒·肥馬를 가리킨다. 隔花臨水(격화임수):꽃가지 너머 저쪽 물가. 杜甫의 〈麗人行〉에 묘사된 曲江의 봄놀이 모습을 가리킨다. 腰肢背後看(요지배후간):허리와 수족(手足)을 뒤에서 봄. 〈麗人行〉의 '背後何所見 珠壓腰衱穩稱身'에 근거한 말. 心醉(심취):마음이 취한 것처럼 홀딱 반함. 西子(서자):고대 월(越)나라의 미녀 서시(西施). 월왕(越王) 구천(勾踐)이 吳나라에 敗한 뒤 그녀를 오왕(吳王) 부차(夫差)에게 바쳤는데, 부차는 그녀에게 惑하여 정사(政事)를 돌보지 아니하여, 드디어 구천과 범소백(范少伯)의 침공을 받아 망하였다. 孟光(맹광):후한(後漢) 양홍(梁鴻)의 처(妻). 남편을 몹시 공경하여, 음식을 올릴 때에 상을 늘 눈썹 높이로 들었다 한다. 擧案與眉齊(거안여미제):상을 들어 눈썹과 가지런하게 함. 傷春啼(상춘제):아름다운 봄빛에 자신의 처지를 슬퍼하여 욺. 傷春은 자신의 처지가 불우하여 화사한 봄날에는 더욱 쓸쓸해짐을 느끼는 것. 부녀(婦女)의 경우에는 봄나들이할 만한 형편이 못 되거나 사랑하는 사람이 없어 쓸쓸함을 느끼는 것.

【解說】 앞에 나온 杜甫의 〈麗人行〉에 이어지는 작품이란 뜻에서 〈續麗人行〉이라 제목 한 것이다.《分類東坡詩》卷十一 書畵上에 실려 있고, 題下의 自注에, '李仲謀의 집에, 주방(周昉)이 등을 돌려 기지개를 켜는 궁녀의 모습을 그린 그림이 있는데 참으로 훌륭했다. 장난삼아 이 詩를 짓는다.'라고 했다.

　　杜甫의 〈麗人行〉이 楊國忠과 虢國夫人의 전횡(專橫)과 불륜(不倫) 등 사실에 근거하여 풍자(諷刺)의 뜻을 담은 사실적인 詩임에 비해, 東坡의 本篇은 杜甫의 〈麗人行〉과 뜻은 같이하되 해학미(諧謔味) 넘치는 작품이다. 막 잠에서 깨어나 흐트러진 매무새로 기지개를 켜는 미인의 모습에서 느낄 수 있는 것은 퇴폐적(頹廢的)인 아름다움이다. 그리고 더없이 비참했던 杜甫의 모습을 약간 야유조(揶揄調)로 묘사한 것도 재미있다. 그러나 東坡는 이러한 배해적(俳諧的)인 표현을 사용하면서도 詩人의 사명인 言志를 잊지 않아, 누추한 생활을 하면서도 훌륭하게 부도(婦道)를 지킨 孟光의 이야기로 篇을 맺어 훈계(訓戒)의 뜻을 담았다.

막상의행:두자미(莫相疑行:杜子美)

男兒生無所成頭皓白
남 아 생 무 소 성 두 호 백

남아로 태어나 이룬 일 없이 머리만 희어지고

牙齒欲落眞可惜
아 치 욕 락 진 가 석

이마저 빠지려 하니 참으로 딱하네.

憶獻三賦蓬萊宮
억 헌 삼 부 봉 래 궁

옛날 봉래궁에서 〈三大禮賦〉를 지어 올려

自怪一日聲輝赫
자 괴 일 일 성 휘 혁

하루아침에 명성이 높아졌던 일은
암만 생각해도 이상하네.

集賢學士如堵墻
집 현 학 사 여 도 장

집현 학사들이 담처럼 나를 둘러싸

觀我落筆中書堂
관 아 낙 필 중 서 당

중서당에서 붓 들어 글 짓는 나를 구경했네.

往時文彩動人主
왕 시 문 채 동 인 주

지난날엔 훌륭한 글을 지어 천자를 감동시켰건만

此日飢寒趨路傍
차 일 기 한 추 로 방

지금은 헐벗고 굶주린 채 길가를 종종걸음 치네.

晚將末契託年少
만 장 말 계 탁 연 소

늘그막에 엷은 우정이나마 그걸 믿고
젊은 그대에게 의지하려 하는데

當面輸心背面笑
당 면 수 심 배 면 소

눈앞에선 마음 주나 등 뒤에선 비웃네.

寄謝悠悠世上兒
기 사 유 유 세 상 아

내 말하노라, 수많은 세상 사람들이여!

不爭好惡莫相疑
부 쟁 호 오 막 상 의

내가 좋고 싫음을 사람들과 다투지
않는다는 것을 의심하지 말아 주시오.

【語義】 獻三賦蓬萊宮(헌삼부봉래궁):봉래궁에서 세 부(賦)를 지어 바침.
천보(天寶) 10년(751) 杜甫가, 현종(玄宗)이 太淸宮에 조헌(朝獻)하고
태묘(太廟)에 조향(朝享)하고 남교(南郊)에 제사지낸 일을 읊어 〈三大
禮賦〉를 지은 것을 가리킨다. 蓬萊宮은 唐나라 때의 궁전 이름.《唐書》
地理志에 의하면, 高宗은 항상 대명궁(大明宮)에 거처하며 그곳을 서내
(西內)라 불렀는데, 중풍(中風)이 들자 사내의 낮고 습한 것을 싫어하
게 되어, 대명궁의 지붕을 다시 이어 봉래궁(蓬萊宮)이라고 불렀다 한
다. 一日聲輝赫(일일성휘혁):하루아침에 명성이 빛남. 集賢學士(집현
학사):집현전 학사. 唐 玄宗의 개원(開元) 5년, 처음으로 수서원(修書
院)을 집선전(集仙殿)에 마련하고 학사(學士)들을 두었다. 후에 집현전
(集賢殿)으로 개칭하고, 또 그곳에서 일하는 사람들을 集賢學士라 했
다. 如堵墻(여도장):담처럼 둘러쌈. 구경하는 사람이 많은 것을 가리
킨다. 落筆(낙필):문장(文章)을 짓는 것. 中書堂(중서당):재상(宰相)이
거처하는 곳.《新唐書》에 기록된 바에 의하면, 杜甫는 玄宗의 명에 의
하여 당시 宰相으로부터 문장(文章)을 시험받았다. 文彩(문채):문장이
썩 훌륭함. 飢寒趨路傍(기한추로방):헐벗고 굶주린 채 길가를 종종걸
음 침. 빈궁(貧窮)하고 몸을 의탁할 곳이 없는 것을 가리킨다. 晚(만):
만년(晚年). 末契(말계):교우(交友) 관계의 끝자리. 약간 알고 있을 정
도의 친분. 契는 約, 交友를 뜻한다. 託年少(탁연소):젊은 사람에게 몸
을 의지함. 젊은 사람이란 곽영예(郭英乂)를 가리킨다. 當面輸心(당면
수심):얼굴을 마주할 때에는 마음을 다해 정성을 보임. 輸는 보내다, 정
성을 다하다. 背面笑(배면소):등 뒤에서는 비웃음. 상대방이 없는 곳에
서는 비웃음. 寄謝(기사):세상에 말을 남기어 애찰(挨拶:問答하여 學
徒를 계발함)함. 悠悠(유유):아득하고 먼 모양, 끝이 없는 모양, 흘러
가는 모양, 근심하는 모양, 침착하고 여유 있는 모양, 많은 모양 등 여

러 가지 뜻을 가지고 있는데, 여기서는 많은 모양. 世上兒(세상아):세
상 사람들. 兒는 상대방을 낮추어 보아 부르는 말. 不爭好惡(부쟁호
오):좋아함과 싫어함을 따지며 사람과 다투지 않음. 莫相疑(막상의):
의심하지 말아 달라.

【解說】 莫相疑는 의심하지 말라는 뜻. 杜甫는 안녹산(安祿山)의 난(亂) 뒤
50세경부터 성도(成都)에서 살면서, 당시 성도윤(成都尹)이었던 엄무
(嚴武)로부터 많은 도움을 받았다. 그런데 영태(永泰) 원년(765) 嚴武가
죽고 30여 세의 곽영예(郭英乂)가 성도윤(成都尹)이 되었다. 杜甫는 郭
英乂를 전부터 알고 있었고, 또 그에게 몸을 의지하려 했으나 뜻이 맞지
않았다. 그래서 결국 杜甫는 成都의 완화초당(浣花草堂)을 떠나게 되었
고, 야박한 세상 인심을 개탄(慨歎)하여 本篇을 지었다. 시성(詩聖) 杜
甫였건만, 생전에는 몸 하나 의지할 곳이 없었다. 나이어린 郭英乂로부
터 버림받고 성도를 떠나야 했던 杜甫의 마음은 얼마나 쓸쓸했을까? 杜
甫는 그후 단 한 번도 안정된 생활을 얻지 못하고 천하를 방랑하다가,
대종(代宗) 대력(大曆) 5년(770) 겨울에 숨을 거두게 된다. 〈莫相疑行〉
이란 제목은 篇末의 '不爭好惡莫相疑'에서 취한 것이다.

호도행:왕개보(虎圖行:王介甫)

壯哉非熊亦非貙
장 재 비 웅 역 비 추
장하도다, 곰도 아니고 살쾡이도 아닌 것이

目光夾鏡當坐隅
목 광 협 경 당 좌 우
거울을 걸어 놓은 듯 두 눈을 빛내면서
모퉁이에 앉아 있네.

橫行妥尾不畏逐
횡 행 타 미 불 외 축
꼬리 늘어뜨리고 유유히 걸으며 사람이 쫓아도
두려워하지 않고

顧眄欲去仍躊躇
고 면 욕 거 잉 주 저
뒤돌아보며 가려 하다가도 머뭇거리는 놈.

卒然一見心爲動
졸 연 일 견 심 위 동
처음 보았을 적엔 심장이 뛰었는데

熟視稍稍摩其鬚
숙 시 초 초 마 기 수
다시 들여다볼 적엔 조금씩 녀석의 수염을
만지게 되네.

固知畵者巧爲此
고 지 화 자 교 위 차
화공이 솜씨 다해 그렸음을 알겠으니,

此物安肯來庭除
차 물 안 긍 내 정 제
그렇지 않고서야 어찌 마당 섬돌에까지
들어오려 하겠는가.

想當盤礴欲畵時
상 당 반 박 욕 화 시
책상다리하고 앉아 그림 그렸을 적 생각하니

睥睨衆史如庸奴
비 예 중 사 여 용 노
다른 화공들 흘겨보며 종처럼 업신여겼으리.

神閑意定始一掃
신 한 의 정 시 일 소
정신 가다듬고 마음 정해 붓을 휘둘렀으니

功與造化論錙銖
공 여 조 화 논 치 수
그 솜씨, 조물주의 솜씨와 다를 것 없네.

悲風颯颯吹黃蘆
비 풍 삽 삽 취 황 로
가을바람 산들거리며 누런 갈대에 불어오고

上有寒雀驚相呼
상 유 한 작 경 상 호
위에서는 참새들이 놀라 지저귀네.

槎牙死樹鳴老烏
사 아 사 수 명 노 조
가지만 남은 고목에서 늙은 새 울고 있는데

向之俛喙如哺雛
향 지 부 탁 여 포 추
머리 숙여 가지 쪼는 모습, 새끼에게
벌레 먹이는 것 같네.

山墻野壁黃昏後
산 장 야 벽 황 혼 후
해진 뒤에, 산속 부락의 담이나 돌집 벽에
이 그림 걸어 놓으면

馮婦遙看亦下車
풍 부 요 간 역 하 거
풍부, 멀리에서 보고 다시 수레에서 내리리.

【語義】貙(추):모양이 범 비슷하며 크기가 개만한 맹수. 옛날에 전쟁에
사용했다 한다. 여기서는 야묘(野猫:살쾡이)로 번역했다. 夾鏡(협경):
두 개의 거울. 두 눈을 가리킨다. 橫行(횡행):가고 싶은 대로 걸어 다
님. 妥尾(타미):꼬리를 늘어뜨림. 妥는 垂의 뜻. 不畏逐(불외축):쫓는
것을 두려워하지 않음. 顧眄(고면):주변을 둘러봄. 仍(잉):여전히, 전
과 같이. 卒然(졸연):갑자기. 熟視(숙시):자세히 봄. 稍稍(초초):조금
씩. 摩其鬚(마기수):그림 속 호랑이의 수염을 어루만지는 것을 가리킨
다. 固(고):참으로, 진실로, 분명히. 庭除(정제):마당과 섬돌. 除는 섬
돌·층계. 盤礴(반박):책상다리를 하고 앉음. 睥睨(비예):흘겨봄. 무
시하는 태도로 보는 모양. 衆史(중사):여러 화공(畫工). 화가(畫家)를
화사(畫史)라 한 것. 庸奴(용노):멍청한 하인. 神閑意定(신한의정):정
신을 가라앉히고 무엇을 어떻게 그릴 것인가를 정함. 一掃(일소):붓
을 들어 단번에 그리는 것. 造化(조화):천제(天帝)나 신(神)이 만물(萬
物)을 조화하여 변화·발전시키는 작용. 論錙銖(논치수):錙와 銖, 모
두 무게가 얼마 안 되는 것을 가리키는 저울눈. 한 치(錙)는 여섯 수(銖)

이고, 한 銖는 한 냥(兩)의 24분의 1. 따라서 치수를 따진다는 것은 별 차이가 없다, 우열을 가릴 수 없다는 뜻. 悲風(비풍):추풍(秋風). 颯 颯(삽삽):바람이 부는 소리. 雀(작):참새. 槎牙(사아):잎이 다 떨어지고 가지만 남은 모양. 死樹(사수):고목(枯木). 老鳥(노조):本集에는 老 鳥로 되어 있다. 俛啄(부탁):머리를 숙이고 부리로 쫌. 哺雛(포추): 새끼에게 벌레나 먹이를 물어다 먹임. 馮婦(풍부):진(晋)의 용사(勇士) 로, 馮은 姓, 婦는 이름.《孟子》盡心篇 下에 다음과 같은 孟子의 말이 있다. '晋나라 사람 馮婦는 호랑이를 잘 때려잡았는데, 뒤에 훌륭한 선비가 되었다. 마침 馮婦가 들을 지나가는데 사람들이 호랑이를 쫓고 있었다. 호랑이가 벼랑을 등지고 덤벼들려 하자 아무도 가까이 가지 못했다. 그들은 馮婦를 멀리 바라보고는 달려가 馮婦를 환영했다. 馮婦가 팔을 걷어 올리고 수레에서 내리자 군중들은 몹시 기뻐했고, 다른 선비들은 馮婦를 비웃었다.'

【解說】《臨川先生文集》卷五에는 단지 〈虎圖〉라고만 했을 뿐 行 字가 없다.《史記》·《莊子》·《孟子》등에 나오는 이야기를 교묘하게 인용하여 무척 재미있는 篇을 이루고 있으며, 호랑이의 모습을 실로 생생하게 그려 낸 작품이다. 첫 句의 '非熊亦非貔'는《史記》齊世家에 나오는, 서백(西伯)이 수렵 나가기 전에 무엇이 잡힐지 점을 쳤을 때, '잡힐 것은 용도 아니고 이무기도 아니며, 범도 아니고 큰 곰도 아니며, 패왕(覇王)을 보좌할 인물이다.'라는 표현을 본뜬 것이고, 盤礴은《莊子》外篇 田子方 篇에 나오는 한 화공의 모습을 묘사한 것을 인용한 것이다. 또 篇末의 '馮婦遙看亦下車'는 語義에서 밝혔듯이《孟子》에 있는 이야기에 근거한 것이다. 이렇게 전고(典故)가 많이 쓰였다는 것은, 王安石의 학식이 높았다는 것을 증명하는 것이다.《漫叟詩話》에는 本篇에 얽힌 다음과 같

은 일화(逸話)가 실려 있다.

　"형공(荊公:王安石)이 일찍이 구공(歐公:歐陽脩)과 함께 좌상(坐上)에 앉은 자리에서 호랑이 그림을 보고 詩를 짓게 되었다. 모두들 붓을 대지도 못했는데 荊公은 벌써 다 지었다. 歐公은 즉시 그것을 읽더니 무릎을 치며 극찬했다. 좌중의 사람들은 荊公의 글을 보더니, 들었던 붓을 내려놓고 감히 글을 지을 생각을 못했다."

도원행:왕형공(桃源行:王荊公)

望夷宮中鹿爲馬
망 이 궁 중 녹 위 마

망이궁에선 사슴을 보고도 말이라 했고

秦人半死長城下
진 인 반 사 장 성 하

진나라 사람들, 반은 만리장성 아래에서 죽었네.

避世不獨商山翁
피 세 부 독 상 산 옹

세상을 피한 것은 상산사호뿐 아니라

亦有桃源種桃者
역 유 도 원 종 도 자

도원에서 복숭아 심었던 사람들도 그랬네.

一來種桃不記春
일 래 종 도 불 기 춘

한번 복숭아를 심으니 세월 가는 줄 모르게 되었고

采花食實枝爲薪
채 화 식 실 지 위 신

꽃 따고 열매 먹으며 나뭇가지 땔나무로 썼네.

兒孫生長與世隔
아 손 생 장 여 세 격

아이들 자랐지만 세상과 떨어져 살았으니

知有父子無君臣
지 유 부 자 무 군 신

아버지와 아들은 알아도 임금과 신하는 없었네.

漁郎放舟迷遠近
어 랑 방 주 미 원 근

어부가 물길 따라 나섰다가 길을 잃고

花閒忽見驚相問
화 간 홀 견 경 상 문

꽃 사이로 도원향 보고 깜짝 놀라 물었네.

世上空知古有秦
세 상 공 지 고 유 진

옛날 秦의 세상인 줄 그들은 알고 있었으니

山中豈料今爲晉
산 중 기 료 금 위 진

산속에서 어찌 晉時代가 되었음을 알 수 있었으리.

聞道長安吹戰塵
문 도 장 안 취 전 진

장안에 전쟁의 흙먼지 날렸다는 소리 전해 듣고

東風回首亦沾巾	봄바람에 고개 돌려 눈물로 건을 적셨네.
동 풍 회 수 역 첨 건	
重華一去寧復得	순 같은 성군은 한번 가면 다시 나타나지 않는 법,
중 화 일 거 영 부 득	
天下紛紛經幾秦	천하가 어지러워 그동안 몇 개의 秦이 있었던가.
천 하 분 분 경 기 진	

【語義】 望夷宮(망이궁):秦나라의 궁전 이름. 함양현(咸陽縣)에서 동남쪽으로 8里 떨어진 곳에 있었으며, 始皇의 뒤를 이은 二世가 조고(趙高)에게 피살(被殺)된 곳이기도 하다. 鹿爲馬(녹위마):사슴을 말이라 함. 秦二世 때에, 조고(趙高)가 二世에게 사슴을 바치며 말이라 하고는, 신하 가운데에 그것을 사슴이라 말하는 자들을 모두 죽였던 것을 가리킨다. 長城(장성):만리장성(萬里長城). 秦始皇은 북쪽 국경에 만리장성을 쌓아 이민족과 싸우기 위해 백성들을 강제로 징발하여 많은 사람들을 죽게 했다. 避世(피세):어지러운 세상을 피하여 은거(隱居)함. 商山翁(상산옹):秦의 폭정(暴政)을 피하여 商山에 몸을 숨겼던 네 늙은이. 동원공(東園公)·기리계(綺里季)·하황공(夏黃公)·녹리선생(角里光生)을 말하는데, 모두 눈썹과 수염이 희었으므로 상산사호(商山四皓)라고도 불렀다. 種桃者(종도자):무릉도원(武陵桃源)에서 복숭아를 심어 별천지(別天地)를 만드는 사람. 不記春(불기춘):몇 봄이나 지났는지 기억하지 못함. 세월의 흐름을 모른다는 뜻. 枝爲薪(지위신):나뭇가지를 땔나무로 함. 與世隔(여세격):세상과 격리됨. 漁郎放舟(어랑방주):배가 는 대로 어부가 노 저어 감. 迷遠近(미원근):멀고 가까움을 모름. 즉 길을 잃음. 豈料(기료):어찌 헤아릴 수 있겠는가? 今爲晉(금위진):本書注에는 태강(太康:西晉 武帝 때의 年號) 연중(年中)이라 했지만, 陶潛의 〈桃花源記〉에 의하면 태원(太元:東晉 孝武帝 때의 年號) 年中을 가리킨

다. 聞道(문도):전해 들음. 여기서 道는 조자(助字). 長安吹戰塵(장안
취전진):장안에 전쟁의 흙먼지가 날림. 秦 다음에 선 漢나라도 망한 것
을 가리킨다. 長安은 한(漢)의 고도(古都). 東風(동풍):봄바람. 重華
(중화):고대(古代)의 성천자(聖天子) 순(舜)임금을 가리킨다. 舜임금은
눈동자가 둘이어서 이런 이름을 얻게 되었다 한다. 寧復得(영부득):어
찌 다시 얻을 수 있겠는가? 舜임금 같은 聖王은 다시 나타나지 않을 것
이라는 뜻. 紛紛(분분):어지러운 모양, 번잡한 모양, 많고 성(盛)한 모
양. 經幾秦(경기진):몇 개의 秦이 지나갔는가? 즉 秦 때와 같은 폭정(暴
政)을 많이 겪었다는 뜻

【解說】《臨川先生文集》卷四에 실려 있다. 本書 題注에, '예로부터 桃源을
읊은 자들, 대부분 신선(神仙)의 說에 미혹되었기 때문이다. 형공(荊公)
만이 秦의 폭정(暴政)을 피한 사람들이 이룩한 곳으로 보았다.'라고 하
여 王安石의 식견(識見)을 칭찬했는데, 陶淵明의〈桃花源記〉나〈桃花源
詩〉에서도, 桃花源을 神仙들이 사는 곳이 아닌 秦代에 세상을 피했던
사람들이 이룩한 곳으로 보고 있다.

　　本篇은 晉의 陶淵明이 지은〈桃花源記〉의 설화(說話)를 노래한 詩이
다. 秦代 始皇의 폭정(暴政)을 피하여 무릉군(武陵郡)의 도원향(桃源
鄕)에 들어간 사람들의 자손이 별천지(別天地)를 이룩하고 외계(外界)
와 단절(斷絶)된 생활을 하였다. 그런데 한 어부(漁父)가 우연히 복숭아
꽃이 흘러오는 상류를 찾아 올라갔다가 桃源鄕을 발견하였다. 그곳에
는 왕도 없고 조세(租稅)도 없었다. 그곳 사람들은 바깥세상의 변천을
모른 채 평화롭게 생활하고 있었다. 漁父는 돌아와 군수(郡守)에게 보
고한 후, 다시 찾아가려 하였으나 길을 찾을 수가 없었다. 武陵桃源은
지금의 호남성(湖南省) 상덕부(常德府)에 있다고 한다(前出 韓愈의〈桃

源圖〉참조).

桃源의 고사(故事)를 빌어서 인간 세상의 치란 흥망(治亂興亡)이 덧
없음을 개탄(慨歎)하고, 백성들을 위해 어지러운 세상을 슬퍼한 것이
本篇의 요지(要旨)이다. 王安石은 本篇에서 桃源에는 군신(君臣)도 없
고 국가의 흥망(興亡)도 없음을 지적하여, 어지러운 인간 세상을 풍자
(諷刺)하고 태평한 세상을 희구(希求)했는데, 이는 그의 정치가로서 강
한 포부가 표명(表明)된 것이라 할 수 있다.

금석행:두자미(今夕行:杜子美)

今夕何夕歲云徂
금 석 하 석 세 운 조
오늘 밤이 어떤 밤인가, 바로 제야일세.

更長燭明不可孤
경 장 촉 명 불 가 고
밤 길고 촛불 밝아 등 돌려 잠들 수 없네.

咸陽客舍一事無
함 양 객 사 일 사 무
함양의 객사엔 즐길 만한 일이 하나도 없어

相與博塞爲歡娛
상 여 박 새 위 환 오
서로 모여 박새하며 즐기게 되었네.

馮陵大叫呼五白
빙 릉 대 규 호 오 백
'五白'이라 소리치며 기세 좋게 주사위 던지며

袒跣不肯成梟盧
단 선 불 긍 성 효 로
웃통 벗고 맨발로 열들 내지만 梟나 盧는
좀처럼 나오지 않네.

英雄有時亦如此
영 웅 유 시 역 여 차
영웅도 때에 따라선 이처럼 놀았다 하니

邂逅豈卽非良圖
해 후 기 즉 비 양 도
우연히 만난 벗들과 이렇게 밤샘함은
좋은 일이 아니겠는가.

君莫笑
군 막 소
그대여, 비웃지 말게!

劉毅從來布衣願
유 의 종 래 포 의 원
유의가 布衣의 신세 때부터 큰 뜻을 품어

家無儋石輸百萬
가 무 담 석 수 백 만
집안에 곡식 몇 섬 없으면서도 노름에
백만 섬을 걸었던 것을.

【語義】 歲云徂(세운조):해가 감. 제야(除夜). 云은 어조사. 更(경):밤의 시간. 옛날에는 물시계로 밤 시간을 쟀는데, 밤을 초경(初更)에서 오경(五更)까지 다섯으로 나누었다. 不可孤(불가고):등질 수 없음. 잠을 이룰

수 없는 것을 가리킨다. 여기서 孤는 등지다·저버리다. 咸陽(함양):본
디는 진(秦)의 도읍(都邑)인데, 여기서는 長安을 가리킨다. 博塞(박새):
도박의 한 종류. 주사위를 던져 말을 전진시키는 것을 博, 길을 막는 것
을 塞라 하여, 이런 이름이 붙었다. 馮陵(빙릉):본디는 기세를 믿고 남
을 업신여긴다는 뜻. 여기서는 남에게 이기려고 기세를 낸다는 정도의
뜻. 五白(오백):博塞에서 쓰이는 용어인 듯한데, 정확한 것은 알 수 없
다. 袒跣(단선):웃통을 벗고 맨발이 됨. 승부(勝負)에 열중하는 것을 가
리킨다. 梟盧(효로):역시 博塞에서 쓰이는 용어인 듯하며, 이것들이 나
오면 승부에 이기는 것 같다. 梟는 올빼미, 盧는 전국시대(戰國時代) 한
(韓)나라의 명견(名犬). 英雄(영웅):뒤에 나오는 유의(劉毅)를 가리킨
다. 邂逅(해후):우연히 친구와 만나는 것. 良圖(양도):좋은 방법, 좋은
생각. 劉毅(유의):남조(南朝) 때의 송(宋)나라 사람. 本書 注에《南史》
를 인용하여, "桓玄, 劉毅가 兵을 일으켰다는 소식을 듣고, '毅는 집에
몇 섬의 곡식도 없으면서 노름판에서 한 번에 백만 섬의 곡식을 건 인
물이다. 함께 큰일을 하여 이루지 못할 것이 있겠는가?'라고 말했다."고
했다. 布衣(포의):천(賤)한 자가 걸치는 베옷. 서민(庶民)을 가리킨다. 儋
石(담석):얼마 안 되는 양(量)을 뜻한다. 儋은 두 섬, 石은 한 섬. 輸百
萬(수백만):백만 섬을 걺. 輸는 노름이나 도박에서 돈 따위를 거는 것.

【解說】本集 卷一에 실려 있다. 천보(天寶) 5년(746), 장안(長安)의 여관에
서 제야(除夜)를 맞아 젊은이들과 어울려 박새(博塞)를 하며 놀았던 일
을 읊은 詩이다. 篇頭 기구(起句)의 '今夕' 두 字를 취하여 제명(題名)으
로 삼았다.
　劉毅의 일에 관하여, 杜甫가 재물에 집착하는 세속(世俗)을 비웃고
자신에게 원대(遠大)한 뜻이 있음을 표명(表明)한 것이라고 해석하는

것은, 젊은이들과 어울려 박새(博塞)를 즐기며 새해를 맞고자 하는 杜甫의 기분을 전연 고려하지 않은 해석이다. 단순히 호방(豪放)한 기분을 표현하기 위한 것으로 봄이 옳다.

권지 10 (卷之十)

음류(吟類)

시체(詩體)의 한 종류로, 개탄(慨歎), 비우(悲憂), 깊은 생각, 울적함 등을 읊은 것을 음(吟)이라 한다. 古詩인 〈隴頭吟〉, 諸葛孔明의 〈梁甫吟〉, 卓文君의 〈白頭吟〉 등이 유명하며, 詩意에서 歌·引보다 슬픈 내용의 것이 많다.

고장성음:왕한(古長城吟:王翰)

長安少年無遠圖
장 안 소 년 무 원 도
장안의 젊은이들 뜻이 얕고 경박하여

一生惟羨執金吾
일 생 유 선 집 금 오
평생의 바람이 고작 집금오.

麒麟殿前拜天子
기 린 전 전 배 천 자
기린전 앞에서 천자 뵙고

走馬爲君西擊胡
주 마 위 군 서 격 호
말 달려 서쪽으로 오랑캐 치러 갔네.

胡沙獵獵吹人面
호 사 엽 렵 취 인 면
바람 거세고 모래 날려 병사들 얼굴 치니

漢虜相逢不相見
한 로 상 봉 불 상 견
漢兵, 胡兵 서로 마주쳐도 누군지 몰랐네.

遙聞鐘鼓動地來
요 문 종 고 동 지 래
멀리서 들려오는 땅을 흔드는 종소리와 북소리,

傳道單于夜猶戰
전 도 선 우 야 유 전
들리는 말, 선우는 밤에도 싸움에 능하다고.

此時顧恩寧顧身
차 시 고 은 영 고 신
천자의 은혜 생각할 뿐 어찌 제 몸 돌볼 수 있으리,

爲君一行摧萬人
위 군 일 행 최 만 인
나라 위해 한 번 나아가 만 명의 적을 꺾었네.

壯士揮戈回白日
장 사 휘 과 회 백 일
장사가 창을 휘둘러 해를 물러서게 했으니

單于濺血汙朱輪
선 우 천 혈 오 주 륜
선우는 피 뿌려 마차 바퀴 붉게 물들었네.

回來飮馬長城窟
회 래 음 마 장 성 굴
돌아오다 장성에서 말에게 물 먹였는데

長城道傍多白骨 장성의 길가에 흰 뼈들 굴러다녔네.
장 성 도 방 다 백 골

問之耆老何代人 노인에게 언제 때 사람들이냐 물었더니
문 지 기 로 하 대 인

云是秦王築城卒 진시황 때 장성을 쌓던 병사들이라고.
운 시 진 왕 축 성 졸

【語義】長安少年(장안소년):호협(豪俠)을 뽐내는, 수도 장안의 경박(輕薄)한 젊은이들. 遠圖(원도):먼 앞까지 생각하는 깊은 생각. 執金吾(집금오):중국 한대(漢代)에 대궐 문을 지켜 비상사(非常事)를 막는 것을 맡은 벼슬. 황금을 입힌 동(銅) 지팡이를 들었으므로, 이렇게 불렸다. 麒麟殿(기린전):한대(漢代) 미앙궁(未央宮)에 있던 전각 이름. 胡沙(호사):오랑캐 땅. 흉노(匈奴)가 있는 사막(沙漠). 獵獵(엽렵):바람이 부는 소리를 형용한 것. 漢虜(한로):한(漢)나라 사람과 오랑캐. 한병(漢兵)과 호적(胡賊). 單于(선우):많은 뜻이 있는데, 여기서는 흉노(匈奴)의 수장(首長)을 가리킨다. 摧(최):꺾다. 무찌르다. 揮戈回白日(휘과회백일):창을 휘둘러 해를 돌아오게 함. 《淮南子》覽冥訓에, 옛날 魯陽公이 韓나라와 싸울 때에 해가 지려 하자 창을 휘둘러 세 발이나 되돌렸다는 고사(故事)를 인용한 것으로, 용맹스럽게 싸우는 것을 가리킨다. 濺血(천혈):피를 뿌림. 汗朱輪(오주륜):전차의 붉은 바퀴를 더럽힘. 單于가 피를 뿌리며 전투에 패한 것을 뜻한다. 耆老(기로):노인(老人). 耆는 60세, 또는 70세 이상의 노인, 老는 50세 이상의 사람을 가리킨다. 秦王(진왕):진(秦)나라 시황제(始皇帝). 築城卒(축성졸):성을 쌓던 병졸. 여기서 城이란 만리장성(萬里長城)을 가리킨다.

黃昏塞北無人煙　해 저무는 변방 인적도 없는데
황 혼 새 북 무 인 연

鬼哭啾啾聲沸天　망령들의 곡소리 하늘에 닿네.
귀 곡 추 추 성 비 천

無罪見誅功不賞　죄 없이 벌 받고 공을 세우고도 보상받지 못한 채
무 죄 견 주 공 불 상

孤魂流落此城邊　외로운 넋 되어 장성의 주변을 떠돌아다닌다네.
고 혼 유 락 차 성 변

當昔秦王按劍起　옛날 진시황이 칼을 잡고 일어서니
당 석 진 왕 안 검 기

諸侯膝行不敢視　제후들 무릎으로 기며 쳐다보지도 못했네.
제 후 슬 행 불 감 시

富國强兵二十年　부국강병의 미명 아래 백성들 쥐어짜기 이십 년,
부 국 강 병 이 십 년

築怨興徭九千里　원망의 소리 높은데도 장성 쌓으려 징발이 잦았네.
축 원 흥 요 구 천 리

秦王築城何太愚　진시황이 성을 쌓은 일 얼마나 미련했던가,
진 왕 축 성 하 태 우

天實亡秦非北胡　하늘이 진을 망하게 했지 북쪽 오랑캐 때문은
천 실 망 진 비 북 호　아니었네.

一朝禍起蕭墻內　하루아침에 재난이 집안에서 일어났으니
일 조 화 기 소 장 내

渭水咸陽不復都　위수가의 함양, 두 번 다시 도읍이 될 수 없었네.
위 수 함 양 불 부 도

【語義】塞北(새북):국경의 북쪽. 오랑캐 땅.　無人煙(무인연):사람들이 밥
을 짓는 연기가 없음. 즉 인적도 끊어지고 아무도 살지 않는다는 뜻.　鬼
哭(귀곡):망령(亡靈)들이 우는 소리.　啾啾(추추):여러 사람이 흐느끼는

소리를 형용한 것. 沸天(비천):하늘로 용솟음침. 無罪見誅功不賞(무죄
견주공불상):죄가 없는데도 벌을 받고, 공을 세우고도 상을 받지 못함.
誅는 벌을 주는 것. 流落(유락):정처 없이 떠돌아다님. 秦王(진왕):시
황제(始皇帝)를 가리킨다. 膝行不敢視(슬행불감시):무릎으로 기어가며
감히 쳐다보지 못함. 몹시 두려워하는 것을 형용한 말. 築怨(축원):천
하의 만민으로부터 원성(怨聲)을 들음. 興徭(흥요):사람들을 징발(徵
發)하여 부리는 것을 심하게 함. 徭는 부역(賦役). 九千里(구천리):만
리장성(萬里長城)을 쌓게 한 것을 가리킨다. 非北胡(비북호):북쪽 오
랑캐 때문은 아님. 禍起蕭墻(화기소장):화(禍)가 집안에서 일어남.《論
語》季氏篇에, '나는 季孫氏의 우환이 전유(顓臾:春秋時代 魯나라의 附
庸國의 이름)에 있지 않고 담장 안에 있는 것을 걱정한다(吾恐季孫之憂
不在於顓臾 而在蕭牆之內也).'라고 한 데에서 인용한 것. 蕭는 숙(肅)의
뜻으로, 예를 지켜 공경하는 것. 牆은 병(屛:병풍). 蕭牆은 옛날 신하가
임금을 뵈올 때, 문에 세워 둔 병풍 근처에까지 와서 예를 갖추는 것을
뜻하는 데에서, 몸 가까운 곳, 집안, 나라 안 등을 뜻하게 되었다. 화가
집안에서 일어났다는 것은, 秦이 자중지란(自中之亂)으로 망한 것을 가
리킨다. 진시황(秦始皇)이 죽자, 胡亥는 태자(太子) 부소(扶蘇)가 이어
받아야 할 제위(帝位)를 빼앗았으나 망이궁(望夷宮)에서 조고(趙高)에
게 피살(被殺)되었고, 조고는 자영(子嬰)을 세우고도 帝라 하지 않고 진
왕(秦王)이라 했으며, 결국 秦은 자영이 왕위에 오른 지 46일 만에 漢에
항복했다. 不復都(불부도):다시 도읍(都邑)이 되지 못함. 秦의 도읍이
던 함양(咸陽)이 항우(項羽)에 의해 소실(燒失)된 것을 가리킨다.

【解說】《唐文粹》卷十二에 실린〈邊塞〉33首 가운데 한 篇으로,《樂府詩
集》에는〈飮馬長城窟行〉으로 제목 되어 있다. 篇中에 '回來飮馬長城窟'

이란 句가 있어, 그것을 제목으로 취한 듯하다.

중국의 詩 가운데에는 변새시(邊塞詩)라 할 만한 것들이 매우 많은데, 本篇도 그러한 류(類)에 속하는 작품이다. 대륙에서 이민족과 국경을 접한 한민족(漢民族)은, 늘 국경의 이민족에게 위협을 느꼈다. 그래서 始皇帝가 아니었더라도 변경 방위에 대한 근본적인 대책을 세워야할 필요를 느꼈을 것이고, 그 근본적인 대책이 바로 만리장성을 쌓는 것이었다. 만리장성을 쌓기 위해 중국 민족은 엄청난 대가를 치렀다. 本篇에서 王翰이, 始皇이 만리장성 쌓은 일을 '愚策'이라 비난한 것은, 만리장성을 쌓는 과정에서 빚어진 여러 가지 실정(失政)과 백성들의 고통에 근거한 것으로, 성을 쌓아 국방을 튼튼히 하는 것보다 백성들을 편안하게 하여 인심을 얻는 것이 더 중요하다는 것을 말하려는 뜻일 것이다. 포악한 군주의 폭정과 전쟁의 잔혹성이 잘 묘사된 작품이다.

백설음:유우석(百舌吟:劉禹錫)

曉星寥落春雲低
효 성 요 락 춘 운 저

새벽 별 희미해지고 봄 구름 낮게 날 제

初聞百舌閒關啼
초 문 백 설 간 관 제

백설조 지저귀는 소리 들리기 시작하네.

花枝滿空迷處所
화 지 만 공 미 처 소

꽃가지 하늘에 가득하여 몸 둘 곳을 몰라

搖動繁英墜紅雨
요 동 번 영 추 홍 우

꽃가지들 흔들어 붉은 비 떨어지듯
꽃잎 떨어지게 하네.

笙簧百囀音韻多
생 황 백 전 음 운 다

생황이 갖가지 소리를 내듯 여러 소리로 우니

黃鸝吞聲燕無語
황 리 탄 성 연 무 어

꾀꼬리는 소리를 삼키고 제비는 지저귀지도 못하네.

東方朝日遲遲升
동 방 조 일 지 지 승

동녘에 아침 해 느릿느릿 떠오르는데

迎風弄影如自驚
영 풍 농 영 여 자 경

바람 앞에서 그림자 희롱함이
뭔가에 놀란 모습 같네.

數聲不盡又飛去
수 성 부 진 우 비 거

몇 번 울지도 않고 날아가 버리더니

何許相逢綠楊路
하 허 상 봉 녹 양 로

푸른 버들 늘어진 길가에서 다시 우네.

綿蠻宛轉似娛人
면 만 완 전 사 오 인

귀엽게 지저귀어 사람들을 즐겁게 하지만

一心百舌何紛紜
일 심 백 설 하 분 운

한 몸에서 백 가지 소리를 내니 얼마나 부산한가.

酡顏俠少停歌聽
타 안 협 소 정 가 청

취기 오른 젊은 협객 발길 멈추어 듣고

墮珥妖姬和睡聞
타 이 요 희 화 수 문
귀엣장식 늘어뜨린 미인 잠결에 그 소리 듣네.

可憐光景何時盡
가 련 광 경 하 시 진
아름다운 봄빛이 언제 다하련가,

誰能低回避鷹隼
수 능 저 회 피 응 준
어느 새가 저 새처럼 움직여 매의 발톱
피할 수 있으리.

廷尉張羅自不關
정 위 장 라 자 불 관
정위가 그물을 쳤대도 두려워하지 않고

潘郎挾彈無情損
반 랑 협 탄 무 정 손
반랑이 탄궁을 잡았어도 마음 쓰는 일 없네.

天生羽族爾何微
천 생 우 족 이 하 미
하늘이 낸 날짐승 가운데 너 얼마나 작은 존재인가,

舌端萬變乘春輝
설 단 만 변 승 춘 휘
혀끝으로 만 가지 재주 피우며 봄빛을 타는구나.

南方朱鳥一朝見
남 방 주 조 일 조 현
붉은 봉황이 여름을 몰고 나타나는 날이면

索寞無言蒿下飛
삭 막 무 언 호 하 비
조용히 소리 감추고 쑥대 밑으로 날게 되리.

【語義】曉星(효성):새벽 별. 寥落(요락):드묾. 점점 사라져 감. 쓸쓸하다는
뜻으로도 쓰인다. 閒關(간관):새가 우는 소리를 형용한 것. 英(영):꽃.
百囀(백전):여러 가지로 소리를 냄. 囀은 지저귀다. 黃鸝(황리):꾀꼬
리. 呑聲(탄성):소리를 삼킴. 지저귀지 않는 것을 가리킨다. 遲遲(지
지):더딘 모양. 弄影如自驚(농영여자경):그림자를 희롱함이 놀라서 그
러는 것 같음. 조그만 새가 잽싸게 움직이며 귀엽게 노는 모습을 형용한
것. 本集에는 自驚 대신 自矜으로 되어 있다. 何許(하허):어느 곳에서.
綿蠻(면만):조그만 새가 지저귀는 소리를 형용한 것. 宛轉(완전):맑은

소리로 귀엽게 지저귐.　一心百舌(일심백설):하나의 마음에 백 개의 혀.
백설조(百舌鳥)가 여러 가지 소리로 지저귀는 것을 가리킨다.　紛紜(분
운):어지러울 만큼 많음. 또는 부산한 모양.　酡顔(타안):취기(醉氣)가
나타난 얼굴.　俠少(협소):협기(俠氣) 있는 젊은이.　墮珥(타이):귀엣고
리를 떨어뜨림. 취한 여인의 모습을 형용한 것. 珥는 귀를 장식하는 주
옥.　妖姬(요희):아름다운 여인.　和睡聞(화수문):잠결에 들음.　可憐光
景(가련광경):아름다운 봄빛. 여기서 可憐은 아름답다, 사랑스럽다의
뜻.　低回(저회):왔다 갔다 함. 배회(徘徊)와 같은 뜻.　避鷹隼(피응준):
매와 송골매를 피함. 이 句가 뜻하는 것은, 百舌鳥만이 무서운 새들을
겁내지 않고 지저귈 수 있다는 것.　廷尉張羅(정위장라):정위가 그물을
쳐 놓음. 廷尉는 秦漢代에 형벌을 관장하는 관리. 漢代 하규(下邽) 사람
적공(翟公)이 정위(廷尉)가 되자 방문객이 앞을 다투어 밀려왔으나, 벼
슬을 그만두자 모두 발길을 끊어 문 앞에 새 그물을 쳐 놓아도 될 정도였
다는 고사(故事)에서 인용한 것.　潘郎挾彈(반랑협탄):진(晋)나라 반악
(潘岳)이 탄궁(彈弓)을 들고 있음. 꿩을 쏘아 잡는 모습을 노래한 潘岳의
〈射雉賦〉에서 인용한 것.　無情損(무정손):손상받을 것을 마음 쓰지 않
음.　天生羽族(천생우족):하늘이 낳은 새의 무리.　爾何微(이하미):너는
얼마나 작은 존재인가? 百舌鳥를 두고 하는 말이다.　乘春輝(승춘휘):
봄빛을 탐. 권세가(權勢家)에 붙좇아 잘 지내는 것을 가리킨다.　朱鳥
(주조):붉은 봉황(鳳凰). 여름을 상징한다.《淮南子》天文訓에, '南方은
火이다. 帝는 염제(炎帝)이고 炎帝를 보좌하는 것은 주명(朱明)이다. 그
신(神:帝 밑에서 帝의 명령을 수행하는 神)은 영혹(營惑), 그 수(獸:各
方位를 대표하는 靈獸)는 朱鳥이다.'라고 했다.　見(현):나타나다.　索
寞(삭막):조용한 것. 쓸쓸한 것. 本集과《唐文粹》에는 索漠으로 되어 있
다.　無言(무언):《禮記》月令에, '소서가 되면, 사마귀가 나오고 때까치

가 울기 시작하며 백설조(百舌鳥)가 소리를 감춘다(小暑至 螳螂生 鵙始
鳴 反舌無聲).'라고 한 데에 근거한 말. 여름이 되면 百舌鳥는 울지 않는
다. 蒿(호):쑥. 쑥 밑으로 난다는 것은 영락(零落)한 신세가 된다는 뜻.

【解說】《劉夢得文集》卷二에 실려 있으며,《唐文粹》卷十七에도 이 詩가
수록되어 있다. 百舌은 일명 反舌이라고도 하며, 지빠귀 혹은 티티새
이다. 갖가지 새의 소리를 내며 운다고 하여 '백 가지 새소리를 내는 혀
〔百舌〕'라는 이름을 얻었다 한다.
　　예로부터 百舌은 글자의 뜻 그대로 다변(多辯)을 상징하여 아부 잘하
는 간사한 인간을 가리키는 말로 쓰이나, 사실 지빠귀는 사람들에게 별
다른 피해를 주지 않는다. 다만 울음소리가 귀엽고 다양한 게 죄가 되
어, 세 치 혀를 간사하게 놀려 대며 간특하게 처신하는 아첨배에 비유
될 뿐이다.

양보음:제갈공명(梁甫吟:諸葛孔明)

步出齊城門 보 출 제 성 문	제나라 성문을 걸어 나와
遙望蕩陰里 요 망 탕 음 리	멀리 탕음리를 바라본다.
里中有三墓 이 중 유 삼 묘	마을 가운데에 세 무덤이 있는데
纍纍正相似 누 누 정 상 사	연이어 있는 게 크기도 같고 모양도 같다.
問是誰家塚 문 시 수 가 총	누구의 무덤이냐고 물었더니,
田疆古冶氏 전 강 고 야 씨	田開疆·古冶子·公孫接의 것이라고.
力能排南山 역 능 배 남 산	힘은 남산을 밀어낼 만했고
文能絕地紀 문 능 절 지 기	문장은 地紀를 끊을 만했거늘,
一朝被讒言 일 조 피 참 언	하루아침에 모함을 받아
二桃殺三士 이 도 살 삼 사	복숭아 두 개에 세 용사가 죽었다네.
誰能爲此謀 수 능 위 차 모	누가 그런 꾀를 내었던가,
國相齊晏子 국 상 제 안 자	제나라 재상 안영이었네.

【語義】 梁甫(양보):양보(梁父)라고도 쓴다. 태산(泰山)의 산기슭에 있는

산. 〈梁甫吟〉은 이 지방의 산천과 인물에 관하여 읊은 것이다. 齊城門(제성문):산동성(山東省) 임치현(臨淄縣)은 제(齊)의 고도(古都)이다. 蕩陰里(탕음리):齊나라 성문 밖에 있던 마을 이름. 纍纍(누누):연이어 있는 모양. 田疆古冶氏(전강고야씨):田開疆과 古冶子. 실제로는 공손접(公孫接)까지 포함한 세 사람을 가리킨다. 排南山(배남산):남산을 밀어냄. 南山은 齊나라 도읍(都邑)의 남쪽에 있는 山. 文(문):문장(文章). 나아가 학덕(學德)과 인격(人格)까지도 말한다. 絶地紀(절지기):地紀는 地維와 같은 뜻. 地維는 대지를 버티어 받든다고 하는 상상의 밧줄. 고대(古代)의 사람들은 천주(天柱:하늘이 무너지지 아니하도록 괴고 있다는 상상적인 기둥)와 지유(地維)가 있어 천지가 보존된다고 믿었다. 地紀를 끊는다는 것은, 그 학덕(學德)의 위대함을 가리키는 말. 本書 舊木에는 絶地理로 되어 있다. 一朝被讒言(일조피참언):하루아침에 참언을 받음. 讒은 남을 헐뜯어 말하는 것. 二桃殺三士(이도살삼사):복숭아 두 개로 세 용사(勇士)를 죽임. 제(齊)나라의 재상(宰相) 안영(晏嬰)이 두 개의 복숭아를 써 田開疆·古冶子·公孫接의 세 용사(勇士)를 자살하게 한 고사(故事)를 말한다. 어느 날 안영이 경공(景公)을 배알하기 위해 조정에 드는데, 田開疆·古冶子·公孫接 세 용사가 안영을 보고도 인사조차 하지 않았다. 안영은 경공에게 세 사람을 제거해야 한다고 말했다. 경공은 안영의 뜻에 동의하면서도 좋은 방법이 없어 망설인다고 말했다. 안영은 경공에게, 세 사람에게 두 개의 복숭아를 내리도록 청한 다음, 세 사람에게 어떠한 공을 세웠기에 복숭아를 먹을 수 있느냐고 물었다. 먼저 公孫接이 옛날 돼지와 호랑이를 때려잡은 일을 말하고 복숭아를 하나 집었다. 그러자 田開疆은, 일찍이 매복하여 적군을 두 번이나 격파한 일이 있음을 들어 나머지 복숭아를 집었다. 古冶子는 군주를 호위하며 황하를 건널 때 큰 거북이 나타나 말을 물속으로 끌고 들어간 것을, 거북을 죽이고 말을 끌어낸 일과, 그 거북은 황하의 神인 하백(河伯)이었음을 이야기했다. 두 용사는 자신들의 무용이 古冶子의 무용에 미치지 못하는데도 복숭아를 먹으려 한 것을 부끄럽게 생각하여 스스로 목을 쳐 죽었다. 또 古冶子는 두 친구가 죽었는데도 혼자 살기를 바란다는 것은 불인(不仁)이라고 생각하여 그도 자살하고 말았다. 晏子(안자):춘추시대(春秋時代) 제(齊)나라의 재상(宰相) 안영(晏嬰)을 가리킨다. 이유(夷維) 사람으로 字는 평중(平仲). 영공(靈公)·장공(莊公)을 섬기고, 경공(景公)의 재상(宰相)이 됨. 절검 역행(節儉力行)한 그의 언행(言行)은 공자(孔子)에게도 영향을 미쳤고, 후인(後人)이 그의 언행을 기록하여 《晏子春秋》를 지었다.

【解說】《藝文類聚》卷十九의 吟部에 실려 있고, 또 《古文苑》엔 〈古梁父吟〉이란 제목으로 실려 있다.

제갈공명(諸葛孔明)이 아직 촉한(蜀漢)의 유비(劉備)에게 출사(出仕)하기 전, 그는 남양(南陽)에 은거하면서 늘 이 篇을 읊었다 한다. 제(齊)의 태산(太山) 기슭에 있는 양보산(梁父山) 근처의 지방에 전해 내려오는 이야기를 노래한 詩 가운데 하나인데, 현재까지 남아 있는 것은 이 詩 하나뿐이라고 한다. 내용은 제(齊)의 재상(宰相) 안평중(晏平仲)이 모략(謀略)을 써서 公孫接·田開疆·古冶子 세 용사를 죽인 고사(故事), 이른바 '이도살삼사(二桃殺三士)'를 읊어, 그 세 용사의 의열(義烈)을 애도(哀悼)하고 재상 안자(晏子)의 좁은 도량을 책(責)하는 것이다. '二桃殺三士'는 오늘날까지도 전해져 내려오는 유명한 이야기로, 하나의 성어(成語)를 이루고 있는데, 本篇에서는 이 一句를 말했을 뿐 아무런 설명도 덧붙이지 않고 있다. 語義에서 자세히 설명했으니 참조하기 바란다. 《蜀志》의 기록에 따르면, 孔明은 평소 本篇을 즐겨 읊었

으며, 또 本書에서는 孔明을 本篇의 작자로 하고 있으나, 孔明 자신이
직접 지은 詩는 아닌 것 같다.

권지 10 (卷之十)

인류(引類)

《白石道人詩說》에, '法度를 지켜 지은 글을 詩라 하며, 일의 처음과 끝을 실은 글을 引이라 한다.'고 했다. 또《文體明辯》에 의하면 唐 이후 이러한 體가 생겼으며, 序와 비슷한 성격의 글인데 序보다는 내용이 약간 간단하다고 한다. 詩의 형태에서는 引과 行은 별로 다른 점이 없다. 行類를 설명하면서 언급했듯이, 〈琵琶行〉을《白氏長慶集》에서는 〈琵琶引〉이라 제목 한 예를 보아도 이러한 사실을 잘 알 수 있다.

단청인:두자미(丹靑引:杜子美)

將軍魏武之子孫
장 군 위 무 지 자 손

장군은 위 무제의 자손으로

於今爲庶爲淸門
어 금 위 서 위 청 문

지금은 서민이 되었으나 가문은 淸高하다네.

英雄割據雖已矣
영 웅 할 거 수 이 의

영웅이 할거하던 시대는 비록 끝났으나

文彩風流今尙存
문 채 풍 류 금 상 존

조씨 집안의 재능과 풍류는 아직도 남아 있네.

學書初學衛夫人
학 서 초 학 위 부 인

글씨를 처음 위부인에게 배워

但恨無過王右軍
단 한 무 과 왕 우 군

오직 왕희지를 뛰어넘지 못함을 한탄했네.

丹靑不知老將至
단 청 부 지 노 장 지

그림을 그림엔 늙는 것도 몰랐으니

富貴於我如浮雲
부 귀 어 아 여 부 운

부귀를 뜬구름처럼 여겼네.

開元之中常引見
개 원 지 중 상 인 현

개원 연간엔 늘 불려 들어가 천자 뵈옵고

承恩數上南薰殿
승 은 삭 상 남 훈 전

은총 입어 자주 남훈전에 올랐네.

凌煙功臣少顔色
능 연 공 신 소 안 색

능연각에 그려진 공신들 낯빛 바래 있었는데

將軍下筆開生面
장 군 하 필 개 생 면

장군이 붓을 들어 모두의 낯빛 찾게 했네.

良相頭上進賢冠
양 상 두 상 진 현 관

어진 재상들 머리엔 진현관이 씌워지고

猛將腰間大羽箭
맹 장 요 간 대 우 전
맹장들 허리엔 큰 화살이 걸렸네.

褒公鄂公毛髮動
포 공 악 공 모 발 동
포공과 악공은 머리털까지 살아 움직였으니

英姿颯爽來酣戰
영 자 삽 상 내 감 전
영웅다운 모습, 격렬한 전장에서 막 돌아온 듯했네.

【語義】 將軍(장군):조패(曹覇)를 가리킨다. 本書 題注에, '曹覇는 조조(曹
操)의 후예로, 唐 玄宗에게 출사하여 대장군(大將軍)이 되었다가 죄를
지어 서민(庶民)이 되었다.'고 했다. 위(魏)나라 소제(少帝)인 조모(曹
髦)의 후예로, 말을 잘 그렸다. 개원(開元) 연간에 이미 이름이 높았다.
魏武(위무):위(魏) 무제(武帝) 조조(曹操)를 가리킨다. 서(庶):평민. 淸
門(청문):청빈(淸貧)한 집안을 가리킨다는 해석도 있으나, 杜詩 諸注에
의하면, 청고(淸高)한 가문, 명문(名門) 등으로 해석하는 것이 옳다. 英
雄(영웅):초목(草木) 가운데 뛰어난 것을 英, 짐승 가운데 뛰어난 것을
雄이라 한다. 옛사람들은, 문무(文武)에 뛰어난 사람을 가리키는 말로
썼다. 割據(할거):땅을 나누어 굳게 지킴. 文彩(문채):문장(文章)과 풍
채(風彩), 즉 재능(才能)과 인격(人格)의 아름다움. 風流(풍류):유풍(遺
風) 정도의 뜻. 즉 선배(先輩)나 조상을 닮은 전형(典型). 曹操 · 曹髦 이
래 曹將軍 집안에 전해져 내려오는, 문학이나 그림에 뛰어난 재능을 가
리킨다. 魏의 武帝 · 文帝 · 曹植에게 文才가 있었다는 것은 유명한 이야
기인데, 특히 曹覇의 선조인 曹髦는, 文帝의 자손으로 문학을 좋아했을
뿐 아니라 학식이 높아, 몸소 태학(太學)에서 書 · 易 · 禮 등을 강론했
다. 또 그림에 뛰어나 〈도척도(盜跖圖)〉 · 〈黃河流勢圖〉 · 〈黔婁夫婦圖〉
등을 세상에 남겼다. 今尙存(금상존):지금까지 남아 있음. 猶尙存으로
되어 있는 판본도 있다. 衛夫人(위부인):진(晉)나라 사람으로, 이름은 삭

(鑠), 정위(廷尉) 전지(展之)의 여동생이었으며, 여음(汝陰)의 태수(太守) 이구지(李矩之)의 처였다. 예서(隸書)에 능했다고 전해지며,《書法要錄》 羊欣傳에 의하면 왕희지(王羲之)에게 필법을 전했다고 한다. 無過(무과): 우월하지 못함. 王右軍(왕우군):진(晋)의 왕희지(王羲之). 字는 일소 (逸少). 本書 後集에 실린 〈蘭亭記〉와 앞서 나온 李白의〈王右軍〉참조. 丹靑(단청):여기서는 그림을 가리킨다. 不知老將至(부지노장지):늙음 이 다가오는 것을 알지 못함. 어떤 일에 몰입하여 세월 가는 것도 모른 다는 뜻.《論語》述而篇에, '그의 사람됨이 학문에 열중하면 식사를 잊 으며, 道를 즐기면 근심을 잊어, 늙음이 닥쳐오는 것도 모른다(其爲人 也 發憤忘食 樂以忘憂 不知老之將至).'라고 한 데에서 취한 것. 富貴於 我如浮雲(부귀어아여부운):부귀는 그에게 뜬구름과 같음.《論語》述而 篇에, '거친 밥을 먹고 물을 마시고 팔을 구부려 베개로 삼을지라도 즐 거움이 있는 법이다. 옳지 않으면서도 富하고 貴하게 되는 것은, 나에 게는 뜬구름과 같다(飯疏食飮水 曲肱而枕之 樂亦在其中矣. 不義而富且 貴 於我如浮雲).'고 한 데에서 취한 것. 開元(개원):唐 玄宗 때의 연호 (年號). 引見(인현):천자의 부름을 받아 천자를 뵙는 것. 數(삭):자주. 南薰殿(남훈전):장안성(長安城)의 홍경궁(興慶宮) 안에 있던 전각 이름. 凌煙(능연):능연각(凌煙閣). 정관(貞觀) 17년, 唐 太宗은 염입본(閻立 本)에게 명을 내려, 능연각(凌煙閣)에 공신(功臣) 24人의 상(像)을 그리 게 하고, 몸소 찬(贊)을 지었다. 악국공(鄂國公)은 순위 일곱 번째이며, 포국공(褒國公)은 순위 열 번째이다. 少顔色(소안색):그림이 오래되어 채색(彩色)이 바랜 것을 가리킨다. 開生面(개생면):생생한 얼굴을 드러 냄. 良相(양상):좋은 대신(大臣). 위징(魏徵), 방현령(房玄齡) 등을 가 리킨다. 進賢冠(진현관):옛날 문유(文儒)의 복색(服色)으로, 검은 천으 로 만든 모자. 앞의 높이 7寸, 뒤의 높이 3寸, 길이 8寸이었다 한다. 猛

將(맹장):용맹스런 장수. 악국공(鄂國公) 등을 가리킨다. 大羽箭(대우전):큰 깃이 달린 화살. 太宗이 長弓과 大羽箭을 만들었는데, 크기가 보통 것의 두 배였다 한다. 褒公(포공):단지현(段志玄)을 가리킨다. 제주(齊州) 임치(臨淄) 사람으로, 포국공(褒國公)에 봉(封)해졌다. 鄂公(악공):울지공(尉遲恭). 字는 경덕(敬德). 돌궐(突厥)의 침입 때에 큰 功을 세웠으며, 후에 악국공(鄂國公)에 봉(封)해졌다. 英姿(영자):영웅다운 모습. 颯爽(삽상):용감하고 기세 좋은 것. 酣戰(감전):양군이 뒤섞여 한창 싸움. 여기서는 격렬한 전투가 벌어지는 전장(戰場)을 가리킨다.

先帝天馬玉花驄
선 제 천 마 옥 화 총

선제 현종의 준마 옥화총을

畫工如山貌不同
화 공 여 산 모 부 동

많은 화공들이 그렸으되 그 모습 다 달랐네.

是日牽來赤墀下
시 일 견 래 적 지 하

어느 날 궁전 계단 아래에 끌려 나왔는데

迥立閶闔生長風
형 립 창 합 생 장 풍

멀리 궁전 앞에 서 있는데도 바람이 이는 듯했네.

詔謂將軍拂絹素
조 위 장 군 불 견 소

장군에게 옥화총을 그리라 명이 내려지자

意匠慘澹經營中
의 장 참 담 경 영 중

잠시 구상을 하느라 생각을 괴롭히더니,

斯須九重眞龍出
사 수 구 중 진 룡 출

붓을 대어 단숨에 궁전 안에 용마를 나타나게 하여

一洗萬古凡馬空
일 세 만 고 범 마 공

전날의 평범한 말 그림 모조리 빛을 잃게 했네.

玉花卻在御榻上
옥 화 각 재 어 탑 상

옥화총이 천자의 걸상 옆에 있게 되니

榻上庭前屹相向 탑 상 정 전 흘 상 향	걸상 옆과 뜰 앞 양쪽에서 우뚝 선 두 말 마주 보게 되었네.
至尊含笑催賜金 지 존 함 소 최 사 금	천자께선 웃음을 머금고 금을 내려 주시니
圉人太僕皆惆悵 어 인 태 복 개 추 창	어인과 태복은 실망하여 한숨지었네.
弟子韓幹早入室 제 자 한 간 조 입 실	장군의 제자 한간은 일찍이 스승의 묘법을 터득하여
亦能畫馬窮殊相 역 능 화 마 궁 수 상	말의 훌륭한 모습 다 그려 내었으나,
幹惟畫肉不畫骨 간 유 화 육 불 화 골	오직 말의 겉모습을 그렸을 뿐 숨은 재능까지는 그려 내지 못하여
忍使驊騮氣凋喪 인 사 화 류 기 조 상	아깝게도 화류마로 하여금 氣를 잃게 하였네.

【語義】先帝(선제):현종(玄宗)을 가리킨다. 天馬(천마):대완(大宛)의 고산 (高山) 위에서 산다고 하는 말로, 그의 자손은 모두 피 같은 땀을 흘린 다고 한다. 일반적으로 명마(名馬)를 가리킬 때에 흔히 쓰는 말이다. 本 集에는 御馬로 되어 있다. 玉花驄(옥화총):현종(玄宗)의 말 이름. 如 山(여산):수효가 많은 것을 뜻한다. 是日(시일):어느 날. 赤墀(적지): 궁전의 계단 입구에 있는, 붉은 흙을 다져 놓은 곳. 단지(丹墀)라고도 한다. 迥(형):멀리. 閶闔(창합):본디는 천궁(天宮)의 문인데, 왕궁의 문을 가리킨다. 미앙궁(未央宮)을 자미궁(紫微宮)이라 한 것과 같은 예. 長風(장풍):멀리에서 불어오는 바람. 말의 기세가 높아 바람이 일어나 는 것 같다는 뜻. 拂絹素(불견소):흰 비단 위를 붓으로 쓸 듯 그림을 기 세 좋게 그리는 것을 가리킨다. 意匠慘澹(의장참담):매우 고통스럽게 마음속으로 궁리함. 匠은 궁리는 것, 慘澹은 괴롭고 슬픈 모양. 經營(경

영):사물의 크기와 원근 등을 따져 어떻게 그릴 것인가를 계산하는 것. 斯須(사수):곧 머지않아. 九重(구중):궁성(宮城)의 문이 아홉 겹이란 뜻으로, 깊은 궁중을 가리킨다. 본디 九는 많음을 나타내는 수이다. 眞龍(진룡):진짜 용마(龍馬). 《周禮》庾人에, '8尺 이상의 말을 龍이라 한다.'고 했다. 一洗(일세):모조리 쓸어 없앰. 空(공):모두 없어지게 함. 玉花(옥화):옥화총(玉花驄). 御榻(어탑):천자의 걸상. 屹(흘):우뚝 솟아 있는 모양. 圉人(어인):말을 기르는 사람. 또 말을 기르는 일을 맡은 벼슬아치. 太僕(태복):말과 수레를 돌보는 일을 맡은 벼슬아치. 惆悵(추창):본디의 뜻은 실망하여 탄식하는 것. 여기서는 曹將軍이 말 그림을 멋지게 그려 그만이 賞을 받은 것에 대해, 정작 그 말을 애써 기르고도 賞을 받지 못한 圉人과 太僕이 섭섭하게 생각하는 것을 가리킨다. 또 너무 감탄하여 넋을 잃고 있는 것으로 해석하는 사람도 있다. 韓幹(한간):대량(大梁) 사람으로, 왕유(王維)가 그의 그림을 보고 그를 추천하여 칭찬했다. 벼슬이 태부시승(太府寺丞)에 이르렀으며, 처음에는 曹將軍에게서 그림을 배웠는데 후에 스스로 공부하여 고금(古今)의 독보적(獨步的) 존재가 되었다. 入室(입실):방안에 들다. 오묘한 경지에 드는 것을 가리킨다. 《論語》先進篇의, '由는 마루에는 올랐지만, 아직 방안에는 들지 못했느니라(由也升堂矣 未入於室也).'라는 말에서 취한 것으로, 여기서 마루나 방안은 학문의 진보한 단계를 가리킨다. 窮殊相(궁수상):훌륭한 모습을 다 표현함. 畵肉不畵骨(화육불화골):살은 그리되 뼈는 그리지 못함. 말의 겉모습만 그렸을 뿐, 말의 성질이나 재능 따위는 표현해 내지 못한 것을 가리킨다. 忍(인):딱하게도. 驊騮(화류):준마(駿馬)의 이름. 주(周)나라 목왕(穆王)의 수레를 끌던 팔준마(八駿馬) 가운데 하나. 華騮라고도 쓴다. 凋喪(조상):시들어 죽음. 여기서는 원기(元氣)를 잃은 것을 가리킨다.

將軍善畫蓋有神 장 군 선 화 합 유 신	장군의 빼어난 그림 솜씨엔 神氣가 깃들이어 있는데
必逢佳士亦寫眞 필 봉 가 사 역 사 진	훌륭한 선비 만나면 그들의 초상화 그려 준다네.
卽今漂泊干戈際 즉 금 표 박 간 과 제	요즘엔 난리 통에 떠돌아다니는 신세여서
屢貌尋常行路人 누 막 심 상 행 로 인	길 가는 사람도 자주 그리게 되었네.
途窮返遭俗眼白 도 궁 반 조 속 안 백	앞길 막힌 데에다 속인에게서 질시까지 받고 있으니
世上未有如公貧 세 상 미 유 여 공 빈	장군처럼 딱한 사람 세상에 없으리.
但看古來盛名下 단 간 고 래 성 명 하	느끼노니, 예부터 높은 명성을 날리는 사람들에겐
終日坎壈纏其身 종 일 감 람 전 기 신	언제나 불우함이 따르고 있다는 것을.

【語義】蓋(합):盍의 뜻으로, 어찌 ~하지 않겠는가. 神(신):인력(人力)으로는 도저히 미칠 수 없는 것. 必(필):本集에는 偶로 되어 있다. 寫眞(사진):초상화를 그리는 것. 漂泊(표박):정착하지 못하고 떠돌아다님. 干戈(간과):방패와 창. 전쟁을 뜻한다. 際(제):때, 시대(時代). 屢貌(누막):자주 그리다. 貌은 사람이나 물건 따위를 그리는 것. 모양·얼굴 등을 가리킬 때에는 모로 읽는다. 行路人(행로인):길가를 걷는 사람. 예사 사람들을 가리킨다. 途窮返(도궁반):길이 막히어 다시 돌아옴. 진(晋)의 완적(阮籍)이 수레를 타고 가다가 큰길[大道]이 막히게 되면 통곡하고 돌아왔다는 고사(故事)를 인용한 것이다. 遭俗眼白(조속안백):완적(阮籍)이 속인(俗人)을 대할 때엔 흰 눈[白眼]으로 보고, 자기가 좋

아하는 사람을 대할 때에는 푸른 눈〔靑眼〕으로 보았던 고사(故事)를 인
용한 것으로, 曹將軍이 속인(俗人)들로부터 질시(疾視)를 받은 것을 가
리킨다. 盛名(성명):훌륭한 평판(評判). 坎壈(감람):뜻을 잃고 불우한
운명(運命)에 처해 있음. 纏其身(전기신):그 몸에 얽혀 있어 자유를 구
속함. 纏은 얽히다 · 감기다.

【解說】《杜少陵集》卷十三에 〈丹靑引贈曹將軍覇〉라는 제목으로 실려 있
다. 광덕(廣德) 2년(764), 엄무(嚴武)의 막중(幕中)에서 지은 작품이다.
  조패(曹覇)가 玄宗 皇帝의 말년에 죄를 얻어 관적(官籍)을 깎이고 서
인(庶人)이 되었으므로, 그를 동정한 杜甫가 本篇을 지어 그에게 주었
다. 曹覇가 단청(丹靑), 즉 그림에 뛰어난 재능을 지니고 있음을 주로
하여 그의 인격(人格)과 풍류(風流)를 칭찬(稱讚)한 詩로, 曹覇의 그림
솜씨와 불우함이 잘 그려져 있다.
  丹靑은 풍류(風流)의 道로, 서도(書道)와 함께 개성적(個性的) 아름다
움을 존중한다. 진(晋)의 顧愷之 이후, 풍류인(風流人)은 세속(世俗)에
영합하지 않는 것이 상도(常道)였다. 탈속(脫俗)한 天才 曹覇를 위진(魏
晋)의 풍류 재사(風流才士)에 비겨 칭찬한 것은, 그러한 전통적 관념이
唐代의 詩人에게 뿌리 깊게 자리 잡고 있었기 때문일 것이다. 뒤에 나
오는 杜甫의 〈韋諷錄事宅觀曹將軍畫馬圖引〉에서도 이러한 사실을 엿
볼 수 있으니, 참조하기 바란다.

도죽장인:두자미(桃竹杖引:杜子美)

江心蟠石生桃竹
강 심 반 석 생 도 죽

강 한가운데 반석 위에 뿌리 내린 도죽,

蒼波噴浸尺度足
창 파 분 침 척 도 족

푸른 물결 맞으며 보기 좋게 자랐네.

斬根削皮如紫玉
참 근 삭 피 여 자 옥

뿌리 자르고 껍질 벗기니 자옥 같은
속살 드러냈는데

江妃水仙惜不得
강 비 수 선 석 부 득

江妃와 水仙이 아깝게 여겼지만 어쩔 수 없었네.

梓潼使君開一束
재 동 사 군 개 일 속

재동의 태수가 도죽을 한 다발 가져와 풀어놓으니

滿堂賓客皆歎息
만 당 빈 객 개 탄 식

방안의 손님들 모두 탄성을 질렀네.

憐我老病贈兩莖
연 아 노 병 증 양 경

늙고 병든 이 몸 가엾게 여겨 두 자루를 주니

出入爪甲鏗有聲
출 입 조 갑 갱 유 성

들며 날 때마다 발톱에서 쇳소리가 나는 듯하네.

老夫復欲東南征
노 부 부 욕 동 남 정

늙은 몸이 다시 동남으로 여행하여

乘濤鼓枻白帝城
승 도 고 예 백 제 성

물결 타고 노 두들기며 백제성에 가려 하는데,

路幽必爲鬼神奪
노 유 필 위 귀 신 탈

가는 길 으슥하여 귀신들 나타나 지팡이
빼앗으려 할 터이고

杖劍或與蛟龍爭
장 검 혹 여 교 룡 쟁

어쩌면 칼 들고 교룡과 싸워야 할지도 모를 일.

重爲告日杖兮杖兮
중 위 고 왈 장 혜 장 혜

거듭 부탁하노니, 지팡아, 지팡아!

爾之生也甚正直
이 지 생 야 심 정 직

> 너의 성품은 본디 매우 정직할 터,

愼勿見水踊躍學變化爲龍
신 물 견 수 용 약 학 변 화 위 룡

> 부디 물을 보고 뛰어올라 용이 되었던 것 배우지 말거라.

使我不得爾之扶持
사 아 부 득 이 지 부 지

> 너의 부축을 받지 못하면

滅跡於君山湖上之靑峯
멸 적 어 군 산 호 상 지 청 봉

> 나는 동정호의 푸른 봉우리 군산에서 실종되고 말 것이다.

噫風塵澒洞兮豺虎咬人
희 풍 진 홍 동 혜 시 호 교 인

> 아아, 풍진이 어지럽고 승냥이와 범이 사람을 무니

忽失雙杖兮吾將曷從
홀 실 쌍 장 혜 오 장 갈 종

> 갑자기 너희 둘을 잃으면 내 어찌 갈 수 있으리.

【語義】 江心(강심):강 가운데. 蟠石(반석):넓고 편편한 큰 돌. 반석(盤石). 桃竹(도죽):도지죽(桃枝竹), 종려죽(棕櫚竹)이라고도 하며, 잎은 종려 나무 같고 줄기는 대 같은데, 마디 사이가 짧고 속이 차 있어 지팡이 감 으로는 안성맞춤이다. 噴浸(분침):뿜어지는 물결에 젖음. 尺度足(척도 족):길이가 알맞음. 지팡이를 만들기에 알맞을 정도로 자랐다는 뜻. 江 妃(강비):대천(大川)의 여신(女神). 水仙(수선):물의 신선(神仙). 빙이 (冰夷), 또는 빙이(馮夷)라고도 한다. 惜不得(석부득):아깝게 여겼지만 어쩔 수 없게 됨. 江妃와 水仙이 桃竹을 아껴 사람들에게 빼앗기려 하지 않았지만 사람들이 베어 가는 것을 막을 수 없었다는 뜻. 梓潼(재동): 재동군(梓潼郡). 使君(사군):자사(刺史), 태수(太守). 당시에 장이(章彛) 가 재주(梓州)의 자사(刺史)였다. 開一束(개일속):한 묶음의 도지죽(桃 枝竹)을 가지고 와 풀어 헤쳐 놓음. 兩莖(양경):두 줄기. 桃竹 두 자루 를 가리킨다. 爪甲(조갑):손톱, 또는 발톱. 鏗(갱):쇠나 돌 따위가 울

릴 때 나는 금속성 소리.   老夫(노부):杜甫를 가리킨다.   東南(동남):중
국의 동남, 즉 오(吳)·초(楚) 지방을 가리킨다.   鼓枻(고예):노를 두들
김.   白帝城(백제성):사천성(四川省) 봉절현(奉節縣)의 동쪽, 백제산(白
帝山)에 있는 성(城). 《元和志》에 기록된 바에 의하면, 한 말(漢末) 공손
술(公孫述)이 이 산에서 웅거할 때, 전(殿) 앞의 우물에서 백룡(白龍)이
나와, 公孫述은 자신을 백제(白帝)라 칭하고, 산은 백제산(白帝山), 성
은 백제성(白帝城)이라 불렀다 한다.   爲鬼神奪(위귀신탈):신령스런 귀
신이나 산수(山水)의 신(神)이 빼앗으려 함.   杖劍(장검):칼에 의지하여
섬. 本集에는 '칼을 뽑다[拔劍]'로 되어 있다.   蛟龍(교룡):물속에 있다
는 뿔 없는 용.   變化爲龍(변화위룡):변하여 용이 됨. 《神仙傳》에 나오
는 이야기에 근거한 것이다. 壺公이 費長房을 돌려보내며 대나무 지팡
이 하나를 주어 타고 가도록 했다. 長房이 지팡이에 타니 벌써 집에 도
착해 있었다. 長房은 지팡이를 갈대가 무성한 둑에 던졌는데, 곧 청룡
으로 변하여 날아갔다.   滅跡(멸적):발자취가 없어짐. 행방을 알 수 없
게 됨.   君山(군산):동정호(洞庭湖) 가운데에 있는 산으로, 동정산(洞庭
山)으로도 불리며, 이곳에서는 두 선녀가 산다고 한다.   風塵澒洞(풍진
홍동):바람과 먼지가 계속하여 일어남. 전란(戰亂)을 뜻한다.   豺虎咬人
(시호교인):승냥이와 범이 사람을 묾. 豺虎는 도적(盜賊)을 비유한 것.
吾將曷從(오장갈종):나는 어찌 갈 것인가? 지팡이가 없으면 아무 데도
갈 수 없다는 뜻.

【解說】《杜少陵集》卷十二에는 〈桃竹杖引贈章留後〉라고 제목 되어 있다.
　　杜甫가 章留後에게서 도죽(桃竹) 지팡이를 선물받자, 그에 감사하는 뜻
　　에서 本篇을 지은 것이다. 本書 題注에, '공부(工部:杜甫의 官名), 난
　　(亂:安祿山의 난)을 만나 오랫동안 재주(梓州)에 머무르며 고향을 그리

워했다. 사군(使君) 장유후(章留後:이름 彝. 留後는 節度使 유고 時 將吏를 가려내어 부하를 통솔하게 하는 官名)가 桃竹杖 두 자루를 公에게 주었다. 公은 이 引을 지어 고마움을 표했다.'고 했다. 使君이란 梓州의 자사(刺史:知事)로 시어사(侍御史)를 겸하여 동천(東川:四川省 東部)의 留後가 된 것을 말한다.

本篇은 杜詩 가운데서도 진귀한 형태를 취하고 있다. 篇中의 重爲告日이라든가 句中에 兮 字를 넣은 것 등은 초사(楚辭)인 〈九歌〉 등에서 볼 수 있는 구형(句形)이다. 本篇의 해석에서 桃竹杖은 杜甫가 의지하려는 친구나 상위자(上位者)를 뜻하는 것으로 보는 사람이 많다.

위풍녹사택관조장군화마도인:두자미(韋諷錄事宅觀曹將軍畵馬圖引:杜子美)

國初已來畵鞍馬
국 초 이 래 화 안 마
당초(唐初) 이래 말을 그리는 데에서

神妙獨數江都王
신 묘 독 수 강 도 왕
그 솜씨 신묘하기를 오직 강도왕을 쳤었는데,

將軍得名三十載
장 군 득 명 삼 십 재
조 장군의 이름난 지 삼십 년

人閒又見眞乘黃
인 간 우 견 진 승 황
세상에선 다시 신마(神馬)를 보게 되었네.

曾貌先帝照夜白
증 모 선 제 조 야 백
일찍이 현종의 조야백을 그렸더니

龍池十日飛霹靂
용 지 십 일 비 벽 력
용지에서 열흘 동안 벽력이 날았다네.

內府殷紅馬腦盤
내 부 안 홍 마 뇌 반
궁중 창고에 있는 검붉은 마노 쟁반을

婕妤傳詔才人索
첩 여 전 조 재 인 색
천자께선 첩여에게 명을 내려 재인으로 하여금
찾게 했네.

盤賜將軍拜舞歸
반 사 장 군 배 무 귀
쟁반을 하사받은 장군, 천자께 재배하고
돌아가려는데

輕紈細綺相追飛
경 환 세 기 상 추 비
가벼운 비단과 고운 무늬 비단이 상으로
더 내려졌네.

貴戚權門得筆跡
귀 척 권 문 득 필 적
귀척 권문이 모두 장군의 그림을 얻으려 했고

始覺屛障生光輝
시 각 병 장 생 광 휘
그때부터 세상의 병풍들 빛을 내기 시작했네.

【語義】 國初(국초):당대(唐代)의 초기. 江都王(강도왕):곽왕(霍王) 원궤(元軌)의 아들로, 이름은 서(緒). 태종(太宗)의 조카였다. 재예(才藝)가 뛰어나 글씨·그림 등에 능했는데, 특히 말 그림을 잘 그렸다. 人閒(인간):지금의 세상. 세간(世間). 乘黃(승황):순(舜)임금 때에 있던 신마(神馬)의 이름.《山海經》에 의하면, 乘黃의 얼굴은 여우처럼 생겼고, 등에 살로 된 뿔[肉角]이 돋았으며, 乘黃을 타면 이천 살까지 살 수 있다고 한다. 貌(모):그리다. 先帝(선제):현종(玄宗)을 가리킨다. 照夜白(조야백):앞의 〈丹靑引〉에 나온 옥화총(玉花驄)과 함께 玄宗의 명마(名馬).《明皇雜記》에, '玄宗, 패(覇)에게 명하여 照夜白을 그리게 했다. 그림이 완성되는 데에 열흘이 걸렸다.'고 했다. 龍池(용지):남훈전(南薰殿:앞의 〈丹靑引〉에 나옴) 북쪽에 있던 연못. 늘 구름 기운에 덮여 있었고, 못 속에 용이 살았다 한다. 霹靂(벽력):벼락. 曹覇가 그린 말 그림이 너무나 뛰어나, 龍池에 있던 용이 자기 친구인 줄 알고 요동을 쳤다는 뜻. 內府(내부):천자의 부고(府庫). 殷紅(안홍):검붉은 빛. 殷은 성하다·크다의 뜻으로 쓰일 때에는 은으로 읽는다. 馬腦(마뇌):보통 마노(瑪瑙)로 많이 쓰며, 보석의 일종. 婕妤(첩여):여관명(女官名). 정삼품(正三品)에 해당하는 매우 지위가 높은 내관(內官)이었다. 才人(재인):여관명(女官名). 비교적 낮은 직위였다. 拜舞(배무):재배(再拜)와 무도(舞蹈). 모두 천자께 예(禮)를 갖출 때 하는 동작들이다. 再拜는 두 번 절하는 것. 舞蹈는 조정(朝廷)의 배하(拜賀)에 손을 휘두르고 발을 구르는 의절(儀節). 輕紈(경환):가벼운 비단. 細綺(세기):무늬를 넣어 촘촘하게 짠 비단. 相追飛(상추비):많은 비단이 다시 상으로 내려지는 것을 가리킨다. 貴戚(귀척):천자의 친척. 權門(권문):대신(大臣), 재상(宰相)과 같은 권세(權勢) 있는 집안. 屛障(병장):안팎을 가려 막는 물건. 곧 담·장지·병풍 따위.

昔日太宗拳毛騧
석 일 태 종 권 모 과

옛적 태종의 권모과와

近時郭家師子花
근 시 곽 가 사 자 화

근자에 곽 장군의 사자총이

今之新圖有二馬
금 지 신 도 유 이 마

이번 새 그림에 그려져 있어

復令識者久歎嗟
부 령 식 자 구 탄 차

그것을 알아보는 이들로 하여금 긴 감탄
자아내게 하네.

此皆騎戰一敵萬
차 개 기 전 일 적 만

두 놈 모두 일당만(一當萬)의 준마,

縞素漠漠開風沙
호 소 막 막 개 풍 사

흰 비단 속에서 모래 연기 헤치고 그 모습 드러내네.

其餘七匹亦殊絕
기 여 칠 필 역 수 절

나머지 일곱 놈도 뛰어난 준마들,

迥若寒空動煙雪
형 약 한 공 동 연 설

멀리서 내달리는 모습이 겨울 하늘에 연기처럼
흩어지는 눈 같네.

霜蹄蹴踏長楸閒
상 제 축 답 장 추 간

서리 밟은 발굽으로 긴 노나무 사이의 길 내달리니

馬官廝養森成列
마 관 시 양 삼 성 렬

마관과 시양들이 줄지어 늘어서서 보고 있네.

可憐九馬爭神駿
가 련 구 마 쟁 신 준

훌륭한 아홉 준마가 그 뛰어난 모습을 다투는데,

顧視淸高氣深穩
고 시 청 고 기 심 온

돌아다보는 눈빛은 맑고도 높으며 기품은
깊고도 온화하네.

借問苦心愛者誰
차 문 고 심 애 자 수

묻노니, 마음을 괴롭혀 가며 말을 사랑한 사람
누구인가?

後有韋諷前支遁
후 유 위 풍 전 지 둔

오늘날엔 위풍이 있고 전날에는 지둔이 있었노라.

【語義】拳毛騧(권모과):당 태종(唐太宗)이 타던 여섯 마리의 준마 가운데에 하나로, 소릉(昭陵:太宗의 陵)에 있는 六駿의 石刻으로는 다섯 번째 말. 騧는 본디 온몸이 누르고 입 근처만 검은 말로, 일명 공골말. 郭家師子花(곽가사자화):곽자의(郭子儀) 장군의 말인 사자총(獅子驄). 대종(代宗) 때, 郭子儀 장군이 토번(吐蕃)을 무찌르고 경사(京師)를 수복하자, 代宗은 공을 치하하여 구화규(九花虯:꽃 모양의 아홉 개 반점이 있어 그 모습이 기린과 비슷하다는 名馬로, 一名 獅子驄)를 내렸다 한다. 令(령):~로 하여금 ~하게 함. 一敵萬(일적만):일기(一騎)로 만적(萬敵)과 싸움. 縞素(호소):하얀 비단. 曹覇가 아홉 마리 말을 그린 비단을 가리킨다. 漠漠(막막):널리 흩어지는 모양. 開風沙(개풍사):모래 연기 속에서 말들이 나타남. 말들이 힘차게 내닫는 모양을 형용한 것. 迥(형):멀리, 아득히. 若寒空動煙雪(약한공동연설):겨울 하늘에 눈이 연기처럼 흩어지는 것 같음. 힘차게 내닫는 말들의 모습을 형용한 것. 霜蹄(상제):서리를 밟는 말발굽. 蹴踏(축답):차고 뛰어 내달림. 長楸間(장추간):높이 뻗은 노나무 사이의 길. 馬官(마관):말을 관리하는 관원(官員). 厮養(시양):군중(軍中)에서 나무를 준비하거나 밥을 짓는 천한 일, 또는 그런 일을 하는 하인. 厮는 廝와 同字로, 주로 말을 기르거나 땔나무를 하는 종을 가리킨다. 森成列(삼성렬):숲의 나무처럼 많이 모여 열을 이루고 있음. 많은 사람이 말을 구경하는 것을 형용한 것. 可憐(가련):일반적으로 불쌍하다는 뜻으로 많이 쓰이나, 훌륭한 것을 나타내는 말, 또는 감탄의 뜻을 나타내는 말로도 쓰인다. 여기서는 훌륭하다는 뜻. 神駿(신준):준마(駿馬)로서 매우 훌륭한 모습. 氣深穩(기심온):기품(氣稟)이 깊고도 온화함. 借問(차문):묻노니. 支遁(지둔):진(晋)나라의 고승(高僧). 字는 道林. 謝安, 王羲之 등과 어울렸고, 궁중에 들어가 불법(佛法)을 강론하기도 했다.

憶昔巡幸新豐宮 억 석 순 행 신 풍 궁	생각하면 옛날 현종께서 신풍궁에 거둥할 때
翠華拂天來向東 취 화 불 천 내 향 동	천자의 기 하늘에 펄럭이면서 동으로 왔네.
騰驤磊落三萬匹 등 양 뇌 락 삼 만 필	날고뛰던 삼만 필의 준마들,
皆與此圖筋骨同 개 여 차 도 근 골 동	모두 이 그림 속의 말들 같았을 터.
自從獻寶朝河宗 자 종 헌 보 조 하 종	하백에게 보물 바친 뒤로는
無復射蛟江水中 무 부 사 교 강 수 중	다시는 강물 속의 교룡 쏘아 잡는 일 없었으니,
君不見 군 불 견	그대는 보지 못하는가,
金粟堆前松柏裏 금 속 퇴 전 송 백 리	금속산 송백림 속에
龍媒去盡鳥呼風 용 매 거 진 조 호 풍	준마들 사라지고 쓸쓸한 바람 속에 새들만이 지저귀는 것을.

【語義】巡幸(순행):천자가 제후(諸侯)의 나라를 순회하며 시찰하는 것. 순수(巡狩)라고도 한다. 여기서는 천자의 거둥을 가리킨다. 新豐宮(신풍궁):섬서성(陜西省) 임동현(臨潼縣) 동쪽 여산(驪山) 산마루에 있는 이궁(離宮:천자가 거둥할 때에 머무는 별궁) 이름. 翠華(취화):물총새의 깃으로 장식한 천자의 깃발. 騰驤(등양):뛰어올라 내달림. 磊落(뇌락):과실이 주렁주렁 많이 열린 모양. 전(轉)하여 수가 많은 모양. 此圖(차도):曹覇가 그린 〈九馬圖〉. 自從(자종):~로부터. 獻寶朝河宗(헌보조하종):보물을 바치고 하종, 즉 하백(河伯)을 뵘. 옛날 주(周)나라 목왕

(穆王)이 서쪽으로 가다 양우산(陽紆山)에 이르자 구슬을 물에 던져 하백(河伯)에게 예를 갖추고 하백의 안내를 받았던 고사(故事)가 있는데, 이를 인용하여 玄宗이 安祿山의 亂 때에 蜀으로 피난 간 것을 가리킨 것이다. 無復射蛟江水中(무부사교강수중):강 속의 교룡을 다시는 쏘아 잡지 못하게 됨. 玄宗이 安祿山의 亂이 진압된 다음 장안(長安)으로 돌아와 곧 죽은 것을 가리킨다. 復射江水中이란, 漢 武帝가 원봉(元封) 5년 심양(潯陽)에서 배를 타고 장강(長江)을 여행하다 물속에 있는 교룡(蛟龍)을 활로 쏘아 잡았던 것을 가리키는 말로, 천자의 거둥을 뜻한다. 金粟堆(금속퇴):현종(玄宗)의 태릉(泰陵) 남쪽에 있는 산 이름. 섬서성(陝西省) 봉선현(奉先縣) 동북쪽 20리 되는 곳에 있다. 《舊唐書》에, ‘明皇, 예종(睿宗)의 교릉(橋陵)에 이르러 금속산(金粟山)의 산등성이를 바라보았다. 용이 서리고 봉황이 날아오르는 지세(地勢)였다. 明皇, 좌우의 신하들에게, 千秋萬歲 후(天子의 死後) 이곳에 나를 묻도록 하라고 했다. 붕어(崩御)하자, 여러 신하들이 선지(先旨)를 받들어 그곳에 장례 지냈다.’라는 기록이 있다. 松柏(송백):소나무와 측백나무. 묘지 주변에 많이 심는 나무들이다. 龍媒(용매):준마(駿馬).

【解説】《杜少陵集》卷十三에는 引이 아니라 歌로 되어 있다. 曹將軍은 앞의 〈丹靑引〉에서 보았던 조패(曹霸)를 가리킨다.

　本篇에서 노래한 曹霸의 그림 〈九馬圖〉는, 宋의 蘇東坡도 극찬을 아끼지 않은 명화(名畫)라 한다. 또 本篇은 杜甫의 作品 중에서도 걸작에 든다. 篇末에서 ‘龍媒去盡鳥呼風’이라 읊은 것은 뛰어난 인물을 준마(駿馬)에 비겨, 준마는 사라지고 그림만 남아 있듯, 지난날의 인걸(人傑)들은 가고 없고 세상은 어지럽기만함을 개탄(慨歎)한 것으로, 천금의 무게를 지닌 탄식이다.

권지 10 (卷之十)

곡류(曲類)

曲은 악곡(樂曲)의 의미로 감정(感情)을 서술하는 것을 주로 하는 詩이다. 본디는 고저(高低)·강약(强弱)·지속(遲速) 등의 절(節:마디)이 있는 음악(音樂)을 曲이라 하여 음악과 깊은 관계가 있지만, 후세에는 시체(詩體)의 하나로 정착되었다. 다른 詩體보다 음악이 지니는 서정적(抒情的) 성격을 강하게 띠는 것이 특징이다.

명비곡 1:왕개보(明妃曲 一:王介甫)

明妃初出漢宮時
명 비 초 출 한 궁 시

명비가 처음 한궁을 나설 때

淚濕春風鬢脚垂
누 습 춘 풍 빈 각 수

눈물이 꽃 같은 얼굴을 적셨고 살쩍 길게 늘어졌었네.

低回顧影無顏色
저 회 고 영 무 안 색

고개 숙인 채 머뭇거리며 뒤돌아보던 그 모습 낯빛마저 창백했지만

尚得君王不自持
상 득 군 왕 부 자 지

元帝는 그녀를 잃는 게 아까워 어쩔 줄 몰랐으니,

歸來卻怪丹靑手
귀 래 각 괴 단 청 수

돌아와선 화공의 그림 솜씨를 의심하게 되었네.

入眼平生未曾有
입 안 평 생 미 증 유

천자의 눈에 든 그녀, 일찍이 보지 못했던 천하의 절색이었네.

意態由來畫不成
의 태 유 래 화 불 성

뜻과 모습은 본디 그림으로 그려 낼 수 없는 법,

當時枉殺毛延壽
당 시 왕 살 모 연 수

그때의 화공 모연수는 죄도 없이 죽은 셈이네.

一去心知更不歸
일 거 심 지 갱 불 귀

한번 가면 다시는 돌아올 수 없음을 알았고

可憐著盡漢宮衣
가 련 착 진 한 궁 의

가엾게도 한궁의 옷을 다 해어질 때까지 입었네.

寄聲欲問塞南事
기 성 욕 문 새 남 사

소식도 전하고 국경 남쪽 한궁의 일 알고자 했지만

只有年年鴻雁飛
지 유 연 년 홍 안 비

해마다 기러기만 날아올 뿐이었네.

佳人萬里傳消息
가 인 만 리 전 소 식

고향 사람이 만 리 밖 그녀에게 소식 전하며,

好在氈城莫相憶 호 재 전 성 막 상 억	오랑캐 땅일망정 마음 편히 갖고 고향 생각 아예 말라고.
君不見 군 불 견	그대는 보지 못했는가,
咫尺長門閉阿嬌 지 척 장 문 폐 아 교	지척의 장문궁 안에 아교가 갇혔던 것을.
人生失意無南北 인 생 실 의 무 남 북	태어나 뜻을 잃으면 남·북 어디에 있든 처량하긴 마찬가지라네.

【語義】 春風(춘풍):봄바람. 여기서는 아름다운 얼굴을 가리킨다. 鬢脚(빈
각):살쩍의 끝 부분 머리털. 低回(저회):低徊로도 쓴다. 고개를 숙이고
머뭇거리는 것. 尙(상):그런데도. 不自持(부자지):자신을 지탱하지 못
함. 어쩔 줄 몰라 하는 것을 가리킨다. 歸來(귀래):돌아오다. 來는 조자
(助字). 丹靑手(단청수):그림을 그린 손. 王昭君을 그린 화공(畵工)의
솜씨. 入眼(입안):눈에 들다. 눈에 드는 미인(美人)을 가리킨다. 平生
(평생):평소(平素). 未曾有(미증유):지금까지 아직 한 번도 있어 본 일
이 없음. 意態(의태):뜻과 모습. 由來(유래):본디, 원래(元來). 枉殺(
왕살):죄도 없이 공연히 죽임을 당함. 毛延壽(모연수):漢의 원제(元帝)
는 많은 후궁(後宮)들을 일일이 찾아볼 수가 없어, 화공들에게 명하여
그녀들의 초상화를 그려 올리게 하고, 그 그림을 보고 마음에 드는 여
자를 골랐다. 후궁들은 화공에게 거금의 뇌물을 바쳐 예쁘게 그려 달라
고 부탁했지만, 王昭君만은 자신의 미모에 자신이 있어 뇌물을 주지 않
았는데, 화공이 그녀를 밉게 그려 그녀는 元帝를 모실 수가 없었다. 그
러던 중 흉노(匈奴)의 선우(單于)가 漢 王室의 미녀를 요구하자, 元帝는
그림을 보고 王昭君을 주기로 했다. 王昭君은 흉노로 떠나기 전 元帝를
인사차 찾아갔는데, 그녀는 가히 천하의 절색으로 한궁(漢宮) 제일의 미

녀였다. 그러나 그녀를 보내기로 한 것은 이미 결정된 일이었다. 元帝는
王昭君이 밉게 그려진 연유를 따져 그때의 화공들을 모조리 기시(棄市:
죄인을 목 베어 죽이고 그 시체를 시가에 버려두는 형벌)하고, 화공들
의 집을 조사하도록 했다. 화공들의 집에선 하나같이 수만금이 쏟아져
나왔다. 그때 처형된 화공으로는 毛延壽 외에도 진폐(陳敞), 유백(劉白)
등이 있다. 可憐(가련):불쌍하게도, 가련하게도. 著盡漢宮衣(착진한궁
의):한궁(漢宮)에서 입던 옷을 다 해질 때까지 입음. 漢宮을 그리워하는
王昭君의 마음을 표현한 것이다. 寄聲(기성):소식을 전해 줄 것을 부탁
함. 塞南事(새남사):국경 남쪽의 일. 즉 漢宮의 소식. 鴻雁飛(홍안비):
기러기가 날아옴. 漢 武帝의 사신이었던 소무(蘇武)가 오랑캐 땅에 19년
동안 잡혀 있으면서 기러기 발목에 사연을 적은 비단을 묶어 소식을 전
했던 고사(故事)를 생각한다는 뜻이 담겨 있다. 佳人(가인):미인(美人)
으로 보아 王昭君을 가리킨다고 해석하나, 本集에는 家人으로 되어 있
다. 家人은 고향 사람, 또는 집안사람. 好在(호재):위로의 말을 할 때에
쓰는 말로, '마음을 편안하게 갖게' 정도의 뜻. 氈城(전성):담요를 쳐서
만든 천막. 몽고인의 주거(住居)를 가리킨다. 咫尺(지척):여덟 치와 한
척. 매우 가까운 거리를 가리킨다. 長門閉阿嬌(장문폐아교):장문궁(長
門宮)에 아교를 가두어 둠. 阿嬌는 漢 武帝의 皇后인 陳氏의 어렸을 적
이름. 武帝로부터 극진한 사랑을 받았으나, 아이를 낳지 못하여 만년(晚
年)에는 장문궁(長門宮)에서 혼자 지냈다. 無南北(무남북):오랑캐 땅에
서 지내는 것이나, 천자로부터 버림받아 아교처럼 홀로 지내게 되는 것
이나 신세가 처량하기는 마찬가지라는 뜻.

【解說】《臨川先生文集》卷四에는 〈明妃曲二首〉라 제목 되어, 本篇과 本篇
다음에 나오는 〈明妃曲 二〉가 수록되어 있다. 明妃는 王昭君을 가리킨

다. 진(晉)의 문왕(文王) 사마소(司馬昭)의 휘(諱)를 피하여 석계륜(石季倫)이 〈王明君辭〉를 지었으므로, 王昭君을 明君, 明妃 등으로 부르게 되었다. 〈明妃曲〉은 예로부터 昭君의 기구한 운명(運命)을 읊은 것으로, 결국에는 악부(樂府)의 제목이 되었다. 王昭君에 관한 이야기는 앞에 나온 李白의 〈王昭君〉에서 자세히 언급했으므로 여기서는 생략하기로 하겠다. 本篇도 王昭君의 일화(逸話)를 바탕으로 하여 지어졌다. 화공(畫工) 모연수(毛延壽)가 昭君의 초상을 아름답게 그리지 않아, 원제(元帝)는 그녀를 흉노(匈奴)의 선우(單于)에게 시집보냈고, 또 그 결과 畫工이 처형되었던 것이다. 그런데《後漢書》匈奴傳에는 畫工의 일과는 관계없이, 궁(宮)에 들어온 지 몇 년이 지나도록 원제(元帝)의 부름을 받지 못한 王昭君이, 궁정(宮廷)의 장관에게 자청(自請)하여, 선우(單于)에게 내려지는 다섯 명의 궁녀 가운데에 들기를 원했다고 되어 있다. 王昭君의 설화(說話)에는 이상의 두 가지 說이 있다.

王安石은 같은 제목으로 王昭君에 관한 詩를 두 편 지었는데, 本篇은 그 첫 번째 것이다. 王昭君이 匈奴에 시집가게 된 연유를 서술하고, 한궁(漢宮)을 잊지 못했던 그녀를 동정하여 漢 武帝의 皇后였던 陳氏의 일을 예로 들어 그녀를 위로했다. 王安石의 詩는 약간 이(理)에 치우쳐 정(情)의 요소가 부족한데, 本篇에서도 그런 것을 느낄 수 있다. 그러나 本篇은 많은 〈明妃曲〉 중에서도 수작(秀作)에 드는 것으로, 歐陽脩는 王安石의 이 두 篇의 〈明妃曲〉에 和하여 두 篇의 〈明妃曲〉을 지었다.

명비곡 2:왕개보(明妃曲 二:王介甫)

明妃出嫁與胡兒 <small>명 비 출 가 여 호 아</small>	명비, 흉노의 선우에게 시집가니
氈車百兩皆胡姬 <small>전 거 백 량 개 호 희</small>	백 량의 수레에는 오랑캐 여자들뿐.
含情欲語獨無處 <small>함 정 욕 어 독 무 처</small>	품은 정 말하려 해도 상대할 사람 없어
傳與琵琶心自知 <small>전 여 비 파 심 자 지</small>	비파에 마음 전하며 슬픈 정 혼자 삭였네.
黃金捍撥春風手 <small>황 금 한 발 춘 풍 수</small>	황금 비파 채 꽃 같은 손에 쥐고
彈看飛鴻勸胡酒 <small>탄 간 비 홍 권 호 주</small>	남쪽으로 날아가는 기러기 보며 오랑캐에게 권주가 들려주었으니,
漢宮侍女暗垂淚 <small>한 궁 시 녀 암 수 루</small>	한궁에서 따라간 시녀들 남몰래 눈물 흘렸고
沙上行人卻回首 <small>사 상 행 인 각 회 수</small>	사막의 길손들 고개 돌렸네.
漢恩自淺胡自深 <small>한 은 자 천 호 자 심</small>	한궁에서 입은 총애 얕고 선우에게서 받은 사랑 깊었을 터,
人生樂在相知心 <small>인 생 낙 재 상 지 심</small>	인생의 즐거움은 서로의 마음을 알아주는 데 있으리.
可憐靑冢已蕪沒 <small>가 련 청 총 이 무 몰</small>	가엾다, 명비의 청총은 잡초에 묻혔고
尙有哀絃留至今 <small>상 유 애 현 유 지 금</small>	슬픈 비파의 가락만이 지금까지 남았구나.

【語義】 胡兒(호아):흉노(匈奴)의 선우(單于)를 천하게 보아 '오랑캐 아이

녀석'이라고 한 것이다. 氈車(전거):담요로 수레의 포장을 친 수레. 흉노의 수레를 가리킨다. 氈은 솜털로 만든 모직물. 兩(량):輛과 같은 뜻으로, 수레나 차량 따위를 세는 단위. 獨無處(독무처):홀로 상대할 사람이 없는 것. 傳與琵琶(전여비파):마음속의 슬픔을 비파에 전함. 즉 비파를 타 자신의 슬픔을 삭이는 것. 心自知(심자지):자신만이 앎. 捍撥(한발):비파를 탈 때에 쓰는 채. 春風手(춘수):봄바람처럼 부드럽고 아름다운 손. 漢宮侍女(한궁시녀):王昭君이 흉노에 올 때 한궁(漢宮)에서 따라온 시녀(侍女). 沙上行人(사상행인):사막을 여행하는 나그네. 靑冢(청총):王昭君의 무덤을 가리킨다. 수원성(綏遠省) 귀수현(歸綏縣)의 성 남쪽에 있다. 王昭君이 살던 흉노 땅의 풀빛은 모두 희었는데, 오직 王昭君의 무덤에만은 푸른 풀이 돋았다고 한다. 蕪沒(무몰):잡초가 우거져 덮임. 哀絃(애현):슬픈 비파의 곡조(曲調). 王昭君이 지었다는 비파곡 〈昭君怨〉을 가리킨다.

【解說】 흉노 땅에서 昭君의 생활을 감동적으로 읊은 작품이다. 篇中에서 '漢恩自淺胡自深 人生樂在相知心'이라 하여, 昭君과 선우(單于) 부부의 애정에 관해 은연중에 언급하고 있다. 그러나 昭君이 後世의 詩人들로부터 한결같이 동정을 받은 것은, 昭君이 항상 한궁(漢宮)을 그리워하며 망향(望鄕)의 정에 젖어 있었기 때문일 것이다. 篇中의 靑冢은 하나의 전설(傳說)일 뿐 믿을 수는 없는 이야기로, 漢民族이 이민족에 대한 우월감에서 만들어진 이야기일 것이다. 마치 칠언절구(七言絶句) 세 篇을 조합해 놓은 듯, 시형(詩形)이 네 句마다 운(韻)을 달리하고 있는 독특한 作品이다.

명비곡:구양영숙(明妃曲:歐陽永叔)

漢宮有佳人
한 궁 유 가 인

한나라 궁중에 미인이 있었는데

天子初未識
천 자 초 미 식

천자가 처음엔 알아보지 못했네.

一朝隨漢使
일 조 수 한 사

어느 날 아침 한나라 사신 따라

遠嫁單于國
원 가 선 우 국

멀리 선우의 나라에 시집가게 되었네.

絶色天下無
절 색 천 하 무

절세의 미인은 천하에 둘도 없는 것,

一失難再得
일 실 난 재 득

한번 잃으면 다시 얻기 어렵다네.

雖能殺畵工
수 능 살 화 공

명비를 밉게 그린 화공들 잡아 죽였으나

於事竟何益
어 사 경 하 익

이미 그르친 일을 돌이킬 수 있었겠는가.

耳目所及尙如此
이 목 소 급 상 여 차

천자의 이목이 닿는 곳 일도 그랬으니

萬里安能制夷狄
만 리 안 능 제 이 적

만 리 밖 오랑캐들을 어찌 누를 수 있었으리.

漢計誠已拙
한 계 성 이 졸

한나라의 계책은 참으로 졸렬했고,

女色難自誇
여 색 난 자 과

명비가 자신의 미모를 뽐낸 것은 어리석은
일이었네.

明妃去時淚
명 비 거 시 루

그녀는 떠나면서 눈물을 흘려

洒向枝上花 <small>쇄 향 지 상 화</small>	나뭇가지 위 꽃들에 뿌렸는데,
狂風日暮起 <small>광 풍 일 모 기</small>	해 저물자 광풍 일었으니
飄泊落誰家 <small>표 박 낙 수 가</small>	꽃잎들 이리저리 날리다 뉘 집에 떨어졌을까.
紅顔勝人多薄命 <small>홍 안 승 인 다 박 명</small>	남보다 빼어나게 예쁜 사람은 박명한 법이니,
莫怨春風當自嗟 <small>막 원 춘 풍 당 자 차</small>	봄바람 원망 말고 자신의 운명을 한탄해야지.

【語義】佳人(가인):명비(明妃), 즉 王昭君을 가리킨다. 天子(천자):한(漢)의 원제(元帝)를 가리킨다. 漢使(한사):漢의 조정(朝廷)에서 흉노(匈奴)에 보내는 사자(使者). 單于國(선우국):흉노(匈奴)를 가리킨다. 單于는 흉노의 우두머리를 가리키는 말. 絶色(절색):세상에 다시없을 미인(美人). 殺畵工(살화공):모연수(毛延壽) 등의 화공이 王昭君을 밉게 그렸다가 모두 처형당했던 것을 가리킨다. 耳目所及(이목소급):천자가 항상 보고 들을 수 있는 궁중의 아주 가까운 곳을 뜻한다. 夷狄(이적):이민족을 가리킨다. 중국에서는 중국을 中央으로 보고, 동쪽 이민족을 이(夷), 서쪽 이민족을 융(戎), 남쪽 이민족을 만(蠻), 북쪽 이민족을 적(狄)이라 불렀다. 漢計(한계):한(漢)나라의 계책(計策). 誠己拙(성이졸):참으로 졸렬(拙劣)함. 難自誇(난자과):뽐낼 만한 것이 못됨. 王昭君이 자신의 미모에 자부심을 가져 화공에게 뇌물을 주지 않았다가 결국 흉노 땅에 시집가는 신세가 된 것을 가리킨다. 漢나라의 외교 정책이 졸렬했던 것처럼, 王昭君이 자신의 미모만을 믿고 화공들에게 뇌물을 주지 않았던 것은 어리석은 소행이라는 뜻. 洒(쇄):뿌리다. 飄泊(표

박):정처 없이 떠돌아다님. 紅顔(홍안):젊고 혈색 좋은 얼굴. 勝人(승인):
다른 사람보다 뛰어남. 薄命(박명):기구한 운명. 팔자가 사나움. 自嗟
(자차):자신의 운명을 한탄함. 嗟는 탄식(嘆息)하는 것.

【解說】《歐陽文忠公文集》卷八에는 〈再和明妃曲〉이란 제목으로 실려 있다.
  앞의 王安石의 〈明妃曲〉에 和한 두 篇의 詩 가운데 두 번째 것이며, 王
  安石의 첫 번째 〈明妃曲〉에 和한 詩이다.
    王安石의 작품에 비해 약간 정치적인 색채를 띠고 있는 작품으로,
  漢의 대외 정책뿐만 아니라 元帝의 어리석음까지도 신랄하게 비난하
  고 있다.
    '紅顔勝人多薄命'은 미인은 흔히 불행하거나 병약하여 요절(夭折)하
  는 일이 많음을 가리키는 말로, 성어(成語) 홍안박명(紅顔薄命)의 모체
  (母體)가 되는 유명한 말이다. 비슷한 말로 미인박명(美人薄命)이 있다.

명비곡화왕개보:구양영숙(明妃曲和王介甫:歐陽永淑)

胡人以鞍馬爲家
호 인 이 안 마 위 가

오랑캐들은 안장 얹은 말을 집으로 여기고

射獵爲俗
사 렵 위 속

사냥으로 살아가는 게 그들의 풍속.

泉甘草美無常處
천 감 초 미 무 상 처

단 샘과 풀 우거진 곳 찾아다녀 정해진
보금자리 없고

鳥驚獸駭爭馳逐
조 경 수 해 쟁 치 축

놀라 달아나는 새와 짐승을 뒤쫓아 사냥한다네.

誰將漢女嫁胡兒
수 장 한 녀 가 호 아

누가 명비를 오랑캐에게 시집보냈나,

風沙無情面如玉
풍 사 무 정 면 여 옥

바람에 날리는 모래 무정하게도 명비의 옥 같은
얼굴을 쳤네.

身行不遇中國人
신 행 불 우 중 국 인

가도 가도 중국사람 만날 수 없어

馬上自作思歸曲
마 상 자 작 사 귀 곡

말 위에서 돌아가고픈 마음 비파에 실어

推手爲琵卻手琶
추 수 위 비 각 수 파

비파 줄에 손을 대고 앞으로 문질러 피-,
뒤로 당기며 튕겨 파-,

胡人共聽亦咨嗟
호 인 공 청 역 자 차

오랑캐들도 그 소리 듣고 탄식했다네.

玉顔流落死天涯
옥 안 유 락 사 천 애

옥 같은 미인은 떠돌이 신세 되어 하늘 끝
오랑캐 땅에서 죽고,

琵琶卻傳來漢家
비 파 각 전 내 한 가

그녀의 비파곡만 한나라 궁중에 전해졌네.

漢宮爭按新聲譜
한 궁 쟁 안 신 성 보

한궁에선 다투어 새 곡을 만들어 비파 탔고

遺恨已深聲更苦 유 한 이 심 성 갱 고	그녀의 한이 어린 비파 소리는 듣는 이의 가슴을 찢었네.
纖纖女手生洞房 섬 섬 여 수 생 동 방	곱고 가냘픈 손 간직한 채 집안 깊은 곳에서 자라
學得琵琶不下堂 학 득 비 파 불 하 당	비파를 배웠으되 문밖에 나선 적이 없었으니,
不識黃雲出塞路 불 식 황 운 출 새 로	누런 구름 이는 국경 길은 꿈에도 몰랐을 터이고
豈知此聲能斷腸 기 지 차 성 능 단 장	자신의 비파 소리가 사람들을 애끓게 할 줄 어이 알았으리.

【語義】 無常處(무상처):일정한 거처가 없음. 駭(해):놀라 달아남. 馳逐
(치축):달려가 쫓음. 사냥하는 것을 가리킨다. 誰(수):漢의 원제(元帝)
를 가리킨다. 將(장):以와 같은 뜻. 胡兒(호아):흉노(匈奴)의 선우(單
于). 兒는 경멸의 뜻으로 붙인 칭호. 無情(무정):용서하지 않고 무자비
하게. 面如玉(면여옥):옥같이 아름다운 얼굴. 馬上(마상):말이나 수레
에 탄 채 비파를 타는 것이 유목민(遊牧民)인 흉노(匈奴)의 풍습이었다.
思歸曲(사귀곡):고향, 즉 한(漢)나라로 돌아가고픈 생각을 담은 곡. 王
昭君이 지었다는 〈昭君怨〉을 가리킨다. 推手爲琵卻手琶(추수위비각수
파):손을 앞쪽으로 밀어 현을 문지르면 琵(中國 音은 pí), 손을 뒤로 당
겨 현을 튕기면 琶(中國 音은 pá) 소리가 남. 비파를 타는 것을 형용한
것. 여기서는 오랑캐 땅에서 이국(異國)의 악기가 연주되는 것을 가리
킨다. 咨嗟(자차):탄식하다. 流落(유락):의지할 곳 없이 떠돌아다님.
天涯(천애):하늘 끝처럼 먼 땅. 琵琶(비파):明妃가 탄 비파 곡. 爭按新
聲譜(쟁안신성보):明妃가 만든 비파 곡을 연구하여, 다투어 새 곡을 만
들어 연주했다는 뜻. 纖纖(섬섬):연약하고 가냘픈 모양. 洞房(동방):

집안 깊숙한 곳에 있는, 여자들이 거처하는 방. 不下堂(불하당):대청에서 내려오지 않음. 즉 바깥출입을 하지 않았다는 뜻.

【解說】 王安石의 〈明妃曲〉에 和한 두 篇의 詩 가운데 첫 번째 것으로, 王昭君이 남긴 비파곡(琵琶曲)을 주제로 하여, 그 曲의 유래와 후세에 남긴 감동을 읊은 작품이다. 앞의 王安石의 〈明妃曲〉 중 두 번째 것에 和答한 詩이다.

王昭君을 그린 그림에는 그녀의 아름다움이 제대로 옮겨져 있지 못했지만, 그녀가 남긴 琵琶曲에는 완전히 그녀의 마음이 담겨 있었다 한다. 歐陽脩는 두 篇의 〈明妃曲〉에 크게 자부심을 가졌다.《石林詩話》에는 다음과 같은 歐陽脩의 말이 인용되어 있다.

"나의 詩 〈廬山高〉, 지금 사람들은 아무도 흉내 낼 수 없다. 李太白만이 지을 수 있을까? 〈明妃曲〉 後篇은 李太白도 짓지 못한다. 杜子美라면 할 수 있을까? 〈明妃曲〉 前篇에 이르러서는 子美도 지을 수 없다. 나만이 할 수 있다."

이렇게 자랑한 〈明妃曲〉 前篇이 바로 本篇이다. 本篇은 역사적이며 객관적인 서술로써 비파의 유래를 설명하고 있지만 감동에서는, 앞에 나온 李白의 〈王昭君〉 및 그 해설에 실린 同題의 다른 篇에 미치지 못하는 게 사실이다. 그러나 本書에 실린 〈明妃曲〉이나 〈王昭君〉 등이 모두 고금의 명편들임엔 틀림없는 사실이다.

새상곡:황노직(塞上曲:黃魯直)

十月北風燕草黃
<small>시 월 북 풍 연 초 황</small>
시월 북풍에 연 땅의 풀들 시드는데

燕人馬肥弓力强
<small>연 인 마 비 궁 력 강</small>
그곳 사람들의 말 살찌고 활 강해지네.

虎皮裁鞍雕羽箭
<small>호 피 재 안 조 우 전</small>
호피로 안장 짓고 수리 깃으로 화살 만들어

射殺山陰雙白狼
<small>사 살 산 음 쌍 백 랑</small>
산속 깊은 곳에서 두 마리 흰 이리 쏘아 잡았네.

靑氈帳高雪不濕
<small>청 전 장 고 설 불 습</small>
푸른 담요 두른 천막 높아 눈이 와도
젖을 염려 없고

擊鼓傳觴令行急
<small>격 고 전 상 영 행 급</small>
북을 치고 술잔 돌리며 흥겹게 술잔치 벌이네.

戎王半醉擁貂裘
<small>융 왕 반 취 옹 초 구</small>
오랑캐 왕 반쯤 취하여 담비 털옷 끌어안고
앉아 있는데

昭君猶抱琵琶泣
<small>소 군 유 포 비 파 읍</small>
왕소군이 곁에서 비파 안은 채 울고 있네.

【語義】 十月(시월):음력 시월이니 초겨울이다. 연(燕) 땅의 겨울은 매우 춥다. 燕草(연초):연나라 들판의 풀. 燕은 하북성(河北省) 지방에 있던 옛 국명(國名). 지금의 북경(北京) 부근으로, 오랑캐 땅에서 그리 멀지 않은 곳이다. 馬肥(마비):말은 가을과 겨울에 살이 오르고 힘이 세어진다. 弓力强(궁력강):비가 많은 여름철엔 시위에 먹인 아교가 녹아 활의 힘이 약하고, 건조한 가을과 겨울엔 시위가 팽팽해져 활의 힘이 강해진다. 虎皮裁鞍(호피재안):호랑이 가죽으로 말안장을 만듦. 雕羽箭(조우전):수리의 깃으로 장식한 화살. 射殺(사살):쏘아 죽임. 이 경우 射의

원음은 석이며, 활을 쏘아 적중시킨다는 뜻으로 쓰였다. 山陰(산음):산의 북쪽 기슭. 음양오행설(陰陽五行說)에, 陰은 산의 북쪽 또는 물의 남쪽을 뜻한다. 여기서는 깊고 으슥한 곳을 가리킨다. 白狼(백랑):하얀 이리. 靑氊(청전):푸른 담요. 오랑캐 땅에서는 짐승의 가죽으로 만든 천막을 치고 생활했다. 擊鼓傳觴(격고전상):북을 두드리고 술잔을 권함. 사냥한 것을 안주로 하여 주연을 베풀고, 술잔을 돌려 가며 흥겹게 노는 것을 가리킨다. 슈行急(영행급):주연(酒宴)이 무르익고 취흥(醉興)이 고조되는 것을 가리킨다. 슈은 주령(酒令)으로, 술 마실 때 즐겁게 놀기 위하여 만든 규칙. 그 규칙을 어기면 벌주(罰酒)를 마셔야 된다. 戎王(융왕):오랑캐의 왕. 흉노(匈奴)의 선우(單于)를 가리킨다. 貂裘(초구):담비의 가죽으로 만든 옷. 昭君(소군):왕소군(王昭君). 명비(明妃).

【解說】塞上曲은 본디 악부(樂府)의 제명(題名)으로, 唐 이후 이 제명으로 많은 작품이 지어졌다. 변새시(邊塞詩)의 일종으로, 앞에 나온 〈王昭君〉의 변형이라 할 수 있다.

中國詩 가운데에는 邊塞詩가 대단히 많은데, 이는 중국 민족의 운명이라고 할 수 있는 국경의 이민족과 전쟁의 역사가 곧 중국의 역사이기 때문이다. 이민족과의 투쟁과 화친, 그에 따른 인민의 고락(苦樂)은, 다감(多感)한 詩人들에게는 더없이 좋은 시재(詩材)였다.

本篇은 邊塞詩를 대표하는 것 중 하나로, 국경을 지키는 병사들의 높은 의기와 오랑캐에 붙잡혀 가 고생하는 중국 여인의 슬픔을 대비(對比)시켜 민중의 애국심을 고취하려는 작품이다.

오서곡:이태백(烏棲曲:李太白)

姑蘇臺上烏棲時
고 소 대 상 오 서 시
고소대 위에 까마귀 깃들이려 할 적

吳王宮裏醉西施
오 왕 궁 리 취 서 시
부차는 궁중에서 서시에 흠뻑 취했네.

吳歌楚舞歡未畢
오 가 초 무 환 미 필
吳歌 楚舞의 환락 끝나지 않았는데

靑山猶銜半邊日
청 산 유 함 반 변 일
푸른 산은 어느덧 지는 해를 반쯤 삼켰네.

銀箭金壺漏水多
은 전 금 호 누 수 다
은 바늘 세운 금 항아리에선 물 많이 새었고

起看秋月墜江波
기 간 추 월 추 강 파
일어나 바라보면 가을 달 물결 속에 빠져 있었네.

東方漸高奈樂何
동 방 점 고 내 낙 하
동녘 어느새 밝아 왔으니 못 다한 즐거움
어이했을까.

【語義】 姑蘇臺(고소대):소주(蘇州)에 있는 대(臺) 이름. 오왕(吳王) 합려(闔閭)가 蘇州의 姑蘇山에 지은 것으로, 나중에 그의 아들 부차(夫差)가 증수(增修)하여 절세의 미인 서시(西施)와 유락(遊樂)했던 곳이다. 吳王(오왕):부차(夫差)를 가리킨다. 西施(서시):춘추시대(春秋時代)를 대표하는 절세의 미녀로, 본디는 월(越)나라 여자였다. 吳王 夫差가 여자를 좋아한다는 것을 월왕(越王) 구천(勾踐)은, 나무꾼의 두 딸 서시(西施)와 정단(鄭旦)을 夫差에게 바쳐, 夫差가 西施에게 미혹되어 정사를 돌보지 않자, 기회를 놓치지 않고 吳나라를 쳐 멸망시켰다. 吳歌(오가):吳, 즉 소주(蘇州)·남경(南京) 등이 있는 강소성(江蘇省) 지방에서 부르던 노래. 楚舞(초무):楚, 즉 호남(湖南)·호북(湖北) 지방의 춤. 銜半邊日(함

반변일):반쪽 해를 물고 있음. 날이 저물려고 해가 산에 반쯤 걸린 것을 형용한 것. 銀箭金壺(은전금호):은 화살과 금 항아리. 누각(漏刻)을 가리킨다. 漏刻은 밑에 구멍이 뚫린 항아리로부터 조금씩 물이 새어 나오도록 장치를 하고, 그 속에 누전(漏箭)이란 눈금을 새긴 화살을 세워, 새어 나오는 물의 양(量)으로써 시각을 측정하는, 이른바 물시계. 漏水多(누수다):흘러나온 물이 많음. 긴 가을밤이 다 간 것을 뜻한다. 漸高(점고):점점 높아짐. 동녘에 해가 떠 날이 밝아지는 것을 가리킨다. 奈樂何(내낙하):즐거움을 어찌할 것인가? 아직 환락의 즐거움을 다 누리지 못했는데 벌써 날이 밝아 오고 있다는 뜻.

【解說】《分類李太白詩》卷三에 실려 있으며,《樂府詩集》에 淸商曲辭의 西曲歌 중에 수록되어 있다.

　오왕(吳王) 부차(夫差)와 절세의 미녀 서시(西施)의 환락을 읊은 작품으로, 당시의 현종(玄宗)과 양귀비(楊貴妃)의 일을 풍자(風刺)한 것이라고도 하는데, 그 사실 여부는 확실하지 않다. 두 句·두 句·세 句로 짝지어 각기 다른 운(韻)을 사용하고 있으며, 모두 일곱 句로 이루어진 독특한 형태를 취하고 있다. 李白은 일체의 구속을 싫어했다. 때문에 시를 짓는 데에도 그러한 성격이 그대로 반영되어, 그는 까다로운 형식미를 요구하는 율시(律詩)보다는 악부체(樂府體)의 詩를 즐겨 지었고, 또 그러한 작품에 秀作을 많이 남겼다. 本篇도 그중 하나로, 하지장(賀知章)은 本篇을 평하여, 가히 귀신도 울릴 만한 걸작이라고 극찬했다 한다.

부 록
작자 소전(作者 小傳)

작자 소전(作者 小傳)

가도(賈島:僧 無本, 779~843)

島, 字는 낭선(浪仙), 唐의 범양(范陽:北京 부근) 사람. 처음에는 중이 되어 무본(無本)이라 호(號)했다. 즐겨 詩를 읊조렸는데, 한번은 길을 가다, '새들은 못가의 나무에 깃들이는데, 중은 달빛 아래서 문을 두드린다(鳥宿池邊樹 僧敲月下門).'는 句를 생각하고, '僧敲月下門'의 敲를 敲로 할까 推로 할까 골똘히 생각하다, 당시 경조윤(京兆尹)이었던 韓愈의 행차에 부딪쳤다. 고관의 행차를 방해한 無本은 韓愈 앞에 끌려 나가 연유를 말하게 되었고, 韓愈는 그 자리에서 '敲'字를 권했다. 퇴고(推敲)란 말은 바로 여기에서 연유된 것이다. 그후 두 사람은 친구 사이가 되었다. 無本은 환속(還俗)하여 韓愈에게서 글을 배워 여러 차례 과거에 응했으나 급제하지는 못했다. 문종(文宗) 때 죄를 얻어 장강(長江)의 주부(主簿)로 쫓겨났기 때문에, 당시 사람들이 賈長江이라 불렀다. 그는 맹교(孟郊)와 병칭되어 교한도수(郊寒島瘦)라 일컬어졌고, 속기(俗氣) 없는 고담(枯淡)한 風의 작품을 많이 남겼다. 《長江集》10권이 있다.

고병(高駢:821~887)

駢, 字는 천리(千里), 唐의 유주(幽州:河北省) 사람. 젊어서부터 무예에 뛰어났고 완력(腕力)이 있었다. 처음엔 주숙명(朱叔明)에게 출사(出仕)하여 府의 사마(司馬)·시사대부(侍史大夫) 등을 지냈다. 서천절도사(西川節度使)가 되자 성도성(成都城)을 쌓기 40里, 조정에서 그를 의심하여 다른 곳으로 옮겨 앉게 했다. 처음에 駢은 많은 전공(戰功)을 세워 절도사까지 관직이 올랐는데, 마침 황소(黃巢)의 난(亂)이 일어나 양경(兩京)마저 함락되자, 騈은 반심(叛心)을 가졌다. 희종(僖宗)은 그것을 알고 왕탁(王鐸)을 騈 대신 도통(都統)으로 삼았다. 騈은 병권(兵權)을 잃고 위망(威望)마저 쇠하여지자 세상일을 버리고 신선술(神仙術)에 빠졌는데, 광계(光啓) 3년(887) 9월, 반역(叛逆)의 수령(首領)이란 혐의를 받고 처형되어 시체가 길에 버려졌다. 詩를 좋아하여 기발한 표현을 쓴 수작(秀作)들을 남겼다.

고적(高適:700?~765)

適, 字는 달부(達夫), 또는 중무(仲武). 唐의 발해(渤海:河北省) 사람. 젊었을 때에는 세상에 별로 알려지지 않았고, 50세경부터 문장에 뜻을 두어 詩를 배웠다. 그 후 수년 내에 일약 유명해졌으며, 그때부터 남다른 관복(官福)을 누려 좌습유(左拾遺)·감찰어사(監察御史)·간의대부(諫議大夫)·어사대부(御史大夫)·양주대도독장사(揚州大都督長史)·촉주(蜀州)자사(刺史)·성도윤(成都尹)·검남서천절도사(劍南西川節度史)·형부시랑(刑部侍郎)·은청광록대부(銀靑光祿大夫)·산기상시(散騎常侍) 등 요직(要職)을 역임했고, 발해현후(渤海縣侯)에 封해져 식읍(食邑) 700戶를 하사받았다. 죽은 다음에는 예부상서(禮部尙書)가 추증(追贈)되었고, 忠이란 시호(諡號)가 내려졌다. 唐代의 詩人으로서는 가장 영달(榮達)했던 사람이다. 그의 詩는 웅장 호방(雄壯豪放)하며 풍골(風骨)을 갖추어, 잠삼(岑參)과 함께 고잠(高岑)이라 불렸으며, 당시의 대표적 작풍(作風)을 보인 詩人이다. 〈除夜作〉·〈別董大〉 등은 그의 걸작이다. 《高仲武集》 10권이 있고, 또 당시 사람들의 사화집(詞華集)인 《中興間氣集》 2권을 편찬했다.

구양영숙(歐陽永叔:1007~1072)

수(修), 字는 영숙(永叔). 북송(北宋)의 문인(文人)이며 정치가. 길주 여릉(吉州廬陵:江西省) 사람. 4세 때에 아버지를 잃고, 어머니 정씨(鄭氏)의 교육에 의해 대성했다. 古文의 묘(妙)를 깨달아 당(唐)나라 한유(韓愈)의 문장을 배워서, 송대(宋代) 古文을 부흥시키고 문단의 제일인자가 되었다. 소동파(蘇東坡)는 그의 문장을 평(評)하여, '大道를 논할 때에는 한유와 비슷하고, 일을 논할 때에는 육지(陸贄)와 비슷하다. 일을 기록할 때에는 사마천(司馬遷)과 비슷하고, 시부(詩賦)는 이백(李白)과 비슷하다.'고 했다.《新唐書》·《新五代史》는 그가 편집한 것이다. 저주(滁州)의 태수(太守)를 지내다가 한림학사(翰林學士)·참지정사(參知政事)가 되어, 한기(韓琦)와 함께 영종(英宗)을 책립(策立)하고 왕안석의 신법(新法)을 배척했다. 관문전학사(觀文殿學士)·태자소사(太子少師)에 이르러, 희녕(熙寧) 4년에 치사(致仕:늙어서 벼슬을 사양하는 것)하고 다음해에 卒했다. 66세였다. 젊어서는 취옹(醉翁)이라 칭(稱)하고, 만년(晩年)에 스스로 육일거사(六一居士)라 호(號)하면서, '내게 집고록(集古錄:金石文獻) 일천 권, 장서(藏書) 일만 권, 금(琴) 하나, 기(碁:바둑) 하나 있다. 언제나 술 한 단지를 놓고 나 한 늙은이 그 사이에서 늙어 간다.'고 말했다. 왕안석(王安石)·증공(曾鞏)·소순(蘇洵)·소식(蘇軾)·소철(蘇轍) 등은 그의 추천에 의해서 세상에 나왔다. 당송팔대가(唐宋八大家)의 한 사람.《歐陽文忠公集》153권.

노동(盧仝:790?~835)

仝(同), 옥천자(玉川子)라 호(號)했다. 唐의 범양(范陽:北京 부근) 사람으로, 賈島와 동향(同鄕). 처음에는 하남(河南)의 소실산(小室山)에 은거(隱居)했으며, 성정(性情)이 고결(高潔)하여 사관(仕官)할 뜻이 없었다. 간의대부(諫議大夫)가 내려졌으나 받지 않았다. 박학(博學)하고 詩를 잘 지었으며, 차[茶]를 품별(品別)하는 데에 일가견이 있었고, 그가 지은 다가(茶歌)에는 경구(警句)가 많다. 일찍이 〈月蝕賦〉를 지었는데, 기발(奇拔)하고 호방(豪放)한 내용의 작품이어서 모든 사람을 놀라게 했다. 당시 하남령

(河南令)이었던 韓愈는 그의 詩를 보고 크게 감탄하여 동제(同題)의 詩를 지었다. 또 그의 빈궁(貧窮)을 동정하여 〈寄盧소〉을 지었다. 태화(太和) 9년 11월, 가끔 재상(宰相) 왕애(王涯)의 집에 들른 것이 화근이 되어, 감로의 변(甘露의 變:王涯와 宦官의 다툼) 때에 죽음을 당했다.《玉川子詩集》2권,《外集》1권이 있다.

당자서(唐子西:1068~1118)

이름은 경(庚), 字는 자서(子西), 號는 미산(眉山). 北宋의 단능(丹稜:四川省 眉州) 사람. 문장이 정밀하고 세무(世務)에 통하였다. 〈名治〉·〈察言〉·〈閔俗〉·〈存明〉 등의 글을 지었으며,《唐眉山集》24권을 남겼다.

도연명(陶淵明:365~427)

잠(潛), 字는 연명(淵明). 다른 이름은 원량(元亮)이라고도 한다. 일설(一說)에 연명(淵明)을 이름이라 하고, 잠(潛)을 진(晋) 멸망 후의 이름이라 하기도 한다. 동진(東晋)의 강서 채상(江西柴桑) 사람. 진(晋)의 대사마(大司馬) 도간(陶侃)의 증손(曾孫). 어려서부터 학문을 좋아했으며, 시문(詩文)에 뛰어났다. 천성적으로 산천(山川)의 풍물을 사랑하여 사관(仕官)할 뜻은 없었지만, 집안이 빈한하여 부모를 봉양할 수조차 없었으므로, 팽택(彭澤)의 현령(縣令)이 되었다. 그러나 본디 속리(俗吏)의 생활을 싫어하고 있던 차에, 군(郡)의 독우(督郵:지방을 관찰하는 관리)가 온다고 하여, 현(縣)의 소리(小吏)가 연명(淵明)에게 속대(束帶:朝服)를 입히고 배알하게 하였으므로 연명은 탄식하며, '나, 닷 말의 쌀 때문에 촌놈에게 허리를 굽힐 수 없다.'고 말하고는, 그날로 관인(官印)을 돌려주고 집으로 돌아가면서 〈歸去來辭〉를 지었다고 한다(〈歸去來辭〉의 해설 참조). 그의 성격은 스스로 자신을 묘사한 〈五柳先生傳〉에 잘 나타나 있다. 또 〈桃花源記〉와 그 시(詩)에는 그의

이상향(理想鄕)이 그려져 있다. 사영운(謝靈運)을 산수 시인(山水詩人)이
라 하는 데에 대하여 연명을 전원 시인(田園詩人)이라 칭한다. 사후(死後)
에 정절(靖節)이라는 시호(諡號)가 내려졌다. 《陶靖節集》 4권.

두자미(杜子美:712~770)

이름은 보(甫), 字는 子美, 唐의 양양(襄陽:湖北省) 사람이다. 초당(初
唐)의 詩人 두심언(杜審言)의 종손(從孫). 두릉(杜陵)에 있었으므로 두릉포
의(杜陵布衣), 또 소릉야로(少陵野老)라고 호(號)했다. 후세 사람들은 두
목(杜牧)을 소두(小杜), 杜甫를 노두(老杜)라 불렀다. 당시 사회가 혼란하
고 기강이 문란했으므로, 과거에 응했으나 진사(進士)에 오르지는 못했다.
玄宗 때에 〈三大禮賦〉를 올려 집현원(集賢院) 대제(待制)가 되었고, 안녹
산(安祿山)의 난(亂) 후에는 숙종(肅宗)의 우습유(右拾遺), 화주사공참군
(華州司功參軍)을 지냈으나 곧 물러나와 엄무(嚴武)를 의지하고 촉(蜀)에
머물렀다. 杜甫는 武 밑에서 검교공부원외랑(檢校工部員外郞)으로 일했기
때문에, 오늘날 그를 두공부(杜工部)라 부른다. 嚴武가 죽자, 성도(成都)
의 완화초당(浣花草堂)을 떠나 동남으로 떠돌아다니게 되었고, 동정호(洞
庭湖) 남쪽을 유랑(流浪)하다 숨을 거두었다. 杜甫는 李白과 시명(詩名)을
나란히 하는 중국 제일의 詩人이다. 당시 이두(李杜)라 하여, 李白을 시선
(詩仙), 杜甫를 시성(詩聖)이라 했다. 杜甫의 고시(古詩)는 시사(詩史)라 할
수 있는, 사회의 부조리를 파헤친 사회시(社會詩)가 대부분이며, 各詩마다
우국애민(憂國愛民)의 지정(至情)이 넘쳐흐른다. 율시(律詩)를 특히 잘 지어
杜律이라 불릴 정도이다. 〈春望〉·〈登岳陽樓〉·〈秋興八首〉 등의 명편(名
篇)은 대체로 율시(律詩)이다. 本書에 수록된 杜甫의 작품들은 하나같이
그의 걸작들이다. 《杜工部集》 25권이 있다.

마자재 (馬子才:?~1096)

이름은 존(存), 字는 子才, 北宋의 낙평(樂平:江西省 鄱陽縣 부근) 사람. 원우(元祐) 연간에 進士에 올랐다. 서적(徐積)의 문인(門人)으로, 벼슬이 월주(越州)의 관찰추관(觀察推官)에까지 올랐고, 소성(紹聖) 3년에 죽었다. 그의 詩는 웅혼 호방(雄渾豪放)한 기상을 담고 있다. 本書에 실린 〈邀月亭〉·〈浩浩歌〉·〈長淮謠〉 등은 그의 대표작이다.

매성유(梅聖俞:1002~1060)

이름은 요신(堯臣), 字는 聖俞, 北宋의 선주(宣州) 선성(宣城:安徽省) 사람. 하남(河南)의 주부(主簿)에서 시작하여 국자감직학사(國子監直學士)를 거쳐 상서둔전도관원외랑(尙書屯田都官員外郎)에까지 이르렀다. 청담(淸淡)한 詩를 잘 지은 그는 구양수(歐陽脩)의 시우(詩友)였으며, 송시(宋詩)의 혁신에 크게 기여하였다. 《宛陵集》60권 외에 《毛詩小傳》20권, 《唐載記》26권이 있고, 《唐書》 편수(編修)에도 관계했다.

맹교(孟郊:751~814)

郊, 字는 동야(東野), 唐의 호주(湖州) 무강(武康:浙江省) 사람. 사람들과 어울리는 것을 싫어하여 젊어서부터 숭산(嵩山)에 은거(隱居)하여, 처사(處士)로 불렸다. 韓愈는 한 번 그를 보고 친구가 되었으며, 이고(李翶)·이한(李漢) 등도 그의 詩를 칭찬했다. 두 번 과거에 응했으나 실패하고, 50세에 이르러서야 급제하여 율양(溧陽:江蘇省)의 위(尉)가 되었다. 그런데 풍경(風景)을 좋아하고 詩作에만 신경을 써 직무(職務)를 게을리 했으므로, 현령(縣令)이 그의 봉록(俸祿)을 반으로 깎았다 한다. 정여경(鄭餘慶)이 동도(東都)의 유수번(留守番)이 되자 수륙전운판관(水陸轉運判官)이 되었고, 餘慶이 흥원(興元:陝西省)의 진군(鎭軍)이 되자 그의 참모(參謀)가 되었다.

그가 죽자 장적(張籍)은 시(諡)하여 정요선생(貞曜先生)이라 했다. 郊의 詩는 '교한도수(郊寒島瘦)'라 하여, 賈島의 고담(枯淡)한 詩에 대하여 적막 우수(寂寞憂愁)의 감(感)이 짙다. 고수 상심(苦愁傷心)의 뜻이 篇中 곳곳에서 보인다.《孟東野集》10권이 있다.

백낙천(白樂天:772~846)

이름은 거이(居易), 字는 樂天, 취음선생(醉吟先生)·향산거사(香山居士)라 호(號)했다. 唐의 태원(太原:山西省) 사람. 원화(元和) 연간에 進士에 올랐다. 807년에 한림학사(翰林學士), 다음해에 좌습유(左拾遺), 곧 이어 경조부호조참군(京兆府戶曹參軍)·태자좌찬선대부(太子左贊善大夫)를 지냈으며, 원화(元和) 10년(815)에 참언(讒言)에 의해 강주사마(江州司馬)로 폄적(貶謫)되었다. 그의 명편(名篇)〈琵琶行〉은 바로 그때에 지어진 것이다. 항주(杭州)·소주(蘇州)의 자사(刺史)를 거쳐 문종(文宗) 때에는 형부시랑(刑部侍郎)이 되었고, 태자빈객분사(太子賓客分司)·하남윤(河南尹)·태자소부(太子少傅)에까지 벼슬이 올랐으며, 빙익현개국후(馮翊縣開國侯)에 봉(封)해졌다. 845(?)년, 형부상서(刑部尚書)로 치사(致仕:벼슬을 그만둠)했다. 그의 문장은 정세(精細)하고 표현이 절실하며, 詩는 평이(平易)하면서 유창(流暢)하다. 그가 대중들로부터 많은 사랑을 받은 것은 바로 이 때문이었다. 처음에는 원진(元積)과 창화(唱和)하여 그들의 시체(詩體)는 元白體라 불렸고, 원미지(元微之) 사후에는 유우석(劉禹錫)과 사귀며 수창(酬唱)하였으므로 劉白이라 불렸다. 신악부(新樂府)를 지어 사회를 풍자(諷刺)하고 도의(道義)를 밝히려 했으므로 광대교화주(廣大敎化主)라는 평(評)을 받았는데, 이는 杜甫에게서 받은 영향 때문일 것이다. 그러나 〈琵琶行〉·〈長恨歌〉 등은 낭만적인 작품으로, 많은 사람들로부터 사랑을 받았으며, 당시 조선(朝鮮)과 일본에까지 널리 유행됐다.《白氏長慶集》71

권, 3천8백여 篇의 詩를 남겼다.

반첩여(班婕妤:기원전 7년경 在世)

婕妤는 여관명(女官名). 前漢의 좌조월기교위(左曹越騎校尉)였던 반황(班況)의 딸로, 어려서부터 재학(才學)이 있었다. 성제(成帝)의 총애를 입어 후궁(後宮)에 들어가 첩여(婕妤)가 되었는데, 후에 조비연(趙飛燕)에게 황제의 사랑을 빼앗겨 버림받게 되었다. 그녀는 태후(太后)의 장신궁(長信宮)에서 일할 수 있도록 成帝에게 청원하여 그곳에 지내다, 成帝가 죽자 원릉(園陵)을 돌보며 생을 마쳤다.

사마온공(司馬溫公:1019~1086)

이름은 광(光), 字는 군실(君實). 세상에서는 속수 선생(涑水先生)이라 불렀다. 북송(北宋)의 섬주(陝州:河南省) 사람. 어렸을 때부터 문사(文詞)에 뛰어났으며, 그의 문사(文詞)에는 서한(西漢)의 풍(風)이 있었다. 인종(仁宗)·영종(英宗)을 섬기고, 신종(神宗) 때에 왕안석(王安石)의 신법(新法)에 반대하여 낙양(洛陽)에 돌아가 살기 15년, 철종(哲宗)이 즉위하자 다시 조정에 들어가 재상(宰相)이 되어 신법(新法)을 바꾸었다. 상위(相位)에 있은 지 8개월 만에 卒했다. 당시 68세. 태사온국공(太師溫國公)이 추증(追贈)되고 문정(文正)이라는 시호(諡號)가 내려졌으므로, 사마온공(司馬溫公)이라 한다. 그의 저작(著作) 중에서 가장 유명한 것은 《資治通鑑》294권, 목록(目錄) 30권, 고이(考異) 30권이며, 가집(家集)에 《傳家集》80권이 있다. 本書 後集에 실린 〈獨樂園記〉·〈諫院題名記〉는 명문(名文)이다.

사영운(謝靈運:385~433)

남조시대(南朝時代) 宋의 진군(陳郡) 양하(陽夏:河南) 사람. 진(晋)의 장

군 사현(謝玄)의 손자로, 종숙부(從叔父) 사혼(謝混)의 강락공(康樂公) 이
천 석(二千石)을 습봉(襲封)하여, 사강락(謝康樂)이라 불린다. 문재(文才)
가 있어 안연년(顔延年)과 병칭(竝稱)되었는데, 詩에서는 그보다 뛰어났
다. 晋의 때에 중서시랑(中書侍郎)·황문시랑(黃門侍郎) 등을 지냈는데,
宋代에 들어 강락후(康樂侯)로 지위가 낮추어지자, 영가군(永嘉郡)의 태
수(太守)가 되어 산수(山水)를 유람하며 울분을 달랬다. 당시 그의 詩名은
경사(京師:金陵)를 진동시켰다. 그는 귀족 출신답게 사치스런 생활을 하며
山水의 절경을 유람하였는데, 그의 유람에는 항상 길을 닦고 물건을 나르
는 종자(從者)가 수백 명이나 되어 산적(山賊)으로 오인받은 적도 있었다
한다. 임천(臨川)의 내사(內史)가 되었으나 그의 유탕(遊蕩)한 생활은 점점
그 정도가 심해져, 세상 사람들의 오해와 무고(誣告) 때문에 결국 광주(廣
州)로 유배되었고, 끝내는 모반(謀叛)의 罪로 기시(棄市)되었다. 그때 그의
나이 49세였다. 산수 시인(山水詩人)으로서 독자적인 경지를 열어, 전원
시인(田園詩人) 도연명(陶淵明)과 함께 도사(陶謝)라 불렸는데, 자연 묘사
에 뛰어나 詩句의 훌륭함은 연명(淵明)보다 앞섰다. 〈山居賦〉·〈石壁精舍
還湖中作〉 등 많은 걸작을 남겼다. 그는 종제(從弟) 사혜련(謝惠連)의 재주
를 무척 아껴, 그와 어울릴 때면 좋은 글을 더 잘 지었다 한다. 靈運을 대사
(大謝), 惠連을 소사(小謝)라 한다. 《康樂集》 8권이 있다. 本書에 실린 〈直
中書省〉은 靈運의 作이 아니다.

사유반(謝幼槃:?~1133)

이름은 과(薖), 字는 유반(幼槃), 죽우(竹友)라 호(號)했다. 北宋의 임천
(臨川:江西省) 사람. 사일(謝逸:字는 無逸)의 아우. 형과 함께 몸을 닦고 바
르게 행동하는 데에 힘썼지만, 進士에 급제하지는 못했다. 여본중(呂本中)
은 幼槃 형제를 강서시파(江西詩派)에 넣고, '無逸의 詩風은 강락(康樂:謝

靈運)과 비슷하고, 幼槃의 詩風은 玄暉와 비슷하다.'고 했다. 幼槃의 詩에
는 黃庭堅이나 陳師道와는 다른 청원(淸遠)한 맛이 있다. 宋朝가 남도(南
渡)한 지 7년이 되는 소흥(紹興) 3년에 죽었다.《竹友集》10권,《竹友詞》1
권을 남겼다.

사첩산(謝疊山:1226~1289)

방득(枋得), 字는 군직(君直), 첩산(疊山)이라 호(號)했다. 南宋의 충신
(忠臣)으로, 신주(信州) 익양(弋陽:江西省) 사람. 성격이 호상(豪爽)하여
직언(直言)을 좋아했다. 宋末의 재상(宰相) 문천상(文天祥)과 함께 進士에
올랐으며, 여러 벼슬을 거쳐 강서초유사지신주(江西招諭使知信州)가 되었
다. 경염(景炎) 元年(1276), 원병(元兵)을 안인(安仁)에서 맞아 싸웠으나
패하여 처자(妻子)가 모두 적들에게 붙잡혔다. 枋得은 이름을 바꾸고 건녕
(建寧)의 당석산(唐石山)에 숨어 살며 市中에 나가 매복(賣卜:점을 쳐 주고
돈을 받음)으로 연명했는데, 元 世祖의 지원(至元) 26년(1289) 원병(元兵)
에게 붙잡혀 경사(京師)에 끌려가 그곳에서 스스로 굶어 죽었다. 그때 그
의 나이 64세였다.《詩傳注疏》3권,《批點檀弓》1권,《文章軌範》7권,《疊
山集》5권이 있다.

사현휘(謝玄暉:464~499)

이름은 조(朓), 字는 현휘(玄暉), 남조 시대(南朝時代) 제(齊)의 진군(陳
郡) 양하(陽夏:河南省) 사람이다. 고조(高祖) 발(拔)은 진(晋)나라 사안(謝
安)의 아우였다. 귀족 출신으로, 어머니가 宋의 장성공주(長城公主)였다.
출사(出仕)하여 선성(宣城)의 태수(太守)가 되었고, 뒤에 상서이부랑(尙書
吏部郞)을 지냈는데, 영원(永元) 初에 왕위 계승 문제에 휘말려 옥사하였
다. 그때 그의 나이 36세였다. 그의 詩는 풍격(風格)이 훌륭하여, 그의 청

신(淸新)한 詩句는 당시뿐 아니라 후세에도 애송(愛誦)되었다. 양(梁)의 무제(武帝)는 그의 詩를 좋아하여, '3일만 玄暉의 詩를 읊지 않으면, 입에서 악취가 난다.'고 할 정도였다. 또 唐의 李白은 그의 풍격(風格)을 그리워하여, 선성(宣城)의 경정산(敬亭山)에 머물며 그를 기리는 詩를 지었다. 그의 詩는 唐詩의 風을 갖추고 있어, 오언시(五言詩)의 율체화(律體化)에 지대한 영향을 주었다. 《謝宣城集》5권이 있다.

석관휴(釋貫休:832~912)

속성(俗姓)은 姜氏, 字는 덕은(德隱). 唐과 五代의 중〔僧〕으로, 난계(蘭谿:浙江省) 사람. 불상(佛像)을 잘 그렸고, 서예에도 뛰어났으며, 詩도 잘 지었다. 선월대사(禪月大師)란 號를 받았으며, 後梁의 건화(乾化) 2년에 입적(入寂)했다. 《禪月集》25권이 있다.

섭이중(聶夷中:837~?)

夷中, 字는 원지(垣之), 唐의 하동(河東:山西省 永濟 부근) 사람. 함통(咸通) 12년(871)에 進士에 올랐으나, 당시 조정이 전쟁 때문에 다망(多忙)하여 官吏 임용에 신경 쓸 겨를이 없어, 장안에 머무르며 오랫동안 빈궁하게 지내다 겨우 화음현위(華陰縣尉)에 부임하여 책과 금(琴)을 가까이할 수 있었다. 성품이 얌전하고 민간(民間)의 신고(辛苦)를 잘 알아 백성들, 특히 농민의 고난을 동정하는 내용의 詩를 많이 지었다. 고악부(古樂府:古歌謠體의 詩)를 잘 지었다.

소강절(邵康節:1011~1077)

이름은 옹(雍), 字는 요부(堯夫), 선조(先祖)는 범양(范陽:河北) 사람. 北宋의 공성(共城:河南省)에서 태어나 낙양(洛陽)에 우거(寓居)하기 40년,

신종(神宗) 때에 영주단련추관(潁州團練推官)에 임명되었으나 사퇴하고, 소문산(蘇門山)에 은거(隱居)하여 경독 자적(耕讀自適)의 생활을 했다. 자신의 주거(住居)를 안락와(安樂窩)라 이름하고 스스로 안락선생(安樂先生)이라 호(號)했다. 희녕(熙寧) 10년에 卒했다. 元祐中에 강절(康節)이란 시호(諡號)가 내려지고, 남송(南宋) 末에 공자묘(孔子廟)에 종사(從祀)되었으며 신안백(新安伯)에 추봉(追封)되었다. 宋代 도학(道學)의 개조(開祖)로, 일종의 철학 사상(哲學思想)과 도덕관(道德觀) 등을 주제로 한 詩를 많이 지었다. 《伊川擊壤集》 23권, 《樵漁對問》 1권, 《皇極經世書》 12권, 《觀物論》 2권 등을 남겼다.

소숙당(蘇叔黨:1101년경 생존)

이름은 과(過), 字는 叔黨, 宋의 미산(眉山:四川省) 사람. 문장(文章)에 능했을 뿐 아니라 글씨와 그림에도 조예가 깊었다. 蘇東坡의 아들이어서 소파(小坡)라 불렸다. 병부우승랑(兵部右承郎)을 거쳐 영창부(潁昌府) 언성현(鄢城縣)의 지사(知事)가 되었고, 잠시 중산부(中山府)의 통판(通判)으로도 있었다. 東坡가 여러 곳으로 유배지(流配地)를 바꾸며 귀양살이를 할 적에 過가 홀로 따라다니며 온갖 시중을 들어, 東坡는 곤란함을 전연 느끼지 못했다 한다. 東坡가 죽자 여주(汝州) 섬성(陝城)의 소아미산(小峨眉山)에 장례를 지내고, 영창(潁昌)에 자리 잡고 살며, 그곳을 소사천(小斜川)이라 이름하고 자신을 사천거사(斜川居士)라 호(號)했다. 《斜川集》 20권을 남겼다.

소양직(蘇養直:紹興 初 1131년경 在世)

이름은 상(庠), 字는 養直, 北宋 때에서 南宋에 걸쳐 활약한 사인(詞人). 本書에 실린 〈淸江曲〉은 그의 대표작이다. 《王直方詩話》에 東坡의 말을 인용하여, "長占煙波弄明月의 句, 太白의 文集에 들어 있더라도 아무도 의심하지 못할 것이다."라고 했을 정도이다. 庠의 아버지 伯固는 東坡와 교유(交遊)했으며, 東坡는 庠의 재주를 무척 아꼈다. 宋의 소흥(紹興) 연간에 조정으로부터 부름을 받았으나 거절하고 은서(隱栖)했다.

소자첨(蘇子瞻:1036~1101)

식(軾), 字는 자첨(子瞻). 북송(北宋)의 미주 미산(眉州眉山:四川省 眉山 부근) 사람. 7세에 책을 읽고, 10세에 문장을 썼다. 가우(嘉祐) 2년(1057)에 진사(進士)에 급제하여, 복창현주부(福昌縣主簿) · 대리평사(大理評事) · 봉상부첨판(鳳翔府簽判)등의 직책을 역임했다. 희녕(熙寧) · 원풍(元豊) 연간(年間)에, 왕안석(王安石)과 대립하여 조정에서 쫓겨나 항주통판(杭州通判)이 되었다. 후에 밀주(密州) · 서주(徐州)를 거쳐 호주(湖州)에 부임했다. 원풍(元豊) 2년(1079)에 이정(李定) 등이 '자첨(子瞻)의 시(詩)는 조정을 비난하는 것'이라고 말한 것 때문에 체포되어 옥에 갇혔다가, 겨우 죽음을 면하고 황주단련부사(黃州團練副使)로서 황주(黃州)에 유배되었다. 두 〈赤壁賦〉는 이때의 작품이다. 그 지방의 동파(東坡)라는 곳에 거처를 마련했으므로, 호(號)를 동파(東坡)라 했다. 철종(哲宗)이 즉위하여 그를 조봉랑(朝奉郞)으로 삼아 등주(登州)의 지사(知事)로 임명했다. 그 후 얼마 안 있어, 예부시랑(禮部侍郞) · 중서사인(中書舍人) · 한림학사(翰林學士) 겸 시독(侍讀)으로서 중용(重用)되었다. 원우(元祐) 4년(1089), 당국자(當局者)에게 죄를 얻어, 용도각학사(龍圖閣學士)로서 항주(杭州)의 지사(知事)가 되었다. 그 뒤에 영주(潁州) · 양주(揚州) · 정주(定州) 등을 전전하여, 일시 조정에 있었던 일도 있지만 대부분은 지방으로 돌아다녔다. 소성(紹聖) 초에 신법(新法)이 행해져, 구법당(舊法黨)이었던 소식(蘇軾)은 혜주(惠州)로 좌천되어 창화(昌化)로 옮겼다. 휘종(徽宗)이 즉위하자 염주(廉

州) · 영주(永州)로 옮겼다가, 사면되어 다시 조봉랑(朝奉郞)이 되었다. 건중정국(建中靖國) 원년(元年) 여름에 졸(卒)하고, 문충(文忠)이라는 시호(諡號)가 내려졌다. 東坡는 중국 제일의 문인(文人)이라 일컬어진다. 풍류활달(風流闊達)한 성격으로 경사(經史)에 통하고, 道 · 佛의 학(學)에 밝으며, 시문(詩文)뿐만 아니라 진사(塡詞) · 서화(書畫) · 음악에도 통달했다. 구양수(歐陽修) 등과 함께 당송고문팔대가(唐宋古文八大家)의 한 사람이다. 《東坡全集》 115권.

송지문(宋之問：656?~712)

之問, 일명 소련(少連), 字는 연청(延淸), 唐의 분주(汾州：山西省) 사람. 상원(上元) 2년에 進士가 되었다. 처음에 측천무후(則天武后)를 섬겼으나, 뒤에 영신(佞臣)인 장역지(張易之) · 무삼사(武三思) 등을 추종하였으므로, 현종(玄宗) 때 영신에게 아첨하였다 하여 죽음을 받았다. 詩句가 화려하고, 특히 오언시(五言詩)를 잘 지었다. 심전기(沈佺期)와 시명(詩名)을 함께 하여 심송(沈宋)이라 불렸다. 唐의 근체시(近體詩)와 절구(絕句)는 이 두 사람에게서 비롯된 것이다. 之問은 유희이(劉希夷)의 장인으로, 希夷의 〈代悲白頭翁〉(本書에는 〈有所思〉로 제목 되어 之間의 作으로 되어 있다)에 '年年歲歲花相似 歲歲年年人不同'의 두 句가 너무나 탐나 그것을 달라고 하였는데 거절당하여, 希夷를 죽이고 그 두 句를 자기 것으로 했다는 이야기가 있는데 믿을 수 없는 이야기이다.

승 청순(僧 淸順：?~1090년경 在世)

淸順, 字는 이연(怡然), 北宋 때 서호(西湖)의 시승(詩僧). 서호(西湖)의 북산(北山)에서 승 도잠(僧 道潛)과 함께 살았고, 東坡 만년(晚年)의 시우(詩友)였다. 그의 詩에는 가구(佳句)가 많아, 王安石이 그의 詩를 읽고 크게 칭찬하였다 한다.

심휴문(沈休文:441~513)

이름은 약(約), 字는 休文, 남조(南朝) 시대 양(梁)의 오흥(吳興) 무강
(武康:浙江省) 사람. 송(宋)·제(齊) 두 나라를 섬긴 뒤, 양(梁)나라의 무제
(武帝)를 도와 벼슬이 상서령(尚書令)에까지 올랐다. 죽은 뒤 은후(隱侯)
라는 시(諡)가 내려졌다. 시문(詩文)에 능했고, 특히 음운(音韻)에 정통하
여《四聲譜》를 지어, 평측(平仄)을 밝히고 작시(作詩)의 조건(條件)인 팔
병(八病)을 정하여, 후세의 율시(律詩)와 절구(絕句)의 발전에 크게 기여
했다.《文集》100권이 있다. 本書에 그의 作으로 수록된〈長行歌〉는 무명
씨(無名氏)의 作이다.

양분(楊賁:生卒年 未詳)

賁에 관한 傳이《唐書》·《才子傳》에는 없고《文章正宗》의 注에, '唐의
덕종(德宗:780~804) 때의 사람이다.'라고만 되어 있다.《唐詩紀事》에는,
'賁, 천보(天寶) 3년(744)에 등과(登科)했다.'라고 했다. 이상의 기록에 의
하면, 그는 덕종(德宗) 初에 활약했을 가능성이 크다. 本書에 수록된〈時
興〉은《唐文粹》에 실려 있다.

오융(吳融:850?~901?)

融, 字는 자화(子華), 唐의 산음(山陰:浙江省) 사람. 용기(龍紀) 元年
(889)에 진사에 올랐다. 위소(韋昭)가 촉(蜀)을 토벌할 때 장서기(掌書紀)
였는데, 죄에 연루(連累)되어 관직을 버리고 형남(荊南:湖北)을 오랫동안
유랑하게 되었다. 뒤에 다시 불려 좌보궐(左補闕)이 되었으며, 중서사인(中
書舍人)의 중책을 맡았다. 천복(天復) 元年(901) 원단(元旦)에 소종(昭宗)

앞에서 단시간 내에 십여 통의 조서(詔書)를 초(草)하여 극찬을 받았다 한
다. 호부시랑(戶部侍郎)·한림승지(翰林承旨)에까지 벼슬이 올랐다.《唐英
歌詩三卷》을 저술하였다.

오은지(吳隱之:?~413)

隱之, 字는 처묵(處默), 동진(東晋)의 복양(濮陽) 견성(鄄城:山東省 濮縣
부근) 사람. 문사(文史)에 달통하였고, 젊어서부터 맑은 절조(節操)로 유
명했다. 한강백(韓康伯)이 이부상서(吏部尚書)가 되자, 곧 그를 높은 관직
에 추천하였다. 광주(廣州)는 진귀(珍貴)한 보물이 많이 나는 곳이어서, 그
곳에 부임하는 자사(刺史)들은 사리(私利)를 취하기에 급급하였다. 조정에
선 그러한 폐단을 막고자 吳隱之를 그곳 자사(刺史)로 임명했다. 隱之는 부
임 도중 〈貪泉〉을 지어 절개를 지킬 것을 표명(表明)했고, 在任 中에 자신
의 청조(淸操)를 더욱 빛냈다. 뒤에 중령군(中領軍)에 올랐고, 의희(義熙)
9년에 卒했다.

왕곡(王轂:900년경 생존)

轂, 字는 허중(虛中), 唐의 의춘(宜春:江西省 吉安縣) 사람이다. 건녕
(乾寧) 연간(894~897)에 進士에 올랐으며, 唐末에 상서랑중(尚書郎中)으
로 치사(致仕:관직을 그만둠)했다. 〈苦熱行〉 외에 〈題暑日道傍樹〉·〈鴻門
醼〉·〈玉樹曲〉 등의 작품이 있으며, 文集 3권을 남겼다.

왕원지(王元之:954~1001)

우칭(禹偁), 字는 원지(元之). 북송(北宋) 거록(鉅鹿:河北省) 사람. 태평
흥국(太平興國) 年間의 진사. 우습유(右拾遺)로서, 행실이 엄정하고 군(君)
을 간(諫)하는 일을 두려워하지 않았으므로, 일이 있을 때마다 좌천(左遷)

되었다. 함평(咸平) 4년에 죽으니, 48세였다. 시(詩)에 뛰어났으며, 음절
사구(音節詞句)의 아름다움을 존중하는 서곤체(西崑體)의 폐해를 고치려고
노력했다. 또 문장에 썩 뛰어났으니, 그의 문장 중에서도 〈奏疏十策〉은 가
장 뛰어난 의견서(意見書)였다. 《小畜集》30권, 《外集》7권은 고아(古雅)
한 아취가 있는 문집(文集)이다.

왕유(王維:701~761)

維, 字는 마힐(摩詰), 唐의 태원기(太原祁:山西省 祁縣) 사람. 9세 때부
터 글을 지었다 하며, 성품이 효성스럽고 특히 친구들과는 깊은 우정을 나
누었다. 개원(開元) 初에 진사에 올랐으며, 우습유(右拾遺)·감찰어사(監
察御史)를 거쳐 급사중(給事中)에까지 관직이 올랐는데, 安祿山의 亂 때에
적들에게 붙잡혔다. 그는 약을 먹고 벙어리 흉내를 냈지만, 安祿山은 그를
洛陽에 두고 給事中으로 삼았다. 祿山이 응벽지(凝碧池)에서 연회를 베풀
고 이원(梨園)의 악인(樂人)을 모조리 불러 합주(合奏)케 하니, 樂人들이 모
두 눈물을 흘렸다. 그는 그 소식을 전해 듣고 詩를 지어 세상을 한탄했다.
亂이 평정된 후, 賊에게 투항했던 사람들이 모조리 하옥되었다. 王維는 그
때, 전에 적중(賊中)에서 지은 詩로 인해 숙종(肅宗)의 용서를 받아, 다시
관직에 오르고 상서우승(尙書右丞)에까지 올랐다. 상원(上元) 2년(《舊唐
書》에 의하면 乾元 2년), 61세를 일기로 세상을 떠났다. 음악에 정통했고,
詩뿐만 아니라 그림에도 뛰어났다.《東坡志林》에, '마힐의 詩를 읽으면, 詩
속에 그림이 있다. 마힐의 그림을 보면, 그림 속에 詩가 있다.'라고 했다.
그는 남종화(南宗畫)의 종조(宗祖)로 산수화(山水畫)를 특히 잘 그렸으며,
자연 풍물의 묘사에 빼어난 詩를 많이 남겼다. 그의 한정청원(閑靜淸遠)한
풍격(風格)은 불교에서 영향 받은 것이다. 그의 이름이 維, 字가 摩詰인 것
은, 불제자(佛弟子) 維摩詰의 이름을 고스란히 본뜬 것이다. 그는 불교에

대한 신앙심이 깊고 불학(佛學)에 조예가 깊어, 그의 詩에는 시선일치(詩禪
一致)의 경지가 있다. 그래서 淸의 왕어양(王漁洋)은, 杜甫를 시성(詩聖),
李白을 시선(詩仙), 王維를 시불(詩佛)이라 했다. 불교에 심취한 사람답게
늘 검소하게 생활하며 한적함을 즐겼고, 妻가 죽은 뒤에는 재취(再娶)하지
않았다. 《唐王右丞集》6권이 전한다.

왕한(王翰:?~726)

翰, 字는 자우(子羽), 唐의 진양(晋陽:山西省 太原縣) 사람이다. 678년에
태어났다는 說이 있으나 믿을 수 없다. 進士에 오른 뒤, 벼슬이 통사사인(通
事舍人)·가부원외랑(駕部員外郎)에 이르렀고, 여주(汝州)의 장사(長史)가
되어서는 매일 재사(才士)들과 어울려 음락(飮樂)하였다. 후에 도주(道州)
사마(司馬)로 좌천되어 그곳에서 죽었다. 本書에는 실려 있지 않지만, 그
의 〈涼州詞〉는 유명하다. 杜甫가 〈贈韋左丞〉에서 '王翰願卜鄰'이라 할 만
큼 임협(任俠)했으며 文才도 뛰어났다. 《王翰集》10권이 있다.

왕형공(王荊公:1019~1086)

안석(安石), 字는 개보(介甫). 북송(北宋)의 무주 임천(撫州臨川:江西省
臨川縣) 사람. 구양수(歐陽修)의 추천으로 진사(進士)에 급제했다. 박학
(博學)하고 문장을 잘 지었으며, 시인(詩人)으로도 뛰어났다. 시폐(時弊)
를 개혁하고자 만언(萬言)의 書를 인종(仁宗)에게 올렸으나 채용되지 않았
다. 신종(神宗) 때에 한림학사(翰林學士)·참지정사(參知政事)가 되어, 여
혜경(呂惠卿) 등의 의견에 의거한 신법(新法)을 시행했다. 집요(執拗)하고
강강(剛剛)한 성품으로, 비난을 무릅쓰고 개혁을 단행했으므로 당시의 원
로 명사(名士)들의 반감을 사, 신법(新法) 대 구법(舊法)의 당쟁(黨爭)이 일
어났다. 재상(宰相)의 위(位)에 있은 지 8년, 원우(元祐) 원년 68세에 병사

(病死)했다. 형국(荊國:湖北·湖南)에 봉(封)해졌으므로 왕형공(王荊公)이라고도 한다. 고문(古文)을 잘 지었으며, 당송팔대가(唐宋八大家)의 한 사람이다. 《王臨川文集》 29권.

위야(魏野:960~1019)

野, 字는 중선(仲先), 초당거사(草堂居士)라 호(號)했다. 북송(北宋)의 은일시인(隱逸詩人). 명성(名聲)을 싫어하여 출사(出仕)하기를 거절했으며, 금(琴)을 벗하며 평생을 보냈다. 사후(死後) 비서성저작랑(秘書省著作郞)이 추증(追贈)되었다. 생각을 괴롭히며 온갖 정성을 쏟아 詩를 지었다. 唐의 賈島의 詩를 배워, 속기(俗氣)가 없고 경발(警拔)한 詩句를 많이 남겨, 임화정(林和靖)과 병칭(並稱)되었다. 그의 詩集 《草堂集》은 그가 죽은 다음 《鉅鹿東觀集》 10권으로 전해진다.

위응물(韋應物:736~790?)

應物, 字는 未詳, 唐의 長安 사람. 젊었을 적에 임협(任俠)을 좋아했다. 삼위랑(三衛郞)으로 玄宗을 섬겼으며, 765년에는 경조공조(京兆功曹), 782년에는 비부원외랑(比部員外郞)이 되었고, 후에 소주(蘇州) 자사(刺史)가 되었으므로 韋蘇州라고도 불렸다. 陶淵明을 흠모하여 陶詩를 본뜬 작품을 많이 지었다. 王維·孟浩然·柳宗元 등과 함께 唐代의 도연명유파(陶淵明流派)를 이루었으며, 《韋蘇州集》 10권을 남겼다.

유둔전(柳屯田:990?~1050?)

이름은 영(永), 字는 기경(耆卿), 北宋의 숭안(崇安:福建省 崇安縣 부근) 사람. 인종(仁宗)의 경우(景祐) 원년(1034)에 進士에 올랐고, 벼슬이 둔전원외랑(屯田員外郞)에 이르러, 세상에선 그를 柳屯田이라 불렀다. 사람됨이 낭만적이어서, 변경(汴京)에서 유학(游學)하면서는 술과 여자로 시간을 보냈다. 그래서 늘 궁핍했으며, 그가 죽었을 때에는 기녀(妓女)들이 돈을 내어 장례를 치렀다 한다. 그의 사(詞)는 음악성이 풍부하고 애염(哀艶)하여 널리 불렸고, 송사(宋詞) 발전에 기여한 바 크다. 詩는 별로 전하는 게 없으며, 사집(詞集)으로 《樂章集》이 전한다.

유우석(劉禹錫:772~842)

字는 몽득(夢得). 唐의 팽성(彭城:江蘇省) 사람이다. 정원(貞元) 9년(793)에 進士에 급제. 貞元 末에 왕숙문(王叔文)의 추천에 의해 탁지원외랑(度支員外郎)이 되었으나, 숙문이 실권하자 연주 자사(連州刺史)로 좌천되었다. 그 후에도 그는 천자를 비방하는 시를 지었다 하여 여러 차례 좌천을 당하는 등 관리로서는 평탄하지 못한 생활을 했다. 그러나 회창(會昌) 연간(年間)에는 검교예부상서(檢校禮部尙書)에까지 올랐고, 죽은 다음에는 호부상서(戶部尙書)가 추증(追贈)되었다. 고문(古文)에 능했을 뿐 아니라 시재(詩才)가 뛰어나, 백거이(白居易)와 함께 유백(劉白)이라 불릴 정도였다. 《劉賓客文集》(一名《中山集》) 30권, 《外集》 10권을 남겼으며, 친한 벗 유종원(柳宗元)의 글을 모아 《柳河東集》을 세상에 내놓았다.

유자후(柳子厚:773~819)

종원(宗元), 字는 자후(子厚). 당(唐)의 하동(河東:山西省 永濟 부근) 사람. 정원(貞元) 초(初)에 진사(進士)에 급제하고, 박학굉사과(博學宏詞科)에 합격하여 교서랑(校書郎)이 되어 남전(藍田)의 위(尉)에 임명되었다. 貞元 19년에 감찰어사이행(監察御史裏行)이 되었다. 순종(順宗)이 즉위하자 왕숙문(王叔文)·위집의(韋執誼)가 득세하여 자후(子厚)를 중용, 예부원외랑(禮部員外郎)이 되었다. 후에 숙문(叔文)이 실각하자 그도 소주(邵州)의 자사(刺史)로 좌천되어 임지로 가던 중, 다시 영주(永州)의 사마(司馬)로 가게 되었다. 원화(元和) 10년(815) 유주(柳州)의 자사(刺史)로 옮겼다. 그는 산수간(山水間)을 방랑하면서, 시문(詩文)을 짓는 일로 마음을 달랬다. 유주(柳州)에 있을 때 선정(善政)을 베풀어 평판이 높았다. 元和 14년, 47세로 유주(柳州)에서 卒했다. 유주(柳州)의 사람들은 자후를 사모하여, 그의 묘(廟)를 세우고 그를 신(神)으로 섬겼다. 한퇴지(韓退之)가 그의 비문(碑文)〈柳州羅池廟碑〉를 지었다. 종원(宗元)은 어려서부터 문장을 잘 지었으며, 웅심아건(雄深雅健), 한유(韓愈)와 이름을 같이한다. 그가 역사에 달통했었다는 것은, 〈與韓愈論史官書〉·〈封建論〉에 의해서도 알 수 있다. 또 산수유기(山水遊記)·서경(敍景)의 문장에도 뛰어나, 그의 〈永州八記〉는 걸작이다. 그밖에도 각종의 단편(短篇) 수작(秀作)이 있다. 한퇴지와 함께 당대(唐代)의 2대 고문가(古文家)이며, 당송팔대가(唐宋八大家)의 한 사람이다. 《柳河東集》45권, 《外集》2권.

육노망(陸魯望:大中(847~859) 연간에 沒)

이름은 귀몽(龜蒙), 字는 노망(魯望), 강호산인(江湖山人)·천수자(天隨子)·보리선생(甫里先生)이라 호(號)했다. 唐의 장주(長洲:江蘇省) 사람. 육경(六經)의 대의(大義)에 통달하고 춘추(春秋:歷史)에 밝았는데, 송강(松江)의 보리(甫里:江蘇省)에 은거(隱居)하며 논술서(論述書)를 많이 남겼다. 《唐甫里先生文集》20권이 있다.

이신(李紳:?~846)

紳, 字는 공수(公垂), 唐의 윤주(潤州) 무석(無錫:江蘇省) 사람. 타고난 천성이 단소정한(短少精悍:몸은 작지만 행동이 민첩하고 성질이 사나움)했으나 대단한 시명(詩名)을 누렸다. 당시 단리(短李)라고 불렸다. 원화(元和)

初에 국자감조교(國子監助教)에 발탁되었고, 후에 동중서문하평장사(同中書門下平章事)를 거쳐 재상(宰相)에 올랐다. 이덕유(李德裕)·원진(元稹)과 함께 삼준(三俊)이라 불렸다.

이업(李鄴:曹鄴 816~875?의 잘못)

鄴, 字는 업지(鄴之), 唐의 계림(桂林:廣西省) 사람. 《唐文粹》에는 〈讀李斯傳〉이 조업(曹鄴)의 作으로 되어 있다. 曹鄴은 대중(大中) 4년에 進士에 오른 강직기절(剛直氣節)한 선비로, 함통(咸通) 初(860)에 태상박사(太常博士), 후에 사부랑중(祠部郞中)을 거쳐 양주(洋州)의 자사(刺史)가 되었다. 《曹鄴集》 1권을 남겼다.

이장길(李長吉:790~816?)

이름은 하(賀), 字는 長吉, 농서(隴西) 성기(成紀:甘肅省) 사람. 唐의 왕족(王族)으로 정왕(鄭王)의 후손이었으며, 창곡(昌谷:河南省)에 기거(起居)했다. 7세에 벌써 詩를 잘 지어, 本書에 실린 〈高軒過〉를 지었다 한다. 그는 진사(進士) 시험을 치를 때에, 아버지의 이름이 진숙(晋肅)이므로 자식이 진사(進土:進士의 進은 李賀의 아버지 晋肅의 晋과 같은 뜻이다)에 오르려 하는 것은 휘법(諱法)에 어긋나는 일이라고 원진(元稹) 등으로부터 비난을 받았다. 그때 韓愈는 그를 변호하기 위해 〈諱辯〉을 지었는데, 이러한 도움에 힘입어 그는 젊어서부터 이익(李益)과 詩名을 나란히 했다. 벼슬은 봉예랑(奉禮郎)·협률랑(協律郎)에 올랐는데, 27세(一說에는 24세)의 나이로 요절(夭折)했다. 詩를 짓는 그의 감각(感覺)은 거의 병적(病的)이라고 할 만큼 예리하여, 그의 詩句는 그야말로 주옥처럼 아름답다. 고금에 없는 귀재(鬼才)이다. 그의 어머니가, '이 아이는 심장을 토해 내게 되어야 시 짓는 것을 그만둘 것이다.'라고 탄식했을 만큼, 그는 혼신의 힘을 기울여 詩를 지었다. 《李長吉歌詩》 4권을 남겼다.

이태백(李太白:701~762)

백(白), 字는 태백(太白), 號는 청련거사(青蓮居士). 광한(廣漢:四川) 사
람. 성당(盛唐)의 시인이다. 전해져 내려오는 이야기에 의하면, 그의 어머
니가 장경성(長庚星:太白星)을 꿈에 보고 그를 낳았으므로 태백(太白)이라
이름 지었다고 한다. 그 자신 스스로 농서(隴西)의 포의(布衣)라 칭하고 있
다(〈與韓荊州書〉). 10세에 이미 시서(詩書)에 통하고 백가(百家)의 서(書)
를 읽었으며, 좀 더 성장해서는 부(賦)를 잘 지었다. 검술(劍術)을 좋아하
여, 직접 몇 사람을 참(斬)한 일도 있다. 천보(天寶) 연간(年間) 初에, 하지
장(賀知章)이 현종(玄宗)에게 이백(李白)의 일을 이야기하여, 조칙에 의해
한림원(翰林院)에서 일하게 되었다. 현종은 그의 재능을 몹시 사랑하였다.
그러나 천자의 명령으로 이백의 신을 벗겨 주게 되었던 고역사(高力士)가
이백을 미워하여 양귀비(楊貴妃)에게 참언을 했으므로, 이백은 스스로 물
러났다. 그때부터 이백은 천하를 주유(周遊)하면서 시(詩)와 술로 마음을
달랬다. 시성(詩聖) 두보(杜甫)와는 절친한 시우(詩友)였다. 그의 시는, '천
마(天馬)가 하늘을 나는 것 같다.'고 형용된다. 표표(飄飄)한 사상, 청신(清
新)하고 화려한 사구(辭句), 자유분방한 천재적인 시풍(詩風)과 그 인품에
일종의 선풍(仙風)이 있었으므로 시선(詩仙)이라 일컬어졌다. 하지장(賀知
章)이 이백을 가리켜 '적선(謫仙:하늘에서 죄를 지어 하계로 쫓겨 내려온
신선)'이라 한 것은 너무나 유명한 이야기이다. 《李太白集》 30권이 있다.

인종 황제(仁宗皇帝:1010~1063)

조정(趙禎), 처음의 이름은 수익(受益). 眞宗의 여섯 번째 아들로, 宋의
제4대 天子. 재위(在位) 43년, 가우(嘉祐) 8년에 춘추(春秋) 54세로 복

녕전(福寧殿)에서 붕(崩)했다. 시(諡)는 신문성무인효황제(神文聖武仁孝皇帝), 묘호(廟號)는 인종(仁宗). 재위(在位)하면서 개원(改元:年號를 고치는 것)하기 9번, 천성(天聖)·명도(明道) 때는 태후 수렴(太后垂簾)의 정치였다. 경우(景祐) 이래 仁宗이 직접 정치하였다. 보원(寶元)·강정(康定) 연간에는 서방(西方)이 시끄러웠으나, 경력(慶曆) 연간에는 부필(富弼)·한기(韓琦)·범중엄(范仲淹)·구양수(歐陽脩)·사마광(司馬光) 등 명신(名臣)이 조정에 가득 찼고, 황우(皇祐)·지화(至和)·가우(嘉祐) 때에는 천하가 승평무사(承平無事)하였다. 공검(恭儉)의 덕(德)을 지녔고, 인민을 사랑하는 마음이 즉위(卽位) 때부터 붕어(崩御)할 때까지 시종여일(始終如一)하였다.

잠삼(岑參:715~770)

唐의 남양(南陽:河南省) 사람. 소년시절 고빈(孤貧)하였으나 학문에 힘써, 널리 사적(史籍)을 보았고 문장을 잘 지었다. 천보(天寶) 3년에 진사(進士)에 오른 뒤 대리평사(大理評事)·감찰어사(監察御史)·안서절도판관(安西節度判官) 등을 역임했다. 대종(代宗) 때에 가주 자사(嘉州刺史)가 되었으므로, 잠가주(岑嘉州)라고도 불린다. 만년(晩年)에는 촉(蜀)의 성도(成都)에서 지내다 그곳에서 죽었다. 봉상청(封常淸)의 막좌(幕佐)로서 서역(西域)에 가 군중(軍中)에 십여 년 동안 있으면서 정전 이별(征戰離別)의 신산(辛酸)을 경험하였기 때문에, 그의 작품에는 비장미(悲壯味) 넘치는 변새시(邊塞詩)가 많다. 그런 점에서 고적(高適)과 詩風이 비슷하여, 高適과 함께 고잠(高岑)으로 불렸다. 《岑嘉州集》18권을 남겼다.

장곡(張轂:張籍 768~830?의 잘못인 듯)

《古文大全》에는 장곡(張轂)으로 되어 있는데, 모두 어떤 사람인지 알 수 없다. 장적(張籍)을 잘못 표기한 것 같다. 本書에 실린 〈行路難〉,《樂府詩集》·《唐文粹》·《張司業集》등에는 張籍의 作으로 되어 있다.

張籍, 字는 문창(文昌), 唐의 화주(和州) 오강(烏江:安徽省) 사람. 정원(貞元) 15년에 進士에 올랐다. 태축비서랑(太祝秘書郞)·국자박사(國子博士)·수부원외랑(水部員外郞)·국자사업(國子司業) 등을 지냈다. 고풍(古風)·악부(樂府) 등을 잘 지어, 왕건(王建)과 이름을 같이했다.《張司業集》 8권을 남겼다.

장괴애(張乖崖:946~1015)

이름은 영(詠), 字는 복지(復之), 乖崖라 호(號)했다. 北宋의 견성(鄄城:山東省) 사람. 태종(太宗)의 태평흥국(太平興國) 5년에 진사(進士)에 올랐다. 두 번 익주(益州:四川省)의 지사(知事)가 되었고, 축제(築堤)·관개(灌漑)에 힘써 일만여 경(頃)의 밭을 개간하여 민중(民衆)의 두터운 신임을 얻었다. 이부상서(吏部尙書)·진주지사(陳州知事) 등을 지냈고, 사후(死後) 좌복야(左僕射)가 추증(追贈)되었으며 충정(忠定)이란 시호(諡號)가 내려졌다. 성품이 강직(剛直)하여 그의 정치는 엄맹(嚴猛)하였다.《乖崖集》12권을 남겼다.

장문잠(張文潛:1054~1114)

이름은 뢰(耒), 字는 文潛, 가산인(柯山人)이라 호(號)했으며, 완구선생(宛丘先生)이라 불렸다. 北宋의 초주(楚州) 회음(淮陰:江蘇省) 사람. 소철(蘇轍)을 사사(師事), 소식(蘇軾)에게서 인정받아 진사(進士)에 급제했다. 임회(臨淮)의 주부(主簿)·저작랑(著作郞)·사관검토(史館檢討)·기거사인(起居舍人) 등을 역임했다. 東坡가 실각(失脚)하자 선주(宣州)로 좌천되었고, 후에 진주(陳州)의 숭복사(崇福寺)의 주관(主管)으로 있다가 卒했다. 東

坡보다 10세 어렸고, 蘇門四學士 및 蘇門六君子의 한 사람이다.《宛丘集》
76권을 남겼다.

제갈공명(諸葛孔明:181~234)

이름은 량(亮), 字는 공명(孔明). 낭야(瑯琊:山東) 사람으로, 촉한(蜀漢)
의 승상(丞相:首相). 처음에 융중(隆中:湖北省 襄陽)에 은서(隱栖)하여 와
룡(臥龍)이라 일컬어졌는데, 유비(劉備)가 그 인물을 알아보고 세 번 초려
(草廬:누추한 집이라는 뜻)를 방문하여 출사해 주기를 간청했으므로, 감격
하여 마침내 긴 수어지교(水魚之交)를 맺기에 이르렀다. 그 후 각지(各地)
에서 전쟁을 했으며, 208년에는 오(吳)의 손권(孫權)과 동맹을 맺고 조조
(曹操)를 적벽(赤壁)에서 맞아 싸워 대승(大勝)했다(〈赤壁賦〉 참조). 유비
(劉備)가 죽은 후, 후주(後主) 선(禪)을 보좌하여 촉한(蜀漢)의 주석지신(柱
石之臣)이 되었다. 남방의 오랑캐를 평정한 후에 위(魏)를 정벌하여 한실
(漢室)의 부흥을 꾀하려 했지만, 병(病)으로 오장원(五丈原)의 진중(陣中)
에서 몰(沒)했다. '죽은 공명(孔明), 산 중달(仲達:魏將 司馬懿)을 패주시
킨다.'고 노래될 만큼 병법 군략(兵法軍略)에 뛰어났다. 인품이 맑고 풍류
를 좋아하며, 그러면서도 성실 근엄한, 참으로 삼국(三國) 제일의 인물이
었다. 충무(忠武)라는 시호(諡號)가 내려졌으며,《諸葛武侯集》이 있다. 평
소 〈梁甫吟〉을 애송(愛誦)했다 하는데, 본디 문인(文人)은 아니다. 공명(孔
明)의 글은 모두 열성(熱誠)이 폐부로부터 솟아나 이루어진 것으로, 읽는
사람을 감동시킨다.

조자건(曹子建:192~232)

이름은 식(植), 字는 子建, 삼국시대(三國時代) 위(魏)나라 조조(曹操)의
셋째 아들. 문제(文帝) 비(丕)의 아우. 10세 때부터 글을 지었다고 하는 귀

재(鬼才)로, 재주가 너무 뛰어나 형 조비(曹丕)에게서 많은 미움을 받았다. 本書에 실린 〈七步詩〉에 관한 일화(逸話)는 유명하다. 처음에는 동아왕(東阿王)이었는데 곧 이어 진왕(陳王)에 봉(封)해졌다. 시호(諡號)가 사왕(思王)이어서, 진사왕(陳思王)이라고도 한다. 〈洛神賦〉·〈白馬篇〉·〈名都篇〉 등 많은 걸작을 남겼고, 건안 문학(建安文學)의 최고봉(最高峰)이었다. 《曹子建集》10권을 남겼다.

주문공(朱文公:朱晦庵 1130~1200)

이름은 희(熹), 字는 원회(元晦), 또는 중회(仲晦). 숭안(崇安:福建省)에서는 자양(紫陽), 운곡(雲谷:福建省)에서는 운곡산인(雲谷山人), 또는 회옹(晦翁), 만년(晩年)에 창주(滄州:福建省)에 있으면서는 창주병수(滄州病叟)·둔옹(遯翁)이라 호(號)했다. 남송(南宋)의 휘주(徽州) 무원(婺源:江西省) 사람. 소흥(紹興) 18년에 進士에 올라 동안(同安)의 주부(主簿)가 되었으나 4년 뒤 사임하고 귀향(歸鄕)하여 어머니를 효양(孝養)하였다. 순희(淳熙) 6년에 남강군(南康軍:江西省)의 백록동서원(白鹿洞書院)을 부흥시키고 학규(學規)를 정했다. 영종(寧宗) 때에 대제원시강(待制院侍講)이 되었으나 얼마 있지 못했다. 경원(慶元) 6년, 71세를 일기로 세상을 떠났다. 시호(諡號)는 문공(文公), 후에 태사(太師)가 추증(追贈)되었으며, 휘국공(徽國公)에 추봉(追封)되고, 공자묘(孔子廟)에 종사(從祀)되었다. 周敦頤·二程子 등의 학문을 집대성하여 주자학(朱子學)을 열었다. 中國의 가장 위대한 철학자였을 뿐 아니라 詩文에도 뛰어났다. 《詩集傳》·《楚辭集注》등의 주석(注釋)과 평론(評論)은 그의 문학에 관한 식견(識見)을 보여 준다. 《朱子文集》100권, 《朱子全書》66권, 《朱子語類》140권, 《資治通鑑綱目》59권 등 많은 저서를 남겼다.

증자고(曾子固:1019~1083)

이름은 공(鞏), 字는 子固, 남풍선생(南豊先生)이라 호(號)했으며, 北宋의 남풍(南豊:江西省) 사람. 젊어서 구양수(歐陽脩)에게서 문재(文才)를 인정받았다. 가우(嘉祐) 연간에 진사(進士)에 올랐고 중서사인(中書舍人)이 되었다. 왕안석(王安石)과 사귀었으나 후에는 반목(反目)했다. 문장(文章)이 중후 평직(重厚平直)하여, 주자(朱子)를 비롯하여 많은 사람들이 그것을 배웠다. 그는 詩보다 文을 잘 지었으며, 순후(醇厚)한 수작(秀作)을 많이 남겼다. 《元豊類稿》50권과 부록 1권이 있다. 당송팔대가(唐宋八大家)의 한 사람이다.

진사도(陳師道:1053~1101)

字는 무기(無己), 또는 이상(履常). 北宋의 팽성(彭城:江蘇省) 사람으로, 어려서부터 각고(刻苦)의 노력으로 학문을 배웠고, 청렴무욕(淸廉無欲)하여 이록(利祿)을 구하지 않았다. 당송팔대가(唐宋八大家)의 한 사람인 증공(曾鞏)에게서 글을 배웠으며, 황산곡(黃山谷)의 詩를 종(宗)으로 삼았다. 원우(元祐) 연간(年間)에 동파(東坡)의 추천으로 서주(徐州)의 교수(教授)가 되었고, 뒤에 비서성정자(秘書省正字)에 이르렀다. 진관(秦觀)·황정견(黃庭堅)·장뢰(張耒)·조보지(晁補之)·이천(李薦) 등과 함께 소문육군자(蘇門六君子:蘇軾 門下의 사람들로 글 잘하는 여섯 사람)의 한 사람으로, 詩와 古文에 능하였다. 《後山集》30권을 저술하였다.

진종 황제(眞宗皇帝:968~1022)

조원간(趙元侃), 항(恒)으로 개명(改名)했다. 宋나라 태종(太宗)의 셋째 아들로, 宋나라 세 번째 천자. 처음에 양왕(襄王)에 封해졌다가, 곧 태자(太子)가 되었다. 지도(至道) 3년(997) 太宗이 붕(崩)하자 즉위(卽位)했다. 재

위(在位) 25년, 건흥(乾興) 元年에 춘추(春秋) 55세로 연보전(延寶殿)에서 붕(崩)했다. 시(諡)는 문명무정장성원효황제(文明武定章聖元孝皇帝), 묘호(廟號)는 진종(眞宗), 영정릉(永定陵)에 묻혔다.

최호(崔顥:704~754)

唐의 변주(汴州:河南省) 사람. 개원(開元) 11년에 進士에 올랐다. 詩名은 있었으나 행동은 경박(輕薄)했다고 한다. 젊어서는 무게 있는 詩를 짓지 못했으나, 만년(晚年)에 들어 변새(邊塞)를 돌아본 다음부터 풍골(風骨)이 훌륭한 詩를 지었다. 그의 詩는 육조(六朝)의 강엄(江淹)과 포조(鮑照)의 작품에 비겨진다. 무창(武昌)의 황학루(黃鶴樓)에 올라 감개(感慨)하여 詩(本書에 수록된 〈登黃鶴樓〉)를 지었다. 李白도 그곳에서 놀았지만, 崔顥의 작품이 너무나 훌륭하여, 李白은 黃鶴樓의 詩를 짓지 못하고 그대로 돌아갔다 한다. 벼슬은 사훈원외랑(司勳員外郞)에서 마쳤다. 《河岳英靈集》과 《國秀集》에 실린 십여 篇의 詩 외에, 《崔顥詩集》이 있다.

한 고조(漢 高祖:B.C. 257~B.C. 195)

유방(劉邦), 字는 계(季), 漢 개국(開國)의 황제로, 패국(沛國) 풍읍 중양리(豊邑中陽里:江蘇省 沛縣) 사람. 본디 사상(泗上:泗水의 岸邊)의 정장(亭長:里長)이었는데, 秦末에 군웅(群雄)이 일어날 때 함께 병(兵)을 일으켜 패공(沛公)이라고도 한다. 백성을 사랑했고 인재(人材)를 얻는 데에 능했다. 항우(項羽)와 함께 秦을 쳤고, 項羽보다 먼저 함곡관(函谷關)을 돌파하여 함양(咸陽)을 함락시켰다. 項羽로부터 한왕(漢王)에 封해졌는데, 項羽가 兵을 이끌고 東쪽으로 돌아가자, 다시 三秦의 땅을 평정하고, 함곡관을 나와 項羽를 공격, 마침내 해하(垓下)에서 項羽를 격멸하고 천하를 통일했다. 국호(國號)를 漢으로 정하고, 咸陽에 도읍했다. 재위(在位) 기간 12

년이었고, 시(諡)가 고황제(高皇帝)이므로 高祖라 불린다. 本書에 실린 〈大風歌〉 외에 〈鴻鵠歌〉가 전한다.

한자창(韓子蒼:?~1135)

이름은 구(駒), 字는 子蒼, 北宋의 촉(蜀:四川省) 육정감(淯井監) 사람. 蘇東坡에게서 배웠으며 詩名이 있었고, 詩法을 논하여 《陵陽正法眼》을 지었다. 정화(政和) 初(1111년경)에, 아버지의 친구 가상(賈祥)이 子蒼의 詩文을 휘종 황제(徽宗皇帝)에게 올렸는데, 휘종은 '太乙眞人(本書에 수록된 〈題太乙眞人蓮葉圖〉)'의 句를 보고 그 자리에서 子蒼을 進士에 급제시키고 비서성정자(秘書省正字)에 임명하였다. 휘유대제(徽猷待制)로 벼슬을 마쳤다. 강서(江西) 출신인 황산곡(黃山谷)과는 아무런 관계가 없었으므로, 여본중(呂本中)이 그를 강서시파(江西詩派) 계보에 넣은 것을 달갑게 여기지 않았다. 그의 詩는 깎고 다듬고 한 세공(細工)의 결정체라 할 수 있다. 그는 작품 하나를 만들면, 평생 동안 수정에 수정을 거듭하였다. 사람들에게 보낸 편지를 되찾다가 고칠 정도였다. 따라서 남긴 작품은 많지 않으나 하나같이 주옥 같은 명편(名篇)들이다. 《陵陽集》을 남겼다.

한퇴지(韓退之:768~824)

유(愈), 字는 퇴지(退之). 당(唐)의 남양(南陽:河南省 修武縣) 사람. 아버지 중경(仲卿)은 무창(武昌)의 영(令)으로, 후에 비서랑(秘書郎)이 되었다. 유(愈)는 3세 때에 아버지를 잃고 형을 쫓아 영남(嶺南)으로 갔는데, 얼마 안 가 형도 죽었으므로, 형수인 정씨(鄭氏)에 의해 양육되었다. 유(愈)는 각고(刻苦) 끝에 마침내 25세 때에 진사(進士)에 급제했지만, 성품이 강직(剛直)하여 남과 어울리지 못했으며, 관도(官途)도 평탄하지 못했다. 29세 때(796) 영무(寧武)의 절도사 장건봉(張建封)의 추관(推官)이 되었다. 그

때 근무상의 일로 의견서(意見書)를 올렸던 것이 〈上張僕射書〉이다. 上元
18년(802)에 국자사문(國子四門:大學) 박사(博士)가 되고, 19년에 감찰어
사(監察御史)가 되었으며, 元和 원년(806)에 다시 국자박사(國子博士)가
되었다. 이와 같이 세 번 박사가 되었지만 중용(重用)되지 않았으므로, 그
불만을 한 편(篇)의 〈進學解〉를 지어 상사(上司)에게 호소했던 것이다. 얼
마 안 있어 비부랑중(比部郎中)·사관수찬(史館修撰)이 되고, 그 후 지제
고(知制誥:勅命을 담당)에서 중서사인(中書舍人:詔書·民政 등을 담당)으
로 올랐다. 元和 14년(819), 헌종(憲宗)이 봉상(鳳翔)에 있는 법문사(法門
寺) 호국진신탑(護國眞身塔)에 석가모니불(釋迦牟尼佛)의 지골(指骨)이 있
다고 듣고 그것을 궁중(宮中)으로 들여오게 하였다. 한유(韓愈)는 그것에
반대하여 〈論佛骨表〉를 올렸다. 헌종은 크게 노하여 죽음을 내리려 하였
으나, 배도(裵度) 등의 적극적인 변호에 의해 죽임을 면하고 조주(潮州)의
자사(刺史)로 좌천되었다(〈潮州韓文公廟碑〉참조). 조주(潮州)에서는 악어
(鰐魚)의 해(害)를 제거하고 선정을 베풀어 덕망이 있었다. 얼마 후 원주
(袁州)로 옮겼다가, 다음해에 목종(穆宗)이 즉위하자, 그를 소환(召還)하여
국자제주(國子祭酒:國子學의 長官)로 삼았다. 장경(長慶) 2년(821)에 병부
시랑(兵部侍郎)이 되었다. 진주(鎭州)의 난(亂)이 일어나서 우원익(牛元翼)
이 토벌했지만 실패하고, 다음해에 한유가 단신으로 적장을 설득하여 난을
평정했다. 그 공(功)으로 이부시랑(吏部侍郎)이 되었으며, 그 다음해(823)
에 경조(京兆:帝都)의 尹이 되고, 어사대부(御史大夫)를 겸했다. 그해 10
월 다시 병부시랑(兵部侍郎)이 되었다가 곧 또다시 이부시랑(吏部侍郎)이
되었다. 다음해 여름, 질병에 걸려 시골에서 휴양했지만, 12월 2일에 정안
리(靖安里)에서 卒했다. 향년 57세. 예부상서(禮部尚書)가 추증(追贈)되었
다. 육조(六朝) 이래 섬약한 사륙변려체(四六駢儷體) 문장에 반대하여 웅
건(雄健)하고 자유로운 古文을 제창, 유종원(柳宗元)과 함께 당대(唐代)의

古文을 확립했다. 당송팔대가(唐宋八大家)의 제일인자이다. 또 중당(中唐)의 시인으로서는 백낙천(白樂天)과 어깨를 나란히 하여, 성당(盛唐)의 이백(李白)·두보(杜甫)와 함께 李·杜·韓·白의 이름이 있다. 《昌黎集》40권, 《外集》10권.

황노직(黃魯直:黃山谷 1045~1105)

이름은 정견(庭堅), 字는 노직(魯直), 산곡도인(山谷道人)이라 호(號)했다. 北宋의 홍주(洪州) 분녕(分寧:江西省 修水 부근) 사람. 치평(治平) 4년(1067)에 進士에 오른 뒤, 여주엽현위(汝州葉縣尉)·북경국자감교수(北京國子監教授)·태화현지사(太和縣知事) 등을 지냈다. 소성(紹聖) 4년(1094)에, 그가 쓴 신종실록(神宗實錄)이 사실과 다르다는 죄명으로 四川省의 벽지(僻地)인 융주(戎州)로 유배되었다. 휘종(徽宗)이 즉위하자 다시 태평주지사(太平州知事)가 되었으나, 진거(陳擧) 등이 그를 비방하여 의주(宜州:胡北)에 폄적(貶謫)되어 숭녕(崇寧) 4년에 그곳에서 죽었다. 그는 宋代를 대표하는 저명한 詩人 중 한 사람으로, 진사도(陳師道)는 그가 杜甫의 시법(詩法)을 터득했다고 했다. 그는 평범을 피하고 새롭고 기이한 표현을 좋아했으며, 唐詩가 주정적(主情的)·직관적(直觀的)인 것임에 반해 그의 詩는 설리(說理)의 경향이 뚜렷하여 주지적(主知的)이다. 그는 東坡 門下 으뜸의 詩人으로, 東坡와 함께 蘇黃이라 불렸다. 그와 진관(秦觀)·장뢰(張耒)·조보지(晁補之)를 소문사학사(蘇門四學士)라 하며, 또 진사도(陳師道)·이천(李薦)을 더하여 소문육군자(蘇門六君子)라 한다. 《黃豫章集》30권, 《別集》14권이 전한다.

깊이 있는 해설과 풍부한 원문해석으로 고전 해석의 깊은 감동을 드립니다.

일생에 한번은 꼭 읽고 마음에 새겨야할 《명심보감(明心寶鑑)》
"착한 일을 하는 사람에게는 하늘이 복으로 갚고,
악한 일을 하는 사람에게는 하늘이 재앙으로 갚는다."

《明心寶鑑》이는 곧 '마음을 밝혀 주는 보배로운 거울'이란 뜻이다. 사람이 세상에 태어나서 어찌 사람답지 못한 인간이 될 수 있으랴? 사람은 누구나 자기 자신의 인격을 꾸준히 수양함으로써, 마음이 선량한 데서 떠나지 않고 행동이 올바른 도리에서 벗어나지 않게 되는 것이다.
'착한 일을 하는 사람에게는 하늘이 복으로써 갚고, 악한 일을 하는 사람에게는 하늘이 재앙으로써 갚는다.'고 말하고 있다. 착한 행실은 선량한 마음에서 나오고 악한 행실은 악한 마음에서 나온다. 그러므로 착한 행실을 하려면 먼저 마음부터 선량하게 닦아야 한다. 극단적으로 말하면, 사람은 누구나 자신의 마음을 가꾸기 위하여 일생을 산다고 해도 과언이 아니다. 사람의 마음은 그만큼 가꾸기 어려운 것이다. 그러나 또 본인 자신이 마음만 굳게 먹는다면, 누구나 온전한 마음을 지녀 나갈 수 있는 것이다.

추적. 범립본 원저 | 박일봉 편저 | 신국판 양장 | 472쪽 | 정가 20,000원

고전 역사학자 박일봉 선생께서 직접 번역 · 감수하신
일봉 시리즈는 풍부한 원문해설, 어원, 뜻 풀이, 해설 등으로
정통 고전의 진수를 직접 확인해 보실 수 있습니다.

인격수양의 지침서 《채근담(菜根譚)》
부귀한 사람에게 경계를, 가난한 사람에게 기쁨을,
성공한 사람에게 충고를 주어 인생의 모든 일을 달성할 수 있게 한다.

세상에는 인생과 처세에 대한 수양서가 헤아릴
수 없이 많이 있지만 그 중에서 이 《채근담》이
야말로 동서고금에 그 유례가 없는 군계일학의
백미이리라. 《채근담》 전 · 후집을 통하여 살펴
보면 저자 홍자성은 그 사상의 뿌리를 유교에
두고 있으나 노장의 도교나 불교의 사상까지도
폭넓게 받아들이고 있다. 그러므로 그는 인생
을 초탈하되 속세 속에서 초탈하라고 강조하고
있으며 물질과 명예도 맹목적으로 부정하고 있
지는 않다. 《채근담》이 현대인의 공감을 불러
일으키는 이유도 여기에 있는 것이다. 이리하
여 이 《채근담》은 부귀한 사람에게는 경계를
주고 빈천한 사람에게는 안락을 주며, 성공한
사람에게는 충고를 주고 실의에 빠진 사람에게
는 격려를 주어 누구에게나 인격수양의 지침서
가 되고 삶의 지혜의 샘물이 되어 만인에게 즐
거움을 안겨 주는 것이다.

홍자성 원저 | 박일봉 편저 | 신국판 양장 | 576쪽 | 정가 20,000원

아이의 미래, 교육의 미래를 위한

영감으로 가득 찬 루소의 자연주의 교육 사상서!

'에밀'의 주제는 교육론과 인간론이지만 루소의 탁월한 문학적
표현력을 가장 한국적으로 잘 표현한 역작으로 평가 받고 있다.

Jean-Jacques Rousseau · ÉMILE

장고의 시간을 거친 후 루소가 50세 되던 해인
1762년에 출판된 "에밀"은 제1부 첫 구절을 '신
이 만물을 창조할 때에는 모든 것이 선하지만 인
간의 손에 건네지면 모두가 타락한다.'로 시작한
다. 교육의 근원은 자연과 인간과 사물이라고 말
하고 있다. 이중에 자연의 교육은 우리의 힘으로
는 어떻게도 할 수 없으며, 사물의 교육은 어느
정도는 우리가 좌우할 수 있지만 우리가 진정
마음대로 할 수 있는 유일한 것이 인간의 교육이
다. '에밀'은 또한 보편적인 주입식 교육에 반대
하고 전인 교육을 중시했으며, 인간 중에서 가장
순수하게 자연성을 간직하고 있는 어린이에게
자연과 자유를 되돌려 줄 것을 주장하고, 이를
시행하는데 사회와 제도에 때 묻지 않은 "자연주
의"를 강조하고 있어 현대인들에게도 귀중한 지
침서라 할 것이다.

장자크 루소(Rousseau, J. J.)지음 | 민희식 옮김 | 신국판 양장 | 892쪽 | 정가 35,000원

이 시대를 구성하고 있는 우리 모두에게 사회 전반을 이해하는데 커다란 영향을 미칠 수 있는 역사 인식의 길잡이!!

'역사란, 역사가와 사실들 사이의 상호작용의 부단한 과정이며, 현재와 과거와의 끊임없는 대화이다.'

What is History?

이 책은 역사라는 근본 문제를 하나하나 빠짐없이 논한 역사철학서이다. 〈역사란 무엇인가〉는 아마도 현대에서 가장 새롭고 가장 뛰어난 철학서일 것이다. 이 책의 뛰어난 내용은 E. H. Carr가 직업적인 철학자가 아니라 현대의 가장 탁월한 역사가라는 점과, 따라서 이 책이 그의 오랜 동안의 역사적 연구 및 서술의 경험을 통해 얻은 지혜의 결정(結晶)이라는 점이다.

"역사란 현재와 과거의 대화이다." E. H. Carr는 이 말을 이 책 속에서 여러 차례 반복하고 있다. 이것은 그의 역사철학의 정신이다. 한편으로는, 과거는 과거 때문에 문제가 되는 것이 아니라 우리들이 살고 있는 현재에서의 의미 때문에 문제가 되는 것이며, 다른 한편으로는, 현재라는 것의 의미는 고립(孤立)한 현재에서가 아니라 과거와의 관계를 통해 분명해지는 것이다.

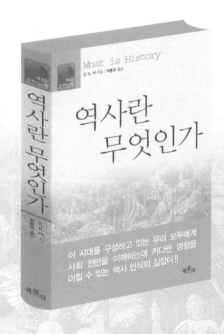

E. H. 카 (Edward Hallet Carr) 지음 | 박종국 옮김 | 신국판 양장 | 240쪽 | 정가 13,000원

미래를 위한 과거로의 산책

세상을
움직이는 책